清史列传

简体字本

王钟翰 点校

清史列傳

卷二七～卷三四

中华书局

清史列传卷二十七

大臣传次编二

尹壮图

尹壮图,云南蒙自人。乾隆三十一年进士,改庶吉士。三十九年五月,迁礼部郎中。十一月,授江南道御史。四十二年,转京畿道御史。四十四年十月,擢光禄寺少卿。十二月,迁太仆寺少卿。四十五年,擢内阁学士,兼礼部侍郎。四十八年,充顺天乡试副考官。五十二年,丁父忧。五十五年,服阕,补授原职。

十一月,奏言:"督抚自蹈愆尤,圣恩不即加之罢斥,罚银数万两充公,因有督抚等自请认罚银若干万两者。在桀骜之督抚,藉口以快其饕餮之私;即清廉自矢者,不得不望属员之佽助,日后遇有亏空营私重案,不容不曲为庇护。是罚银虽严,不惟无以动其愧惧之心,且潜生其玩易之念。请永停罚银之例。如才具平常者,或即罢斥,或用京职,毋许再膺外任。"谕曰:"尹壮图奏请将罚银之例永远停止，固属不为无见。不知朕之简用督抚，[一]皆因一时无人，往往弃瑕录用，量予从宽。即或议缴罚项，皆留为地方工程公用；亦以督抚等禄入丰腴，而所获之咎尚非法所难宥，是以酌量议罚，用示薄惩。但督抚中或有昧良负恩之人，以措办官项为辞，需索属员，派令伙助；而属员亦藉此敛派，以为逢迎上司之地。此等情弊，不能保其必无。尹壮图既为此奏，自必确有见闻，今折内祇系空言，并无佐证。着将所指之督抚何人，逢迎上司者何人，藉端勒派致有亏空库项者何人，指实参奏，朕必严加究讯，重治其罪。尹壮图不得以风闻取誉也。"

壮图覆奏："各督抚声名狼籍，吏治废弛，臣经过地方，体察官吏贤否，商民半皆蹙额兴叹。各省风气大抵皆然。若问勒派逢迎之人，[二]彼上司属员授受时，外间岂能得见？请旨简派满洲大臣同臣往各省密查亏空。"谕曰："尹壮图覆奏，朕披览再三，并未指实一人一事，仍系摭拾浮词，空言支饰。至所称经过之直隶、山东、河南、湖广、江西、广西、贵州、云南等省，商民蹙额兴叹，其意竟似居今之世，民不堪命矣。此系闻自何人？于何处见此情状？又请简派满洲大臣同伊密往各省盘查亏空，不但朝廷无此政体，即偶有亏缺之处，一闻钦差起程信息，[三]早已设法弥缝，尹壮图亦知事有难行，不过欲藉此奏见长，或幸邀录用。此等居心，岂能逃朕洞鉴？着将所奏逐一指实覆奏，不可徒以空言无实，自蹈欺罔之咎也！"

寻，壮图覆奏，自认措词失当，不能指出确据，并请治罪。上命户部侍郎庆成带同壮图往山西盘查亏空，谕曰："尹壮图逞臆妄言，陈奏不实，自问亦难解免。今已令侍郎庆成，带伊前往所指书麟管辖之山西省,切实盘查,若果有亏缺,即当严行究办;若毫无亏缺,则是尹壮图以捕风捉影之谈,为沽誉邀名之举。不但诬地方官以贪污之罪,并将天下亿兆民人感戴真诚,全为泯没。试令尹壮图清夜扪心,亦何忍为此耶?着将尹壮图莠言乱政之处,通谕知之。"十二月,庆成奏查明山西大同府及藩库无亏,复据壮图奏亲自盘查,不能指出亏空确据,请回京治罪。上以壮图陈奏不实,切责之。命庆成带同壮图再赴直隶及山东、江南逐加盘查,庆成奏查正定府仓库及直隶藩库均无亏缺,现在查过两省,其大小官吏并无朘民敛怨之处。谕曰:"尹壮图来往山西、直隶,即日又须往山东、江南等省,所过地方甚多,小民有无蠲额之状、兴叹之语,着尹壮图于途中体察咨询,据实具奏。"五十六年正月,庆成奏查山东省之兰山县及江南省之山阳仓库,存贮齐全,仍带同尹壮图前往江苏盘查。并据壮图奏经过各州县地方,百姓俱极安帖,随处体察,毫无兴叹情事。谕曰:"尹壮图前奏所言商民蠲额兴叹,竟属全无影响。今已目击商民乐业情形,自不能复置一词。但伊从前所闻得自何人传说,着庆成即向尹壮图确切询明,令其指实具奏。"庆成奏:"传旨向尹壮图确询商民蠲额兴叹究系何处,令其指实具奏二三人,不可含糊支饰。据尹壮图覆称回籍所过之处,所见之人,因不知其姓名,并不记是何州县地方,不敢妄指,只求治以虚诳之罪。"又据庆成奏江苏藩库完足,即日带同尹壮图起程回京候旨。谕曰:"尹壮图节次覆奏,总不能指实一人一事,因令庆成带赴山西、直隶、山东、江南等省,盘查仓库,俱无亏短。是尹壮图逞臆妄言,竟敢以不能记忆虚词,有心欺罔,其咎实无可宽宥矣!尹壮图着革职,交与庆成押带来京,交刑部治罪。”

寻命大学士、九卿会同审讯,论罪如律。奏入,谕曰:“尹壮图俯首认罪,将饰词妄奏各实情,逐一供吐。大学士、九卿照挟诈欺公、妄生异议律,问拟斩决。在诸臣以尹壮图如此乖谬不敬,自应按律问拟,即不立置典刑,亦当遣发伊犂,以示惩儆。然朕孜孜求治,兢惕为怀。从前彭元瑞呈进古稀颂,赞扬鸿业。朕因作古稀说,有‘以颂为规’之语。今尹壮图逞臆妄言,亦不妨以谤为规,不值遽加之重罪也。尹壮图着加恩免其治罪,以内阁侍读用,仍带革职留任,八年无过,方准开复。”五月,谕曰:“尹壮图前经降旨,以内阁侍读用。但念员缺甚少,补授无期,着加恩以礼部主事用。”嗣因母老,奉命归养。

嘉庆四年正月,谕曰:“前任内阁学士尹壮图曾以各省仓库多有亏缺,藉词弥补,层层胺削,以致生民受困之处,具折陈奏。其事虽查无实据,而所奏实非无因。似此敢言之臣,急宜录用。尹壮图前以礼部主事请假回籍,着富纲传知尹壮图令其即行来京,候旨擢用,并着准其驰驿。”四月,壮图抵京,具呈以母老乞恩归养。谕曰:“前因内阁学士尹壮图曾奏各直省仓库亏缺,经派令庆成带同尹壮图前赴近省盘查。〔四〕彼时各该督抚等,冀图朦蔽,多系设法那移,弥缝掩饰,遂致尹壮图以陈奏不实,降调回籍。此皆朕所深知。是以令其驰驿来京,另候擢用。今尹壮图于本日来京,具折谢恩。据军机王大臣面奏:‘尹壮图现有老母,年逾八十’等语。尹壮图籍隶云南,距京较远,既难迎养,若留京供职,则伊母子万里睽违,朕心实有所不忍!尹壮图从前尚属敢言,着赏给给事中衔,仍令驰驿回籍侍母,他年再来京供职。”

是月，壮图奏请清查各省陋规，谕曰："陋规一项，原不应公然以此名目达于朕前，但州县于通都大邑，差务较繁，颇资民力，皆系积习相沿，不能一时概行革除。今若遽行明示科条，则地方州县或因办公竭蹶，设法病民，滋事巧取，其弊转较向来陋规为甚。至分别二千以上至于数万者，留半办公；其馀分帮、冲途、苦缺，定为成式。是明导以取财之方，流弊有不可胜言者！尹壮图所奏实不可行，前已令其回籍侍养，着赏给伊母大缎二匹，交尹壮图带回，以示恩眷。至尹壮图，现系给事中衔，准其在籍奏事。所有呈递奏折，即交云南巡抚转递，但须择紧要事件，据实入告。不得因有奏事之责，遂尔挟制地方，想尹壮图亦不肯出此也。"七月，壮图抵滇，具折谢恩。

五年，奏："请慎拔真才，以储实用：一、严保举处分，以专责成也。伏读上谕：'命在京王大臣各举所知，密为陈奏。'诚操迪知忱恂之要。但不严定赏罚章程，诚恐保举大臣不加慎重，日久弊生，转启揣摩钻营之渐。请敕下吏部严定保举处分，所保得人，不惜进贤上赏；如所保之人，有犯贪酷败检诸罪，保举者亦酌其情法轻重示罚，俾诸大臣知信赏必罚，不敢不十分慎重矣。一、科场防杜关节，宜操其要害也。乡会试为士子进身之阶，始若夤缘诡遇，其出身先已不正，安望异日克为良臣？比年虽严定科条，总不能操其要害，如闱中有通关节者，名曰'亮卷'，房考于阅卷时，先将佳文压住，而以庸浅之卷故为陪衬。主司综理全局，往往易受其愚。设主司偶向某房搜阅落卷，[五]伊等咸以主司房考俱系钦点，不受节制，往往哓哓争执，是以搜卷之例，捍格难行。请敕下主司，命房考于头场正卷荐毕，各将落卷送主司搜阅。傥得佳文,即发监试补印荐条,如有争执,监试将两造弃取之文进呈,妍媸不难立辨矣。请敕下各省一体遵行。一、八旗人才宜广,为鼓励以储实用也。国家任人图政,内而六部、九卿,外而督、抚、藩、臬,莫不满汉兼用,以成相维之势;而六部司员,尤为造就人才之薮。乃汉司员分部,及散馆改部者,将近百人,而满员寥寥无几。良由各部满洲司员俱由本部笔帖式保题升用,其中行走勤勉固不乏人,但于稿案文义未能畅晓,请敕下满洲父兄严督子弟讲习经书,精通文理,先于童试广取生员若干名,乡会试广取举人、进士若干名,庶分部学习,不致乏人。遇有郎中、员外、主事缺,先尽科甲班挑补,行之十年,则八旗子弟明体达用之材,当必较汉员为更优矣。”

上命军机大臣议奏,寻覆奏尹壮图严定保举章程,及八旗、六部司员先尽科甲之处,均毋庸议,惟房考落卷送主考搜阅,事近可行。请嗣后每科房考落卷交监试御史存贮,送主考搜阅。俟命下载入科场条例。谕曰:“此次密保人员,其所保之人,将来如果实有贪酷枉法情事,经朕指出,自应交部严议,本有成例可循。若果有出色人员,建树功绩,必将保举人员重加优奖,权衡出自朕裁。其主考披阅落卷,议令各房落卷由监试御史交进,着礼部载入科场条例。至满洲素以骑射、清语为重,即随时训谕,亦恐未臻谙熟。若保题各缺皆由科甲之人,是令其专攻举业,更致抛荒本务,转非造就满洲人才之意。自应循照旧例,毋庸另立科条。”六年,云南巡抚初彭龄陈请归养,尹壮图奏:“初彭龄在滇清介率属,实惠在民,能假以岁月,则滇民元气可望其复。若令其匆匆去任,殊失赤子之望。”又奏:“满洲子弟宜于十五六岁

以前,专责以熟读经书,讲明义理。俟心性融澈,精力完固后,再
责以骑射、翻译,更易为力。"谕曰:"尹壮图欲留初彭龄在滇,勿
令归养。试思尹壮图亦因母老回籍侍养,独不念初彭龄双亲年
迈,而转拂其孝养之忱乎? 又另折奏满洲子弟翻译一道,必先通
晓汉文,易于明透。伊并不知清文义理,为此瞽论,况国语本应
不学而能,而骑射亦须童年练习。若如尹壮图所言,必俟十五六
岁以后,始行学习,安能精熟? 尹壮图令其在籍奏事,原为该地
方官吏,或有废弛贪黩之事,伊得随时密陈,乃竟欲干涉朕用人
大权,并将从前具奏满洲读书应试曾经驳饬之事,复行渎陈,更
张本朝成法。本应治以妄言之罪,但朕正当求言之际,从不肯以
言罪人。着伊桑阿将原折掷还,并传旨严行申饬,此后遇有地方
不公不法事件,仍准其具折密陈。"

　　八年闰二月,奏言:"天下之大,万几之繁,皆系皇上一人独
理,而内外诸臣,俱不过浮沉旅进旅退之中,无一人能匡扶弼亮。
请于内之卿贰、翰詹、科道,外之藩、臬、道、府,慎选二十人,轮直
内廷,将每日奏章谕旨,于进呈后尽心检校,然后发钞,有疏忽偏
倚之处,许其就近详辨可否。"谕曰:"尹壮图所言,皆迂阔纰谬,
断不可行。朕宵旰忧勤,每日召见诸臣,不独内而卿贰,外而督
抚,即翰詹、科道、藩臬、道府,无不一体召对,令伊等据实敷陈,
有所裨益。若如尹壮图所奏,欲于内外诸臣中,另选二十人,轮
直检校奏章谕旨,是直于军机大臣之外,添设一内军机,成何政
体? 尹壮图籍隶云南,近日如藩司陈孝升、道员萨荣安冒销军需
款项,劣迹显然,伊近在本省,岂无风闻? 今经署巡抚初彭龄查
参究办,而伊竟无一言奏及。着那彦宝传到尹壮图面加询问,因

何不将陈孝升等列款奏参之处,据实明白登覆,缮折交那彦宝代行陈递。"三月,署云南巡抚那彦宝奏传旨询问各情节,尹壮图自认糊涂冒昧,并据壮图覆奏,请交部议处。谕曰:"尹壮图前奏迂阔纰谬,经朕逐一指实,伊已自认糊涂冒昧。至尹壮图现在云南省城课士,于陈孝升、萨荣安各劣迹,岂无风闻? 今经诘问,乃以不得确据为词,亦属强为支饰。但伊非现任官员,所有自请交部议处之处,姑加恩宽免。着永保传旨申饬。嗣后遇有紧要事件,仍准其具折陈递。"十三年闰五月,卒。十八年,云南巡抚孙玉庭奏请入祀乡贤祠,得旨俞允。

子佩珩,现任户部主事。

【校勘记】

〔一〕不知朕之简用督抚　原脱"简用"二字。耆献类征卷九八叶二〇下及国传卷六九叶一三上均同。今据纯录卷一三六七叶四下补。

〔二〕若问勒派逢迎之人　原脱"问"字。耆献类征卷九八叶二一上及国传卷六九叶一三上均同。今据纯录卷一三六七叶七下补。

〔三〕不但朝廷无此政体即偶有亏缺之处一闻钦差起程信息　原脱"朝廷"与"起程"四字。耆献类征卷九八叶二一上及国传卷六九叶一三下均同。今据纯录卷一三六七叶一〇上补。

〔四〕经派令庆成带同尹壮图前赴近省盘查　"近"原误作"各"。耆献类征卷九八叶二三下同。今据睿录卷四二叶二下改。按国传卷六九叶一五上不误。

〔五〕设主司偶向某房搜阅落卷　"某"原误作"其"。耆献类征卷九八叶二四下同。今据国传卷六九叶一六上改。

舒常

舒常，姓舒穆鲁氏，满洲正白旗人。父舒赫德，武英殿大学士，谥文襄，有传。乾隆十一年，由文生员授蓝翎侍卫。十六年，擢三等侍卫。十八年，在乾清门行走。十九年，舒赫德在北路军营获咎，命夺舒常职，发黑龙江披甲。二十一年，复授三等侍卫，派往西路出兵。二十二年，复以舒赫德获咎，舒常仍夺职，发黑龙江。二十三年，复授三等侍卫。二十七年，擢二等侍卫。三十六年，[一]授正黄旗满洲副都统，又授镶蓝旗护军统领。

三十七年，[二]派往金川军营，命于温福一路为参赞大臣。十一月，疏言噶尔玛、木鲁宗、巴朗索三处，原系赏给绰斯甲布地方，理应断还。但从噶尔现在出兵助剿，遽夺其地，恐致失望。因谕令两土司各自出力，俟事竣后秉公剖断；并谕令绰斯甲布如果实心报效，将来定邀优赏。得旨："舒常传谕绰斯甲布土司之语，与朕旨适相符合。着将此折钞寄阿桂阅看。"十二月，奏："攻克日旁山口东边碉座，贼番连接死守，已饬参将马应诏相度情形，可进则进，勿使有用之兵，置之无用之地。"得旨："所办甚是。此时不宜冒险深入，致有疏虞。"寻奏："金酋情愿退出甲尔垄坝，转恳绰斯甲布乞降，当即驾驭绰斯甲布，令其设法收复甲尔垄坝。又谕知投降一事，断不能允，必为各土司斩除日后祸根，以坚彼助剿之心。"上嘉之。三十八年六月，疏言："士兵在营，颇为得力。遇有应给之赏，尤当立时颁发，则受者倍觉衔恩，而见者亦知奋勇；其阵亡者，请给银三两，以资埋葬。"从之。又奏安炮设寨，并防护粮台情形，得旨："汝所办皆中机宜，好勉之!"三十九年四月,以土司雍中旺尔结亲率土兵二千馀名赴营协剿,派令四路进攻。会大雪,兵不能进,而贼来益众,舒常恐土兵伤损,致挫锐气,再三谕令撤兵。奏入,谕曰:"舒常见贼守御甚紧,恐土兵徒伤无益,晓谕至再,土司始听撤回,深合驾驭外番之道。伊等见参赞大臣如此矜怜爱护,益足励其勇往之忱。舒常所办甚合机宜。"寻以前副将李天佑等捏报兵丁邓有德阵亡折内,未将该兵斫柴被掠,曾经录供奏明之处,详细声明,自请严议,特旨宽免。四十一年,奏:"口外屯政已开,兵番等安土乐业,现在荞麦瓜蔬,一望青葱,景象安恬,秋宁可卜。"得旨:"欣悦览之!"〔三〕

　　四十二年,以舒赫德病故,命驰驿来京治丧。六月,授工部侍郎。十月,授仓场侍郎。十二月,承袭云骑尉。四十三年,奏:"采买奉天、陕西麦石,其自津抵通,请照二十七年例,责成坐粮厅大通桥监督办运,由仓监收,毋庸交地方官雇运,并不复贮五城臬廒。"得旨允行。四十四年三月,奏请杨村通判、务关同知所管漕务文件,径申仓场衙门,报闻。旋授贵州巡抚。十一月,以黔省每岁额办楚铅二百五十万斤,运往汉口,设局坐卖,委员承运。抵汉必俟卖完,始行赍价回黔。守候需时,本任转多旷误。疏请嗣后令前后委员交替承管,以免濡滞。又奏减贵东道粮道养廉。均报闻。旋署云贵总督。四十五年,授湖广总督。四十六年正月,疏请将荆州关改归地方官管理,即于就近之荆宜施道、荆州府知府二员内,遴选接办,下部知之。七月,奏拿获咽匪彭家桂,所有派出官兵盐菜口粮,俱捐廉发给。上以其急公,嘉奖之。四十七年,兼署湖北巡抚。四十八年,以光化汛都司、守备向驻襄阳,去汛窎远,请移驻密迩光化之穀城县,议行。十一月,奏房县九道梁应添设巡检一员,即将安陆府照磨缺裁抵,议行。十二月,疏言:"巴陵县当长江、洞庭湖交会之冲,湖面向有塘汛保甲稽查,[四]惟所管江面,自荆湖脑、城陵矶以下至荷叶洲九十里,西岸隶湖北监利,东岸隶湖南临湘,水面则仍系巴陵所辖。缉捕巡防,恒多捍格。查巴陵水道,此外尚辖三百馀里,请将九十里江面,于江心分界,西面拨监利,东面拨临湘,建设卡房,以专巡缉。"部议从之。

四十九年,授两广总督。九月,入觐。十一月,回任,兼署广东巡抚。奉朱批:"汝精神颇不及前,当善为调摄,勿以养子为念。诸事不可废弛。"五十年三月,擢工部尚书,命来京供职。五月,命署江西巡抚。八月,奏言:"湖北被旱,多赴江西贩买粮石,恐市侩遏籴居奇。请将常平仓谷先行开粜,俾资接济。"奉朱批:"所办好,览奏略慰。"九月,疏请以南城县浟牛司巡检移驻新丰市,宁州州同移驻渣津,议行。五十二年正月,命署湖广总督,兼署巡抚。谕曰:"湖北吏治废弛,皆系从前历任督抚因循日久、不加整顿所致,即舒常亦不能辞其咎。现在舒常兼署督抚两篆,务宜董率属员,认真督办,庶积年玩愒习气,日渐改观。如再不实心整理,则日甚一日,伊于胡底,恐不能当其咎也。"寻奏:"接奉上谕,跪读之下,不胜惶悚!惟有振作整饬,俾各属共知畏愧,力挽因循延玩之习。"得旨:"既已失之于前,莫更回护于后,慎之!"七月,奏:"湖北早稻丰收,秋成大有。现动支仓谷二十万,碾米解闽,以济军需;并亲往湖南,与抚臣浦霖筹议接济闽兵粮石。"得旨:"台湾剿捕逆匪,尚未蒇事,所需粮石较多。该督等不分畛域,先事豫筹,殊属急公,着交部议叙。"

五十三年三月,以楚省纲盐积压,命实力整顿。四月,奏言:
"川盐来路,由宜昌府属之巴东、归州,现已申明例禁,并札令宜
昌镇会同该府,多派兵役分驻要道,常川侦缉。"得旨:"引盐积
滞,总因在楚行销,繁费浮重,以致不能源源转运。该督接奉前
旨,自应将向来浮费严查饬禁,实力整顿,方于鹾务有裨。今乃
仅以申明例禁,派委缉私为词,并不认真查办,实为昧良文
过。〔五〕着传旨申饬,仍着将该省相沿繁费如何立法查办之处,据
实具奏。"寻奏:"汉口商人匣费繁重,自属实在情形。嗣后臣等
及承缉文武各员,惟有丝毫无染,一律涸除,并严缉奸商私贩,毋
使稍侵官引。"得旨:"该督等务先正己率属,力为整顿,勿致日
久玩生,又蹈前弊。"

七月,湖北荆江泛涨,堤塍溃决,荆州府全城被淹,命大学士
公阿桂驰往查办。旋以荆州将军图桑阿奏请改建城垣,奉旨:
"荆州为古来重镇,城犹是城,江犹是江,从古未闻何以有被淹之
事。〔六〕本朝百馀年来亦未闻此事乃十年之间,三被淹浸;而此次
江水竟入城内,是否江流迁移,密迩城垣,以致受患?着阿桂会
同舒常亲加履勘,通盘筹画,期于一劳永逸。"旋以阿桂到彼尚需
时日,命舒常先行筹勘覆奏。寻奏:"荆州郡治地当孔道,四面平
原,襟带襄樊,控扼黔蜀,是以古称重镇。附近惟荆门州地势较
高,然相距弯远,不足以控制江湖,此外更无可移建之处。且体
察舆情,咸以庐墓田园,由来已久,遽议迁移,似非所愿。诚如圣
谕不如以移建城垣之资,为增筑堤塍之用,似可常保巩固也。"得
旨:"自应如此,已陆续降旨矣。"又奏查勘沿江堤工,漫溃二十

馀处,命解任,留工效力自赎,仍暂署事务。九月,以荆州被水,由窖金洲涨沙增长,逼溜北趋所致。奉上谕:"舒常才本中平,因其小心谨慎,且系舒赫德之子,是以擢用总督。乃两任楚省,并不实心任事,于窖金洲涨沙逼溜共见共闻之事,尚不加意筹办,致郡城被水成灾,实属辜负任使。着革去翎顶,仍留工所效力赎罪。"十一月,谕曰:"舒常前因荆州堤工溃决,业经革职。所袭云骑尉世职,至舒常袭次已完。该旗请将敕书奏缴,但念伊父舒赫德宣力年久,不忍将伊父所袭世职遽行停袭,着加恩留于舒常本身。俟荆州堤工完竣,再行来京。"

五十四年四月,赏给头等侍卫。九月,授都察院左都御史。五十五年十二月,授镶黄旗蒙古都统。嘉庆二年,署刑部尚书。三年四月,署兵部尚书。十一月,卒,谥恪僖。

子敷庆,任三等侍卫。

【校勘记】

〔一〕三十六年　"六"原误作"七"。耆献类征卷八八叶四五上同。今据纯录卷八九三叶一八上及舒常传稿(之二五)改。

〔二〕三十七年　"七"原误作"八"。耆献类征卷八八叶四五上同。今据纯录卷九二二叶二九上及舒常传稿(之二五)改。

〔三〕欣悦览之　原脱"悦"字。耆献类征卷八八叶四六下同。今据舒常传稿(之二五)补。

〔四〕湖面向有塘汛保甲稽查　"面"原误作"西"。耆献类征卷八八叶四七上同。今据舒常传稿(之二五)改。

〔五〕实为昧良文过　"文"原误作"之"。耆献类征卷八八叶四八下同。今据纯录卷一三〇二叶二三上及舒常传稿(之二五)改。

〔六〕从古未闻何以有被淹之事　原脱"闻何以"三字。耆献类征卷八

　　八叶四八下同。今据纯录卷一三〇八叶三四上及舒常传稿(之

　　二五)补。

宗室兴肇

宗室兴肇,镶蓝旗人。乾隆三十年,封二等辅国将军,赏戴
花翎,乾清门行走。三十一年,充十五善射。三十三年,率健锐
营兵赴云南军营。三十四年,围攻西亹,受伤。上嘉其奋勉,授
正白旗护军统领。三十五年,副将军阿桂征缅甸,撤兵太骤,兴
肇随同画押,革去护军统领。

三十七年十月,袭奉恩辅国公,授正蓝旗护军统领。旋充领
队大臣,赴金川带兵。十一月,兼宗人府右宗人。三十九年,授
荆州将军,仍留军营。四十年十一月,大军进取碾占,兴肇在巴
扎木带兵接应,擒获甚众。十二月,定边右副将军明亮等攻克乃
当,兴肇占据山顶。及官兵直抵独松,复在后策应。均下部优
叙。四十一年正月,协办大学士阿桂檄撤荆州满兵赴将军任。
二月,金川平,奏捷。图像紫光阁,御制赞曰:"忆当国初,创业开
基。宗室王公,宣力率师。承平锡庆,安享荣华。董军建勋,斯
为可嘉。"五十二年,调西安将军。五十三年,调绥远城将军。〔一〕
五十七年,以所管旗兵药神保等偷盗银两,审拟轻纵,部议革职。
上从之,命退出乾清门,仍留公爵,罚俸五年。旋授散秩大臣。
五十八年,复授荆州将军。六十年五月,率满兵二千赴湖南,协
剿苗匪,因行走迅速,赏大小荷包。七月,谕曰:"兴肇带兵二千

名,自当沿途侦访贼踪,就近剿杀,以期廓清后路,再赴镇箪,会同攻捕,方为无负任使。乃途次并未打仗,及到镇箪,又复漫无调度,仅将带往之兵分驻城外,殊不可解。前因带兵行走迅速,尚复加之奖赏,今不料其糊涂至此,着交部严加议处。"寻议革职,诏改为革职留任。

十月,随贝子大学士福康安等连克马脑寨、猪草寨、杀苗坪、竹子寨等处,复分路进攻高多寨,生擒首逆吴半生,下部议叙。是月,攻克大坡脑、得胜山等处木城,石卡三十馀座,复赏荷包。十一月,获贼目吴八月于卧盘寨。十二月,由刨木营山坡,乘雪未融,奋勇截杀,毙贼无算,复攻克禽头坡一带要隘,叠邀优赏。嘉庆元年正月,偕镶蓝旗蒙古都统额勒登保进攻吉吉寨,夺据山梁。乾州属之大陇峒、赶子坪、河洛坪各寨长,及斗角岩尾坡九十九峒苗匪,俱先后乞降。三月,特赐蟒袍。是月,由高吉坨乘胜追至巴金湾,将苗寨全行烧毁,于两乂溪炮击藏伏苗匪,进至平逆坳,夺获贼卡三处。六月,随总督和琳分路进剿,生擒石老秦等十六名。八月,首逆石柳邓据平陇,兴肇等由强虎哨进攻,夺获麻里湾等贼卡十馀处。九月,连克黄土坡、苍茅坪木城,石卡六处,复从牛心地、象心地至山家坳,将平陇贼巢并力攻击,毙贼三百馀名,复赐蟒袍。十二月,由平陇后山右隆等处进兵,生擒苗匪一百馀名,下部优叙。

二年二月,命偕总兵王文雄率湖南撤回各兵,迅抵襄阳,与湖北巡抚惠龄等合剿教匪。三月,侦知贼首姚之富等由泌阳、邓州分股窜逸,即偕文雄击之于裕州古石滩。兴肇伏兵山坳,追剿三十馀里。上嘉其调度有方,赏青玉扳指并大小荷包。七月,由白洋坪率领马队毙贼百馀名,生擒贼匪十七名。八月,由石窑灰小道绕至江岸,杀贼无算;复追至襄阳小河口,星夜围剿,贼众披靡。时贼将渡茨河镇,兴肇随明亮等自枫树垭追剿,歼贼甚众。九月,复由吴家湾截击,毙贼千馀人,贼窜入湖北竹溪县之水坪,欲与小河口贼聚。兴肇等由椒岭冈夹击,贼西逸。十月,贼匪自鸡心岭折回,复随明亮率各路官兵隐伏峡口,连剿四昼夜,毙贼五千馀,赏玉扳指、荷包。十一月,追贼于周家坝、上高川,毙贼千馀名,生擒二百名,贼首姚之富等入汉中,复与贼党齐王氏、李全、张汉潮等股匪会合于唐家坝。兴肇等分带马兵,由凉垭子、铁岭关追剿三十馀里。

　　三年正月,齐王氏等由西乡渡江,窜至石泉。上以兴肇疏于防范,严饬之。二月,贼党李全由怀阳东趋螯屋,攻北城垣。兴肇等四面兜围,歼贼八百馀名,生擒三百馀名,复败之于姚村。三月,追至尹家卫,歼贼无算。五月,击张汉潮于南漳,歼贼六千馀名,生擒九百馀名,搜获大小炮位及兵器五百馀件。六月,击之于司马冈,时贼匪自楚窜陕,复由陕入川,上切责之。七月,剿贼于袁家庙,斩级六百;又于平坝、开县等处,毙贼千馀。八月,复败贼于西河口。时张逆由太平窜至石泉县境。奏入,谕曰:"张汉潮一股,屡经剿杀,势已溃散。乃明亮等任其窜至石泉焚掠,所办何事? 明亮、兴肇均着革去花翎,带罪自赎。"十月,追剿张汉潮于火石岭,十一月,复击之于石塘坝,获器械无算。张逆由固城八里关窜至五郎,兴肇等于两河追杀六十馀里,贼由火焰沟前窜,复倍道钞击,俘斩五百馀名。四年三月,击败张逆于马伏城。五月,贼窜入豫境,兴肇等分路进剿,贼越南岭窜,六月,至金竹沟焚掠,兴肇等擒斩百馀人。七月,复败之于红河寺。八月,贼走采玉窑、旧县关一带,兴肇等追杀五十馀里,斩获甚众。九月,贼由老林乘夜偷渡前审,谕曰:"明亮奏称张汉潮又从深林密箐中偷渡前审,实出情理之外,不知伊等是何肺肠!其上次所奏三面合围之语,想亦未必确实。今将伊等前折钞寄那彦成、松筠阅看,着即切实详查。如果前次奏报尽属虚言,竟将明亮、恒瑞、兴肇三人奏明,革职拿问,治以欺妄之罪。"寻在张家坪歼毙张汉潮,下部议叙。

十月,又谕曰:"兴肇与明亮种种欺饰之处,扶同入奏,着革职拿问,交松筠严审定拟。"寻拟发往伊犁,奉诏改发乌鲁木齐效力赎罪,以其子成宽袭公爵。十二月,丁母忧,命回京。五年,特予三等侍卫,为和阗办事大臣。七月,迁二等侍卫。十月,调塔尔巴哈台参赞大臣。十年二月,审办哈萨克拜毡烧毁房一案,未能彻底根究,所拟佐领穆特布罪,复失之轻纵,部议降三级调用,诏改为革职留任。九月,因前在军营收受备赏银,谕曰:"前因湖北省清查军需银款内,有地方官呈送兴肇备赏银三千四百两,谕令贮缴。前据兴肇具折陈辩,只自认赔而不认收受。朕恐外省查办或有舛误,谕令吴熊光详细确查,经该督将呈送收数月日,并经手之员,逐一查明具奏。当令宗人府、军机大臣传问,供认收受属实。前奏实属无耻巧辩!着交宗人府酌议惩处。"寻议以不准用四品顶带,亦不准食宗室钱粮,上从之。

十二年,仍授二等侍卫,在大门上行走。十三年六月,擢镶红旗汉军副都统。十一月,授杭州将军。十四年,调荆州将军。十五年,调察哈尔都统。十六年,因民人在牧厂内偷挖黄芪,拒伤官兵,未经奏办,部议降三级调用,上改为降二级,授头等侍卫。十七年正月,迁正红旗蒙古副都统。十二月,授密云副都统,旋授江宁将军。十九年,授正蓝旗汉军都统。二十二年,上以兴肇年老,命以二品顶带休致。二十五年,卒。

【校勘记】

〔一〕调绥远城将军　"绥"原误作"安"。耆献类征卷三一〇卷一六下同。今据纯录卷一三一四叶五〇下改。

刘秉恬

刘秉恬,山西洪洞人。乾隆二十一年举人。二十六年,取中明通榜,中书、军机处行走。二十九年,擢吏部主事。三十年正月,升员外郎。九月,升郎中。三十二年,授御史。三十三年,〔一〕巡视南漕,差竣,巡视南城,授吏科给事中。三十四年,大学士傅恒督师缅甸,奏请秉恬随赴军营。二月,擢鸿胪寺少卿。三十五年,大兵凯旋,五月,擢都察院左副都御史。六月,擢刑部右侍郎。七月,调兵部左侍郎,寻调仓场侍郎。三十六年八月,奏:"大通桥以下至通州石坝等处,均未挑浚,因而冲决堤岸、闸座。与其补苴于事后,曷若绸缪于几先。"得旨允行。

三十七年六月,谕:"川省现在大兵分路进剿两金川,所有军营粮饷,最关紧要。南路现派阿尔泰在彼专管,其西路着派侍郎刘秉恬专办。刘秉恬人颇明白奋勉,此事尚所优为,着即驰驿速赴川省,不必来京请训。"又谕曰:"刘秉恬现在出差往四川,办理西路军营粮饷。着给与钦差大臣关防。"七月,谕曰:"因川省军营粮运紧要,特派侍郎刘秉恬前往西路,鄂实前往南路,分头督率。今思南路径僻站长,山峦陡险,挽运较艰,尤当设法赶运。刘秉恬平日颇能办事,着调赴南路,上紧筹办。"秉恬以西路急需接济,奏请暂留二三日,料理完竣,再赴南路。奏入,朱批:"是极!如此方是。"又奏:"南路粮运,人俱畏其难,臣亦非敢轻言其易。然天下亦无必不可办之事。"朱批:"所见甚是,勉为之!"又奏粮运站夫回空之日,请仍给口粮,得旨允行。十月,大兵由甲尔木一路进攻小金川,秉恬奏道险万分,惟羊只可以陟山,因招集蛮民,[二]贩羊至营,以六羊抵米一石,得旨嘉奖。十二月,奏:"现在官兵攻克僧格宗,其地距达乌六十馀里。臣亲往查勘,酌定程途适中之地,复于策尔丹色木安设一站,以便转运。至策尔丹色木现有喇嘛寺一所,即将运到米石收贮寺内,更得蔽风雨而资防卫。再查僧格宗及附近之纳围、纳扎木等处军粮。乾隆十二三年,系由西路馈送,运价较省。今由南路支应,道远站长,俟攻克美诺之日,将此一带军粮,仍归西路支放,则挽运较易,钱粮亦可节省。"奏入,上嘉之。是月,谕军机大臣等:"据刘秉恬奏:'现在驰赴美诺,就近督令粮员上紧赶运,不敢稍存畛域之见'等语。所办甚是,深属可嘉!已于折内批示矣。刘秉恬自派赴南路办粮以来,一切俱能奋勉妥协,军储源源接济,以利遄行。且由达乌自赴美诺,亲身督率挽运,不辞劳瘁,实能与军营大臣冲锋陷阵者,交济奏功,朕心深为欣悦。前此汉大臣中,原有赏给花翎者,刘秉恬此次如此认真任事,宜从格外优奖。着加恩赏戴花翎,赏给大荷包一对、小荷包二个,以示恩眷。"

旋授四川总督,谕仍留美诺等处董办一切事务,并就近督催粮运。三十八年正月，奏："小金川全境荡平，现在分兵三路克期申讨金川，粮运最关紧要。臣供支当噶尔拉之外，兼办南路运往绰斯甲布军粮，不敢推诿贻误。此外吉地、丹东一路，现有官兵七千。臣于章谷存粮内，督令源源运往，足供接济。"得旨嘉奖。又谕曰："刘秉恬现驻美诺，办理一切军务。董天弼又驻布朗郭宗，经理降番诸事。所有防范机宜，乃伊二人专责。着将美卧沟及曾头沟两路酌量形势，选派干练备弁，带兵驻守，以防贼众滋事。其他有类此要隘之处，〔三〕亦着一体妥办。或美诺兵数不敷派拨，川省尚有可调之兵，即着刘秉恬等悉心经理，总期于事有益，不可惜费。"旋奏："僧格宗降番一项，俱一例办理，其不随营者，断无取给内地之粮，俾资养赡。但既宥以不死，即当令其自生。查美诺为小金川居中之地，臣到彼将各寨逐一清釐，并令乘此布种之时，照常耕作。其力不能者，或听其佣工，或量予籽种。则现在归来者，可保其无他心；其逃往金川者，亦将闻风而至。"奏入，上嘉之。

　二月，谕："据刘秉恬奏称：'温福现在取道进攻昔岭，迅速移营。但道路初开，恐粮运稍有稽迟，即日驰赴木果木大营，由功噶尔拉一带地方沿途查办，将道路设法开修，驿站妥为安设，并催攒在途米石，速赴军营接济'等语。所办甚好。昨因温福业已进攻，谕令刘秉恬于军营适中之地，〔四〕带兵驻防，并令先往木果木及功噶尔拉两处察看情形。今尚未接奉前旨，一闻温福移营之信，即迅速前往，与朕所降谕旨适合，可嘉之至！刘秉恬向在军机处行走有年，久经历练，而又不肯稍存畏难之见，不辞劳瘁，动合机宜，深得古大臣实心体国之道，实能副朕委任，深用嘉慰！似此勤劳军务，即与统兵督战无异。刘秉恬着交部照军功议叙，以示优奖。"又谕曰："据刘秉恬奏，绰斯甲布土司工噶罗尔布差头人生根吉投禀刘秉恬，以绰斯甲布力量较别土司不同，而与金川亲昵尤久，现虽附列行间，未见十分出力。其意尚冀大兵中辍，既可全恭顺之名，复不失姻亲之谊，方以弥缝为得计。其恳求退回噶尔玛六宗地方，具禀已非一次，而试开进剿金川之路，皆人所共知，该土司不过藉此以表其恭顺，因而试探军情，尤须直揭其隐私，方足使番人知所儆励。随于该头人叩见时，面为严切晓示，谕以大兵以次征剿，务必扫尽蛮氛，断不中止，不似从前提督办法。其六宗等处，事平后，自然从公剖断，此时无暇办及。至尔土司自去年九月随征金川，至今并未抢得金川一处，且容金川贼人在尔境内放夹坝，不能发兵抢掳杀贼，所谓实心出力者安在？生根吉闻谕惭沮，不能置对，惟称回告土司，恪奉遵行。并另写檄谕严行诘驳，发交该头人赍回等语。所办甚合机宜。阅其檄稿亦极词严义正，实为可嘉！"三月，奏："臣赴木果木大营，沿途查办一切事宜。行至崇德地方，即遇大雪。次日，抵功噶尔拉，地气极寒，四山皆雪。甫经设站，人夫尚无栖止之处，随于附近站所，飞调篾蓆搭盖窝棚，又凑集帐房，各夫免露处之虞，军粮藉得转输迅速。至簇拉角克西口系布朗郭宗运粮接济要道，西口至东口约六七十里，多系土路，尚易开修，由沟口通至木波地方，便合帛噶尔郭克碉及布朗郭宗大路。今若将此路开通，较为平易。再自功噶尔拉前至军营，路极陡滑，各夫负重维艰，已经拨夫重修道路，并将冰凌随时斫凿，不致少误粮运。"奏入，报闻。又奏定严缉逃兵章程，谕曰："刘秉恬所议甚当，即照此办理。"四月,加太子太保。

六月,底木达、布朗郭宗两处失守。谕曰:"此次贼番侵扰,原属猝不及防,其疏忽尚不足为刘秉恬责。惟董天弼本属软弱无能之人,前经切谕刘秉恬令其留心查察,乃董天弼擅离防守之地,退居美诺,刘秉恬岂能闻见,因何不早奏参? 该督之咎,实在于此。刘秉恬着交部严加议处。"寻谕曰:"刘秉恬革去总督,着赏给按察使衔翎顶,暂行照旧带用,仍令其实心办事。"七月,谕刘秉恬着革职,留于军营效力,自备资斧赎罪。又谕曰:"刘秉恬前此督办粮务,尚属奋勉妥协,且在川年馀,道路情形已熟,曾为总督川省,文武皆其属员,委以专办,自当听其调度。但伊系革职之员,奏折行文,诸多未便。着派按察使郝硕前往,同刘秉恬督办西路粮运,务使军粮源源接济,以裕军储。"三十九年,奏:"川省军粮均系米石,至面斤一项,采办较少,而裹带最为便捷。现在进剿金川,约需十七八万斤,业已有盈无绌。"奏入,上嘉之。

四十年五月,奏:"口外雨颇多,楸砥至日尔拉萨拉一带,最关紧要,或有雨淋塌卸之处。臣赶紧修整,并顺道前往大板昭军营等处,与督臣富勒浑悉心筹酌,将北路军食归并西路递运,以省糜费。"奏入,上嘉之。八月,谕曰:"刘秉恬前此获罪,原系总督任内之事。伊自革职后,驻扎楸砥,总理粮运,两载以来,尚能留心经理,妥协尽力。着加恩赏给兵部郎中,赏戴花翎。"十月,奏补职方司郎中,仍带钦差关防。十二月,补授吏部右侍郎。四十一年,调吏部左侍郎。四十四年正月,谕曰:"刘秉恬之母年逾八旬,现在患病颇重,病中思念其子甚切。刘秉恬承办军需,奏销业将完竣,着驰驿迅速回京,侍奉伊母,闻子克期回京,自必心生欣喜，病势或可稍痊。将此速行传谕知之。"是月，丁母艰。十二月，谕："毕沅现在丁母忧，陕西巡抚员缺紧要，即着刘秉恬署理，不必来京请训。伊曾任封疆，且守制已届一年，现因一时不得其人，暂令署理，并非开在任守制之例也。"四十五年三月，谕："刘秉恬现有面谕之事，着即驰驿前赴行在陛见，其陕西巡抚印务，着交布政使尚安护理。将此由六百里传谕知之。"

四月，调署云南巡抚。奏云："铜与盐，为地方自然之利。何以近年来滇省屡行竭蹶，似转为地方之累？必当求其受累之由，斯可得去累之道。"上是之。四十六年八月，署云贵总督。时安南国王以内地人民出边居住，咨请防禁。秉恬照会国王，称："内外界址，天然判别，无须复加中画。至内地百姓，只缘尔国需用内地货物，天朝俯念藩封世守，一视同仁，特准开通关市，为尔国利赖。否则内地之人，焉有远诣尔国贸易之理？又尔国土民欠税不完一节，此非经征头目催办不力，即系私收侵用之故。内地民人不与往来贸易，且并非在外垦田种地，本无应纳租赋，焉有内地民人胁制土民欠税之说？但既称内地之民就寓日众，更有动称内地差委征索租赋，大为民扰之事。天朝法纪森严，断不容若辈潜居境外，滋生事端。惟有责令尔国就近查出，概行送回内地，以凭究治。傥有闻风逃逸者，仍即查明各犯姓名籍贯，补开咨报。庶内地查拿易尽，无从漏网。"随具折陈奏，谕曰："据刘秉恬奏，接据安南国王来咨，酌拟照会文稿檄饬一折，所办甚是，已于折内批示矣。安南臣服本朝，素称恭顺。该国沿边一带隘口，虽许内地民人往来贸易，但其中难保无匪徒在彼滋事之处，惟在该督抚随时严饬沿边镇将及地方官，留心查察，按验牌照籍贯,〔五〕毋许游民私越。傥有不安本分之徒,潜窜彼境滋事,即严拿究办,自可以绥属国而靖边隅。刘秉恬所奏,现在飞饬文武各属巡防侦探,遇有并无牌照窜回游民,即行截拿,解省严审,所办甚为妥协。至其所拟该国照会文稿,措词亦尚属得体,其中稍有字句应行删节者,已令军机大臣酌改,发回该督等,即遵照缮写发往。将此由五百里谕令知之。"

九月,谕滇省额运京铜,向来办理迟延,皆由该督抚等不能实心筹办所致。此次庚子正运加运八起京铜,于七月内全数扫帮,办理甚为妥速。刘秉恬着交部议叙。"四十八年,谕:"此次壬寅正运,加运八起京铜,于本年三月全数扫帮,为期尤早。刘秉恬着交部议叙。"五十年,谕:"刘秉恬奏查明滇省历来文武官员有去思、德政等碑一百馀座,现在逐一扑毁,办理实属可嘉。刘秉恬着交部议叙。"五十一年正月,谕曰:"刘秉恬身任巡抚,其初到云南,声名皆属平常。近闻伊能遵朕教诲,痛自改悔,无从前声名平常之事。数年来,办理盐铜等事,俱能迅速妥协。刘秉恬应慎之在己,持之以久,庶不致负朕教诲成全、谆谆告诫之至意。"闰七月,调兵部侍郎。五十二年正月,调仓场侍郎。十月,谕:"今岁系全漕年分,各漕粮较往岁多至一倍有馀。该仓场侍郎等办理甚为妥速。苏凌阿、刘秉恬俱着交部议叙。"五十七年闰四月,奏筹办截漕事宜,近日临清一带,水势渐消,河面未能宽阔,江西船体较大,请将在前之南昌等七帮跟接赴通,尽在后之广信等六帮截留拨给,得旨嘉奖。六月,奏本年江西南昌等五帮出临清闸后,水浅起拨之费较多,拟将袁州等三帮应交之赠剥米一石二斗,除免交二斗以抵直省拨价外,其馀一石,令该三帮汇交临清州知州,转交江西前五帮总运通判,以为将来接济前五帮各项之费。得旨所办好,有旨议叙。五十八年,谕:"仓场侍郎等奏七月初五日已将全漕俱行起竣,较之五十六年无闰之岁更早四日,办理尚为妥速。诺穆清、刘秉恬及坐粮厅,俱着加恩交部分别议叙,以示奖励。"嘉庆四年九月,调兵部右侍郎。五年正月,调兵部左侍郎。二月,卒。

子宝箊,原任安庆府知府;宝筏,荫生,签掣刑部主事,捐升郎中;宝簅,[六]兵马司副指挥,候补通判;宝籫,兵部司务厅行走。

【校勘记】

〔一〕三十三年　下"三"字原误作"四"。耆献类征卷九六叶一九上同。今据国传卷六四叶五上改。

〔二〕惟羊只可以陟山因招集蛮民　"以陟"原误作"江涉",又"因"误作"回"。耆献类征卷九六叶二○上同。今据国传卷六四叶六上改。

〔三〕其他有类此要隘之处　"他"原误作"地"。耆献类征卷九六叶二一上同。今据国传卷六四叶八下改。按纯录卷九二四叶二六上无"他"字,亦通。

〔四〕速赴军营接济等语所办甚好昨因温福业已进攻谕令刘秉恬于军营适中之地　原脱"接济"以下至"于军营"凡二十四字。耆献类征卷九六叶二一下同。今据国传卷六四叶七上补。

〔五〕按验牌照籍贯　"牌"原误作"查"。耆献类征卷九六叶二五上同。今据国传卷六四叶一○上改。

〔六〕宝簅　"簅"原误作"书"。耆献类征卷九六叶二六下同。今据国传卷六四叶一一上改。

乌什哈达

乌什哈达,满洲正黄旗人,伊尔根觉罗氏,住吉林。乾隆十九年,由闲散授前锋。二十七年,派防伊犁。二十八年,授前锋蓝翎长。二十九年,擢前锋校。三十一年,随征缅甸。三十三年,以军功赏法福哩巴图鲁名号,授三等侍卫。三十五年,随征金川。三十六年,攻克巴朗拉西面山梁、卡座。三十七年二月,将已占山峰被贼夺去,旋复带兵占踞,并将卡贼全行剿洗。奏入,上以其功过足以相抵,宥之。三月,偕攻资哩贼砦,克之,命予议叙。七月,擢二等侍卫,旋授正白旗蒙古副都统。三十八年,攻克昔岭大碉,得旨嘉奖。三十九年,攻克罗博瓦山碉卡,赏荷包、燧囊。四十年,屡于雅玛朋砦并瓦喇占等处,夺栅立功。四十一年,奏凯,予骑都尉加一云骑尉世职,并赐银缎。

旋授和阗领队大臣。四十六年,向钦差理藩院右侍郎复兴告三品衔和阗办事大臣德风私动玉石、钱文,修理衙署等款;德风亦告乌什哈达收受阿奇木伯克皮张多款。上命工部尚书绰克托暨复兴鞫之,旋奏德风以乌什哈达东三省人,意存轻视,遇公务有意饬驳,不假辞色。以致乌什哈达不能隐忍,讦以泄忿。德风私动钱文属实,照例拟罪;乌什哈达私受皮张,皆以物抵给,并非勒取,惟讦款实少诬多,应革职,发乌什边卡侍卫上效力。下军机大臣议行。四十九年,复授头等侍卫、虎枪营营长。

五十二年,授健锐营翼长,出师台湾,与普尔普由茅港剿洗诸罗至台湾之屯聚逆匪,奋勇剿杀。府县之路赖以通。得旨,赏还法福哩巴图鲁名号。五十三年，由水路擒获贼首庄大田，奉旨："官兵直抵瑯峤时，乌什哈达带领水师兵丁，顺风连樯而至，四面合围，水陆并进，俾庄大田得以即时擒获，勇往可嘉！乌什哈达着交部查照功牌议给世职。"凯旋后，图像后三十功臣于紫光阁，命词臣为之赞。寻授吉林副都统，复调齐齐哈尔副都统，又调熊岳副都统。五十六年，调镶红旗蒙古副都统。五十九年，召见，奏廓尔喀军务不实，谕曰："乌什哈达前在廓尔喀军前，并未奋勉，藉称在前修路跌伤，福康安因其无用，置于后队，朕所深知。乃今日召见时，伊转以为有功，巧饰奏对，实属不堪！乌什哈达着革职，发往伊犁当差，以为巧佞者戒。"

嘉庆元年，释回，至河南，请赴楚省军营效力，得旨俞允，赏头等侍卫，即随副都统衔鄂辉剿办襄阳扑城之匪，歼毙甚多，馀皆退窜，奉旨议叙；复随剿钟祥贼夥有功，赏大小荷包。二年二月，派驻守城西岸，适有贼七八百人在古河口测探水浅，[一]遂率兵勇力剿，伤毙过半，馀皆退逃。旋派防四川石砫厅。九月，率副将达桑阿等由甲溪一路往攻白崖山贼，[二]将头层木卡攻克，逆匪扑水死者五百馀名。三年正月，逆首王三槐等在梁山、垫江一带滋扰，复由临江寺伙聚渠口，白崖山暗与会合，拥众过江，王三槐亦至。其时有匪船数十，停泊岸上，疾呼船中之贼，应声即登，蜂拥不下数千。乌什哈达不顾兵力单弱，即出迎御剿，力竭阵亡。

事闻，命咨部加等优恤，予轻车都尉世职。长子图尔弼善袭。

【校勘记】

〔一〕适有贼七八百人在古河口测探水浅　"测"原误作"侧",又"水"
下脱"浅"字。耆献类征卷三六一叶三六下同。今据国传卷一八
叶三上改补。

〔二〕率副将达桑阿等由甲溪一路往攻白崖山贼　"甲"原误作"申"。
耆献类征卷三六一叶三六下同。今据国传卷一八叶三上改。

鄂辉

鄂辉,满洲正白旗人,姓碧鲁氏。乾隆三十六年,由前锋校
分发四川,试用守备。三十七年,署建昌镇越嶲营守备。三十八
年六月,随将军阿桂攻剿金川,叙功,赏戴花翎,擢宁越营都司。
三十九年八月,擢广东潮州镇游击。四十年五月,擢湖北兴国营
参将。四十一年,擢贵州上江协副将。四十二年四月,调成都将
军标中军副将。四十五年,擢四川建昌镇总兵。四十六年五月,
随大学士阿桂进剿兰州逆回,赏法什尚阿巴图鲁名号。四十八
年六月,擢云南提督。五十一年三月,调成都将军。十一月,奏
言新疆屯练民户,承垦地亩,原借牛价口粮,请宽限征还,得旨
豁免。

五十二年正月,署四川总督。八月,将军福康安剿台湾逆
匪,鄂辉奉调,带领四川屯练降番赴闽。十月,得旨:"鄂辉久历
行阵,于军旅较为谙习。着授为参赞,协同福康安悉心筹办进
剿。"十一月,随福康安渡海,由鹿仔港赴援诸罗。鄂辉堵截东庄
溪桥,攻克牛稠山竹栅,诸罗围解,追至大排竹,痛歼之。及我军
进逼斗六门,贼众从山上扑杀,鄂辉分领兵练冲截之,贼奔逸;进

攻大埔林、大埔尾二庄,杀获无算。贼溃,首逆林爽文由大里杙逃入内山番界,鄂辉同各将弁追至集集埔。[一]五十三年正月,擒获之。上以鄂辉等勇略最著,令台湾郡城及嘉义县建祠塑像,并命画像紫光阁,御制赞曰:"无前出力,屯练之兵。将军鄂辉,实率以行。覆穴摧垒,到处功成。勇而有谋,罩国之英。"叙功,赏双眼花翎、云骑尉世职。七月,诣热河陛见,旋回任。时巴勒布滋扰西藏,抢占济咙、聂拉木等处。上命鄂辉驰驿抵川,与提督成德带兵赴剿;复命侍郎巴忠驰赴后藏,偕鄂辉等查办。九月,谕曰:"据庆麟奏,贼匪纷纷退去,自系闻知内地大兵将到,预为奔窜之计。鄂辉、成德正应会合兵力,赶紧行走,乘胜追杀,断断不可因有贼匪败逃信息,进兵稍缓,又致迟误事机也。"十月,谕曰:"昨据成德奏,仲巴呼图克图与章嘉呼图克图私自差人与贼众说和。鄂辉折内,于讲和一事,竟未提及,未免稍存将就完事之见。巴勒布贼众擅敢侵犯后藏边界,业经内地派兵前往,若不示以兵威,将来大兵全撤,设复潜来滋扰,势必纷纷征调,疲于奔走,尚复成何事体?鄂辉等若尚能赶上,痛加歼戮,固属甚善,倘贼去已远,不值为穷追之计,亦应将巴勒布附近边界夺取一二处,使之震慑乞降,方能蒇事。鄂辉等不可不遵照妥办也。"

　　五十四年六月,鄂辉偕成德、巴忠、舒濂、普福等奏:"收复巴勒布侵占藏地,设站定界事宜:一、前藏向驻绿营官兵五百十员名,现有驻藏大臣管辖,其扎什伦布地方亦应酌拨绿营官兵分驻,请于察木多抽拨外委一员、兵六十名,江卡抽拨兵三十名,硕板多抽拨都司一员、兵二十名,前藏抽拨兵四十名。以上四处,共抽拨兵一百五十名,即令抽拨之都司、外委管领,移驻后藏,于马兵内挑拔二名,作为军功外委,管束兵丁。再后藏既移驻官兵,由后藏至前藏一路,应分立塘汛十三处,以唐古忒番兵安设,每塘挑选附近番兵四五名,并交噶布伦等办给口粮,均令驻防后藏都司随时稽查管束。一、拉子地方,请添设唐古忒番兵二百名,并添第巴二名管领,按年一次更换。至胁噶尔番兵亦不敷防守,请于拉子防兵内拨出三十名,安置胁噶尔地方。其萨喀一处,距拉子不远,亦即于防兵内拨出三十名,轮赴该处巡哨。再宗喀、聂拉木、济咙等处,远在极边,其紧要处所,仍须修砌卡隘坚碉,以资瞭望而严防守。一、西藏官兵,以耕牧为生。现饬噶布伦等按寨落多寡,^[二]编定数目,前藏派唐古忒兵八百名,后藏四百名,于每岁九月望后操演,至十月底止,随同绿营驻防一体练习。至操演枪箭,于绿营内挑取千把弁兵数十名,充为教习,令其分领番兵,逐日操演。唐古忒兵向无钱粮,令定于派出操演日期,至散操日止,令噶布伦等酌给口粮。又达木兵向驻达木角地方,换班应差,令并归操演番兵内,一体教习,仍照旧令达赖喇嘛月给口粮。又查达赖喇嘛山上旧存大小铁炮二十馀位,请编定号数,令绿营兵带领番兵演习施放。一、请于秋收后查明稞麦时值,动项发交该噶布伦等,在附近各处买稞麦三千石,交驻藏粮员于扎什伦布城内建仓收贮。俟采买二年后,按年出陈易新,以六千石常贮为额。至拉里、察木多、巴塘、里塘四处粮台,皆有粮员,而察木多尤为川、藏居中之地,请一体储备。一、西藏各寨落,设立第巴管理,缺分甚多,其间美恶不齐,然皆有应办事件。请令噶布伦等嗣后无论缺分美恶,^[三]一体补放,务令该第巴亲往照料,不许擅差家丁代往,差遣堪布囊苏赴京进贡,并赴打箭炉办茶,皆系经行内地,往返需时。请嗣后均由驻藏大臣会同达赖喇嘛及噶布伦等拣选妥人,给与护牌,将需用夫马酌定数目注明,沿途照给,以杜需索。一、驻藏大臣应于二人内,按年分为两次,轮赴后藏,巡查之便,亲加操演,分别劝惩。至藏众散居各处,耳目难周,该处有噶布伦四人,管理地方事务,嗣后请于四人内每年轮派一人,于春秋农隙时亲往稽查。一、从前驻藏大臣同居一处,自珠尔默特纳木扎勒滋事后,房屋入官,始行分驻。查前藏之撒木珠康撒尔住房,即系从前珠尔默特纳木扎勒旧居,其地房屋宽敞,足敷驻藏大臣二人分驻。且同居一处,遇有公事,即可随时商办。一、西藏贸易外番,必须老成谨慎之第巴,协同该处头目,专管卡契回民,及巴勒布平日悉心抚驭,不许互相欺压争竞,以便秉公调处,仍责令噶布伦等随时访察。傥有第巴头人及官弁兵役倚势强买,苦累地方,即禀驻藏大臣拿究。一、向来西藏遇有讼事,系归管理刑法头人朗仔辖听断,俱照夷例分别重轻,罚以金银、牛马,减免完结。恐有高下等弊,现在告知达赖喇嘛及噶布伦等,凡有关涉汉、回外番等事,均令朗仔辖呈报,拣员会同审理。一聂拉木、济咙、绒峡三处,均与巴勒布连界。迩来贩运日多,巴勒布驮载货物来藏贸易者,第巴收税加至十分之一,易致争执。以后止准减半收取,并令勒碑界所,长远遵循。一、西藏盐斤,于沙中刨出,本不洁净,应即挖出时,交该处第巴查验盐斤成色,酌中定价,毋许故昂,任意勒买。一、驻藏大臣衙门,向挑官兵应役,均无定额。将备以下,从而效尤。应酌定名数,按期更换。至驻藏大臣差遣官兵,赴省制办赏号之事,有旷操防,应咨明本省总督,饬有司代办,遇便带藏;并饬禁兵丁雇役番妇,以肃营伍。一、西藏噶布伦、戴绷、第巴等缺,办理地方,管束兵民,均关紧要。遇有缺出,应于诚实勤妥子弟中,慎选承充。至第巴营官商卓特巴等,^{〔四〕}不下二三百缺,逐一奏补,未免过繁。应请将大处紧要地方缺出,调验补放。其偏远第巴等缺出,仍令达赖喇嘛自行选择。一、理藩院司员并驻藏游击,向未议给关防,恳敕部铸给办理藏番事务章京关防一颗,驻藏游击关防一颗,俾办事呼应较灵。一、宗喀、济咙、聂拉木等处,为巴勒布往来门户,收税行盐等事,均关紧要。现在噶布伦拣派第巴三人,分头安设;又选老成能事戴绷,驻扎胁噶尔地方,^{〔五〕}统辖宗喀、济咙、聂拉木三处,就近稽查,其缺较为繁重,请照阿哩第巴之例,由部发给号纸,以专责成。一、从前解赴打箭炉口外兵饷,皆系元宝,迨后祗解碎银。但自省至藏,万里崎岖,傥有碰失,各站易于推卸。况番地买卖交易,均以元宝成色为足。请嗣后仍照旧以元宝起运。一、西藏向有赏需一项,系蒙皇上轸念达木官兵,素无钱粮,将三十九族每年所交例马银三百九十馀两,买办缎布、烟茶、银牌,按年奖赏一次,此外并无别款。今既添设唐古忒番兵,按期操演,经驻藏大臣亲查,自当照例奖赏。请于川省闲款内,加给银五百两,饬办缎布、烟茶、银牌等项备赏。一、口外至西藏,一切事务,向归驻藏大臣管理,但里塘、巴塘与川省较近,皆有土司管理。原非西藏所属,应划分总理,请自南墩迤西一路,凡属西藏所管之地照旧归驻藏大臣管理;其巴塘迤东土司地方,归川省将军、督、提衙门就近管理。至江卡、乍丫、察木多并移驻后藏各营汛台站,统归驻藏大臣总理,其巴塘、里塘安设塘汛官兵,就近归阜和协副将兼辖。^{〔六〕}一、打箭炉出口以至西藏,向于文职内派委州县丞倅,武职内拣派游击、都司、守备、千总分驻办理,三年一次更换,该文武等官员,远役三年,往返将及四载,向来期满,并无保题升转之途。嗣后请令驻藏大臣,照金川营屯各员,三年期满,出具考语,奏明咨送本省将军、督、提考察保题,仍照边俸报满之例,一体升用。其驻防官兵,遇换班之期,亦须选派妥干,以资防守。"奏入,下军机大臣议行。九月,鄂辉偕成德、舒濂、普福等奏:"巴勒布贡使沿途行走安静,自藏起程,妥为照料前进。"五十五年,前藏达赖喇嘛之弟商卓特巴等在各商上渔利舞弊,四月,命鄂辉赴藏查办。旋鞫实,以商卓特巴等解京治罪。

十月,擢四川总督。五十六年,廓尔喀侵占聂拉木、济咙、定日等处。九月,鄂辉偕提督成德带兵进剿。先是,巴忠以驻藏大臣专擅藏务,又素谙唐古忒言语,因授意噶布伦丹津班珠尔,与廓尔喀定议,岁给元宝三百锭,令退还侵地。鄂辉等遂藉是议和葴事。嗣因后藏掯不给银,复致侵扰。事闻,巴忠畏罪自尽,命鄂辉迅速进兵,立功自赎。十月,奏言:"贼匪业已败回,不过在济咙、聂拉木一带观望拒守,俟与成德抵藏,设法攻取。"谕曰:"贼匪现在济咙、聂拉木一带,正可带兵星驰赴藏,痛歼贼众。鄂辉身为总督,应将成德行程迟缓奏参,星速赶上,奋力剿戮。乃计不出此,坐失机会。且鄂辉等身在中途,贼匪于抢掠后,早经饱载而归,安得大言不惭,为此贼匪败回之语?着传旨申饬。"命将军福康安由青海抵藏督兵,谕曰:"上次廓尔喀因盐税细务,与唐古忒人等争执。鄂辉听从巴忠谬为办理,以致复滋事端。朕格外加恩,不即问罪,仍令带兵赴藏,立功自赎。理应加倍奋勉,克期抵藏,乃竟濡滞不前,坐失机会。其错谬甚大！鄂辉着革去总督,赏给副都统衔,驻藏办事,听候福康安调度差遣。"五十七年二月,鄂辉偕成德等攻克聂拉木寨贼匪;及福康安抵藏,鄂辉督办粮运。七月,奏言沿途查催定日一路粮石,驰往聂拉木接济成德,上嘉之。十月,工部尚书和琳奏参鄂辉积压粮运,并压阁廓尔喀表章贡物。谕曰:"鄂辉于粮运积压,姑念伊系总办之员,彼时又赴聂拉木一带查催,势难兼顾,尚非有心玩误;而于廓尔喀呈进表贡,匿不具奏,鄂辉之罪,实在于此！边外重务,竟敢壅于上闻,此而不严行查办,何以肃政治而饬官常？着将鄂辉革职,交福康安严切根究。"旋福康安奏言:"鄂辉因贡品较少,不合体制,先发檄驳斥。拟俟廓尔喀贡使到来再办,但未能先行具奏,请锁解刑部治罪。"〔七〕命解回前藏,永远枷号。五十八年,带罪回京,赏拜唐阿。六十年四月,加员外郎衔,擢热河总管。

嘉庆元年二月,赏给三等侍卫,驰赴荆州军营,协剿邪匪。三月,赏头等侍卫。四月,赏副都统衔。八月,调赴湖南军营,剿捕苗匪。九月,永保奏鄂辉剿除钟祥邪匪,奋勇杀贼,命加太子少保,并都统衔,授湖南提督。十月,抵湖南大坝角军营。十一月,率兵由老石沟山梁攻克平陇寨,旋进占养兵塘山梁。德楞泰为右路攻克菜冲、土贯坡、湖耳坳等处石卡,进逼平陇后山,复夺据马头山、馀锦坡贼卡。十二月,由贵鱼坡下沟深入,绕出石隆山后,扼要围裹,与领侍卫内大臣一等威勇侯额勒登保等并力攻克,斩首逆石柳邓,擒获石老乔。藏功,予三等男爵。二年正月,督兵擒获吴廷义并各寨贼目,旋留乾州查办馀匪,开通道路,办理撤兵善后各事宜。九月,擢云贵总督。十二月,抵黔抚剿仲苗,并搜查安顺、兴义及马乃屯、锣锅背松等处苗党,均得旨交部议叙。三年六月卒。遗疏入,谕曰:"鄂辉自擢授云贵总督以来,办理苗疆军务,一切事宜奋勉妥协,着加恩入祀贤良祠。其前赏三等男爵,即着伊长子鄂弥善承袭。"赐恤如例,谥"恪靖"。四年十月,以鄂辉前在湖北办理教匪时,于军需项内得受馈送银四千两,命撤出贤良祠。

子鄂弥善,现袭男爵。

【校勘记】

〔一〕鄂辉同各将弁追至集集埔　原脱一"集"字。耆献类征卷一八九叶一九下同。今据鄂辉传稿(之四三)补。按国传卷三七叶一下不脱。又本卷穆克登阿传有"集集埔",可证。

〔二〕现饬噶布伦等按寨落多寡　"多寡"原误作"名号"。耆献类征卷一八九叶二一上同。今据纯录卷一三三三叶二九下及鄂辉传稿(之四三)改。按国传卷三七叶二下不误。

〔三〕请令噶布伦等嗣后无论缺分美恶　原脱"美恶"二字。耆献类征卷一八九叶二二上同。今据纯录卷一三三三叶三〇下及鄂辉传稿(之四三)补。按国传卷三七叶三上不脱。

〔四〕至第巴营官商卓特巴等　"卓"原误作"车"。耆献类征卷一八九叶二三上同。今据纯录卷一三三三叶三二下及鄂辉传稿(之四三)改。按国传卷三七叶四上不误。又下文有"商卓特巴",可证。

〔五〕驻扎胁噶尔地方　"噶"原误作"勒"。耆献类征卷一八九叶二三下同。今据纯录卷一三三三叶三三上及鄂辉传稿(之四三)改。按国传卷三七叶四上不误。

〔六〕就近归阜和协副将兼辖　"阜和"原误作"和卓"。耆献类征卷一
　　八九叶二四上同。今据纯录卷一三三三叶三四下及鄂辉传稿
　　（之四三）改。按国传卷三七叶四下不误。

〔七〕请锁解刑部治罪　原脱此七字。耆献类征卷一八九叶二六上同。
　　今据鄂辉传稿（之四三）补。按国传卷三七叶五下不脱。

舒亮

舒亮,正白旗满洲人,苏佳氏。由前锋于乾隆三十三年补前
锋校。三十七年,以委署前锋参领,从副都统齐里克齐征金川。
三十八年,升副护军参领。三十九年二月,升前锋参领。七月,
官军攻穆谷,舒亮伏军山下待贼,歼毙甚多;又进攻卡卡角,[一]
贼匿兵山沟,舒亮先于密箐中望见火光,以火器就击之,贼溃败。
奏入,赐缎两匹,以功加副都统衔,遂授镶白旗满洲副都统。十
二月,调补荆州副都统。四十一年二月,再调镶黄旗满洲副都
统。又以克噶拉依功,赐穆腾额巴图鲁名号。六月,授管理健锐
营大臣。及金川凯旋,图形紫光阁,御制赞曰:"率健锐营,训练
有素。节制之师,五步六步。礌礰丛中,鼓勇身先。劳而不伐,
是用称贤。"四十二年,补镶蓝旗护军统领。

四十六年五月,大学士阿桂剿撒拉尔逆回苏四十三,舒亮
从,至即败贼于华林山,贼惧,掘濠设卡以自固。闰五月,阿桂督
令领队大臣海兰察由山西横冲贼卡,舒亮从南山进,当贼锋,贼
蜂出抗拒,箭射舒亮,伤左腿,拔箭裹创而战,夺贼卡四座,毙贼
百馀。得旨优奖,并赏大小荷包、银百两。六月,与海兰察乘贼
不备,以土袋填贼濠,渡军击之,守濠之贼颈馘殆尽。复夺十馀

卡,贼首苏四十三为我兵所戮。舒亮剿华林寺馀匪。事平,回京供职。四十八年,调正黄旗护军统领。

五十二年,林爽文叛扰台湾。七月,舒亮与领侍卫内大臣海兰察、护军统领普尔普并授领队大臣,从协办大学士陕甘总督福康安渡海征之。爽文围诸罗久,福康安议官军至后,即取路笨港,救诸罗。舒亮由乌日庄夹攻,以分贼势。十二月,贼方踞北大肚山,拒我,舒亮迎击,破之。连破南大肚、王田庄、濑湄庄,以至半山庄、坑子庄,遂达乌日庄贼巢。得旨,从优议叙。五十三年二月,爽文逃入内山,匿东势角,福康安督舒亮及成都将军鄂辉由归仔头逼之,至麻著社分军,鄂辉由朴仔离东山路进,舒亮直取东势角,山径峻险,诸将皆步上,杀贼二千馀名,获军械无算。爽文窘甚,复走至老衢崎。舒亮督军急进,获之。奏入,谕曰:"此次台湾逆匪滋事,至一年之久。福康安等带兵渡洋,旬日之内,即将逆匪痛加歼戮,捣穴擒渠,各村庄得以安堵如旧。该处地隔重洋,五方杂处,风俗素称刁悍。经此一番惩创,若不明示威武,恐民人等事过即忘,不足令其怵目儆心,常思安分畏法。将来事竣后,如福康安、海兰察及鄂辉、普尔普、舒亮等之勇略最著者,应于台湾郡城及嘉义县两处,共建生祠,塑立像貌,俾该处民人望而生惕,日久不忘。"舒亮随押爽文并各贼目入京,贼党赖大病困,舒亮在途诛之,以六百里奏闻,奉旨申饬。时已授为镶红旗蒙古都统,命仍回正黄旗护军统领任。四月,叙功,给云骑尉世职,再图形紫光阁,御制赞曰:"金川之役,已为领队。事定功成,统军归内。搜捕逸贼,不遗丑辈。生致逆渠,其能不昧。"冬,调镶黄旗护军统领。

　　五十五年,擢荆州将军。五十八年,调黑龙江将军。六十年,坐私买貂皮,革任,并革世职。会川、陕、楚邪匪滋事,叛据当阳县,命以三等侍卫赴军营自效。嘉庆元年三月,总督毕沅至当阳,舒亮统河南兵至襄阳策应,先击斩贼目孙应元等,再战刘家集,擒贼目朱正英,升二等侍卫。四月,会军围当阳,乘贼困惫,留西门一面纵之走,舒亮自北击之,杀贼目熊道成等三名,擒贼目张仲选等六人。是月,擢头等侍卫。五月,舒亮由东门缺口登城,贼目王正统执白旗指挥迎敌,击以火枪,立毙。舒亮左额亦受枪伤,进剿不已,毁贼所筑子墙炮台,进占东门,贼退守西门,依龟背山为巢穴。官军乘胜直进,贼易服将遁,官军四面蹴之,凡斩馘生擒一千馀人,获贼首陈德本,遂复当阳。奉旨,加副都统衔,赏戴花翎,并有玉扳指、大小荷包之赐。

　　寻授镶蓝旗汉军副都统,命赴钟祥协同永保办贼。九月,钟祥贼分东西路窜唐县、邓州,舒亮伏军吕堰驿待之,贼至伏发,西窜之贼歼焉;乃合兵追东窜之贼,十月,有草店之捷。舒亮为枪所中,赏银丝盒、大小荷包,奖励之。十一月,贼侦知官军在萧家冈,乃诡称难民渡滚河逸去。舒亮坐堵剿不力,革去花翎及巴图鲁名号,命总督惠龄讯问奏参。二年正月,败贼于兴隆店,又败之于都司街及吴家店,赏镶玉如意一次、大小荷包二次。适惠龄以带兵需人请,命留营效力。二月,屡败贼于刘家港、小阜街、曾家店,赏银丝盒一、大小荷包各二。三月,统军至河南张博士店,镇遏贼势。四月,移驻李官桥。〔二〕五月,以贼渡汉江,降为三品顶带,留副都统。三年二月,复坐剿白岩山贼不力,总督勒保劾奏,请褫革治罪。奉旨,舒亮官职全行斥革,作为兵丁留营效力赎罪。寻卒于军。

【校勘记】

〔一〕又进攻卡卡角　原脱一"卡"字。耆献类征卷二九五叶二五上同。今据舒亮传稿(之四三)补。按国传卷三三叶七上不脱。

〔二〕移驻李官桥　"官"原误作"家"。耆献类征卷二九五叶二七下同。今据舒亮传稿(之四三)改。按国传卷三三叶九下不误。

　　穆克登阿

　　穆克登阿,董鄂氏,镶红旗满洲人。由鸟枪护军于乾隆二十九年补鸟枪蓝翎长。三十三年,擢鸟枪护军校。三十五年,升委护军参领。三十六年,补副护军参领。三十七年,拣发四川,以游击用。三十八年,赴金川军营,随四川总督富勒浑于明郭宗要隘,堵御有功,赏戴花翎,授四川重庆镇标中营游击。四十一年,擢城守营参将。四十二年,升江西袁州协副将,旋丁母忧。四十三年四月,命在二等侍卫上行走。五月,署广西庆远协副将。十二月,署广东右翼镇总兵,四十四年,服阕,实授。四十九年,调四川松潘镇总兵。

　　五十二年,台湾逆匪林爽文滋扰嘉义县城,四川总督鄂辉檄调四川屯练降番赴闽,以穆克登阿熟谙军旅,奏令统率屯练降番二千名,前赴台湾。十一月,行抵元长庄,随将军福康安等分队进发,一路焚斫竹围草蓁。进至牛稠山,官兵抢上山梁,贼大溃,遂由斗六门进攻大里杙贼巢。奏入,饬部优叙。斗六门有贼万馀,分据大埔林、中林、大埔尾三庄,阻截道路。时贼中剽悍多聚中林,官兵分路进攻,穆克登阿偕参赞大臣海兰察等专攻中林,大克之。官兵收复斗六门,林爽文势穷,踞集集埔自固,并于北山、草岭安设贼卡。十二月,福康安等将集集埔剿洗,穆克登阿等攻克草岭,贼遁入内山,官兵扼隘围剿。五十三年正月,于老衢崎地方,擒获林爽文及贼目何有志等;[一]又于瑯峤地方,擒获贼目庄大田等四十馀名,及馀匪八百馀名。台湾平,赏给穆克登阿奋图礼巴图鲁名号,并交部从优议叙。图像紫光阁,御制赞曰:“斗六、里杙,排竹为城。直斫而入,大败贼兵。陇种鹿埏,内山遁形。搜擒首恶,林林众英。”

　七月,调建昌镇总兵。五十六年七月,廓尔喀滋扰西藏,踞聂拉木。成都将军成德奏令穆克登阿带领屯练官兵赴藏,相机剿办。十二月,上以穆克登阿行走濡迟,严饬之。寻偕成德率领弁兵,由拍甲岭乘夜进剿,毙贼二百馀人,又生擒七名,夺获器械、米粮无算。奏入,赏大小荷包。五十七年正月,围攻聂拉木寨,穆克登阿等带兵分路截杀,毙贼甚众。复四面攻之,抛掷火弹,烧毁贼巢,逃窜者悉被歼诛。五月,贼于德亲鼎山前筑卡三处,下木萨桥前安设木栅抵拒。穆克登阿等进据德亲鼎山,攻破头卡,焚烧木栅,毙贼多名,生擒乃勒兴等七名。六月,由交奈山进攻,克多洛卡及陇冈等处。先是,驻藏大臣巴忠与廓尔喀说和,私许银两,廓尔喀头人有呈送穆克登阿及总兵张芝元公信一封、白布二匹,存巴勒布商头巴特巴第家。至是,工部尚书和琳查出,奏闻。谕曰:“穆克登阿、张芝元系前赴边界之人,于许银说和之事,断难诿为不知。姑念伊二人系巴忠等差遣前往,听从办理,非创意者可比。此时亦不复深究。”是年,廓尔喀归顺。图像紫光阁,命儒臣制赞。

五十八年,授四川提督。六十年二月,黔省松桃厅苗匪窜入川省秀山县境,[二]穆克登阿率领将弁,由巴家汛钞截贼匪后路,偕四川总督和琳前后夹攻,枪毙苗匪六十馀名。闰二月,剿贼于石堤司,复由红岩洞、牛角山一路随剿随进,追至湖南边界,前与云贵总督福康安、和琳协剿永绥一带苗匪。四月,由黄瓜寨进剿,烧毁太平山木城,攻克下染新寨。时葫芦坪、马鞍山附近诸寨,均有逆苗出入。嘉庆元年四月,福康安饬穆克登阿等迎头剿捕,连用枪炮轰击,毙贼无算。八月,驻扎永绥一路,招集乡勇二千馀名,攻补林及硐口等寨,焚贼巢二十馀户。十月,由腊夷坪分路攻剿,[三]击毙苗匪二百馀名,生擒麻老江等十一名。十一月,进据崖板寨山梁、桐木等寨,苗杨岩有等率所管苗人四十五户投诚。二年正月,进剿大小排吾,[四]苗目麻季三、麻满东等节次率椿木、麻腊等三十馀寨苗民乞降。二月,官兵疏通永绥道路,将张坪、董马等处营卡安置,穆克登阿偕内大臣德楞泰传集各百户、寨长,晓以利害,群苗感服。穆克登阿自协剿苗疆以来,叠奉恩赏大小荷包、蟒袍、“喜”字、玉扳指等件八次。

时川、楚教匪滋事,领侍卫内大臣额勒登保等奏令穆克登阿驰赴达州会剿。四月,由余家岩进攻冉家垭,[五]烧毁金峨寺贼寨。贼首王三槐欲窜新宁,复经穆克登阿等邀击之,歼毙及落水者数百人。王三槐窜重石子,与香炉坪贼相首尾。东茨菇梁、西富成寨贼皆踞险设卡,穆克登阿等由罗江口进剿,茨菇梁、富成寨均克之。贼欲袭罗江口,潜出四千馀人,扑铁钉垭。穆克登阿用大炮轰击,并密派将弁设伏,截其后路。官兵三面围击,歼擒无算。五月,贼匪潜赴花潭子,欲偷渡窜入新宁,经防守东林河副将王承勋追击,穆克登阿等闻枪炮声,带兵截回,歼毙多名。寻由黄家寨进攻香炉坪,射入火箭,焚之,寨内贼无一幸免。贼窜陈家坝,于附近之汪家山、安子坪等处,分队屯劄。六月,穆克登阿等击安子坪,生擒贼目陈明彩等二十七名,进抵苦草坝、汪家山,贼退屯精忠寺山包,偕德楞泰等分路攻之,毙贼二千馀名,生擒男妇三百馀名,并获伪总兵熊永明、亢作俸及贼首徐天德之母徐王氏。王三槐之母王杨氏。上以其奋勇嘉之。穆克登阿自剿办教匪以来,叠奉恩赏扳指、金盒、“喜”字牌、大小荷包四次。

　　楚匪窜至中河,穆克登阿追击至固军坝,尽歼之。闰六月,剿温汤井贼匪,擒斩二百馀名。时万县之董家营、开县之白岩山等处,俱有新起贼匪。陕甘总督宜绵派穆克登阿等剿办,由万县进攻董家营,歼毙多名,生擒唐泳等四十四名。八月,进攻白岩山,贼首林亮功分立卡座抵拒,我兵未能径上,奉旨申饬。九月,夺据张家嘴、千层岩贼卡,进攻鸭子坪。上以未能直捣贼巢,严饬之。十二月,偕护军统领舒亮奏:“白岩山屯聚贼众,计有万馀。臣等叠次仰攻,势难得手。现在设法剿办。”上以其迟缓无能责之。三年二月,,﹝六﹞总统勒保奏:“王三槐等先于正月遣人赴白岩山,勾结林亮功等全伙万馀人,陆续窜出合伙。寻即攻扑该县城池,窜赴临江市屯聚。查此股贼匪系专交穆克登阿等办理,伊等驻扎韩彭坳,所带官兵不下六千馀名,而株守半年,一筹莫展,应请治罪。”奉旨革职,作为兵丁,留军营效力赎罪,并将家产查钞示警。王三槐屯踞安乐坪。七月,勒保率穆克登阿等分路进攻,克之,王三槐就缚。奏入,上嘉之。十二月,奉旨署四川松潘镇总兵,协剿冷天禄股匪。四年七月,协攻张天伦股匪于八石坪、龚文玉股匪于犬禾田,皆克之。五年二月,因患目疾,奉旨原品休致。十二年九月,卒。

子庆昌,现任湖南衡州协副将;庆麟,户部员外郎。

【校勘记】

〔一〕擒获林爽文及贼目何有志等　"志"原误作"忠"。耆献类征卷三〇一叶三五下同。今据穆克登阿传稿(之二五)改。按国传卷二七叶一六下不误。

〔二〕黔省松桃厅苗匪窜入川省秀山县境　"川"原误作"陕"。耆献类征卷三〇一叶三六下同。今据穆克登阿传稿(之二五)改。按国传卷二七叶一七上不误。

〔三〕由腊夷坪分路攻剿　"腊"原误作"脂"。耆献类征卷三〇一叶三七上同。今据穆克登阿传稿(之二五)改。按国传卷三〇一叶三七上不误。

〔四〕进剿大小排吾　"排吾"原误作"栅"。耆献类征卷三〇一叶三七上同。今据穆克登阿传稿(之二五)改。按国传卷二七叶一七下不误。

〔五〕由余家岩进攻冉家垭　"余"原误作"佘"。耆献类征卷三〇一叶三七下同。今据穆克登阿传稿(之二五)改。按国传卷二七叶一七下不误。

〔六〕三年二月　原脱"三年"二字。耆献类征卷三〇一叶三八下同。今据穆克登阿传稿(之二五)补。按国传卷二七叶一八下不脱。

孙全谋

孙全谋,福建龙溪人。乾隆三十五年,由行伍拔补水师提标中军外委。三十八年,升右营把总。四十五年,迁前营守备。四十八年,升后营游击。

五十二年,台湾逆匪林爽文滋事,围提督柴大纪于诸罗。全谋随总兵蔡攀龙等往援,突围入城,复出与贼战,大破之,道路遂通。谕曰:"诸罗为南北两路要区,屡经贼匪窥伺,纠众滋扰。柴大纪督率官兵义民,悉力捍御,因兵少力单,正在望援之际,孙全谋等带领官兵直前攻剿,杀散贼匪,速达诸罗。复带兵出城,将该处屯聚贼匪,痛加剿杀,实属奋勇出力,可嘉之至!广东罗定协副将,着孙全谋补授,并赏戴花翎。"五十三年二月,台湾平,交部议叙。四月,调台湾水师协副将。五十七年,升江南苏松镇总兵。五十八年,丁母忧。六十年八月,命署浙江黄岩镇总兵。十二月,洋匪纪梦奇等抢劫官米,全谋统领舟师,自定海驶至台州,侦知匪船寄椗大陈山外洋,乘风雪往剿,擒获首犯多名,下部优叙。嘉庆元年二月,服阕,实授。八月,洋匪陈阿宝在潭头洋行劫,全谋带兵剿捕,炮击之,殪。下部优叙。十二月,擢广东提督。二年,全谋密遣游击黄标等剿盗于蒲台外洋,生擒六十馀人,赏"喜"字玉牌,及黄辫大小荷包,仍叙其功。

五年,以川、陕、楚三省教匪滋事,命调广东官兵赴楚协剿徐天德股匪,大败之。谕曰:"广东官兵调赴楚省,初次打仗,即能奋勇杀贼。该提督平日尚知整饬操防,而于檄调时亦能认真挑选,甚为妥协。孙全谋着交部议叙。"七年九月,博罗县会匪陈烂屐四等聚众谋逆,全谋督率将弁两路进剿,擒斩三千馀人。十月,陈逆窜伏罗浮山,全谋攻克冲虚观及蓝坑山两处贼巢,擒之,并歼毙伙匪一千馀人。谕曰:"此次剿办逆匪,皆由孙全谋身先士卒,奋勇杀贼,故能攻得两处贼巢,迅速奏捷,厥功甚伟!着加恩赏给骑都尉世职。"八年二月,攻克永安县铁笼嶂贼巢,生擒首逆黄亚程等,得旨嘉奖。七月,以失察兵丁窝贼,部议革职,上加恩改降二级留任。

九年,新会县有洋匪登岸,劫掠村庄。谕曰:"广东洋匪向来不过在外洋劫掠,此次胆敢由磨刀、虎跳门潜行登岸,劫掠村庄。该省武备废弛,以致洋匪肆行无忌,非寻常疏忽可比。孙全谋着交部严加议处。"寻命以都司降补,并褫花翎。十一年,剿捕洋匪吴亚保,击沉其舟,擒贼犯七十馀名,歼毙无数。谕曰:"孙全谋前经降补都司,近来出洋捕盗,尚知奋勉,着加恩以都司衔署理登海协副将。"十二年正月,闽匪蔡牵党朱渍在卡山尾外洋滋扰,全谋带兵追剿,驶至长山尾外洋,生擒黄阿朵等十二名。九月,蔡逆窜入粤洋,全谋以缉捕不力,降三级留任。十三年,随提督钱梦虎等剿贼于黑水洋,夺获贼船,擒钱亚文等百馀人。赏三品顶带,擢广东左翼总兵。

十四年二月,加二品顶带,复授广东提督。五月,洋匪张保仔等联综百馀,在香山县洋面寄椗。全谋以官船四十四号,连战克之。谕曰:"官兵以少胜多,实属不遗馀力,孙全谋奋勇可嘉!前已施恩补放提督,倍当感激朕恩,益加奋勉。"十一月,总督百龄围攻张逆于大黄埔,檄令会剿,全谋迁延失期,贼遁。上以其失机玩寇,命革职拿问。十二月,洋匪郭婆带投诚,并擒保仔夥党以献。上宥全谋,命立功自赎。十五年五月,因歼擒洋匪多名,并搜获积年土盗,以守备起用。六月,洋匪乌石二等在儋州洋面滋扰,全谋进击乌石大帮船,跃过贼舟,生擒之。复赏戴花翎,命以游击用。八月,署香山协水师副将。十六年,升署阳江镇水师总兵,十九年,实授。二十一年,迁广东水师提督。寻卒。

孙云鸿,由荫生袭骑都尉,官江南福山镇总兵。

彭承尧

彭承尧,湖北松滋人。乾隆二十五年武进士,授蓝翎侍卫。二十八年,分发四川,以都司用。三十三年,补督标中军都司。三十六年,随征金川功,加二等。四十年四月,贼匪据甲索碉卡,总兵敖成分兵三路直逼碉根,贼并力抗拒。承尧冒矢石奋力攻之,遂破贼碉,歼毙无算。闰十月,攻克扎乌古等处山梁,赏戴蓝翎。四十一年,升贵州提标前营游击。四十三年,迁广西全州营参将。四十五年,升浙江台州协副将。四十七年,保举堪胜总兵,引见,赏换花翎。四十八年,补江西南赣镇总兵。四十九年,调广东潮州镇总兵。五十一年,署广东提督。五十二年正月,贼扰台湾,承尧率兵于黄冈弹压。五十三年,丁母忧。五十六年,服阕,引见。

时廓尔喀贼匪滋扰后藏,奉旨:“候补总兵彭承尧着驰驿前往四川,交与孙士毅调遣委用。”十二月,谕曰:“原任广东潮州镇总兵彭承尧起复来京,经朕召见,看其人尚好,且曾经出师,现已令其驰驿前往四川,交孙士毅酌量委用:若带兵乏员,即令该镇分带土兵赴藏;若因四川总兵张芝元等俱带兵赴藏,即将彭承尧留于川省署理镇篆。”五十七年,署理重庆镇总兵,孙士毅饬领弁兵三千名赴打箭炉听候福康安檄调。旋因福康安奏请彭承尧人尚去得,现在军营亦须大员带兵,仍令该镇来藏。六月,带领头起沃什、党坝、瓦等官兵赴藏。十一月，自藏督兵回寨，补川北镇总兵。五十八年，擢四川提督。时廓尔喀荡平，图十五功臣于紫光阁，上嘉承尧功，命儒臣为之赞，曰："金川从征，偏裨克凫。西江东粤，累界专阃。陈请协剿，已届凯旋。防守后路，与有力焉。"九月，调广西提督。五十九年六月，奏巡阅通省营伍关隘情形，凡参将以下，衰老患病，不能骑射者，俱参革。得旨，所办俱属认真。

嘉庆二年正月，贵州南笼府仲苗不靖，与广西西隆州毗连，承尧率弁兵驰赴隆林，以资救援。行抵旧州，闻苗匪用竹筏渡江，至北楼、白山等处滋扰，扬言由八达渡至旧州，遂率兵疾驰北楼、白山剿捕，斩获甚多，贼始遁。旧州距南笼二百馀里，上通西隆，下通百色，为边防总汇之区。向无城垣，遂令打华、八渡、北楼、白山分兵设卡，严为防堵。三月，率大兵于沙犁、扁牙尽力搜捕，贼乃窜。旋驰抵西隆州，有黔苗二千馀人骤至夜袄寨屯聚，遂率守备罗嘉升由小路越山，直超贼营之右，饬总兵尚维勤由大路超贼营之左，两路夹攻，乃克之。谕曰："现在西隆州属有成林、尚维勤足以防堵，吉庆当与彭承尧带领官兵前赴黔省，将册亨收复。"四月，苗匪聚集西隆州之花贡河、坭洞塘，焚掠各村，并舍上各甲土民亦被煽惑，经罗嘉升率兵力扑，[一]贼始逸；承尧督兵追捕，胜之。奏入，谕曰："八达附近之花贡地方，聚集贼匪，既经彭承尧驰往剿捕，谅已歼捕净尽。有窜回黔省者，彭承尧即可随吉庆带兵与勒保会合剿捕。"

是时泗城府一州二县，村寨多被黔省贼匪煽惑胁从，首逆龙登连倡率倮倮大肆焚掠，必分路剿除，沿江堵截，始可开通道路。

会黔合剿八达土城贼匪亦多窥伺，虽屡经歼戮，其平广、亚稿等寨箐密山深，蜂屯蚁聚，出没无常。因计由八达至西隆，逐加搜捕。旋与吉庆分路巡查，饬镇将备弁防堵周密，乃突有贼匪于粤岸山后肆出，而北岸仲苗乘间拥众渡江，右江镇总兵王林、左江道永慧闻信驰救，吉庆亦率兵应援，遇贼万馀，我兵奋勇争先，贼抵死拒敌。适承尧与广州协副将德昌先后驰至，奋力击之，始溃。奏入，谕曰："此次吉庆与彭承尧分路巡查，督兵设法搜捕，所办尚好。"五月，贼匪窜于八渡一带山梁，〔二〕百扣、扳雅、委后等隘，俱被侵掠，平广、亚稿、那地等寨，亦为黔苗纠结。承尧与吉庆等议于卡隘稍缓处，抽调勇干镇将，派官兵二千，饬都司井汲泉由□厂至祥读山梁，都司和顺武、佟枢分兵由大雅山后十里坡、板坚两路进攻，副将王模、都司李林贵前至弄江村口山梁堵截，以壮声势。吉庆于后路督兵接应，承尧由中路进剿，直抵八渡，各路官兵会集，贼不及防，大兵奋力攻之，承尧率兵赴百扣等处，乘势搜捕；贼望风溃。八渡悉平，惟亚稿一寨，冈岭重复，鸟道纡回，屯聚甚众，必厚集兵力，开辟道路，方得深入。

时所调东省官兵二千名俱至，以隆或一寨距旧州仅七十里，为亚稿之后路，乃督兵由此进剿，遂扑贼于板仰山梁，焚毁殆尽。六月，率参将刘崇庆，游击张翊丰，都司那延泰、永禄统领兵勇，与吉庆分路进剿，取道隆德，察贼踞山抵拒，大兵直扑山梁，杀贼无算。谕曰："此次吉庆与承尧分路进攻，所办甚好。西隆边界苗寨，惟亚稿、隆或聚集较多。今隆或既经攻克，止亚稿一处，谅可即日扫荡，肃清后路，带兵渡江，会黔夹击仲苗一带易于完竣。"闰六月，由八达进攻亚稿，行抵安那地方，其山梁路口，贼俱拦用木栅,且于深箐中放枪,随剿罗嘉升、永禄,守备胡俊鸿等分兵三路,斫栅前进,毙贼甚众,毁寨栅二十馀。寻将沟坎挖掘加深,伏兵以待,因思正路进剿急切,未能剿净,乃躧觅小路一线,可绕亚稿之后,随令各兵于隘口佯放枪炮,作进扑状,遂率员弁沿小路躧山而进,直抵亚稿,从南路进攻,贼伏千人于对面山梁,滚木礌石。承尧将弁鼓勇先登,贼失其险,吉庆由东路夹击,承尧遂由山梁下压,火其寨,大兵遂拥上山梁,歼毙苗匪一千馀名,生擒六十馀名,馀匪溃散。龙登连奔逸于亚稿之附近那地、小河等处。奏入,谕曰:"彭承尧首先抢上亚稿南面山梁,使各路官兵乘势入寨,尤为出力。宜沛殊恩,用昭赏赉。着加太子少保衔,赏戴双眼花翎,并赏玉'喜'字牌一个、玉'喜'字扳指一个、黄辫大荷包一对、小荷包四个。"

二十日,进攻那地、小河,其地四面崇山隘口,贼斫木立栅,累石成墙,守甚坚固。承尧由西栅进攻,吉庆攻北栅,和星额攻东栅,贼奋力抵拒,千总张天仲等抢踞西面山寨,抛掷火弹,贼多焚毙。三路官兵乘势斫栅入,并力搜剿,又克小河、上下马蚁、石板等寨。是时承尧屯驻亚稿,突有贼扑营,率兵力敌,贼立溃。首逆登连力穷投出,遂选员解京。西隆全境肃清,惟岩荡一寨山梁箐密,滨临江水,尚有黔苗藏匿。承尧率兵四面围攻,投顺甚众,巴结一甲亦举境乞降。因筹渡江会黔合剿,缘江水泛涨,乱石嶙峋,湍急水涌,对岸崇山壁立,贼众恃险负嵎,不能骤攻。计八渡下游三十里之百扣地方,山势稍平,屯贼亦少,因令总兵德昌密备船筏,由尾后暗渡,绕越山梁,从后攻击,知府李昉由百扣潜渡,绕八渡对江山顶纵火,且于八渡江口,备船设炮,以备攻击。二十六日,承尧与吉庆率兵江口,施放火炮,对江贼匪惊窜,遂乘势争渡,分抢山梁,四路会剿,斩获二千馀人。奏入,谕曰:"由八渡下游密备船筏,出其不意,拥渡过江,歼贼二千馀人,实属可嘉! 彭承尧着赏玉'喜'字扳指一个、大荷包一对、小荷包四个,以示奖励。黔省册亨、永丰一带与粤西毗连,今督师渡江,即获大胜。谅册亨、永丰之围,无难立解。"时黔匪知粤兵进取册亨,乃自和平山至板蟀,由板蟀至板阶,日添贼拒守。承尧乃率兵由小路围烘寨,越山而上,绕板蟀之后,吉庆会兵夹攻,贼腹背受敌,舍命奔窜,遂乘势直上山梁,下克之。贼夜率众偷营,又伏兵以胜之,贼大溃。旋窜踞新会山梁。九月十八日,由板阶直取新会,克之。时勒保已攻破洞洒,贼势甚孤,遂遵谕旨剿抚兼施,凡册亨、永丰所属八果等寨,计一万二千馀口,前后悉降。奏入,上嘉赏之。二十三日,抵册亨城外,分兵进剿,毁贼卡,斩获甚众,遂统大兵直进册亨州城,平之。谕曰:"吉庆奏剿除黔苗,收复册亨,所办亦好。彭承尧著赏玉扳指一个、大荷包一对、小荷包四个,以示奖励。"十月,承尧由册亨督兵凯还,行至百色,染瘴病卒。

长子朝龙,乾隆四十年乙未科一甲二名武进士,授二等侍卫,补福建汀洲左营游击,缘事谪戍乌鲁木齐。嘉庆元年,释回,随承尧军营效力,以攻克那地、小河得功。奏入,得旨,赏复原官,留粤东补用。二年,随军凯旋,以染瘴卒。次玉龙,以荫生授主事,现任户部郎中。嘉庆三年,经两广总督吉庆奏朝龙前在军营著有劳绩,染瘴病故,请予赏恤荫。朝龙子绍龄,监生。

【校勘记】

〔一〕经罗嘉升率兵力扑　原脱"嘉"字。耆献类征卷二九五叶一六下同。今据上文"守备罗嘉升"补。

〔二〕贼匪窜于八渡一带山梁　"于八"原误作"子入"。耆献类征卷二九五叶一七上同。今据上下文"八渡"七八见，改。

玉德

玉德，瓜尔佳氏，正红旗满洲人。乾隆三十三年，由官学生考补内阁中书。三十七年，迁侍读。三十九年，授湖南衡州府知府。四十一年，迁岳常澧道。四十二年九月，丁忧回旗，在刑部郎中上行走。四十四年二月，命署山东济东泰武道，俟服阕实授。四十五年，因前在岳常澧道任内失察沈大绥刊刻书籍狂谬，降二级调用，仍在刑部行走。四十八年，署员外郎。四十九年，升郎中。五十一年，擢山东按察使。五十二年，调安徽按察使。五十四年，迁布政使。十月，擢刑部右侍郎，命赴湖北鞫济阳县民杨隆霖控案。五十六年，赴奉天锦州、辽阳州各处查办控案。五十七年，转左侍郎。迭赴直隶河间及江西、浙江查办控案。

六十年，授山东巡抚，并赏戴花翎。二月，拿获刘之协同教案犯陶兴，谕曰："玉德到任未几，即能饬属拿获邪教案犯，足见留心。着赏给大荷包一对、小荷包四个。"五月，以二麦歉收，未将缺雨情形具奏，谕曰："山东与直隶接壤，本年直隶麦收已足九分，而山东仅六分有馀。自因该省春间，雨雪本未普沾，入夏以来，雨泽又复短少，是以麦数收成较为歉薄。玉德身任巡抚，于地方民事漫不经心，并不将缺雨之处预行奏闻，酌筹接济，甚属非是。现据该抚将各社仓谷出借,以济民食。若再不尽心经理,任听属员浮冒,实惠不能及民,则是该抚自取重戾,不能仰邀宽宥也。"七月,疏称与<u>两江</u>总督<u>苏凌阿</u>札商擒捕洋盗事宜,倘有贼船北窜,追至邻近,即以两炮为号;邻省兵船闻号炮之声,亦放两炮接应。谕曰:"盗船在洋面驾驶,正当不露声息,设法诱之使前,以便悉数擒捕。若甫经望见盗船,相隔尚远,辄先施放枪炮,岂非使贼得闻风声逃逸? 此最为水师恶习,昨已降旨通饬。若云恐贼窜逸,只须严饬官兵常在洋面梭巡,并勤加瞭望,亦无难彼此会合设法兜擒。"十月,疏称:"东省水师营额设战船十二只,体式笨重,未能如商船之便捷。臣前赴<u>登莱</u>海口,目睹情形,与镇臣<u>许世臣</u>奏明,添雇商船巡缉。因思雇船多费,不若将应修营船改造商船式样,俾资驾驶而收实效。"下部议行。

十二月,署<u>河东河道</u>总督。<u>嘉庆</u>元年正月,疏称<u>山东</u>粮价平减,采买谷数已足,复发银增买,以裕仓储。上饬其所办非是,谕曰:"<u>玉德</u>即欲买仓谷,亦祗须按照额数,量为采办,乃于各属买足之外,〔一〕复行增买,必致民间粮石,因地方官采办过多,渐形短绌,粮价转就腾贵。是未必实于仓储有益,而小民先受其累。看来竟系该抚听信属员之言,率于额外添买,以为藉端勒派侵肥地步。除现在应行买补缺谷业已足额外,其馀加买者不必办理,以期民食无碍。"

六月,调<u>浙江</u>巡抚。二年二月,疏称:"洋面捕盗兵船,设有旗帜、篷帆,写有字号,贼匪望见兵船,即先行逃窜。今拟拨兵船十只,假写商船字号,诱贼来劫,并将各营小船形式与渔艇相似者,每营拨出十只,每船派兵十名,充作渔户,遇盗匪即着一船报信,十船随行,枪炮齐发,可期人船并获。"谕曰:"所办具见留心。该抚惟当督饬所属实力妥办,以期设法诱擒,肃清洋面。"六月,疏劾宣平县知县张蕃誉霉涴仓谷,上以奏参迟延,降旨询问。八月,覆奏:"因该县交代,时值春雨连绵,不能即时盘量,致逾两月;又因宣平县距省较远,经两司核明,始行揭奏。"谕曰:"此案该县系二月初二日交印卸事,该抚于六月二十九日始行奏参,迟至四月有馀。是该抚既经迟误于前,又复支饰于后,实属非是。玉德着交部议处。"部议革职,奉旨从宽免其革任,着罚交养廉三年,以示薄惩。四年正月,奉恩旨,免缴养廉银五千两。七月,命赴江苏审办巡抚宜兴被参各款,及地方官滥责生员案。

十月,署闽浙总督,五年正月,实授。六月,疏称查办漳、泉械斗情形,亲抵泉州,出示晓谕,俱各纷纷呈缴器械,约束子弟,永不械斗,出具甘结,并送匪经官严惩,人人称快。又洋面艇匪往北窜逸,即拟分配兵船,选派将弁,亲往擒捕,上嘉之。六年正月,署福州将军。五月,奏请各镇总兵分年轮班入觐。谕曰:"所奏甚是。各省文武大员三年奏请陛见一次,固属定例,但必须本任现无应办紧要事件,方可循例来京,亦无一省提、镇大员同时奏请之理。着照玉德所奏,不必拘定陛见年分,亦不必限以年底,总视各镇现无应办要务者,每年酌令轮替来京展觐。"十一月,奏参提督李长庚心粗气浮,于提调官兵统辖全省水师之任,未能负荷。上以其与两次密陈考语自相矛盾,严饬之。七年五月,疏称营伍操演枪箭,[二]请除去枪上所钉星斗,射靶俱改用梅针箭,谕曰:"所奏大属纰缪!施放鸟枪,全凭枪上所钉星斗为准。若平素演习精熟,自能便捷命中。今玉德因闽、浙营兵放枪迟慢手颤,欲将星斗除去,殊不思兵丁等执枪手颤,自因演习生疏所致。应即将该兵丁等责惩,岂除去星斗即不手颤乎?至所称军营用箭,皆系梅针,操演布靶,应改用梅针箭,亦不成话!箭枝式样,种种不同,随地异宜,总在发矢有准。如果将铲箭演习纯熟,即易用梅针,必能一律命中。若平日操演,必须改用梅针,方能射贼,则树侯设正,亦非临阵时所用,岂有以人为的,竟将应死罪囚试演射艺之理?真所谓无知瞽说矣!我朝武备整齐,弓矢枪炮,最为军中利器。法制精良,世守不易。乃玉德辄思改变旧章,此奏若出提镇汉员内,已属不经,况玉德系满洲总督,竟于本朝武备懵然不知,率议更张,尤为谬妄!玉德着摘去花翎,传旨严行申饬,仍交部议处。"部议革任,诏从宽留任。八年二月,因平定三省邪匪,推恩内外臣工,玉德降级留任各案均予开复。十二月,江西石城匪徒滋事,毗连闽界,命玉德驰往建宁一带查办。九年正月,拿获首犯吴韬、宁金鳌,及听纠滋事之匪犯温正顺等十馀名,地方宁谧,赏还花翎。

　　十年十二月,厦门行商以洋匪蔡牵乘间肆劫,呈请捐造巡船二十只,添募兵丁八百名,各行商每年公捐番银四万圆,以为兵丁月饷、出洋口粮及燂洗船只、修换篷索之费,玉德偕巡抚李殿图以闻,并请将兵丁所用火药、铅丸,令各商缴价还营。谕曰:"该商等捐造巡船,藉资保护,其事尚属可行。即燂洗船只,更换篷索,捐资修整,亦无不可。至添设兵丁所用火药、铅丸,令各商缴价还营,则实不成政体!国家设兵卫民,岂有以岁支粮饷,例用药铅,取资商捐之理?玉德、李殿图均着传旨申饬。"是月,蔡逆犯台湾,由鹿耳门窜入,勾结凤山、嘉义陆路匪徒滋事,上命将军赛冲阿会同玉德及提督李长庚办理。十一年二月,上以玉德驻扎厦门安坐数月,毫无筹画,降三品顶带,拔去花翎。三月,李长庚率水师剿败匪船,赛冲阿渡台扫清陆路,蔡牵仍乘间由鹿耳门窜出,玉德自请革职治罪。谕曰:"玉德任总督有年,并不整顿水师,认真缉捕,其养痈贻患之罪,已无可宽。其蔡逆滋扰台郡,既不渡洋亲往,又不多派官兵,宽备粮饷,种种贻误,此时应行革职治罪之处,何待奏请?但现在军需紧要,若遽将伊交部治罪,转得置身局外,着先行革去顶带,仍将现在军需,责令经理。"

五月,因患病请假调理,并奏言:"拿获蔡牵逆党洪教等,供称蔡牵帮船原有八九十只,被官兵节次攻毁,仅剩大小船三十馀只。前在台湾时,蔡牵每船给火药一二百斤,〔三〕自台窜回后,每船给火药三四十斤。其米粮系随时打劫商船所得。"谕曰:"玉德于海疆事务不能随时整顿,以致洋匪蔡牵竟敢勾结陆路匪徒,窜赴台湾滋扰。此皆由该督平素因循玩误,咎无可辞。即据该督此次所讯贼供,蔡逆原有帮船八九十只,每船给发火药一二百斤,统计已不下一万数千斤。试思盗船火药至如许之多,岂在洋面所能猝办?前蔡牵窜扰台湾时,玉德因局存火药不敷拨用,曾咨江西巡抚备办协济。是官署火药较少,而盗匪转多有积存,若非内地奸民私运接济,即系营汛不肖弁兵牟利营私。可见沿海一带非特视诘奸为具文,竟以通盗济匪为事。总督统辖文武,所司何事?乃玩误一至于此!今该督复以肝气病发,奏请赏假一月调理,玉德即着革职回旗调理。俟病痊之日,再降谕旨。"是月,李长庚奏参前年札商玉德因兵船低小情愿借廉捐造大船,玉德以为有需时日窒碍难行,又蔡牵在鹿耳门窜入时,篷索破烂,火药缺乏,现回内地,在水澳大金地方装篷熷洗,盗船无一非新,火药无不充足。谕曰:"玉德于李长庚札商时,任意驳饬,贼船回至水澳大金地方,即能装换新篷,火药充足。可见该处必有奸民及不肖弁兵等,平日积惯通盗,此亦玉德废弛贻误之罪。命逮赴刑部,审讯治罪。"并谕福州将军杨春密查玉德声名款迹。九月,杨春覆奏玉德在厦门公馆时,每日需用洋银二百八十圆,其家人等每日每人需用洋银二十圆。玉德先在苏州开有当铺,今知事将败露,潜遣人赴苏将当铺售卖,又在厦门置造免死金牌欲招致洋盗朱濆。上命留京王大臣亲赴刑部监提玉德详悉研究。寻讯明勒索供应一节并无其事,苏州开当一节,仅止存寄玉器银两,委无合伙之事,惟误听人言,往招贼首朱濆,并打金牌,旋经销毁,及办理洋盗事务,种种废弛错误,应请发往伊犁效力赎罪,奉旨依议。十二年十月,赏给三等侍卫,作为乌什办事大臣。十三年四月,因病恩准回旗调理。十二月,卒。

　　子斌良,江南候补道;桂良,礼部员外郎;岳良,理藩院员外郎;徽良,大理寺司务;法良,候补笔帖式。

【校勘记】

〔一〕乃于各属买足之外　"买"原误作"已"。耆献类征卷一八八叶六下同。今据玉德传稿(之三四)改。按国传卷三三叶一二上不误。

〔二〕疏称营伍操演枪箭　"伍"原误作"兵","枪"上衍一"鸟",又"箭"误作"前"。耆献类征卷一八八叶八上同。今据玉德传稿(之三四)改删。按国传卷三三叶一三上不误。

〔三〕蔡牵每船给火药一二百斤　原脱"蔡牵"二字。耆献类征卷一八八叶九下同。今据玉德传稿（之三四）补。按国传卷三三叶一四上不脱。

梁肯堂

梁肯堂，浙江钱塘人。乾隆二十一年，顺天举人，补直隶栾城县知县。二十八年，丁父忧。三十一年，丁母忧。三十三年，服阕，补宝坻县。三十六年，升蓟州知州。四十年，调深州。四十二年，补保定府知府。四十三年，升清河道。四十六年，擢山东按察使。四十七年五月，以山东巡抚国泰纵情婪贿，未能据实参奏，部议革职，奉旨加恩以道员降补。时豫省河工需员，命肯堂前往河南，交富勒浑差遣委用。十二月，补直隶通永道。四十八年，调清河道，擢直隶按察使。五十年，授直隶布政使。五十二年，运弁张廷儒被劫，亲赴薄沟审讯，得旨："梁肯堂所办甚好。着将伊失察段文经及司监人犯越狱处分，准其开复。"

五十三年七月，命署理山西巡抚，旋命署河南巡抚。以严督属县漕粮迅速开运，得副冬兑冬开定制，交部议叙。五十四年正月，擢河南巡抚。五月，奏报豫省情形，谕曰："各属雨泽，未经一字提及。朕念切雨旸，无时或释。梁肯堂不能仰体朕怀，迟延若此，岂以擢用巡抚，遂尔自满，不以民依为重耶?"又言河南旧河身两岸沙压，田亩不能耕种，奏请蠲免，得旨允行。七月，请将月堤加培高厚，以为重门保障，上是其请，命绘图以进。

五十五年二月，升直隶总督，赏戴花翎，赐黄马褂。五月，奏添建海河闸座。七月，奏留顺德府同知嵇瓒，奉旨："梁肯堂奏:

'顺德府同知嵇瓒前经推升知府,因两耳重听,以知府衔仍留同知原任。'今又届三年限满,例应甄别,乃梁肯堂犹复奏请留任,其意不过以嵇瓒为大学士嵇璜亲弟,瞻顾情面,曲事姑容。梁肯堂着交部严加议处。"十一月,以铅矿试采无效,奏请停止。十二月,奏阿布噶卓哩克图王进京,在宣化县被窃,请将该县议处。谕:"外藩入觐,经过州县,向无派人护送之例,若一一赔偿,或致捏报、诈冒之弊。前多伦诺尔遗失银两,该督请赔,曾经敕谕。梁肯堂复有此奏,实属不晓事体。"五十七年闰四月,奏拿获越狱之瞿纪、瞿套儿,恭请王命正法,奉旨:"办理稍过。各省情形虽距辇毂甚远,然皆朕率土之民,此后各省不得任意从严。"九月,奏查办直省蝗蝻,上以肯堂不将三河一路提出,转将该县李培荣升擢通州,回奏仍称三河有蝗之时,在李培荣交卸之后,始终回护,曲为开脱,着革职从宽留任。又以直隶省顺德、广平、大名及河间、景州旱灾,先后截漕五十万石,命肯堂督率给赈。嗣因直隶京南一带贫民,纷纷就食京师。谕曰:"该省早经截漕办赈,当此嗷嗷待哺之时,岂得拘泥成例,待至九月,始行散赈?梁肯堂以防汛为名,驻扎长安城,养尊处优,置地方赈务于不办,何不知轻重缓急若此?传旨申饬。"

五十八年,命在紫禁城内骑马。五十九年,上巡幸天津,肯堂迎銮,赐御制七言诗一首:"祠傍琴高跸小停,前行旋复返舟舲。从心已自加八岁,较我犹然少六龄。仆仆可称清且健,肫肫恒藉理而经。望霖意苦同斯际,歌管仍陈却懒听。"六月,奏广顺等府得雨,奉旨:"梁肯堂自春间至今,往来各属,朕殷忧已阅半载。今通省得雨,实堪庆幸!着赏给大荷包一对、小荷包四个、奶饼一匣,以志喜慰。"

七月,奏正定等属河水骤涨,田禾淹没,得旨,务当实力经理。又奏永定河伏汛漫口,得旨,赶紧堵筑。谕曰:"梁肯堂年逾七旬,驻扎河干,督办工程,朕甚怜之! 特赏大荷包一对、小荷包四个,以示眷注。"又奏驰赴固关查勘灾区,奉旨:"该督年逾七十,精力稍减,应善调摄,以资料理。"旋奏覆勘分别抚恤事宜,上览奏甚慰。八月,奏正定等处积水渐消,分别借助籽种,请帑二十五万、粮二十万石,以赈被水州县;又请将通州等三十三州县未完粮银八十一万五千五百两、谷六十三石、豆六百九十五石,酌豁免一半,得旨,全行豁免。六十年,大计,劾知县左为镶才力不及。奉旨:"该员经梁肯堂奏请调繁何仅阅三年,又以才力不及填劾? 左为镶着照部议降调,该督忽行调繁,忽行参劾,并未据实声明,既于政体不协,且易启督抚任意轩轾之渐。及经饬令明白回奏,反含混其词,不自引咎,殊属非是。"

嘉庆元年,恭与千叟宴,赐御制诗、如意、灵寿杖、大缎、荷包、帽纬等物。十月,奏随征出力人员仍轮缺升补,奉上谕,不应拘泥若此,着申饬。十一月,肯堂年八十,奉召入京,特赐御书"耆寿宣勤"匾额,"封圻著绩征嘉瑞,节钺升猷引大年"对联,红绒结顶貂帽、藏佛如意朝珠、蟒袍补服、帽纬、大缎、荷包等物。二年六月,谕曰:"工部奏此次巡幸热河,沿途桥座,[一]查对丈尺,多有不符。直省办差官员通弊,朕所素知。念梁肯堂在总督任多年,办事勤慎,谅不肯因此细事有所染指,务须秉公查奏。若该督有心袒庇,是失察于前,复欺罔于后,朕不得不加以惩儆。懔之慎之!"七月,奏永定河上游水势暴长,东坝新作埽工冲塌,合龙稍缓,奉旨:"该督更当加意督率堵御,克期合龙,用副朕眷注。并赏给荔支一匣。"又奏风雨交作,工所危险,当督率工员抢护平稳,奉旨:"该督年逾八旬,尚属奋勉,特解小荷包两个以赐,用昭眷注。"又奏永定河漫口堵筑合龙,上览奏欣慰。又奏黑龙江兵丁全出<u>直</u>境,谕曰:"该督悉心调度,不辞劳瘁,甚属可嘉!着赏嵌碧霞玑带环三块、大小荷包等物,另旨优叙。"

三年正月,谕曰:"<u>直隶</u>总督<u>梁肯堂</u>年已衰迈,于地方吏治不能整顿。伊曾任臬司,于刑名自尚谙悉,即着补授刑部尚书。"七月,授漕运总督。四年,以尚书衔守护<u>裕陵</u>。六年,以年老,原品休致回籍。是年八月,卒。奉上谕:"原任尚书<u>梁肯堂</u>由知县擢任封疆,在<u>直隶</u>多年,内用刑部尚书。旋经简界漕督,后派守护<u>裕陵</u>。本年春间,因其年老,准以原品休致。兹闻病故,殊堪轸惜!"事下礼部,赐祭一坛。

子<u>如升</u>,候选郎中;孙<u>宁吉</u>,一品荫生,候补员外郎。[二]

【校勘记】

〔一〕沿途桥座　"座"原误作"道"。<u>耆献类征</u>卷九三叶九上同。今据<u>国传</u>卷六四叶三下改。

〔二〕候补员外郎　"员外郎"原误作"郎中"。<u>耆献类征</u>卷九三叶九下同。今据<u>国传</u>卷六四叶四上改。

徐绩

<u>徐绩</u>,正蓝旗<u>汉军</u>人。由<u>乾隆</u>十二年丁卯科举人,捐纳通判,拣发<u>河东</u>。二十二年,补<u>山东兖州府泉河</u>通判,旋升<u>济宁州</u>

知州。二十七年，因查拿逆犯杨塾，办理迅速。引见，以知府用，寻补曹州府知府。三十年，调济南府知府。三十三年，擢济东泰武道。三十四年二月，擢山东按察使。三月，丁父忧。十月，命以按察使衔前往哈密办事，赏戴花翎。三十五年，擢工部右侍郎，调乌鲁木齐办事大臣。三十六年，奏："玛纳斯在伊犁、塔尔巴哈台之间，地甚宽广。该处若添驻满兵，于声势可以联络。"上是之。

是年，擢山东巡抚。三十八年三月，圣驾巡幸天津，召对，赏穿黄马褂，御制诗赐之，曰："新疆宣力数年更，简授济东安抚行。讵曰茧丝惟保障，况兹路熟就车轻。小廉大法视斯率，察吏安民笃以诚。风化休言夙所悉，务知则暗学知明。"四月，奏请嗣后山东藩司到任，委各府盘查所属常平仓谷，定限三月题报。五月，奏："查东省各属今春出借，及向来民欠常平仓谷，例应于麦秋二收之后分别征还。但民间现获者麦，应完者谷。若令粜麦易谷还仓，难免辗转亏折，或因此输将不前。应请乘兹麦秋丰稔，即令民户将应完谷石，交麦六斗抵谷一石还仓。如有情愿还谷者，仍听其便。庶农民易于完纳，仓贮日渐充盈。惟麦性不耐久贮，而明春出借，仍可征谷还仓。一转移间，民无粜籴之烦，仓有实存之数，洵属公私交益。"疏入，均报闻。三十九年三月，京察各省督抚，谕曰："徐绩宣力封疆，克称厥职。着交部议叙。"六月，奏改齐河、茌平为冲繁难兼三要缺，在外拣选，昌邑为繁难中缺，曲阜为简缺，均归部选，从之。九月，寿张逆匪王伦滋事，绩统兵赴剿，被围于临清城南，总兵惟一引兵救援，败之。上虑绩未娴军旅，遣左都御史阿思哈率兵往会之，随大学士舒赫德等分路进剿。谕曰："徐绩为封疆大员,地方有此奸民作乱,不能早为觉察,自不为无罪。但此际贼势鸱张,该抚已心存惶惧,傥再加以严饬,恐其愈无主张,转于事无补。且因贼匪滋事,即将巡抚更换治罪,适足以长刁民顽犷之风。俟事定后,其功过自不能掩。"十月,解山东巡抚任,命缉捕馀党自效。绩擒获王伦弟王柱、王林等正犯二十馀名。上以绩咎止失察邪教,平日办事颇能黾勉,授为河南巡抚,仍带革职留任。所有从前赏给之孔雀翎,亦不准戴用,以示惩儆。四十年,奏:"云、贵二省文报,向由襄城至许州入新郑行走。查襄城另有由长葛县石固镇至新郑一路,较至许州实为便捷。嗣后云、贵文报请改由石固镇行走,酌拨许州、襄城、新郑各驿马匹,责成长葛县经管。"下部议行。四十二年,奏按察使赵铨健忘,精神不能周到。谕曰:"徐绩既知该臬司不能胜任,自应据实具奏勒休。乃于应否去留,不置一辞,殊属非是。徐绩着交部严加议处。"部议革职,上从宽留任。

寻以办理巡抚事务,时形竭蹶,命来京候旨。四十三年,授工部左侍郎。[一]四十七年,因雩祭,安设礼器错误,褫职,命自备资斧前往和阗办事。十二月,赐三品顶带。五十二年,奉旨回京,署正红旗汉军副都统。五十四年,授正黄旗汉军副都统。五十九年,擢正红旗汉军都统。六十年,召见,询问前任都统弘昕事迹,于其声名狼籍之处,未经实陈,上责其隐饰,褫职,仍赏六品顶带前往和阗办事。

嘉庆三年,擢三等侍卫,调乌什办事大臣。四年五月,奏和阗产玉之哈拉哈什、桑谷树、雅哈琅、圭塔克四处请停止采办。十一月,奏请乌什裁撤屯兵地亩,赏给伯克,均允所请。五年,奉旨回京,赏戴花翎。授大理寺少卿,迁光禄寺正卿。六年,擢宗人府府丞。十年,以老乞休,上允之。十二年,丁卯科重与鹿鸣宴,恩加二品衔。十六年,子锟任福建建宁镇总兵,陛见时,恩准回旗终养。绩以精力尚健,愿就养任所,锟复据情具奏。谕曰:"徐绩曾任大员,勉勖伊子办公报效,不令终养,尚属能知大义。但念徐绩年逾八旬,南方炎热,风土不宜。徐锟着调补直隶正定镇总兵,俾得就近迎养。"是年,卒。

子锟,现任直隶古北口提督。孙达充阿,二品荫生,现任九江府通判;达兴阿,恩赏六品笔帖式。

【校勘记】

〔一〕授工部左侍郎　"工"原误作"礼"。耆献类征卷八九叶二五下同。今据纯录卷一〇四九叶一六上改。按国传卷一六叶五下不误。

闵鹗元

闵鹗元,浙江归安人。乾隆十年进士,授刑部主事。二十一年,擢员外郎。二十三年,擢郎中。二十四年,授山东学政。二十七年,由学政改授山东按察使。条奏:"惩办窃匪事宜:一、偷盗仓库钱粮之犯,宜照积匪猾贼问拟;一、窝藏积匪之犯,宜照本犯罪名问拟;一、失察积匪窝匪之地方官,宜加处分;一、拿获邻封积匪之地方官,宜加议叙。"下部议行。二十八年,调安徽按察使。三十一年,擢湖北布政使。三十二年,以缅甸军兴,筹办驿务,奏荆门州兼辖四驿,计程三百里,其丽阳一驿,地属钟祥,驿属荆门，请改隶钟祥为便；并请酌添各驿排夫。得旨允行。三十五年，调广西布政使。三十六年，调江宁布政使。

四十一年，擢安徽巡抚。四十二年，奏凤、颍二郡，节年灾赈，皆就安庆、池州远途拨粮，不若就地建仓贮粮，以备急需而省运费。请于凤阳郡城、寿州、凤台各贮粮三万石。寿州所属正阳关贮粮一万石，颍州属之亳州、阜阳、霍丘各贮粮一万五千石，蒙城、太和各贮粮一万石，颍上贮粮五千石，共建仓四百间，粮二十万石。又奏泗州旧城，自康熙十五年淮、湖并泛，沦没水中州治，寄居盱眙县，而所辖七十二堡皆在其北，风浪阻隔，官民咸以为未便。请裁凤阳府属之虹县归并泗州，即以其城为泗州治。并下部议行。四十四年，云贵总督李侍尧以赃败，上命尚书和珅鞫实论斩，下大学士、九卿议，请从重立决；复下各省督抚议，咸请如大学士、九卿所拟。鹗元独奏侍尧历任封疆，勤干有为，中外推服，请援议勤、议能之典，稍宽一线，不予立决，上从之。事详李侍尧传。

四十五年，调江苏巡抚。四十六年，甘肃布政使王亶望捏灾冒赈事发，上以鹗元胞弟同知鸹元亦有冒赈馈送情事，鹗元隐忍瞻徇，知而不举，降三品顶带，停止廉俸示惩。四十七年，偕总督萨载请于金山对岸之钱家港内师古滩浚成新河百五十里，直达栖霞，以避江险，兼资灌溉。上允其请，赐名便民港。又以京口江面辽阔，请挑深江北之跨城河，渡江较近，从之。四十八年正月，仍复原品顶带，又领廉俸如故。七月，劾青浦知县杨卓于收漕时任听劣监蠹书勾通舞弊，请褫职严鞫，上嘉其实力整顿，交部议叙。五十年五月，江南旱甚，鹗元以淮、徐、海三府所属各得雨二三寸，奏言农民犹可赶种杂粮。谕曰："得雨二三寸，未为沾足，焉能赶种杂粮？所奏情形，恐有不实，地方雨水，民瘼攸关，闵鹗元何得含混入告耶？"旋请截漕十万石平粜。十二月，又奏淮、徐、海、江、扬五府属被灾较重，分别展赈；常、镇二府属分别借给籽种口粮：如所请行。

五十一年八月，命偕大学士公阿桂赴浙覆讯平阳知县黄梅贪污，得实。上以不将阿桂等原审未实之处奏参，饬之。五十五年四月，高邮州巡检陈倚道以查获书吏假印伪串知州吴瑛沉搁不办，历禀上司，不为批发，揭报户部。上命尚书庆桂、侍郎王昶往鞠之。先命总督书麟及鹗元据实覆奏，鹗元陈奏多袒庇吴瑛语，而书麟又为鹗元等巧词开脱，上怒其欺罔，严饬书麟，逮鹗元等治罪。五月，新授江苏巡抚福崧劾鹗元任内瞻徇署句容知县王光陛详报粮书将花户完纳钱粮拆封侵挪一案，谕曰："闵鹗元于高邮州一案，始则有意消弭，继复饰词回护，罔上行私，罪无可逭。乃今于句容一案，又不亲提严审，仅批江宁府查办了事。句容系江宁所属，该府自有失察处分，岂肯认真查讯，亦必至如高邮一案上下通同徇隐，使乡愚小民屡受蠹役劣书之累，冤抑莫伸，朕又安用此大吏司牧为耶？闵鹗元惟知养尊处优，于地方官吏作奸犯科之事，一切付之不理，玩视民瘼，徇情戡法。设封疆大吏皆如此居心行事，国计民生尚可问乎？着大学士、九卿于定拟时，问以重辟，用示惩儆。"狱具，以斩立决请，命改为斩监候。

五十六年，释回籍。嘉庆二年，故。

陈淮

　　陈淮,河南商丘人。由选拔贡生捐纳知府。乾隆二十六年,选授广东廉州府知府。时因改廉州为沿海要缺,撤留本省。三十六年七月,补韶州府知府,三十七年七月,调广州府。三十八年十月,大计,保荐,十一月,擢浙江盐法道。四十三年七月,擢安徽按察使。先是,任浙江盐道,总督陈辉祖查钞王亶望赀财,有抽换挪掩情弊。陈淮于上年七月俸满引见时,曾奉面询此事,陈淮诿为不知。至是,命其据实具奏。九月,奏入,上以陈淮身在事中,知而不言,难辞欺饰徇隐之罪,着革职,发往豫省河工效力赎罪。四十八年,河工告竣,改发山东运河差遣。四十九年四月,谕曰:"陈淮前因陈辉祖案内革职,获咎尚轻,且在运河工段,亦能奋勉,着补授山东青州府知府。"九月,迁甘肃肃州道。五十年正月,升甘肃按察使。五十一年十月,升湖北布政使。五十三年七月,荆州江溢,陈淮召募船只,分救兵民,并酌借仓谷,以资接济,上甚嘉之。五十四年三月,荆州万城堤暨石矶各工完竣,得旨议叙。

　　五十六年十二月,擢贵州巡抚。五十八年五月,奏查办镇远府邛水桥、十八洞地方钱粮采买仓谷,报闻。六月,调江西巡抚。五十八年二月,饬属缉获黔省淫恶逃凶李老五,审明正法。奉旨交部议叙。五十九年十月,拿获凶犯吴相子,饬属究出淫凶实情,奉旨交部议叙,并赏给大小荷包,以示奖励。六十年正月,因上年赣州等卫漕运抵通及回空,俱能迅速,奉上谕:"陈淮所办尚好,着交部议叙。"是月,奏称长宁县双桥堡地方铁砂旺盛,距围子拗等处老厂甚近，请募商设厂添置四炉，得旨允行。三月，黔员领运京铅，在德化县遇风沉溺，陈淮督率各员，旬日间全数捞获。上嘉其认真奋勉，交部分别议叙。五月，闽省因米价昂贵，奏明来江西采买，陈淮恐市侩居奇，奏令各属即于常平仓内碾米十万石，交闽员运回，上从之；又闽米运道奏请即从内河运往，较海运为妥便。上以陈淮能酌量情形，又且江西各属仓谷充裕，粮价亦不至因此增昂，着交部议叙。

嘉庆元年十一月，光禄寺少卿初彭龄劾奏陈淮居官贪滥，上命署两江总督苏凌阿会同钦差户部右侍郎台布审办。二年正月，谕曰："此案初彭龄参奏陈淮折内所称，歌词有'中缺八千、大缺一万五'之语，[一]自非无因，随命苏凌阿等查审。昨据奏称，陈淮信用首县徐午，任其倚势骄纵以致人皆嫌怨，编造歌词；而于贪婪营私等事，并无确据，仅以与首县评论字画，忘分结纳。将陈淮、徐午均拟发遣新疆效力赎罪。经军机大臣会同该部覆拟，陈淮虽讯无别项劣迹，但罔顾大体，殊属卑鄙。仅发新疆不足蔽辜，应令罚缴巡抚养廉银五年示儆。陈淮弃瑕录用之员，经朕加恩复用至封疆，如果洁己奉公，为属员表率，何至不孚舆论，有传播歌谣，致招物议？此等卑鄙事情，仅罚缴养廉五年，尚不足以示惩。陈淮除已革职照拟发遣新疆效力赎罪外，着照军机大臣等所议罚缴养廉五年之处，再加一倍罚出。此朕于惩创之中，仍留不为已甚之意。馀着照拟完结。"三年十二月，赎罪回籍。十四年九月，上谕："本年朕五旬万寿，覃敷恺泽。陈淮现在来京祝嘏，伊已年老，着赏给六品顶带回籍。"十五年九月，故。

子崇本，编修，官至宗人府府丞；傅霖，山东候补知县。

【校勘记】

〔一〕歌词有中缺八千大缺一万五之语　原脱“五”字。耆献类征卷一八一叶二〇下同。今据国传卷六六叶一八上补。

姚棻

姚棻,安徽桐城人。乾隆十五年,顺天乡试举人,考补国子监学正。二十六年,中式进士,授湖北宣恩县知县,引见,授甘肃靖远县。靖远民不善治田,棻造水车,教之灌溉;兴义学,使读书;开金石岘,以利行旅。又立兴靖堡集场,通货物,民便之。二十九年,调皋兰县。时有盗杀盐茶厅民王洪训,盗不获,厅役执张举,教之诬服。厅不察定谳,总督杨应琚令棻覆讯,尽得其诬服,张举乃得释。三十二年,盐茶厅巨窝马得鳌养无赖子,四出为盗,总督吴达善令棻偕游击董果往捕。得鳌窝盗久,家益富,居无定所。棻踪迹获之,并其党阙进才等十一人。事闻,谕曰:“姚棻一经派委,即兼程探获巨窝,颇属能事。”十月,调固原州知州。

三十三年,迁湖北安陆府知府。三十四年,调知武昌府。三十五年,随吴达善至古州,获凶苗多人,得旨议叙。三十九年,上以施南府民情糅杂,讼狱烦多,非强干廉洁之员未能区画,调棻知施南府知府。四十一年,改福建漳州府知府。四十三年,巡抚德保调棻知福州府。谕曰:“漳州一郡滨海,民俗刁悍,最为难治,其紧要数倍于福州。朕素知姚棻能事,特从湖北调任该郡,实因地择人,岂可轻于更调?”四十六年,擢汀漳龙道。四十九年,授广东按察使。五十年,陛见,上询之,棻母年过八旬,苦节六十年，赐"柏贞萱寿"匾额一、大缎二、貂皮四，谕令回任。时顺道省视，迎母就养。五十四年，授江西布政使。八月，棻诣热河行在陈谢，复赐其母大缎、貂皮如前数。

五十五年，命署江西巡抚，疏言："江西钱文模糊，发局另铸，令局员赔经费。"又言："丰城为赣江下游，众水汇注，境内石堤四十丈，馀皆土堤，春夏水涨，甚为民田之害。应于险要改建石堤五十丈。"俱如所请行。是年，上八旬万寿，棻至京，赐服物、瓜果；棻以其母手绘罗汉册进，赐其母大缎二、貂皮六。五十六年，疏言："建昌府属界闽省，请于要隘设卡，以绝私贩。"从之。五十七年六月，以母忧去官。五十九年六月，上以棻将服满，命署广西巡抚。六十年二月，授贵州巡抚，旋改云南巡抚。时军务未竣，谕福康安如贵州省城，需大员驻扎，可留姚棻在彼，遂留贵阳。

三月，授福建巡抚。先是棻任汀漳龙道，所属亏官帑。至是事觉，解任候质。上以棻非入己，仍命署巡抚事。嘉庆元年，谕曰："姚棻自护理以来，尚知湔悔，仍护理如故。"又以海盗张表率众投首，恩赏黄辫大荷包一对、小荷包四个。闽中沿海民捕鱼为生，无赖者即藉捕鱼通盗，为之销赃济粮，与海上盗狼狈为奸。棻编保甲，凡鱼船舵手，令澳甲指名保任，容隐则坐之。获销赃匪王安等五十馀人，抵罪。汀州民陈观德娶妇漳州，途遇外委汪国生等奸盗，建阳役梁高游江中诈取余章贵钱，章贵愤，溺死。事俱在乾隆五十八、九年间。棻检积案，尽捕得之。二年，以痹病乞休，许回籍调理。四年，奉高宗纯皇帝哀诏，棻以手足不仁，未能匍匐赴阙奏。谕曰："览奏，具见悃诚，可嘉之至！缓为调理就痊,为国家出力,勉之!"六年四月,卒于家。

庆桂

庆桂,章佳氏,满洲镶黄旗人,大学士尹继善之第四子。尹继善自有传。乾隆二十年,庆桂以荫生授户部员外郎,旋充军机章京。三十年五月,调颜料库员外郎,旋擢内阁学士,兼礼部侍郎。三十二年,命往库伦办事。寻迁理藩院右侍郎。三十五年,授正白旗满洲副都统。三十六年,命在军机处学习行走。三十八年闰三月,充四库馆副总裁。

四月,授伊犁参赞大臣。七月,调塔尔巴哈台参赞大臣。四十年六月,哈萨克巴布克自称经阿布勒毕斯将伊授为图尔屯鄂拓克之阿拉拉克齐,[一]偕阿布勒毕斯之子博普前来贡献马匹。庆桂以巴布克并未与博普同来,不可深信,饬驳以闻。谕曰:"巴布克为人狡诈,若不饬驳,伊回去必又谎告阿布勒毕斯。庆桂自抵塔尔巴哈台以来,办理诸事,各就条理,无不虑到。伊系尹继善之子,不比他人。能如此办事,朕又得一能事大臣矣!嗣后尤当勉力学习,以副朕眷爱之至意。"九月,调镶黄旗满洲副都统。四十二年二月,授吏部右侍郎。四十三年四月,哈萨克台吉萨尼雅斯因失马匹,遣人来卡伦寻觅,庆桂并未明白究问,将其逐回,办理失宜。部议降调,上从宽改为留任。四十四年,转左侍郎。四十五年十一月,调乌里雅苏台将军,迁正黄旗汉军都统。十二月,谕曰:"前经降旨将庆桂授为乌里雅苏台将军,令其由彼前往。但庆桂在外年久,伊母年高,庆桂至乌里雅苏台将游牧事务与巴图办完时,[二]令巴图暂署将军印务,伊即来京陛见,俾得奉养伊母数日。俟庆桂回任后，巴图再回游牧。"四十六年，以病，命来京调理。

四十七年四月，授盛京将军。八月，奏："巨流河城工，业于上年八月告竣。查巨流河新建城垣，东西北三面紧接山坡，每逢雨水，俱沿城基南路入河，城基不无受损。拟于城外东西北三面开挖泄水沟三道，城内南北亦挖水沟一道，水由沟行，城垣得以坚固。并建石桥四座，以便行旅。共需银一千二百两，归入城工案内核销。"报闻。九月，调吉林将军。四十八年七月，奏获私挖参犯一百馀名，上以"封厂停采，原期护养参苗，今私挖人犯至一百馀名之多，有封闭之名而无其实，不如仍准开采"，命庆桂一面严拿，一面放票开采。十月，续获偷挖人犯六百馀名、参二百两。奏入，上嘉之。

四十九年闰三月，调福建福州将军，入觐。五月，擢工部尚书，仍直军机。旋调兵部尚书，正蓝旗满洲都统。十一月，充经筵讲官。十二月，山东巡漕御史佛喜保奏济宁州知州王道亨承审旗丁于士祥一案，意存开脱，及巡抚明兴回护该州，并亏缺仓库、苛敛地方各款，上命庆桂往鞫，惟该州失察差役，私受使费，并马号采办料豆，办理不善，属实，馀坐诬，请分别交部严议。五十年二月，署黑龙江将军。五月，带管理藩院印务。九月，命陕甘总督福康安带总督印赴阿克苏一带安辑回众，上以庆桂前在塔尔巴哈台办事颇为历练，调度军务悉所熟习，命带钦差关防驰往甘肃，暂署总督印务。十二月，复授塔尔巴哈台参赞大臣。

五十一年，回京，补兵部尚书。五十二年十一月，〔三〕湖北监生罗正榜控汉川县知县王蕙元侵蚀赈银，命庆桂偕侍郎汪承需往谳之。寻奏该县办理迟延,致招民怨,又于书吏勒索票钱调停息事,实属故纵,馀属虚诬,两造均定拟如律,报闻。十二月,署盛京将军。五十三年,署吉林将军。五十四年四月,署乌里雅苏台将军。十月,侍卫齐巴克札布控察哈尔总管伊勒库克扣俸饷,苦累兵丁,庆桂奉命勘讯属实,律以重辟。五十六年,丁母忧。五十七年九月,廓尔喀平,上以庆桂在军机处承旨书谕,夙夜宣勤,交部议叙。列十五功臣内,图形紫光阁,御制赞曰:"所谓故国,赖有世臣。量材授职,非卑逾尊。本兵习政,元长之子。跨灶是乎,图形始尔。"十二月,两淮盐政全德参奏运司柴桢挪移商课银二十二万两,解补浙江盐道库内亏项。上以浙江巡抚福崧兼管盐政,柴桢亏空库项,岂毫无闻见?恐有通同染指情弊,命庆桂同调任浙江巡抚长麟赴浙查办。讯出柴桢在盐道任内,福崧曾婪索金银,及派办物件,不发价银十一万五千馀两;又福崧侵用犇规值月差费等项银六万六千馀两。请将柴桢于犯事地方正法,福崧亦拟斩。下军机大臣、大学士、九卿议,从之,并命将福崧毋庸解京,即令庆桂于押解所带地方,会同该督抚监视正法。

五十八年,授荆州将军。五十九年二月,调正红旗蒙古都统。四月,兼镶蓝旗满洲都统。十一月,河督兰第锡奏高家堰一带风损石工段落较多,水底根脚难于估计,请筑坝戽水,俾根脚显露,以便勘估兴修。命庆桂往勘,奏称只按段拆补,勿庸戽水查验,上是之。十二月,回京,奏今岁夏秋雨多,淮水盛涨,兼西北风甚大,以致浪拍堰工,几致漫溢。幸而风势斗转,得以抢护平稳,诚为神佑,理宜重新庙貌,以答灵庥。得旨允行。六十年二月，管宗人府银库。九月，调镶黄旗汉军都统。嘉庆元年五月，仁宗睿皇帝奉高宗纯皇帝驾幸热河，命庆桂留京办事。二年三月，调镶红旗满洲都统。十一月，复调正蓝旗满洲都统。三年四月，山东武生戴云龙控齐河县知县侵蚀舞弊各款，命庆桂同大学士刘墉往谳之，惟修仓勒派及车辆、漕粮折价三款，事属有因，馀坐诬，问拟如律。

四年正月，高宗纯皇帝龙驭上宾，仁宗睿皇帝命庆桂恭理丧仪，调刑部尚书、协办大学士，入直军机，寻授内大臣，充国史馆正总裁。二月，恭纂高宗纯皇帝实录，命庆桂充监修总裁官，加太子太保衔。三月，授文渊阁大学士，总理刑部事务，赏海淀寓园。四月，充殿试读卷官。九月，奉安裕陵礼成，命偕大学士董诰恭点高宗纯皇帝神主，晋太子太傅。寻管理吏部及理藩院事务。六年正月，调正黄旗满洲都统。二月，管理户部三库事务。三月，三省邪匪贼首王廷诏就擒，上以庆桂赞画军机，夙夜不怠，加军功一级。七月，奏每年应赏御前、乾清门侍卫，军机章京，并三库官员养廉，共需银八万馀两，因各省所解饭银不敷支给，请将户部寄存捐纳饭银，归入银库借支备用。谕曰："此等赏项，从前原因三库饭银为数较多，是以每年格外分赏各处，原非正俸及养廉可比。年来外省应解钱粮，俱因拨给军需，随解饭银短绌，除三库官员养廉动支外，其馀应赏各处之项，自当酌量撙节。俟军务告蒇，各省饭银解部充裕，仍着照前例给赏。"十一月，充会典馆正总裁，赏黑狐端罩，遇有祭祀庆贺大典，准其服用。七年六月，参赞大臣德楞泰剿毙贼首，上嘉庆桂等承旨书谕周到勤勉，交部优叙。十二月，上以川、陕、楚剿捕逆匪大功戡定，特沛恩纶,谕曰:"军机处行走之大学士庆桂,经皇考简用多年,克尽忠悃。自用兵以来,承旨书谕,勤慎小心。朕敬推皇考之恩,着赏给骑都尉世职。"八年七月,赏戴双眼花翎。九年十一月,上以庆桂年届七旬,御书"济美延禧"匾额赐之,并御制诗曰:"庞眉皓首冠朝绅,大雅雍容德业醇。名重三朝三相国,勋隆一代一贤臣。蟠根深固天香远,调鼎平和庶政均。喜届古来稀有寿,祥征麟趾颂振振。"十一年,授领侍卫内大臣。十二年三月,高宗纯皇帝实录告成,上以庆桂在馆八年,终始其事,赏用紫缰。九月,仍管户部三库事务。十四年正月,晋太子太师。七月,充崇文门正监督。十五年十二月,纂辑平定三省邪匪方略告成,加一级。

十六年八月,扈跸热河,上念庆桂年逾七旬,现在腿疾,命不必随进木兰。旋以腿未愈,赏假先期回京,并赐医调理。十七年正月,加太保衔。九月,谕曰:"大学士庆桂前蒙皇考高宗纯皇帝简用,在军机处行走。朕亲政以来,复令入直内廷,十有馀年,夙夜在公,奉职勤慎。今年近八旬,步履迟钝,每日枢直内廷,朝入暮归,高年精力,殊非所宜。庆桂着不必在军机大臣上行走,轮班赴内阁阅本,其所兼文渊阁领阁事,管理户部及正黄旗满洲都统,均仍其旧。伊所兼领侍卫内大臣,现已开缺,着仍授为内大臣。嗣后遇所管部旗引见人员,均无庸带领。每届值日奏事,呈递膳牌,亦无不可。庆桂所管事既简,庶得颐养延龄,用副朕体恤老臣之至意。"十八年九月,上以庆桂年老多病,命原品休致,给予全俸。十九年十一月,上以庆桂年届八旬,特予优赉。

二十一年六月,卒。谕曰:"休致大学士庆桂,自乾隆年间蒙皇考高宗纯皇帝简用,外任将军,内管部务。朕亲政后,复擢赞

纶扉,在枢廷行走多年,小心谨慎。前因年老休致,嗣值伊年届
八旬,经朕赏作生日,优加宠赉。兹闻溘逝,轸惜殊深! 着赏给
陀罗经被,派奕绍带侍卫十员前往奠醊,照大学士例,给予恤
典。”寻赐祭葬,谥文恪。

　　子福同,原任刑部员外郎;孙培成,现任二等侍卫。

【校勘记】

〔一〕授为图尔屯鄂拓克之阿拉拉克齐　“拓”原误作“什”,又上“拉”
　　误作“克”。耆献类征卷三一叶一五上同。今据庆桂传稿(之二
　　九)改。按国传卷一九叶一上不误。

〔二〕庆桂至乌里雅苏台将游牧事务与巴图办完时　“至”原误作
　　“在”,又“将”下衍一“军”字。耆献类征卷三一叶一五下同。今
　　据纯录卷一一二〇叶一七上及庆桂传稿(之二九)改删。按国传
　　卷一九叶一下不误。

〔三〕五十二年十一月　“一”原误作“二”。耆献类征卷三一叶一七上
　　同。今据庆桂传稿(之二九)改。按国传卷一九叶二下不误。

　　书　麟

　　书麟,满洲镶黄旗人。父大学士高晋,自有传。乾隆二十三
年,授銮仪卫整仪尉,累迁冠军使。三十六年五月,授西安副
都统。

　　三十八年,以金川逆酋僧格桑、索诺木滋事,命为领队大臣。
七月,领满洲兵二千赴军营。十一月,随参赞大臣丰昇额攻剿沙
坝山碉卡,超众先登,赏戴花翎。三十九年,随丰昇额带兵二千,

由卓克采至萨尔赤鄂罗山,将南面雪山占据,攻开要隘;复随丰昇额率侍卫玛尔吉等领兵一千五百,进抵凯立叶山根,遇贼三百馀人潜出,迎击之,杀六十馀人,馀皆窜。四月,随参赞大臣五岱等领兵五千守罗博瓦山梁,以牵贼势。旋管达尔扎克、莫尔敏山等处驻兵。九月十一日夜,贼潜扰莫尔敏山营卡,千总严伦、都司袁敏击走之。十三日夜,贼侵达尔扎克北山沟营卡,前锋校德兴击走之。十一月,同副都统福珠里、总兵特成额等分攻荣噶博最高峰顶,及萨康尔山半贼碉。四十年三月,同福珠里、副都统倭升额等攻木思工噶克碉卡。四月,同侍卫格勒尔德等攻木思工噶丫口碉卡。时副将曹顺等分四路进攻,书麟偕福珠里、倭升额、特成额等带兵为各路援应,五月二十二日,克之。七月,进克巴占之石碉。九月,同五岱、侍卫彰霭等攻科布曲山碉座。科布曲山与勒乌围前相对,中隔大沟,崖磝陡峻。书麟等分两队从正面进攻,复于山坳设伏,以断贼援。潜率兵躐水而过,抢上山梁,先得碉前大卡一座。石碉分三层,贼番用梯上下,并无门户。我兵进抵碉前,抛入火弹,挖掘碉根,贼众来援,我兵分头迎击,毙贼甚众。十二月,与特成额等攻克尔古什拉斯一路。克尔古什拉斯在科布曲山侧,[一]我兵合力取峰顶两碉,及山峰西面碉卡。随进攻勒限勒木通山脊石碉三座,又克在后之两大碉石卡九座。寻夺据则郎噶克山梁。四十一年正月,大兵攻围噶拉依,逆酋索诺木等乞降。金川平,加三等,议叙。寻授广西提督。命图形前五十功臣于紫光阁,御制书麟赞曰:"本非习战,遇战即奋,恐孤父名,伟哉后进。功成事定,提督郁林。攻则壮志,守则小心。"四十三年,丁父忧,来京。四十四年四月,署兵部左侍郎。十二月,调署仓场侍郎。

四十九年,授安徽巡抚。五十年,安徽旱,奏请截留漕粮五万石,留关税银三十五万两有奇,备赈,从之;并命酌借籽种口粮。寻奏以安徽秋成歉薄,请将乾隆五十一年轮免漕粮,改于本年蠲免,从之。十一月,请设法清釐荒地,疏曰:"查阜阳县赋役全书开载荒地六千馀顷,仅据报垦三千馀顷,其馀已垦未报,自必不少。屡次饬查,未经清釐,断无任其以熟作荒,不行查办之理。臣再四思维,惟有稍宽年限,立法清釐,俾令渐复旧额,庶事不烦而民不扰。查阜邑民间买卖田地,率多照契开界,过户纳粮,并不施弓查丈。间有丈交者,亦不过相沿旧例,以绳索纵横经丈,往往与粮额不符,致启争讼,而该县悉皆旱地,更非水田有塍畔可比。其毗连荒地之处,未必无逐渐侵垦,以熟包荒者,日久无稽,职此之故。应请将部颁官弓照式刊刻木榜,分竖各里保,遍行晓谕。嗣后民间交易,悉照部颁官弓丈明亩数,[二]载入契内,如有多馀之地,照议定价值减半加增,仍以所增之价,一半入官,一半给主,则卖户既免已往之罪,又图多得价银,必不肯扶同欺隐,即买主照额升科,[三]亦得粮清地实,以免纠缠,自所乐从。其有自行清丈,据实报升者,免其已往之罪,并奖以花红。倘过割时,不用官弓丈量,私自成交,一经察出,即照欺隐律治罪。如此,则民间有所劝惩,无不自图保业,乐于首报升科,以杜后患。仍于每岁年底将清出报升顷亩、应征钱粮,汇册题报。数年之后,自可渐复旧业,于国课民情,两有裨益。"奏入,上嘉奖之。

五十一年正月,上以书麟悉心经理旱灾,饬部从优议叙。寻部议加一级、纪录二次。三月,上以两江总督李世杰于河工未悉,命书麟于伏前往淮安、清江口一带,〔四〕与李世杰、河道总督李奉翰熟商河防事务,加意料理。闰七月,黄、运两河漫口,书麟同李世杰、李奉翰等奏曰:"本年江省黄河漫口,共有四处,内烟墩口门虽宽,而水势尚缓,即可堵合;李家庄水势亦缓,逐渐挂淤,口门下深处不过七八尺,亦易于办理;汤家庄漫口虽不免分大河之溜,而正河水深,无虞夺溜;至司家庄漫口,溜势流入口门较多,先经臣等于对岸抽挑引河,引溜北趋,并于西坝先行进占,挑溜归入正河,则大河水势自见增长。口门既有分泄,坝工亦不至着重。已饬各厅、州、县购办料物,分段兴工。其毛城铺、天然峰山等闸,并茅家堤引河已次第堵闭,务使黄流并力东趋,以冀刷深河底,其束清、御黄两坝顶,用柴镶作,以期坚实,俾资拦蓄。复奏请培高黄运两河卑矮堤工,修整临湖浪掣石工。皆从之。十月,同李世杰、李奉翰等奏:"江省桃源境内河形,从前由高家湾折至玉皇阁,即由东南直至惠济祠下,会清东注。近年以来,顺黄坝西北生有淤滩,大河溜势至玉皇阁堤前,即逼向南崖,直抵顺黄坝迤上木龙之前,复向北折,至陶庄新河,始自西而东,会淮归海,水势纡折,流行不能畅利。查玉皇阁下河势有向东北坐湾之处,若于该处迎溜,抽挑引河一道,俾黄河从此直注,归入陶庄新河,东注会清,形势较为径捷。上年伏秋,黄水长发,惟桃源境内存水较高,未必不因玉皇阁一带河势纡回所致。自应于该处抽挑引河,预备明年开放。傥开放后,大河溜势全掣,由兹东注,则顺黄坝一带埽工尽可淤闭,即一时未能全掣,而有此分泄之路,可免存积过高之病。且中河堤工以南,又有缕堤一道,将来加高培厚,作为黄河北堤,亦不大滋劳费。"报闻。旋奏司家庄、汤家庄漫口合龙,复以安徽五河等十七州县水灾请赈,得旨允行。

五十二年二月,荐举知府钱金殿、臧荣青二员堪胜道员,谕曰:"朕召见钱金殿,见其才具中平,年已衰老;臧荣青亦属拘谨,并非出色之员。书麟平日小心谨慎,是以于属员中亦择其谨慎者,加以甄拔。不知地方官有察吏安民之责,必须才猷出众,通达事体,方称特令保荐之意。若循分供职之员,设遇地方要务,岂能措置裕如?且督抚鉴别人才,不宜预存偏见,如专取谨饬,则巧诈者皆有心迎合,貌饰醇谨,以邀识拔。书麟在巡抚中尚堪造就,其查办赈务,协理河工,亦能实心实力,是以降旨教导,开其识见。嗣后不可以一格取人,以副朕训勉饬励至意。"十一月,擢两江总督。五十三年六月,谕曰:"朕闻各督抚内,惟李世杰、书麟于出巡时轻骑减从,尚能不累地方。各督抚受朕重恩,养廉优厚,何不以李世杰、书麟为则效,而必蹈不肖督抚之覆辙乎?"十一月,兼署江西巡抚。五十四年二月,京察,加一级。六月,同河道总督兰第锡奏睢宁南岸周家楼漫口二百馀丈,自请治罪,上特免之。旋以江西粮船行走迟误,交部严议,部议革职,得旨改为降三级留任。十一月,周家楼漫口合龙,交部议叙。五十五年四月,高邮州巡检陈倚道揭报查获私描假印填给串票重征之书吏,具禀府、州、抚、藩,俱未批发,经钦差尚书庆桂、侍郎王昶鞫实。上以书麟瞻徇朦混,交部严议,并革去翎顶。五月,又因失察句容县书吏侵用钱粮,命革职,交刑部治罪。七月,发往伊犁效力。八月,起为山西巡抚。十一月,内阁学士尹壮图奏州县亏空,督抚派累,惟<u>李世杰</u>、<u>书麟</u>独善其身,奉谕<u>李世杰</u>、<u>书麟</u>尚能督率属员,留心民事。

五十六年,仍授<u>两江总督</u>。五十七年闰四月,同<u>江苏巡抚长麟</u>奏曰:"<u>海州</u>暨所属<u>沭阳县</u>,地势极为洼下,雨水稍多,即被淹成灾。近来缓赈兼施,殆无虚岁。与其徒存粮赋虚名,不若别定赋则,以归实在。请酌减十分之三,如<u>海州</u>上则地,向例每亩征银一分八厘五毫零,今征一分四厘八毫零;<u>沭阳县</u>上则地,向例每亩征银三分二厘五毫零,今征二分六厘八毫零。其极洼地亩,改种芦苇,应纳钱粮,列为下则,于百姓实有裨益。"从之。七月,与<u>兰第锡</u>奏<u>瓜洲</u>江岸坍塌,请于柴坝之外,抛砌碎石,镶作护埽。八月,请添设<u>江防</u>把总,裁<u>山清汛</u>千总。十月,请移建淮扬道署于<u>清江浦</u>。^[五]均下部议行。五十八年正月,兼署<u>江宁</u>织造,并<u>龙江关</u>税务。五十九年正月,兼署漕运总督。七月,与<u>兰第锡</u>奏,伏汛水势,工程平稳。奉上谕办理尚为妥速,赏给大小荷包。旋因徇庇<u>两淮盐政巴宁阿</u>与商人交结,交部严议,夺职。九月,奉旨,赏给三等侍卫,赴<u>新疆</u>换班效力。嘉庆元年,署<u>乌鲁木齐</u>都统。<u>书麟</u>以恭遇覃恩,<u>乌鲁木齐</u>地粮应否蠲免,咨户部。奏上,奉旨,加恩蠲免。四年正月,授吏部尚书、正红旗<u>汉军</u>都统。二月,加太子少保衔。三月,命协办大学士,授闽浙总督。八月,以弟<u>广兴</u>奉差<u>四川</u>,滋事获咎,奏请将<u>广兴</u>从重治罪,并自请交部严议。奉上谕:"春间<u>书麟</u>进京召见,曾面奏伊弟年轻,未经阅历,恐其高兴多事。<u>书麟</u>自请严议之处,着加恩宽免,仍着<u>书麟</u>于家信中谆切教诫,勉令时加检束,改过自新,以观后效。"

十月,调云贵总督。<u>两江总督费淳</u>奏参云贵总督<u>富纲</u>任总

漕时贪婪各款,谕交书麟严审。寻鞫实,将富纲解京治罪。又云
南巡抚初彭龄奏参前任巡抚江兰讳匿盐井被淹,命交书麟查办。
五年正月,奏江兰有心讳灾,上以书麟办事素称公正,所奏皆实,
夺江兰职;又奏:"确查江兰于倮匪一案,奏事不实,办理草率,臣
不敢稍有袒护,亦不敢意存附和,文致江兰之罪。"奉朱批:"所
奏甚公。"二月,驰抵黄草坝,剿捕倮匪,亲督将士,分兵两路,进
攻猛白山巅,焚烧大小贼寨数处,杀贼六十馀人。奉上谕:"所办
好。折内所称因探闻贼匪于山梁下扎营,书麟即驰回北路策兵
冒烟进剿一节,书麟前在金川带兵时,正在壮年,甚为勇力,朕所
夙知。现在任重封圻,为通省领袖,而年逾七旬,亦非少壮可比。
且贼匪俱于深林密箐中藏匿窥伺,书麟于督剿之际,自当持以慎
重,切不可稍涉冒昧,致有疏虞。"旋经官兵攻克猛白南路山梁,
并剿洗贼寨,溃匪窜丙别街场屯聚,书麟分派提督乌大经、苏尔
相等带兵,将丙别街房屋概行剿洗,攻破贼寨三、大小贼营五,歼
毙贼匪无数。奉上谕:"所办可嘉! 书麟着赏给黄䜺大荷包二、
小荷包四,[六]镶宝石玉火镰一,镶玻璃铜盒一。至折内'有亲身
督阵'之语,书麟系协办大学士,不值因此等幺麽,躬冒矢石,惟
在调度得宜,仍于奋勇之中,寓持重之意,勿致稍有疏失为要。"
是月,官兵剿洗坝卡,生擒起意勾结之贼目李文明、李小老及丁
小八等,分别正法示众。奉上谕:"所办甚属可嘉! 书麟着从优
议叙。"寻议军功加一级。四月,官兵南北两路会合围攻,焚烧草
蓁寨二百馀间,伤毙贼匪甚众。又令晓事顺倮入箐招谕,晓以利
害,旋据鲁倮罗、黑二老、罗成才等率领稔恩蛮、糯数木、等五十
二寨、八百四十馀户男妇老小,来军营叩头乞命,并呈缴枪弩器

械。书麟受降，并查明土司前此苛派缘由，立碑申禁。奉上谕："所办甚好！书麟办理此事，剿抚机宜，均为得手。现将官兵营卡归并，所办俱是。"闰四月，奏谢恩赏，奉朱批："卿老成持重，为国宣猷。蛮烟瘴雨之乡，切勿过劳。加意珍摄，佐朕治理，勉之！"又奏降俫等随同委员安插降寨，清查地亩，搜缴器械，颇为出力，其和尚铜登、铜金俱悔罪投诚，并晓谕铜登等安分焚修。奉上谕："所办甚是。"寻加太子太保。七月，奏封茂隆银厂，从之。九月，请将黔省总兵以下官，照浙江之例，交巡抚节制，从之。

十月，调湖广总督。时教匪未平，谕将徐天德一股窜匪迅速剿捕，歼除净尽。十二月，书麟抵襄阳，闻贼匪情形，驰往剿办，并请暂留江西，拨运陕省兵米一万石，以备接济，从之。奉上谕："书麟甫到军营，即以防堵为见，已得要领。其劝谕居民，筑立堡寨，更替疲兵，均于军务有裨。折内所称无分疆界，并力合击，深得大臣之体。"是月，书麟会同倭什布前抵竹溪，带领吉林、索伦兵兜剿。青、蓝、黄三号贼匪，先经长麟、明亮、孙清元在瓦房口分兵夹击，大获胜仗。书麟因东川、保丰一带为粮运要路，虞贼匪折回，亲往截剿，败之。谕曰："书麟系协办大学士、湖广总督，非从前出师金川仅为领队可比。且年已七十，尤当持重。惟应遵照节降谕旨，将团勇筑堡，安抚难民，及善后等事，悉心经理，毋令川、陕窜匪阑入楚境，即为不负委任。折内所称山势险峭，仅有仄径一线，书麟扶掖步行，览奏深为悬廑！贼情诡诈，深山穷谷之中，难保无贼匪藏匿，伺间窃发。书麟领军之人，惟在调度得宜，指示策应，不必以带兵杀贼见长，冒险轻试。"书麟以徐天德等大股在竹山边界泉溪一带,纵火逃窜,饬镇将分路搜捕,均有斩获。六年正月,书麟同明亮、倭什布、孙清元等由竹山、房县进剿徐天德,三路合击,先后杀贼八百馀人,生擒五十馀人,赏镶宝石带头、玉扳指、大小荷包。疏言"剿贼之法,先以固结民心、培养民气为第一要务。抚辑得宜,则贼即是民;任其失所,则民即是贼。"奉朱批:"此数语包括尽矣! 卿如此忠勇,必能成功,勉之!"又奏楚省被贼扰害,民力拮据,请将截存漕米暂缓搭解,以备赈恤,从之。二月,川匪苟文明、李彬由陕西平利县越老林欲窜房县,书麟与长麟、明亮督兵倍道进击,与贼遇于狮子崖,大败之,歼伪总兵卜兴昂、〔七〕伪先锋魏钟钧。旋分兵伏佘家沟、〔八〕高尖山,伺徐天德、张允寿来袭营,起击之,杀贼千馀人。适房县北境别有贼三千馀人,攻扑寨碉,令孙清元等分队进剿,毙五百馀人,生擒贼李魁圣等百馀人,奉旨交部议叙。寻奏请于襄阳添设提督,并移驻防协镇于郧阳、竹山二处,从之。三月,徐天德、苟文明等在茅伦山一带屯聚,经孙清元、吉林泰等督率将弁,分为六队,奋勇攻击,毙贼无算。奉上谕:"书麟虽未带兵打仗,其一切调度均合机宜,着赏给四喜玉扳指、金盒、黄辫、珊瑚豆、大荷包。"是月,京察,加一级。

四月,以病躯委顿,恐误军务,疏请解任调理,上命乾清门侍卫孟住带同太医,并书麟子吉郎阿驰往看视,并谕令缓程回京。初九日,卒于军。以剿贼未尽,嘱身后以行衣入殓。遗疏入,谕曰:"书麟老成练达,体国公忠,扬历有年,久著劳绩。本系宣力旧臣,精力未形衰迈,设不调任湖广,尚不致因劳成疾。兹闻溘逝,深为轸惜! 着加赠太子太傅,赏给一等男爵,令伊子吉郎阿承袭,准再袭十次。仍令孟住前往赐奠。即令吉郎阿迎枢回京,俟入城时,再行加恩。"寻礼部议恤上,予谥文勤。七月,谕曰:"据额勒登保、德楞泰前后奏参倭什布办理湖北粮台迟误,书麟正在总督任内,深知其事,并不陈奏,未免心存徇隐于末路,稍觉模棱。现在灵枢到京,因此不亲往奠醊。但念书麟平日居官,清廉公正,声名久著,节次办理军务,均有成劳,仍加恩派孟住带领侍卫十员前往赐奠,以示朕轸念旧臣之至意。"

子吉郎阿,袭一等男,现发两广以副将委用。

【校勘记】

〔一〕与特成额等攻克尔古什拉斯一路克尔古什拉斯在科布曲山侧
　　　原脱"一路克尔古什拉斯"八字。耆献类征卷三一叶二一上同。
　　　今据书麟传稿(之二六)补。按国传卷二〇叶一下亦脱。

〔二〕应请将部颁官弓照式刊刻木榜分竖各里保遍行晓谕嗣后民间交
　　　易悉照部颁官弓丈明亩数　原脱"照式"以下至"官弓"凡二十七
　　　字。耆献类征卷三一叶三二上同。今据书麟传稿(之二六)补。
　　　按国传卷二〇叶二下亦脱。

〔三〕则卖户既免已往之罪又图多得价银必不肯扶同欺隐即买主照额
　　　升科　原脱"既免"以下至"买主"凡二十二字。耆献类征卷三一
　　　叶三二上同。今据书麟传稿(之二六)补。按国传卷二〇叶二下
　　　不脱。

〔四〕命书麟于伏前往淮安清江口一带　"清"原误作"靖",又脱"口"
　　　字。耆献类征卷三一叶三二下同。今据书麟传稿(之二六)改
　　　补。按国传卷二〇叶二下不误。

〔五〕请移建淮扬道署于清江浦　"扬"原误作"安"。耆献类征卷三一

叶三五上同。今据书麟传稿(之二六)改。按国传卷二〇叶四下不误。

〔六〕书麟着赏给黄辫大荷包二小荷包四　原脱“二小荷包”四字。耆献类征卷三一叶三六下同。今据书麟传稿(之二六)补。按国传卷二〇叶五下不脱。

〔七〕歼伪总兵卜兴昂　原脱“卜”字。耆献类征卷三一叶三八下同。今据书麟传稿(之二六)补。按国传卷二〇叶七上不脱。

〔八〕旋分兵伏佘家沟　“佘”原误作“余”。耆献类征卷三一叶三八下同。今据书麟传稿(之二六)改。按国传卷二〇叶七上不误。

福崧

福崧,乌雅氏,满洲正黄旗人。祖硕色,湖广总督,自有传。福崧于乾隆三十六年授内阁中书,寻升侍读。三十九年,京察一等,授四川川北道。四十四年,擢甘肃按察使。四十六年三月,迁广东布政使。时循化厅属撒拉尔逆回苏四十三等争立新教,与旧教回人互相攻杀,福崧随总督勒尔谨剿之。四月,调甘肃布政使。七月,逆回平,赏戴花翎。寻以勒尔谨等冒赈事觉,命福崧随总督李侍尧清查仓库钱粮。四十七年三月,查明亏银八十八万馀两、粮七十四万馀石,责令历任各员赔补;无力完缴者,令现在督、抚、司、道、府、厅、州、县摊赔。上以福崧办理清查,尚属实心,勉之。

十月,擢浙江巡抚。十一月,谕曰:“浙省吏治,自王亶望以来,废弛日久。陈辉祖接任后,又复牟利营私,其通省仓库钱粮,难保无积压、亏缺、抑勒、交代等弊,着传谕福崧等彻底盘查。如有亏短情弊,责成各属速行弥补。总期不动声色,而国帑仓储皆归实贮。"寻查明亏银一百三十馀万两,请分别勒限弥补,报闻。四十八年正月,桐乡县劣衿钱徵书等纠众闹漕,缉获首从各犯,定罪如律。上嘉其实力整顿。五月,疏陈:"严除漕弊章程:一、遵例十月开仓,分别村庄远近,收获早晚,使粮户按日交纳;一、缙绅巨户有倚势擅交丑米者揭参,并饬印官驻仓监兑,严禁折色纳钱诸弊;一、收漕积习,每择书吏有家计者承值仓廒,开征时暗点漕总,更名叠充,又办漕幕友长随,一经书荐,不必到仓,即分馀润。俱应严行革禁。"下部议行。先是,福崧奏浙江范公塘埽工矬蛰,用船沉石保护。谕曰:"暂时防护,补救目前,非一劳永逸之计。将来是否一律改筑石塘,俟明岁南巡时,朕亲临视指示机宜,再行定夺。"四十九年正月,上南巡。三月,以两浙商人公捐银六十万两,请于范公塘改建鱼鳞石塘,赴行在具奏,允之。五月,条奏:"石工各事宜:一、柴工易蛰,应用竹篓石块拥护,并建石坝;一、木限二年办齐,石限四年运足,迟误参处;一、急工分四限,缓工分六限,统限五年完竣;一、料价银藩司亲发工员承领,即由工员转发该商,不经胥吏。"如所请行。七月,以范公塘添建石塘,汛兵不敷,请于抚标两营酌拨弁兵驻守,从之。八月,请将福建台湾械斗匪犯停发新疆,上责其越俎,部议革职,命留任。五十年,以秋审应拟情实案犯误入缓决,上以其宽纵饬之。五十一年二月,奏浙省亏项未能依限完缴,恳请展限,并称于新正传齐司道等官,公同立誓,共砥廉隅。谕曰:"浙省地方向无亏缺之事,四十六、七年王亶望、陈辉祖贪黩之案,相继败露。经富勒浑等将仓库亏缺,据实奏明,勒限弥补。乃历三四年之久,竟未全完,尚敢腼颜奏请展限,且称率同司道各府公同立誓,尚复成何政体耶? 此而不严加惩创,各省纷纷效尤,伊于何底! 着派尚书曹文埴,侍郎姜晟、伊龄阿前往盘查,究竟亏缺若干,弥补若干,并将因何迟延之处,查明具奏。"三月,奏筹柴塘岁修坦水经费,谕曰:"海塘工程,关系民生甚重。是以于老盐仓、范公塘旧有柴塘后,一律添建石塘,仍留柴塘为重门保障,自无须另砌坦水也。今据福崧所奏,是添筑石工后,仍须岁修柴塘坦水,则前后所建石塘,竟属无益。即云老盐仓工程系王亶望、陈辉祖任内之事,而范公塘则系该督抚任内之事,虽系朕意如此,果知其不可,何妨执奏,乃依违不言,徒增此劳民伤财之举。着曹文埴等亲往履勘,据实筹办。"旋命福崧来京候旨。四月,文埴等奏言柴塘坦水,受潮汐汕刷,势不能无蹲跜。若不随时修补,不能抵御大溜,坦水即有岁修,则作为坦水之柴塘,自应一律办理。上允所请。又奏查明浙省亏空已未弥补实数,详核定议,并酌立善后章程。谕曰:"福崧尚无贪黩败检情事,其咎在于不能实力督催,以致逾限不完,失之柔懦;又复公堂设誓,有乖政体,其咎尚轻。现在山西巡抚员缺,着加恩暂令福崧署理。"八月,奏:"太原驻防满营成丁闲散,现有三百馀名。请添设马甲六十名、步甲四十名挑补,所有钱粮于各州县支领,繁费银两裁减支给。"如所请行。

　　九月,浙江学政窦光鼐劾平阳县知县黄梅贪黩营私诸款,鞫实。上以福崧前在浙江巡抚任内,未经参奏,褫翎顶,命来京候旨。寻赏二等侍卫,充和阗帮办大臣。五十二年,调阿克苏办事大臣。五十四年二月,调叶尔羌参赞大臣。六月,召来京。五十

五年二月，授安徽巡抚。四月，调江苏巡抚。五月，前任巡抚闵
鹗元因高邮州书吏假印重征案，革职逮问，福崧复查出句容县粮
书侵蚀钱粮，鹗元瞻徇知县王光陛，不为究办。上以福崧不避嫌
怨，持正可嘉，下部议叙。复谕曰："无识之徒，或以该抚乘人之
危，谬为訾议，想亦不免。但江苏为钱粮繁重之地，官吏等易于
滋弊。福崧既受此恶名，不必再存邀誉之见，务须彻底清厘。如
尚有此等官吏舞弊，立即严参，不可以得邀优叙，心存懈玩，思博
宽厚之名。"

　　旋署两江总督。八月，以安徽宿州等处水灾，筹办抚恤得
宜，得旨嘉奖。十月，查拿长洲等二十八州县充当漕总蠹吏七十
馀名，严惩之。上嘉其办理妥协。是月，仍调浙江巡抚。十一
月，以海洋不靖，命驻温州，会同提督陈杰剿捕。五十六年十月，
以外委陈学明巡洋被劫，捏伤具报，福崧未能究出实情，部议革
职，上加恩改为留任。十二月，奏："向来巡洋弁兵遇盗退缩，仅
将该管洋汛查参。嗣后应将原派不慎将备等官，并予革职，仍令
自备资斧，效力三年，方准回籍。该管总兵亦请交部议处。"从
之。五十七年二月，奏请补修海塘石工，与前任巡抚琅玕改筑柴
坝异议，命江苏巡抚长麟往勘，请如福崧议，得旨允行。五月，民
人与渔户互争网地，[一]千总林凤鸣等受贿袒助，福崧失察，部议
革职，上加恩宽免。十二月，调任两淮运司柴桢私挪盐课银二十
二万两，弥补浙江盐道亏空，经两淮盐政全德参奏。上以福崧兼
管盐政，恐有染指情弊，革福崧职，调山西巡抚，长麟代之，并谳
其狱。复命尚书庆桂赴浙会讯。

　　五十八年，究出福崧婪索柴桢金银及派办物价银，共十一万

五千馀两,复侵用挈规及值月差费等项银六万六千馀两,狱具拟斩。谕曰:"福崧系硕色之孙,伊家世受国恩,自应廉隅谨饬,勉力图报。乃向盐道婪索多赃,营私徇法,莫此为甚! 此而不严办示惩,何以肃官方而儆贪黩? 着毋庸解京,令庆桂于押带所到地方,如在江南境内,即会同书麟监视正法;如已行抵山东,即会同吉庆监视正法。为封疆大员辜恩徇法者戒!"

【校勘记】

〔一〕民人与渔户互争网地　"网"原误作"纲"。今据福崧传稿(之二五)改。

清史列传卷二十八

大臣传次编三

董诰

董诰,浙江富阳人。父邦达,官礼部尚书,自有传。

诰,[一]乾隆二十八年进士,改庶吉士。三十一年,散馆,授编修。三十二年,命入懋勤殿,写金字经,为孝圣宪皇后祝嘏。三十三年四月,御试翰詹。时诰以写金字经未与试,上嘉其学问优长,特予加一级。三十四年正月,擢詹事府右中允。七月,丁父忧。三十六年,服阕,命入直南书房,先食俸,候补,[二]三十七年正月,转左中允。五月,迁翰林院侍读,充日讲起居注官。三十八年十一月,迁詹事府右庶子,旋授翰林院侍读学士。三十九年四月,充经筵讲官。六月,充江南乡试正考官。十二月,迁内阁学士,兼礼部侍郎。四十年十一月,擢工部右侍郎,兼管钱法堂事务。四十一年三月,充四库全书馆副总裁,并命接办四库全书荟要,兼充武英殿总裁。四十二年六月,调户部右侍郎,兼管钱法堂事。八月,命辑满洲源流考。十一月,转户部左侍郎。四十三年四月,兼乐部事务。

四十四年十二月,命在军机大臣上行走。四十五年三月,赐第西直门新街口。五月,命紫禁城骑马。四十九年七月,甘肃石峰堡逆回平,上以诰勤劳懋著,交部议叙。五十二年正月,擢户部尚书。五十三年,台湾逆匪林爽文就擒,上以诰等夙夜宣勤,交部议叙。并命列二十功臣内,图形紫阁,御制赞曰:"旧例军务,多用清文。兹或用汉,绿营海滨。治以马上,亦颇效勤。堪同福将,阁表书勋。"五十四年二月,命管理稽察上谕事件处。五十五年十一月,加太子少保衔。五十六年十月,刊石经于太学,以诰充副总裁。五十七年九月,廓尔喀平,交部议叙。列十五功臣内,图形紫光阁,御制赞曰:"儒雅搢绅,本不识兵。枢机久参,习以尽诚。地官掌职,度支是司。军储万里,调拨合宜。"六十年九月,充国史馆副总裁。

嘉庆元年十月,授东阁大学士,总理礼部,仍兼户部事务。二年二月,丁生母忧,特旨赏陀罗经被饰终,遣御前侍卫额驸丰绅殷德带侍卫十员奠茶酒,并赐祭葬。三年三月,诰葬母毕,诣阙谢恩。谕曰:"刑部尚书缺出,现当办理秋审之时,一时未得其人。董诰现在守制已逾小祥,计明年春夏间即届服阕,着暂行署理。董诰接奉此旨,亦不必来行在谢恩,惟当悉心办理秋谳及军营、纪略等事,此系朕不得已用人之苦心,当亦人所共谅也。"四年正月,高宗纯皇帝宾天,仁宗睿皇帝命总理丧仪,仍在军机处行走。二月,充实录馆总裁,晋太子太保。五月,服阕,授文华殿大学士,充国史馆正总裁,管理稽察上谕事件处,仍兼刑部尚书。九月,奉安裕陵礼成,命诰恭点高宗纯皇帝神主,加太子太傅。六年二月,三省邪匪首逆王廷诏就擒,[三]诏加诰军功一级。十一月,充会典馆正总裁,赏黑狐端罩一袭,寻加军功三级。七年,大兵戡定三省邪匪,上以诰自用兵以来,书谕慎勤,特予骑都尉世职。八年七月,搜捕三省邪匪,全境肃清。谕曰:"董诰之子董淇,本由荫生任户部员外郎,着加恩以郎中用。"九年,充顺天乡试正考官。十一年九月,管理户部三库事务。十二年三月,高宗纯皇帝实录告成,谕曰:"董诰前后在馆八年,始终其事,允宜特加优奖。董诰之父董邦达,从前未经入祀贤良祠,着加恩准其入祀。"十三年三月,充会试正考官。九月,赏密云县房屋一所。

十四年正月,谕曰:"本年朕五旬万寿,已颁恩诏,覃敷闾泽。因思大臣中有平素恪勤尤著者,亦宜特加优奖。大学士董诰在军机处行走有年,夙夜敬慎,着加恩晋加太子太师。"三月,以诰七十生辰,御书"赞枢锡庆"额赐之,赉予甚渥;复御制诗曰:"久任枢廷政教宣,两朝知遇一身肩。圣人早鉴才猷博,硕彦今资辅弼贤。大衍岁逢古稀纪,期颐瑞合八旬年。浙西二老同黄阁,寿算绵长福履延。"十五年六月,以粤洋巨匪乌石二等歼擒净尽,上以诰自剿办洋匪以来,甚属勤慎,命开复降罚处分,仍加军功一级。七月,充上书房总师傅。十六年三月,充会试正考官。子淇病故,时诰方入闱,上传谕慰之;并以淇原得一品荫生,[四]予诰次子淳承袭,以示体恤。十七年正月,晋加太保。十八年九月,逆匪林清等就诛,上以诰昼夜宣劳,赏加二级。十二月,攻克滑县贼匪,饬部优加议叙。十九年二月,谕曰:"自上年九月逆匪林清勾结豫东教匪,聚众谋逆,剿办甫竣。其时南山匪徒,因陕省兵将征调远出,〔五〕乘虚劫掠,复饬凯撤官兵,分路剿除。现已一律肃清,军务全行报蒇。军机大臣赞襄枢务,夙夜勤劳,宜沛恩施,以昭优奖。董诰之子候选员外郎董淳,着加恩以郎中用。"二十年十二月,因病乞假,寻以病未能速痊,恳请开缺。谕曰:"董诰向有气喘胸痛症,前此两年,每届冬间,或受风寒,即行举发。一交春令,旋即就痊。现距封篆日期不远,此一月中并无要务。董诰着在家调养,毋庸开缺。计至开春时,天时融和,病当仍愈,再行销假当差。"寻上以诰因病请假,复念诰年逾七旬,精神不能周到,军机事务繁多,不能兼管刑部,命改管兵部事务。二十一年,上恭谒东陵,谕诰不必随扈。八月,充顺天乡试正考官。二十二年正月,命偕庄亲王绵课等留京办事。六月,复命管理刑部事务。七月,命管理行在刑部事务,兼佩吏部印钥。

　　二十三年二月,因病剧乞休,谕曰:"大学士董诰自乾隆年间,仰蒙皇考高宗纯皇帝简用,供职内廷。嗣于嘉庆元年,擢授大学士,襄赞枢廷,综理部务,宣力多年。近岁以来,屡以老病乞休,朕降旨给假慰留,令其安心调养。兹复以气体衰惫,两目昏花,奏请开缺,情词恳切,朕实不忍遽允所请。但察其宿疾未痊,若令勉强趋公,转非以示体恤。董诰着加恩以太保、大学士致仕,在家支食全俸,俾资颐养,用示朕眷怀耆硕、恩礼优加至意。"十月,病益笃,经留京办事王大臣英和等奏闻,特派御前侍卫载铨带同御医驰驿前往看视。是月,卒。谕曰:"予告大学士董诰,自其父邦达供职内廷,渥承皇考高宗纯皇帝知遇,擢至礼部尚书。嗣董诰通籍词垣，仰荷皇考眷注尤隆，入直南书房，供职书画，最勤且久。荐登卿贰，用为军机大臣。以军务两经绘像，赐赞褒嘉。朕御极后，晋擢纶扉，仍襄枢务，宣力垂四十年，奉职恪勤，且闻其邸寓清贫，原籍并无田宅，伊服官年久，家无馀赀，亦足征其持躬端谨。前以老病乞休，经朕再四慰留。今春病体增剧，方开缺准予致仕，俾资颐养，伊仍在京居住。七月间，朕诣盛京恭谒三陵，启跸时，董诰尚力疾至朝阳门外送驾，朕优加慰劳，谕令善自调摄。计回跸时，必仍于道旁迎銮，再加存问。遽闻溘逝，深为悼惜！业已赏陀罗经被，着加恩晋赠太傅，入祀贤良祠。派定亲王绵恩带同侍卫十员，即日前往奠醊。十六日，朕亲临赐奠酒饭，赏给广储司库银二千两，经理丧事。其原任内降革处分，悉予开复。所有应得恤典，仍着该部察例具奏。董诰现只董淳一子，着于服阕后，以四品京堂即补，以示朕笃念耆臣至意。”复御制诗曰：“世笃忠贞清节坚，先皇恩眷倍寅虔。骑箕仙苑九秋杪，染翰枢廷四十年。自有文章传子侄，绝无货币置庄田。亲临邸第椒浆奠，哀挽荩臣考泽宣。”并命户部右侍郎姚文田传谕其家，刻诗墓次。寻赐祭葬，谥文恭。

诰自擢内阁学士后，凡阅殿试、朝考，并御试翰詹及考试差卷，皆与焉。巡幸秋狝诸大典，罔不扈跸。值京察，俱奖谕有加。嘉庆七年，上谕曰：“董诰经皇考简任多年，克尽忠悃，知无不言，言无不尽。”盖褒其实也。诰进呈诸画，高宗纯皇帝、仁宗睿皇帝皆有题咏，并收入石渠宝笈三编。

子淳，候补四品京堂。

【校勘记】

〔一〕诰　原脱“诰”字。耆献类征卷三三叶二六上同。今据国传卷六八叶一上补。

〔二〕候补　“补”下原衍“右中允”三字。耆献类征卷三三叶二六上同。今据国传卷六八叶一上删。

〔三〕三省邪匪首逆王廷诏就擒　“诏”原误作“诰”。耆献类征卷三三叶二七下同。今据睿录卷七九叶三〇上改。按国传卷六八叶二下不误。又本卷戴衢亨传有“王廷诏”，可证。

〔四〕时诰方入闱上传谕慰之并以淇原得一品荫生　原脱“诰”以下至“淇”凡十二字。耆献类征卷三三叶二八下同。今据国传卷六八叶二下补。

〔五〕因陕省兵将征调远出　“省”原误作“甘”。耆献类征卷三三叶二八下同。今据睿录卷二八五叶二八上改。按国传卷六八叶三下不误。

朱珪

朱珪，顺天大兴人。乾隆十三年进士，改庶吉士。十六年，散馆，授编修。十七年，大考二等，擢侍讲。二十二年，充日讲起居注官。二十三年，大考二等，擢侍读学士。二十四年三月，京察一等，记名。八月，充河南乡试副考官。十月，以平定回部，奉命告祭南岳衡山。二十五年三月，充会试同考官。七月，授福建粮驿道。二十八年十月，升福建按察使。二十九年九月，丁父忧，三十二年二月，服阕，补湖北按察使。时大兵征缅甸，奏言：“滇省军报，由楚省南境经襄阳县之汉江、吕堰等驿，出楚省北境。臣逐站选验夫马，度量远近，分设腰站十六处，并查勘南北大江及小溪渡河共九道，分设船只于渡口，昼夜轮候；并饬各站较验时刻，明立赏罚，俾紧件随到随递。"得旨嘉奖。

三十三年三月，调山西按察使。三十四年二月，升山西布政使。七月，奏保护城工事宜，略言："晋省土性不一，宜修筑者为粘土、黄土、立土；不宜修筑者，为碱土、沙土、黑土。又取土有远近，〔一〕或近水有碱，远水无碱，承办不力，不得辞咎。查原办官保固三十年，立法至为详尽，而各员多已易任；接任之员以为责有攸归，漫不经意，渐致隳杇。嗣后责令现任各员勤加葺护，按季报明上司，如有因循玩愒，将原办官及现任地方官一体参处分赔。"奏入，下部议行。三十六年十月，命护理山西巡抚。旋以入觐时，上询巡抚鄂宝居官如何，〔二〕奏对失实，虚词延誉，传旨申饬。十二月，奏平阳府属之霍州，路当孔道，政务冲繁，请改为直隶州，以赵城、灵石两县隶之；〔三〕吉州一缺所属乡宁一县，僻处山陬，民淳事少。请将吉州改为散州，与乡宁县并隶平阳府管辖。又奏筹土默特当差官兵盘费，并新开牧地米石，请改准折色，以便民除弊。均得旨，下部准行。四十年五月，命来京陛见，寻授翰林院侍讲学士，充明纪纲目纂修官，复充日讲起居注官。

四十一年五月，命在上书房行走，侍今上皇帝学。时初置文渊阁直阁事，以珪充之。四十三年三月，充会试同考官。四十四年二月，充四库全书馆总阅。五月，命为福建乡试正考官。四十五年，京察一等，记名。八月，授福建学政，进五箴于今上皇帝，其目：曰养心，曰敬身，曰勤业，曰虚己，曰致诚。四十七年九月，升詹事府少詹事。四十八年，命稽察右翼觉罗事。四十九年，扈从南巡，授内阁学士，兼礼部侍郎、命阅召试卷。四月，充殿试读卷官。十月,充武会试总裁。五十年三月,升礼部右侍郎。六月,充江南乡试正考官。八月,授浙江学政。五十二年五月,转礼部左侍郎。五十三年八月,调吏部右侍郎。五十四年十月,命充经筵讲官。五十五年三月,充会试副总裁。

七月,授安徽巡抚。五十七年二月,以安徽民人程菊刀伤胞兄程绍章身死,按律应拟斩立决,声请从轻。谕曰:"此等不过刑书开脱故套,最为外省陋习,各督抚皆所不免。但朱珪本系书生,尤好为此迂阔多活人积阴德之见,遇事从宽,所谓妇人之仁,实属非是。朱珪着交部议处。"七月,奏请修临淮乡土坝埂,添建五孔石桥一座,宣泄水势。奉旨,派山西巡抚长麟由驿前赴凤阳,会同朱珪确加履勘。寻查出桥工经知县垫银修竣,前任巡抚何裕城批饬不准桥坝同时修办,故未经据实申报。珪误认尚未兴工,冒昧具奏,自请交部治罪。部议降一级调用,得旨从宽留任。五十八年十二月,谕曰:"昨日安徽巡抚朱珪进御制说经古文,[四]阅其后跋,以朕说经之文刊千古相承之误,宣群经未传之蕴,断千秋未定之案,开诸儒未解之惑,颂皆过当。但历举朕敬天、法祖、勤政、爱民各大端,见诸设施者,与平日阐发经义,实有符合。语皆纪实,并非泛为谀词。朱珪于御制古文紬绎推阐,能见其大,跋语尤得体要,殊属可嘉!着赏给笔墨等件,以示奖励。"五十九年四月,谕曰:"朱珪进御制论史古文后跋,以朕论史之文紬绎推阐,[五]有'用史成经,绍六为七'之语。朱珪跋语,固非铺张扬厉,泛为谀词,究属称颂过当。第观其文义,尚为典核。着赏给纱扇、笔墨等件,以示奖励。此册并着皇子、皇孙各缮一部,豫备观览。"五月,调补广东巡抚。九月,谕曰:"朱珪进御制纪实诗十二函,内编排门类,列叙案语,具见用心审密。所撰进书表文,摘词比事,亦属典核,惟过于颂扬,于朕兢业自持、维日孜孜之意,尚觉歉然。第观其属辞命义,尚为雅驯,兹赏给御篦扇一柄、纱匹、笔墨等件,以奖其励学。"十二月,谕曰:"朱珪呈进御制几馀诗一部,朕略加披览,系缮录御制诗章,分门别类,编辑成帙。可谓用心细而措词当。该抚应办地方要务甚多,若专用心于笔墨之事,恐致政务转不免疏漏,岂朕简畀封圻之意? 除颁赏荷包、笔墨、锞锭外,着传谕朱珪务须尽心政务,以察吏安民为重,不可缓其所重,用心于无用之地。嗣后亦毋庸再行篡办进呈,惟当悉心民事,以期无负委任。"六十年二月,上释奠文庙礼成,临幸辟雍,御制诗四章,特命珪恭和进呈;又以办理盗案认真,得旨交部议叙。

寻命兼署两广总督。四月,授都察院左都御史,暂留巡抚任。八月,升兵部尚书,仍留巡抚之任。十二月,奏英吉利入贡使臣有送总督礼物一分,告以天朝大臣,例不与外夷交接,得旨嘉奖。嘉庆元年,恭值授受礼成,珪撰进诗册,谕曰:"朕阅朱珪所进诗册,措词冠冕得当,其颂扬处不忘箴规,尚得大臣之体,且二十五有韵内难押者居多。今百韵成篇,不致牵强,是其学问素优,着赏给顾绣蟒袍、大小荷包,以示优眷。"二月,谕曰:"朱珪奏拿获洋盗,审明定拟二案,既引立斩枭示之例,而于文昌县拿获之犯,仅将陈阿养一犯先行立决,其馀四犯及另案三犯,皆拟斩决,听候部议,以致往返稽迟。朱珪近日督缉洋匪,屡获多犯,朕方喜得人,曾加奖励,何以此二案办理拘泥,又不脱书生习气? 着传旨申饬。"六月,擢两广总督,兼署广东巡抚。寻奉旨,朱珪着来京另候简用。七月,谕曰:"昨据和琳奏孙士毅在四川酉阳州病逝,将来大学士缺,意欲即以朱珪补授。但此缺须一月后方始题请,特先降旨谕知朱珪,不必因有来京之旨,心存疑虑。现在京中并无应办之事,朱珪不必急于来京。两广总督仍应朱珪署理。朱珪在广东巡抚任内,办理一切,本为熟悉。今复奉有恩旨,尤应感激奋勉,倍加认真,不可存五日京兆之见,有负委任。一切洋盗,更应严办。大学士员缺,除俟届期明降谕旨外,将此先行传谕知之。"八月,谕曰:"前因大学士缺出,朱珪科分较深,学问素优,人亦端谨,是以降旨令其来京,原欲将伊补授大学士。乃节据魁伦奏到,粤东艇匪驶至闽、浙洋面肆劫。是朱珪于署总督任内,不能认真缉捕,咎实难辞。本当治以应得之罪,姑念其操守尚好,前任安徽巡抚办理尚无贻误,兹特加恩,仍令补安徽巡抚。"十一月,谕曰:"吉庆奏缉捕洋匪,设立章程,俱合机宜。朱珪等从未见似此之奏,钞寄阅看。并将在粤时何以不照此章程之处,明白回奏。"嗣奏言:"臣兼署总督,审办洋盗,粤、闽夷匪同案同船者不少,俱奏明正法。前督臣长麟制米艇九十三只,分作东、西、中三路,配足兵械,于冬令委员驾巡。臣以米艇缆索桅篷,日久不能坚固,赶修验明,连帮出洋,此臣办理之大略也。又臣于本年五月,因调修出洋米艇,曾捐银五千两,兹请再捐养廉一万五千两,解交广东藩库,为随时修理之用。"报闻。二年三月,升兵部尚书,八月,调吏部尚书,均仍留安徽巡抚之任。三年,谕曰:"本年京察届期,朱珪以尚书署理巡抚有年,且学问尚优,着交部议叙。"

　　四年正月,谕曰:"朱珪着来京供职。"珪行抵王庄,即驰奏曰:"窃臣于正月十一日接奉谕旨,召臣还京。见封面标用蓝笔,手掉心摇,不知所措!因未奉明文,不敢冒昧,谨将交印起程日期驰奏,忍泣衔哀,见星奔路。十七日行抵王庄,臣赍折差官回,跪阅谕旨,询实太上皇帝龙驭上升,胆裂呼天,角崩投地!钦惟大行太上皇帝十全功德,五福考终,传器惬心,于昭在上。我皇上纯性超伦,报天罔极。窃闻定躬行三年之丧,此举迈千古而行万世。至于郊坛宗社,越绋行事,礼有明文,并行不悖也。然而天子之孝不专以毁形灭性为奇,而以继志述事为大。^[六]亲政伊始,远听近瞻,默运乾纲,滂施涣号。阳刚之气,如日重光。恻怛之仁,无幽不浃。刻刻以上天之心为心,祖考之志为志。思修身严诚欺之介于观人辨义利之防,君心正而四维张,朝廷清而九牧肃。身先节俭,崇奖清廉,万物昭苏,天佑民归。自然盗贼不足平,而财用不足阜也。臣早蒙先帝特达之知,擢迁中外,旧侍皇上承华之侧,^[七]亲切光轮,十载暌离,五中郁勃,声随泪涌,忱岂言宣?惟愿我皇上恒久不忘尧、舜自任之心,臣敢不随时勉行义事君之道。"既至,召见于永思殿,命直南书房,管理户部三库事务。赐大行皇帝遗服四团龙褂一件、四开襟袍一件。奉旨在紫禁城骑马,赐第一区于西华门外。加太子少保衔,充实录馆正总裁,兼国史馆副总裁。三月,命充经筵讲官、会试正总裁。五月,命教习庶吉士。八月,命管理武英殿御书处事务,以编修洪亮吉投递书札,语涉狂悖,未即呈出,奉旨询查。自请严议,得旨:"朱珪平日人品端正,从宽交部察议。"议上,降三级调用,奉旨从宽留任。十月,调户部尚书。时屡奉谕旨,清厘漕政,严禁浮收等弊,外省俱以旗丁运费不敷,需索州县;州县不得不取诸民。于是江督有上江加增赠银,下江加增耗米之请,事下部议。珪以小民未见清漕之益,先受加赋之害,力议主驳,上是之。十二月,命为上书房总师傅。五年三月,议驳长芦盐政奏请加增盐价;闰四月,议驳广东藩司奏请将滨海沙坦地亩,照上、中二则民田一律升赋:均奉旨依议。

　　五月,尚书彭元瑞下直坠马,珪与同行径命人舁舆入西华门,乘坐而出,经御史周枟奏参,奉旨交部议处。是月,署兵部尚书。八月,兼署吏部尚书。九月,谕曰:"顺天乡试,尚书朱珪之孙朱涂入场应考,未经中式。朱珪前在上书房行走,曾授朕诗文,且扬历有年,恪共厥职。现在伊孙只朱涂一人,其试卷文理亦尚无大疵,着加恩赏给举人,一体会试。朱珪当益勤课训,俾伊孙力学上进,以副朕恩施造就至意。"是月,失察轿夫与门兵争殴,奉旨交部严加议处。议上,谕曰:"朕惟敬胜者吉,古训昭然。朕寅承大宝,于天人交感之际,朝乾夕惕,以主敬为本。即接待臣工,犹时存敬大臣之念。况人臣奉上,恪恭佐理,尤当各循止敬之道,不可稍有疏忽。年来屡降谕旨,整饬朝仪,申严门禁,初非欲过示尊崇,实以堂廉之分,本自秩然。近年过于忽略,几不知君臣之辨,若不判以等威,何以为万世子孙臣民法守?朱珪前在上书房行走,小心恭谨,于在书房之皇子、皇孙无一不出于敬。上年内召来京,朕叠施优眷,朱珪亦深以谦抑自持。惟本年夏间,因彭元瑞在禁城内坠马跌伤,将彭元瑞所乘之轿唤入西华门舁出。彼时朱珪见彭元瑞坠马昏迷,难以扶掖,又因其轿只数武,遽行唤入,虽一时仓卒,不暇详思。殊不知咫尺禁门,不容稍越,究难辞疏忽之咎。旋经御史周枟劾奏,其言甚正,是以将朱珪交部议处。今朱珪复有轿夫在西阙门禁地酗酒争殴，戳打护军橛断枪杆之案，即由伊轿夫滋事；而西阙门禁地，仅距西华门咫尺。可见平日恪谨如朱珪者，造次之际，稍不自检，不数月间遂有此事。未必非默儆其疏忽，转为朱珪之福！此据感应之理而言，非徒神道设教之谓。大小臣工可不共知懔惕，收敛身心，斯须不忘恭敬乎？部议将朱珪降二级调用，本属咎所应得，惟念朱珪平日为人谨伤，此案只因约束不严，致罣吏议。其轿夫向银库厨役折给饭银，亦属失于查察。朱珪着革去太子少保，不必管理三库事务，仍加恩改为降三级从宽留任。"

寻以部议粤东省历任督、抚、司、道捐廉成造米艇，巡缉洋匪得力，遵旨分别议叙。查得珪任两广总督时，捐银二万两以上，准加三级。奏上，奉旨，朱珪着加三级留任。六年四月，充会典馆副总裁。十一月，赐玄狐端罩。七年，充殿试读卷官。八月，奉旨，以户部尚书、协办大学士，仍加太子少保衔。八年二月，上谒陵，命留京办事。六月，兼翰林院掌院学士，并以原衔充日讲起居注官。七月，上幸避暑山庄，复命留京办事。九年正月，晋太子少傅。二月，上幸翰林院，联句赐宴，御书"天禄储才"额赐珪，并摹刻悬院中。七月，暂摄管理国子监事务。十月，命进所刊知足斋诗集二十卷。

十年正月，授体仁阁大学士，管理工部事务。上以是命也，实遵高宗纯皇帝谕，命叩谒裕陵谢恩，并赐题知足斋集四首，诗曰："丙岁承恩手敕传，待时考泽敬敷宣。科名翰苑推元老，学业纶扉倚大贤。定卜示慈十载久，执经蒙训卅年先。[八]调羹赞化资师相，一德临民体昊乾。三天受业迈恒荣，廊庙班联冠六卿。

黄阁新春开麟座,绛帷昔日共书城。德崇益勉虚能受,任重弥思宠若惊。名选金瓯早简在,亮工熙绩总无营。新筑沙堤董庶官,七旬硕彦愿加餐。惟公常勖为君要,顾我深知莅政难。无欲神全三寿永,有容德大九霄宽。苍生伫待施霖雨,启沃推诚求治安。健笔千章涅不缁,雄词夙荷圣人知。日新三德新宣室,时进五箴旧讲帷。学杜师韩言有物,说经咏史论无私。精研六义谐风雅,游夏诚难赞一辞。"旋充国史馆、会典馆正总裁。三月,充会试正总裁,旋以奉命带管二阿哥师傅,不应具折谢恩,退出上书房行走。十一年七月,上幸避暑山庄,奉旨留京办事。九月,赐玉鸠杖,并颁御制诗云:"忆昔丙申年,三天从函丈。经学溯渊源,传史示直枉。[九]身心受益多,识见资开广。旧承讲论功,今赖丝纶掌。鹤发望飘萧,丰神倍清爽。始近下寿旬,康强久培养。健步固未妨,视履应策杖。入朝领班联,佳话群欣仰。廊庙多老臣,启沃善日长。硕彦冠瀛洲,纯嘏期颐享。"旋奉旨:"以天气渐寒,朱珪俟日出后入直。遇临幸离宫,不必随来。即御门勾到奏事日期,俱不必侍班。间二三日,入直书房,候召对。"

十一月,上在乾清宫将御座,珪忽病眩晕,不省人事。御前大臣恐其失仪,命太监等扶出。太监等即用木凳,自月华门舁出。上遣医官诊视。旋经领侍卫内大臣参奏,交部严议。部议革职,奉恩旨念其衰病趋直,一时昏迷,从宽留任,并赏假两月调养。十二月初五日,卒。奉上谕:"大学士朱珪持躬正直,砥节清廉,经术淹通,器宇醇厚。受皇考高宗纯皇帝特达之知,由词垣补授道员,荐历两司,内用为侍讲学士。特命入直上书房,朕讲贯诗文,深得其益。嗣以卿贰出任封圻,有守有为,贤声益懋。

迨擢至正卿，皇考即欲用为大学士。朕亲政后，召令还朝，在南书房侍直有年，简任纶扉，深资启沃。凡所陈奏，均得大体。服官五十馀年，依然寒素。家庭敦睦，动循矩法。不愧为端人正士，倚畀方殷。本年入秋以来，因患病稍久，气体就衰。朕优加眷念，赐杖赐舆，时加存问。朱珪感恋弥殷，时时力疾进内。朕鉴其诚悃，特行给假两月，俾得安心调养。叠遣御医诊视，冀得就痊。正拟日内亲至伊邸宅视疾。兹遽闻溘逝，深为悼惜！朕于初六日亲临赐奠，先派总管内务府大臣阿明阿赍赐陀罗经被，并着庆郡王永璘带领侍卫十员前往奠酹。追维旧学，良用轸怀！着晋赠太傅，入祀贤良祠。赏给内库银二千五百两，经理丧事。其任内一切降革处分，悉予开复。所有应得恤典，着该部察例具奏。”次日，圣驾亲临哭奠。既旋宫，复谕曰：“昨因大学士朱珪溘逝，业经降旨加恩。因思乾隆年间，惟故大学士刘统勋蒙皇考高宗纯皇帝鉴其品节，赐谥文正。易名之典，备极优隆。顾刘统勋于署总督任内，曾经获咎褫职，复蒙皇考施恩录用。至朱珪在朝五十馀年，〔一〇〕外而扬历督抚，内而荐直纶扉，身跻崇阶，从未稍蹈愆尤，绝无瑕玷。靖恭正直，历久不渝。犹忆伊官翰林时，皇考简为朕师傅。尔时朕于经书，已皆竟业，而史鉴事迹，均资讲贯。其所陈说，无非唐、虞、三代之言，不特非法弗道，即稍涉时趋之论，亦从不出诸口，启沃良多。揆诸谥法，实足以当‘正’字而无愧！毋庸内阁拟请，着即赐谥文正。本日朕亲临奠酹，见其家门庭卑隘，清寒之况，不异儒素。眷念遗风，怆怀未已。着于本月初九日，由内务府备办饭桌，派二阿哥前往代朕赐奠。俟殡送时，派庆郡王永璘前往祖奠目送，以示朕眷怀旧学、哀荣备至之至意。”并御制诗十二韵曰:“丙岁从函丈,相依三十年。清风常晋接,正诲日敷宣。先帝褒忠直,百僚仰俊贤。赞襄期永弼,启沃愿长延。抱疾犹趋侍,养疴冀速痊。忽惊千古别,难遣寸衷悁。攀驭珠邱表,骑箕绛阙边。弃予辞禁苑,随圣丽霄躔。德化铭心久,良猷笃志坚。半生惟独宿,一世不贪钱。述实五言挽,抒悲三爵连。临丧虚设醴,痛结泪倾泉。”命南书房翰林黄钺敬录,于初九日往灵前焚之。

　　先是,珪病亟时,作刍献诗二首。殁后,上召对诸大臣,询珪临终有何遗言,诸臣以刍献诗对。上即命以手书草稿呈览,并询年例应贡册叶,向有跋语,令进呈。赐祭葬。十二年三月,谕曰:“朕展谒西陵,道经畿甸,原任大学士朱珪之墓,距跸路数里。追维哲辅,逝已三月。瞻眺松阡,中心怆恻!着派侍郎英和于本月初五日前往赐奠,以达朕怀。”御制诗曰:“硕彦嗟颓坏,临风叹奈何。经邦言总正,论道益诚多。代奠心随往,躬行礼实过。云烟结神想,西岭望嵯峨。”是月,高宗纯皇帝实录告成,谕曰:“前大学士朱珪在馆八年,懋著勤慎。着加恩赐祭一坛。伊长子朱锡经,原任户部郎中,俟服阕后,以四品京堂用。”二十年二月,谕曰:“明春朕恭谒西陵,回銮时,跸路总由北惠济庙拈香。因怀故大学士朱珪坟茔在该处附近,面谕那彦成查明,如距御道五里以内,即亲往祭奠;若在五里以外,即遣官前往。〔一〕兹据那彦成覆奏,在御道四里以内。届期朕由黄新庄至北惠济庙,纡道亲临赐奠,用达眷怀旧学之意。”二十一年三月二十一日,上临珪坟园赐奠,御制志感诗曰:“讲帷昔年共,五箴诲早垂。入阁赞机务,辅治惠泽施。方期久论道,岂料身骑箕?永别倏十载,路便亲酹厄。荒村不封树,俭德后代遗。洒泪乘骝去,回望萦悲思。"笃念旧学,光及泉壤,恩遇之隆,古所未有也。

　　子锡经,荐官太仆寺少卿,十五年,卒。孙涂,江苏候补道。

【校勘记】

〔一〕又取土有远近　"土"原误作"水"。耆献类征卷二九叶三〇上同。今据国传卷六〇叶九上改。

〔二〕上询巡抚鄂宝居官如何　"询"原误作"谕"。耆献类征卷二九叶三〇下同。今据纯录卷八九五叶七下改。按国传卷六〇叶九上不误。

〔三〕请改为直隶州以赵城灵石两县隶之　原脱"请改为"及"以赵城灵石两县隶之"共十二字。耆献类征卷二九叶三一上同。今据国传卷六〇叶九上补。

〔四〕昨日安徽巡抚朱珪进御制说经古文　原脱"古"字。耆献类征卷二九叶三二上同。今据纯录卷一四四二叶一二上补。按国传卷六〇叶一〇上亦脱。

〔五〕以朕论史之文紬绎推阐　原脱"文"字。耆献类征卷二九叶三二下同。今据纯录卷一四五一叶二〇上补。按国传卷六〇叶一〇下不脱。

〔六〕然而天子之孝不专以毁形灭性为奇而以继志述事为大　原脱"天子"以下至"而"凡十四字。今据国传卷六〇叶一二下补。

〔七〕旧侍皇上承华之侧　"华"原误作"笔"。耆献类征卷二九叶三五下同。今据国传卷六〇叶一三上改。

〔八〕定卜示慈十载久执经蒙训卅年先　"十"原误作"千",又"卅"误作"十"。耆献类征卷二九叶三八上同。今据国传卷六〇叶一四下改。按下文有“丙岁从函丈相从三十年”一语可证。

〔九〕经学溯渊源传史示直枉　原脱此十字。耆献类征卷二九叶三八下同。今据国传卷六〇叶一五上补。

〔一〇〕至朱珪在朝五十馀年　“五”原误作“六”。耆献类征卷二九叶四〇上同。今据睿录卷一七二叶一〇下改。按国传卷六〇叶一六上不误。

〔一一〕即亲往祭奠若在五里以外即遣官前往　原脱“祭奠”以下至“前往”凡十三字。耆献类征卷二九叶四一下同。今据国传卷六〇叶一七上补。

纪昀

纪昀,直隶献县人。乾隆十二年第一名举人。十九年,成进士,改庶吉士。二十二年,散馆;授编修。荐擢詹事府左春坊左庶子,充日讲起居注官。昀官编修,于二十六年京察一等,以道府记名。三十三年二月,补贵州都匀府知府。上以昀学问优,外任不能尽所长,命加四品衔,留庶子任。四月,擢翰林院侍读学士。六月,前两淮盐运使卢见曾获罪,有旨籍其家。昀与卢为姻,漏言于见曾孙荫恩,革职逮问,戍乌鲁木齐。三十五年,释还。三十六年,上幸热河,十月,昀迎銮密云,御试土尔扈特全部归顺诗,立成五言三十六韵以进,得旨优奖,复授编修。

三十八年二月,命儒臣校核明代永乐大典,诏求天下遗书,开四库全书馆,选翰林院官专司纂辑。大学士刘统勋以昀名荐充纂修官,后又奏全书浩博,应斟酌综核,以免挂漏参差,举昀及提调官郎中陆锡熊为总办,搜辑大典中逸篇坠简,及海内秘笈万馀部，厘其应刊、应钞、应存者，依经史子集，部分类聚，撮其大凡，列成总目，为提要二百卷，上之。谕曰："四库全书处将大典内检出各书，陆续进呈，朕详加披阅，间予题评。见其考订分排，具有条理，而撰述提要，粲然可观，则成于纪昀、陆锡熊之手。昀学问本优，校书亦极勤勉，甚属可嘉！着加恩授为翰林院侍读，以示奖励。"十一月，补侍读。三十九年七月，上以总目提要卷帙繁，命纪昀辑简明书目一编。上求遗书，凡中外所献，择其珍本，制诗弁于首。昀进书部凡百，御题所进孙觉春秋经解，有"邵张珍弆今归纪，汲古深心有足多"之句。十月，以子汝佶逋负罣议降调，〔一〕诏改降三级留任。故事，降留官遇升缺不予开列。四十年，吏部请除翰林院侍读学士，无昀名。上以昀于四库全书尽心衷辑，命一体列名。四十一年正月，擢侍读学士，充文渊阁直阁事。九月，复充日讲起居注官。四十二年，馆臣校书错误应议，昀以特旨免。四十四年三月，擢詹事府詹事。四月，擢内阁学士，兼礼部侍郎。四十六年，提要成，进御，上嘉其详核，命优叙。四十七年，擢兵部右侍郎，四十八年，转左侍郎。

四十九年，上南巡，行在发御制济水考寄昀，命据各说经家及舆地家详考之。五十年正月，擢都察院左都御史。四月，员外郎海昇殴毙妻吴雅氏，诡言自缢死。事觉，命昀鞫其狱，覆检不实，部臣议镌职，诏改革职留任。五十二年，迁礼部尚书，充经筵讲官。五十四年，赐紫禁城骑马。五十六年，再调左都御史。五十七年，畿辅岁歉，饥民多就食京师。昀奏言："直隶河间等府，二麦歉收，命截漕五十万石备赈，而领赈百姓，有极贫、次贫之不同。次贫之户，可以支持待赈，不肯轻去其乡；至极贫之户，一闻米贵，不能不就食他方。近京之处，多先赴京城佣工糊口，恐聚集日多，未必能人人得所，又业已扶老挈幼，拮据得至势难即返就粮。是此项流户以极贫之故离其乡井，转不能同沐皇仁，似为可悯！定例，每年自十月初一日起，至次年三月二十日止，五城原设粥厂十处，每日领官米十石，由坊官煮放，外来流户，原可同沾。但自夏至冬，为期尚远，恐贫民迫不及待，且人数较多，米数亦未必能敷。伏思偏灾不过四府，赈米有馀，请于原额五十万石内，酌拨京城数千石，自六月中旬为始，每厂煮米三石，至十月初一日后，则于原额十石之外，加煮米二石，仍均以三月二十日为止。其米先于京仓支用，将来于截漕数内拨还。庶贫民就食者，得以在京存留，不致间关远去，明春易于还乡，不误耕作。即各处闻有此信，来者较多，伊等本系应赈之人，此间多一人领粥，则本地少一人领米。计人数米数，仍属相当，亦不虑本处给散之不足。如此一转移间，所需赈米仍在截漕原额之内，而贫民在乡在外，皆得均沾，于赈务更为周到。"疏闻，下廷臣议，从之。八月，复迁礼部尚书，仍署左都御史。

十二月，奏："考试春秋，向用胡安国传，而胡传一书中，多有经无传，出题之处不过数十。即如本年乡试，竟有一题而五省同出者，其三四省相同，不一而足。士子不读全经，不知本事，但记数十破题，便敷入试之用。且胡安国当宋南渡时，不附和议，作是书以讽高宗而斥秦桧，其人品刚正而借经立说，与孔子之意不相比附。恭读圣祖仁皇帝钦定春秋传说汇纂，驳胡传者数十百条。皇上御制文，亦多驳其说，而科场所用，以重复相同之题，习偏谬失当之论，殊觉无谓。请嗣后春秋题，俱以左传本事为文,参用公羊、穀梁之说。在三传亲承圣教,既较三千年后儒学家之论为得其真,而士子不读左传不能成文,[二]亦足以劝经学而裨文风。"疏入,得旨允行。六十年,与千叟宴。嘉庆元年六月,调兵部尚书。十一月,复调左都御史。二年,迁礼部尚书。四年,充高宗纯皇帝实录馆副总裁。七年,昀年八十生日,命署上驷院卿,赏赉珍币至昀家赐之。六月,署兵部尚书。

七月,上孝淑皇后奉安事宜,陈奏失词,部臣议镌职,诏改革职留任。又以咨送议处司员只宋其沅一人,为御史郑敏行所劾,部臣如前议,诏改降三级留任。其后孝淑皇后奉安礼成,命再予量减有差。十月,奏:"定例,凡妇女强奸不从,因而被杀者,皆准旌表。其猝遭强暴,捆缚受污,不屈见戕者,则例无旌表。伏思此等妇女,舍生取义,其志本同,徒以或孱弱而遭犷悍,或孤身而遇多人,此其势之不敌,非其节之不固,卒能捍刃捐生,与抗节被杀者无异。譬如忠臣烈士,誓不从贼,而扎缚把持,强使跪拜,可谓屈膝贼庭者乎? 请敕交大学士、九卿、科道公议,与未被污者略示区别,量予旌表。"寻议如凶手在两人以上者,显系孱弱难支,与强奸被杀者一体予旌,令各督抚勘明奏请上裁,报可。

是月,昀有疾,命军机章京富绵率医官王诏恩视之。十年正月,以礼部尚书、协办大学士,加太子太保,管国子监事。二月,卒。谕曰:"纪昀学问淹通,办理四库全书始终其事,十有馀年,甚为出力。由翰林荐历正卿,服官五十馀载。甫经擢襄纶阁,遽闻溘逝,深为轸惜! 着加恩赏陀罗经被,着散秩大臣德通带领侍卫十员,前往祭奠;并赏广储司库银五百两,经理丧事。其任内降革处分,悉予开复。应得恤典,该衙门察例具奏。"寻议赐祭葬如例,予谥文达。

昀官庶吉士时,应制圆明园及扈跸热河行围,皆与赓和天章。洎纂辑四库全书,赏赉同内廷翰林。又以侍读特召入重华宫赋诗与宴,后乃岁以为常。其兼文渊阁直阁事,自侍读学士至尚书,皆如故。所纂辑如热河志、历代职官表、河源纪略、八旗通志,暨方略、会典、三通诸馆,咸总其事。

子汝佶,江西九江府通判。嘉庆十二年,高宗纯皇帝实录告成,叙昀功,恩赏汝佶同知,后补江南江宁府同知。汝似,分发广东县丞。孙树馨,一品荫生,官刑部云南司郎中,现任宜昌府知府。

【校勘记】

〔一〕以子汝佶遘负罣议降调　"佶"原误作"传诰"。耆献类征卷三一叶二上同。今据国传卷六○叶二上改。按本传末"子汝传",凡两见,"传"均系"佶"之讹。

〔二〕既较三千后儒学家之论为得其真而士子不读左传不能成文　原脱"三"与"子"二字。耆献类征卷三一叶四上同。今据国传卷六○叶三上下补。

刘权之

刘权之,湖南长沙人。乾隆二十五年进士,改庶吉士。二十六年,散馆,授编修。二十七年,充顺天乡试同考官。三十二年,丁父忧,三十五年,服阕。三十六年,充贵州乡试正考官。三十七年三月,充会试同考官。五月,擢左春坊左中允。十二月,迁司经局洗马。三十九年,充江南乡试副考官。四十二年,提督安徽学政。四十三年,丁母忧,四十六年,服阕。四十七年,四库全书总目提要告成,议叙,以侍讲借补。四十九年五月,补翰林院侍讲。九月,转右春坊右庶子。五十年,大考二等,五十一年正月,擢大理寺少卿。二月,迁大理寺卿。

五月,迁都察院左副都御史。五十二年三月,奏:"大挑各直省举人,上届派出之王大臣系于十日之前豫行奏派,为日既久,恐外间有借名指骗等事。请令承办衙门于前一日奏派,并令王大臣等闻命后,即至朝房住宿,不得携带多人,以杜弊窦。"谕曰:"所奏是。[一]大挑举人,原为疏通寒畯,俾得及时自效,必当秉公拣选,以杜夤缘撞骗情弊。其如何定立章程、严防弊窦之处,着军机大臣会同该部议奏。"寻奏:"将大挑各直省举人之王大臣,于前一日奏派,惟朝房在午门之外,官员人等出入必经,不能概行禁止,转恐滋弊。请仿验看月选官例,奏派满、汉御史各二员,监视稽察,并令步军统领衙门会同五城御史,一体严密访查。"从之。复谕曰:"此次大挑举人,着在午门内挑选,并添派护军统领一员稽察。所有派出之王大臣,俱着在内阁住宿,以昭严肃。"五月,提督山东学政。五十六年,擢礼部右侍郎,五十七年,转左侍郎。五十八年,充殿试读卷官。六十年六月,充江南乡试正考官。八月,提督江苏学政。

嘉庆三年二月,调吏部左侍郎,仍留学政任。九月,还京。四年正月,迁都察院左都御史。三月,充会试副考官。八月,奏采买仓谷,地方官奉行不实,往往藉端肥橐各情。谕曰:"据刘权之奏买补仓谷,宜赴邻邑采办,以免派累一折,所奏自属可行。

采买仓谷,向来原有定例。今据奏地方官辄在本地派买,不论市价贵贱,只发银四五钱不等,并勒令出具照市价领票,兼之差役需索使费,以致领票花户,皆不愿上纳谷石,惟求缴还原封银,另外加倍交价,较交谷尤为省事。甚至有力富户,贿嘱书吏,将本名下之谷,飞洒零星有田之户,富户转得少领。竟至善良之贫民,衣食难周,深受采买之累。地方官祇图折价入己,遇当平粜之年,仍无存贮之米。一旦协济邻省,则着米铺仓猝购办,照时价尤有克扣。及起运收米押运之家人胥役,又向铺户百端勒掯等语。种种弊端,实所不免。特此通谕各督抚,嗣后遇应买补仓谷年分,务饬令所属在丰稔邻县,按照市价公平采办,不许向本地派买。并将向来胥吏等串通舞弊积习,严行查禁,随案重惩,以期仓谷皆归实贮,小民不致扰累。至社仓原系本地殷实之户,好义捐输,以备借给贫民之用。近来官为经理,大半借端挪移,日久并不归款。设有存馀,管理之首士与胥吏亦得从中盗卖。倘遇歉岁,颗粒全无,以致殷实之户不乐捐输,老成之首士不愿承办。是向来良法,徒为官吏侵肥。自应一律查禁。并着各该督抚等将各省社仓,仍听本地殷实富户,择其谨厚者自行办理,不必官吏经手,以杜弊端而裕民食。各该督抚务须董饬所属实力奉行,如有前项弊端,即行据实参奏;倘仍视为具文,复蹈前辙,一经访闻,或被科道参奏,必将该督抚重治其罪。将此通谕知之。"

　　寻以编修洪亮吉投递书札,语涉狂悖,未即呈奏,降旨查询,权之自请严议。上以权之人品端正,节次陈奏之事,尚能切实,着加恩改为议处。旋议降三级调用,上从宽改为留任。十月,转吏部尚书,赐紫禁城骑马。五年八月,充顺天乡试正考官。九月,以前在江苏学政任内保荐知县黎诞登失实,自请严议。谕曰:"黎诞登于刘权之保奏后,朕降旨询问费淳等,该员平日居官声名如何,该督抚亦经保奏,并请升署太仓州知州。至黎诞登在任,虚博声名,自叙实政,令绅衿等具呈勒石等事,该督抚近在省城,尚未深知,况刘权之系在学政任内,接见数次,其官声得自传闻,焉能究悉底里? 若因其采访未确,即加以严议,恐将来大臣等心存顾虑,不肯举荐人才;但竟置之不议,又恐开滥保之端。刘权之着加恩改为议处。"旋议降调,命留任。六年,充会典馆副总裁。七年四月,派阅庶吉士散馆卷。六月,命在军机大臣上行走,赐宴海淀。十二月,三省剿捕逆匪大功戡定,上以权之素日陈奏,时有所见,敕部议叙。八年三月,派阅大考翰詹卷。六月,充国史馆副总裁。七月,三省馀匪剿捕净尽,复交部议叙。九月,管理户部三库事务。九年二月,京察,谕曰:"尚书刘权之在军机处行走,小心勤慎,着交部议叙。"

六月,调兵部尚书。十年二月,[二]调礼部尚书、协办大学士,加太子少保衔。六月,因保奏军机章京,瞻徇情面,欲将中书袁煦列入,经户部侍郎英和劾之,命廷臣严议。寻议革职,谕曰:"此次军机处保奏章京,袁煦系于挑入后奏补实缺,业经邀恩。刘权之即欲将伊保奏,亦当向庆桂等会同商酌。乃辄以袁煦系房师纪昀之婿,纪昀在日,曾经托过为词,师生谊属私情。部院大臣金同办理公事,本不应心存私见,何况扬言于众,罔顾公议。刘权之屡次瞻徇情面,实属溺职,本应照议革职。第念刘权之在各部院供职有年,资格较深,且在军机处行走业已三载,尚无错误,着加恩降为编修,仍带革职留任。遇有国史等馆纂修缺出,令其充补。"十二月,谕曰:"刘权之于保奏军机司员一事,并未举行,只系空言。念伊科分较深,本日御门所出翰林院侍读员缺,加恩着刘权之补授。"寻迁侍讲学士。十一年三月,迁光禄寺卿。四月,命充国史馆总纂官。五月,命偕侍郎瑚素通阿往勘通州官剥船只亏损数目,并严禁封雇民船之弊。会正定县生员王之选以知县盛安徇纵吏役,包揽车辆,折收草料等情,赴京具控,仍谕权之偕瑚素通阿往按之,鞫实,官吏依律拟罪有差。六月,擢内阁学士,兼礼部侍郎。九月,迁都察院左都御史。十二年正月,转兵部尚书。十月,仍赐紫禁城骑马。十四年,巡视济宁漕船御史英纶受赃伏法,权之以滥保英纶干议,因无级可降,部臣请革任,上加恩宽免。十五年正月,擢协办大学士。五月,再充会典馆副总裁。七月,上行秋狝礼,命偕仪亲王永璇,尚书明亮、勒保留京办事。八月,充顺天乡试正考官。十六年正月,充国史馆副总裁。上幸五台,派留京办事王大臣,权之复与焉。四月,充殿试读卷官。五月,授体仁阁大学士,管理工部事务,充国史馆、会典馆正总裁。六月,复加太子少保衔。十七年二月,派阅大考翰詹卷。五月,管理户部三库事务。

　　十八年二月,京察,上以权之襄赞纶扉,夙夜匪懈,交部议叙。九月,权之患目疾,赏假调理,并赐医诊视。旋以逆匪林清滋事,谕曰:"大学士刘权之年老多病,着以原品休致,给予半俸。"二十三年七月,卒于家。谕曰:"休致大学士刘权之于乾隆年间,通籍词垣,历升卿贰,经朕用至协办大学士。缘事降调,复经荐擢卿贰,简任纶扉,管理部务。嗣因老病,休致回籍,赏给半俸,俾资颐养。兹闻溘逝,殊为轸惜！着加恩照大学士例,给予恤典。该部察例具奏。所有任内一切处分,悉予开复。"寻赐祭葬,谥文恪。

子若璂,荫增生,贵州直隶州知州;若珪,现任工部员外郎。

【校勘记】

〔一〕所奏是　原脱此三字。耆献类征卷三一叶四一下同。今据纯录卷一二七七叶二下补。按国传卷六六叶一二上亦脱。

〔二〕十年二月　原脱"年二"二字。耆献类征卷三一叶五〇上同。今据睿录卷一四〇叶二〇下补。按国传卷六六叶一四上不脱。

费淳

费淳,浙江钱塘人。乾隆二十八年进士,分发刑部学习,三十二年,补主事。三十四年,升员外郎。旋升郎中,在军机章京上行走。八月,充顺天乡试同考官。三十六年,京察一等,记名外用。七月,补江苏常州府知府。三十八年,丁父忧。四十一年,服阕,补山西太原府知府。旋经巡抚巴延三以费淳初到晋省,人地生疏,奏请调蒲州府。四十三年,复调太原府。四十四年,擢冀宁道。四十六年四月,升山西按察使。四十七年,升云南布政使。四十九年,以母老,奏请开缺归养。五十二年,丁母忧。五十四年,服阕,仍补云南布政使。

六十年四月,升安徽巡抚。五月,调江苏巡抚。嘉庆二年,奏:"淮、徐所属及扬州府属之高邮等州县洼地,现届堤工合龙之后,水势已定,应委员逐一履勘。除地势稍平,〔一〕尚堪种菱者,毋庸置议外,如实系极洼,为水所占,即责成该管州县劝谕农民,改种芦苇,以收地利;其纳钱粮,即照芦课改则征输。"得旨,下部议行。七月,调福建巡抚。寻偕总督魁伦奏:"闽省为海滨岩疆,〔二〕民俗素称慓悍,所设地方文武,巡缉防守,必须控制得宜,声势连络,方足以资整饬。至水师营务,亦宜随时筹办。请以建宁府同知改驻福州府属福清县之平潭,裁撤平潭县丞移驻南日澳,漳州府南胜同知移驻漳浦县之云霄,盘陀巡检一员改为同知衙门照磨,兼司狱事务,海澄县丞改为平和县丞,分驻南胜,云霄县丞移驻车田之象牙庄,延平协右营都司移驻泉州府属南安之洪濑乡,酌拨邵武左营千总一员、陆路提标后营外委一员、汀州镇标右营外委一员,并于陆路提标各营内抽拨兵丁三百名,统归都司管辖。再闽省水师提标各营战船舵工水手,仅在各营所管汛地洋面往来巡哨,若至隔辖洋汛,即不能熟悉港道沙线。近时巡捕出洋,均系另雇商船,缘该船舵工水手熟悉洋面,管驾得法。今各营战船既照商船造办,所配舵工,自应另募商船熟悉各洋之人,以利巡缉,而商船所用舵工,雇价较厚,应请每船舵工除前定本身名粮炊粮外,再加给守兵粮饷二分。如果追捕有功,并即量与超拔,用昭鼓励。"均奉旨,下部议行。九月,仍调江苏巡抚。三年,因奏请暂留丁忧之知府李逢春帮办淮、徐等属放赈减则诸务,上以所奏非是,交部议处,降二级留任。

四年二月,授两江总督。以两淮盐政徵瑞系儿女姻亲,奏明请旨,奉谕:"总督虽有监察盐务之责,但费淳居官公正,朕所深信,徵瑞着不必回避。"六月,上闻江苏有讦告常州府胡观澜一事,谕令查奏。寻奏胡观澜与江阴县知县杨世绶勒派县民,出赀修寺,扰累闾阎,请旨革职,永不叙用。谕曰:"费淳于胡观澜派累之事,岂无闻见? 乃直待朕指出情节询问,始行补参,本有应得之咎。姑念其平日操守廉洁,声名尚好。此事一经传询,即行彻底查明参奏,并不徇隐,尚属可宽。费淳着免其交部议处。"七月,参奏江宁盐巡道彭翼蒙奢侈靡费,上命革翼蒙职。寻以审讯革令甄廷辅擅责生员一案,不将案内紧要情节,及同知李焜肆意滥刑,巡抚宜兴、学政平恕办理失当之处,据实参奏。上以其瞻徇同官情面,严饬之,并交部议处。议降二级调用,得旨,从宽改为降三级留任。十一月,奏:"徐州府属食城河一道,坐落铜山、丰、沛三县境内,上承丰境各路之水,归入微山等湖,系宣泄要津,河道淤塞,应请借项挑疏,以利农田,得旨允行。五年正月,偕漕臣铁保奏就漕粮项下,量为调剂,以济疲丁。查原征随漕项下应给州县耗米钱文,尚有款项可以拨出,在有漕州县分支无几,亦无大损,而聚少成多,颇于运丁有裨。又有旗丁应领本色行月米石一项,拟令州县照定价改给折色,并旗丁应领运费,责令粮道亲身放给,免层层剥削丁力,庶臻宽裕。"得旨允行。七月,偕河臣吴璥奏请将萧南通判一缺改设同知,邳北同知一缺改为通判,得旨允行。九月,因秋汛安澜,上嘉其保护安稳,赏戴花翎,并交部从优议叙。十一月,因邵工合龙,河归故道,恩赏太子少保衔,并舒纶马褂、大小荷包。

六年三月,因跌伤左足,医治未愈,奏恳回籍调理,上允之,仍谕毋庸开缺。旋覆奏左足现已消肿,步履渐可照常,若因奉恩旨即解任回籍,转似涉于欺朦。现已咨明起复,不交卸以免展转递署之繁。上以淳并不拘泥遵旨解任回籍,能以地方公事为重,深得大臣之体,仍赏给内府丹丸,俾资调治。五月,奏请将徐州府属简缺之砀山县改为繁缺,在外拣选调补,下部议行。九月,奏川楚教匪指日荡平,边界宁谧,所有寿春镇标驻防固始县二道河及六安州防御英山县金家寨之官兵,请撤回归伍,以重差操,上是之。七年五月,因上年征收漕粮,办理不善,及旗丁藉端需索,上以费淳系统辖大员,漫无觉察,交部议处,降一级留任。十月,偕吴璥奏报秋汛安澜,得旨交部议叙。因砀汛唐家湾民堰漫塌,奉谕申饬,并将前次议叙撤销。寻奏引河堵闭,报闻。十二月,偕吴璥奏请将淮徐道所管之桃南、桃北二厅,淮安府所属之桃源县、海州,暨所属之沭阳、赣榆二县,改归淮扬道管辖;淮扬道所管之江防、扬粮两厅改归常镇通道管辖;宿虹南岸应添设通判一员,其宿虹同知改为宿北同知,另设宿南通判一员,丰、砀南北两岸添设县丞、千总各一员,萧南厅属之天然闸,应改铜沛厅就近管理。均得旨,下部议行。是月,因宿州匪徒王朝名等纠众戕官,费淳飞咨镇将等带兵剿捕,并亲赴督办,旋即扑灭。八年二月,吏部将文职三品以上大员从前所得降革处分,摘叙案由,〔三〕开单具奏,奉旨:“总督费淳降级留任六案,着加恩开复。”六月,请于宿州之南平集地方设立抚民同知,将事务较简之宁国府总捕同知裁汰,移设南平集,凤阳府司狱改为抚民同知,照磨兼管狱务,归于府经历兼管,并应酌立营汛,移拨弁兵,以资巡缉,拟于徽州城守营内酌拨千总一员、马步守兵一百四十名,归寿春左营都司管辖,以四十名添驻宿州,以一百名随拨调千总驻扎新设南平集地方,得旨允行。是月,授兵部尚书。旋因会题大功全竣之本,钞录谕旨,于应行敬谨抬写之处,书写错误,降一级留任。

时河南衡家楼地方，黄水漫溢，山东张秋迤南，黄水横穿大溜，直达盐河入海，有妨漕运。上命费淳赴山东查勘河道，并督办要工。寻奏："张秋西岸旧有裹头，应帮镶宽大，东岸旧有长堤，应加高培厚，以防溜势北掣。南口则趁汶水北注之势，引归河身；北口则自大溜迤北，分导馀流，以资挽运。其淤沙浅阻之处，应仿河南刷沙之法，制混江龙铁篦船，及一切挑淤等具，至张秋之北岸堤经水汕刷于纤道有碍者，[四]水退后分段培筑。"报闻。九年二月，偕巡抚铁保奏南粮首帮，于正月二十四日俱已挽过张秋，驶行极为妥速，上嘉之，赏给珐琅扣带、黄辫、大小荷包，仍交部议叙。六月，调吏部尚书。九月，赐紫禁城骑马。十年四月，充殿试读卷官。六月，授协办大学士。十一年五月，充国史馆总裁官。八月，命偕尚书长麟审办直隶藩司书吏王丽南等私雕假印，侵冒钱粮案，严鞫得实，惩治如律。十月，命稽查钦奉上谕事件处。十二月，充经筵讲官。十二年正月，授体仁阁大学士，管理工部事务。二月，京察届期，谕曰："大学士费淳平日办理部务，均属勤慎，着交部议叙。"八月，兼国子监事务。十三年，管理户部三库事务。

十四年二月，因失察三库兵丁偷窃银两，奉旨严加议处。寻议以降三级调用，上以费淳究系兼管，加恩改为革职留任。三月，充己巳恩科会试正考官。五月，上以本年五旬万寿，臣工等祝嘏胪欢，内外一二品文武大臣降革留任之案，交军机大臣查奏。得旨："费淳着开复山西臬司任内秋审失出降四级留任及在两江总督任内失察属员勒派同官革职留任二案。"十二月，因失察工部书吏王书常等私雕假印,捏款冒领户部三库银两物件,事觉,奉旨,交部严加议处。寻谕曰:"费淳前因管理三库时,系兼管工部,有失察冒领之案,业经交部严议。兹又于本年书吏冒领三库银两,失察至五次之多,咎无可辞! 着先拔去花翎,不必兼管工部事务,再行交部严加议处。"部议革任,奉旨,革去宫衔,降为侍郎。即命署兵部右侍郎,仍兼国子监事务,改充国史馆副总裁官。十五年正月,补兵部右侍郎。五月,授工部尚书。

十六年三月,卒。谕曰:"工部尚书费淳持躬端谨,办事老成。中外宣猷,勤劳匪懈。前经擢任大学士,赞理纶扉。嗣因失察书吏王书常等舞弊之案,降为侍郎。费淳感激朕恩,倍殷报效,复经升任尚书,方资倚畀。兹闻染病,遽尔溘逝,深为轸惜! 着加恩赏还大学士,照尚书例赐恤。所有任内一切降罚处分,悉予开复。"又谕曰:"本日披览原任大学士费淳遗折,知伊子费履升现系工部主事。费淳宣力有年,殊堪轸念。伊子费履升俟服阕,加恩以员外郎补用。"寻赐祭葬,予谥文恪。

子履升,举人,二品荫生,现任刑部员外郎。

【校勘记】

〔一〕除地势稍平　"地"原误作"水"。耆献类征卷三三叶三六下同。今据国传卷六八叶一〇上改。

〔二〕闽省为海滨岩疆　原脱"闽省为"三字。耆献类征卷三三叶三六下同。今据国传卷六八叶一〇上补。

〔三〕摘叙案由　"叙"原误作"取"。耆献类征卷三三叶三九下同。今据国传卷六八叶一二下改。

〔四〕至张秋之北岸堤经水汕刷于纤道有碍者　原脱"刷"字。耆献类
征卷三三叶四〇上同。今据国传卷六八叶一三上补。

戴衢亨

戴衢亨，江西大庾人。父第元，由编修官太仆寺少卿。乾隆
四十一年，上巡幸天津，衢亨以举人应召试，钦取一等，授内阁中
书。四十二年，在军机章京上行走。四十三年，以一甲一名进
士，授修撰。四十四年，充湖北乡试正考官。四十六年六月，承
办热河志告竣，交部议叙。十月，仍命在军机章京上行走。四十
七年，秋狝，扈跸于阿济格纠围场，获狍以献。上赐诗曰："围合
山原飞走充，儒臣扈跸咏车攻。拈毫倚马本多秀，入帐执禽乃独
雄。猎骑讶看非等类，文班喜语共和融。状元端是让前辈，大鹿
小狍获则同。"并命和韵。

四十八年，充江南乡试副考官。四十九年，提督山西学政。
五十年，奏山西朔平府属右玉县文风平常，学额向系取进十五
名，为数过宽，未免人思侥幸。代州所属五台县文风素优，屡蒙
翠华临莅，士多踊跃观光，较前更甚，而旧额止有十二名。请将
右玉县学额裁汰三名，拨入五台县学。其武童额数，照文童一体
裁拨。下部议行。旋受代回京。五十二年，以山西学政任内失
察武生裴泰祥戕毙多命，部议降二级调用，上从宽改为革职留
任。五十三年二月，剿办台湾逆匪军功告蒇，大学士阿桂等奏：
"修撰戴衢亨在军机处行走有年，素为勤慎。此次剿办台湾逆
匪，查检档案，交发文报，俱能奋勉出力。请将革职留任之案开
复。"得旨允行。五月，命督学湖北，衢亨以亲老患病，无次子侍

奉,请留京供职,上允之。十二月,丁母忧,五十六年,服阕。五十七年,充湖南乡试正考官,寻提督广东学政。五十八年,擢右中允五十九年,迁翰林院侍读。六十年,擢右庶子,回京供职,充日讲起居注官,迁侍讲学士。

嘉庆元年,转侍读学士。二年闰六月,恩赏三品卿衔,随同军机大臣学习行走。九月,迁少詹事。三年正月,擢内阁学士,兼礼部侍郎。二月,命阅考试翰詹各员卷,寻授礼部右侍郎。七月,调户部右侍郎,管理钱法堂事务。八月,因官军扫荡川省安乐坪贼巢,生擒贼首王三槐,上加恩军机大臣戴衢亨交部从优议叙。四年三月,赐紫禁城骑马。四月,命阅庶吉士散馆卷。五年正月,转户部左侍郎,仍管理钱法堂事务,寻充武英殿总裁官。二月,充经筵讲官。六年,京察届期,谕曰:"侍郎戴衢亨在军机处行走,勤慎称职,着交部议叙。"寻以官军生擒贼首王廷诏,上以衢亨尽心赞画,夙夜不怠,加军功一级。五月,命教习庶吉士。九月,奏宝泉局炉头李照将上年六月驳回另铸钱文,私行收存,夹入新铸卯钱,运局朦混交收,未能早为查出,自请议处。谕曰:"戴衢亨在军机处行走,不克时常到局,其过尚轻,着加恩改为交部察议。"十月,以川陕军务指日告成,〔一〕奉旨:"戴衢亨数年以来,承旨书谕,尚能周到勤勉,着加恩交部从优议叙。"十一月,赏黑狐端罩。七年六月,因军营奏报剿毙贼首樊人杰、曾芝秀,奉旨,交部从优议叙。七月,擢兵部尚书,兼管顺天府府尹。九月,管理户部三库事务。十二月,川、陕、楚剿捕逆匪大功戡定,上以衢亨克尽忠悃,知无不言,言无不尽。自用兵以来,承旨书谕,勤慎小心。恩加太子少保,仍赏给云骑尉世职。

八年三月，命阅考试翰詹各员卷。四月，续行缮办四库全书，命衢亨会同礼部尚书纪昀经理。六月，调工部尚书，充会典馆副总裁官。七月，充文渊阁直阁事。寻以官兵剿捕馀匪全竣，三省肃清。谕曰："军机大臣承旨书谕，获与观成。尚书戴衢亨之子年尚幼稚，伊侄候选县丞戴嘉毅，着加恩赏加知县升衔，仍令在实录馆效力行走。"九年二月，圣驾临幸翰林院，用唐张说诗"东壁图书府"四十字，命王大臣、翰林分韵赋诗，衢亨分得"讲"字。是月，京察届期，上以衢亨在军机处行走，小心勤慎，着交部议叙。六月，因顺天府治中赵曰濂告病，[二]衢亨偕府尹阎泰和具题报部，吏部以未奉科钞，不与开缺，将赵曰濂铨升广东运同。衢亨等参奏吏部开缺，不照成例，且系虚选病员，有心压缺。上命大学士保宁等会同刑部秉公查讯，寻讯得治中告病，应照京官五品以下，据本衙门咨到之日开缺，不候科钞；吏部铨升病员，虽讯非官吏串弊压缺，办理已属谬妄，又失察文选司贴写姚承裕等勾通顺天府书吏，豫先盗印，顺天府咨部揭帖撞骗候补运同王讷银两未成，府尹阎泰和因王讷之子王宗田心疑吏部压缺，向其告知，即先行标画文书，咨催吏部，将赵曰濂开缺，究属任意徇情，兼管府尹尚书戴衢亨虽系因闻吏部舞弊压缺起见，但未查明本管衙门弊窦，率行入奏，又复失察书吏盗用印信，应请严加议处。谕曰："戴衢亨心为除弊，激于公忿，毫无不是；惟失察书吏用印，实不能为之讳。着不必兼管顺天府府尹，交都察院议处。"寻议降一级调用，以加级抵销。

七月，上御门办事，衢亨入班迟延，交部议处，寻议罚俸六个月。又以户部宝泉局监督收运铜斤，有得赃短铜情事，衢亨管理钱法堂侍郎任内,曾收铜二运,命降二级,从宽留任。十年正月,调户部尚书。二月,以会典馆呈进事例,于世宗宪皇帝庙号抬写错误,偕总裁大学士保宁等自请褫职,恩改革职留任。三月,充会试正总裁官。六月,入直南书房。十二年正月,以户部尚书、协办大学士兼翰林院掌院学士,命充日讲起居注官。其原充文渊阁直阁事,不必开缺。二月,京察届期,谕曰:"协办大学士、户部尚书戴衢亨经理度支,兼军机处行走,勤慎出力,着加恩交部议叙。"八月,充顺天乡试正考官。十二月,充文颖馆正总裁官。

十三年三月,两江总督铁保筹办河湖要工,请修复毛城铺石坝、王营减坝,普培黄河两岸大堤,接筑云梯关外两岸长堤,培筑高堰、山盱堤后土坡,加高智、礼两霸坝底。奏入,谕曰:"南河频年漫工叠见,河湖受病颇深,关系运道民生,自当妥筹经久之计。着派协办大学士尚书长麟、戴衢亨驰驿前赴南河,悉心查勘。将铁保等所奏各工究竟应办与否,[三]及兴筑次第,如何酌分缓急先后之处,通盘筹画,据实奏闻。查勘事竣,具折覆奏后,长麟着先行回京复命。戴衢亨在京供职多年,着加恩赏假一月,回南安原籍祭扫,并看视伊叔戴均元患病情形,再行回京复命。"四月,河东河道总督吴璥条奏洪湖周围应酌量补筑碎石坦坡,上命衢亨偕长麟一并筹议。五月,奏:"毛城铺原设滚水坝,因启放日久,口门宽广,一经开放,黄水建瓴而下,恐不能循轨前进,应毋庸修复。查天然闸迤东之十八里屯,[四]有小石山一座,中峰两旁各有山罅两道。前河臣靳辅依此建置石闸二座,坝基尚存,山石夹峙,可无夺溜冲决之患。应请兴修,以减黄利运。""王营减坝系掣销涨水,实属应修之工,惟现在坝基逼近黄河,深塘积水,施工甚难。请于旧坝西土质坚厚处，如式筑滚坝一座，并添建石坝，以为重门保障。沿河大堤，尤宜普律加培。现在淮、扬堤工最为吃紧，应将卑薄较甚各处，于本年伏秋前赶紧加培，其馀可以稍缓之处，应分定段落，次第兴工。云梯关外旧无堤埝之处，应自八滩以上南北两堤略仿雁翅形势，酌量接筑，收束水势。既可杜河身散漫停淤之病，并可保护两岸民田。”“高堰、山盱堤工，旧系内石外土，因风掣卸石块，遂将土工刷进六七尺。设有疏虞，淮、扬一带，关系非轻。今石工既不足深恃，自不得不加筑后戗土坡，以资抵御，为暂救目前之计。至欲保护石堤，详询本处居民，皆以添砌碎石坦坡为善策。盖缘坡势迤逦渐低，虽怒涛冲击，可以荡之使平，以保护石工，可期永远得力。惟工段绵长，一时难以猝办。应请先办土坡，其碎石坦坡一项工程，暂从缓议。俟各工办有头绪，再由该督酌议章程奏请办理。智礼二坝坝身过卑，应统较数年之水势，酌中定制，将石基加高四尺，察看湖面涨满，以时宣泄，使有节制。”得旨嘉奖。

时御史史祐奏请清查两淮盐务杂项、杂费、赏借各款银两，以杜官商侵冒，上命衢亨偕长麟于查勘各河事竣后，驰赴扬州，逐款查究。寻奏称：“公同查核官商，并无侵冒。惟杂项各款，向系公捐，虽无关正课，亦应据实开报。自戊辰纲为始，每年巡费辛工杂项杂费，分别造册报部存案；其赏借项内支用之款，向无报部核销之例，应照旧办理。”报闻。闰五月，遵旨回籍祭扫，于回京途次，奉命就近赴山东将河督吴璥等所奏牛头河各工细加查验，并查所保在工出力人员。寻奏：“将原估丈尺逐加核对，尚无不合，惟第一分、第二分间有淤垫处所，一一记出，饬令原办之员再行修治。至奏请出力人员尽先补用一节，此次工段十四分，着落十四员承办，除第一分、第二分应须再行修理外，其馀各工多属如式，未便只将王有熙等独予优叙。且此五员内挑工或多或少，今一例奏请先补，未免无所区别，应请饬交吴璥等另行核定。"从之。六月，抵京。九月，赏给南石槽房屋一所。十四年正月，上以五旬万寿，加恩中外臣工，衢亨晋太子少师。四月，充殿试读卷官。

六月，户部员外郎刘承澍将盐法志及衙门档册借与给事中花杰阅看，又将议稿私告花杰。花杰以衢亨徇庇芦商参奏，并参殿试阅卷舞弊等款。七月，谕曰："给事中花杰前经奏请严催长芦商欠一事，已交户部议覆，请交新任盐政核办。上月复据该给事中奏称'户部议折系戴衢亨一人主稿。缘戴衢亨与查有圻系儿女姻亲，查有圻引地最广，积欠最多，是以代为徇庇，将芦商积欠官帑，未交窝价，均未详悉根究'；并称'戴衢亨平日于言官冒渎圣躬者，则以为直言；于干涉部臣者，则以为多事'等语。朕当即召见花杰，面加询问，以所奏关系甚大，办理必须实据。如所奏不实，亦有反坐之罪。花杰除叩头之外，默无一言。昨日复据该给事中具折覆参：'戴衢亨与查有圻结姻之后，查有圻馈送往来，钻营甚巧。芦商惟查有圻是望，查有圻惟戴衢亨是倚，以致盐务废弛。'言之凿凿；而另折又言'戴衢亨于本年殿试阅卷，颠倒舞弊，将洪莹援引为一甲一名进士，该给事中曾令一同乡庶吉士周际钊向戴衢亨私宅查阅门簿，探问管门之人，得其交通情状。又黄中模策写俱佳，不列入十卷之内，黄旭行楷相间，竟置二甲之中，指为舞弊实据'等语。朕因特派大学士庆桂、董诰、禄康，尚书苏楞额传旨向戴衢亨询问，令其明白登答。戴衢亨回奏之折，陈辨甚明，所有长芦商欠一事，系交该盐政统核通纲情形，并限办理窝价，亦并令该商上紧凑缴，皆属严催办理，与花杰所奏不符。至戴衢亨因司官办稿未妥，并恐书吏等有招摇情事，是以与众堂官商定主见之后，即令司官等在圆明园改办奏稿，期于密速，亦并非戴衢亨一人定议。花杰所奏，均属不实。惟戴衢亨欲办理慎密，亦尽可令司官等在署内封闭办理，何必令其在圆明园？此一节究属不合，致招物议。现据戴衢亨自认疏率，恳请处分，自有应得之咎，戴衢亨着交部议处。至于戴衢亨与查有圻联姻之处，查有圻本系宦家，与戴衢亨向有世谊，并非门户卑微、不可为婚之人，安得谓之有心援系？至于姻戚往来，岁时馈送，本属情事之常，人孰能免？如果因有公事嘱托，纳贿行私，确有证据，则亦无论其为姻戚与否，皆当绳之以法。今戴衢亨于议覆长芦积欠，毫无护庇，且先议驳加价以二文入官、一文入商一节，于查有圻大无利益。公事公办，又何能禁其姻戚之不相往来？至于此外如戴衢亨因盖造房屋，查有圻帮助木料，借用几案，以及在南城外置买房屋数处，尤为琐细，不足置问。花杰逞其笔端，辄称查有圻钻营结纳，戴衢亨纳贿徇私，指查有圻为倚势把持之奸商，坐戴衢亨以负恩误国之重罪，连篇累牍，极力诋谤。甚至谓戴衢亨于言官冒渎圣躬者，以为直言，此尤关系重大。今确加根讯，据花杰指称嘉庆十一年在御史吴荣光家，与戴衢亨之侄戴嘉榖同席，谈及吴荣光有请暂缓巡幸天津之折，系奉旨申饬者。戴嘉榖曾云伊叔甚为钦佩。此语并非出于戴衢亨之口，入于花杰之耳，而现在传讯戴嘉榖、坚称伊因众人称赞，亦只随口应酬，实无有伊叔戴衢亨钦佩之语。复经庆桂等传到是日同席之朱涂切加讯问，亦称不记此言。其所称戴衢亨于言官干涉部务者以为多事一节，则云即系伊严催积欠之奏，戴衢亨不以为然。若果以为多事，现今据折催欠，并未驳斥原奏。如此肆意摭拾，茫无指证，是竟欲以莫须有之事妄兴大狱矣！至于殿试为抡才大典，科场舞弊，律有明条。若果如花杰所言，戴衢亨与洪莹交结情密，援引为一甲一名进士，于黄中模、黄旭颠倒列置，此是何等弊端，何项罪名，其诬告者应如何坐罪，该给事中折内，且云请将洪莹复加考试，或默写策对，若实系平常，请严究弊端，而于考试无弊，〔五〕则全不反而自思应否治罪，殊属荒诞无理！现因该给事中称覆考时，尚恐南书房有人设法照应，请旨严密防范。因即如其所言，先向内阁查取洪莹等殿试各原卷，加封进呈，一面派满洲军机章京将洪莹由福园门带至上书房，命二阿哥监看，令其默写试策，朕亲加披阅，设字策不符，显有弊窦。非但戴衢亨与洪莹获罪甚重，凡此次派出读卷官之大学士董诰等，皆当一并惩治，朕岂肯稍为宽假？今洪莹所默策对，与原卷悉符，间有数字误写，用朱笔点出者，不过文义小有异同，语句先后微有参差。试思寻常拟作诗文，数日尚不能悉行记忆，今距殿试已逾两月之久，而洪莹竟能记忆默写，非积学有素，安能如此，尚有何弊？且殿试前十卷进呈时，洪莹本系朕拔置第一，并非读卷官所拟，花杰何得指称戴衢亨一人援引之力？至于黄中模、黄旭各原卷，文理皆可列二甲，惟黄旭末四行字画不能工整如前，亦并无一笔行书。今黄中模列置二甲，黄旭置二甲之中，尚皆公允。此二卷亦非由戴衢亨首先校阅，花杰何得指戴衢亨徇情颠倒？如此妄行参奏，伊自问可以脱然无事乎？又花杰折内称本年考取南书房四人，除王以衔外，周系英系英和同年，席煜系英和门生，姚元之则系戴衢亨、英和二人门生，文字虽优，钻营尤甚。英和平日赏识戴衢亨，戴衢亨畏忌英和，阴与为附，实属结党行奸等语。本年考试南书房，英和会同戴衢亨、瑚图理保举十二员，朕圈出与考八员，选取四员，内周系英、王以衔本系讲官，于随围时朕曾屡次召对，加以遴选。席煜、姚元之试卷本佳，并非戴衢亨、英和力荐。若谓周系英系英和同年，则是科岂只英和一人，可供文学侍从之选，其馀竟无一人可用？若谓席煜系其门生，岂戴衢亨、英和二人所取之士，皆不可选用内廷乎？尤为谬妄！至名节所系，即寻常一介齐民，朕尚不忍令其受人污蔑，况戴衢亨任用已久，经朕用至协办大学士。今花杰任意诋讦，无所不至，朕又岂肯任其甘受虚诬？花杰着交部严加议处，并着将洪莹等殿试原卷，及昨日默写之卷，均发交花杰阅看，令其心服。"又谕曰："花杰参奏戴衢亨各款，业经逐一详查，毫无影响，该给事中亦自认冒昧。本日复据禄康奏，查讯德泰钱铺中朱姓，据称伊铺与戴衢亨家交易数十馀年，现在尚欠伊铺内银六百五十两。又查明兴源等五处当铺，查对账簿，各铺皆系查有圻所开。查有圻用银之时，均由当铺送与查有圻使用，该当铺从无出过银票之事。是戴衢亨家自与钱铺易钱，与查有圻何涉？查有圻自向伊家当铺取银，又与戴衢亨何涉？全系捕风捉影空谈，岂能科以交结行贿实罪？且戴衢亨家现在尚欠钱铺银两，可见花杰所奏，全系虚诬，不辨自明。现在将此折给花杰阅看，伊更无可置喙。至于戴衢亨议覆盐务加价，伊昌阿被长芦商人怂恿，曾奏恳每引加价三文，以二文归官,一文归商。如果戴衢亨有曲庇查有圻之心,照议准行,查有圻每年获利甚厚,而部臣先后两次俱经详悉议驳,毫不任其含混。是以朕不但依议办理,并将伊昌阿降调示惩。此实共见共闻,尚有何弊? 至议覆花杰追完商欠缴纳窝价一折,亦系议令并限严追,详查归缴,并无宽缓。是戴衢亨于办理部务,委无丝毫错误;惟戴衢亨前于伊叔戴均元补放仓场侍郎时,即据陈明户部有交涉事件,朕特令不必回避。今花杰凭空指劾,以事关姻戚,率意诬蔑,经朕洞悉情伪,降旨通谕。然此亦幸戴衢亨与议二事,均属从严,无可指摘,设遇有应行从宽办理之事,若戴衢亨有意从严,岂不有妨公事? 若准情酌办,又难不恤人言,一切转多窒碍,且仓场与户部既多交涉,自应回避,以符体制。戴衢亨着以协办大学士调补工部尚书,并谕将刘承澍交部严加议处。"

寻吏部议奏花杰降三级调用,刘承澍革职,戴衢亨于议驳长芦加价饬催商欠一事,令司员在园寓办稿,致招物议,应降二级调用。谕曰:"朕每日召见军机大臣,伊等皆兼管部务,自即以该部应办事件向其咨询。此外部院各大臣亦更番召见,无不问以各该管衙门事务。伊等遇有公事,自应彼此熟商;即或意见不符,亦尽可两议并上。乃部院诸臣每先向军机大臣探问,方行定稿,以致司员等得以从中播弄。及议妥后,辄称系军机大臣主见,实属近来恶习。即如戴衢亨议驳长芦盐价不许加至三文,该商等积欠饬令并限完交,均系从严定议,与芦商毫无利益。而花杰转谓戴衢亨庇护伊戚查有圻,甚至摭拾琐屑细故,逞其笔端,有心污蔑,并以科场大弊,坏人名节。试思所参属实,不独戴衢亨获罪甚重，凡阅卷大臣皆当得何罪，即朕亦不忍出诸口。乃花杰率行列入弹章，此何等事，可云得自风闻乎？此而不加惩治，转非朕开通言路、诸事核实之本意矣。至刘承澍身为部员，以盐法志及衙门档案，交与花杰阅看，后又将部中议稿，故为漏泄，致花杰得以极力排挤，其居心尤不可问。本日吏部议处奏上，花杰着照议降三级调用，刘承澍着照议革职；至戴衢亨与各堂官公商定议后，催令在园办稿，不将司员封闭在署办理，致招物议，部议降二级调用，尚觉过重，着改为降一级留任。"九月，上以万寿庆典，加恩臣工，命开复衢亨会典抬写错误革职留任处分。十月，衢亨呈献诗册，上嘉其词意尤雅，特加优赉，赏大卷八丝缎二端，及荷包、笔墨砚纸。十二月，以失察书吏王书常伪造印文、冒领三库银两物料，交部议处。寻议降一级调用，奉旨从宽，改为降二级留任。十五年正月，授体仁阁大学士。上赐诗曰："知遇先皇早，欣看器晚成。予申三锡命，汝矢一心诚。凤阁随双彦，鳌头冠众英。荷天作霖雨，江右操台衡。"命管理工部事务，仍掌翰林院事，充会典馆正总裁。六月，以粤东海洋肃清，加军功一级。十二月，以纂辑平定三省邪匪方略告成，[六]开复失察冒领三库银物降级留任处分，赏加一级。

　　十六年三月，扈从巡幸五台。闰三月，因病，命先回京，给假调治。旋命懋勤殿首领太监带御医诊视。四月，卒。谕曰："大学士戴衢亨持躬正直，学识淹通，体用兼优，忠勤懋著。初由翰林院学士，仰蒙皇考高宗纯皇帝鉴其器能，特赏三品卿衔，擢任军机大臣，用为卿贰。朕亲政后，见其心地坦白，办事认真，日加委任。由侍郎擢授尚书，优给世职，复令兼直南书房，简用至大

学士,屡经晋锡宫衔。亲信之笃,不啻股肱! 戴衢亨感被厚恩,
竭诚图报。一切用人行政,知无不言,言无不尽。朕每加采纳,
克副赞襄。伊虽仰邀隆眷,而益加谨饬,清慎自持,从无因事谴
谪,实为国家得力大臣。此次扈从五台,于途间染患病症,犹复
勉强入直,朕察看其精神疲惫,派御医诊视,赏假先行回京。方
期调理就痊,讵意数日之内,遽闻溘逝,深为悼惜! 着加恩晋赠
太子太师,入祀贤良祠,赏给陀罗经被,先派荣郡王绵亿带领侍
卫十员,前往奠醊。朕于初七日亲临园寓赐奠。仍准入城治丧,
并着赏给广储司库银一千五百两,经理丧事。其应得恤典,着该
部察例具奏。所有任内一切处分,悉予开复。”赐谥文端。上亲
临赐奠。

【校勘记】

〔一〕以川陕军务指日告成　“陕”原误作“省”。耆献类征卷三七叶三
　　　　上同。今据国传卷七四叶一一上改。

〔二〕因顺天府治中赵曰濂告病　“曰”原误作“日”。耆献类征卷三七
　　　　叶三下同。今据睿录卷一三〇叶二三上改。按国传卷七四叶一
　　　　二上不误。下同。

〔三〕将铁保等所奏各工究竟应办与否　原脱“将”字。耆献类征卷三
　　　　七叶五上同。今据睿录卷一九三叶二四下补。按国传卷七四叶
　　　　一二下不脱。

〔四〕查天然闸迤东之十八里屯　“十八”原误作“戴”。耆献类征卷三
　　　　七叶五上及国传卷七四叶一三上均同。今据睿录卷一九五叶一
　　　　二下改。

〔五〕而于考试无弊　“无”原误作“舞”。耆献类征卷三七叶九下及国

传卷七四叶一五下均同。今据睿录卷二一五叶一六上改。

〔六〕以纂辑平定三省邪匪方略告成　原脱"邪匪"二字。耆献类征卷
　　三七叶一三上同。今据睿录卷二三七叶二七下补。按国传卷七
　　四叶一八下亦脱。

成德

成德,叶赫氏,满洲正蓝旗人。由文生员于乾隆十九年,考
取内阁中书。二十六年,升侍读。二十九年,授银库员外郎。三
十一年,调户部员外郎。三十二年,擢江西道监察御史。四十三
年,晋吏科掌印给事中。

四十八年,奏言:"臣查办赴任违限官员各案,接准督抚展限
咨文,间或限期将满,将原案之员撤回,改委别员署理。即以改
委之员接署之日起,另扣限期,度其情节,非于原委之员操纵之
间别生意见,即离任之员任内有牵掣事故,因藉改委以宽时日,
其中难保必无情弊。嗣后不得托故改委,以致辗转迟缓。如此
交代既严,而州县更加警惕矣。"奉旨:"此奏似有所见。"又奏
云:"京察填注四格考语,理当详慎核对,以定等第。此次有二等
四格一等考语者一员,有二等四格三等考语者十六员,经吏部依
所开四格,俱改列二等办理。诚恐照格更改,势必高下混淆。请
嗣后吏部预将一、二、三等定例四格考语式样,分录清单咨送各
衙门,如移送册籍有四格考语不符者,将承办之员附疏题参。"下
部议行。五十御七年,擢通政司副使。五十八年,授太仆寺卿。
五十九年四月,转通政使。十月,授都察院左副都史。六十年九
月,擢户部右侍郎。十二月,授镶红旗汉军副都统。嘉庆元年七

月,调工部左侍郎。九月,充经筵讲官。

时长芦商人范光震以商众欺隐窝价呈控,命刑部侍郎张若淳偕成德前往查办。奏入,谕曰:"张若淳、成德审讯范光震呈控商总欺隐窝价、分别定拟一折,所办殊属含混。且案据俱未明确,不足以服该盐政运司及商众之心。着该侍郎等即将案内人证及案卷等项带京,并令方维甸、阿林保一并来京,交军机大臣会同该部另行审拟具奏。"旋鞫得实,谕曰:"张若淳等审办此案,当于盐政运司有无请托贿嘱情弊,及商总等有无欺隐窝价审明,方为正办,而一切俱未能审讯明确,于盐务民食是否窒碍情形,概置不问,辄将所运盐斤先行查抄变价,以致沿途停运,俾州县无盐接济,是何理耶?且四商内惟杨秉钺系被告之人,其查善和、查世延、卫素昌三人并无应得罪名,乃一并议令变价入官,更属乖谬。张若淳、成德办理此事,实属错误。着先行交部严加议处。"十月,谕曰:"此案方维甸、阿林保如有听受贿嘱情事,不特发往军台,尚当重治其罪。乃张若淳、成德并未审明案情,率将方维甸、阿林保问拟军台,不足以成信谳;而其办理不善之处,即质之方维甸及阿林保,亦俯首无辞。至张若淳、成德办理此事,并不查明情节,率行定拟,本应照部议降调,但念伊二人亦只糊涂不晓事体,尚无他弊,本日吏部议已加恩将该侍郎所得处分从宽改为革职留任。所有军机大臣等定案折内,请将张若淳、成德严加议处,着加恩宽免,以示劝惩惟允、宥过施恩至意。"十二月,调镶黄旗满洲副都统。

二年三月,兼署理藩院侍郎。八月,调吏部右侍郎。十一月,擢都察院左都御史,兼镶黄旗蒙古都统。四年三月,擢刑部尚书,调补镶黄旗汉军都统。五月,赐紫禁城骑马。五年,充崇文门副监督。六年二月,授户部尚书,命在军机处学习行走。四月,调镶蓝旗满洲都统。时军务将竣,谕曰:"成德本年甫令在军机处行走,亦着加恩交部议叙。"寻议给军功加一级、纪录三次。七年三月,因病请假,谕以不必开缺。旋卒,奉特恩晋赠太子少保,应得恤典如例。予谥恪慎。

子嵩安,任户部员外郎;岳安,任工部员外郎。

傅森

傅森,钮祜禄氏,满洲镶黄旗人。由监生于乾隆三十一年考取内阁中书,三十五年,补缺。四十四年,升内阁侍读。四十五年,京察一等,引见,奉旨记名。因亲老呈请留京,旋命在奏事处行走。四十七年,兼公中佐领。五十三年,奏事八年期满,仍回内阁侍读任。五十四年,升内阁侍读学士。九月,擢内阁学士。五十六年,授盛京工部侍郎。五十八年四月,奏:"盛京工部所属四品官一员,承办永陵工程物料,并兼办城内各衙署岁修砖瓦银两之事,只设有领催八名,帮同催办。伏思永陵工程最关紧要,四品官自应常川在陵,敬谨经理。永陵距省二百馀里,倘遇同时兴工,势难兼顾,若竟将城内岁修银两委之领催承管,不足以昭慎重。仰恳将四品官属下领催裁汰一名,改设外郎,佐办差务,以专责成。"奏入,奉旨允行。五十九年,调盛京刑部侍郎。

嘉庆元年七月,因秋审错拟情实,部议降一级调用,奉旨改为降三级留任。二年正月,调兵部左侍郎。三月,授公中佐领,旋授正黄旗满洲副都统。闰六月,奉旨,在军机处学习行走。十月,调户部右侍郎,寻命兼管光禄寺事务。三年二月,以内阁学士那彦成入军机行走,命傅森回户部办事。是年,京察,奉上谕,傅森准其加一级。四年正月,转户部左侍郎,旋调刑部左侍郎。二月,调镶黄旗满洲副都统,又调仓场侍郎。三月,奏:"以京、通十五仓,向例每年各仓以科道一员稽察,由都察院将科道各员带领引见,钦派分仓往查。一年期满,会同仓场衙门将各仓米石收放数目,咨部汇核具题后,再行更换。乾隆五十九年,户部改议由都察院自行掣签科道,按月一仓一员监放。在轮放米石之科道,不过催令依期放竣,其每仓放米若干,新陈存米若干,及该仓是否遵照户部指定廒座开放之处,概不能稽核,而监督等因无定员巡视,遂致通融私开廒座,出放米色不匀。仓场侍郎在通州兑运南粮,势难按期赴各仓分查。应请循照旧例简放十五员,分仓稽察。其每季关领俸米、甲米,及发交五城出粜土米,均令随时监放。至每年由通运京之新粮,一并令查核入仓,〔一〕以免临期挪移偷漏。"得旨允行。

是月,授都察院左都御史。五月,授兵部尚书,旋授镶蓝旗蒙古都统。七月,授总管内务府大臣。八月,调镶红旗汉军都统。十月,复命在军机处行走,恩赐紫禁城骑马,授崇文门副监督。五年二月,奏:"请派员出洋,严禁代巡,以统巡一官乃总兵专责,倘遇事故,以副将代巡,尚属可行。今或以参将、游击代之,且以千总代参、游,以把总外委代都、守,甚至以巡哨兵丁代千总,及遇失事,参送职名,又系代巡之员。请嗣后以总兵为总巡,偶遇事故,以副将代之,其馀不准转代。至派员出洋,亦以副、参、游击等为总巡,以都司、守备等为分巡,均令亲身出洋,不准代替。"奉上谕:"着通谕沿海省分各督抚,嗣后不得滥行代替,以杜借端规避之弊。"三月,命偕晋昌往盛京查办事件,奏审盛京将军衙门私添番役索诈办理裁革一案,〔二〕因言番役一项,藉资缉捕,请仍照旧额补二十名应用。奉旨,着照所请,于州县所保中择其循谨畏法者,〔三〕挑补二十名,以资巡缉,此外不得私有增添。又奏提讯奉天府尹恩明家人乌春及太监马德庆于盛京地方沿途需索使费一案,请将乌春拟徒,在犯事地方枷号一月示众。奉上谕:"所办尚是。惟马德庆与乌春厥罪维均,何以不将伊一同枷号,未免轻纵。"又奏审讯委员恒福等查勘牛庄苇塘,捏指界址,随意绘图呈覆一案,分别酌定断结,恒福等请交部严加议处。奉旨:"此案张耀所控牛庄苇塘情节,从前审办各员,因无四柱册档,并不妥为查办,以致日久不能断结。今经傅森、晋昌等将盐厂界址,逐加丈量,绘图呈览,酌定地界,〔四〕以免牵混,即着照所请办理。"七月,调镶蓝旗满洲都统,赏戴花翎。八月,因叶县擒获首逆邪匪刘之协,奉旨加军功一级、纪录三次。九月,管理户部三库事务。十一月,因奉旨议奏京营总兵移驻事宜错误,交部严加议处。

六年正月,调户部尚书。旋患病,赏假调理。二月,卒。奉上谕:"户部尚书傅森在军机处行走,谨慎小心,黾勉供职。前月染患痰症,赏假调治,曾派乾清门侍卫、军机章京等,带同太医屡往诊视,并赐内府丸药,方冀日就痊愈。今闻溘逝,殊堪轸惜!着派军机章京玉宁前往,赏给陀罗经被。所有应得恤典,该衙门察例具奏。其任内降罚处分,俱着加恩开复。"又谕:"尚书傅森现在溘逝,遗子英林甫及五岁,并无差使,着赏给护军钱粮;傅森之侄福克精阿前任银库,回避调转,尚未得缺,着仍作为银库员外郎行走,遇缺即补。"

【校勘记】

〔一〕一并令查核入仓　原脱"令"字,又"人"误作"各"。耆献类征卷九八叶三八上同。今据傅森传稿(之二八)补改。按国传卷二九叶一一不误。

〔二〕奏审盛京将军衙门私添番役索诈办理裁革一案　原脱"奏审"二字。耆献类征卷九八叶三九上及国传卷二九叶一二上均同。今据傅森传稿(之二八)补。

〔三〕于州县所保中择其循谨畏法者　"所保"原误作"保甲",又脱"者"字。耆献类征卷九八叶三九上同。今据傅森传稿(之二八)改补。按国传卷二九叶一一下"者"字不脱,但"所"作□为缺文。

〔四〕酌定地界　"界"原误作"方"。耆献类征卷九八叶三九下同。今据傅森传稿(之二八)改。按国传卷二九叶一二上不误。

瑚图礼

瑚图礼,完颜氏,正白旗满洲人。由举人于乾隆四十六年考授国子监助教。五十二年,成进士,改庶吉士。五十四年,散馆,授检讨。五十六年四月,升侍读。五月,迁祭酒。九月,考试满洲科甲出身京堂翰詹各员,瑚图礼名列第一,奉旨在南书房行走。十月,授公中佐领。五十七年八月,充顺天乡试副考官。十月,擢内阁学士,兼礼部侍郎。五十九年三月,授镶蓝旗汉军副都统。是年,恩科,充江南乡试正考官。十月,调镶白旗汉军副都统。六十年二月，充文渊阁直阁事。三月，充会试副总裁官。因将肤泛之卷拔置第一，下部严议，部议革职，奉旨以四品京堂补用。八月，提督山西学政。

嘉庆三年，授河南按察使。四年二月，授刑部右侍郎，寻转左侍郎，授镶白旗蒙古副都统。五月，调盛京兵部侍郎。九月，调盛京刑部侍郎，兼管奉天府府尹，及威远堡六边事务。五年二月，丁母忧，回旗。闰四月，百日期满，命署广东巡抚。八月，兼署两广总督。六年十月，借总督吉庆奏请粤东省公捐银三万两，粤西省公捐银二万两，以备川、陕大兵凯旋赏赉之用。谕曰："教匪滋事以来，所发饷银已不下万万两。此时大功将次告蕆，凯旋赏犒需费几何，奚待外省捐资备用？且伊等藉捐输之名，势必层层派累，朘削闾阎，假公济私，于言利之中，尤为卑鄙。着传旨严行申饬。"七年六月，实授广东巡抚。先是，上闻博罗县有重犯越狱，知县匿不详报，臬司陈文及该管知府扶同徇隐，复告藩司将典史调补烟瘴示罚；又前任臬司吴俊借赃罚为名，收受陋规，于升任起程时，又派此项作路费等事。命瑚图礼密查具奏，瑚图礼覆奏事皆属实，陈文、吴俊等皆治罪如律，瑚图礼照徇庇例降四级，上特改为革职留任。九月，博罗县会匪陈烂屐四等纠众滋事，总督吉庆带兵往剿，瑚图礼留省办理军需，奏将惠州府仓及归善县仓所贮谷石，令承办粮饷之臬司邱庭潍就近碾支；又赶造鸟枪、火药、铅子等项运往惠州，并调兵分往博罗交界之东莞、增城、龙门等县协防，一面飞咨江西、闽浙督抚，各于邻近州县饬属会营堵缉，以防贼匪他窜，均得旨允行。

十月，署广州将军。时总督吉庆以办理博罗县会匪一案谬误,奉旨解任,交钦差内阁学士<u>那彦成</u>,会同<u>瑚图礼</u>审讯,即命<u>瑚图礼</u>兼署督篆。十二月,奏督臣<u>吉庆</u>由惠州府回省,自戕身死。上以前此<u>吉庆</u>折内称伊患病月馀,恐<u>瑚图礼</u>作贱,惟愿病不能痊。兼有<u>瑚图礼</u>因<u>太平关</u>盈馀归公,深恨<u>吉庆</u>等语。命<u>那彦成</u>就近访察。嗣据<u>那彦成</u>覆奏,<u>吉庆</u>因办理会匪,未将首犯正法,被害之家,怨声腾沸,愁畏交并。兼之病后糊涂,遂尔自寻短见。谕曰:“<u>那彦成</u>既查明<u>吉庆</u>系畏罪自尽,与<u>瑚图礼</u>无涉,其所称作贱之处,自系病中妄语,毋庸再行查奏。”八年正月,<u>那彦成</u>奏失察会匪滋事,请将<u>瑚图礼</u>交部察议。谕曰:“<u>瑚图礼</u>身任巡抚,于所属地方匪徒勾结,毫无觉察,以致酿成巨案。察议未免过轻,着交部议处。”议上,奉旨,<u>瑚图礼</u>着降一级留任。二月,回巡抚任。闰二月,因率准农耐国长<u>阮福映</u>贡船回国,携带违例货物,得旨,交部严加议处。议上,奉旨,<u>瑚图礼</u>着革职留任。八月,以病解任回<u>京</u>。九年正月,授镶蓝旗汉军副都统。五月,授工部右侍郎,管理钱法堂事务。六月,充<u>江西</u>乡试正考官。七月,调正黄旗满洲副都统。十月,授<u>湖北</u>巡抚。

　　十年六月,署<u>湖广</u>总督。因前在<u>广东</u>任内失察<u>南海</u>、<u>番禺</u>二县私设班馆,押毙多命,下部严议,部议罚俸二年。奉旨:“<u>瑚图礼</u>在任有年,其咎较重,着罚俸三年。”闰六月,奏修<u>钟祥县尹家庙</u>堤、<u>潜江县新丰</u>堤垸,请毋庸定限保固,经部议驳,上严饬之,并命交部议处。部议革任,谕曰:“<u>瑚图礼</u>于<u>钟祥</u>、<u>潜江</u>二县民修堤垸,例应保固之工,并不查明从前议定章程,率照藩司<u>台斐音</u>所禀,奏请毋庸保固,实属错谬。<u>瑚图礼</u>本有革职留任处分,例应革任,但该抚究系转据司禀,着再从宽改为革职留任。”九月,

奏参武昌盐法道海昌在任四年,任听岸商抬价病民;又宝武局鼓
铸钱文,亦系该道经管,迩来所铸卯钱,缺边漏缝,字画不清,斤
两亦不足,请解任查办。上命将海昌革职,钦差吴熊光、托津审
讯。嗣审出炉匠黄铭仁等在局舞弊,按律惩办,瑚图礼以失于觉
察,自请议处,部议降二级留任。十一年十一月,擢吏部尚书。
十三年,管理户部三库事务。十四年,署翰林院掌院学士。

　　十五年二月,调刑部尚书,兼镶红旗满洲都统。六月,调吏
部尚书。十六年六月,监督崇文门税务。八月,御史刘奕煜奏参
吏部铨选兵部主事员缺错误,上命吏部明白回奏,瑚图礼偕各堂
官覆奏,自认错误,未经更正。旋据兵部候补主事程同文等以吏
部奏明错误后,仍将此缺扣归即用班选补,以致兵部屡次出缺,
不能留补一人,具呈申诉,由都察院奏闻,特派大学士勒保等秉
公查核。嗣以勒保等覆奏意存偏袒,复派令大学士庆桂、兵部尚
书刘镮之覆查。庆桂等奏弊窦之滋,在于舍例言案,请将吏部堂
司各官,交都察院分别议处。谕曰:“此次吏部任听司员将久应
注册之尘案,牵引枝梧,而各堂官亦不详察,瑚图礼系吏部尚书,
不能虚公定议,以致曲直混淆,庸碌无能,不胜尚书之任。着降
为副都统职衔,补放阿克苏办事大臣。仍交部加等议处。[一]”寻
议降二级调用,以先有革职留任之案无级可降,应行革任。得
旨:“瑚图礼业经降为副都统职衔,所有此次部议应行革任之处,
着改为革职留任,带于新任。”旋调西藏办事大臣。十七年,奏免
死发遣之布鲁克巴夷人策忍敦柱一犯,先因患病未经监禁,现在
逃走,俟拿获时,再行发遣。上以所办失于轻纵,命传旨申饬,仍
交部议处。十八年三月,授正白旗蒙古副都统。八月,授理藩院

右侍郎。九月,调礼部左侍郎。

十九年三月,调镶黄旗满洲副都统。四月,擢兵部尚书。八月,调户部尚书。九月,调礼部尚书。十二月,卒。

【校勘记】

〔一〕仍交部加等议处　原脱"加等"与"处"三字。耆献类征卷一○六叶一三下同。今据国传卷四六叶一五下补。

沈初

沈初,浙江平湖人。乾隆二十七年,圣驾南巡,召试一等,赐举人,授内阁中书。二十八年,一甲第二名进士,[一]授编修。三十一年,散馆一等。三十二年,入直懋勤殿,命写经为孝圣宪皇后祝釐。旋充日讲起居注官。三十三年四月,御试翰詹等官。谕曰:"编修沈初,学问优长。因内廷有承办事件,[二]未得一体考试,着加一级。"十二月,擢侍讲。三十四年八月,丁本生母忧。三十五年十二月,服阕,仍直懋勤殿。谕曰:"向来候补人员,例不食俸。至内廷行走之员,虽未得缺,应准支俸,以资赡给。候补侍读沈初着加恩食俸。"三十六年六月,入直南书房。九月,提督河南学政。未赴任,丁祖母承重忧。三十九年,服阕,仍直南书房,一体食俸。旋擢右春坊右庶子,仍充日讲起居注官。四十年正月,迁侍讲学士,寻转侍读学士。十二月,擢詹事府少詹事。四十一年正月,擢詹事。六月,擢礼部右侍郎,充四库全书馆副总裁。四十二年,提督福建学政。四十四年,丁本生父忧。四十五年,服阕,授兵部右侍郎,仍直南书房。四十六年,充三通馆副总裁。三月，充会试副考官。六月，以母疾笃，请假回籍省视。四十七年五月，请终养，许之。十月，丁母忧。五十年五月，服阕，补兵部右侍郎，仍直南书房。八月，提督顺天学政。

五十一年九月，调江苏学政。五十二年，转兵部左侍郎。五十三年十二月，奏曰："臣试松江时，已值纳漕之期。向有生监以丑米混交之弊，臣出示禁约，并开列人名，交与各学教官严加管束。旋闻有江阴生监在仓与书役争闹，臣即令教官到仓确查，系生员杨大绪不肯将米筛飏所致。臣即取米细验，果系不纯，因令筛飏交纳。时有帮同争闹之监生吴柏、生员吴昆，臣即斥革衣顶，并出示各学生监，毋或效尤，自蹈覆辙，以冀士风整饬，知所惩儆。"报闻。五十四年，还京，仍直南书房，充经筵讲官，署礼部左侍郎。四月，充殿试读卷官。七月，调吏部右侍郎。八月，充万寿盛典总裁。五十六年，命阅廷试翰詹等官卷。复命续编石渠宝笈、秘殿珠林二书。十一月，谕曰："前蒋衡进手书十三经，宜刻石列于太学，用垂永久。着沈初随同校勘。"五十七年八月，提督江西学政。五十九年，转吏部左侍郎。六十年六月，江苏拔贡程桂芳考不入等。以初前任江苏学政时，遴才未精，议降一级调用，诏改革职留任。是年十月，还京，仍直南书房。十二月，以初失察江西皂役之子焦模泰冒考，罚学政养廉三年。

嘉庆元年正月，与千叟宴于皇极殿。二月，充会试知贡举。四月，充殿试读卷官。六月，擢都察院左都御史。十月，命在军机处行走。寻迁兵部尚书。二年三月，[三]转吏部尚书。八月，调户部尚书，仍兼吏部尚书。三年正月，京察，以初勤慎称职，饬部甄叙。寻议加一级。八月，充顺天乡试正考官。九月，四川官军生擒首逆王三槐。奏捷，上以初趋直军机处，下部优叙。旋议军功加三级。四年正月，诏以初年老，退出军机处。寻命紫禁城骑马，复免直南书房。二月，充实录馆副总裁。三月初一日卒。遗疏闻，谕曰："户部尚书沈初，内廷行走有年，襄办部务，供职勤慎。今因病溘逝，殊堪轸惜。应得恤典，该部察例具奏。其任内降罚处分，准其开复。"寻赐祭葬如例。谥文恪，入祀乡贤祠。

　　子二：长兰生，以正二品荫生，现官户部额外主事；次莲生，由监生遵衡工例捐纳盐运使运判，分发长芦试用。

【校勘记】

〔一〕一甲第二名进士　"第二"原误作"三"。耆献类征卷九七叶一上同。今据沈初传稿（之二九）改。按进士题名页一○八作"一甲二名"，又国传卷六八叶八上亦不误。

〔二〕因内廷有承办事件　"因"下原衍一"司"字。耆献类征卷九七叶一上同。今据沈初传稿（之二九）删。按国传卷六八叶八上不衍。

〔三〕二年三月　原脱"年三"二字。耆献类征卷九七叶二下同。今据沈初传稿（之二九）补。按国传卷六八叶九上不脱。

　　熊枚

　　熊枚，江西铅山人。乾隆三十六年进士，授刑部主事。四十四年，充顺天乡试同考官。四十五年，擢刑部员外郎。四十六年，拣发甘肃，补平凉府知府。四十七年，丁母忧，五十年，服阕，补河南汝宁府知府。五十一年，丁生母忧，五十四年，服阕，补直隶顺德府知府。五十五年,擢山东济东泰武临道。五十八年,擢江苏按察使。六十年,擢云南布政使。嘉庆元年,两江总督苏凌阿等以枚督办刘河工未竣,请暂留苏省。二年二月,调安徽布政使。九月,擢刑部右侍郎,四年,转左侍郎。

六年六月,直隶水灾,总督姜晟以报灾延缓逮问,命枚署总督事。枚历查九十馀州县被水轻重情形,拨银急赈,先后报闻。时截留漕米六十万石,贮天津北仓。枚奏:"以漕米贮天津,将来挽运各属,不惟虚糜脚价,且使距天津较远灾民,未能早行领食。应请分贮沿河水次郑家口、泊头等处。"上从之。七月,疏陈:"赈务事宜:一、被灾各属,除已经奏报外,其续报灾重者,添银急赈;其灾轻者,令地方官酌为抚恤,并仿保甲旧例,责成地保造册存记,以省大赈时查造之繁,兼杜愚民觊觎刁控之渐。一、各学贫生向无给赈之名,〔一〕而有资给口粮之例,已饬司行学查核,资给银两以供饘粥,并令各教官谕以生员例不给赈,系朝廷养其廉耻,别于齐民之意。一、查被灾定例,于急赈抚恤之后,灾轻者统归十一月大赈,灾重者先于八月内普赈一月。此次直属被灾较早,灾民较众,国家经费有常,应将灾民若干,需费若干,应赈几月,通盘筹画,或照向例,或不拘成例,另行请旨。一、救灾有平粜之法,已饬州县禁止铺户囤积居奇,并禁书役藉端滋扰,至自行捐赈之户,少则酌赏,多则咨部题请奖励;不愿捐施者,各从其便。一、绿营兵向不给赈,查冲途营兵,差使较繁,其住房坍塌,未便听其栖身无所。应请给价修理,其偏僻各营兵,仍不准滥邀,以昭限制。一、衙署令地方官自行捐修,其监狱仓廒尤关紧要,应即查明确估动项兴修,兼可以工代赈。"奏入,如所议行。

寻奉命会同侍郎那彦宝等筹办永定河工堵筑事宜,奏言:"各工所需料物,由附近地方被淹,百物昂贵,例价不敷。请照市价购买,并请发帑银一百万两应用。"均得旨允行。新任总督陈大文将抵京,谕曰:"熊枚俟陈大文接印后,不必留工,着即周历直隶办赈各地方,详细查勘。如果地方官有实心办赈,民情宁帖者,即将该州县存记,以备升调。倘有将赈饥银米侵牟入己,即当明正典刑;或任听吏胥中饱,致小民不得实惠者,亦应严参惩治。此事专交熊枚查办。倘稍有徇隐,咎无旁贷。"八月,赴东安讯僧人演亮控教谕查赈需索,又赴文安讯匿名帖控知县减赈私征,均鞫得诬状,报闻。并奏请清查赈户,不得拘每户大口不过五、小口不过三之例,下部议行。九月,上以枚查办灾赈认真,擢都察院左都御史。枚巡阅数十州县,举办赈实心者五员,劾办理草率者四员,分别以闻。十二月,谕曰:"有人在朕前奏称熊枚自九十月后,即不免有骚扰驿站、需索供应之事,甚至骑马多至百馀匹,州县中有马匹短少者,往往以钱文折交等语,朕即于奏事折内朱批密询。旋据熊枚覆奏,陈辨甚力,复密谕令陈大文督同臬司瞻柱据实查覆。兹据陈大文覆奏,熊枚经历各站尖宿,所需饭食俱自行发价,随带司员及仆从人等,骑马不过三十馀匹,系照常应付,颇属安静。不特臬司瞻柱体访相同,即诘问熊枚所参各员,佥称委无需索情事。所论甚为公允,是熊枚此次周查赈务,实属尽心妥协,而沿途行走安静,尤可确信。着加恩在紫禁城骑马,以示优奖。"

七年,充会试正考官。四月,未撤闱,命署直隶总督。奏言:"直省米麦高粱,已议定减价平粜。现在粮价日增,应按市价再为递减，以益民食。”五月，奏：“沿河应办要工，或因堤埝残缺，或因河渠淤塞，应援照以工代赈之例，动用银米，及时兴修。”先后奏入，均如所请行。六月，失察<u>新城县</u>匿蝗不报，奏请察议，上免之。寻卸总督事，赴<u>河间</u>、<u>景州</u>、<u>霸州</u>等处查勘蝗蝻情形，据实入奏，报闻。七月，授刑部尚书。九年，仍调左都御史，管理户部三库事务。十年正月，授工部尚书，兼署刑部尚书。二月，审钱局监督<u>五临泰</u>缺收铜斤案，于司员办理错谬，未经驳查，交部严议。寻议降三级调用，恩予革职留任。六月，命暂署<u>直隶</u>总督，率同藩司<u>裴行简</u>清查各属亏项，奏言：“初二两次清查案内未完之项，应按限监追，如无力完缴，再议摊赔；三次清查，经藩司覆核，实亏银一百八十六万有奇，其馀七十八万馀两，多系捐杂各款，应俟分清款目追赔。至六年以后，截至九年止，册结未齐，亦俟核明续亏银数，该员离任者，即提解来<u>直</u>，押令完缴。现任者即奏请革职，暂予留任，勒限严追。倘逾限不清，除将该员治罪外，即着各上司赔缴。”奏入，得旨允行。旋赴<u>永定河</u>工防汛，奏言：“查河水骤长，北岸二工漫溢三十馀丈，北岸下头工堤埽冲刷九十馀丈，现饬工员赶紧镶埽裹头，应请于司库正款内拨银五万两，备料兴工。”上以所请恐不敷用，令造办处拨银十万两，发往备用。闰六月，回工部尚书任。十一年五月，工部议外省贩卖铁斤，漫无限制，奏请官为定额；及召对时，<u>枚</u>以官为查办，恐滋流弊，与折内异词。谕曰：“铁斤为民间日用所需，多寡本难悬断。倘责各省酌定额数，易启胥吏勒掯之弊，<u>熊枚</u>亦不为无见。但伊既见及此，即应向同官阻止，乃先既随同画奏，直至召对之时，忽异其词，实属非是。若各衙门已经画奏之件，俱不足为凭，焉用列衔画诺为耶？熊枚年逾七十，近觉重听，恐于办理部务非宜，着调补左都御史。"

六月，左副都御史陈嗣龙以山东民妇盛姜氏控案应奏，枚意未决，嗣龙称其模棱，并劾枚平日居官声名平常。上命大学士庆桂等查讯无据，谕曰："朕君临天下，即治匹夫之罪，亦必核实定案，况熊枚为一品大员，断无不加察实，即予褫黜之理，因将陈嗣龙原折用朱笔标出，交庆桂等向伊询问。旋据陈嗣龙缮片奏陈，于熊枚有何款迹之处，仍不能确指一事，竟系近日见熊枚左迁，私心揣测，谓朕意或有憎厌，因而搜求其短，连章劾奏。殊不知朕于诸臣工权衡黜陟，一秉大公，岂因伊一言细故，〔二〕遽将熊枚罢斥乎？熊枚身为台谏领袖，遇有公事，自应和衷商榷，乃因陈嗣龙有讥伊模棱之语，辄于公署负气争辨，亦属不合，着交部议处。"寻议降二级留任。九月，直隶藩司书吏王丽南伪印虚收库银，事觉，以枚署总督时失察，下部严议。部议革职，奉旨以四品京堂用。十一月，补顺天府府丞。十二年，充顺天乡试提调官，以所办册卷迟误，部议革任。谕曰："熊枚本系弃瑕录用之人，伊职司提调，于文闱大典，倍宜认真经理，乃不能先事督催，以致所办试卷迟延舛误。且年已衰老，本应照部议革任，但念伊曾任大员，着加恩赏五品职衔休致。"十三年，卒。

子墀，现任湖广道监察御史；孙常鐏，现任翰林院编修。

【校勘记】

〔一〕各学贫生向无给赈之名　"各"原误作"合"。耆献类征卷一〇〇　叶四〇同。今据国传卷七二叶一下改。

〔二〕岂因伊一言细故　"故"原误作"过"。耆献类征卷一〇〇叶四四
　　上同。今据睿录卷一六二叶一七下改。按国传卷七二叶四上
　　不误。

吴省钦　　弟省兰

　　吴省钦,江苏南汇人。乾隆二十二年,南巡召试,赐举人,授
内阁中书。二十八年,成进士,改庶吉士。三十一年,散馆,授编
修。三十三年,大考一等,擢翰林院侍读。旋充贵州乡试正考
官。三十四年,充会试同考官。三十五年,充广西乡试正考官。
三十六年,充会试同考官,又充湖北乡试正考官。十一月,充日
讲起居注官。三十七年,充会试同考官。十二月,提督四川学
政。三十九年九月,值学政更换之期,上以吴省钦任事未满三
年,无庸更换。四十年,擢右庶子。四十四年,迁侍讲学士,充浙
江乡试正考官。四十五年,提督湖北学政,旋转侍读。四十六
年,奏请将旧领湖广学政关防换给湖北学政关防,以符名制。四
十九年,擢光禄寺卿。

　　五十年二月,命在上书房行走。十一月,迁顺天府府尹。十
二月,同兼管顺天府尹、尚书曹文埴奏言:"顺天府学乐舞生,例
由童生挑充,尚未足额,请准令生员兼充。并请嗣后由乐舞生入
学者,仍不开缺;其有乡试中式者,再另选补。"下部议行。五十
一年六月,奏言京城粮价渐增,而米豆二价尤为翔贵。请将京员
秋俸先支十分之六,以冀民食流通。谕曰:"京员秋俸,向例以中
秋前后起支。今年遇闰,又迟一月,米石不能及早流通,价值未
免日渐昂贵,自应设法调剂。但该府尹所请先支十分之六,则京

员须作两次支领,多费脚价,非所以示体恤。所有八旗及在<u>京</u>文武俸米,俱着移前于闰七月初一日起一体关支。所称黑豆一项,每仓石例价八钱,请于市价见昂时将此次官豆酌量增作一两四钱之处,[一]着交户部将现在存仓豆石通盘查奏,足敷官用之外,所馀豆石,即照该府尹所定价值,尽数照例官卖,一面奏闻,一面办理,仍行令<u>盛京</u>买补运<u>京</u>还仓。并着步军统领衙门会同<u>顺天府</u>严加访察,务使米豆流通,粮价平减,而市侩无所施其伎俩,官民两有裨益,方为妥善。"八月,监临顺天乡试。五十二年十二月,奏陈:"军流子孙入军籍应试之例,未定年限,且不论原籍有无可归,与配时之是否随行。请嗣后军流子孙,除系到配所生,成丁在十三四岁以上者,准作军籍外,其在本籍所生,必须发配时本籍验明实系随行,俟其随配十年,方准入军籍。仍咨明本籍备案,以杜捏冒诡诈之风。"从之。五十三年三月,奏陈亲试防弊事宜,请将白折试卷,各放长三幅,以便起草。嗣后不得另纸起草,以杜替润之弊。又请于士子官员考试之日,颁一内府图书,令监试王大臣于午末未初誊真之顷,将卷面钤一图记,以杜掣换之弊。又以散馆大考日,例于西厢领赏午饭,出入往来员役杂遝,请停止酌散茶饵,以归简便。谕曰:"<u>吴省钦</u>奏殿试、朝考散馆大考,俱请给发内府图章钤记,但内府所贮宝章,乃御用之件,即系闲散图篆,亦不值于试卷纷纷钤用。已有旨令监试王大臣逐卷画押,以作标记矣。所有条奏试卷,添用稿纸,停用恩赏午饭,仍照所请行。"又奏请将<u>江苏</u>、<u>安徽</u>、<u>江西</u>、<u>浙江</u>、<u>广东</u>、<u>山西</u>六省丙午以前三科,由俊秀贡监生中式举人俱行覆试,下部议行。寻有旨停止。五十四年二月,谕曰:"举人覆试,必须于揭晓后举行,方可以鉴别优劣。若将旧科举人补行覆试,则相隔日久,举业荒疏,亦所难免。且此等举子,皆系上数次会试落第之人,其文艺平常可知。如果举业不进,即此次会试,仍难入彀。是以上年秋间,曾降旨将乡试覆试之例停止,惟于会试后举行覆试。吴省钦条奏于未经会试以前,将上三科由俊秀中式者先加考试,殊觉多此一举。所有此次覆试之举人等,均着准其会试。"五十六年,擢礼部右侍郎,即兼顺天学政。五月,调工部右侍郎。五十七年,充江西乡试正考官。五十八年,充会试副总裁。五月,会试覆试停科甚多,原卷复又磨勘四名,吏部议处,考官各按举子停科名数罚俸至十馀年,奉旨严行申饬。九月,转工部左侍郎。五十九年,充浙江乡试正考官。十一月,命署经筵讲官。六十年,充浙江乡试正考官。八月,复任顺天学政。

嘉庆二年七月,奏承德府、平泉、丰宁向各廪生三四名不等,而滦平、建昌、赤峰、朝阳四属各仅一名。设此人复有事故,势必仍用地邻保结,似非体制。应请照新设府学,准照州学额之例,于原额十六名外,再添十四名。承德、平泉、丰宁文风较盛,定六名;滦平、建昌、赤峰、朝阳各三名。其增生亦请添足三十名。"寻部议承德、平泉、丰宁各四名,馀俱照所请行。八月,补吏部右侍郎。十二月,转吏部左侍郎。三年三月,迁都察院左都御史。四年正月,奏请将贼首王三槐即行正法;又称候补知府李基晓谙兵法,有手车火雷列卦图,举人王昙能作气按掌,辟易多人,请加试看。谕曰:"吴省钦奏折内请将监禁贼首王三槐即行正法一条,何待尔言?前此未及办理之故,欲俟川北逆首罗其清解到,一并交军机大臣会同刑部审办,岂有将此等首逆重犯释放,令其招降同伙之理？至所称'候补知府李基晓谙兵法，有手车火雷列卦图，又举人王昙能作气按掌，辟易多人，请加试看'等语，殊属大谬。前此特颁谕旨，广开言路，吴省钦为风宪之长，于和珅、福长安二人无一言举劾，自系畏其声势；及将和珅、福长安革职拿问后，伊尚心存畏怯，缄默不言。兹见科道等纷纷密封陈奏，伊任总宪，不能不一奏塞责，所言竟属荒谬。试问伊所称李基所著手车火雷列卦图说较本朝训练之九进连环，孰为得用？其作气按掌之语，即稗官野史所谓掌心雷者是也，系属邪教。现当剿办教匪之时，正应将妖言左道痛绝根株，方严禁之不暇，岂可转引而试验？吴省钦身为台长，不知政体，惑于邪言，妄行渎奏，与学习邪教者何异耶？吴省钦着交部严加议处。"议上，谕曰："吏部议处左都御史吴省钦条奏折内，语多不经，以伊平日学问而论，尚不至如此迂诞。盖伊自揣系和珅私人，且在学政任内声名平常，恐被人列款弹劾，故尔避重就轻，先为此荒谬之奏，藉得罢官回籍，遂其田园之乐。其居心取巧，大率不出此。但此系诛心之论，吴省钦劣迹既未败露，朕亦不为已甚，姑免深究。即论其陈奏荒谬，已难胜台长之任，吴省钦着照部议革职回籍。"八年六月，故。

弟省兰，乾隆二十八年，由举人考取咸安宫官学教习。三十二年，考补国子监学正。三十六年，升助教。三十九年，充四库全书馆分校官。八月，乡试届期，省兰未成进士，例不开列，特命充顺天乡试同考官。是年京察一等。四十二年，京察复列一等，引见，均得旨记名。四十三年戊戌会试，未中式。谕曰："国子监助教吴省兰学问尚优，且在四库馆校刊群书，颇为出力，着加恩准与本科中式举人，一体殿试。"寻列二甲，改翰林院庶吉士。四十五年四月,散馆,授编修。十二月,充文渊阁校理。四十八年,充顺天乡试同考官。以四库馆第一分书成,交部议叙。五十一年,充浙江乡试正考官。是年,大清一统志成,恩叙,尽先升用。五十三年四月,擢右春坊右赞善。五月,命提督湖北学政。九月,转左春坊左赞善。十二月,擢右中允,五十四年,转左中允。差旋擢侍讲。五十五年,充日讲起居注官。五十六年,大考一等,擢詹事府詹事,命在南书房行走,纂办石渠宝笈。

时省兰之兄省钦以工部侍郎督学顺天,因病奏请回京调理,上即以省兰代之。五十七年二月,劾奏督臣梁肯堂保荐教职,并未会商,辄行具题。上严饬梁肯堂,并通谕各省督抚于保荐甄别地方官员,有似此并不会商,辄以一人专主,即会衔具题者,必重治其罪。八月,各省更换学差届期,省兰奉旨仍留顺天学政。十月,擢内阁学士,兼礼部侍郎,具折谢恩。谕曰:"吴省兰谢升授内阁学士恩折内,有'宣批诺之谠'一语,其意以内阁学士职司批本,故用'批诺'二字。但史册所载,如后汉之南阳宗资主画诺,系太守不事事而言;南齐江夏王萧锋学画凤尾诺,系属藩王典故。均与批本无涉。即朕批阅奏折,用朱笔批写'览'字,亦不得谓之'批诺'。是'诺'字虽系用古,此处殊欠切当。朕从不以语言文字责人,因该学政尚称读书人,折内用字未妥,降旨训示,伊亦不必稍存畏惧也。"十二月,充文渊阁直阁事。六十年,回京,仍入直南书房。九月,命稽查中书科。嘉庆元年四月,充殿试读卷官。九月,充会试副考官。三年正月,擢工部右侍郎,命阅大考翰詹卷。旋充浙江乡试正考官,复奉命任浙江学政。

四年正月,调礼部右侍郎。大学士和珅以罪伏诛,谕曰:"侍郎吴省兰系和珅引用之人,虽无人列款参劾,但未便幸列卿贰。着降为编修,撤去学政,不必在南书房行走。"五月,擢右中允,复充日讲起居注官。寻奉命提督湖南学政。七月,擢侍讲。十二月,奏:"庶民伏阙上书,类多希冀恩荣,未必实有忠爱。迨奉谕旨,辉耀还家,称雄乡里,把持公务,在所不免。其甚者聚众酿金,代倩作稿,共推一人来京,为尝试之计。皇上以诚求,而宵人以诈应。将来遇地方正事,深恐挟制窒碍,乞防其渐。"上是之。旋举发江苏同知李焜开列胞侄等名寄禀请托事,谕曰:"李焜在苏州总捕同知任内,审理生员马照等一案,妄拿拖累,众怨沸腾,降补知县。是本以凌辱斯文获罪,今又欲使子侄滥厕士林,以致败露。可见天理昭彰,丝毫不爽。着将李焜发往军台效力赎罪。吴省兰据实具奏,甚属公正,着交部议叙。"

六年,奏:"苗疆永绥厅于乾隆二十五年设学,今请照乾州、凤凰二厅,一体选拔贡生一名。"又奏:"衡、永、宝、辰、沅、郴、靖等府州属瑶童,向例另编字号,每学各取三名。查邵阳县五届无人应考,而芷江县瑶童赴试者,在二百人内外。应将邵阳县减额二名,拨芷江县定为取进五名,仍留一名于邵阳县,为将来取进之额。若有迁易,再为因时制宜。"均下部臣并抚臣议行。八年,擢侍讲学士。九年二月,圣驾幸翰林院,与分韵赋诗。寻吏部以京察三、四、五品京堂官带领引见,奉旨:"吴省兰年已就衰,才力不及,着以原品休致。"十五年,卒。

【校勘记】

〔一〕请于市价见昂时将此次官豆酌量增作一两四钱之处　"请"原误

作"定","一"误作"二",又脱"将"字。耆献类征卷九七叶六上同。今据纯录卷一二五六叶一三上改补。按国传卷六四叶一六上"请"、"一"两字不误,但脱"将"字。

赵佑

赵佑,浙江仁和人。乾隆十五年举人。十七年,成进士,改庶吉士。二十二年,散馆,授编修。二十五年,充顺天乡试同考官。二十六年,充会试同考官。十月,改京畿道监察御史。二十八年,命稽察裕丰仓。二十九年四月,署掌湖广道监察御史。八月,署掌江南道御史。三十一年四月,署户科给事中。八月,丁母忧。三十四年,服阕,补福建道御史。十二月,命稽察通州西仓。三十五年正月,擢工科给事中,九月,充武会试同考官。十月,命监视黄村赈厂。三十七年,迁鸿胪寺少卿。六月,转光禄寺少卿。三十九年,转通政司参议。八月,充顺天乡试同考官。十月,擢太常寺少卿。四十一年,稽察左翼宗学。四十四年十月,转大理寺少卿。四十五年六月,擢太仆寺卿。

旋充山东乡试正考官。四十六年,授山东学政。奏请重修曲阜县沂河旁先贤有子坟墓,并肥城县西北七十里有庄祠庙,以七十二世孙守业承袭五经博士,奉旨允行。四十八年六月,迁太常寺卿。五十一年六月,转大理寺卿。五十三年,充江西乡试正考官,复稽察右翼宗学。五十四年二月,佑以翻车伤手,上特命太医院官诊视,寻愈。

六月,充江西乡试正考官,旋授江西学政。五十五年十二月,奏曰:"江西人文较盛,而考试弊窦亦较多,士子以积习为安。

臣于岁试严行整饬,各生童颇知行险作奸之有害无利,不敢轻图侥幸,而外来招撞棍徒亦就敛戢。惟生员有越号犯规之人,其意固以生员录科有弃取无下等,遂至积玩不悛。臣查出后,虽讯无别情,仍分别四、五等停廪戒饬。至武生习尚健讼,甚于文生,皆由武生例系岁科并考,三年仅赴学院衙门一次;其平日玩视月课,教官复庸懦无约束,以致违抗多端。臣于每府科试取齐时,饬将岁取新旧武生,到棚面课一次。使教官得循教奉行,臣亦观察其邪正,详加训饬,有弓箭合式者,准作录遗,以示鼓励。"奏入,上曰:"毋久而懈可也。"五十六年十二月,署江西巡抚姚棻奏曰:"学政赵佑,性情耿直,待士颇严,批阅文字,亦少许可。所到之处,惩怀挟,拿枪冒,斥劣生。凡生童传递、代倩等弊,查出立予重惩,均知敛迹,声名甚好。士子舆论,俱为畏服。"报闻。

　　五十七年,擢都察院左副都御史,调安徽学政。五十八年,调福建学政。六十年,以福建吏治废弛入奏,谕曰:"赵佑由安徽学政调任福建,已及三年,该省吏治废弛,自必早有见闻。赵佑系副都御史,职司纠察,三年之久,何并无一字奏闻?及朕降旨查办,始为此奏,以为见长地步,大负委任。着交部议处。"寻部议降二级调用,得旨改降三级留任。嘉庆元年正月,命稽察右翼觉罗学,充武殿试读卷官。旋授工部右侍郎,二年八月,转左侍郎。十二月,调吏部右侍郎,三年三月,转左侍郎。八月,充顺天乡试副考官,寻授顺天学政。四年十月,擢都察院左都御史。五年二月,卒。遗疏闻,谕曰:"左都御史赵佑服官有年,勤谨供职。兹闻溘逝,殊为轸惜!所有应得恤典,该部察例具奏。"寻赐祭葬如例,入祀乡贤祠。

子日熙,正三品荫生,前任江苏长洲县知县。

汪承霈

汪承霈,安徽休宁人。父由敦,官吏部尚书、协办大学士。乾隆二十五年,奉上谕,汪承霈赏给荫生,着授为额外主事。十一月,签掣兵部车驾司学习,旋在军机章京上行走。二十七年七月,补户部广西司主事。三十一年四月,擢户部江南司员外郎。三十二年二月,简放坐粮厅。三十三年十月,记名,以繁缺知府用。十一月,升刑部江西司郎中。三十四年,授山东武定府知府。时仓场总督奏请以升衔暂留坐粮厅任。三十五年正月,授贵州平越府知府。呈请亲老,改补近省。八月,授福建邵武府知府。嗣经军机大臣转奏,伊母年近八旬,恳请留京供职,上加恩以户部郎中用。十月,补广西司郎中。

三十六年九月,上命户部侍郎桂林前往四川军营办事,汪承霈驰驿随往。三十七年八月,以阿尔泰、宋元俊会参桂林乖张欺妄一案,[一]革职拿问,上命福隆安驰往勘问。旋鞫实,其发银赎取兵丁,系司员汪承霈及知州曹煜等以布拉克底、[二]巴旺土兵寻觅绿营迷失之兵,颇为出力,向粮员取银备赏,曾禀桂林支发,并非欲赏金川之人。奏入,谕曰:"汪承霈不过随往办事司员,其与曹煜相商取银备赏一节,如果向金川赎取,不特桂林罪无可宽,即汪承霈亦当从重治罪。今讯明实系备赏布拉克底、巴旺之人,且经宋元俊与汪腾龙屡次教令串供,汪承霈不肯扶同诿卸,倾陷桂林,尚属具有本心。着从宽免罪,复还其郎中,带革职留任,仍在军机章京上行走。"四十一年,金川军务告竣,议叙,军功加一级。是年十二月,丁母忧,回籍。四十四年十二月,服阕,赴京。四十五年四月,奉旨,令先行食俸,遇有郎中缺出,即行补授。七月,扈从热河,记名以三、四品京堂用。八月,擢都察院左副都御史。四十七年二月,升授刑部右侍郎。六月,调工部右侍郎。

　　时甘肃参办冒赈案议西监一款,省费取巧,着行禁革,毋许应试及别途出身,汪承霈奏称人数甚多,乞开以自新之路,请令加足京监之费,另易部照,准其考试出身,得旨允行。四十八年正月,上较阅,射连发中的,赏戴花翎。四十九年七月,山海关副都统果星阿奏参临榆县凌世御于民占衙门官地袒护不办各款,上命往查办。十二月,转工部左侍郎。五十年六月,调户部右侍郎,管理钱法堂,兼署兵部右侍郎。五十二年十月,武会试,奉派知贡举。十一月,汉川县监生罗正榜控书吏张志忠侵赈一案,上命兵部尚书庆林偕汪承霈前往审讯,旋鞫实,奏闻,奉朱批:“是,不必欲速,只要得真。”五十四年二月,偕兵部右侍郎伊龄阿奉派会试知贡举。八月,复同派顺天乡试监临,以失察顶冒、代倩等弊,下部严议。谕曰:“伊龄阿、汪承霈派办乡试监临,并会试知贡举,业已三次。因伊二人在侍郎中尚能办事,乃伊二人一昧邀众举子之誉,并未实力查察,以致士子串通胥吏,作奸犯法。现与万治庭等舞弊一案,交部严加议处,着先解任,听候部议。”寻议降二级调用。五十五年五月,命署理通政使。五十六年正月,授顺天府府尹。十一月,擢左都御史。五十九年,因户部侍郎任内管理钱法堂,失察所铸钱文轮廓字画模糊,部议降三级调用,上加恩改为革职留任。

嘉庆四年正月，授刑部右侍郎。十月，调工部右侍郎。十二月，奉上谕："汪承霈之子汪本申，系承霈任副都御史所得之荫。昨经带领引见内用，照例以七品小京官选补。但念汪承霈从前曾任侍郎，现又擢用侍郎。伊子汪本申，加恩作为一品荫生，着以主事用。"五年正月，转补工部左侍郎。二月，擢都察院左都御史。五月，命在紫禁城骑马。六月，补授兵部尚书，兼管顺天府府尹事务。九月，奏万年吉地工程，仍恳照向例加增银两，上以前次奏请节省之处，殊属冒昧草率，下部议处。寻议销去寻常纪录二次。十一月，兵部议奏京营左右翼总兵移驻各事宜，因错会"移驻"二字，将所有分汛管辖及衙署、关防、养廉等项，概行议驳，汪承霈初有异议，后复随同画稿，交部议处。寻议销去寻常纪录一次。六年正月，奏称："近京地面，民多土少，私典旗产，既干例禁，而民置民业，又无地可售。欲求近京州县民力宽裕，惟有官田变价，始能有益。"上令军机大臣会同户部议奏。寻议以例禁久严，未便遽行更张，遂寝。

六月，永定河水涨发，居民多被淹没。上命汪承霈偕副都御史陈嗣龙、刘滨，顺天府府尹阎泰和同该城御史，于户、工二部钱局内领出制钱二千串，带赴永定门、右安门外一带，按名抚恤。寻奏以各村灾民，现俱搭盖窝篷居住，俱可给米造饭。酌拟每口日给米三合三勺，小口减半。得旨俞允。七月，又奏称散赈约计日需米八十七八石，原领米二千四百石，不敷一月之用，请再赏拨京仓稜米二百四十石，得旨俞允。寻奉上谕："汪承霈等率同该城御史及承办官员等实心经理，五十馀日，放散稽察，俾灾黎均沾恩惠。所办尚属妥协，均着交部议叙。"寻议加纪录三次。

时大兴县所属马道村等处民人,进城求赈,已据顺天府府尹衙门查系勘不成灾,例不应赈之区,汪承霈奏请发银一万五千两,赏给求赈民人。谕曰:"勘不成灾地方,向只有蠲无赈,章程本属一定,若遽将不应给赈之人,例外加赏,诚所谓惠而不知为政,焉得人人而济之? 倘各省纷纷效尤,又将如何办理? 朕非于赈贷稍有靳惜,但国家惠下之举,自有等差。若于例外曲为施恩,则例得邀恩者,转不免心生觖望。汪承霈等所请,实大不知事体矣。"十一月,以办理顺天乡会试供应,于内城添设肉行经纪事,交部议处。七年六月,上将幸木兰,汪承霈奏请停止行围,奉旨申饬。八月,奉旨调补都察院左都御史,不必兼管顺天府府尹事务。八年七月,署兵部尚书。十二月,以办理万年吉地工程,加二级,准于前所降二级留任之处抵销。

九年九月,以北城横街地方贼伙捆缚事主一案,未经奏闻,经副都御史陈嗣龙奏参。谕曰:"汪承霈上年奏请停止行围,不顾国家习劳肄武大典,其偷安好逸之情,已可概见。朕是以将伊罢退尚书,授为左都御史。台垣职司言事,遇有控案,尤应据实奏明,伸冤理枉,以冀下情上达。若总持风宪者,遇事颟顸消弭,何以称朝廷耳目之官,诸台臣复何所效法乎? 汪承霈年就衰迈,眼目昏花,若自揣精力不胜,即应早为引退,乃经朕屡次询问,尚云勉力供职,并无请告之意,及办理公事,毫无振作。现在北城捆缚事主一案,着传到汪承霈及审办此事之京畿道满、汉御史,交军机大臣,将陈嗣龙所奏情节,令其一一登答。"旋询实,奏闻。谕曰:"汪承霈性耽安逸,已于前旨明白宣示。至伊总持风宪,于此案报到时,意欲化有为无,以致属员迎合其意,改供朦详。且伊年老衰迈,眼目昏花,实不胜台长之任。本应褫职,姑念伊系原任尚书汪由敦之子,旧臣后裔,着加恩以二品顶带休致。"

十年四月,奏请回籍。六月,于中途卒。谕曰:"汪承霈之父汪由敦,前在内廷供职,宣力有年。汪承霈由荫入官,荐擢卿贰,亦著勤劳。因其年老目花,谕令休致。今闻溘逝,殊堪悯惜!着加恩照尚书例,给予恤典。"

子本申,嘉庆元年荫生,蒙恩赏给主事。十三年七月,以办理万年吉地工程草率,各员分别治罪一案,奉旨:"汪承霈现已病故,即将伊子汪本申所赏荫生,着即革去。"十四年九月,恭献万寿诗册,恩赏七品京官。

【校勘记】

〔一〕以阿尔泰宋元俊会参桂林乖张欺妄一案　"泰"下原衍一"奏"字。耆献类征卷九五叶二三下同。今据纯录卷九一五叶九上删。

〔二〕系司员汪承霈及知州曹焜等以布拉克底　"布拉克"原误作"巴"。耆献类征卷九五叶二三下同。今据纯录卷九一五叶九下改。下同。

周廷栋

周廷栋,初名元良,顺天大兴人。由乾隆三十七年进士,以刑部主事用。四十六年,补奉天司主事。四十八年,升广西司员外郎。五十年,升浙江司郎中,兼总办秋审。五十一年,改福建道监察御史。五十三年,转掌云南道监察御史。五十八年,升兵科给事中。五十九年,转刑科掌印给事中。[一]

嘉庆四年,疏请停大员罚缴养廉之例,以肃官方而杜科派,得旨下部议行。六年,命巡视天津漕务。七年,擢光禄寺少卿,军机大臣传旨:"元良名未协,着自行酌改。"寻更名廷栋。补通政司副使。八年三月,升太仆寺卿。七月,命同署侍郎那彦成赴永平谳乐亭民人韩义琦控命案,及宗室西灵额控争地亩案,得实,奏闻。九年,授大理寺卿。八月,升左副都御史,提督四川学政。时川省军务告竣,闾阎复业。廷栋奏言:"体察时宜,亟须整顿四事:一、裁汰冗役,以省扰害;一、清理词讼,以免拖累;一、严治奸匪,以安良善;一、举劾州县,以示激扬。从前军务旁午,不得不多设差役,地方控案,势难依限完结;义民乡勇,踊跃从公者固多,其中劣监豪衿,把持衙门者亦不少,州县贤否亦未暇详细甄别,均宜逐一清釐,以符政体。"上韪之。十年,擢刑部右侍郎,十一年,转左侍郎。六月,以研鞫迷拐案称旨,恩加纪录三次。

十二年正月,授都察院左都御史。二月,命同侍郎广兴驰往河南查办粮道孙长庚被控贪私款迹,及嵩县令王光治被控亏欠社仓、浮收钱粮二案,并赴山东谳狱,经步军统领及都察院奏东省民人京控共十馀案,先后咨交廷栋等鞫实,问拟如律,报闻。又李临控李瀚霸产不分,居丧听戏一案,廷栋等讯临、瀚父祖已经析产,[二]本无不均,李临以现任通判捏病开缺,觊产结讼,李瀚以六品职衔制中观剧,均请革职,解交刑部质讯,以免再滋讼端。谕曰:"此案既经周廷栋等提讯明确,各予褫革,均属情真罪当,不必解交刑部,以省拖累。"九月,事竣回京。十月,疏言:"健讼积弊,请详核情词。除实系冤抑难伸,及官吏骫法有据者,方准奏闻外,馀咨回本省审办,按期行催,开单汇奏。其有主使挑唆,及挺身包揽,挟嫌诬陷,逞刁翻控等情,通饬禁止,以杜讼风。"又言:"大、宛两县童试,冒考甚多。请查办以肃学政,并照例清查冒籍诸生已中乡会试及现任职官,勒限改归原籍。"均得旨允行。

十三年十二月,广兴以奉差劣迹逮问,谕曰:"周廷栋与广兴同赴东省审案,阅时半年之久,于伊需索受赃各款,竟毫无闻见。近日屡经召见垂询,周廷栋不但力言其并无骚扰营私情事,并以广兴办事才具明敏,竟似外间物议,冒加以不韪之名。若谓伊实未闻知,则系形同木偶;倘竟知而不言,则系有心徇饰。且伊在东省,供应亦需日费十馀两,咎有应得。周廷栋着交部严加议处。"议上,谕曰:"朝廷风宪大臣,专司纠劾,遇有营私戤法,本应随时奏参,方为尽职。前此周廷栋与广兴同赴山东审案,于广兴需索骚扰之处,自必确有见闻。乃复命后,竟无一字提及。近因广兴缘事革职,仍不直陈,并以广兴才具明敏,支吾掩饰。昨据吉纶查访具奏,有'周全天下事,广聚世间财'之谣,周廷栋虽未随同婪索,而其庸懦无能,即此可见。复令军机大臣传询,伊亦称曾闻此语,并广兴挑斥供应、挖池唱曲等事,伊亦有所知,何以经朕询问,尚不据实奏闻?是其瞻徇友谊,而事上转不以诚。周廷栋总司风纪,尤不应出此。部议降四级调用,固属照例办理,但周廷栋人本平庸,年亦衰迈,且又扶同隐饰,岂可再邀录用?周廷栋着赏给五品顶带,即予休致。"十四年正月,谕曰:"据山东查明覆奏广兴审办李瀚一案,得银至数万两之多。周廷栋于广兴所得赃款,竟毫无见闻。该省供应广兴,极其繁华,周廷栋照常预备。伊即不加挑斥,宁不疑及广兴之任性作威,为婪索地步。且于朕询问时，犹以广兴尚属敢言。广兴盗弄威福，恣其欲壑，奇贪奇酷，品行卑污，获罪在此，朕岂因广兴敢言加之罪戾乎？是其庸懦无能，奏对又复颠倒失实，本应发往新疆，姑念其年已衰迈，免其远戍。但周廷栋如此辜恩，亦何颜再膺章服之荣？着革去五品顶带，永不叙用。"十五年二月，故。

【校勘记】

〔一〕转刑科掌印给事中　原脱"掌印"二字。耆献类征卷一〇一叶三七上同。今据国传卷七三叶六上补。

〔二〕廷栋等讯临瀚父祖已经析产　"父"原误作"之"。耆献类征卷一〇一叶三八上同。今据国传卷七三叶六下改。

钱樾

钱樾，浙江嘉善人。乾隆三十七年进士，改庶吉士。四十三年，散馆，授编修。四十五年，充陕西乡试正考官。四十八年，提督四川学政。五十三年，上书房行走。五十四年三月，以旷直，部议革职，上改为革职留任，八年无过，方准开复。寻改四年开复，给半俸。六月，充江西乡试副考官。六十年二月，京察一等，擢右赞善。六月，充江西乡试副考官。九月，转左。

嘉庆元年二月，提督广西学政，荐升左庶子。二年，迁侍讲学士。三年五月，转侍读学士。十二月，迁少詹事。四年正月，差旋，仍在上书房行走。二月，迁詹事，寻授内阁学士。三月，升礼部右侍郎，五月，转左侍郎。七月，提督江苏学政。先是，吴县知县甄辅廷，以钱债细事，擅责生员吴三新。诸生不服，喧诉同

知。李焜用刑酷讯,波累无辜。学政平恕曲徇所请,斥革生员二
十五人。上闻之,解平恕任,命樾驰赴苏州,先复诸生衣顶。樾
将首先滋事之马照等三人,并予开复,上饬之,下部议处。五年,
调吏部右侍郎,六年,转左侍郎。回京,调户部右侍郎,兼管钱法
堂事务,仍兼署吏部左侍郎。八年,调吏部右侍郎。九年,失察
书吏舞弊,将告病治中赵曰濂虚选运同,命革去左侍郎,交都察
院议处。旋降补内阁学士。越数日,樾复陈奏赵曰濂告病,因科
钞尚未到部,不曾开缺。其虚选运同,本循照旧例办理。至书吏
撞骗,系经承转雇之稿工贴写,堂司各官,均不知其名。上以其
哓哓置辩,强词夺理,下都察院严议,寻议革职。[一]上念樾向在
内廷行走有年,尚属勤慎,加恩赏给编修。十年四月,擢鸿胪寺
少卿。六月,提督山东学政。十二年,回京,迁大理寺少卿,命仍
在上书房行走。十三年,补内阁学士,丁母忧归。服阕,因疾陈
请给假。命俟病痊时来京,另候擢用。十九年,入觐,具陈病体
不能供职状,谕令回里养疴。二十年六月,卒于家。

　　二十三年十一月,江西、浙江两省督抚,先后奏请以原任侍
郎万承风、内阁学士钱樾入祀乡贤祠。谕曰:"伊二人平日居官,
不过循分供职,并无杰出谋猷,只以官登卿贰。本籍绅士私相推
誉,遂得崇奉乡祠,岂合古人表里旌闾之义?除已往毋庸追论
外,嗣后各省督抚,遇有呈请入祀名宦、乡贤者,务核明其人生前
居官政绩,确有裨于国计民生,胪举事实,方准具题。礼部秉公
覆核,再行具奏请旨遵行。如仅以人品端方,学问优长,空言誉
美,并无实迹者,该部即行议驳,以昭慎重。"时万承风先经礼部
议准入祠,奏奉俞允。钱樾正在核议,尚未具奏,部臣因请钦定

遵行。上以该部堂官取巧推诿,严饬之,仍令核实定议。寻议钱
樾并无实在事迹有裨国计民生,未便以乡曲私誉遽准入祠。奏
入,奉旨依议。

子焞,东河候补同知;熙,东河候补通判。孙塙,四川候补盐
场大使。

【校勘记】

〔一〕寻议革职　原脱"寻议"二字。耆献类征卷一○一叶一三上同。
　　今据国传卷七三叶八下补。

万承风

万承风,江西义宁州人。乾隆四十六年进士,改庶吉士。四
十九年,散馆,授检讨。五十一年,充顺天乡试同考官。五十三
年正月,命在上书房行走。五十四年三月,以上书房旷课,部议
革职。得旨改为革职留任,八年无过,方准开复。八月,充顺天
乡试同考官。五十五年二月,丁父忧,回籍。五十七年,服阕,入
都供职,仍在上书房行走。六十年,充云南乡试副考官。

嘉庆元年十一月,擢右赞善。二年二月,转右中允。三月,
迁侍讲。五月,转侍读。三年三月,大考四等。上以万承风文理
尚属清顺,只系誊写题目次序违式,着从宽降为检讨,仍罚俸四
年。六月,充江南乡试副考官。四年正月,提督广东学政。十一
月,谕曰:"万承风前因大考试卷缮写违式,降为检讨。但其文字
俱属工稳,不过偶错格式,其咎尚轻。所有右赞善一缺,着加恩
以万承风补授。"五年四月,转右中允。五月,奏海口白沙港外有

盗船二十馀只停泊，[一]并无营弁缉捕。上命两广总督吉庆查明具奏。寻吉庆覆奏，请将管辖该处洋面之总兵西密扬阿，领兵船搜捕之，游击魏大斌、何英交部议处。[二]时有韶州府之仁化县民人叶茂对赴京控粤东应考生童学书索取红案陋规等款，上命吉庆查讯。寻吉庆奏："红案陋规已经学政万承风出示革除，臣复遵旨会同万承风详切出示，将陋规概行禁革。"报闻。十月，升侍讲。

六年五月，迁右庶子。十月，升侍讲学士。十二月，入京供职，命仍在上书房行走。七年，充日讲起居注官。八年三月，转侍读学士。十二月，充文渊阁直阁事。九年四月，擢少詹事。寻充山东乡试正考官，升詹事，提督山东学政。十年三月，授内阁学士兼礼部侍郎，仍留学政任。六月，授礼部右侍郎。闰六月，命来京供职。九月，充武会试知贡举。十一年十一月，因上书房退直过早，并不将散直时刻告知管门太监登记，奉旨罚俸半年。十二年，充浙江乡试正考官，寻提督江苏学政。十一月，转礼部左侍郎，仍留江苏学政任。

十四年五月，奏请开缺，回京祝嘏。谕曰："万承风奏恳请开缺、回京祝嘏一折，实属冒昧，不谙体制。本年朕五旬万寿，前于直省督、抚、将军、副都统、提督内各派出数员，来京随班祝庆。并早降明谕，原恐未经派出各员，纷纷渎请。至学政系三年更替之差，向无陈请入觐之例。从前皇考高宗纯皇帝五旬、六旬、七旬、八旬万寿圣节，其时俱未闻有学政开缺来京庆祝者。万承风所请不准行。着传旨严行申饬，并着交部从严议处，不准以罚俸了事。"部议于降四级调任本例上加等降五级调用。谕曰："朕于内外臣工，恩均一体，从无歧视。本年各省祝嘏大员，经朕派定之后，其馀概不准妄行渎请。万承风系在内廷行走之员，况系阿哥师傅，尤当敬谨遵循。乃辄称入直有年，栽培逾分，铺叙依恋之语，以见其恩遇独厚，更属非是。吏部议以降五级调用，咎实应得。姑念其人本糊涂，着加恩改为实降一级，以内阁学士补用，仍带降四级留任处分，改补安徽学政。"九月，上以万寿庆典，加恩内外臣工，谕曰："内阁学士万承风着开复奏请开缺来京降四级留任一案。"十一月，仍授兵部右侍郎。

十五年正月，转左侍郎。二月，考试凤阳。因定远县童生李希文被凤阳县役所辱，生员张廷籓以无辜被缚呈控，承风据实具奏。上命安徽巡抚广厚秉公确查，严讯定拟具奏。寻经广厚鞫实，将逞凶衙役及不安分童生各惩治如律。十月，安徽学政任满，疏上，谕曰："万承风具题学政任满一本，朕详加披阅。其年月未经另叶书写，已照拟饬行矣。至其所书前衔，有'内廷供奉'字样，尤为不合。会典所载官职，本无此等名目，万承风何得任意形诸章奏？着交部察议。伊原系上书房行走，本欲俟到京之日，仍令在上书房行走。今观其近日情形，念念不忘内廷，殊属躁妄，着不必在内廷行走。"十六年五月，署经筵讲官。四月，命阅庶吉士散馆卷，充殿试、朝考读卷官。六月，谕曰："万承风本系二阿哥师傅，着仍在上书房行走，同二阿哥讲习。"十二月，命充经筵讲官。十七年二月，命阅考试翰詹各员卷。九月，因病请假，奉旨俞允。十一月，奏请开缺。谕曰："万承风着准其开缺调养，俟病痊之日，另候简用。"十八年十二月，卒。

二十三年十月，两江总督孙玉庭等据呈题请入祀乡贤祠，经礼部奏准。十一月,谕曰:"直省名宦、乡贤,必其人实有嘉言懿行,方可俎豆馨香,使后人知所则效。若以碌碌无所表见之人厕名其间,则贤否混淆,转不足以兴士民景仰之思。即如近日原任侍郎万承风、内阁学士钱樾,皆经礼部奏准入祀乡贤。伊二人平日居官,不过循分供职,并无杰出谋猷,只以官登卿贰,本籍绅士私相推誉,遂得崇奉乡祠。但似此滥竽,凡居官通显者,身后人人得登祀典,岂合古人表里旌闾之义? 除既往者毋庸追论外,嗣后各直省督抚,遇有呈请入祀名宦、乡贤者,务核明其人生前居官政绩,确有裨于国计民生,胪举事实,方准具题。礼部秉公覆核,再行具奏,请旨遵行。如仅以人品端方,学问优长,空言誉美,并无实迹者,该部即行议驳,以昭慎重。"

承风子方雍,现任刑部主事。

【校勘记】

〔一〕奏海口白沙港外有盗船二十馀只停泊　原脱"沙"字。耆献类征卷一〇四叶一七下同。今据国传卷七六叶一六上补。

〔二〕何英交部议处　"英"原误作□,缺文。耆献类征卷一〇四叶一七下同。今据国传卷七六叶一六上补。

刘凤诰

刘凤诰,江西萍乡人。乾隆五十四年一甲三名进士,授编修。五十六年,大考二等,超擢侍读学士。五十七年,命提督广西学政。嘉庆元年,丁父忧。四年四月,服阕。时恭修高宗纯皇帝实录,派充纂修官。六月,补侍读学士。五年,充湖北乡试正考官。六年二月,署国子监祭酒,旋迁太常寺卿。谕曰:"刘凤诰前派充实录馆纂修,均属妥协。现升太常寺卿,官职较大,着授为总纂。遇陈奏事件,列名在副总裁之后。"

七月,充山东乡试正考官,旋命提督山东学政。凤诰疏谢,谕曰:"衡文取士,汝所优为。整饬士风,咸归雅正,尤为要务。至于年岁丰歉,大吏贤否,皆应随时密奏,不可缄默,亦不必存见长之念。摭拾细故,诸宜得中办理,勉之!"七年二月,迁内阁学士,兼礼部侍郎衔。四月,奏济宁州属金乡县童生张敬礼等,以皂役曾孙,冒考为生员。李玉灿等所评知县汪廷楷并未详查,率准送考,及州试时,知州王彬复不据控审明扣除,致阖邑人心不服,几至罢考。命解汪廷楷任,交巡抚和瑛秉公审办。"寻给事中汪镛奏承审官员将原告刑逼诬认武生李长清亦赴都察院具控,上以此案刘凤诰曾奏参于前,命据实查奏。凤诰旋奏:"承审官有心党庇,并不追究被告人证,转将原告刑求挫辱,并株连械系多人,且以奉旨解任之汪廷楷不行质审,竟借捕蝗为名,令其回县同署任提拿多人报复搜求。士论沸腾,众情冤抑。"疏入,上命侍郎祖之望往鞫得实,凤诰以不早陈奏,传旨申饬。

九年六月,迁兵部右侍郎,七月,转左侍郎。八月,任满回京,命充实录馆副总裁,专勘稿本。十一月,兵部职方司汉主事员缺,凤诰等欲以京察调部之李鼎元拟补,尚书刘权之以系题缺,应用候补主事卢坤,令咨查吏部。吏部定例,凡京察调部人员专补选缺,一切留部人员题选兼补,及纂例时误入此条于满官例册,遂误以例文系专指满员指驳,并以汉官别有专条咨覆。权之欲取阅专条声叙,复令叙稿行查,凤诰等益疑其有私,遂偕侍郎成书等联衔劾奏,谓卢坤为权之中式门生,明知违例,妄希设法变通,以曲遂其瞻徇之私,实为有心弊混,并劾同官缊布等附和调停。上命大学士董诰等查询,旋查明权之系照例办理,吏部亦将前后歧误缘由,自行检举,命询问凤诰等自认冒昧,并云见权之始终坚执,不能无疑。谕曰:"参劾事件,必须查有确据,方可形之章奏。若以私心疑揣,遽将瞻徇弊混等词,砌列弹章。试思此等情弊,如果询明确实,被劾之人应得何罪,顾可取快笔端,轻于诬捏乎?且兵部覆查之稿,系将李鼎元拟补,只于稿内咨取吏部汉员专条,岂得谓之坚执,有心攻讦?此风断不可长!刘凤诰等着交部议处。"寻部议降三级调用,上加恩改为降一级,补授内阁学士,充实录馆总纂官,专司纂办。十年正月,署经筵讲官,以恭进实录纂本中误删谒陵仪注,与历年所载不同。上召询总裁,知意出凤诰,交部严议。寻议降一级留任,从之。六月,命偕吏部侍郎恩普修辑国朝宫史。十一年五月,复升兵部右侍郎,充实录馆副总裁。十月,调吏部右侍郎。十一月,以宫史续编内恭载圣制文法脱误,罚俸一年。十二年正月,以馆书告成期近,命凤诰专办馆事,俟画一事竣,再行办理部务。三月,高宗纯皇帝实录告成,以凤诰纂办稿本敬恭藏事,赏加太子少保衔,开复修书降一级处分。

六月,充江南乡试正考官。八月,命提督浙江学政。先是,凤诰偕尚书瑚图礼奏翰林院官告病起俸,与各衙门迥殊。上命大学士董诰等查奏,翰林官告病销假,例须一年。会典所载各部院俱同,而瑚图礼覆奏,于例文别无指实,仍执前说。上责其牵引附会,率欲更易旧章,并凤诰下部议处。寻议降三级调用,上改为降四级留任。十四年四月,巡漕御史英纶以赃败,凤诰以滥行保送,部议降二级调用,上改为降三级留任。八月,御史陆言劾:"凤诰情性乖张,终日酣饮,每逢考试不冠不带,来往号舍,横肆捶挞。上年乡试,该学政代办监临,遍往各号,与熟识士子讲解试题,酌改文字,馈送酒食,以致众士子纷纷不服。将生员徐姓等刊刻木榜,遍揭通衢,并造为联句书文;又于上年将举人章堃竹园阑入署内,建造住房,致附近民居人人惴恐。"上命户部侍郎托津、刑部侍郎周兆基、光禄寺少卿卢荫溥往按,究出凤诰于代办监临时,听受请托,代素识士子徐步鳌印用联号,但讯无受贿情事,其将章堃竹园圈入署内,亦查勘属实,请比照官吏未接财物枉法杖一百流三千里律,加重问拟,请旨发往伊犁效力赎罪。

上以凤诰叠荷恩施,极为优渥,乃敢于科场大典听受人情,印用联号,托津等拟发伊犁,尚觉稍轻,命革职拿问,交刑部覆审定拟。寻大学士庆桂等覆按无异,以加罪不入于死,仍照原拟具奏。十月,谕曰:"刘凤诰蒙皇考高宗纯皇帝特达之知,优加简擢。朕亲政后,复由学士用至卿贰,又因恭修皇考实录,锡以宫衔。论其平日学问优长,原可当大省校士之任,乃不自检束,竟敢于代办监临时,为应试生员印用联号,若徐步鳌一经中试,则夤缘贿结,当得何罪?今刘凤诰尚止听嘱徇情,并无得赃实据,拟以遣戍伊犁,实属罪所应得。但伊犁路途虽远,而地方近成繁庶,转得在彼安处,着改发黑龙江效力赎罪。"十八年,释回。二十三年,谕曰:"刘凤诰恭纂皇考实录,曾有微劳,学问亦可,着加恩赏给编修,来京供职。"道光元年,因病呈请回籍调理。十年,卒。

子元龄,四品荫生,江苏吴江县知县;元恩,山东冠县知县,候补两淮盐运判。

钱棨

钱棨,江苏长洲人。乾隆四十四年,乡试中式第一名举人。四十六年,会试中式第一名进士,殿试一甲一名,授职修撰。胪唱日,御制诗云:"龙虎传胪唱,太和晓日暾。国朝经百载,春榜得三元。文运风云壮,清时礼乐蕃。载咨申四义,敷奏近千言。讵止求端楷,所期进说论。王曾如可继,违弼我心存。"五十一年八月,充顺天乡试同考官。

五十二年九月,奉旨,在上书房行走。五十四年三月,充会试同考官。是月,奉上谕:"朕阅内左门登载上书房阿哥等师傅入直门单,自三十日至初六日,所有皇子、皇孙之师傅,竟全行未到,殊出情理之外。因召见皇十七子同军机大臣并刘镛等,面加询问。据皇十七子奏:'阿哥等每日俱到书房,师傅们往往有不到者。'皇子等年齿俱长,学问已成,或可无须按日督课。至皇孙、皇曾孙、皇玄孙等正在年幼勤学之时,岂可稍有间断?师傅等俱由朕特派之人,自应各矢勤慎,即或本衙门有应办之事,亦当以书房为重。况现在师傅内多系阁学翰林,事务清简,并无不能兼顾者,何得旷职误公,懈弛若此!均着交部严议。"议上,棨等奉旨俱着革职留任,八年无过,方准开复。五十八年,擢右赞善。五十九年,充广东乡试副考官。六十年,擢中允,荐升侍读,充日讲起居注官。

嘉庆二年,擢右庶子,寻转左庶子。三年三月,擢侍讲学士,寻转侍读学士。五月,充云南乡试正考官。七月,命提督云南学政。四年三月,擢内阁学士,兼礼部侍郎,仍留学政任。寻以按试澄江、临安等府,触受瘴湿,成蛊疾。七月,旋省,犹力疾视事。八月,卒。总督富纲奏:"棻考试各属,拔取公平,舆论愈服。因病身故,并无亲属随带在署。臣亲往视殓,妥为料理,送回原籍。"上悯之。

子乔云,现官四川候补县丞。

清史列传卷二十九

大臣传次编四

勒保

勒保，费莫氏，满洲镶红旗人。父温福，大学士、定边将军，自有传。乾隆二十一年，勒保由监生充清字经馆誊录。二十四年，议叙，以笔帖式用。二十七年九月，补中书科笔帖式。十一月，充军机章京。三十三年，京察一等。三十四年，授山西归化城理事同知。三十七年，因延案不结，被劾，部议革职。上念温福征金川有功，特原之，以主事用，仍在军机处行走。三十八年三月，补兵部堂主事。六月，丁父忧。四十年三月，迁武库司员外郎。五月，兼公中佐领。九月，服阕。十月，充宝泉局监督。四十二年二月，京察一等。五月，迁武选司郎中。四十三年二月，授江西、赣南道。三月，调安徽庐凤道。六月，丁母忧，回京。七月，赏银库郎中衔，充库伦办事章京。四十五年五月，擢办事大臣。六月,迁太仆寺少卿。九月,服阕。十二月,擢内阁学士,兼礼部侍郎衔。四十六年七月,授正蓝旗汉军副都统。八月,赏戴花翎。四十八年,调正蓝旗满洲副都统,寻迁兵部右侍郎,均留库伦办事。五十年,召来京,命仍在军机章京上行走。五十一年五月,充右翼监督。

九月,授山西巡抚。五十二年七月,署陕甘总督。十一月,奏:"乌鲁木齐、巴里坤存营兵丁,每岁操演仅有四月,闲旷日多,技艺难臻精熟。请照内地例,岁以八个月为率,火药铅斤加倍备办。"上可其奏。五十三年七月,宝鸡县民雷得本等传习邪教,伪造悖逆经卷,访获首从各犯,治罪如律,上嘉之。十一月,实授。五十四年十一月,奏沔县界连汉阴,地广难治。请分隶汉阴通判管辖,裁黄沙驿驿丞,改设汉阴巡检。十二月,奏嘉峪关外花海子地方紧要,请拨兵驻守。均下部议行。五十六年,大兵征廓尔喀,道出西宁,勒保以办理驼马、军装、口粮及口外安设台站诸事妥协,赏太子太保衔。五十七年,京察,以称职,下部议叙。五十八年,奏凉州镇属庄浪营所辖,俱沿边扼要,旧设参将,不足以资弹压。查延绥镇属波罗协副将事务较简,请移驻庄浪,改为庄浪协副将,即将庄浪营参将移驻波罗,改为波罗营参将。如所请行。五十九年十月,奏:"巴里坤镇属穆垒营牧厂弁兵,向在安西、河州、靖逆三营内派拨。查三营驻扎口外,管辖十一营堡,一经抽拨,稽察难周。请于附近之玛纳斯、济木萨二营内改拨。"从之。先是,安徽奸民刘松以习混元教戍甘肃隆德县,复倡立白莲教惑众,与其党湖北樊学明、齐林,陕西韩龙,四川谢天绣等,谋不轨。是月,勒保访获刘松及其子四儿,置之法。各省传教者,亦先后就获。上命诛其首恶，馀赦免。六十年二月，京察，以勤职下部议叙。四月，奏安康县麻柳坝、滔河两处，距城窎远，应设营汛。请移延绥镇属向土堡都司驻麻柳坝，汉凤营属草凉驿千总驻滔河。下军机大臣议行。

六月，调云贵总督。时闽浙总督福康安统兵剿湖南逆苗石三保、贵州逆苗石柳邓等，勒保赴军营安抚正大、铜仁、镇远降苗，并督办军需。嘉庆元年七月，以经理粮饷得宜，下部议叙。八月，云南威远厅属倮黑札那等扰边境，谕勒保酌带湖南军营所调滇兵，驰回剿办。勒保奏云南兵丁现值攻围平陇擒拿首逆之时，未便遽撤。俟到滇后，察看情形，如必需兵力，再为檄调。上是之。九月，抵滇，会巡抚江兰已平倮匪，而湖南军营统兵大员福康安、和琳相继卒。上命勒保仍赴湖南，偕将军明亮、提督鄂辉等接办军务。十月，行次贵州，适青溪县教匪高承义等聚众戕官，勒保奉旨顺道往剿。十一月，攻克大鬼地贼巢，擒高承义及贼目姚世高等，馀党悉就歼获。下部优叙。十二月，缅甸国遣使呈请入贡，勒保以非贡期却之。谕曰："所办大错。缅甸远在荒徼，闻本年举行授受大典，欣逢国庆，备物申虔，自不应拂其来意；况事关外藩瞻觐，勒保即不得主见，亦应将来使留关暂候，请旨办理。乃竟率意径行将表贡仍交来使带回，阻其向化之诚，除已明降谕旨，将勒保交部严议，兼令军机大臣拟写檄文，将勒保办理错谬缘由，交江兰知会该国王外，勒保仍着传旨严行申饬。现在湖南苗匪克期擒获，无需勒保再赴湖南，着即带兵驰赴湖北黄柏山，与福宁等会同剿贼，立功自赎。"寻部议革职，上加恩改为留任。

初,刘松等虽诛,馀党犹盛,潜往来川、陕、楚三省煽乱。于是湖北邪匪首作不靖,延及川、陕。林之华、覃加耀聚众踞长阳县黄柏山,署四川总督福宁攻之不克,勒保旋往会剿,连战败之。二年二月,乘胜薄坡头卡,俘馘甚众,毁其卡。贼巢垂破,而贵州南笼府仲苗王囊仙等叛,复命勒保回黔讨之。王囊仙者,故洞洒寨苗妇、当丈寨苗韦七绺须以囊仙有幻术,群苗信之,推为首以作乱。分遣贼党大王公、李阿六、王抱羊等围南笼府及府属之永丰、黄草坝、捧鲊、新城、册亨,安顺府属之永宁、归化各城。册亨旋被陷,滇、黔道梗。三月,勒保率兵五千至,以关岭为进剿南笼要路,即分剿永丰等处亦所必经,定议由关岭进兵;又防贼苗窜逸,令总兵德英额、扎郎阿、袁敏分堵东西北三面。南面界连滇、粤,咨两广总督吉庆、云南巡抚江兰拨兵防守。勒保率臬司常明、副将施绲等由镇宁进击关岭,凡两昼夜,达关岭对面之大坡岭,密分兵为左右队,间道抄至关岭后。自统大兵由中路进,贼数千人方拒战,岭后兵突登岭,贼惊却,大兵乘之,歼千馀人,焚两旁苗寨殆尽,遂克关岭,得旨奖赍。

四月,分兵攻巴陇坉,下之,降萌芦坉、菜子河、蚂蝗箐等寨一百五十二,关岭后路肃清。乃统兵进克安笼堡,抵永宁州城,时副将巴图什里已解永宁围,都司周廷翰往援归化厅,围亦解。进抵安南县,提督珠隆阿,总兵张玉龙、七格,以师至。勒保令珠隆阿率偏师从花江募役司击永丰贼,〔一〕自率张玉龙、七格由安姑排沙口趋新城,道经下山塘,贼筑卡拒,冒雨夜攻之,立毁卡,夺高伍坪等寨八。贼退踞新城外海河桥,勒保命纵炮遥击,阳作进攻势,潜遣兵从下游躧渡袭其后,贼大溃,新城围解,疾引兵向南笼。南笼城西北碧峰山，郡扼要处，前为望城坡，贼于坡上树木城二，遏我师，夜袭破之，焚山下贼寨七。贼奔山巅，负嵋守山后鲁沟、卡子河、普坪等处，群贼蜂聚。勒保所部兵，除分防外，仅二千馀，度难猝克。珠隆阿亦以兵少阻花江，不得渡，因檄令前来会剿。五月，与珠隆阿谋取碧峰山，戒诸军毋动，闻炮声则迎击，别遣将设伏以待。贼果纠数千人下山，犯大营，炮发，伏兵起，营中兵出夹击，大破之，焚山上贼寨二十三。乘胜夺羊肠山梁，转战至新店，焚贼寨十四；复攻克水烟坪，以后路排沙口、凉风坳及新城有贼苗窥伺，虑其牵缀，令珠隆阿带兵截剿，亲统大军攻阿捧，贼千馀匿八角峒中，火爇之，悉毙，阿捧寨破。六月，克鲁沟，又克卡子河，前后俘馘以万计。师次普坪，降南笼东乡阿伍箐等寨四十三，西乡那利、锁关等寨六十一，南乡木咱、牛角山等寨四，新城后法泥等寨亦乞降。奏入，赏戴双眼花翎。旋攻克普坪，大王公中枪毙。师由坝弄五孔桥抵南笼城，解其围。上以南笼士民被围久，能同心固守，赐名兴义以旌之。嘉勒保功，下部议叙。

闰六月，驻军兴义，遣常明、施缙攻黄草坝，檄前所调滇兵由黄泥河进，伺便夹攻，大军从后策应，克九头山及马鞭田，擒李阿六，洛美、学庄等寨贼皆逋，解黄草坝围，与滇兵合，滇、黔之路始通。贼闻官军云集，且距洞洒、当丈近，恐破其巢也，悉众分屯各要隘，为死守计，围捧鲊、永丰益急。七月，勒保令德英额、扎郎阿援捧鲊，袁敏援永丰，自率常明、施缙等捣贼巢，连克李景寨、安有山、二龙口等处，贼各要隘尽失，于是困守洞洒、当丈两寨中，无敢出者。八月，德英额等解捧鲊围，以兵来会。因分队八，五队向洞洒,扎郎阿等领之;三队向当丈,常明等领之:同时进剿。勒保率副将那麟泰往来督战,贼不能支,纵火自焚。都司王宏信、千总洪保玉冒烈焰入,擒首逆王囊仙、韦七绺须以出,遂克洞洒、当丈两贼巢,斩级千,俘二千六百,烧毙者万馀,获器械、牛马、米粮无算。谕曰:"勒保督率调度,悉合机宜,用能生缚凶渠,扫荡巢穴。所办实属可嘉!着加恩封为侯爵,用昭懋赏。此时首逆既擒,附和各苗寨,望风震慑。永丰、册亨之围,自可不攻而解。但王抱羊一犯,与王囊仙、韦七绺须俱系起事首逆,切不可使之漏网,致留馀孽。"勒保旋率兵剿兴义北乡,擒王抱羊于额老寨,由北乡趋永丰,督袁敏等攻,解永丰围。吉庆亦从广西带兵克板蟀、板阶一带贼卡,复册亨,与勒保军合,分饬诸将搜剿花江、募役等处馀匪,仲苗平。上嘉永丰官民坚守州城,赐名贞丰,如兴义例。勒保以功晋一等威勤侯。

九月,调湖广总督。十月,偕贵州巡抚冯光熊陈苗疆善后四事:一、随征乡勇,分拨就近营分,充补兵丁;一、招集难民,酌给农具银两,俾资复业;一、筹备仓粮,以利兵民就食;一、清釐田土,以靖苗、汉分争。下军机大臣议行。是时川、楚贼氛正炽,有青、黄、蓝、白、线等号,又设掌柜、元帅、先锋、总兵等伪称。勒保既调任湖广,四川总统军务宜绵遂请以勒保代其任,许之。十二月,勒保自贵州由叙永入川。三年正月,至梁山县接办总统事,值梁山贼曾柳等新起于石坝山,而白号王三槐、青号徐天德与蓝号林亮功等股匪,均聚开县临江市。勒保计进剿王、徐诸逆,则石坝山贼蹑其后,先遣兵击破之,斩贼首曾柳、郭长俊、伍一凯。谕曰:"此勒保入川第一功,可嘉之至!"

调四川总督。王三槐等闻石坝山破,惧而宵遁,勒保督兵袭击,连败之于丰城寨、白沙河等处。贼北窜入达州,与蓝号贼冉文俦合,惟林亮功仍踞开县之开州坪。勒保令副都统衔六十七、总兵富森布剿之,亲率大军追王三槐等。二月,师至达州,九战皆捷,贼走巴州,又败之于斗智坡及盖茶寺,贼循巴州境,掠阆中苍溪而西。三月,追及之于李子观,逼贼东入仪陇。勒保以贼踪往来靡定,川中居民散处,易于裹胁,乃画坚壁清野之策,令百姓各依山险扎寨屯粮,并团练乡勇以自卫。由是贼至,居民多获全。四月,贼由仪陇茨菇顶趋孙家梁,欲与白号贼罗其清合,勒保兵踵至,偕尚书惠龄、将军恒瑞分路截剿,贼屡败。王三槐等南窜渠县,冉文俦遁入罗其清寨中。勒保留惠龄、恒瑞剿孙家梁贼,仍带兵紧蹑王三槐等。五月,三槐等自渠县折窜杜市街,犯大竹县,我兵奋击,大破之。贼分窜梁山、垫江及新宁,复由新宁东奔开县,我兵沿途追袭,叠有斩获。开州坪贼林亮功侦知王三槐等至,出屯陈家场为犄角势。勒保分兵击走之,追至梁山荆竹园,斩其伪元帅林定相;以六十七、富森布剿贼迟延,又纵令出巢,奏褫其职。六月,剿王三槐于开县陈家山,闻兰芽场有新起贼,徐天德潜往勾结,为王三槐声援,因亟率兵掩击,擒贼首张洪钧,馀匪溃散。徐天德奔新宁,王三槐失援,乃率其党冷天禄遁入云阳安乐坪,大兵围之。七月,克安乐坪,擒王三槐,械送京师。

冷天禄退保祖师观。谕曰:"勒保前平黔苗,已锡通侯之爵;兹剿办川匪,调度有方,扫穴擒渠,肤功克奏。着加恩晋封公爵。"八月,进围祖师观,贼据险守,阅数月弗能拔,屡奉严旨申饬。十一月,黄号贼龙绍周、龚建、樊人杰闻冷天禄被围急,分路来援,我兵击却之,冷天禄仍坚守祖师观。十二月,官军夺鱼鳞口山梁,进逼贼巢,冷天禄率数百人从后山鸡公梁窜新宁,上切责勒保,趣速往新宁剿办。四年正月,勒保至新宁,适徐天德为副都统衔额勒登保所败,窜踞新宁仁市铺,与黄号王光祖等合。勒保偕额勒登保夹击之,败其众于石竹坪及老鹰场,徐天德等走垫江,冷天禄知新宁有重兵,亦折窜入忠州。勒保令额勒登保赴垫江截击徐天德等,总兵百祥取道忠州追冷天禄,自率大军向梁山,策应两路,并飞咨惠龄与副都统衔德楞泰以兵来会。

是月,上以前此各路军营事权不一,致藏功需时,特授勒保经略大臣,节制川、楚、陕、甘、豫五省军务,命其弟蓝翎侍卫永保赍经略印赴军中,副都统衔明亮与额勒登保均授副都统,为参赞大臣。二月,勒保奏:“历次总统与各路分兵剿贼,往来驰逐,仅抵偏师。[二]兹臣仰仗天威,授为经略大臣,事权归一,自应通行筹画,除将陕、楚两省实存兵数分驻何处,另为调度外,川省大局,臣督率额勒登保、惠龄、德楞泰等以合剿徐天德、冷天禄等大伙贼匪为正路,馀则视贼所向,随时督剿。查贼势既重在四川,臣应于川省暂驻,梁山、大竹一带,地尚适中,可以就近督办。”允之。寻督诸路兵大破徐天德等于沙平关,斩首千馀级。贼分窜邻水、长寿各县,官兵复追败之。三月,大军移驻达州,遣额勒登保歼冷天禄于广安州城头堰,又歼林亮功分股掌柜萧占国、伪元帅张长庚于营山县谭家山,叠奉恩旨奖赉。

时被胁难民,多有自贼中来投者,上命勒保妥议安抚章程。勒保以扎寨团练一法,行之川省,已着成效,而陕、楚、豫等省尚未通行，因奏言："近来被胁良民，逃出不少。自应详求绥辑，惟贼匪未平，往来无定。凡乡村场市，屡遭焚掠，田亩既已污莱，房屋悉为灰烬。如官为授粮，则日久恐其不继，官为修屋，则贼来又被焚烧。迨至无食无居，复为贼掳。所办仍属无益。是以臣曾通饬川东、川北各州县，令百姓依山附险，营结寨落，将粮食器具移贮其中，贼去则下寨而耕，贼来则守险而避。此不但为百姓全身保家之计，并可杜贼匪掳人掠食之谋。请嗣后凡有解散党与，除能杀贼立功者另请加恩外，其馀或潜行散出，或临阵投降，即由各路随营粮员，及地方官，讯明所隶州县，按道路远近，酌给银米回籍，归入附近民寨，仍给搭盖草棚之费，俾资栖止。如此安插，则从贼之民知解散可得生全，其心自不致固结，既散之后，有寨可居，不致再为贼掳，于绥辑似觉有裨。请通行湖北、陕西、河南等省，一体遵办。"谕曰："所办俱为周到。朕以此事委卿，必不遥制。总之邪匪不可不诛，良民不可不抚，而受抚者必使之畏威怀德，出于至诚，方为尽善。"

勒保又奏："川、楚、秦、豫四省，今岁应征钱粮，请将被贼之区普行蠲免，近贼州县暂缓输将。此安良即所以散贼。又兵丁从征三年，伤亡病故，核之原调数目，日益减少。陕、楚、豫三省现有堵剿事宜，缺额者请咨令补足，留于各本省调遣。山东、云、贵、两广等省，应令补派来川；川省即由臣就近调补。"命军机大臣议奏。寻奏两广距川较远，缓不济急，请先尽四川、云、贵酌调，馀如所请，从之。四月，官兵追剿徐天德、龙绍周、龚建、樊人杰及冷天禄分股伪元帅张子聪等，屡败其众，贼尽遁入开县、东乡境内，旋分窜竹峪关、渡口场等处，意图入陕。谕曰："勒保不趁贼匪聚集之时，为一鼓歼擒之计，又任其纷纷四窜，稽延月日，咎实难辞，着传旨申饬。"五月，张子聪勾合蓝号贼冉天元北窜，勒保遣额勒登保由老官山兜击，逼回南江，德楞泰亦自太平进兵，连败龙绍周等于麻柳坝、双合场，将窜陕之贼全数截回川境。贼随分股奔窜，张子聪、冉天元窜通江，蓝号包正洪窜云阳，青号王登廷窜东乡，徐天德、龙绍周、龚建、樊人杰与缐号龚文玉、白号张天伦等先后窜入大宁老林。勒保檄调诸将分往剿办，上虑川省贼众兵单，谕令添调新兵，勒保奏："添兵必须一二万，庶敷攻击之用，而命将既难其人，筹饷亦虑莫继。与其调兵而多费，莫若鼓励现在军心。此后如得一大胜仗，竟当加以重赏，自无不振作奋兴。臣惟有尽此兵力，策励将士，以期迅速成功。"谕曰："所见似有把握，若能于两三月内兵不增而功速蒇，此诚日夜所盼望者也。"六月，令总兵朱射斗歼包正洪于云阳小毛坪。七月，令德楞泰擒龚文玉于大宁瓦房沟，又擒其伪元帅龚其位于香冲、伪先锋卜三聘于巫山羊溪河。八月，令提督七十五擒龚建于开县火峰寨，贼势稍沮。

会督办粮饷副都统衔福宁疏劾勒保一路兵饷月需银十二万馀两，视诸路独多，而所办各股贼匪有增无减。上方以勒保安坐达州，虚糜厚饷，又坚执不必添兵之说，致贼蔓延，叠降严旨诘责，而徐天德等复率万馀众由大宁阑入楚疆。湖广总督倭什布飞章告警，上乃褫勒保职，命吏部尚书魁伦入川勘问，加额勒登保都统衔，代为经略大臣，魁伦署四川总督。勒保旋奏川省贼股虽多，总系旧有之贼，并非新起。从前各号多至万人，或数千人，近惟四五千至千馀人，及数百人不等。福宁谓有增无减，臣实信其有减无增。至不必添兵一说，曾与面商，福宁亦深以为然，并未敢稍存粉饰。上责其狡词回护，仍饬魁伦严讯。十月，魁伦奏："勒保自到川统兵，共用饷银二百馀万两。查系按名给领，并无不均。所办贼匪，现实较前大减。福宁以新分贼股姓名多于从前，勒保则核其大数，尚无讳饰。至驻守达州，虽未亲历行阵，然办理文檄，调遣兵将，亦非一无所事。惟此次贼众犯楚，勒保接到倭什布咨会，未即驰奏，又明亮、恒瑞不听调度，副都统讷音所带兵丁喧闹生事，亦未据实参办，实为昏愦错谬，罢软瞻徇，请照统兵将帅玩视军务、贻误国事律，拟斩立决。"谕曰："勒保昏愦错误，问拟斩决，实属罪所应得。惟春间委任经略时，朕曾有令其居中调度之旨。原以经略大臣惟在决机制胜，不责以冲锋陷阵之事，非令其安坐军营，不一亲临行阵也。乃勒保半载以来，惟在达州株守，竟成一汇报军情之员，任阃寄者岂宜若此？究念其系误会前旨，尚可稍从末减，且勒保自总统军务，所有首逆王三槐、冷天禄、包正洪、龚文玉等犯，以次就获，虽非亲往督拿，究系伊所派调。又前剿贵州仲苗一手办竣，至今安静无事，其功亦尚足录。勒保着从宽改为斩监候。魁伦接奉此旨，即派员将勒保解交刑部监禁。"

五年正月，经略额勒登保赴陕剿贼，以川省军务移交总督魁伦接办。贼首冉天元、张子聪合黄号徐万富、青号汪瀛、绵号陈得俸等，共五万人，乘间由定远抢渡嘉陵江，魁伦退守潼河。事闻，起勒保为蓝翎侍卫，驰驿赴川协剿。三月，抵金山驿，闻贼已由射洪县王家嘴越潼河西岸，欲趋成都，遂偕魁伦驰赴中江县截剿，连败之于梅子垭、象龙寨等处。魁伦以失守潼河逮问，赏勒保四品顶带及花翎,授四川提督,兼署总督。四月,贼分扰遂宁、安岳、乐至各县境,勒保偕参赞德楞泰奋力夹攻,殪贼数千,贼始东窜,邀击之于嘉陵江口,俘斩及淹毙者又三千馀,脱难民一千四百馀。汪瀛寻为勒保所擒,潼河两岸肃清,上嘉之。四月,勒保旋引兵西击,败白号高三、马五等于龙安铁笼堡,〔三〕贼退入甘肃番境。五月,白号贼复犯龙安,上以勒保纵贼,褫花翎,罢提督,专署总督。六月,贼北走甘肃,遣副都统阿哈保追之,遂提兵东渡嘉陵江,剿川东、川北贼。七月,白号苟文明、鲜大川等由陕入川,围渠县高寺寨,勒保疾往,解其围;追至太平寨,与德楞泰军合,贼走垫江、长寿,循嘉陵江而北,觊渡西岸,官军追击百馀里,至岳池之新场,歼擒四千馀人。鲜大川逃入巴州,为寨民鲜文芳诱斩。上嘉勒保功,赏二品顶带,实授总督。

八月,偕德楞泰剿白号贼于东乡、太平县境,白号与青号贼赵麻花合,我兵扼之于茅坪、倒流水,歼其伪副元帅汤思举。九月,赵麻花复率其党王珊欲向陕境迎徐天德至川,勒保由江口截剿,至云阳大水田歼赵麻花,王珊亦为德楞泰所诛,下部议叙。十月,樊人杰等由楚窜入川东,勒保偕德楞泰会剿,小有斩获。贼寻北窜陕境,而徐天德一股又由陕入川,旋由川入楚。上责其堵贼不力,降四品顶带,仍留总督任。十二月,蓝号李彬、白号杨开第、黄号齐国谟等贼众数千,自巴州南窜,勒保邀败之于渠县境,贼奔仪陇,遇德楞泰兵复大败,齐国谟死,馀窜营山柏林场,勒保追及之,斩杨开第。先后杀贼四千,李彬仅以数百人遁。得旨嘉奖,赏三品顶带,并御书“福”字赐之。

六年正月,移师川东,败罗其清馀党杨步青于大宁白马庙。

会樊人杰、徐万富合蓝号贼王士虎、冉天士股匪窜扰广元苍溪,[四]勒保檄阿哈保等往援。贼伪东窜仪陇,阴率众沿嘉陵江南下,为抢渡计,勒保亲驰至南部碑湾寺,与阿哈保等合击,歼徐万富与蓝号伪总兵鲜奇林、伪先锋陈上达,及贼党二千馀人,赏还二品顶带及花翎,仍下部优叙。二月,蓝号张士龙窜巴州后河岭,遣提督七十五击斩之;复移师川东,督剿蓝号陈朝观、白号魏学盛等,败之于巫山、云阳各县境。贼由太平北窜入陕,勒保追之不及,遂驻南江,分剿杨开第及蓝号张汉潮馀党。叠奉严旨申饬。

四月,复回川东,剿白号汤思蛟、刘朝选等股匪,檄七十五由太平前来会剿。奏入,谕曰:"折内全系浮词,伊在川带兵,时称驰往川北,时称驰往川东,非止一次。东奔西逐,不特师老力疲,抑且虚糜饷项。看来勒保总欲因人成事,所称赶赴川东,并非认真剿贼,不过因德楞泰在楚剿办徐天德,距川境不远,一经到川,即可联衔奏事,借以邀功。且七十五一路兵力,昨已据额勒登保奏追剿陈朝观入陕。今勒保尚称知会七十五由太平就近进剿,是川省带兵大员追贼出境,勒保尚不知信息,犹望其确探贼踪,奋勉剿捕耶?至樊人杰一股在川日久,不知去向。勒保节次折内总未提及,岂竟任其潜匿,置之不办?目下麦已成熟,贼匪掠食饱飏,势必裹胁多人,复成大股,何时始能蒇事?勒保曾获重愆,经朕弃瑕录用,乃不知力图报效,勉赎前愆,一味迟滞,本应革职拿问,姑念该省总督屡行更换,又将另易生手。勒保着从宽革去翎顶,暂留四川总督之任,以观后效。"五月,师次大宁,败汤、刘二逆于万古寺,贼合青、蓝、黄三号股匪分窜陕、楚边界。

勒保遣兵追黄号贼至湖北竹山县境,歼擒九百馀人。六月,青、蓝号贼回窜东乡,我兵遇之于华尖坝,擒青号伪元帅何子魁,歼蓝号伪元帅苟文明及鲜俸先。谕曰:"勒保前因剿贼迟延,革去翎顶。此次既知奋勉,着加恩先赏给四品翎顶。俟川匪全行扫荡后,再加懋赏。"

七月,广安州有新起匪徒张老五等,聚众焚掠,勒保扑灭之;又遣阿哈保等击败青、蓝、黄三号馀匪于东乡石埂山,擒徐天德弟天寿、王登廷弟登高,赏还二品顶带。八月,白号高见奇勾合魏学盛窜广元,邀击之于大茅坡,贼败走,追至通江卢家湾,适蓝号冉学胜自东面老林窜出,与之合。勒保乘夜攻之,杀败贼九百馀,擒冉学胜。赏头品顶带,封三等男爵。九月,高、魏二逆分窜南江及陕西之西乡,勒保师抵南江,闻李彬股匪方掠巴州及苍溪,恐其逾嘉陵江而西,亟率兵往,贼已东窜通江,遂请移兵大竹,剿汤思蛟、刘朝选。谕曰:"前此勒保剿办高、魏股匪,所剩无多。因李彬在川北窜扰,即舍高、魏而剿李彬。及驰回川北,并未与李彬接仗,又称汤、刘股匪紧要,赶往川东。似此东奔西逐,总未痛剿一次,办竣一股,岂不徒疲兵力?此时勒保既已赶赴川东,惟当坚持定见,将川东之贼迅速办竣,再酌量移师他往,以次肃清。"十月,剿汤、刘二逆于大竹、邻水、长寿各县境,先后俘斩千馀,拯难民二千,追至太平八台山,擒老教掌柜萧煜,与德楞泰军合。十一月,偕德楞泰奏言:"重庆、川北两镇所辖营汛,界连陕、楚,自巫山至广元亘二千馀里,两镇驻扎较远,鞭长莫及。请于太平营添设副将一员,驻城内,原设都司移驻城口。通江县竹峪关、广元县黄杨堡、大宁县徐家坝、巫山县大昌等处,地居万山中,为三省要路。请各添建城堡,设守备一员,兵二百五十名。又达州为教匪起事之地,民俗刁悍,抚驭綦难。请升为府治,并升太平县为太平直隶厅,即以太平县缺改为府治附郭之达县。"上从之,赐府名曰绥定。十二月,分饬诸将剿李彬、汤思蛟、刘朝选等股匪,均有斩获。因偕额勒登保、德楞泰奏言:"剿办教匪,大局已为戡定。请酌撤官兵。"上以巨贼未除,遽思将就了事,严饬之。

七年正月,奏:"川省自筑寨集团以来,贼势十去其九。拟将官兵分段驻扎,搜剿馀匪。仍激励乡团,协力搜捕。然无官统率,终觉散而无纪。现遴委熟悉军务之道府及正佐各员,指定段落,各专责成。每寨首一人管领团练若干名,每佐杂一员管领寨峒若干处,每正印官一员管领佐杂若干员,均以各该路道府总其事。兵力所不能到,则以民力佐之;民力所不能支,则以兵力助之。庶几侦探易周,贼无潜匿之地。"得旨允行。是月,督兵擒王登廷馀党何赞于忠州白石铺,歼徐天德馀党杨掌柜于绥定木头市。二月,李彬与黄号辛文窜南江铁厂坪,遣建昌道刘清剿擒之。三月,白号张天伦率其党魏学盛等扰川北,勒保遣总兵田朝贵往剿,亲督大军继之,大败贼于巴州土地堡,歼张天伦及其伪元帅陈国珠、伪总兵魏学盛。五月,令副都统衔达斯呼勒岱剿白号馀匪于东乡古佛峒,擒首逆庹向瑶,令总兵张绩等剿青号馀匪于太平沙礶场,擒首逆徐天培。六月,令田朝贵剿蓝号馀匪于通江猫儿垭,歼首逆杨步青。屡奉恩旨奖赉,下部议叙。七月,刘朝选纠青、蓝、黄号残匪窜大宁鞋底山,勒保击擒之,并擒黄号贼目伍金元于大宁仙女溪,[五]晋一等男爵。是月,遣达斯呼勒岱剿龙绍周馀党赖飞陇于云阳阎王塥,箭殪之,下部议叙。九月,白号伪元帅张长青、黄号掌柜李学坤率二百馀人乞降,奏免其死。十月,遣游击罗思举等剿白号残匪于东乡陈家坪,擒伪元帅张简,汤思蛟逃至县属之包口,被获。十一月,又遣罗思举等擒黄号唐明万于大宁石柱坪,以勒保冲寒带兵,赏貂皮马褂。时川中著名首逆,率就歼擒,馀匪分窜老林,或百馀人为一起,或数十人为一起,不复成股。陕、楚贼匪亦多为额勒登保、德楞泰两路大兵所歼,遂以十二月偕额勒登保等驰报蒇功。谕曰:"勒保自复任总督以来,倍加奋勉,督兵连获首逆,已封一等男爵。现当大功戡定,着加恩晋封一等伯,并加太子少保衔。"寻又谕勒保伯爵,仍用"威勤"名号。

　　八年正月,额勒登保、德楞泰移师入陕,勒保留川省办零匪,擒白号贼目苟文富于垫江冷家坝,招降黄号贼首王国贤等。闰二月,擒白号伪元帅张顺于太平三溪子,青号贼目王青于万县孙家漕。四月,擒白号伪元帅宋国品于大竹柏杨沟,审匪零匪,搜捕殆尽。七月,与额勒登保、德楞泰会军于太平,飞章奏报肃清,得旨嘉奖,下部议叙。旋奏撤东三省马队,云、贵官兵,并本省随征兵勇,报闻。嗣以陕西南山馀孽苟文润等复起,潜越汉江,扰及川界。额勒登保、德楞泰先后统师剿办,勒保派兵防堵,至九年八月,贼始悉平。十年四月,偕德楞泰疏称:"善后十事:一、筹变各属支剩兵粮;一、查撤近年新添塘站;一、民间现存峒寨,责成地方官稽查,一、州县散贮军装,拨归各营汛备用;一、历年积欠兵勇粮饷,清厘找领;一、太平等协米折银两,按年豫支;一、百姓自制枪炮器械,及时收缴;一、被贼焚毁城垣营堡,择要估修;

一、零星土匪，饬属严拿；一、出力绅士，量予奖励。"命军机大臣议奏。寻奏找领积欠兵饷，易滋弊混，应分晰查办，馀如所请，从之。五月，入觐，谕曰："嘉庆四年三月间，勒保奏通饬川东、川北各州县，悉令百姓依山附险，各结寨落章程，井井有条。彼时贼匪正被官兵四路兜剿，以穷奔铤走为能，往往于所过乡村，掳人掠食，肆其凶残，久而滋蔓。自结寨以后，不特贼匪无由焚劫，且居民等凭依险固，心胆既壮，贼至即合力攻击，斩获甚多。其后陕、楚一律仿行，贼势日形穷蹙，始能将无数凶渠以次扫荡。今三省肃清，闾阎安堵如常，揆厥所由，实得力于坚壁清野之策。勒保首先倡议，洞悉机宜，得以蒇功完善，允宜懋赏酬庸。勒保着加恩赏太子太保衔，并赏戴双眼花翎。"七月，回任。

先是，教匪既平，解散乡勇，令其入伍为兵。十一年七月，陕西宁陕镇新兵陈达顺等倡乱，钦差大臣德楞泰檄川兵会剿，勒保遣总兵唐文淑等率兵六千应之。十一月，从贼蒲大芳等缚首逆乞降，德楞泰受之。勒保奏言："叛兵罪案，较教匪尤甚。德楞泰率行纳降，令其复归原伍，该匪不知畏威，安能悔罪？始以兵而为贼，复以贼而为兵，起灭自由，视同儿戏。且恐各处兵心，因此骄纵日增，益难钤束。"上韪其言，谕令赴陕会办善后事宜。十二年正月，抵汉中，闻绥定新兵滋事，亟驰回川，遣副将桂涵、罗思举带兵剿捕，擒首逆王得先、孔传仕、刘金定磔于市，馀党悉抵罪如律。二月，陕西西乡瓦石坪新兵周士贵等叛，复同德楞泰遣兵讨平之，叠奉恩旨嘉奖。是月，京察，以勤能谙练，下部议叙。

十三年五月，驰赴马边厅，督剿凉山夷匪。凉山夷先于嘉庆七八年间，乘大兵方剿教匪，出扰峨眉、雷波、马边各境，勒保叠

遣提督丰绅、总兵张志林往剿。贼闻兵至，即遁入夷界，并缚献
首犯六儿、普色，求罢兵，未大创也。至是，罗回熟夷乌卜复纠赶
山坪等十二支岭夷犯峨眉县归化汛，又潜由山后绕至太平堡焚
劫，分遣贼党扰马边厅。闰五月，勒保率兵至，贼退踞土曾村、挖
黑等处，我兵连击破之，枪毙贼目业贵，进克六拔寨，歼贼首神
丈，降贼目二虫黑娘、阿二，惟乌卜逃入大木杆。六月，大军移驻
太平堡，督总兵马元由平夷岭进攻，丰绅兵从月儿坪捣其后，连
克赶山坪、瓜家冈、牛心山等处贼巢，将十二支滋事岭夷全行扫
荡，得旨嘉奖，下部议叙。七月，师至胆巴、大木杆，夷目挖海等
缚乌卜以降。凉山夷平。奏入，奖赍有加。十四年四月，以勒保
七十生辰，赐御书"宣勤介景"匾额。十二月，擢武英殿大学士，
仍留总督任。十五年二月，京察，以办事镇静，下部议叙。是月，
召来京供职。五月，给事中胡大成参奏勒保任四川总督时，有匿
名揭帖指评督藩款迹，命勒保明白回奏。勒保奏当时实有所闻，
因查询无据，遂寝其事。上以其匿不陈奏，迨奉旨询问，复不自
请议处，降工部尚书。六月，调刑部尚书，兼正白旗蒙古都统，赏
紫禁城骑马。七月，充崇文门监督。上秋狝木兰，命留京办事。
八月，授内大臣。十一月，偕户部侍郎英和、光禄寺少卿卢荫溥
驰赴涿州、房山县一带查办灾赈，事竣回京。

　　十六年正月，授两江总督。闰三月，以趱运粮艘妥速，得旨
奖赏。六月，召来京，复授武英殿大学士，管理吏部，兼镶蓝旗满
洲都统。九月，御史刘奕煜参奏吏部铨选兵部主事员缺错误，命
勒保偕大学士刘权之等详查。勒保等援引旧案，谓部选无误，上
察其与例不符，复派大学士庆桂、尚书刘镮之查明部误属实，以

勒保舍例言案,降二级留任,改管兵部。十七年正月,充经筵讲官。五月,管理武英殿御书处。九月,授正白旗领侍卫内大臣。十月,赏海淀寓园。十八年正月,授军机大臣,充国史馆总裁官。二月,京察,以恪勤供职,下部议叙。六月,兼管理藩院事务。七月,上幸木兰,命留京办事。八月,以病乞假,允之。时其子内阁学士英绥扈跸木兰,命回京侍疾,并遣御医诊视。十九年闰二月,复以目疾求解任,命解所管各项差使,仍留大学士任,在家食俸。勒保疏辞,上慰留之。八月,目疾增剧,命开大学士缺,仍在家食威勤伯全俸。二十一年,谕曰:"勒保之女,着指与四阿哥为福晋。"二十四年四月,以勒保八十生辰,赐御书"延年养福"匾额。

　　八月,卒。谕曰:"予告大学士勒保,自乾隆年间,由军机章京,内用侍郎,外任督抚,剿办黔、楚逆苗,川、陕教匪,[六]皆曾统领师干,着有劳绩,荐封公爵。嗣以军务日久懈弛,褫职逮问。因其久历戎行,仍令统兵自效。勒保与额勒登保、德楞泰齐心协力,三省教匪,一律殄平,实伊三人之功。朕懋奖成劳,仍锡封为一等伯爵。由总督调任尚书,擢赞纶扉,入直枢禁,方深倚任。旋以目疾乞休,特令在家食俸,岁时存问。方冀优游颐养,安享遐龄。兹闻溘逝,深为轸惜!着加恩晋赠一等侯,即照一等侯爵例给予恤典。将来伊子承袭时,着袭封三等侯。派四阿哥即日前往代朕赐奠茶酒。其原任内降革处分,悉予开复。一切赔项,俱行宽免。着即予谥。应得恤典,该部查例具奏。"寻赐祭葬,予谥文襄。

　　弟永保,两广总督,自有传。子英惠、英惪、英绥、英奎、英秀。英惠，头等侍卫；英绶，工部右侍郎；英奎，吏部郎中；英秀，广西庆远府知府。孙文厚，袭三等威勤侯；文俊，江西巡抚。

【校勘记】

〔一〕勒保令珠隆阿率偏师从花江募役司击永丰贼　"役"原误作"复"。耆献类征卷三三叶七下同。今据勒保传稿(之二四)改。下同。

〔二〕仅抵偏师　"抵"原误作"祇"。耆献类征卷三三叶一一下同。今据勒保传稿(之二四)改。

〔三〕败白号高三马五等于龙安铁笼堡　"三"原误作"二"。耆献类征卷三三叶一六上同。今据睿录卷七八叶一一下及卷八二叶三二上改。按勒保传稿(之二四)亦误，而国传卷三二叶一二上下不误。下同。

〔四〕会樊人杰徐万富合蓝号贼王士虎冉天士股匪窜扰广元苍溪　"合"原误作"令"。耆献类征卷三三叶一七上同。今据勒保传稿(之二四)改。

〔五〕并擒黄号贼目伍金元于大宁仙女溪　"金"原误作"余"。耆献类征卷三三叶二〇上同。今据勒保传稿(之二四)改。

〔六〕川陕教匪　"教匪"上原衍"逆匪"二字。耆献类征卷三三叶二四上同。今据勒保传稿(之二四)删。

明亮

明亮，富察氏，满洲镶黄旗人。曾祖米思翰，官户部尚书，以孝贤纯皇后祖，追封一等承恩公；祖李荣保，一等承恩公：各有传。父广成，正黄旗蒙古都统。

　　明亮，由文生员，乾隆十八年，指为多罗额驸。十九年，授整仪尉，累迁銮仪卫銮仪使。三十年，授伊犁领队大臣，随将军明瑞等平乌什逆回。三十一年四月，旋京，授正白旗汉军副都统。六月，授吉林副都统。三十三年，调宁古塔副都统。三十四年，大兵征缅甸，明亮在事有功。

　　三十六年，小金川逆酋僧格桑攻围鄂克什土司地，抗拒官军，金川逆酋索诺木阴与通谋。上命先讨小金川，大学士温福出西路，四川总督桂林出南路。三十七年二月，命明亮以护军统领率侍卫官音、吉图等往南路随剿。三月，至达乌军营。四月，桂林使参将薛琮等潜师由墨垄沟袭取僧格宗，至甲尔木为贼所要截，薛琮战殁，兵练三千人失亡殆尽。桂林匿不以闻。前四川总督散秩大臣阿尔泰劾之，命尚书福隆安往按，〔一〕以明亮世臣勋亲，于桂林乖张欺罔，隐忍不言，并褫职候讯。旋赏头等侍卫衔，带兵自效。时参赞大臣阿桂代总桂林军。七月，令明亮出贼不意，仍自墨垄沟潜袭甲尔木，夺其第一道山梁。以地势高寒，难驻守，不俟令辄撤兵还。阿桂劾奏，降职衔一等。十月，复攻甲尔木山梁，山延袤数十里，中两峰尤峻险。明亮乘雪夜直上山巅，尽克其木城、碉卡，移兵驻守。补二等侍卫，赏还原衔。遂进攻真登梅列，筑卡断贼粮道。十一月，克之。迁头等侍卫，加副都统衔。寻督兵由都恭进破噶察、丹嘉诸寨，降番民六百馀，与阿桂会于僧格宗。迁副都统。复进克古噜，收服僧木则诸寨。〔二〕十二月，阿桂授副将军，命明亮为领队大臣。官军既克僧格宗，由科多渡河而东，直捣美诺。侍卫德赫布等为前队，明亮继进，败贼于池木，追至美都喇嘛寺，力战克之。遂围美诺，贼卫巢死拒,相持一昼夜。明亮俟其稍懈,突前奋击,破美诺官寨及其旁碉卡。温福之军亦自明郭宗来会,小金川地悉平。捷入,下部优叙。

大军未至前一日,僧格桑由美卧沟遁入金川,因分兵三路进讨金川,将军温福自功噶尔拉入,为西路,以海兰察、哈国兴为参赞;副将军丰昇额由绰斯甲布攻宜喜,为北路,以舒常为参赞;副将军阿桂由当噶尔拉入,为南路,以明亮为参赞。三十八年正月,兵抵当噶尔拉,其山为金川界址,绵亘二十馀里。贼自西至东,筑十四碉,中联以木城、石卡,防守甚坚。二月,明亮乘间攻夺第五碉。三月,又克第四碉。修营设卡,横截贼众之间,相拒数月。会温福攻功噶尔拉,扼险不得进,改攻昔岭,驻营木果木。六月,逆酋索诺木遣其党自美卧沟潜出,煽结小金川降番,扰我军后,木果木师溃,温福阵亡。底木达、美诺、明郭宗相继陷。参赞海兰察退驻日隆,阿桂闻变,使明亮尽戮降番之为内应者,贼众屡窥伺后路,皆击败之,全师出驻翁古尔垄。上以阿桂为定西将军,赴日隆,别筹进取。调满洲、索伦劲旅及各省兵会剿。八月,授明亮广州将军,旋授定边右副将军,驻师南路,以富德为参赞。十月,整兵进复小金川,阿桂自西路连克资里、阿喀木雅,五昼夜直抵美诺,复之。明亮南路亦克期同发,自思纽顺河攻取得里、得木甲诸寨,惟河南宅垄未下,遣守备张芝元往谕降,乘其未定,袭破之,进取僧格宗,与阿桂会于美诺,尽复小金川地。上以成功迅速,叠旨嘉奖,赐御用黑狐冠。

十二月,偕阿桂奏声讨金川,更筹进兵之路,阿桂改由谷噶,明亮改由巴旺、布拉克底土司境内,进攻马奈、马尔邦,上是其议。三十九年正月,各路订期会剿,明亮以马奈山势险恶,必分兵夹攻,方得势,而河南斯第博堵之上,地名思觉,为贼境克舟九寨屏障,尤当扼其要害;乃令参赞富德以兵六千由骆驼沟绕出马奈后,领队大臣奎林以兵四千攻河南斯第博堵,而自攻马奈之前,乘夜进兵,克其碉卡。富德之军已截出山后,与明亮合,马奈中山梁五碉之贼皆溃,其拒守西山者,次日攻克之,合军前夺绒布寨,移营驻之。奎林以皮船渡河而南,至斯第山梁,亦克其木城二。二月,明亮进攻卡卡角,选锐兵循绝壁而登据其地。卡卡角之前曰庚额特,为贼南境第一险隘,其西危峰壁立千仞,正面山址直插河流;惟山半羊肠一线,贼左右扼以石碉,其后复以一碉护之,屡攻不能下,乃于山西河滩连筑五碉,以卫河南粮道,而东南攻穆谷诸寨,欲截出其前,贼拒守益力。上以奎林所据山梁,下临克舟九寨,河北既不能进,或迅趋河南合剿,屡谕明亮筹办。时奎林以山雪渐消,军行乏水,移师暂驻深嘉卜,分土兵据守山梁。三月,明亮探闻斯第之上班得古地有暗泉,可资汲爨,令富德、奎林等先据水泉;以兵六千分三队直取斯第,将至斯觉,贼前后并出,断我兵为数处,复据险以阻援军。奎林等鏖战逾时,合而为一,侍卫阿尔都从险绝处逾山入,火其卡,贼乱,官军遂破围而出。得旨奖慰。明亮以河南北之师皆阻于险,欲由正地进攻。五月,留富德驻绒布寨,而自统兵渡河。六月,至正地,使人哨贼,深入数十里,寂无所见,而山谷回互,虑其设伏于险以要我,驻兵不进,上深是之。

先是,阿桂之攻谷噶也,移丰昇额之军夹攻凯立叶,留舒常于宜喜以缀贼,丰昇额旋赴阿桂军。至是,明亮以正地无罅隙可

乘,欲移师往攻凯立叶,会舒常在宜喜攻得贼卡,阿桂以西路无
俟增兵,而宜喜有可乘之隙,札明亮由彼进取,明亮遂至北路。
七月,攻达尔图山梁,贼于东北坚立四碉以拒,其下连筑十四碉,
西南直接俄坡。明亮列兵前敌,督众力战,而潜师直取中七碉,
令诸将各攻其一,冒雨进战,同时摧破,其下七碉,派屯土兵练分
攻,亦以次克获,移营驻守。上以达尔图要隘,明亮能迅获全胜,
特旨嘉奖,予优叙。时逆酋增众来援,达尔图东北四碉,我兵攻
得其一,馀犹坚拒不下,明亮欲自西南进兵。八月,攻木克什,克
数碉。九月,别攻日旁山,由周叟绕出山坳,围前山拒守之贼,歼
之,进军带石。十月,分兵东取谷尔提碉卡。十一月,西攻沙坝
山,潜军深入,焚碉卡寨二百馀。贼据险断我归路,官军觅别径
撤出。时阿桂大军已逼勒乌围贼穴,上以功届垂成,谕令慎重;
复谕以从达尔图下压,日旁之贼必当不攻自溃。明亮旋奏达尔
图、木克什本进兵正路,但达尔图前敌坚碉林立,既难致力,而木
克什以下箐深林密,左右皆可抄截,非兵多不敷分布,惟自带石
攻过隘要,下至临河,与阿桂军相去甚近,自可势如破竹。奏入,
报闻。是月,复攻沙坝,焚其山半碉寨。十二月,闻正地之贼,多
调守他处,分土兵乘虚往袭,路与贼遇,乃还。四十年正月,逆酋
索诺木令头人斯丹增献被掳官兵及军械至营,投禀乞恩,明亮不
拘留严讯,纵之使还,上降旨切责。二月,阿桂奏:“明亮一路因
带石山脊险窄,贼众拒守,难于直入,而宜喜山梁正与西路大营
相对,若增兵数千,绕路直截其后,可期必克。拟分调富德之兵
往攻宜喜。”上然其策,谕富德速抽兵往,并以明亮自克达尔图总
未筹剿得利,严饬之,命驰赴宜喜,迅速进攻。

三月，明亮自至阿桂军面筹机要，旋回日旁，阿桂令参赞海兰察等率劲兵千往助，所调兵亦次第至。四月，明亮合兵万馀攻宜喜，侦知甲索仅馀老弱，使总兵敖成率二千五百人往攻，克其十四碉。宜喜之兵分十馀路，奋攻得楞以下诸碉卡。明亮与海兰察、舒常往来督率，诸将人自为战，歼贼数百人，尽夺其地，进攻萨克萨谷，克其山梁。于是达尔图、得楞、沙坝山之众，为我兵围截于中，先后奔溃，并得日旁沟侧斯年、木咱尔诸寨。[三]捷闻，授内大臣。得楞东南曰基木斯丹当噶，山势逦迤，直至临河，贼于其前连筑五卡，我兵攻克之，焚茹寨以前各寨落。贼又乘雨雪接筑战碉，复为官军所夺。海兰察旋回西路，明亮由基木斯丹当噶进剿，贼弃垒而逃，夺茹寨麦田十馀里，进至札乌古。其山上连甲索，下至沿河，贼凭险死拒，势难仰攻。五月，别攻曲硕木，未下，明亮以基木斯丹当噶之前山趾两分，西为额尔替，东为石真噶，得之皆可转出札乌古山前；乃攻额尔替，破其山前石城，而碉卡累攻，不得入。六月，改攻石真噶，贼抵御愈力，明亮以军中运炮，人声喧杂，贼习闻之不为备。适炮成挽运，密令奎林等率兵继进，贼不之觉，遂破石真噶。七月，尽克山半碉卡，攻破沙尔尼诸寨，乘胜夺据札乌古第一山梁。贼之屯聚各寨者犹众，明亮患兵不敷调遣，欲北取琅谷，直压纳木迪官寨，以清西南后路。八月，克琅谷，移师驻其地；攻斯第叶安及克尔玛履，贼又于其上连筑城卡，相为犄角。明亮复至阿桂军请兵助攻，阿桂已克勒乌围，贼遁守噶拉依老巢。阿桂谓宜径捣腹心，不当复分力于枝节；乃约河东西同时进兵，自攻达思里，而令明亮攻碾占以分贼力。九月，自甲索进攻碾占，贼守甚严；别攻巴札木，亦无路可入。明亮请自率精锐赴西路并力,上以将军参赞责有专司,自应就本路调度熟筹,以期集事,断无舍己从人之理,降旨切责,命加意严防,切不可轻离北路。是月,〔四〕复自琅谷进攻克什札古及乌岳木城,列栅而前,直逼纳木迪寨下。闰十月,阿桂调美诺防兵千馀来助,明亮计贼并力于纳木迪,札乌古之备必疏,乃率兵于山下分路仰攻,而令奎林等间道袭之,深沟一线,夹于两山之底,将士皆蛇行而前,直出山顶上。贼方与山下军拒,见之惊溃,合军奋击,尽夺札乌古碉卡。复分兵为二,上至日斯满,下至阿尔古,山梁二十馀里,悉攻克之。纳木迪之贼焚寨潜遁,乘胜破斯第叶安。

明亮以日斯满高据山巅,贼立十七碉,隔我甲索兵路,拟先取之。日斯满之南曰得耳谷,又名上巴布里,为日斯满后路,分兵袭据其地,断日斯满之众于中。贼恃其险,犹潜匿不去,令副都统和隆武等夹攻,破之。遂自巴札木上通甲索,与敖成兵会,曲硕木诸寨之贼至是亦遁。官军下至临河,尽撤达尔达、得楞诸防兵,〔五〕列营攻碾占。碾占为乃当山顶,其北为中巴布里、下巴布里及阿尔古地,其南为甲杂,又其南为独松。明亮先攻碾占,贼并力来拒。十一月,督兵袭破阿尔古,出对河科布曲之南。〔六〕十二月,进兵达撒谷,炮毁其坚碉。夜遣兵缒峭壁,夺据山梁,分扫东南诸碉及沿河寨落,遂攻乃当,乃当之贼皆溃。进围甲杂,缺其临河一面,贼溃逸,我兵自后麾之,多毙于水。头人思达尔结等率众降。俘贼目庸中旺嘉勒及迈布星根。上嘉其调度有方,屡战克捷,下部优叙。时西路兵已围噶拉依,明亮乘胜直前,取独松,降卡拉尔、舍斯满之众,发兵趋正地,正地番众乞降。马尔邦之贼亦降于富德。河西贼境皆平。明亮令奎林等营于巴布朗谷，隔河会围噶拉依，自至西路，偕阿桂奏言："官军合围噶拉依，布置已极严密，逆酋之母阿仓、姑阿青，及其姊妹，均已自归。现令招贼酋兄弟出降，如能生致，更为妥善。否亦可计日克取。"四十一年正月，谕曰："金川贼境均经大兵剿洗，所馀惟噶拉依蕞尔弹丸，自可即日扫荡。是征剿金川之役，已属蒇功。褒绩酬庸，宜颁渥典。副将军明亮抒诚励勇，协力宣劳，着封一等襄勇伯，赏戴双眼花翎。"二月，官军克噶拉依，索诺木出降，尽获其母子兄弟，僧格桑已前死，先于逊尔克宗获其尸。大小金川底定。图功臣像于紫光阁，明亮列第三，御制赞曰："独统一路，颇有斩获。姻戚少年，世承恩泽。建绩抒忱，是用褒嘉。俾司将印，永靖筰巴。"

　　时议设成都将军，驻雅州，统辖番地文武。三月，特命明亮补授，留川经理善后事宜。寻奏："将军、总督时有会筹之事，不宜两地相悬，而雅州地势逼仄，于满兵挈眷亦不相宜，请移四川提督往镇其地，将军仍驻成都。"又言："大小金川留兵六千五百名驻守，增设副将、参将各员，安插各降番于河东西，与官兵相错而处。"复奏："屯种各番，应设头目，择土弁等之出力者，给以职衔，隶于绿营之下。"皆从之。四月，大兵凯旋，上郊劳，筵宴，赐明亮及将军阿桂、副将军丰昇额等银币、鞍马。五月，奏金川通藏大路，增兵驻守巡哨。八月，奏番地屯垦，牛种艰难，陆续由内地购买，可以无误春耕，并筹运盐铁应用，上嘉之。十月，奏成都将军有统辖地方之责，文案需承办专员，请于绿营调拨，设军标副将、都司、守备等员，拨兵六百馀名，以资操防差遣。命军机核议,如所请行。十二月,率各土司入觐,赐紫禁城骑马,命在军机处行走。四十二年二月,回将军任。四月,兼署四川提督。十二月,奏川省提督前议移驻雅州,雅州去省三百馀里,距西路较远,提督统辖番夷,遇边要机宜,必须面议,请仍驻省城,下部议行。

四十三年二月,以特成额为成都将军,改授明亮四川提督。五月,以在将军任内失察土守备阿忠强夺屯田,侵蚀恤赏银两,得旨严饬。九月,奏:"两金川驻官兵屯练六千五百,镇将弁备一百七十馀员,今番夷倾心向化,弹压无事多兵,请裁减官兵二千名。改阿尔古总兵为副将,其馀将弁以次酌减。"从之。四十四年,奏屯防经费情形,每岁约需银六万馀两,谕两金川俱经荡平,新设镇营屯驻,足资控制,自应将川省腹地各营兵数酌裁,以抵新疆经费,即行详晰妥议速奏。旋奏酌定长驻兵三千名,于内地各营裁拨,即以额饷移给,其每年各项经费,尚需银三万馀两,拟裁内地额兵一千五百名,并酌减新疆驻兵马乾银,可敷抵补。部议如所请行。四十五年,率土司入觐。

四十六年三月,甘肃撒拉尔回匪苏四十三叛据河州城,进犯兰州省城,陕抚毕沅札明亮带川兵自巩昌堵剿。官兵旋克复河州,贼众攻省城者,为我兵所败,退保城西华林山,凭险自固。明亮至军营,钦差大臣阿桂留令协剿。四月,败贼于水磨沟,斩获二百。五月,偕海兰察等攻夺贼卡,直逼其营,四面合围,贼众惶急,六月,冒死出突,明亮等督众力战,斩首恶苏四十三等,得旨议叙。七月,歼馀匪于华林寺。时上幸木兰,明亮赴行在,旋授乌鲁木齐都统。九月,劾承办粮务各员侵吞浮冒,鞫实,均治罪如律。四十八年六月,命署伊犁将军。九月,以在都统任内为属员朦蔽,私释永远枷号官犯开泰,致令自戕,逮问入京,拟绞监候。四十九年四月,甘肃固原回民复聚众滋事,攻破通渭县城,踞守石峰堡,命大学士公阿桂往剿,释明亮于狱,赏蓝翎侍卫,随往效力。七月,大军攻破石峰堡,擒首逆张文庆等,贼党悉平。阿桂奏明亮奋勉,授头等侍卫。五十年五月,擢镶黄旗护军统领。八月,调正红旗护军统领,授伊犁参赞大臣。十二月,调乌什参赞大臣。五十一年十二月,移驻喀什噶尔。五十三年,迁镶红旗蒙古都统。五十五年正月,以缉获劫夺安集延回民马匹要犯,特旨嘉奖。八月,授刑部尚书,仍留原任。九月,喀什噶尔遣犯珠德弥什越狱潜逃,明亮仍拟以改遣,上严饬之。五十六年八月,以失察遣犯王子重在配传习邪教,与内地隐通信息,下部严议,部议革职,恩予留任。十二月,改授黑龙江将军。五十七年,授内大臣。五十八年,授伊犁将军。六十年二月,调正红旗汉军都统,赏戴双眼花翎。九月,黑龙江总管舍尔图控将军舒亮等令兵丁交纳貂皮、减值市物各款,钦差福长安按鞫得实,明亮任内亦有贱价购买之事,革职,留乌鲁木齐效力。

是年,黔苗石柳邓、楚苗石三保等煽结为乱,攻陷乾州,云贵总督福康安、四川总督和琳先后奉命督剿。嘉庆元年二月,命明亮往湖南军营效力。会湖北教匪聂杰人等于正月倡乱,陷当阳,郧县、郧西匪徒相继起。陕督宜绵自商南来剿,路遇明亮留于军。四月,偕宜绵破贼于孤山大寨,获贼首王全礼等,授头等侍卫、领队大臣。贼众窥襄、樊,宜绵令明亮往援,至樊城,与总统大臣永保等合击,贼退据双沟,移营东窜。明亮等进至枣阳。时孝感贼匪楚金贵等蠢动,屯聚胡家寨,明亮率兵往剿。六月,命以副都统衔署广州将军。七月，至孝感，营于潼川铺，去贼巢二里许。贼屡来扰，明亮分兵堵御，乘虚袭据西面山冈，击破贼伏兵于黄金庙；进攻贼寨，破其重城，纵火爇庐舍，杀贼众略尽。馀贼千人逸出，皆获之。捷闻，予轻车都尉世职。八月，移师与永保会剿钟祥之贼，永保以兵九千军其北，明亮率三千馀人军其南，营于土门冲。贼屡来犯，逆击大破之，擒贼目张家瑞等，得旨恩赉，下部叙功。贼移营西北走，明亮等追及双沟，复败其众。贼分为二，一东由枣阳赴唐县；一自白河而西，欲由襄阳吕堰驿趋邓州。明亮等兼程先扼吕堰，贼至，永保遏之于前，而明亮从旁夹击，大败其众，馀贼窜匿山林中，悉为官军所歼。永保等遂移兵追东窜之贼。会大军征苗匪已复乾州，进围平陇苗寨，总统福康安、和琳相继卒于军，上命明亮驰往湖南接办。十月，攻克平陇苗寨，首逆石柳邓先遁，纠合馀匪于山后扼险拒守。十一月，连夺养牛塘、刚息冲诸险，进逼平陇后山，别遣兵通保靖、永绥之路，降诸苗五千馀户，上嘉赉之。十二月，围平陇后山，攻破马头冲、馀锦坡，苗众聚守石隆，官军四面蹙之，阵枭首逆石柳邓，贼之窜伏者歼戮无遗。首逆吴廷义先于贵鱼坡受伤，潜窜，旋为降苗吴廷梁缚献，尽获石柳邓家属，苗境荡平。复封二等襄勇伯，仍赏戴双眼花翎。

是时，川、陕、楚教匪不靖，达州逆匪徐天德等乘间蜂起，攻破东乡，势颇猖獗。命以胜兵赴四川，与督臣宜绵并力灭贼。二年二月，明亮由永绥赴川，宜绵已克复东乡，贼众退据金峨寺，分屯清溪场、姚家坝，连营数十里。三月，明亮偕宜绵攻克寺后马伏山贼卡，分兵袭夺清溪口、姚家寨。四月，破清溪场，擒贼目王学礼，进夺冉家垭口，焚金峨寺，贼首徐天德、王三槐遁踞重石子、香炉坪。五月，明亮偕德楞泰等攻克分水岭、火石岭诸卡，三面进临贼巢。贼出数千人佯欲南渡，而王三槐等率其丑类，分五路直冲北面营卡，我军并力剿杀，贼众大败。王三槐中枪逸，擒其义父贺宗盛，及贼目郑文礼，尽夺重石子、香炉坪诸寨，杀获万馀人。贼走陈家坝，进军围之，得旨嘉奖。是月，命宜绵为总统，以明亮、德楞泰副之。六月，败贼于精忠寺，擒伪总兵熊永明及徐天德、王三槐之母，贼弃其眷属西走。会襄阳首逆姚之富、齐王氏等先后渡汉江入川，分扰大宁、西乡、通江、太平、巴州境，旋与徐、王二逆合，贼势复炽。姚之富、齐王氏称黄号，徐天德称青号，王三槐称白号，设掌柜、元帅、先锋、总兵诸伪称，分屯肆扰。齐王氏、姚之富据开县南天洞，明亮等攻破之，贼等走云阳、万县，追败之于大凉山。云阳教匪高名贵聚众应贼，明亮与宜绵等计擒之，歼其党于徐家山。七月，贼自云阳向夔州，屡攻白帝城，明亮等赴援，贼东窜入楚，扰归州、巴东，破兴山县治，欲向襄阳。明亮顺江而下，直趋宜昌，与德楞泰分路夹剿，败之。八月，贼趋荆门州，官军截击，折而旁窜，直犯宜昌，明亮等败其众，追至独树塘。会湖广总督景安等率东三省劲旅自北来，扼其去路，明亮等与合剿，斩获甚多，逼贼入南漳山内，上嘉赉之。时屡获贼谍，言贼欲诱官军入山，而乘间渡襄江北走豫省。[七]明亮令总兵长春循汉江南岸赴榖城防堵，自统兵由隆中进截其前，贼果北出茨河镇，明亮偕德楞泰东西夹击，贼众败溃，退屯榖城县南。上嘉其调度合宜，赏用紫缰。九月，贼由榖城西走均州，屡为官军所败，不能北渡，自房县窜陕境平利。

　　楚匪李全先自川入陕，至是与齐、姚二逆合，折而南窜。明亮等追至界岭，闻贼欲由鸡心岭入川，先令掘断山路，贼折回镇坪，与官军遇，明亮连战克捷，逼至树河口，设伏奋击，先后杀六千馀人。贼复北走紫阳，明亮追至白沔峡，齐、姚二逆偕其党张汉潮，又合白号高均德股匪，西奔汉中，分为四股，入川省通江、太平。齐、姚二逆窜入广元、宁羌，高均德之众遂由南郑渡江而北。三年正月，偕德楞泰奏言："高均德既已渡江，恐其东窜兴安，迫近西安省会，带兵入汉中迎截。"上以明亮舍大股贼匪于不问，辄带前队劲兵追剿高均德，调度失宜，命拔去双眼花翎，夺世职及所赐紫缰，留本任戴罪图功。齐王氏、姚之富旋相继渡江，与高逆合，东走汉阴厅，李全亦窜入城固、南郑，诏褫职逮讯。子二等侍卫德伦、蓝翎侍卫鄂伦并革职遣戍，旋以军务急，命留营作为领队带兵。三月，偕德楞泰穷追齐、姚二逆，自山阳直至郧西，急击败之，二逆穷迫，投崖死。恩释德伦、鄂伦罪，仍令叙用，谕明亮速剿高均德，予副都统衔，赏戴花翎。四月，高均德遁入秦岭，明亮等由华州截剿，贼西向五郎，与李全同走汉阴，入宁羌山后。六月，德楞泰追贼入川，明亮军于西乡，杜高均德入陕之路。时黄号逆匪张汉潮与蓝号詹世爵、白号李槐合众万馀，由竹溪入平利，旋至太平。七月，明亮入川追剿，败之于池子山，斩詹世爵、李槐，张汉潮走南郑，欲过汉江，官军邀击，累有斩获。贼往来奔窜，复入西乡、石泉，叠奉旨严饬，命拔去花翎。十一月，张汉潮渡江入陕，明亮自后追袭，贼由商州入河南，攻卢氏县城，明亮督兵截剿，贼复回陕境，窜伏五郎。四年正月，上申明军纪，特授勒保为经略大臣，以明亮素谙军旅，着有劳绩，授副都统，与额勒登保并为参赞大臣。二月,张汉潮西入甘肃两当县界,旋折而东窜。明亮追至进口关,杀获甚众,擒贼目李淮;复败之于凉沁河,因兵力单,咨勒保增兵协剿。四月,勒保令永保至陕,与明亮夹击,成都将军庆成与永保合军。五月,永保失利于华林山,贼东西窜走,乘间复入卢氏,寻折回陕境,得旨严饬。

七月,以川匪肆扰楚境,逮问勒保,命明亮接任经略事,迁正红旗汉军都统。上旋闻明亮与永保不和,耻居勒保之下,挟私玩寇,并在湖北军营得受馈送,密旨查询;改用额勒登保为经略大臣,革永保、庆成职,遣尚书那彦成往按。九月,明亮奏永保自八月驻兵大山岔,总未移营;永保自陈两次移兵,均奉明亮札止。上命那彦成访察虚实,寻革参赞大臣、都统任,降副都统衔。十月,那彦成鞫讯永保,呈出明亮手札,并讦明亮奏报军功,词多不实,命革职,交陕甘总督松筠严讯。时明亮追贼入子午谷,毙张汉潮于张家坪,生获贼目李潮。十一月,松筠奏提讯明亮等质对明确,其奏参永保及前后移书,因两路不相关会,彼此参差,并非有心倾陷,所报杀贼名数,因总汇入奏,故未能详细分晰,至收受馈送,实为分赏兵勇之需,尚非入己。明亮之罪,在布置乖方,耽延贻误,依失误军机律拟斩,解京候旨。

五年正月,谕曰:"明亮带兵,着有勋绩,征剿大小金川,曾任副将军,功成受赏;办理湖南苗匪,系伊接手葳事;剿办湖北孝感贼匪,亦能迅速殄除。嗣在陕境,因办理迟延,降旨拿问,明亮旋将张汉潮歼毙,虽馀匪尚未净尽,而办理迟缓,不独一人。明亮功多罪少,况系宿将,必应保全,着加恩释放,赏给金顶领催往湖北,随松筠带兵剿贼。"三月,授蓝翎侍卫、领队大臣。四月,败青号徐天德之众于榖城石花街,迁三等侍卫。闰四月,贼东趋当阳、远安,败之于斑竹园,复战于远安镇。明亮亲冒矢石,督励将士,上嘉之,以五品翎顶补宜昌镇总兵。五月,贼窥荆、襄,明亮败之于斑竹铺,贼复走当阳,为河水所阻,自荆门折而西北。六月,至榖城。七月,渡黄龙滩西走吉阳关,至陕西洵阳白河,明亮扼七星关,贼复东窜。明亮自保康、南漳逆击,大败其众于朱家嘴,擒伪总兵熊方青,获牲畜、器械甚众,赏加三品顶带。八月,贼渡黄龙滩,复走陕境。明亮奏言:"闻川匪唐大信、苟文明等先后入楚,请至房县与抚臣倭什布合剿。"上严旨切责,命姑如所请。九月,黄号樊人杰、蓝号冉天士及白号、绿号各匪,由川接续入楚,扰至远安。总兵李绍祖阵亡。上累饬明亮愧励图功。十月,击贼于房县上龛,大败之,贼众俱窜回川省。得旨嘉赉,[八]命赴川剿办。明亮旋奏陕匪高三、马五等渐近竹溪,驰往迎剿。谕曰:"徐逆窜往陕境,明亮以川匪窜楚为词,置徐逆于不问。今四股贼匪,折回川境,又以陕匪窜楚为词,置四股贼匪于不问。巧于趋避,负朕矜全重恩,着革去总兵,降为蓝翎侍卫,随长龄防堵,不必再具折奏事。"并谕长龄,如明亮尚知愧惧,立功自赎,即行具奏,若尚不肯认真出力,或实因年力衰迈,不能振作,亦据实奏闻。明亮旋败高、马二逆于竹山县之保丰,歼获甚众,擢三等侍卫,作为领队大臣。十一月,徐天德复东趋入楚,高三等旋与合营。明亮偕长龄等分路攻击,歼擒千馀人,扼其东窜之路。迁二等侍卫,恩赐佩囊。贼寻复分窜,明亮追蹑高逆,败诸陕、楚之界,贼遁入平利。

书麟以徐天德屯聚西南山内,虑其蔓延为患,奏令明亮回楚剿办,上允所请。六年正月,徐逆为官军所败,折而东趋,明亮等败之于寿阳坪,贼众大溃,命仍准列名奏事。二月,川匪苟文明由陕入楚,明亮败之于狮子岩,因徐逆欲窜均、榖,兼程扼剿,伏兵佘家河,击破其众。下部议叙,复授宜昌镇总兵。三月,败贼于南漳、房县。时参赞德楞泰移师入楚,诸逆合众西奔,楚氛略靖。上念明亮年老,五月,谕令回京,授二等侍卫,在乾清门行走。六月,以前在乌鲁木齐都统任内有应缴赔项,请于俸银内坐扣,恩予宽免。十二月,明亮患病,上温旨慰谕,加副都统衔,令安心调理。七年正月,病痊,授正红旗汉军副都统。五月,调正蓝旗满洲副都统。七月,授乌鲁木齐都统。十二月,以三省教匪戡定,论功行赏,上追念明亮前劳,特封一等男爵。

九年四月,内授镶蓝旗蒙古都统。六月,转兵部尚书。九月,赐紫禁城骑马。十一月,兼内大臣。十年五月,晋封一等子。八月,调镶白旗汉军都统。十二年,京察,特旨交部议叙。十三年,以保送宝泉局监督徇情,部议降调,上改为降四级留任。十四年正月,上以本年五旬万寿,恩加太子少保衔。九月,晋封三等伯。十二月,调镶蓝旗满洲都统。十五年二月,赏还双眼花翎。五月,授协办大学士。十六年六月,以失察轿夫赌博,有旨询问,陈奏复回护欺饰,削太子少保衔,尽革协办大学士、尚书诸任,留三等伯爵、单眼花翎,降补正黄旗蒙古副都统。七月,调镶蓝旗满洲副都统。十七年,授西安将军。十八年三月,回京,授正白旗汉军都统,旋调镶白旗蒙古都统。九月,授都察院左都御史。十一月,转兵部尚书。十二月,复赐紫禁城骑马。十九年二月,调镶蓝旗汉军都统,复授内大臣。三月,加太子少保,复赏还双眼花翎,调都察院左都御史。以御门典礼入直迟误,交部严议,部议降五级调用,恩予留任。八月,复授兵部尚书、协办大学士。二十年七月,上幸木兰,命明亮偕王大臣留京办事。二十二年六月,授武英殿大学士,管理兵部事务。寻晋太子太保。二十三年,谕曰:"大学士明亮屡历戎行,着有劳绩,简擢纶扉。现年八十有四,精神矍铄,步履强健。若令节劳颐养,必更益寿延龄,长资倚任。明亮着不必分日赴内阁阅本,亦不必进内直班,所管兵部,遇有奏事,间一二次不到亦可,引见官员,毋庸承旨,用示朕优眷耆臣之至意。"二十四年正月,上以本年六旬万寿,复加恩中外,赏还紫缰。十一月,晋封三等侯。二十五年正月,复谕令于本旗直日,照常来园,馀加班奏事引见之期,俱在本衙门办事。三月,兵部遗失行在印信,部臣均降罚有差,明亮亦议革职,诏改降五级留任。

道光元年,以老病乞休,上温旨褒奖,命以大学士三等侯致仕,恩予支食全俸。二年,卒,年八十有七。谕曰:"予告大学士、三等襄勇侯明亮屡历戎行,仰蒙皇祖高宗纯皇帝擢置崇班,懋膺封爵,并绘像紫光阁,以旌勋绩。至嘉庆年间,皇考仁宗睿皇帝优加倚任,特简纶扉,载锡恩纶,晋封侯爵。宣力垂七十馀年,资深望重,宠眷优隆。二十五年冬间,陈奏衰老情形,吁请开缺,朕再三慰留。上年四月,复以老病乞休,特降旨准其致仕,仍令支食全俸,并颁赏参斤,俾资调摄,以冀获享期颐。遽闻溘逝,深为悼惜!着赏给陀罗经被,派郑亲王乌尔恭阿带同侍卫十员前往奠醊。朕于本月二十三日亲临赐奠。加恩入祀贤良祠。赏广储司银一千五百两。所有任内降革处分,悉予开复。应得恤典,该衙门察例具奏。"寻赐祭葬,予谥文襄。

孙联顺,现官礼部左侍郎,正红旗护军统领;曾孙恩昌,现袭三等襄勇侯世爵。

【校勘记】

〔一〕命尚书福隆安往按 "按"原误作"援"。耆献类征卷三〇叶三下同。今据明亮传稿(之二五)改。

〔二〕收复僧木则诸寨 原脱"木"字。耆献类征卷三〇叶四上。今据明亮传稿(之二五)补。

〔三〕并得日旁沟侧斯年木咱尔诸寨 "侧"原误作"测",又脱"尔"字。耆献类征卷三〇叶八上同。今据纯录卷九八一叶二〇上及明亮传稿(之二五)改补。

〔四〕是月 "是"原作"九",与上文重出。耆献类征卷三〇叶九上同。今据明亮传稿(之二五)改。

〔五〕尽撤达尔达得楞诸防兵 下"达"原误作"图"。耆献类征卷三〇叶九下同。今据明亮传稿(之二五)改。

〔六〕出对河科布曲之南 "曲"原误作"多"。耆献类征卷三〇叶九下同。今据纯录卷九九七叶二六下改。按明亮传稿(之二五)亦误。

〔七〕而乘间渡襄江北走豫省 "襄"原误作"汉"。耆献类征卷三〇叶一五下同。今据明亮传稿(之二五)改。

〔八〕得旨嘉赍 原脱"得"字,又"赍"下衍一"之"字。耆献类征卷三〇叶一八下同。今据明亮传稿(之二五)补删。

和琳

和琳,满洲正红旗人,钮祜禄氏。父常保,副都统,兼三等轻车都尉。乾隆四十二年,和琳由文生员补吏部笔帖式,以兄和珅署吏部侍郎,调工部笔帖式。累迁郎中。五十一年,署杭州织造。五十二年三月,擢湖广道御史。

九月,命巡视山东漕运。五十三年五月,上令江西、湖南各造船百只,备东省剥运。和琳请以二百船工料分造三百,[一]纤挽既轻,并可经久,允之。八月,疏言:"运河定例:一年小挑,用银二千馀;一年大挑,用银一万七千馀。[二]但挑工多寡,当视受淤之厚薄为准,请不必拘定大小挑工原案,总以二年用银不得出一万六千两之数。"谕曰:"所奏斤斤计较,尚未周到。当于每年回空时,确加履勘,认真办理,亦不必拘于银数,责成总河、巡抚及巡漕御史互相稽察,以杜浮冒而利运行。嗣后并以为例。"五十四年闰五月,劾奏湖北按察使李天培私交湖广粮船,分带梄木。寻讯出两广总督福康安寄书索购状,天培坐褫职遣戍。十月,疏陈东省闸河、南旺分水口为水脊,稍北刘老口迤南济宁塘河,地并高仰,彭口一带尤淤,应挑土方,请如例支给。五十五年正月,授吏科给事中。二月,疏言东、豫二省及通州、天津两帮协运,旧雇民船,易滋弊窦,请改用直隶北河官造剥船,得旨允行。十一月,奏履勘运河,捕河、上河、洳河四厅属各河,[三]淤沙较厚,工段较长,应挑土方,请于额设兵夫外,循例支给。五十六年二月,擢内阁学士。和琳自五十二年至是,皆命留山东巡漕之任。四月,疏请于滕县漷河所经之皇甫村修筑旧土坝,拦水归独山湖,以免挟沙淤运,从之。九月,授兵部右侍郎。十月,命往勘陕西潼关厅城工,同巡抚秦承恩核实办理。寻核减银七十万馀两,令承修各官赔偿,再请水关改立木栅,泊岸筑挑水坝,责成潼商道德明经理,疏下部议行。十一月,兼署工部左侍郎。

五十七年正月,授正蓝旗汉军副都统。二月,廓尔喀侵扰后藏,将军福康安等统师进剿,命和琳驰驿往理藏务,〔四〕督前藏以东台站乌拉等事。四月,疏陈运送军粮,分五十四站,险阻限日行八十里,平坡九十里,并分加奖责,可期迅速。上敕其善为招集,勿过严滋事。闰四月,谕曰:"军行需用粮饷等事,自察木多以西,由前后藏至济咙以内地方,和琳与鄂辉二人轮往照料,不可稍分畛域。"和琳随疏报由江卡至丹达一路,〔五〕设法督催,切实晓谕,营官、喇嘛等咸知畏惧,上谕令妥为驾驭。又谕曰:"和琳平素敬佛,此次到藏,见达赖、班禅,自必照常瞻礼。其办事原与达赖、班禅平等,应加意整饬,力矫从前积习。"五月,予都统衔。八月,擢工部尚书。疏报驰赴宗喀、济咙催攒接济军食。方是时,大军深入,贼酋拉特纳巴都尔悔罪乞命,得旨,令福康安军前受降,善后事宜会同和琳熟商妥办。寻授镶白旗汉军都统。九月,疏言私往廓尔喀构衅之已故沙玛尔巴财物籍没入官,其阳八井庙宇僧房,令归济咙呼图克图管理。红帽喇嘛改为黄教,分交前藏大寺堪布约束。十月,又疏言凯旋事宜,俱已筹备,至廓尔喀贡使亲来谢过,恐达赖不谙事体,应对失宜,请仍回前藏料理,报闻。十一月,谕同孙士毅、惠龄核办察木多以西销算事宜,仍兼理藏务。十二月,会奏唐古忒训练番兵,藏内鼓铸银钱各事。五十八年正月,陈善后十八事,详福康安传。

四月,奏言廓尔喀酋长拉特纳巴都尔以拉结、撒傀两地,〔六〕本系该部落所属,因该处营官不许管理,求仍给还,前经勘明,俱在热咙桥鄂博外,已饬绒辖营官听归该部落管理。〔七〕又底玛尔宗亦廓尔喀旧地,应任其自行接管,毋许萨迦呼图克图私议收受。[八]谕曰:"和琳接到拉特纳巴都尔来禀,应将不听管理之营官惩处,使知畏惧,何以未经想及?办理尚未周到。若因营官系藏内所派之人,稍存歧视,转不足以示公允,宜勿存回护之见。"六月,予云骑尉世职。九月,疏言:"噶布伦、戴琫系请旨改补之员,请分别给与三四品顶带,以崇体制。嗣后噶布伦亦无庸给扎萨克名号。"十月,疏言:"唐古忒自去年改铸乾隆宝藏银钱三品,试行迄今,其重一钱五分者,停积难行。请嗣后只铸重一钱、重五分两品,与巴勒布旧钱通用。"并允行。十一月,疏言:"廓尔喀酋长以哲孟雄、作木郎二部不遵约束,禀请剖断,并官为定界。缘二部落本非藏属,久被廓尔喀侵踞。当谕令弗过穷追,欺凌弱小,亦不复代为定界。"十二月,请将前藏新设监铸局员,照粮员例减半支给口粮公费。五十九年三月,谕曰:"和琳奏阿足地方差员被掠一案,折内'仓储巴'字样沿旧时承袭之语,藏内管仓库人称为商卓特巴,遇有陈奏,应按照译正。和琳即未能谙悉,何妨转询讲求,一一通晓也。"七月,授四川总督。八月,西藏新建御制十全记碑亭成,恭进四体书墨拓,并为廓尔喀呈进贡表。

六十年二月,贵州逆苗石柳邓纠众扰正大、嗅脑二营,及松桃厅,湖南逆苗吴半生偕石三保等围永绥厅,特命云贵总督福康安统兵剿捕,谕和琳驰赴西阳堵御。和琳方自藏来京,至邛州闻警,即由川东赴秀山。时松桃道阻,该境当黔、楚之冲,闰二月,督参将张志林、都司马瑜,连战皆捷,复率先到兵廓清后路。三月,攻炮木山黄坂,通道于松桃,赏戴双眼花翎。时福康安已解正大、嗅脑、松桃围，将黔兵径攻石柳邓于大塘汛，和琳率川兵会于满华寨。是时军营攻战之事，皆统于福康安，和琳则随同参议。八月，克虾蟆硐、〔九〕乌陇岩，降群苗七十馀寨，叙功，封一等宣勇伯。九月，克岩碧山。捷闻，赏上服貂尾褂，又以降吴半生功，赏系黄带。十月，以龙角硐及鸭保、天星诸寨大捷，加太子太保衔，赏上用黄里玄狐端罩。嘉庆元年四月，由连云山克结石冈、廖家冲、连峰坳诸隘，赏用紫缰。五月，福康安卒于军，敕以军营调度机宜，交和琳一手督办。时石三保就擒，石柳邓尚踞平陇。六月，由马鞍山渡河，克尖云山，逾炮台，收复乾州，赏戴三眼花翎。七月，疏陈苗疆善后六事：清厘田亩，归并营汛，酌改土弁，修理城垣，收缴鸟枪器械，安插被难民人。上以收缴鸟枪一条，尚须斟酌，仍敕和琳筹办妥善。八月，大军进围平陇。维时上轸念戎行，以苗疆水土恶劣，敕和琳于攻破贼巢后，即与统兵大员移至辰州，弁兵以次徐撤。越五日，军营奏入，和琳卒于军，晋赠一等宣勇公，以子丰绅伊绵袭，给治丧银五千两，并赐陀罗经被。予谥忠壮，赐祭葬，命配飨太庙，并入祀昭忠祠、贤良祠，准其家建盖专祠。

四年正月，和珅以罪赐死，大学士、九卿、文武大员、翰詹、科道等以和琳借势邀功，议请撤出太庙，削除公爵，拆毁专祠。谕曰："和琳本无功绩，只因奏参福康安木植一案，得以屡邀擢用。此案并非和琳秉公劾参，实系听受和珅指使，为倾陷福康安之计。今和珅籍没家产，查出所盖楠木房屋，僭妄逾制，较之福康安托带木植之咎，孰重孰轻？且和琳同福康安剿办湖南苗匪，亦因和琳从中掣肘，以致福康安及身未能办竣。是和琳于苗匪一案,有罪无功。所有<u>和琳</u>公爵,自应照议革去。至配飨太庙,尤为非常巨典,<u>和琳</u>何人,乃与开国功臣同列?着即照议撤出太庙,并将伊家所立专祠一并拆毁。伊子<u>丰绅伊绵</u>着革去公爵,斥退侍卫,不准在<u>乾清门</u>行走。仍加恩赏给云骑尉。"<u>丰绅伊绵</u>,现袭三等轻车都尉。

【校勘记】

〔一〕和琳请以二百船工料分造三百　"二"原误作"一"。<u>耆献类征</u>卷一九一叶二四上同。今据<u>和琳传稿</u>(之二五)改。按<u>国传</u>卷四四叶一一下不误。

〔二〕一年大挑用银一万七千馀　原脱此十一字。<u>耆献类征</u>卷一九一叶二四上同。今据<u>和琳传稿</u>(之二五)补。按<u>国传</u>卷四四叶一二上不脱。

〔三〕奏履勘运河捕河上河泇河四厅属各河　原脱"捕河"二字,又"四"误作"三"。<u>耆献类征</u>卷一九一叶二四下同。今据<u>和琳传稿</u>(之二五)补改。按<u>国传</u>卷四四叶一二上不误。

〔四〕命和琳驰驿往理藏务　"务"原误作"库"。<u>耆献类征</u>卷一九一叶二五上同。今据<u>和琳传稿</u>(之二五)改。按<u>国传</u>卷四四叶一二下不误。又下文"仍兼理藏务"亦可为证。

〔五〕和琳随疏报由江卡至丹达一路　"卡"原误作"下"。<u>耆献类征</u>卷一九一叶二五下同。今据<u>和琳传稿</u>(之二五)改。按<u>国传</u>卷四四叶一二下不误。

〔六〕奏言廓尔喀酋长拉特纳巴都尔以拉结撒傥两地　下"拉"原误作"立"。<u>耆献类征</u>卷一九一叶二六上同。今据<u>纯录</u>卷一四二七叶二三上改。按<u>和琳传稿</u>(之二五)亦误,又<u>国传</u>卷四四叶一三上

"拉"不误,而"撒"误作"撒"。

〔七〕已饬绒辖营官听归该部落管理 "绒"原误作"总"。耆献类征卷
一九一叶二六上同。今据和琳传稿(之二五)及纯录卷一四二七
叶二三下改。按国传卷四四叶一三上不误。

〔八〕应任其自行接管毋许萨迦呼图克图私议收受 原脱"任其"二
字,又"迦"误作"迎"。耆献类征卷一九一叶二六上同。今据和
琳传稿(之二五)补改。按国传卷四四叶一三下不误。

〔九〕克虾蟆硐 "硐"原误作"碉"。耆献类征卷一九一叶二七下同。
今据和琳传稿(之二五)改。按国传卷四四叶一四上下不误。
下同。

姜晟

姜晟,江苏元和人。乾隆三十一年进士,授刑部主事,荐升
郎中。三十六年,丁父忧。服阕,补贵州司郎中。四十一年,擢
光禄寺少卿。四十三年,擢太仆寺少卿,仍兼刑部行走。四十四
年,授江西按察使。四十五年,擢刑部右侍郎,四十七年,转左侍
郎。四十八年十一月,奉命赴直隶会同总督刘峨鞫魏玉凯控南
宫县民李在仁传习邪教案,赴山东鞫王慎典控郓城官役借差滥
派案,并得实以闻。嗣以审办尚书额驸福隆安家人富礼善命案,
未能究出顶凶实情,降三品顶带,革职留任。四十九年正月,赴
湖北鞫徐万年控伊兄徐万全被伤身死案,得实。九月,以秋谳妥
协,特旨复还原品顶带。五十年二月,赴江西鞫铅山县隶役冒考
案,并赴湖北鞫云梦县仓书苛征勒派、孝感县客民江云汉违例盗
葬等案。〔一〕九月,赴直隶永平鞫邓甫清被责身死案。旋以在刑

部审讯海昇致死，伊妻吴雅氏装点自缢一案，检验伤痕失实，奉旨降四品顶带，革职留任。五十一年，秋谳核议妥协，奉旨复还原品顶带。是年二月，偕尚书曹文埴赴浙江盘查仓库虚实，会勘海塘应否修筑事宜，并赴江南鞫盱眙县书吏侵用籽种口粮案。十二月，赴山西代州鞫孟本城被诬杀人案，雪其冤。

五十二年三月，充会试副考官，旋授湖北巡抚。时台湾剿办逆匪，偕总督舒常奏，动支仓谷碾米十万石，由长江顺流出口，海运达闽，以济军需。上嘉晟不分畛域，先事预筹，交部议叙。五十三年六月，荆江水涨决堤，府城被淹。上命大学士阿桂、侍郎德成勘系江面窅金洲涨沙逼溜，以致上游壅高所溃决。晟到任一年，未能体访筹办。荆州被水时，监犯不带刑具，致有随水漂散者。又以淮商盐引在楚省积压，由地方官需索匣费，未经查参。奉旨严议，革去顶带。寻授刑部左侍郎。十二月，赴直隶鞫交河县甲长刘东山诬报漏税案，赏还原品顶带。五十四年，充殿试读卷官。五十五年，充会试知贡举、殿试读卷官。屡奉命鞫直隶宣化县铺户常怀恒、宝坻县民刘玉先控案。五十六年四月，授湖南巡抚。时芷江县境饷鞘被窃案悬未定，晟抵任，拿获正犯唐占哇，起出原赃。奉旨交部议叙。旋以错拟伙犯唐开泰等罪名，部议降二级调用。奉旨从宽，改为革职留任。五十七年二月，奉命赴云南鞫民人那耀宗控谋占家产案，[二]并贵州民人杨秀锦控折色加征案，鞫实报闻。

六十年正月，楚苗石三保勾合黔苗石柳邓叛，陷松桃、永绥等厅。晟檄提督刘君辅带兵剿办，自驻辰州，储备军械粮饷，添设运道台站，派兵于保靖、泸溪等处要隘堵御，搜获奸匪百户杨国安、杨清父子解京。上以晟筹办军务,秩然有序,镇静得宜,交部议叙。三月,自辰州驰赴镇筸,稽查边备,抚恤难民。谕以辰州地方紧要,仍令回辰州督率经理。旋奉旨赏戴花翎。十月,首逆吴半生就擒,恩予优叙。

嘉庆元年二月,湖北枝江、来凤等县邪匪滋事,晟飞饬地方文武,先期团练堵截。贼果有犯湖南龙山县境者,副将庆溥截杀千馀名,逼回来凤,贼遂不敢复窥湖南。五月,逆苗石三保就擒,石柳邓尚踞平陇。总督福康安、和琳先后病卒,晟即驰赴军营,偕都统额勒登保、护军统领德楞泰督办剿抚诸务。时降苗人数众多,谕姜晟妥为安置。因奏言:“苗匪真心投顺者固多,而其中先经纠结抗拒,及见官兵攻剿紧急,自知无路求生,始行乞命,并愿缚献首贼,希图免罪邀赏。将来剿捕事竣,自应酌量移徙,以杜萌蘖复生。现在剿捕紧急之时,未便预行泄露,致令先生疑虑。”上是之。九月,谕曰:“姜晟现在军营帮同办理,着即赏给总督衔,以资弹压。”晟偕额勒登保等四路合兵,攻克黄土坡、社神堂等处木城、石卡,抵山家坳,直逼平陇贼巢。上又命将军明亮、提督鄂辉驰往会剿,连克岩人坡、养牛塘等险要贼卡。十一月,克平陇,擒吴老华。叠赏玉韘、荷囊、烟壶等件有差。十二月,官兵歼毙石柳邓于贵鱼坡,^{〔三〕}晟自军营回辰州筹办善后事宜。二年正月,奏请安插降苗,展赈复业民人,清厘军需;并因贵州南笼仲苗滋事,以楚省撤回官兵移黔协剿。均得旨俞允。七月,兼署湖广总督。九月,官兵尽歼恩施、利川等县邪匪,并擒获习教匪徒郭贵山等八十馀名。优旨奖赏。

三年二月,京察,交部议叙。八月,监临乡试,榜发,访闻榜首傅晋贤闱墨系彭珧原卷,究出书吏勾串掉卷中式各情弊,自请交部严议。嗣奉旨:"姜晟据实查办,其咎尚可稍宽。着改为革职,从宽留任。"四年四月,布政使郑原璹加扣平馀事发,晟奉命研究得实,并自请交部严议。部议降三级革任。谕曰:"姜晟平日居官,声名尚好;且办理军务,亦有劳绩,从宽免其革任。"七月,永顺被水,晟驰往抚恤,并奏请筹撤苗疆防兵及酌移兵粮,更调营汛,修建乾州、凤凰厅城垣。从之。

十月,奉命赴湖北审办监利、安陆两县控案。会镇筸镇右营旧司坪、晒金塘一带,有逆苗吴陈受率众扑卡事。谕晟速赴镇筸筹办,务获首犯正法,严堵卡界,勿使逸入内地,亦不必深入苗境。十一月,晟偕提督王柄、总兵富志那分派兵勇五股,安设要隘,互为声援。饬凤凰厅同知傅鼐以计擒斩吴陈受。事定奏入,谕曰:"吴陈受纠合众匪,抢夺滋事,实属不法。经姜晟带兵驰赴该处,会同王柄等,一面示以兵威,一面传集苗弁,面加晓谕。苗众畏惧,递呈求赦。该督等即传集众苗,将为首纠众攻卡之吴陈受一犯擒缚,按律凌迟处死枭示,馀匪释令回寨。办理妥协,实属可嘉。姜晟着加太子少保衔,仍交部从优议叙。"

五年正月,擢湖广总督。十月,调直隶总督,仍留楚督办军需,清厘积案。六年二月,莅直隶任。六月,京师霪雨为灾,永定河漫口四处,卢沟桥东西堤岸冲塌。姜晟奏报延缓,奉旨逮问。谕曰:"京城自六月朔日起大雨,五日四夜,水势骤涨。节经朕派令乾清门侍卫等驰赴城外查勘被水情形,设法将各路军报赍递。又命众卿员分路查灾,众臣均能奔走不辞劳瘁。而自初一日至初八日,地方大吏,杳无音信,殊出情理之外。及本日姜晟奏到一折,只据河道禀报,内称'本年永定河河流未断汛前,节次长水,实为嘉兆'。又称'大雨叠沛,田禾尚无妨碍'。真如在梦中矣! 姜晟幸恩尸位,昏愦错乱。此而不加惩办,何以整饬官廉? 姜晟着革职拿问,解交军机处会同刑部严审具奏。"经部议发往军台,奉旨改发永定河工次效力。九月,工竣,赏主事衔,刑部行走。

七年五月,命以刑部员外郎用。八月,赏四品顶带,授刑部右侍郎。十月,命赴江西鞫巡抚张诚基冒功案,即署江西巡抚。嗣以湖南军需报销事竣,赏还二品顶带。八年正月,回京,转刑部左侍郎。九年六月,兼署户部左侍郎。七月,调署户部右侍郎。九月,上以江南清口淤浅,有碍运道,命晟查勘。晟驰诣清江浦,会同总督陈大文、河督吴璥、徐端,勘明河口受病之故,由河身淤垫,黄水增高,清水不能畅注,致形阻遏。因启放祥符五瑞等闸以减黄,添筑运口盖坝以蓄清。并刻期挑浚引河,运道通畅。十月,擢刑部尚书,赐紫禁城骑马。十一月,奏回空粮艘扫数渡黄,即赴江宁会鞫江西民人熊明中控朱晖光夺地酿命案。因乞假回籍省墓,允之。

十年四月,回京供职。十一年四月,以老疾乞假调养。六月,奏恳开缺。谕曰:"姜晟风湿旧疾复发,先后赏假调理,尚未就痊。兹奏请开缺,情词恳切。因思刑部为刑名总汇,事务殷繁,姜晟年近八十,[四]即调理就痊,于综核谳狱,恐精神亦难周到。着调补工部尚书,仍加恩赏假数月,在家安心医治,俟病愈再行供职。"八月,复奏恳开缺。谕曰:"姜晟扬历中外,四十馀年。兹因部务紧要,未能刻期就愈,恳请出于至诚。着准其开缺,仍令在京安心调治。俟伊全愈,再行赏给差使。"九月,以直隶总督任内失察藩库虚收银两,部议革职。奉旨:"姜晟仅止失察,情节较轻,着加恩俟病痊以四品京堂补用,先赏给四品顶带。"十二年六月,陈情乞休,奉旨准其以原四品京堂休致回籍。十五年四月,卒。

子廷灿,现任安徽候补通判;廷玙,河南试用通判。

【校勘记】

〔一〕孝感县客民江云汉违例盗葬等案　"汉"原误作"漠"。耆献类征卷九八叶二九下同。今据国传卷七〇叶三下改。

〔二〕奉命赴云南鞫民人那耀宗控谋占家产案　"宗"原误作"空"。耆献类征卷九八叶三〇下同。今据国传卷七〇叶四下改。

〔三〕官兵歼毙石柳邓于贵鱼坡　"贵"原误作"黄"。耆献类征卷九八叶三一下同。今据睿录卷一二叶八下改。按本卷仙鹤林传、额勒登保传及国传卷七〇叶五下均不误。

〔四〕姜晟年近八十　"近"原误作"逾"。耆献类征卷九八叶三三下同。今据国传卷七〇叶七上改。

花连布

花连布,蒙古镶黄旗人,姓额尔德特氏。乾隆三十九年二月,由健锐营前锋擢蓝翎长,累迁火器营鸟枪护军校,委署鸟枪护军参领。四十四年十一月,拣发湖广,以参将用。四十八年十一月,补湖北武昌城守营参将。五十一年八月,调湖广提标中军参将。五十二年十月,擢湖南辰州协副将。五十五年八月,擢贵州安笼镇总兵。

六十年二月，云贵总督大学士忠锐嘉勇公福康安征黔省逆苗，疏通松桃、铜仁两路饷道，饬花连布率兵以先。福康安既抵铜仁，令花连布分路趋正大营，解其围，毙贼百馀，获粮二千馀石。奏入，谕曰："黔省苗匪与楚省苗匪勾结，蔓延滋扰，梗塞道路。福康安不待兵齐，即带现在官兵分路进攻，立解正大营之围。总兵花连布打仗杀贼，亦为得力。并着加恩赏戴花翎，交部议叙。"部议军功加一级、纪录二次。闰二月，从哑喇塘进，经阿寨营、安静关诸处，沿途剿贼；复由岩板桥追进后碉寨。[一]奉旨，花连布着再交部议叙。部议军功加一级、纪录二次。又从上麻洲、下麻洲、高坡塘、上下长坪进攻嗅脑，自嗅脑至松桃两旁贼寨，[二]堆木石阻路。花连布拆填坑壕，福康安统兵进击，毙贼甚多。上以花连布奋勇出力，赏给刚安巴图鲁名号，仍如例赏银百两。三月，夺长冲塘卡，至卡落塘，[三]毙贼无算，生擒十人。时永绥城被围八十馀日，花连布绕道往援，击贼于梁帽寨，且战且前，抵永绥，解其围，上嘉赏之。又击贼于小排吾，剿巴茅汛、鸭保、黄瓜寨诸贼巢，[四]连破大寨五，获粮五百馀石。四月，由滚牛坡翻山下，剿腊夷寨，枪伤左腋，上奖励之。又谕曰："花连布此次带兵打仗，虽受枪伤，幸俱不重。此时是否伤已平复，殊为廑念。"五月，由葫芦坪进攻党槽、三家庙诸苗寨，克之，夺卡七；击上竹排、下竹排各苗寨，毁之。上叠加奖赉，又谕嘉奖，交部议叙。部议军功加一级、纪录二次。六月，剿杆子坳贼匪。七月，据古哨营山梁。上以花连布节次攻解围城，极为奋勇，命补授贵州提督。时侦得首逆吴半生往来马鞍、山塔金、盛华哨、糯塘、虾蟆峒、古双坪诸处，纠众苗计拒官兵。花连布偕内大臣额勒登保率兵会总兵那丹珠等两翼兵,于爆木林山梁三路合扑,连克苗寨十馀处,沿途追剿,深入数十里,自成光寨至下狗脑坡山势愈险,贼匪啸聚甚众。

福康安派额勒登保及侍卫纶布春,分兵两路,抄上狗脑坡;花连布一路抄下狗脑坡。花连布率屯番身冒贼枪,攀藤附葛直上山顶,贼渐却,分兵下压。会额勒登保、纶布春绕出贼后之两路兵夹攻之,福康安焚狗脑坡上下苗寨,花连布攻伐竹木,随处薰塞,沿途大小岩峒匿匪,冒火争逃,击毙者十七八。又侦得吴半生窜匿古双坪一带,八月,福康安率花连布等冒雨抢占山梁,毙贼千馀;又令由猫头进,连克茶林硐、上麻冲、下麻冲诸寨。甫下黄毛山坡,贼数千从对面山沿坡接冲下,额勒登保促兵奋压,花连布绕贼后夹攻,歼毙无算。九月,由长坪齐集粤西官兵,会将军兴肇率满、汉各兵随剿随进,连克马脑寨、猪草寨、杀苗坪、竹子寨诸寨落,复分兵攻岩板井、瀼水、沱溪头、绿树、豆冲关、镶坪一带,〔五〕全克之。是月二十日,吴半生至高多寨,福康安督同花连布等分路竞进,四面严密攻围,吴半生诣军投首。奏入,得旨,花连布着从优议叙,部议军功加二级。时将乘胜捣贼巢,以龙角峒为鸭保紧要门户。二十七日,福康安派花连布分兵三路绕道进攻,共克鹅洛、下水坝、重寨、扣堡、斗沙、斗思、科峒、雾露等寨二十馀处。次日黎明,齐聚龙角峒山梁,迎面攻寨,贼众乞降,不许;仍奋击,自辰至酉,贼溃乱,官兵跃入石城,杀贼无算。其附近未剿之黄茅坪、蜡尔关、邓款、卧党沟、沙敞基、大窝等十五处寨落,相率来投。十月初七日,分剿大坡脑、得胜山、雷达山、磨水山、大小高岩、喜鹊坡、尖头山、清平山大小木城石卡三十馀处,连克之;又分花连布等为四路,于二十二日四更,由鸭保山扑鸭保寨西南两面。是夜,朔风大作,遍山树木震动,山沟路窄,于黑暗中觅径,凡遇沟濠,各攀援跳越而上,抛掷火弹,焚贼窝棚。俄而各山坳贼卡火光齐发,枪声络绎。惟时风益猛,窝棚竹木着火俱飞,各卡苗匪惶骇无措,官兵扑开木城七、石卡五,毙贼无算,随举垂藤、董罗诸苗寨,全克之。十一月初一日,抵贼巢。初二日暮,密围贼目吴八月于卧盘寨,缚之。二十日,攻小天星寨,翌日克之。分兵捣中天星、大天星各寨,绕道进攻黄冲口、岩窠山、骑马山、上寨坡、大地坡、小峰各贼卡一十三处,连克之,抵得盘山梁。十二月初四日,扑木营山梁,贼向山后遁。暮,雨雪,冒雪进围地良坡,焚其寨。初五六日,复冒雪进攻八荆、桃花诸寨,全克之。初十日,克高斗山梁。十三日,攻普定寨,毙贼甚多,生擒贼匪四十馀、贼目二名。十八日,克马峒、坡脚山、两岔河、[六]川峒各山梁,毁苗寨三百户,获大炮二,器械无算。二十七日,扑金岭冲木城,据其山梁。

嘉庆元年正月初二日,克吉吉寨山梁。十五日,扑上连云山,相持竟夜,天明,贼始退,进攻岩峒大寨三十馀户贼匪,尽克之。二十七日,击贼于猴子山、蛇退岭诸处两昼夜。二月十三日,抵壁多大山,连夜进剿,歼毙无数,生擒贼五十七、要犯二。二十四日,抵高吉坨,抵巴金湾,尽焚诸贼寨。三月初一日,扑高吉坨对面山梁,毙贼数十。两岔溪伏苗蜂起,迎击之,抵平逆坳,夺卡三。初六日,击贼于擒头坡,相持一昼夜,毙贼无数,乘势搜剿。初九日,抵禾粟山,据顶下压,贼冲突十馀次,连击之,贼溃窜。二十三日,据共纳山[七]连克贵道岭、七星坡、苗家坨、槽石冈诸处石卡四十馀,焚山下苗寨三百馀户,抵长吉山,据石城左右大小山包、木卡、石卡三十馀处,竞上山梁,举茶山、茨岩等有名大山,平陇一带紧要屏障,全克之。又据捷定坪、笔架山、勒兆堵、瀑水源堵山梁,连日获贼三十七。四月二十八日,大雨后,克蛮溪岭、紫泥山、油麻湾、茶坳诸处贼卡八九处,扑廖家冲山梁据之,又进据山梁七座。

五月十三日,云贵总督大学士忠锐嘉勇贝子福康安卒于军,四川总督一等宣勇伯和琳督兵于二十八日扑全壁岭贼卡,令花连布率将弁鼓勇截杀各路兵,往来追剿,毙贼无算,斩级三十馀。六月,由马鞍山赴乾州,将渡河,虑杆子坪、泡水贼匪抄袭,花连布据湾溪防之;大兵既进乾州,花连布等分路剿附近周围苗寨。[八]七月初旬,遍搜鸦溪、大坡垄、黄茅田、狗儿寨、梨树、七方桥、三世佬、汤家寨、吴家寨、施金坪、双塘、夯陀、大坝坪诸处民村苗寨,抗拒者尽戮之,攻至大庄。八月,由强虎哨分兵进攻后坡新寨、麻里湾诸处大小贼卡十馀座,毙贼甚多。是月三十日,四川总督一等宣勇伯和琳卒于军,上命湖南巡抚姜晟与花连布熟商妥办。统计花连布以征苗军功,叠蒙恩赉二十次。

九月,青溪县高承德等以邪术聚众,知县王懋德被戕。贵州巡抚冯光熊奏入,谕曰:"此等教匪仓猝纠合,人数谅属无多,易于办理。现在花连布带兵往捕,伊系本省提督,且久历戎行;而冯光熊又调拨附近兵勇亲往查办,想不难克期扑灭。但必须将戕官之犯,严拿务获,详悉问明,从重办理,方足以儆凶顽而申国宪。将此传谕知之。"旋偕冯光熊奏攻槐花坪四寨,报闻。嗣又攻破小竹山贼巢,奏曰:"小竹山路径纷歧,恐贼匪四出滋蔓。拨官兵就各要口,集乡勇堵御。"十八日,贼匪二三千分拥扑卡,官兵分击,枪炮并发,毙贼三百馀人,斩级百三十二,斫毙逆渠高承芳并贼目五。贼众窜山梁坚拒,连日侦得贼党胁附之众,渐生离异,络绎遁出。二十二日,乘机进攻,贼众仍死拒,官兵奋击,夺卡直入小竹山贼巢,炮毙无算。枪毙首逆高承德及戕知县王懋德之犯陈仰瞻。贼匪乘夜潜由双岔山溪、铁磺坪窜入大小鬼坉,官兵跟踪,进逼尾追,现在兜擒,务尽根株。"得旨嘉奖。

　　鬼坉距小竹山三十馀里,坉在高冈之上,陡坡深涧,迂回险峻,官兵既于各要隘派兵严堵。二十五日巳刻,贼匪抢夏家冲乡勇营卡,花连布派副将海格、参将施缙等两路攻山梁,击散之,夺卡四。坉上贼匪千馀,复由冲内攒拥扑拒,海格、施缙两边追压,花连布由中路进,追贼至坉边,督兵奋攻,贼见攻甚急,俱于半坡掷石以拒。又贼别党从涧内突出,堵截我兵。花连布已上坡,未及数丈,头中石,滚跌岩下半坡及涧内,贼合扑之,诸将并力杀退,而花连布伤重,旋殁于阵。冯光熊奏入,谕曰:"花连布因贼匪抢夺夏家冲,督兵攻击,被贼匪掷石身故,虽系冒险轻进,但究属殁于行阵,深堪悯惜!着加恩赏给太子少保衔,仍交部议恤,并入祀昭忠祠。伊子俟承袭世职后,带领引见,以示轸念。"部议给予骑都尉兼一云骑尉世职,袭次完时,给予恩骑尉,世袭罔替。赏恤银八百两,赐祭葬如例,谥壮节。

　　子富庆,承袭。

【校勘记】

〔一〕复由岩板桥追进后碉寨　原脱"追"字,又"后碉寨"误作"运夺

碙"。耆献类征卷三五八叶三六下同。今据花连布传稿(之
三〇)补改。

〔二〕自嗅脑至松桃两旁贼寨　原脱"自嗅脑"三字。耆献类征卷三五
八叶三六下同。今据花连布传稿(之三〇)补。

〔三〕夺长冲塘卡至卡落塘　"长冲塘"下原衍一"山"字,又脱"至卡"
二字。耆献类征卷三五八叶三六下同。今据纯录卷一四七四叶
一九下删补。按花连布传稿(之三〇)不误。

〔四〕剿巴茅汛鸭保黄瓜寨诸贼巢　"保"原误作"酉"。耆献类征卷三
五八叶三七上同。今据纯录卷一四七四叶二〇下改。按花连布
传稿(之三〇)亦误,而本卷德楞泰传不误。

〔五〕豆冲关镶坪一带　原脱"豆"字。耆献类征卷三五八叶三八上
同。今据花连布传稿(之三〇)补。

〔六〕两岔河　"岔"原误作"汾"。耆献类征卷三五八叶三九上同。今
据花连布传稿(之三〇)改。

〔七〕据共纳山　"纳山"原误作"三"。耆献类征卷三五八叶三九下
同。今据花连布传稿(之三〇)改。

〔八〕花连布据湾溪防之大兵既进乾州花连布等分路剿附近周围苗寨
　原脱"据"以下至"花连布"凡十四字。耆献类征卷三五八叶
四〇上同。今据花连布传稿(之三〇)补。

仙鹤林

仙鹤林,山东滋阳人。由行伍于乾隆三十八年补临清营把
总。三十九年,逆匪王伦滋事,大兵围贼于临清旧地,探知王伦
遁踞汪姓大宅,鹤林随头等侍卫音济图等直入搜捕。鹤林手捽
王伦辫发,被伙贼突出抢夺,身受刀伤。经大学士舒赫德奏请以

千总升补。四十年三月,补东昌营千总。十月,调寿张营千总。四十五年,以盗犯王二在寿张等处潜匿,鹤林不实力查拿,降兖州营把总。四十八年,升兖州营千总。五十二年五月,升德州营守备。十二月,偕游击王文雄拿获汶上县肆窃拒捕凶犯李得朋、魏寅等,经山东巡抚长麟奏入,命送部引见,以都司升用。五十三年五月,授广西浔州协都司。五十六年,调右江上林营都司。五十九年,擢右江隆林营游击。

嘉庆元年,擢广东督标参将,调赴湖南剿捕苗匪。十二月,随广州将军明亮、都统额勒登保攻贼于马头山,奋勉出力,赏戴花翎。是月,大兵由马头山进攻贵鱼坡,连克险要苗寨,鹤林与有功。二年二月,调赴镇筸、乾州一带,办理降苗事务。先是,镇筸、乾州、泸溪、河溪等百馀处,皆系汉民田地。自逆苗滋事以来,民人各弃本业,逃往他处,所遗田亩,遂为无业穷苗占踞。至是,明亮等命鹤林偕千总滕一鹏遍历各寨,开导降苗,将所占田亩退还汉民,[一]俾各归本籍,复业耕种。

时苗疆大功甫经告藏,应留驻官兵,分路防范。湖广总督毕沅、湖南巡抚姜晟请将鹤林熟悉苗情谙练营务,与参将阿林布、游击五十一等,俱奏请留楚管带防兵。五月,擢湖南永绥协副将。五年,丁母忧,姜晟请将鹤林留任守制。谕曰:“湖南现非办理军务省分,该副将只系在苗疆留防弹压,并无带兵之事;且该省苗疆地方,不止永绥一处,若遇有丁忧之员,俱以熟手为词,纷纷请留在任守制,成何政体? 仙鹤林着即回籍守制。”八年三月,服阕,授河南河标副将。寻擢甘肃河州镇总兵。十一月,调湖南镇筸镇总兵。九年,擢湖南提督。

十三年闰五月,鹤林呈递皇上庆育皇长孙贺折,措词谬妄。谕曰:"提督仙鹤林所奏之折,以'诞降重熙,承华少海,玉质龙姿,前星拱极,本支百世,派衍东宫'等词,填写满纸,一派狂言,谬妄已极!仙鹤林着革职锁拿,交景安严行审讯。并将代拟奏折之人,一并锁拿质审。仙鹤林是否通晓文义,此折或系伊自出臆撰,抑系伊本无主见,只倩人撰拟,均须详细鞫讯。俟审有大概情形,景安一面奏闻,一面将仙鹤林及代拟奏折之人,派员押送进京,交军机大臣会同刑部严审,定拟具奏。"六月,湖南巡抚景安奏:"查讯仙鹤林于五月内恭闻皇上喜得皇长孙,伊系武职大员,例应具折陈贺。因行伍出身,素不通晓文义,先令营书郭裕昆代拟奏稿,后送交常德府知府薛淇阅看,嘱其改定。是日薛淇感冒暑热,未及翻阅,随交幕友石先几代为酌改。石先几不谙体裁,即摘原稿数句,又撷拾类书成语数行,衍成一稿,送与缮奏。应将薛淇革职,同仙鹤林、郭裕昆、石先几一并解京。"七月,军机大臣会同行在刑部覆审属实,仙鹤林、石先几应比照上书诈妄不以实律,杖一百,徒三年。鹤林系属大员,请发往乌鲁木齐效力赎罪;郭裕昆拟杖一百,徒二年;薛淇拟杖六十,徒一年。奏入,谕曰:"仙鹤林自行陈奏事件,并不详加检点,致多谬妄,其咎较重,本应照议发遣,姑念伊前屡经带兵打仗,身受重伤,着有微劳,着加恩免其发往乌鲁木齐,仍与石先几一律问以满徒。"

十四年二月,上以本年五旬万寿,加恩释放废员,鹤林回籍。九月,奉旨,以营守备即选。十一月,选山西平垣营守备。十五年,擢江西南昌城守协副将。十六年闰三月,授河南河北镇总兵。八月,因染患腿疾,奏请解任,回籍调理。谕曰:"仙鹤林曾经出师,着有劳绩。兹因病奏请开缺,着加恩以原品休致。"十八年,卒。子<u>殿宁</u>,<u>江宁</u>候补县丞。

【校勘记】

〔一〕将所占田亩退还汉民俾各归本籍　原脱"汉民"二字,又"俾"下衍"民人"二字。<u>耆献类征</u>卷三〇五叶四二下同。今据<u>国传</u>卷七四叶二下补删。

额勒登保

<u>额勒登保</u>,<u>瓜尔佳氏</u>,满洲正黄旗人,世居<u>吉林乌拉</u>。<u>乾隆</u>三十三年,以马甲随征<u>缅甸</u>。三十八年,随征<u>金川</u>。三十九年,以功授蓝翎侍卫。四十年,擢三等侍卫。四十一年二月,<u>金川</u>平,追叙攻取<u>噶拉依</u>功,赐<u>和隆武巴图鲁</u>名号,移驻京师。四十八年,命在<u>乾清门</u>行走。四十九年五月,随尚书<u>福康安</u>、领侍卫内大臣<u>海兰察</u>攻逆回<u>田五</u>等于<u>石峰堡</u>。六月,至<u>隆德</u>,<u>海兰察</u>率之侦进兵路径,擒牧放牲畜贼<u>回四</u>,获马牛、刀矛无数。旋以攻复<u>底店</u>贼巢功,授二等侍卫。事定回<u>京</u>。五十年,随驾射鹄中的,赐黄马褂。五十二年,授头等侍卫,随<u>福康安</u>、<u>海兰察</u>征<u>台湾</u>逆匪<u>林爽文</u>,援<u>嘉义</u>,解其围。贼退据<u>大埔林</u>、<u>中林</u>、<u>大埔尾</u>三庄,其剽悍者多据<u>中林</u>,<u>海兰察</u>率<u>额勒登保</u>攻克之,馀贼溃。<u>福康安</u>奏令押解贼目<u>蒋挺</u>等回<u>京</u>。五十三年二月,俘<u>林爽文</u>,<u>台湾</u>平。图形<u>紫光阁</u>,列后三十功臣中,命儒臣制赞曰:"<u>中林</u>效绩,健捷过人。星驰飞镞,操刺罕伦。直前披击,冲垒奋身。龙骧备卫,是谓虎臣。"迁御前侍卫,以奏对错误,降二等侍卫。

　　五十六年,廓尔喀贼匪扰后藏,命为头等侍卫,驰赴军营。会驻藏大臣舒濂病卒,四川总督鄂辉奏令额勒登保驻前藏,摄其事。上嘉鄂辉为知人。五十七年五月,随福康安、海兰察攻克擦木贼寨,七战七胜,直抵帕朗古河,赏加副都统衔。贼酋纳款,撤师。福康安等奏以额勒登保督兵殿后。十月,又先令回京面奏军营事宜。图形紫光阁,列前十五功臣中,御制赞曰:"石碉木栅,鳞叠贼防。势如卷箨,捷似颓墙。将军所示,无不领略。率领精兵,埋根卓铄。"寻授镶红旗蒙古副都统。五十八年,授镶白旗护军统领,调镶黄旗护军统领。五十九年,调正蓝旗满洲副都统。六十年正月,擢镶蓝旗蒙古都统。

　　黔苗石柳邓叛于松桃厅,楚苗石三保叛于永绥厅,陷乾州。上命云贵总督福康安督兵,因奏以额勒登保及护军统领德楞泰率巴图鲁侍卫往。二月,抵辰州,单骑驰赴大营,上嘉之。时福康安先已解松桃围,石柳邓逸入石三保黄瓜寨中。额勒登保由松桃迤西进攻,三月,解永绥围。四月,克黄瓜寨,又攻克首逆吴半生苏麻寨。吴半生遁踞西梁寨,石三保等遁踞鸭保寨为援。额勒登保设伏败贼于雷公山,克西梁。五月,贼退守大乌草河,水涨,军不得渡,先攻沿河各贼寨,克之。七月,福康安令额勒登保等以计渡河,乘胜克苗寨无数。九月,破高多寨,获吴半生,下部优叙。十月,与德楞泰同授内大臣。又获乾州起事贼目吴八月于卧盘寨。计将收复乾州,贼踞平陇阻遏官兵,福康安令额勒登保等夺踞禽头坡、骡马峒各山梁,以破平陇门户。嘉庆元年三月,贼伺我兵深入,由禽头坡抄截后路,我兵击败之。进抵长吉山,安营未定,贼苗数千扑营,额勒登保身自击退。均得旨嘉赏。

五月，福康安病卒，军务统于四川总督和琳。时石三保就擒，石柳邓及贼目吴廷义方踞平陇。六月，和琳奏平陇险固，请先趋乾州。贼踞河坚守，额勒登保率兵渡河先登，直入乾州，复其城。赏戴双眼花翎，命署领侍卫内大臣。八月，屡克险要苗寨，未至平陇，和琳卒于军。额勒登保亦染瘴病痢，上命移驻辰州调摄。九月，以病痊带兵。奏入，上喜慰，并嘉其遇事镇静合机宜，叠加赏赉。是时统兵大员惟额勒登保及内大臣德楞泰、湖南巡抚姜晟三人，上因命将军明亮、提督鄂辉驰往接办。十月，偕明亮等攻克平陇，石柳邓遁踞养牛塘山梁，分兵克之。命补授镶黄旗领侍卫内大臣，赏银一千两。是月，连克马头山、馀锦坡各寨。十二月，枭石柳邓于贵鱼坡，谕曰："额勒登保自用兵以来，首先带兵杀贼。此次贼从山沟冲突而出，复经痛加截杀，歼戮无算，尤为奋勇可嘉！额勒登保着封为威勇侯，赏银一万两。"二年正月，降苗缚送贼目吴廷义，并石柳邓、石三保等家属，分兵搜捕馀匪，疏通镇筸、保靖、永绥等处道路，大功告蒇。先是元年春，湖北邪匪滋事，延及川、陕各省，额勒登保以苗疆军务，未之赴也。至是，命由镇筸趋襄阳，偕湖广总督福凝剿林之华、覃加耀二逆于长阳县黄柏山。贼据四方台，恃险负嵎。三月，额勒登保驰至军，攻克之，追贼至芭叶山，贼于入山之大堄口、二堄口，筑卡掘濠固拒。六月，克大堄口，贼窜宣恩、建始等县，分兵三路追捕。十月，始毙林之华于长阳县之大茅田，覃加耀仍未就擒。十一月，贼复由黄柏山回踞朱里寨，屡奉严旨申饬。十二月，贼踞归州终报寨，上以终报寨周围十馀里，覃加耀夥党不过百馀，额勒登保统兵四五千，兼以乡勇，不能立就荡平，降三等伯爵，戴单眼花翎。三年正月,擒覃加耀。上责其不能早竣,不但无功,而且有过,褫爵,予副都统衔。

是时贼匪有青、黄、蓝、白、绿等号,又设掌柜、元帅、先锋、总兵等伪称,上命赴陕协剿襄阳白号高均德,黄号姚之富、齐王氏股匪。会贼目李全、张天文自盩厔至蓝田,欲与高、齐股匪合。额勒登保率兵截击之,姚之富、齐王氏失援,遂为副都统衔明亮、德楞泰所歼。三月,偕明亮追剿高均德于凤凰嘴、两岔河,贼南窜商州、镇安一带。四月,襄阳蓝号首逆张汉潮由川被剿入楚,命带吉林、黑龙江兵赴荆州会剿。五月,贼欲潜渡汉江及竹山之官渡河,我兵击却之。六月,追贼入陕境平利县,又由陕追入川境太平县。上以任贼奔窜,蹈尾追结习,降旨切责。七月,奏感患暑湿,留太平医治。时巴州白号首逆罗其清踞营山县之箕山,卡寨林立,晓夜鼓角与大营相对,诸贼多恃为声援。九月,尚书惠龄、副都统衔德楞泰攻破箕山,会额勒登保病起,自太平至广元,追剿高均德、李全股匪,闻张公桥有贼,迎击之,大捷,生擒张汉潮之子正隆,与惠龄等合兵。十月,罗其清退踞大鹏山,分遣贼众伺劫军饷,额勒登保先督兵疏通仪陇、巴州运道。十一月,合兵围剿大鹏山,克之,歼罗其清之父从国,其清遁入巴州方山坪。额勒登保分兵兜剿七昼夜,生擒其清,并其弟其书、其秀,子永福等,赏还花翎。十二月,驰赴合州,追剿达州青号徐天德、东乡白号冷天禄股匪。四年正月,上以前此军营事权不一,致葳功需时,特命四川总督勒保为经略大臣,额勒登保与明亮同授副都统,为参赞大臣。二月,涪州有贼,诈称良民,投入鹤游坪难民寨中为内应,贼大伙踵入。额勒登保偕德楞泰击散之,寨民得全。

三月，云阳蓝号贼首萧占国、张长庚等复由阆州回扰营山，贼众八九千。额勒登保力疾转战，尽歼贼众于谭家山，斩萧、张二逆，恩赏二等男爵世职。时冷天禄方踞岳池，额勒登保乘胜由间道冒雨进剿，追至广安州石头堰，歼毙馀匪千人于石笋河。奏入，谕曰："额勒登保旬日之内，歼除三股贼匪，实为奋勇可嘉！着晋加一等男爵。从前各路带兵大员，只图擒拿首逆，仍任馀匪窜逸，以致一股未平，一股复起，迄无竣事之期。今于旬日内，连办三股贼匪，不留馀孽。从此剿净一股，即肃清一处，可望成功，朕伫盼捷音踵至也。"

四月，留川追剿东乡白号张子聪股匪于云阳县蒲家山。子聪勾合襄阳黄号樊人杰、太平黄号龚建等逆抗拒，其分股贼目萧煜又合奉节线号卜三聘、龚文玉等逆奔窜，我兵叠败之于寒水坝、杨家山、谭家坝等处，贼稍解散。五月，张子聪复与通江蓝号冉天元合，欲犯陕境，我兵由老官山等处兜截，逼回南江。六月，张子聪窜通江，追败之于苟家坪，败冉天元于木老坝。谕曰："额勒登保每遇打仗，奋勇争先，冒险进击，故所向克捷，朕心实为欣慰。适据勒保奏称，额勒登保深得众心，虽疲乏之兵，归入伊队，即能齐心奋勇，兵弁无不乐从，贼匪俱知畏惧。但伊前任领队侍卫时，先登陷阵，奋不顾身，固所当然；今职司参赞，乃国家倚重之大臣，所关紧要。嗣后凡遇击贼，宜加慎重爱身，相机指示，不可仍前争先冒险奋勇，而轻于视敌，此为至要。"七月，冉天元窜镇龙关，欲与达州青号王登廷合，登廷屯马鞍寨，遣贼党阻我后路粮运。额勒登保率兵败之于王家坝，克马鞍寨；穷追贼众于大竹、邻水、东乡各县境。值齐家营别股贼匪窜至，立分兵击杀二千馀,生擒一千馀,仍紧蹑登廷,不予以暇,上嘉之。

八月,湖广总督倭什布以川省贼匪李淑、徐天德等率众犯楚,飞章告警,上逮经略勒保入都,参赞明亮亦被逮,特授额勒登保为经略大臣,加都统衔,以德楞泰为参赞大臣。先是,湖北粮员胡齐仑馈送事发,额勒登保独无所受,又慎重支饷,偶遇缺乏,即自行筹办,从不诿咎粮员。谕曰:"额勒登保忠勇清公,实为难得! 经略之任,舍伊谁属? 即不识汉字,亦何难以清字缮奏,朕亦降清字谕旨指示。"又谕曰:"民间闻额勒登保经过,皆知其能爱护百姓,无不倾心悦服。地方官馈送,分毫无取。东三省人奋勇者多,似此树立端方,实所罕见! 现已授为经略大臣,奋勉勇往之中,还当以国事慎重为念。"九月,奏李淑、徐天德股匪经楚境官兵剿溃,折回川东,势已残败;而王登廷一股现与冉天元、鲜大川、苟文明合;又有襄、樊首先起事之阮正隆窜至广元,觊觎入陕。现在贼势,川北为重,臣未便再往川东。臣向来只系一路偏师,兹奉恩命授为经略大臣,自当查明各路实情,通筹全局,孰缓孰急,妥为赶办。"旋率总兵杨遇春等歼阮正隆等于云雾山,授正白旗汉军都统。十月,奏各路出力人员,应随时鼓励,令领兵大员自行保奏,以免往返咨送稽延,上嘉其公。又奏:"陕西边界,大半皆臣剿贼周历之地,俱有险要可扼。然督兵之员分驻一处,株守营卡,竟置经过之贼于不问。及贼已窜出,转以地方辽阔、贼来众多为词,掩其堵御不力之咎。请令陕省各大员,嗣后于各营卡预备出敌官兵,闻有贼警,一面严防,一面迎击。盖贼匪之奔逸,即或突然而来,亦不过一路两路;官兵营卡声势,如果联络彼此,出而迎追,互相策应,贼匪既难飞越,何至更有蔓延? 所谓以堵为剿，事半功倍。"又奏军中马队最为得力，请于四川、云、贵三省购马千五百匹，到营应用，上从之。十一月，贼首王登廷、徐天德、冉天元、樊人杰等股会合抗拒，额勒登保跃马督阵，破之于巴州何家院及东君坝，擒伪总兵贾正举、王用奇等；追贼于苍溪猫儿垭，贼冒死突入我营，将弁兵勇多有损失，王登廷逸去，寻为南江县团勇盘获。奏入，谕曰："额勒登保此次盘获王登廷，与所奏猫儿垭一带官兵挫折之事，相隔仅一日。若从前军营统兵之人，必将官兵失利之处压搁不奏，转将首犯王登廷作为打仗擒获，掩败为功，其阵亡多员，分作数次含混入奏，以为支饰之计。今额勒登保据实直陈，并不稍存讳饰，而于王登廷盘获情节，一并明白声叙，并不攘为己功，似此方不愧经略之任。朕之所以嘉予额勒登保而加之赏赉者，实在于此。"命补领侍卫内大臣。

十二月，贼匪高、戴、马、罗各股由潘家山老林突入陕境城固、南郑等处肆扰。额勒登保闻警，督兵赴陕，以川省军务移交总督魁伦接办。五年正月，川北贼匪乘虚由定远抢渡嘉陵江，分扰川西州县。魁伦退保潼河，上以额勒登保不知通盘筹画，冒昧离川，饬之。二月，追陕贼至甘境，与参赞那彦成合兵。旋因病暂驻秦州，上遣其侄富忠阿带御医驰视。病起，屡歼贼众于宁远、伏羌、岷州、阶州各处，擒伪元帅陈正甲、詹世贵等。上嘉额勒登保与那彦成同心合力，连次克捷，优加赏赉。三月，襄阳白号贼首杨开甲等股复由甘省南折入陕，其蓝号贼首张汉潮先毙于陕境，馀匪仍四出纷扰，潼河时亦失守。上逮问魁伦，起勒保权成都将军，与德楞泰剿办川贼，专责额勒登保与那彦成剿办陕贼。因请添调直省兵一万三千名，从之。四月，陕贼大股直窜镇安、商州、雒南一带，上以额勒登保等不知东面为重，有驱贼入豫之势，革去花翎，召那彦成还京。额勒登保寻率总兵杨遇春驰抵商、雒，缄贼七百；又追至两岔河，歼擒千馀名。紧扼龙驹寨，遏贼东驱卢氏大路。赏还花翎。贼西南奔洵阳之大小中溪，设伏擒斩襄阳蓝号贼首刘允恭、刘开玉及伪元帅王洪儒等。于是张汉潮馀匪之在陕者净尽。恩旨晋封三等子。五月，追剿襄阳黄号股匪伍金柱等于汉阴厅铜钱窖，斩贼首庞洪胜、杨六燕，老教头王者子等，歼贼五千，分饬将弁追斩杨开甲于洋县之茅坪，下部优叙。六月，陕贼全窜甘肃徽县、两当各境，而襄阳蓝号贼目陈杰仍偷越栈道，欲奔南山。七月，分饬将弁生擒陈杰，并获伪元帅曹印，斩缄三千馀。八月，枪毙伍金柱于成县之峡沟，又毙首逆宋麻子于两当县麻池沟，〔一〕屡奉旨嘉奖。

　　贼被剿回窜陕境，额勒登保移师西乡，居中督办，而贼匪不据城池，惟往来川、陕、楚交界万山层叠、密林深沟之处，潜掠村市，裹胁难民，狡窜疾驰，趋向无定。十一月，贼由西乡渔坝窜过汉江以北者，额勒登保带兵渡江迎击。奏言："臣剿办贼匪，入秋以后，南山业经肃清，甘省渐就宁谧。贼匪纷纷败窜，悉逼归汉江以南，满拟就此次第剿除，或迸入川境，聚而歼旃。不料贼踪飘忽，又复窜过汉江以北，是甫有头绪，仍形散漫，实堪痛恨！办贼之法，不外防、剿二端。川、陕、楚边界辽阔，在在有路可通；江水绵长，处处有险可涉。势不能逐处安设重兵，贼匪猝然而来，虽有接应之兵，率皆鞭长莫及，防之不足恃如此。至于带兵剿贼，既须跟追，又须拦截，穷数日方及其踪，官员尚有马可乘，兵丁则徒步莫及。官虽至而兵未至，兵甫至而贼又逃。近来贼势败残,其潜匿多在老林之中,其奔走更在无路之处,追逐倍形艰苦。况杀一头目,又添一头目;杀贼数人,又裹胁数人。官兵正办此股,他股又从旁路而来;正在击西,其东面又复接踵而至。各匪正聚一处,一经剿杀,又分股逃遁,前后左右,皆受牵缀。我兵稍不慎密,往往堕其术中。剿贼之情如此。至臣有总统师干之责,功之所在,悉皆第其等差,以次迁擢;过之所在,亦必权其轻重,以示创惩。臣一切奏牍,未敢稍涉虚诬,即各路军营报到,亦必察其虚实,从未敢以不实之情上干宸听。臣之办事如此,而事机不顺,堵剿均无速效,惟有请旨将臣严加治罪,以昭儆戒。"奏入,上温旨慰劳之。十二月,奏:"前此到处设防,以冀挡贼去踪,便于痛剿。乃所设营卡,叠遭冲突,虽治罪累累,总以地广兵单,难于兼顾。今请将各处防堵之兵,除江防外,悉拨入剿兵之内。又大兵至某州县剿贼,即将该处乡勇之壮健者,挑选一二千随同协剿。大兵过境,仍留本处防堵。至坚壁清野,实为制贼要着。现在川省寨堡结实,贼匪不敢深入,此其明验。陕、楚两省结寨寥寥,是以贼匪东遁西逃,仍有人可掳、有食可掠。傥各边界层层俱有寨堡,则粮食悉归存储,贼匪无可掳掠,且可备官兵猝入剿贼支给之用。贼则饥饿难行,官兵则饱腾可战,断无不克捷之理。"上可其奏,以剿捕责诸将,以防堵责疆吏,并申谕各疆吏,鼓励团勇,抚恤难民。贼众窜近武关,意图入豫,额勒登保督兵截剿,逼回西南。

六年正月,剿襄阳贼首王廷诏,白号贼首高三、马五等股于汉阴南山,馘贼千馀,生擒八百。谕曰:"新正以来,额勒登保递到两次捷报,官兵于冰雪沍寒之时,乘夜进发,累日奔驰,不遑炊爨，艰苦备尝。是进剿不为不力，杀贼不为不多，朕亦不忍再加督责，但未能歼获渠魁，办完一股，于大局仍无裨益。向来各路带兵大员，剿办股匪，势已残败，本可一鼓殄除，或因他股贼匪从旁路突至，不能不就近接剿，以致被逃之贼沿途裹胁，又成大股，与未经剿杀何异？此五年以来军营通病。现在高三、马五、王廷诏皆系著名凶悍首逆，官兵已获胜仗，即须专注此股贼匪，并力剿办，不可舍而之他，致令逃窜。大股除尽，小股不攻而自破矣。”二月，奏请增设宁陕一镇，为南山一带屏障，上韪之，谕将安营设汛事宜，速筹妥办。是月，饬提督杨遇春追剿贼众，擒王廷诏于川、陕边界鞍子沟，俘至京师。奉旨，交部议叙。三月，高三、马五又与贼首王凌高窜入南郑，我兵追至百雄关，先擒王凌高及老教首张什，寻督杨遇春追高三、马五于宁羌州铁锁关，擒之。上嘉其调度有方，晋二等子爵，赏戴双眼花翎。

时逆首最著名者，陕省则冉学胜、伍怀志等，楚省则徐天德、苟文明等，川省则樊人杰、冉天泗、王士虎等，尚不下十馀股。冉学胜北扰甘境，额勒登保督兵由汉中入栈兜剿。四月，逼退冉逆于渭河南岸，又蹙之于汉江南岸。贼遁平利，而洵阳复有白号首逆张天伦等五股，合伙屯高唐岭、刘家河一带，势甚张。额勒登保分饬杨遇春等冒雨剿捕，杀贼二千，生擒一千，投出被胁难民数百，获骡马、旗帜、刀矛、鸟枪无数，生擒张天伦。六月，饬提督穆克登布擒伍怀志于秦岭，七月，饬杨遇春擒冉天泗、王士虎于通江报晓垭，均得旨嘉赏。其起事最久之徐天德及冉学胜，亦被楚、蜀官兵歼擒，而姚之富之子馨佐，及襄阳白号首逆高见奇、辛斗等方扰宁羌，额勒登保督兵西剿，逼入川北。九月，饬诸将格布舍、杨芳等生擒辛斗于南江倒水峒。十月，饬丰绅、桑吉斯塔尔等生擒高见奇于紫阳三星寨，又追剿李彬股匪于达州境，获其妻子及伪元帅冉天璜，伪副帅朱印、阮天浩等。于是伪总兵李元受、老教首阎天明及贼夥龚荣忠、韩文进等各率众数百人投首，奏奉恩旨免死安插。贼势日就穷蹙，因条奏军务戡定情形，及搜捕馀匪各事宜，谕曰："所奏皆与朕每日指示军机大臣等意旨不谋而合，具见额勒登保胸有把握，筹画全局，悉中肯綮，深堪嘉奖！着加恩晋封三等伯，并赏给黄面貂皮马褂。"十一月，巴州白号首逆苟文明潜与高、冉各股剿败残匪合，由广元偷渡汉江，窜入甘境阶州，裹胁二三千人，旋由阶州回窜广元。上严饬额勒登保逮问逗遛纵贼之四川提督七十五，额勒登保檄德楞泰驰抵广元协剿。十二月，贼窜通江，歼之于瓦山溪，获苟文明之侄伪元帅苟朝献及其弟苟文举等。[二]贼窜开县、大宁。七年正月，分兵擒斩襄阳黄号贼首辛聪于南江五宝山，苟逆俄率贼众由西乡七星坝抢船偷渡汉江北岸，额勒登保驰奏请罪。上以七星坝一带，本有防兵，额勒登保前因贼氛已远，遽行撤去，致贼偷渡，罪有应得。念其屡著劳绩，从宽降一等男爵、单眼花翎。

旋奉旨以川省股匪交德楞泰、勒保办理，额勒登保以经略大臣兼西安将军，专办陕贼。二月，奏言："川、陕、楚三省边界贼匪，合计不过五六千人，无如贼势愈穷，狡诈愈甚。昼则伏而不出，凡沟渠林箐，随在皆可藏身；夜间潜地奔逃，虽寨峒民人，亦莫测其踪迹。或遇道路民人，潜出剽掠，或掳得男妇，向寨峒换易衣履食物，百姓等顾惜人口，不得不遂其所欲。迨我军带兵遄往，贼早远飏，往往穷日奔驰，徒劳无益。臣以多兵追剿，未能得力,是以分派将备,酌带劲兵,或数千人为一路,或数百人亦为一路。或奋力直前,攻其无备;或乘夜进击,使不及防。较之大队官兵逐北追奔,转为有益。"是月,苟文明被剿,窜入南山,与他股贼首宋应伏、刘永受合。三月,贼诈为官军红、黄旗帜,竖沙坝山顶,计陷我兵。额勒登保亲率将弁等,徒步入山搜剿,而狭路险阻,贼势盛则随地抗拒,或偷扑营卡,被剿穷迫,则翻越陡壁,藏匿老林,且多分股数,倏东倏西,为牵缀官兵之计。五月,上以额勒登保任贼奔窜南山,老师糜饷,革职,暂予留任。六月,痛剿贼众于龚家湾,苟文明仅以三百余人脱去,擒其妻子,并搜斩峒民之通贼者。贼目刘永受亦以被剿潜逃为村民所歼,奉旨开复革职留任处分。

　　苟逆由川塘河东窜,额勒登保亲率官兵抄击,叠有斩获,并因探闻德楞泰于楚境歼除首逆樊人杰、曾芝秀等,拨解赏需银七千两,分犒兵勇。谕曰:"额勒登保冒暑进兵,无分雨夜,可谓不遗余力,朕心深为厪注。又奏拨赏需银两解送德楞泰军营一节,额勒登保不独无忌功之念,且酌分赏项,奖励成劳,足见为国公忠深得大臣之体。"七月,歼苟文明于宁陕厅花石岩,恩旨晋封一等伯,赏还双眼花翎,以所兼西安将军缺改授兴奎。额勒登保奏军务不日告竣,减撤东三省及直隶、广东、广西官兵;又奉命筹撤节年召募远来之寨勇、乡勇,请派员分起,资送回籍,并给价收缴兵械;其愿入伍者,仍分隶各营备补兵额。均报可。八月,穷搜南山馀匪,擒苟文明之弟文齐,歼毙贼目张芳,即督兵取道平利,与德楞泰会剿大股楚匪,凡五战,擒斩过半。九月,移师安康、紫阳一带,东顾楚境,西策川界。十月,歼达州青号首逆熊方青于边界王家庄,并于竹溪境内,尽歼擂鼓台老林股匪,授镶蓝旗蒙古都统。十一月,上念额勒登保冲寒带兵,不避风雪,特赏貂皮马褂一件。是月,督饬穆克登布追剿黄、蓝、缐、白各号股匪于通江铁镫台,生擒首逆景英、掌柜蒲天香、伪总兵赖大祥,并获楚省老教贼目崔连乐,晋封三等侯爵。时著名首逆率就歼擒,馀匪分窜老林者,或百馀人为一起,或数十人为一起,不复成股。乃以十二月偕参赞大臣德楞泰,总督勒保、惠龄、吴熊光等驰报藏功。奏入,谕曰:"额勒登保总统师干,公忠懋著,谋勇兼优。前此平定苗匪时,即经赏给侯爵,嗣因剿办邪匪迟延,暂予降黜。自膺经略重任,运筹决胜,悉中机宜。躬亲行阵,与士卒同劳苦,用能屡获渠魁,扫除苞蘖。业经节次加恩,晋封三等侯爵。兹三省全奏底平,厥功殊伟,着晋封一等侯,世袭罔替,并授为御前大臣,加太子太保衔,赏用紫缰,以彰殊锡。"馀亦论功行赏有差。

八年正月,额勒登保留陕搜捕未尽零匪,叠次歼擒首逆姚馨佐、陈文海、宋应伏等于紫阳县境。闰二月,提督穆克登布以追剿宋应伏馀匪至南江亮垭子,遇伏阵亡。因言贼数愈少而贼情愈为狡悍,请发帑兴筑城营,制贼奔窜,并借此收养游民,以工代赈。奏入,谕曰:"现在零星散窜之贼,不过在深山老林潜匿奔逃。此时即使择要兴筑,贼匪早经绕道远避,安能制其死命?况将附近寨硐百姓迁徙入城,是直以民田庐舍委之贼匪。贼踪所至,无人抵御,更得来往自如,乃转称贼匪不敢由彼奔突乎?至以工代赈一节,地方现有兴作,游民得借此谋生,设将来工程完竣,亦难保游民不仍散为贼,额勒登保又将如何安置乎?又据称川、陕两省城营各工,约需银四十万两,如蒙恩给发督抚赶办,并可就近查核督催等语。额勒登保总统师干,自应以戢暴安良为己任,乃不思办贼,转欲监工,岂经略重任仅在监督工程乎?七年以来,所奏之折,从无似此次不通事体之至!至称三省军饷,每月需银三十四五万两,恳恩鉴核一节。军营饷项,朕先事预筹,源源接济,从未令有缺乏。额勒登保岂不知之,犹以此为借口乎?额勒登保殊负委任,着革去御前大臣,并紫缰,仍授御前侍卫,并传旨严行申饬。"寻以督兵歼毙贼目齐国典、靳思庆等于太平厅境,奉旨:"额勒登保自经训饬以来,甚知感奋,将紧要贼目尽数歼除,着赏还御前大臣并紫缰,用昭优奖。"六月,移兵入川,生擒戕害穆克登布之贼目熊老八于大宁县庙梁子,又擒伪元帅赵金友。奏言:"酌拟留防搜捕善后各章程:一、请全撤外省客兵及东三省马队,以节糜费而示体恤;一、请酌留四川本省兵勇一万二千名,分布川东、川北一带,湖北本省兵勇一万名,分布归、巴、兴、房、二竹一带,陕省兵勇一万五千名,分布营卡,常川会哨,以绝川、楚馀匪窜陕之路;一、请将随征乡勇有家业者,听其回家安业外,其无家业愿归营者,照新兵例,各给守粮一分,俟制兵缺出拨补,约一二年即可补竣,守粮亦可裁尽,于安插乡勇之法万全无弊;一、请川、陕、楚三省分驻大员统率;一、请俟奏报肃清后,申缴经略、参赞印信。"谕暂留东三省马队、官兵,并止其缴还经略印信,统俟善后事竣,亲赍入都,馀俱如所议行。七月,额勒登保偕德楞泰、勒保驰奏三省馀匪肃清,蒙恩赏赉,并下部优叙。命德楞泰先行回京展觐,额勒登保暂留川省经理善后。八月,奏言:"川、陕、楚三省地势,犬牙相错,东至巴、巫,西至宁、广,二千馀里,交界尽系大山。向属奸宄潜踪之地,既不可稍留遗孽，又不可久稽大兵。请就三省分段，各派镇将梭巡会哨，使贼匪无地潜匿，并图各州县营汛地界以闻。"报可。

是月，移师陕、楚，查阅营卡，续获苟文明之弟文渠，南山零匪搜捕殆尽。惟苟逆馀党潜结土贼数百人，由镇安偷渡汉江，窜及郧西，复折而入川。十月，上命德楞泰回川督剿，额勒登保振凯还京，特派御前侍卫珠尔杭阿迎赴前途，颁给赏项。十二月，额勒登保至京，行抱见礼于养心殿，御制诗曰："喜见良臣面，感思望捷诗。诚心不矜伐，抱膝益伤悲。事滞予多咎，功高汝有为。裕陵亟叩谒，庶慰在天慈。"加赏银五千两、大缎六十匹，派为后扈大臣，赐紫禁城骑马，命谒裕陵。九年正月，上念额勒登保前此剿贼紧要时，母讣不获守制，今已早逾二十七月，特令于庆贺新年礼成后，补穿孝服。二月，兵部奏请简派大员轮阅湖北、陕西营伍，上命额勒登保驰驿前往，兼颁钦差大臣关防。入川，偕德楞泰协捕零匪，并筹办裁撤兵勇、安设边防各事宜。时贼众辗转奔窜，入夏后伺我兵阻雨，乘间裹胁，贼数屡剿屡增，严旨切责，降戴单眼花翎，革去紫缰。七月，我兵痛剿贼众于凤凰寨，歼擒伪元帅罗思兰、伪总管王宗福等多名，恩旨赏还双眼花翎，并紫缰。额勒登保自陈精力骤减、力疾带兵情形，上命德楞泰为钦差大臣，兼成都将军，剿办馀匪。谕额勒登保回陕调理，缓程进京。馀匪寻亦全数扫荡。十年三月，署镶蓝旗满洲都统，命总理行营事务。四月，充方略馆总裁官。七月，授崇文门正监督。八月，上巡幸盛京，恭谒三陵。礼成，谕曰："额勒登保此次因积劳抱病，不克扈从前来。朕升香列圣，赐酢元勋，言念荩臣，宜膺殊锡。着加恩晋封为三等公。"

是月,额勒登保卒于京师,年五十八。奏至行在,谕曰:"额勒登保秉志忠诚,夙娴韬略。从前朕在藩邸时,充谙达有年,小心勤恪。曾出师缅甸、金川、石峰堡、台湾、廓尔喀等处,久经行阵,累立战功。嗣又平定苗疆,蒙高宗纯皇帝锡封侯爵。旋因教匪滋事,简畀戎行,始以迟缓获愆,终能奋勇克捷。自朕授为经略大臣,实力督师、屡阅寒暑,身经百战,艰险备尝,将数万凶渠扫除净尽,三省地方咸臻安辑,实能为国宣劳。且其宅心公正,力矢清操,中外满、汉臣工,及外藩蒙古等,即素不相识者,亦人无閒言,尤为不可多得。是以叠加恩奖,仍锡爵通侯,授以御前大臣,晋加宫保,并赐双眼花翎、紫缰,用昭殊锡。此次感患病症,即因积劳所致。月前启跸时,伊正当乞假,不克扈从前来。朕怀日切萦廑,屡命留京办事王大臣等往看病状,谕令安心调养,并亲解佩囊寄京赏给。昨谒陵礼成,特晋封为三等公,复命乾清门侍卫庆惠驰往看视,赍赐荷囊、玉鞢、鹿雉等件。方冀日就痊愈,长被恩光。今据奏于月之二十一日溘逝,披览遗章,实深震悼!念其一生忠荩,不禁涕泗交集!允宜宠锡饰终,以示酬庸至意。除赏给陀罗经被外,着成亲王带领侍卫十员前往奠醊,并赏给广储司库银五千两。着派总管内务府大臣广兴为之经理丧事。所有历任降革罚俸处分,悉予开复。应得恤典,仍着该部照三等公例察核具奏。"九月,上回銮,亲临赐奠,御制述悲诗曰:"家国栋梁痛摧折,积劳成疾不言功。一腔心血全予愿,三爵椒浆酬汝忠。封晋上公答劳绩,祠开京邑表恩崇。孤儿褓抱尤珍惜,泪洒空阶悲郁衷。"命将军秀林修理额勒登保吉林祖墓,并为立碑;命步军统领禄康于地安门外建立专祠,赐名曰"褒忠",岁时致祭。予谥忠毅。

子谟尔赓额,襁褓袭爵,寻殇;以侄哈朗阿嗣,承袭一等威勇侯,官御前侍卫、正白旗蒙古副都统。

【校勘记】

〔一〕又毙首逆宋麻子于两当县麻池沟　原脱此十四字。耆献类征卷三〇〇叶一二上同。今据国传卷三二叶一一上补。

〔二〕获苟文明之侄伪元帅苟朝献及其弟苟文举等　"朝"原误作"明"。耆献类征卷三〇〇叶一五下同。今据国传卷三二叶一三下改。

德楞泰　　子苏冲阿

德楞泰,伍弥特氏,正黄旗蒙古人。乾隆三十五年,由前锋授蓝翎长。随征金川、石峰堡、台湾俱有功,累迁前锋参领,赐继勇巴图鲁名号。五十六年,授健锐营翼长。五十七年,随将军福康安、参赞海兰察征廓尔喀。七月,以冒雨涉险,攻克热索桥等处贼寨,加副都统衔。事定,图形紫光阁,命儒臣制赞。十一月,补镶蓝旗蒙古副都统,管理健锐营大臣。五十九年三月,授正红旗护军统领。

六十年二月,黔苗石柳邓、楚苗石三保叛,陷松桃、永绥等厅,上命德楞泰带领巴图鲁侍卫、章京驰驿赴镇筸,随云贵总督福康安剿办。贼掠永宁哨,伺永绥后路,阻运道。德楞泰驻兵花园、隆团等处,御之,屡有斩获。三月,福康安解松桃、永绥围,檄德楞泰前赴大营,进攻贼巢。时首逆吴半生与石柳邓、石三保为声援,率众踞大乌草河。德楞泰偕都统额勒登保叠次攻克沿河寨落。七月,渡河抵盛华哨,山半木城甚固,德楞泰相度附近山梁,筑小石卡一座,安设炮位,断贼后路,[一]遂克木城,得旨赏赉。八月,克古丈坪。九月,进抵摩手寨,贼构石城于悬崖,绵延数里,德楞泰率兵勇降苗,由间道至寨后,出贼不意,夺据石城;乘胜进兵,遂与额勒登保生擒吴半生于高多寨,特授内大臣。十月,由龙角峒进攻鸭保寨,克木城、石卡三十馀座,又克天星寨木城七、石卡五,获贼目吴八月于卧盘寨。贼踞平陇,偕额勒登保连夺险要苗寨,破其门户。

　　嘉庆元年五月,福康安卒于军。时石三保就擒,平陇未下。六月,随四川总督和琳先攻乾州,复之。七月,进攻石柳邓于平陇,降三岔坪苗寨,夺据强虎哨山梁。八月,和琳卒,德楞泰仍偕额勒登保、巡抚姜晟进军平陇,屡克岩人坡、大坝角等苗寨。九月,上命将军明亮、提督鄂辉驰往协剿。十月,克平陇,命署正黄旗领侍卫内大臣,仍在御前侍卫上行走。石柳邓遁踞贵鱼坡,复于养牛塘山梁修筑石卡,迫胁降苗为抗拒计,我兵攻克之。谕曰:“养牛塘山梁地势险要,据奏情形虽系明亮等公同筹酌办理,而带兵打仗,自系额勒登保、德楞泰二人亲赴前敌,督率进剿。着各赏银一千两,以示奖励。”十二月,逆首石柳邓就歼,诏封二等子爵,加赏银五千两;旋获吴八月之子吴廷义,并各首逆家属,赏戴双眼花翎。二年正月,移兵永绥,擒斩张坪、马寨未降苗首石花延、石花保、麻普延、陇长受等。苗疆大功告蕆。

　　二月,奉命偕明亮率兵三千,并滇兵三千,驰赴四川剿办邪匪。时总督宜绵收复东乡县治,贼首徐天德、王三槐窜踞金峨寺。明亮先结营马耳峰，紧逼贼巢，德楞泰驰至，合兵由冉家垭口夺险直前，攻毁金峨寺，歼贼无算，获大炮三十六，鸟枪、刀矛、军械无算。徐、王等贼众二万又窜踞重石子、香炉坪。其南有分水岭，西南有火石岭，贼卡林立，我兵分路夺岭进攻。王三槐率众五千扑营，德楞泰督兵败之，三槐中枪逸，获其义父贺宗盛、贼目郑文礼。五月，德楞泰攻破重石子，明亮亦攻破香炉坪，歼贼万计；复追之于陈家坝、精忠寺等处，擒徐、王二逆之母，枪毙传教首孙士凤，贼党仅存千馀人。会襄阳首逆齐王氏、姚之富、樊人杰等率众二万，自楚入川，与徐、王二逆合。齐王氏、姚之富称黄号，徐天德称青号，王三槐称白号，设掌柜、元帅、先锋、总兵等伪称，屯踞开县之南天洞、温阳井，贼势益炽。我兵攻破南天洞，贼分走云阳、万县。云阳教首高名贵纠众数千，欲与徐天德合。德楞泰偕宜绵、明亮等，以计擒高名贵，尽歼其众于陈家山，优旨赏赉。七月，齐王氏等由奉节、巫山东走楚境，德楞泰、明亮顺江而下，绕出宜昌兜剿。贼复南趋，德楞泰留明亮屯宜昌，自趋荆州迎击，贼适攻远安县城，解其围，上嘉之。八月，贼犯荆门、宜城，偕明亮追击至独树塘，会东三省劲兵自北至，合剿，贼大溃。荆门、宜城得全。

　　是月，贼欲北渡襄江，窜河南，德楞泰侦知东面枫树垭、西面耗子沟为渡江要隘，偕明亮分路追剿，杀贼千馀，擒伪副帅袁万相、刘登发等，截贼回湖北。得旨赏用紫缰。九月，屡歼贼队于房县、竹溪、竹山等处，贼走陕境平利，图入川东大宁，我兵败之于树河口，杀贼数千，馘伪元帅张世虎、伪副帅李得思等。贼北走紫阳，又合白号高均德股匪，西走汉中。十一月，贼欲窜汉江北渡,德楞泰饬副都统乌尔图纳逊率黑龙江官兵,冲入江心,击杀甚众,截贼入川。先是,上以齐王氏、姚之富为贼首中紧要之犯,谕令设法擒获,不必分心他处。三年正月,齐、姚二逆窜聚广元宁羌山中,而高均德一股径由南郑渡江,滋扰褒城。德楞泰偕明亮奏言:"高逆北窜汉江,以贼情而论,齐、姚为各逆之魁,自宜先筹剿办;以地势而论,高均德既已渡江,如东窜兴安,则与西安省会甚近。是以臣等星夜带兵,由沔县、褒城驰抵汉中截剿,酌留弁兵于宁羌、沔县,防御齐、姚二逆北窜汉江之路。"上以明亮、德楞泰舍大股贼匪于不问,辄带全队劲兵追剿高均德,仅留弁兵数百名在后防堵,茫无主见,调度失宜。命拔去花翎,革退世职、紫缰,并追前所赏银五千两入官。

　　时大兵方追高逆于城固、洋县,齐王氏、姚之富遂乘虚由石泉渡江,与高逆合,东走汉阴厅。上以德楞泰、明亮二人厥罪惟均,而节次所奏打仗情形,皆系德楞泰带兵在前,明亮不过在后接应,褫明亮职,作为领队带兵,仍责德楞泰偕宜绵上紧剿办。三月,穷追齐、姚二逆,由山阳至郧西,日行百七十里,擒斩一千八百馀。贼三千众踞郧西三岔河拒守,我兵尽歼之,获贼目王如美、朱正声等。齐王氏、姚之富俱投崖死。奏入,得旨嘉奖。高均德由镇安窜雒南,我兵败之于两岔河,斩白号伪元帅高大、高二,蓝号伪元帅宋大、宋三、黄林高等,馀贼与李全、张天伦股匪合。五月,又败之于五郎关,高均德俄率众自宁羌走广元,合黄号龙绍周、蓝号冉文俦各股二万众,踞渠县之大神山。谕曰:"德楞泰纵贼窜入川境合夥,迄未擒获一名,种种迟缓,罪竟与明亮埒。着革去御前侍卫、署领侍卫内大臣、都统,仍留副都统职衔,以观后效。"

七月，偕尚书惠龄、将军恒瑞攻克大神山左右贼卡，先后设伏斩三千馀级。贼众将窜营山，官兵蹙之于黄渡河，斩级四千，馘贼目禹斯珍、冉文宇等。高均德中箭，逸，入营山县之箕山，与罗其清合。罗其清者，巴州白号首逆，贼党三万馀，[二]结寨箕山，径围百馀里，东、西、北三面皆陡崖，惟东南有路可通。八月，青号徐天德、王登廷，黄号樊人杰等逆踞凤凰寺，阻营山、渠县运道，与罗其清为犄角。我兵攻克凤凰寺，而箕山仍负固不下。寻以副都统福宁查核德楞泰所支军需银两，每月滥支四万馀两，叠奉严旨切责。十月，德楞泰等分三路进兵，夺贼卡七、贼寨六，遂克箕山，罗逆退踞大鹏山。适额勒登保自阆中、仪陇带兵至军，合剿。十一月，贼以雨夜出寨，劫我营卡，德楞泰潜伏贼寨之南门，四布云梯，乘间扑入，焚其寨。额勒登保、惠龄袭破西门，杀贼四千，歼罗其清之父罗从国。寻合兵穷追其清于巴州方山坪，擒之；并获其弟罗其书、其秀，子罗永福等，俘斩贼六千，脱被胁难民数百。得旨，赏还花翎。

四年正月，冉文俦自箕山败走，至通江麻坝屯踞。德楞泰偕惠龄及总兵朱射斗，合兵进攻，以元旦生擒冉文俦，尽覆贼众数千，获牛马、米粮、旗帜、军械无算。赏头等轻车都尉世职。二月，徐天德及白号贼冷天禄等股，由垫江、邻水分窜涪州，诈称难民入鹤游坪寨劫掠。德楞泰驰至，偕额勒登保击退之。时四川总督勒保为经略大臣，奏言："各路带兵大员中，额勒登保、德楞泰尤为知兵晓事。因檄令德楞泰专剿徐天德大股。"寻追徐逆于开县之大梁，歼擒贼目李士贵、赵兴宗等。三月，徐逆自大宁北折入陕,我兵追及于太平县修基坝,又遇龙绍周、唐大信等股匪,俘斩各数百,脱被胁难民三千三百馀。上以其能遏贼窜陕,嘉之。

嗣徐天德遁入大宁老山,合龙绍周、唐大信、樊人杰、龚建、卜三聘、张天伦、辛聪各股,我兵被其辗转牵缀,叠奉严旨申饬。七月,诸贼被驱出山,由奉节、巫山东窜楚境,绿号首逆龚文玉,[三]亦自夔州八石坪踵至,德楞泰分兵痛歼之,追至竹溪大禾田,又俘斩一千四百馀,生擒龚文玉及贼目卜三聘、李谷青,伪元帅龚其位等,赏骑都尉世职。八月,勒保以贼众犯楚被逮,命额勒登保为经略大臣,德楞泰督兵由房、竹至兴山,[四]截剿徐天德等股,逼回川东,擒贼目张世达。旋紧蹑张天伦、辛聪等股入陕,楚境肃清。

十月,高均德改名郝以智,率高家营贼众万馀,由白河至五块石,欲走西乡,窥伺汉江,龙绍周、冉天元等又率贼众至放马厂,欲走紫阳。德楞泰闻信,督副都统赛冲阿、温春等驰回,破放马厂之贼,即由心子溪至大市川,进剿高家营贼众,追杀百二十里,擒高均德及黄号伪元帅王临高,伪先锋阎慎卿、阎慎雄、秦学顺,斩蓝号伪元帅曹明魁等。俘高均德槛送京师,谕曰:"德楞泰前因拿获冉文俦,赏给头等轻车都尉世职,嗣又生擒龚文玉,加赏骑都尉世职,例应并作三等男爵。今着加一等,赏给二等男爵,授为参赞大臣。"十一月,进兵川北,歼白号贼目张金魁于通江空水河,擒伪总帅符曰明,[五]伪元帅王佐银、耿向荣于广元野人村。十二月,追鲜大川、苟文明股匪至川东,贼眵大兵俱在川境,遂先后入陕、甘界滋扰。

五年正月，德楞泰偕额勒登保分路驰诣秦州，而蓝号贼冉天元、黄号贼徐万富、青号贼汪瀛、绿号贼陈得俸等三万众，及白号贼张子聪、庹向瑶、雷世旺等二万众，遽乘间由定远窜渡嘉陵江西岸，分扰南部、盐亭、西充各县境，总兵朱射斗殁于阵。谕曰："川西崇庆、潼川各府，地方蕃庶，为贼匪素所窥伺。今一旦乘间窜往该处，百姓又未筑堡防守，自必肆行焚掠，朕心深为悯恻，寝食不宁。德楞泰务须速赴川西合力剿除，勿使贼匪蔓延。"二月，冉逆等窜江油县新店子，德楞泰由武连驿间道追及，贼分四路，每路马贼各四五百、步贼各二三千迎战，我兵亦分路冲入贼巢，副都统赛冲阿、温春等突遇伏贼，被围，德楞泰往援，鏖战一日，杀贼无数，重围立解，生擒贼首陈得俸。上嘉其功，授内大臣。

冉天元善用伏贼，众推为主帅，新店子之败，负箭伤遁。三月，连败之于重华堰、佛耳岩，冉逆因伏贼深箐中，诱我兵深入。德楞泰察其奸，密备前进，遂痛歼贼众于梓潼马蹄冈、火石垭一带，擒徐天元及伪总兵解其顺等。[六]谕曰："德楞泰此次带兵入川，连获胜仗。今又五日四战，破贼奸计，歼厥渠魁，深堪嘉奖！着加恩晋封三等子爵，以示优眷。"寻命署成都将军。是月，大破贼股于剑州李家坪、石门寨等处，俘斩伪总兵李斌、伪先锋董廷华等贼众三千，脱难民一千三百馀，命仍授御前侍卫。

俄，白号贼张子聪、庹向瑶、雷世旺等率众由射洪县王家嘴窜潼河西岸，屯踞蓬溪，分股攻围成谷、太和、仁和、仁义四民寨，德楞泰率赛冲阿等轻骑追及，痛歼之，馘贼首雷世旺，俘斩伪总兵吴学周等。分饬侍卫达勒精阿、副将倭星额等援成谷、太和等民寨，围始解。奏入，谕曰："前次德楞泰在李家坪等处，将贼众大加歼戮,复跟踪追剿,原冀前有潼河阻隔,将贼匪逼投绝地,以期一鼓歼除。讵料该处河内船只,并未撤泊他处,兵勇又不能实力堵御,以致骑马之贼得以淌渡抢船,窜过潼河西岸。德楞泰带兵踵至,追击未经渡河之步贼,歼获淹毙甚多,并紧蹑贼踪,擒殄首逆要犯及大小头目多名,共歼贼一千三四百名,获贼及被胁难民一千三百馀名,并救出四寨被围之百姓一万数千人,实属可嘉之至!德楞泰为国出力,拯救良民,旬日之间,捷音连至。自应再加懋赏,用奖勤劳。着晋封一等子爵,实授成都将军。”时四川总督魁伦以失守潼河逮问,起勒保为四川总督,命与德楞泰合兵剿贼。四月,白号、蓝号贼分扰遂宁、安岳、乐至各县境,并逼中江,有趋成都之势。德楞泰偕勒保夹击,连败之,歼级数千。贼始东窜,邀击之嘉陵江口陈家渡、龚家湾等处,俘斩及淹毙者又三千馀,脱难民一千四百馀。潼河两岸肃清,民心大定。上深嘉之,以其子三等侍卫苏冲阿升授二等侍卫。

闰四月,追贼至川东达州、新宁各县境,歼蓝号伪元帅刘君聘、白号伪总兵苟文富等,又歼伪军师何上达于邻水七孔溪。贼败窜川北。会苟文明、鲜大川、樊人杰各股复由陕入川,通江、南江、巴州各属告警。五月,移师川北,歼蓝、白号贼目鲜中青、赖掌柜等。六月,贼走营山、梁县,窥伺嘉陵江岸,德楞泰截剿之于恩阳河。寻与勒保合营,追击百馀里,至岳池县新场,歼擒伪总兵吴耀国、伪先锋鲜文炳贼目苟文礼、大掌柜刘崇照、总旗手张文元等,及馀贼四千。七月,贼首鲜大川为寨首鲜文芳诱斩,苟文明以数百人遁。时蓝号贼屯聚南江、广元、苍溪界之九龙场,肆扰。德楞泰袭之,杀贼千馀。八月,偕勒保合剿白号贼于东乡太平境。白号旋与青号贼赵麻花合，我兵扼之于茅坪、倒流水，擒斩贼二千，歼伪副元帅汤思举。九月，赵麻花复合大宁老林贼王珊，欲向陕境迎徐天德股匪至川，我兵由江口截剿至云阳，先后歼毙赵麻花、王珊，伪总兵何其信。

十月，楚境黄、白、蓝、缐四号贼股由房县走夔、巫一带，高家营贼众及黄号龙绍周等股，复由太平、通江北窜，兵至贼去，兵去贼至。樊人杰、冉学胜、王士虎、王国贤、冉天士等股遂由川入陕，徐天德一股又由陕入楚。十二月，谕曰："樊人杰等即系黄、白、蓝、缐股内之贼，前此由陕窜入川境，德楞泰、勒保曾奏明赴川东截剿，乃并未上紧剿办，任此数股贼匪假道窜陕。德楞泰既不能在川剿净，即当跟踪赴陕，帮同剿捕，方为无分畛域。乃心存诿卸，竟将大股贼众委之陕省，致窜汉江北岸。额勒登保在汉江南岸督办，徐天德等不能乘间窜楚，是剿贼将有头绪。又因德楞泰堵剿不力，致全局又形散漫。德楞泰系一等子爵，本应斥革，姑念今春在嘉陵江以西剿贼，尚为出力，着加恩降为一等男，稍示薄惩。"

是月，蓝号李炳、白号杨开第、黄号齐国谟等贼众八千，窥伺嘉陵江。德楞泰偕勒保合兵，袭之于渠县安仁溪，又扼之于仪陇观音河，先后俘馘四千馀，歼毙首逆杨开第、齐国谟，伪副元帅冯中谦等。命赏给三等子爵，并御书"福"字赐之。六年正月，移师入陕，会白号首逆高三自洵阳偷渡汉江，图入河南。德楞泰追及之于山阳县乾沟，俘斩传教首逆龚如一、伪元帅阎慎珍等二千馀众，命赏还一等子爵。时高三亡命奔窜，德楞泰探明贼踪，乘雪夜穷追，箭毙高三于野猪坪，并擒伪先锋王儒等。恩旨赏赉，下部优叙,并以其子苏冲阿升授头等侍卫。二月,驰抵兴安,剿龙绍周股匪,逼令西入川境。龙逆率万众分前、中、后三营屯踞大宁长坝、二郎坝等处,我兵痛歼之,馘贼二千,擒伪总兵赵志成,伪先锋包万才、戴世荣等贼众七百馀,脱陕省难民千馀,川省难民八百馀,获炮械、旗帜、骡马甚夥。奉旨,交部议叙。三月,龙逆遁湖北之竹山、房县,又败之,仍走四川之太平县老林。德楞泰勒兵就兴山截剿徐天德,珍擒贼众三千,脱难民八百馀,得旨赏还双眼花翎。

四月,首逆徐天德合黄号贼樊人杰、曾芝秀,蓝号贼陈朝观、庞士应等窜陕,踞白河县黄石板,分股围天保、万安两寨。德楞泰派兵往援,即亲率将弁直取黄石板贼巢,擒庞士应及伪总兵方文魁、蒲子荣、陈天贵等,馘贼二千。陈朝观寻亦就缚。五月,大破贼众于西乡,获徐、樊二逆之妻,徐天德由西乡东趋紫阳,德楞泰督赛冲阿、温春等蹙之于仁和新滩,大雨水涨,天德溺毙。奉旨,德楞泰交部优叙。时龙绍周乘官兵追剿徐逆,复纠众阑入房、竹一带,德楞泰仍督兵逼回太平,歼擒伪元帅姜洪斌、支茂乾,伪先锋陈文明,伪总兵熊世金等,并解散凡数千众。八月,追龙绍周至巫山、巴东,获其妻子,及伪军师王鹏、老教首李天栋,斩伪元帅张天贵、伪先锋李盈等。[七]九月,又擒龙绍周之兄绍海、弟绍华,龙逆仅以二百馀人遁。德楞泰率赛冲阿、温春等冒雨穷追,十月,遂歼龙绍周于平利岳家坪,擒斩伪总兵胡朝位、曹应彪,伪先锋刘泗玉、赖大魁等,馀孽全数扫除。谕曰:"德楞泰自嘉庆四年以后,节次歼擒首逆,加恩递封为一等子,赏还双眼花翎。本年又将徐天德、龙绍周两股剧贼,全行歼灭,厥功甚伟。

着加恩晋封二等伯,并赏给黄面貂皮马褂。"又谕:"德楞泰曾赏继勇巴图鲁名号,着仍照原赏名号,〔八〕封为继勇伯。"

十一月,偕勒保疏言:"四川重庆、川北两镇所辖营汛,界连陕、楚,自巫山以至广元,绵长二千馀里。两镇驻扎较远,有鞭长莫及之势。请于太平营地方,添设副将一员,驻扎城内,原设都司移驻城口。通江县属之竹峪关、广元县属之黄杨堡,大宁县属之徐家坝,巫山县属之大昌等处,地居万山之中,为三省出入要路。请各添建城堡,设立守备一员,各添兵二百五十名。又达州为教匪起事之地,民俗刁悍,抚治綦难。请改达州直隶州为知府,改太平县为太平厅直隶同知,即以太平县缺改为府治附郭之达县。"上从之,寻名府曰绥定。

十二月,白号首逆苟文明纠合各股零匪西扰宁羌,德楞泰驰赴广元,偕额勒登保夹击,贼遁回川北,大败之于通江瓦山溪,贼走开县,攻姚成坝粮台,〔九〕德楞泰派兵驰救,自率轻骑赴大宁,断其入楚之路。七年正月,苟逆又由川入陕,偷越汉江北窜,会川东零匪滋扰。上仍命德楞泰专办川贼,因奏言:"近来贼势衰残,自苟逆外,皆不成股数。惟三五散行,昼则改装肆掠,夜则四出摸桩,致道路不通,间阎受害。大兵一到,又皆瓦解四散,无迹可寻。臣现拟由川、楚交界之八石坪,自东而西,酌派将佐分为多路,或充团勇,或充行旅,或充难民,或竟充零匪,或附于硐寨,或藏于林壑,改装易服,使贼骤见莫辨。〔一〇〕庶能到处歼除。"谕曰:"此等机宜,只期剿捕有益,德楞泰可随时酌办,朕亦不为遥制也。"二月,破线号馀匪于奉节县之凤凰山,斩伪元帅龚其尧,擒教首李世汉、李国珍父子,伪总兵余佐志、唐大高等;又剿白号张长青股匪于云阳大水田。三月,长青败走开县。

时黄号樊人杰,蓝号崔宗和、胡明远、戴四,通江蓝号蒲天宝各股贼匪,聚楚境之归、巴、兴、房一带。德楞泰闻信即移师入楚。谕曰:"德楞泰能统筹全局,无分畛域,且并不拘泥前次分界督剿之旨,带兵过楚,正与朕意相合,深得大臣公忠体国之道,殊属可嘉!楚省贼匪中樊人杰积年老教,最为狡诈,务须上紧设法,将该逆速就歼除。则馀匪自可渐次廓清,亦可消伏而未起之患。"四月,樊、戴各逆由房县至归州,欲合蒲天宝股匪。德楞泰率精兵间道星驰三百馀里,抵东湖雾渡河,绕出贼前,使不得合。贼以四千人踞鸡公山,我兵分两路迎击,斩级五百,擒伪先锋刘应儒,伪总兵熊方杰、王洪桂等数百,解散贼党二千。时蒲逆屯当阳河,尚五千馀众。五月,我兵三路冒雨进攻,歼贼八百,擒伪总兵王元洪、马重礼等,蒲逆以伪先锋井英、冉起才、张扬、苟大秀四人拒战,皆负创走,又败之于穆家沟、鲁家垭,擒斩千馀,贼势残败。德楞泰饬副都统色尔衮、总兵蒲尚佐留剿蒲逆,仍自移师东趋,探剿樊人杰,冒雨入马鹿坪大山,出贼不意,痛歼之。樊逆窜至竹山平口河,惶急,投水死。其妻子弟侄悉就获。樊人杰倡乱最久,各逆伪封咸出其指挥,至是全股扫荡。上伟其功,晋封三等继勇侯爵。

上以军务不日告竣,谕妥筹三省乡勇。七月,奏言:"乡勇之设,起自台湾。嗣后平定苗疆,及此次剿办教匪,均有招募。元年、二年间,川省应募者,有三十七万之多,陕、楚两省亦复不少。陕之汉江,川之嘉陵江,楚之郧西,并三省边界近山各属,其城守卡隘台站,有兵力不敷防范者,不得不借乡勇为协护,用以御贼,即使之自卫身家，又可制其从贼之心。其随征乡勇，借本地之人为之哨探向导，故进剿抄袭，较为便捷；但不谙纪律，不知进退，每致失机偾事。是以川省节年裁汰，已去三十五六万。偶有一二不法之徒，臣与勒保先后奏明正法严办，至今帖然无事。此臣亲历情形也。现在三省征防乡勇，尚有一万七千数百名，事竣均须安插。查三省新添营制，应增兵额一万馀名，请将情愿入伍者，散于各营，挨次补额，作为新兵；其不愿入伍者听，仍优加赏赍，遣令回籍。俟遣散后，各处乡勇宁谧，然后再撤官兵。"上是之。

是月，蒲逆乘间劫我营卡，将弁有被害者，复辗转奔窜于兴、房、宁、巫，合黄、蓝、白号馀匪，增至一二千人。德楞泰率色尔衮等奋力进剿，斩获过半。八月，穷追至竹溪瓦屋沟，蒲逆坠崖死。奉旨，交部优叙。寻谕曰："八月二十九日，德尔吉行围，德楞泰之子苏冲阿射狍跪献，[一]当即赏穿黄马褂。苏冲阿甫经挑在乾清门，不过循分当差。因念德楞泰在军营带兵，勤劳懋著，是以加恩伊子，德楞泰当倍加感奋，速成大功，永受厚恩。"九月，蓝号崔宗和、胡明远、戴四，[二]及青号熊翠、熊方青、陈侍学各股，窜聚竹溪、巴东、兴山老林。德楞泰间道截剿，擒熊翠妻孥，及伪元帅张书汉等。[三]寻偕湖广总督吴熊光奏请以次裁撤东三省各直省随剿兵丁，及豫省防江兵勇，从之。十月，率总兵马瑜、副将尼玛善等，歼毙戴四于兴山施家沟，擒伪元帅赵鉴，又擒陈侍学于巫山黄泡地，并俘斩伪总兵李学进、何从盛，黄号伪先锋何金堂等。十一月，歼毙熊翠于开县铜盆溪，其馀著名首逆亦多为额勒登保、勒保两路大兵歼除，[四]或被团练缚献，遂以十二月偕额勒登保等奏报大功截定。谕曰："德楞泰前于平定苗疆时，曾赏给子爵。自授为参赞后，督率将士，奋勇超伦，所向克捷，前后歼贼最多，勋绩炳然。节经封至三等侯爵，着加恩晋封一等侯，加太子太保衔，赏用紫缰。伊子苏冲阿并赏给副都统职衔，即着赍送赏件，前赴军营，看视额勒登保及伊父德楞泰，用示优眷。"

八年闰二月，督兵至巫山、大宁剿净青号刘渣胡子股匪四百馀众，又歼毙黄号曾芝秀于大宁漆树梁。四月，入楚，擒白号伪元帅冉璠于兴山白果园，擒蓝号首逆张士虎于东湖黄柏铺。〔一五〕五月，擒老教首赵鉴之侄赵聪观于巴东白家河。六月，奏："请将湖北巴东、竹溪、房山分为三段，四川巫山、大宁分为两段，划清疆界，各派将弁排搜会哨，以专责成。"报可。七月，偕额勒登保会奏："官兵剿捕馀匪全竣，即遵旨北上，瞻觐天颜。"上慰悦，下部优叙。命苏冲阿亲赍赏件，迎交祗领。八月，至热河行在，御制诗赐之曰："庙谟夙领久超群，屡典戎行勇略闻。功著川中安万姓，名扬阃外冠三军。褒封特建千秋业，受泽毋忘百战勋。福将来朝诸事定，敉宁遵路息纷纭。"命在紫禁城骑马。九月，解参赞大臣衔。

寻以陕省南山零匪煽动，偷越汉江，由西乡入川，上以德楞泰系成都将军，令赴川督剿，代额勒登保还京。十二月，遇贼于平利大横山梁，副将张应贵、都司彭家栋战殁。贼党内多有曾充乡勇者，我军前敌乡勇军功首领魏忠才等请赍谕帖，赴贼寨招降，德楞泰许之。已而忠才等七人俱被害，上以德楞泰不加搜剿，意图招抚，致堕贼人奸计，切责之。九年二月，赐额勒登保钦差大臣关防,赴军营会同督剿,贼辗转于川、陕沿边山内。三月,毙贼目大掌柜苟文华、伪元帅王振等于兴隆坡,贼锋稍挫,遁入老林。四月,谕曰:"此起零匪,德楞泰剿办最久,其贻误之咎尤重。着降为二等侯,革去内大臣、紫缰,降戴单眼花翎。"

六月,额勒登保以病解钦差大臣关防,移交德楞泰专办。寻率将弁杨遇春、丰绅、马瑜、田朝贵等,痛剿贼众于川、陕交界之凤凰寨,歼擒伪元帅罗思兰、符廷伏、李如玉、周天良,伪总管王宗福、纪友亨、萧昌奉、王仕奇等。得旨,赏还紫缰、双眼花翎。时贼势溃散,而首逆苟文润仍率众入化龙山老林抗拒。八月,军功乡勇赵洪周诣贼伪降,乘间枭文润首以献,馀匪窜老鸦绊,经杨遇春伏兵截杀,寻又斩获大小头目苟朝贤、王天诏、杜春、陈胜魁等,全股扫除。先后奏入,赏还一等侯爵、内大臣。九月,谕曰:"上年七月间,额勒登保、德楞泰以成股之贼次第剪灭,地方廓清,当经驰报全捷。嗣缘山内逃匿之匪,三五成群,复行啸聚。自当趁此大兵未撤之际,严加搜捕,以期净绝根株。特命额勒登保、德楞泰先后接办,一年以来,穷搜川、陕一带大山老林,踪迹殆遍。复将苟文华、罗思兰、苟文润及各号头目,伪总管等,以次歼擒。其伙匪皆悉数斩获。三省地方,更无一名遗孽。从此海宇敉宁,永销兵革,可与率土苍生共享升平之福。除额勒登保现已遵旨起程回京外,德楞泰着加恩交部从优议叙。"十年六月,奏会哨弁兵击毙潜匿老林之首逆王世贵等,[一六]得旨嘉奖。

八月,额勒登保卒于京,上召德楞泰回京供职,补正白旗领侍卫内大臣。十月,充方略馆副总裁官。十一月,署镶蓝旗满洲都统。十一年三月,以洋匪蔡牵犯台湾,命赴闽督剿。未至,蔡逆远窜,仍奉旨还京。六月,命为后扈大臣,总理行营事务,并管理兵部及健锐营事务。七月,宁陕镇新兵陈达顺、陈先伦、向贵等叛陷新旧城,戕官劫饷,寻攻陷洋县,走城固、石泉、鄠县、郿县、盩厔,各境滋扰。命德楞泰为钦差大臣,驰往剿办。九月,官兵分四路困之于两河进口关及褒城留坝等处,叛贼蒲大芳、王文龙等弃械乞降,缚献首逆陈达顺等三人,磔于军前,并将愿降贼众及被裹难民四千馀,收集一处,分别办理,又截回在后拔营逃窜之游匪千馀,歼为首朱有贵等五人。奏入,上嘉其办理迅速,交部议叙。寻奉谕曰:“叛贼穷蹙请命,人数众多,自断无概予骈诛之理。然其情罪甚重,除裹胁难民先行释放外,其从贼之犯,仍当分别监禁,请旨核办。”

　　十月,偕总督倭什布奏言:“遣散被胁难民三千八百馀名,收缴长矛三千五百馀件,其随同滋事各营兵丁二百二十四名,现拟遴选将弁分投管带,暂归原营约束、操防。”谕曰:“所办错谬已极,贼匪罪犯不赦,即因其畏罪乞降,亦不过贷其一死,已属法外施恩。岂有仍令各归原营,充当兵丁之理?该叛贼等本由乡勇充当新兵,自作不靖。今因其悔罪投诚,毫无罪谴,不但该匪等罔知儆畏,且与各营守分官兵无所区别,何以靖人心而肃军纪?德楞泰上次奏到时,朕所降谕旨甚明,自当候旨遵办。今率将叛贼仍归营伍,其胆大专擅,尤出情理之外!德楞泰着退出御前侍卫、领侍卫内大臣、管理兵部事务、管围大臣,将上次所给议叙撤回,交部议处。”寻命补西安将军,部议请照溺职例革职。谕曰:“德楞泰擅将贼中投出之民人,匪犯三千八百馀名,悉予资遣回籍。此内并有各处军流人犯,曾经助贼抗拒者,悉置不问。甚至将曾充兵丁叛逆滋事之二百二十四名,交与将弁管带,各回原营,约束操防。其糊涂错谬,坏法养奸,一至如此! 部议革职,甚属允当。姑念德楞泰前此剿办邪匪有功,特加恩改为革职留任。但此事非寻常错误可比,仍俟八年无过,方准开复。"十一月,德楞泰会同总督全保、巡抚方维甸奏:"请将降贼二百二十馀人,与各处未动新兵三百馀名,以新疆换防为名,〔一七〕分起调出。凡系降贼头目,入于末起,中途相机拿解,到戍后,拨给各回城为奴。"谕曰:"国家明罚敕法,措正施行,不值于此等顽愚驭之以术。今既以换防为名,莫若加恩,即令永作新疆回城戍兵,不准换回。将来亦不得再有升擢,以示惩创。如稍不安分,在彼滋事,即当从重办理。"

十二月,偕方维甸疏陈:"宁陕等镇营事宜:一、宁陕镇始于嘉庆五年,其时邪匪被官兵驱逐,动辄窜入南山,搜寻不易。又因各路随征乡勇,散遣难尽,亟筹安插之法,于是设立此镇,通计管辖十营新兵六千八十名。惟是各营相距辽阔,究于统辖非宜,而总兵所管额兵,多至六千馀名,亦与营制未协。请将留坝西江口一营,改归固原提督辖,孝义营改归陕安镇辖,并请裁减各营守兵二千二百四十名。一、南山内分汛弁兵及陕安、兴安分出各汛,应分别酌留移并。一、汉中协存城兵丁无多,请将铜厂营守备改为汉中协守备,所管兵二百归并汉中府城。一、裁厚畛子守备,请改为阳平关营中军守备,裁留坝都司,改为略阳营中军守备,均令经理粮饷。一、宁陕、陕安、汉中各营新置营地,应一体招佃收租。一、衙署、兵房、堡城,量加添置,毋庸全行建盖,以节糜费。"下军机大臣会同兵部议行。

十二年二月，瓦石坪叛匪滋事，德楞泰率将弁全数歼擒，上嘉之。时兵部奏派轮阅营伍大员，命德楞泰查阅陕西、四川二省。寻奏请西乡营瓦石坪汛改归定远城渔渡营辖，以西乡营游击改都司，以渔渡营都司改游击，得旨允行。十二月，军政届期，上以陕省地方现极安辑，德楞泰革职留任处分，特予开复。十三年八月，查阅四川营伍事竣回陕，旋以病陈请暂缓年班陛见，上允之。

十四年正月，德楞泰旧病增剧，命其子苏冲阿偕御医驰赴西安看视。〔一八〕上亲解佩囊，并颁内府丸药赐之，特诏晋爵三等继勇公。三月，卒。谕曰："西安将军、三等公德楞泰秉志公忠，素谙韬略，宣劳阃外，懋著威声。前于平定苗疆以后，续经派令剿办三省邪匪，身先士卒，所向有功，百战辛勤，备尝艰险。本日接方维甸奏报，德楞泰气血久亏，迨交三月后，病势日见沉重。竟于初九日溘逝，览奏深为轸惜！着派乾清门侍卫、内阁学士玉福驰驿迎至途中奠醊。仍着步军统领衙门探明德楞泰灵柩将至京师，先于过西顶一二里外，搭盖棚座，暂为安置。届时朕亲临赐奠后，再令入城治丧。命苏冲阿袭封一等侯爵，不必待年终查办。"谕颁广储司银五千两经理丧事。照三等公例赐恤。予谥壮果。

四月，谕曰："从前川、陕、楚三省教匪滋事，额勒登保与德楞泰奉命出师，其时额勒登保职司经略，统握全机，扫荡幺魔，厥功甚伟。是以于京城建设专祠，用昭崇祀。德楞泰身为参赞，督励戎行，执馘擒渠，战功屡著。而潼河一役，于贼匪肆扰之际，不避锋镝，一鼓歼除，生获著名首恶，保障川西数十万生灵，免遭蹂蹻，此其勋绩最著者。至今川省士民，犹为感颂。德楞泰功虽在额勒登保之次，而蜀中赖其保全，自当于该处省垣建立祠宇，以妥忠魂。着勒保相度地基，鸠工营造，俾百姓中知感者，得慰其瞻慕之忱。即或有不肖之徒，震慑威灵，亦可望而敛戢。"是月，德楞泰枢至西顶，上亲临奠醊，命入祀昭忠祠。御制诗悼之曰："将星陨落报秦州，褒、鄂继亡挽不留。日下共推双俊杰，川中益著大谋猷。至今三省无遗孽，惜昔八年未解忧。赐奠灵前和泪滴，入祠晋爵旧勋酬。"

　　子苏冲阿，袭侯爵，现官正蓝旗护军统领、镶黄旗汉军副都统。

【校勘记】

〔一〕筑小石卡一座安设炮位断贼后路　"卡"原误作"城"，又"后"误作"汲"。耆献类征卷三〇三叶九下同。今据德楞泰传稿（之二一）改。按国传卷三五叶六上不误。

〔二〕贼党三万馀　原脱"三"字。耆献类征卷三〇三叶一三上同。今据德楞泰传稿（之二一）补。按国传卷三五叶八上不脱。

〔三〕线号首逆龚文玉　"线"原误作"绿"。耆献类征卷三〇三叶一四上同。今据德楞泰传稿（之二一）改。按国传卷三五叶九上不误。下同。

〔四〕德楞泰督兵由房竹至兴山　"竹"原误作"县"。耆献类征卷三〇三叶一四上同。今据德楞泰传稿（之二一）改。按国传卷三五叶九上不误。

〔五〕擒伪总帅符曰明　"擒"原误作"桥"。耆献类征卷三〇三叶一五上同。今据德楞泰传稿（之二一）改。按国传卷三五叶九下不误。

〔六〕擒徐天元及伪总兵解其顺等　"天元"原误作"添德"。耆献类征
卷三〇三叶一五下同。今据德楞泰传稿(之二一)改。按国传卷
三五叶一〇上不误。

〔七〕斩伪元帅张天贵伪先锋李盈等　原脱"斩"字。耆献类征卷三〇
三叶一九上同。今据德楞泰传稿(之二一)补。按国传卷三五叶
一二下不脱。

〔八〕着仍照原赏名号　原脱"仍照"二字。耆献类征卷三〇三叶一九
上同。今据德楞泰传稿(之二一)补。按国传卷三五叶一三上
不脱。

〔九〕攻姚成坝粮台　原脱"攻"字。耆献类征卷三〇三叶二〇上同。
今据德楞泰传稿(之二一)补。按国传卷三五叶一三下不脱。

〔一〇〕或附于硐寨或藏于林壑改装易服使贼骤见莫辨　原脱此二十
字。耆献类征卷三〇三叶二〇下同。今据德楞泰传稿(之二
一)补。按国传卷三五叶一三下不脱,但末一字"辨"作"办",
形似而讹。

〔一一〕德楞泰之子苏冲阿射狍跪献　"狍"原误作"鹿"。耆献类征
三〇三叶二二上同。今据德楞泰传稿(之二一)改。按国传卷
三五叶一五上不误。

〔一二〕蓝号崔宗和胡明远戴四　原脱"宗和"与"明远"四字。耆献类
征卷三〇三叶二二下及国传卷三五叶一五上均同。今据睿录
卷一〇三叶一九下补。按德楞泰传稿(之二一)亦脱。

〔一三〕及伪元帅张书汉等　"书"下原衍一"申"字。耆献类征卷三〇
三叶二二下同。今据德楞泰传稿(之二一)删。按国传卷三五
叶一五上亦衍,但"申"作"绅",小异。

〔一四〕勒保两路大兵歼除　原脱"勒保"二字。耆献类征卷三〇三叶
　　　　二二下及国传卷三五叶一五上均同。今据德楞泰传稿(之二
　　　　一)补。

〔一五〕擒蓝号首逆张士虎于东湖黄柏铺　原脱"张士虎"与"东湖"五
　　　　字。耆献类征卷三〇三叶二三上同。今据德楞泰传稿(之二
　　　　一)补。按国传卷三五叶一五下不脱"东湖"而脱"张士虎"
　　　　三字。

〔一六〕奏会哨弁兵击毙潜匿老林之首逆王世贵等　原脱"王"字。耆
　　　　献类征卷三〇三叶二五上同。今据德楞泰传稿(之二一)补。
　　　　按国传卷三五叶一七上不脱"王"字而脱"等"字。

〔一七〕以新疆换防为名　原脱"疆"字。耆献类征卷三〇三叶二六下
　　　　同。今据睿录卷一七一叶一六上补。按德楞泰传稿(之二一)
　　　　及国传卷三五叶一八上均不脱。

〔一八〕命其子苏冲阿偕御医驰赴西安看视　原脱此十五字。耆献类
　　　　征卷三〇三叶二七下同。今据德楞泰传稿(之二一)补。按国
　　　　传卷三五叶一九上不脱。

清史列传卷三十

大臣传次编五

惠龄

惠龄,姓萨尔图克氏,蒙古正白旗人。父讷延泰,仕至理藩院尚书。

惠龄,〔一〕乾隆二十一年,补翻书房翻译官。二十六年,调户部笔帖式。二十七年正月,丁父忧。五月,奉旨,以部院主事用。三十一年,充军机章京。三十三年,补户部主事,仍兼翻书房行走。三十五年五月,升员外郎。六月,在奏事处行走。三十七年,兼公中佐领。三十九年,因太监高云从泄漏记载案内革职,在黏杆处效力行走。四十年正月,补户部主事,仍充军机章京。十一月,赏副都统衔,往西宁办事。十二月,赏戴花翎。四十二年,谕曰:"副都统衔惠龄自遣往西宁以来,办事精详,且系尚书讷延泰之子,着以副都统衔补授领队大臣,前往伊犁,随同伊勒图办事。"四十三年,授工部右侍郎。四月,兼正白旗汉军副都统。十二月,调吏部右侍郎。四十五年八月,调镶蓝旗满洲副都统。十一月,授塔尔巴哈台参赞大臣。五十年,回京。五十一年,授正蓝旗满洲副都统。五十二年,兼管太常寺事务。

五十三年,署河南巡抚,旋授湖北巡抚。五十四年,巡漕御史和琳奏湖北帮船行走迟延,查因臬司李天培私带椶木,惠龄未行查参,请交部严议,命革职留任。五十五年九月,调山东巡抚。十月,谕曰:"惠龄到任以后,务须力加振作,切不可稍涉自用。"五十六年,奏缉获八卦教匪徒,并委员前往登州一带查缉首犯段文经。上以惠龄并不亲身前往,严饬之。十一月,擢四川总督,谕驰赴西藏,以参赞大臣会同福康安剿办廓尔喀督理粮运,事平,再回总督任。五十七年四月,偕福康安乘雨进兵,攻克擦木贼碉,歼擒无数。得旨嘉奖,赏玉扳指、大小荷包。九月,谕曰:"福康安等进剿廓尔喀贼匪,连获胜仗。惠龄在济咙一带,办理军需,亦属奋勉,着交部议叙。"是年,廓尔喀投诚,命留藏筹办善后事宜。五十八年正月,偕福康安叠奏撤兵善后章程,得旨嘉奖,交部议叙,有大小荷包之赐。寻以平廓尔喀功,图像紫光阁,御制赞曰:"惠龄督粮,至藏之西。师进贼境,继运留资。饷械不匮,用济武成。功亦懋哉,初被图形。"八月,谕曰:"惠龄谨饬自守,但办事究欠精炼。伊曾任山东巡抚,于该省情形较为熟悉,所有山东巡抚员缺,即着惠龄补授。"九月,调湖北巡抚。五十九年,调安徽巡抚。

六十年五月,授户部侍郎,兼正黄旗满洲副都统。时大学士福康安等剿逆苗吴半生于贵州,惠龄仍留湖北,协办粮饷。十月,吴逆就擒,上以惠龄筹饷无误,交部议叙。会湖北教匪滋事,命惠龄赴枝江、宜都剿办。嘉庆元年四月,奏攻夺贼卡,擒贼目张正瑞、周以恭等,又奏分路进攻灌湾脑两昼夜,克贼卡九处,杀贼无数,俱奉旨嘉奖。八月,擒贼目张宗文等六十八名。谕曰:"惠龄较前颇能振作,务须加倍奋勉,乘胜进捣贼巢,将贼匪剿除净尽,再邀恩赏。"寻攻克灌湾脑,擒逆首张正谟、刘洪铎等,移师剿凉山贼。赏镶嵌宝石带扣,加太子少保衔,署工部尚书,予二等轻车都尉世职。九月,克狮子山、小凉山等处。十一月,克凉山贼巢,擒首逆覃士潮,宜都、枝江一带廓清。谕曰:"惠龄调度有方,所办甚属可嘉。着赏给金盒一个、大小荷包。惠龄之母年老在京居住,本日报到时,特传伊弟长龄,令其将惠龄此次剿贼打仗得胜情形,及朕加恩之处,告知伊母,俾高年闻之,益深喜慰。至惠龄之母,精神增健,并着谕知惠龄,令其专心办贼,不必分念,以示体恤优眷至意。"

是月,贼首姚之富自黄龙垱潜渡滚河,窜入豫境,总统永保坐褫职,命以惠龄代之,驰赴襄阳办贼。十二月,败枫箱坪贼,赐御用玄狐冠一、金盒一。寻抵襄阳,值姚之富为河南巡抚景安所截,折窜楚境,惠龄迎击,贼溃散;[二]分兵追杀,并截贼西窜之路,败之于茅茨畈,歼毙甚众。复分三路兜剿,毙贼二千馀,生擒二百馀。奏入,谕曰:"西北一路,经惠龄等截杀,贼匪俱向东南逃窜,不能阑入豫境。但总须严密,不可稍存大意。"二年二月,败贼于鲍家畈,获贼首刘起荣,搜其身,有黄绫书其姓名,并经文咒语,自称教首刘之协所给。有枣阳货郎赵化珑往来通信,因槛起荣送京师。又败贼于曾家店,复于郑家河、新城转战三昼夜,擒姚之富之孙姚裕及贼目陈谷保。谕曰："惠龄自到襄阳以来，屡次剿杀贼匪。今又督率将弁，连日打仗，歼戮多名，所办甚好。着加恩赏戴双眼花翎，〔三〕并大小荷包，用昭优眷。"三月，奏追剿洪山窜匪情形，谕曰："贼匪分路逃窜，希图分我兵力。惠龄等分带官兵，欲将零星溃匪先行扫荡，以期扑灭一处，即少一处牵缀，是亦下策。必须探明贼首踪迹，如姚之富等，现在泰山寺一路，即当带兵前往，与恒瑞等并力搜剿，不可惟事分追，转堕贼计也。"又谕曰："贼匪布散逆词，有姚、张、王、黎四姓之语。本日军机大臣审讯刘起荣、杨应邦二犯供称：'姚、张二姓即姚之富、张富国；其黎姓，名黎树，贼称为黎叔；王姓称为大叔，〔四〕更在姚之富之上；俱在随州'。惠龄等务须按名拿获。又供：'刘之协在陕省出家，系赵化珑告知。'并姚狗头、廖士学、张汉潮、李槐、刘启华，俱系著名贼目。着惠龄等一体严拿务获，以净根株。"是月，擢理藩院尚书，兼镶白旗蒙古都统。

五月，以首逆日久未获，又任贼窜渡汉江，奉旨革去官衔、世职、双眼花翎，暂留本任顶带。寻命宜绵总统军务，以惠龄为领队大臣，随同剿贼自效。六月，贼窜四川通江境，率精兵倍道追剿。七月，败贼于大宁之田家坝，又败之于马槽坝，追杀三十馀里。八月，师次太平，以追贼迟缓，屡奉旨严饬。十月，败平利之贼于小丰垭。时襄阳黄号王廷诏、白号高均德合窜，窥渡汉江，惠龄邀击败之。奏入，谕曰："此次惠龄一路仅有兵三千馀名，贼匪竟有二万馀人。惠龄以少击众，杀贼二千馀人，生擒四百馀人，不使贼匪偷渡汉江，实为可嘉之至！着赏还双眼花翎，加赏嵌宝石玉带扣、玉扳指、大小荷包。"十一月，齐王氏、张汉潮与姚、高等逆合,西入汉中南岸山内,自黄官岭至新集连营二十馀里,图渡汉江。惠龄截之于北岸,贼不得渡,窜宁羌境,击败之,贼复折窜汉中,惠龄仍自北岸迎击,贼亡命肆窜,入川省通江境,大兵四面逼剿,惠龄由西乡、太平赴大宁、夔、巫侦踪兜剿,有"喜"字玉扳指、大小荷包之赐。时东乡白号王三槐、达州青号徐天德窜至凉山,巴州白号罗其清、通江蓝号冉文俦等分屯营山、仪陇境。三年正月,惠龄由新宁进抵凉山,与总统勒保合兵会剿,毙贼数千,高均德一股复窜入陕。陕、楚诸贼,多在四川边界,与冉文俦等勾结;王三槐、徐天德亦自太平趋通江,欲合冉逆,由竹峪关窜陕。二月,大兵败王、徐二逆于茶尖坝,贼踞渠县虹虫溪、[五]白山寺,惠龄复击败之,又败之于七里坝。五月,剿冉逆于孝华寺,贼窜关口梁,与罗逆互相应援。陕贼阮正通又入川与冉、罗二逆勾结,惠龄击阮逆,败之;罗其清来救,亦败走。于是屡破贼而未获贼首,屡奉严旨申饬。十二月,罗逆自青观山败窜官山,惠龄督诸将追之,俘其清及弟其书解京。[六]四年正月,剿冉文俦于通江之麻坝寨,克之,冉逆受伤就擒,予一等轻车都尉世职。三月,丁母忧,回旗。六月,谕曰:"惠龄前在军营,止贪安逸,最不出力,专擒贼首,置馀党于不问,以致日久未能蒇事。特因罗其清、冉文俦二首逆,究系惠龄所获,着加恩降补兵部右侍郎。"九月,授镶蓝旗蒙古副都统。五年三月,署兵部尚书。闰四月,复授山东巡抚。

六年十一月,擢陕甘总督,命专办南山馀匪。七年五月,奏擒王作正等。十一月,以馀匪久未扑灭,谕曰:"惠龄节次奏称歼擒贼匪,或三五人,或一二十人,任听零星散匪肆行逃逸。看来,惠龄竟不肯实心任事,惟据将领等禀报入奏,不但不能亲履行阵,并不能调度合宜,仍系伊从前在军营苍滑伎俩,有负委任。着拔去花翎,降为二品顶带,暂留总督之任,以观后效。"十二月,偕经略额勒登保等奏剿捕三省逆匪大功戡定,谕曰:"惠龄在陕甘总督任内,剿办南山馀匪,办理迟延,降为二品顶带。今大功底定,念其从前著有微劳,着加恩赏还头品顶带、花翎。"八年,因审办商州匪徒滋事定拟失当,奉旨申饬。

九年,卒。谕曰:"陕甘总督惠龄,中外宣力多年。剿捕教匪,颇有劳绩。自复任总督以来,办理善后,勤慎出力,正资倚任。前因染患喘嗽病症,当经降旨谕令安心调理,并赏赐丸药医治,以冀速痊。兹闻溘逝,深为悼惜!惠龄着加太子少保、二等男爵,仍照例赏给恤典,并着伊弟长龄带领伊子桂斌前往迎接,准其入城治丧。届时再行加恩遣员赐奠,以示眷念劳臣至意。"八月,命侍郎成书前往奠醊,寻赐祭葬,予谥勤襄。

子桂斌,和阗办事大臣。

【校勘记】

〔一〕惠龄　原脱此二字。耆献类征卷一八四叶一上同。今据惠龄传稿(之二四)补。

〔二〕贼溃散　原脱"贼"字。耆献类征卷一八四叶三下同。今据惠龄传稿(之二四)补。

〔三〕着加恩赏戴双眼花翎　原脱"双眼"二字。耆献类征卷一八四叶四上同。今据惠龄传稿(之二四)补。按下文有"革去双眼花翎"可证。

〔四〕王姓称为大叔　"姓"原误作"姚"。耆献类征卷一八四叶四上
　　同。今据惠龄传稿(之二四)改。

〔五〕贼踞渠县虻虫溪　原脱"虻"字。耆献类征卷一八四叶五下同。
　　今据惠龄传稿(之二四)补。

〔六〕俘其清及弟其书解京　原脱"解京"二字。耆献类征卷一八四叶
　　五下同。今据惠龄传稿(之二四)补。

宜绵　　子瑚素通阿

宜绵,原名尚安,鄂济氏,正白旗满洲人。由生员于乾隆二
十八年考授兵部笔帖式,荐升郎中。四十三年,授直隶口北道。
四十四年,授陕西布政使。〔一〕

四十五年十月,护理陕西巡抚。先是,大学士云贵总督李侍
尧以贪纵营私逮问,上命各省督抚核拟罪名。时新授陕西巡抚
雅德未到任,尚安具折议奏,上责其非是。谕曰:"此案系应雅德
议覆,何用该护抚急于具折陈奏? 李侍尧虽负恩获罪,究属朝廷
大臣,非两司所能核议。尚安由部院司员,不数年间,用至藩司,
将来加恩迁擢,正未可量。伊只当循分自勉,岂可如此热中欲
速,竟思躐迁督抚乎? 朕因尚安尚有出息,是以谆切训谕,俾知
谨饬,毋负成全之意。"四十六年,甘肃循化厅属撒拉尔回匪滋
事。上命西安将军伍弥泰剿之,并谕尚安随同办理军需粮饷。
尚安于未奉谕旨之先,即自安西驰赴陕、甘交界之长武县,督饬
各州县备办官兵车马;复至泾州,筹备军需。奏入,上以经理妥
协嘉之,交部议叙。

四十七年三月,擢广东巡抚。四十九年正月,丁母忧,回旗。

三月,因在广东巡抚任内,枉断仁化县监生谭体元控总商沈翼川勒派银两案,拟谭体元以边远充军,部议承审官革职。上以尚安心存瞻徇,朦混定案,其咎较重,着照部议革职,俟伊百日期满后,酌派前往新疆办事,效力赎罪。闰三月,赏给四品职衔,授吐鲁番领队大臣。四月,甘肃盐茶厅回匪滋事,踞石峰堡,兵部尚书福康安檄尚安到陕驻守平凉。八月,军务告竣,抵吐鲁番任事。十一月,奏:“辟展旧仓存贮粮石,应运至吐鲁番者,脚费繁多。请将糜谷糜米借给回民,宽限三年交纳吐鲁番仓,以省挽运而免朽坏”,下部议行。五十二年十二月,授乌鲁木齐都统,赏戴花翎。五十三年三月,奏:“乌鲁木齐所属迪化、昌吉、阜康、绥来、宜禾、奇台六州县,并济木萨、呼图壁两处,历年征收屯兵民户粮石,及从前捐监收贮之粮,存仓过久,恐致霉变,请分作三年出粜。每年春季所粜,即责令州县秋季买补还仓。”得旨允行。四月,奏:“乌鲁木齐所属纳粮,自乾隆五十二年将户民额地外多垦馀地丈量,增粮三分之一有馀,民力未免拮据。请将所增地粮酌减一半。”上命军机大臣议行。五十九年,奏请陛见,命经过山西时,查办原任神池县知县赵曾龄因痫症勒休,在部朦混呈控案,六月,讯明奏闻;又经过固关,将关内、关外被水情形,并督令参将、知县等给银抚恤运粮接济事,陈奏。谕曰:“所办实属可嘉! 着交部从优议叙,并赏大小荷包。”又谕尚安着改名宜绵。

　　六十年五月,授陕甘总督。十二月,西安府铺户收藏玉器事发,谕宜绵不必来京陛见,速行回转,将收藏玉器之铺户等严密搜查。嘉庆元年正月,奏:“起出大小玉器及噶吧石各件,〔二〕系江苏人戴传经出口贸易。乾隆六十年六月内,戴传经托大兴县民人陈茂兴携带大小玉器五十二件来陕。行抵嘉峪关，被兵役查出，经署兰州府知府应先烈查验，以造成玉器向不禁止放行。"上以嘉峪关为出入门户，既经兵役盘获，其为私玉无疑，何得以业经造成荒坯，辄准放行？命宜绵向该署府严切讯明，据实参奏。二月，奏将盘获私贩玉石案内之李元等拟绞监候，谕曰："李元等如果私贩玉石后，又复营私纳贿，则其罪较重。即问拟缳首，亦不为过。今该督查奏折内，未曾细问，漫称署兰州府应先烈讯无受贿故纵情事，则李元等止于私带玉石，何得遽拟绞监候？宜绵着交部严加议处。"又谕曰："陈茂兴私贩玉石，署兰州府应先烈并不查究，辄准放行，显有受贿私放情弊。该督自应向应先烈严切质讯根究，乃覆奏折内辄据狡展之词，遽称讯无受贿故纵情事，冀图代为卸罪，是何意见？宜绵着传旨严行申饬。应先烈即着革职拿问，交该督速行严讯确情，据实明白回奏。"寻奏种种错谬，自请罚锾，命将此案为首之戴传经等定拟发遣完案，部议宜绵降二级调用，上改从宽留任。

时湖北教匪滋事，陕西巡抚秦承恩带兵赴陕、楚接壤要隘堵截。宜绵自兰州赴西安驻扎，命即办理粮饷、策应、弹压等事。三月，以商州路通郧阳，隘口十馀处，贼匪俱可窜入，亲赴商州防堵；又以郧西、郧县地方均有邪教聚众，[三]令副将百祥带兵剿捕；寻派员剿净泥河口王全礼等贼数：交部议叙。又奏："襄阳、樊城为南北咽喉，派参将九十、游击常格随同头等侍卫明亮前往堵剿。"上以筹办甚合机宜嘉之。五月，奏："查明王全礼等滋事缘由，复派员分赴郧阳、郧西搜剿逸匪，并盘获房县、保康窜匪，汉江以北之贼剿除净尽，地方宁谧，并筹善后事宜，以奖励乡勇，令推义总,俾有责成,禁止擅杀诬害,及抚恤难民、旌表节烈、防范汉江北岸诸条款。"奏入,谕曰:"宜绵查明逆首王全礼等滋事缘由,实力搜捕,全行授首;复派员弇于二郧一带搜剿擒杀,汉江以北悉就肃清;并将善后事宜详悉筹办,实属可嘉!着加恩赏戴双眼花翎,并加太子太保衔。"六月,以湖北当阳县城被陷未复,〔四〕派总兵观祥领兵驰赴会剿,上复嘉之。先后叠奉恩赏玉扳指、火镰、大小荷包二次。

七月,饬属查拿陕西白河县传习邪教之陈孝拒捕,经差役格杀。奏入,谕令访缉潜匿馀匪,务绝根株。八月,奏:"筹款调剂兵饷,以邠州、商州、长武三营地居冲要,田少山多,购买一切粮价,较他属稍昂。所给饷银,往往不敷。请于产粮稍多之商州营,每名月加折银三钱;产粮较少之邠、长二营,每名月加折银四钱。"上命军机大臣会同该部议奏。寻议三营银两之增减,总以粮价昂贱为准。本年粮价较昂,应如所请。其粮价平减之年,仍照原定兵饷支给,不得援以为例。"时因甘省皋兰等州县被旱,命速回兰州,办理赈抚借籴事宜。十月,四川达州亭子铺及东乡、太平等处,俱有贼匪滋扰,宜绵统领官兵驰至兴安,由太平沿途剿捕,至达州与署四川总督英善会剿。寻因川匪窜入陕省兴安属之安康、平利、紫阳等县,派肃州镇总兵索费英阿由西乡入川进剿,宜绵亲率兵继之。十一月,安康教匪数股扰近兴安府城,〔五〕宜绵驰抵兴安,会同秦承恩、提督柯藩进剿。

是时,府城以南牛蹄铺、古庙岭两处之贼王可秀、成自智等以安岭为巢穴,在府城北者冯得仕等屯聚将军山,而安岭尤逼近郡城,宜绵派游击海洪阿等攻古庙岭,亲率官兵督战,克之;进逼安岭大寨,复克之,毙贼数千,生擒王可秀、成自智及馀匪四百馀名。寻攻将军山贼巢,断其汲道,用轰炮击之,毙贼首冯得禄、赵可徵,生擒冯得仕,馀贼均就缚,共一千八十二名。〔六〕奏入,叠奉优旨嘉奖。寻派将弁剿汉江北岸大小米溪之贼翁禄玉、林开泰等,尽歼之,偕柯藩、索费英阿剿汉江南岸洞汝二河之贼。汝河贼匪并入洞河五作云,合力抵拒,官兵分路攻之,宜绵由洞河口进,并饬将弁抄贼后夹击之,毙贼五百馀名,会各路兵进逼五作云大寨,放入火箭,焚其草房、板屋,延及木城,乘贼慌乱,我军拥上,歼毙贼首胡知和、廖明万、季九万,〔七〕并伙匪三千馀名,被焚及自戕者千馀名。紫阳境内肃清。上以所办实属可嘉,交部议叙。二年正月,派员分攻太平贼匪孙老五、何如会等于通天观、高家寨、南津关三处,俱克之。太平境内肃清。

时达州贼首徐天德,东乡贼首王三槐、冷天禄等攻陷东乡,屯聚张家观;又分夥聚清溪场、金峨寺二处,与张家观为犄角,而巴州贼首罗其清啸聚方山坪,通江贼首冉文俦窜至方山坪迤东之王家寨,相为首尾,冀乘间窜入张家观合伙。二月,官兵攻王家寨,徐天德抽壮健贼匪往援。宜绵料张家观守寨贼不多,派员分路取之;亲率将弁袭曾家山,焚其寨栅,张家观守寨贼目趋救,官兵夺取张家观贼寨。宜绵由曾家山乘势收复东乡,馀匪归入金峨寺、清溪场两处。官兵分路进攻金峨寺,贼匪分屯大团包、冉家垭口二卡,清溪场贼匪聚东岸,设立木栅、枪炮,使官兵不能过渡;又于金峨寺、清溪场中间之姚家坝设立大卡,连络声势。三月,宜绵督催官兵,一路趋冉家垭口,防大团包贼下寨扑营;一路由大团包山后夺据贼寨,贼首徐天德等率众回扑。我兵连日鏖战,复分三路乘高压下,歼毙无算。贼匪冷俸等又于漏月岩设伏突出,官兵夹击之,复毙二百馀名。又派员从上流乘筏,令善泅者潜赴东岸,斩断贼船缆索、砍开木栅,夺据贼卡,并攻得姚家坝贼卡,寻据棋盘石,进据鸡爪岭。四月,分攻清溪场、金峨寺贼寨,俱克之。徐天德等窜重石子,分屯香炉坪、方山坪。

　　贼又与合伙扑大罗坪及鹰背嘴头卡,均经宜绵派兵击退;而王家寨贼从后涌至,官兵乘其巢穴已虚,分路击之,毁其巢,贼大溃,逃回方山坪、重石子、香炉坪。贼亦分路来援,经官兵击败之,并乘雨夺获茨茹梁富成寨贼卡,贼匪欲扑罗江口,窥伺达州,宜绵派将弁邀击之于杨柳坪,贼首王三槐至双庙场,诡称投降,另于山沟藏贼千馀接应。宜绵等探访得实,先行设伏,派兵分击,毙贼百馀,生擒符曰仁等十二名。谕曰:“贼首王三槐假冒出降,希图扑卡劫犯,狡诈已极。幸宜绵等窥破贼情,先行备兵设伏,乘机剿杀,不致堕其奸计,实属可嘉。”五月,攻克分水岭、火石岭二处贼卡,香炉坪、重石子贼匪夜半倾巢出,分扑各卡,官兵击退之,夺卡紧逼贼巢。宜绵驻扎大成寨策应,派兵截贼于花潭子,抄击王三槐股匪于毛坪。王三槐中枪落马,易他骑逸。时因楚省贼匪由汉江北岸窜近汉阴厅治,署陕甘总督陆有仁督兵迟误,逮问。上命宜绵就近兼办四川总督事务,并命一切军务,着宜绵总统。寻督官兵攻克重石子、香炉坪贼寨,徐天德等窜屯陈家坝。六月,进剿,贼退屯精忠寺山包,复进逼之;贼又倾巢出,官兵冲入,贼分窜,宜绵催趱兵勇追剿,至磨子坝,徐天德、王三槐等向西逸。复分兵追至徐家山,进据小峨城山,贼乘雾雨潜窜。上以兵围不固,令贼窜逸,饬之。楚匪李全、王廷诏、姚之富三股入川,与徐天德等合伙分屯土黄坝至五保顶,〔八〕经官兵进击;又分两股,一窜开县之温阳井,一屯南天洞、火焰坝、白岩洞一带。官兵分路攻剿,宜绵驻南坝场策应。闰六月,贼向云安场逃逸,宜绵奏贼窜东南,官兵所至,距原设粮台稍远,请于新宁、东乡两路添设台站,从之。南天洞窜匪折回分水岭、桃花坪,踞大梁山巅。宜绵饬弁兵分五路剿之,并将陈家山、八角坪、石岩坝另起贼匪,歼除净尽。又剿开、万一带新起贼匪,及水田坝、白岩山之贼,贼窜屯燕子山。

时川、楚窜匪踞七星坝、马鞍山,图占夔州,而巫山、奉节、大宁俱有新起贼匪。上命夔州一带贼匪,专交宜绵督同各路官兵剿办。七月,派兵堵截燕子山贼匪,亲率员弁驻新店子,杜贼窥伺开县之路。奏:"现在军营存兵无多,请调省标及甘肃提督两标,肃州、河州等镇兵,并撒拉尔回兵,来营协剿。"如所请行。贼窜大宁一带,宜绵派兵追剿,逼白岩山,亲率镇将驰至开县、东乡交界之窦山关,驻扎策应。贼窜太平县,宜绵抽拨弁兵探踪会剿。"谕曰:"迩来川、楚各路贼匪奔窜,官兵分投剿捕,日久未能蒇事。推求其故,总由统兵大员,漫无调度,将官兵零星分拨,处处堵截,以致兵力分而见单,正中贼计。剿贼之法,惟在整顿兵力,择要攻剿,并力一处,方可制胜。着传谕统兵大员,务须探明首逆现在何路,即统领新兵专向此一路并力围拿。俟肃清一路,再移师一路,以次递剿,无难逐渐荡平。宜绵等毋得仍踵前习,致干咎戾而负委任。"八月,贼分三路逼太平县城,经官兵击退,窜石关子、丝萝坝、石窝场、兰草沟、油坪一带屯扎。宜绵派兵分布堵截。

是时各路贼匪分青、黄、蓝、白等号，罗其清等称巴州白号，冉文俦等称通江蓝号，屯踞方山坪贼巢。宜绵派员分攻多福山、盖顶山、毡帽山，俱克之；进攻方山坪，复克之：贼窜通、巴一路。上以首逆仍未就获，严饬之。贼屯邱家堡、沙溪坳，东乡白号王三槐、达州青号徐天德等在尖山坪，邀约合伙，宜绵派将弁分击之，贼匪俱窜岳家院合伙。上以宜绵不设法绕出贼前，只在后尾追，复严饬之。九月，派兵攻岳家院，贼溃，追击之于韩家院、木通垭，贼趋东乡县治，复派兵击走之。奏："现在各路剿捕教匪，借各州县团练乡勇以佐不敷，[九]但乡勇等自卫村庄，齐心协力，若远出数百里外，其中勇往出力者固不乏人，而畏缩不前者亦复不少。此等乡勇赏过则骄，威过则散，虽盐粮等项，与兵丁所费相同，究非纪律之师可比。刻下附近省分官兵，四川、陕西已调兵一二万不等，湖北等省无馀兵可调，请于四川、陕、甘共添练备战兵二万名，湖北、河南各添五千名，[一〇]分营操演。"上允所请，谕以四川贼首徐天德、王三槐、罗其清、冉文俦责成宜绵。

时罗、冉二逆屯南背山，徐、王二逆窜青杠渡，宜绵移驻白沙场，派兵分击清杠渡之贼，踹水过河；巴州被围，南背山之贼于观音寺、茶店子、雪花坪等处四出，欲从仪陇、南部分往保宁、达州。宜绵派兵分各路防守，进剿巴州贼匪，贼分股由息阳河扰至黑石滩，其地逼近蓬州、营山，为文报粮台后路。宜绵派兵迎剿，保护运道，亲驻渠县之静边寺策应。十月，奏："川东、川北一带，处处与楚、陕两省犬牙相错。是以邪匪滋事以来，不独本省匪徒乘机响应，即楚、陕贼匪阑入勾结者亦复不少。此时川省攻剿机宜，处处需人调度，即各路转运军火粮饷，亦较他省繁剧。臣蒙恩兼办川督事务,深恐贻误地方,仰恳天恩另简大员,料理地方事宜,俾臣得亲临前敌,专心办理军务。"上命湖广总督勒保驰驿赴川,总统军务。

　　贼首王三槐等扰向回龙场,窥伺营山县城,宜绵派将弁痛剿之,毙贼三千馀名。贼退至刘家沟,复分扑蓬州,亦经官兵驰击,又毙一百馀名。谕曰:"此次宜绵督兵痛剿攻扑营山、蓬州贼匪,虽未擒获首恶,犹能以少击众,歼毙多贼,尚属可嘉。"贼扑仪陇县治,官兵驰至冲击之,贼溃向李家场一带焚掠,宜绵督兵驰击,毙贼多名,并预派将弁击之于官渡口,防护蟊虫溪粮台;复亲带兵勇绕至文家梁驻扎,防贼折窜达州,并饬兵分路夹击。谕曰:"宜绵一路兵力无多,伊又年老多病,且已派勒保前往接办;而宜绵仍能认真剿贼,并不存观望之见。此次调度将弁,以少击众,县治粮台,俱能固守。所办实属可嘉!"王三槐等经官兵截击,窜渠县之望溪,宜绵派兵由蟊虫溪进剿,罗其清、冉文俦二逆股匪窜巴州之碾盘坝、灵刚寺一带。上以宜绵连日截剿,使首逆罗其清、冉文俦不能与王三槐等窜聚一处,嘉之。十一月,派兵击王三槐股匪于石垭口、草坝场、大梁城。贼退趋邻水,官兵驰剿二十馀里,贼窜板桥、天华山一带屯扎。上以宜绵督率办理妥协,复嘉之。寻派将弁由板桥场进剿,夺据天华山,贼由九龙场分窜邻水县属之樊家槽,复有匪徒借团练乡勇为名,阴图接应。宜绵派员拿获为首之高洪儒等八名,复剿分股贼匪于长寿县属之葛兰桥。贼又分股趋长寿县焚掠,并有折窜垫江、凉山之势。宜绵饬将弁追剿堵截,罗其清、冉文俦股匪分窜,一入仪陇县境,一至营山来定寺,抢八庙场粮台。[一]宜绵派兵击退;复攻之于静边寺山梁，贼败走。十二月，截击王三槐、徐天德分股贼匪于大竹县境及垫江县鸡子观。贼匪时有扑达州之黄土场卡隘，趋州城。宜绵由文家梁督率游击薛大烈分路驰击，毙贼五六百名，生擒张正邦等一百二十四名。宜绵自入川以来，叠奉恩赏金盒、玉"喜"字牌、扳指、带版、带环、大小荷包等件十有六次。

三年正月，勒保调四川总督，接任总统事，宜绵仍回陕甘总督任，上命速赴西安，或在兴安一带，择扼要之处驻扎，与秦承恩督率筹办。二月，因襄阳白号高均德、黄号齐王氏等先后偷渡汉江，广州将军明亮褫职，命宜绵速赴明亮军营，将所带官兵悉行统领，督率德楞泰等实力查办。宜绵行至黄沙驿，闻有川省贼匪窜入长寨，驰往击之，歼戮殆尽。时齐王氏、姚之富经明亮、御前侍卫德楞泰歼毙，而川省窜匪阮正通、襄阳蓝号张汉潮等先后窜入陕境。川省贼首刘成栋与张汉潮合伙，命以阮正通、张汉潮股匪责成宜绵专办。三月，张汉潮窜至王黑坝，趋梅湖，踹浅过江，宜绵饬将弁截回；又兜剿阮正通股匪于石泉，贼窜城固。四月，襄阳白号高均德股匪与张天伦、李全合伙，折回汉阴；阮正通股匪由城固折窜回川。宜绵等奉严旨申饬，寻偕明亮击高均德股匪于五郎之两河口，歼毙四百馀名。五月，陕省贼匪阑入甘境，复奉旨严饬。高均德股匪经官兵剿杀，折为两股，后股北窜凤县境，宜绵派员追击，贼分股窜出略阳。上以未擒首逆，严饬之。

时通江贼匪窜近西乡，而川匪徐天德、覃永寿等窜至房县，[一二]与湖北窜匪合趋陕境。宜绵派员防护西乡，亲率将弁驰赴平利、洵阳适中之二郎铺驻扎，探踪迎堵。张天伦由略阳过乌龙河，水涨淹毙。六月，刘成栋、张汉潮股匪由竹溪窜入陕省平利县。上命各省带兵大员分定责成,陕省令宜绵与额勒登保、兴肇为一路,专剿窜平利之刘成栋等一股。寻率将弁赴白沙河抄截,击之于孟石岭,毙贼六百馀名,生擒周正材等八十三名。贼向四川太平县境窜逸。上以宜绵不能将贼首擒获,又任窜入川境,严饬之。谕平利一带,责成宜绵在彼防堵,以遏贼匪折窜之路。八月,张汉潮股匪由回军坝向东逸,宜绵驰至石泉,派兵堵剿。川省徐天德、冉文俦、高均德等由仪陇窜广元,而南江大河口亦有贼匪屯扎,切近陕省南郑、宁羌、沔县等属,上命宜绵等于宁、沔、南郑紧要关隘,严密堵御。张汉潮股匪折入南江,欲由陕回楚,窜至梅湖南岸。宜绵密派将弁从上流潜渡,突击之,贼窜王黑坝。宜绵驰回紫阳,复派兵设伏,击之于纳溪坝山后,贼向老林西窜,折回南江。

时冉文俦数股贼匪折回营山、仪陇,高均德尚屯广元。宜绵以张逆不能渡江北窜,必思与高逆合伙,由宁羌、沔县入陕,随饬将弁于宁、沔一带防堵。嗣闻高均德复至南江之坪河,令镇将在西乡之私渡河、罐子山遏截,亲赴石泉、洋县一带策应。九月,高均德窜四川阆中县境,张汉潮窜太平县境。谕曰:"川省窜匪去陕已远,宜绵等惟当督率将弁实力严防,不得以贼已折回稍有疏懈。"十月,分饬将弁堵剿川省箕山窜匪张时青于宁羌境,通江窜匪阮正通于城固境,并击襄阳黄号樊人杰、太平黄号龙绍周两股窜匪于西乡,贼退出境。龚、樊二逆因官兵剿川匪李树、唐明万等于顶甲山,[一三]复乘间窜入,与各股匪分数路围绕官兵。宜绵等亲往策应,贼东窜。十一月,偕总兵庆溥驰剿川省各窜匪于紫阳边隘,击大股贼匪李树、樊人杰、阮正隆等于二州垭,[一四]贼退向川省窜逸。寻又折近安康、平利境,宜绵饬员弁各据险隘御之。后窜至紫阳连界之大耳坝游奕,官兵分投抵御,宜绵仍驻石泉往来策应。李树等攻扑安康之南天门隘口,宜绵督兵驰至,派员分路冲下,贼惊溃。又有贼匪扑黄金沟卡隘,派兵驰击之,贼西奔。寻以张汉潮股匪窜至雒南、卢氏一带,其地即为去岁贼匪由豫入陕之路,复饬镇将由山阳、商州迎剿。十二月,李树、樊人杰、龙绍周、唐明万等各股贼匪屯扎紫溪河,欲趋西乡。宜绵奏:"西乡边界延长,道路纷歧,我兵若分段防守,则兵力不敷,惟有于适中扼要之地,分驻重兵,相机迎剿。"四年正月,谕曰:"宜绵折内既云兵力不敷,何以又有重兵分驻? 措词自相矛盾,可见伊等捏词虚报,[一五]并不亲身督办,仅派镇将等前往堵剿,率照所禀,隔数日奏报一次塞责。伊等拥兵自卫,安坐度岁,甚至饮酒宴乐,置军事于不问。此等积弊,朕所深知,岂能始终掩盖? 且兵力不敷之故,皆由伊等坐冒空粮,虚糜廪给;即乡勇亦恐有名无实,不过为滥销军需地步。着传旨严行申饬。"寻又谕曰:"宜绵系陕甘总督,封疆是其专责。乃从前贼匪至境,任其越界奔窜,往来自如,[一六]不能实力堵御。每奏称汉江水浅,窜贼得以偷渡,皆系借词捏饰,以掩其纵贼之咎。嗣后着责成宜绵于陕省边境一带,严密防堵,毋许窜贼一名阑入。"

寻奏:"川匪李树等分伙窜入平利县境,派镇将截击,贼窜川境。臣由紫阳相机剿办长岭各股贼匪。再张汉潮股匪折入五郎境内,臣因堵剿平利贼匪,不能兼顾,现经副都统明亮、荆州将军兴肇带兵赶上,正可并力截剿。"谕曰:"宜绵奏堵剿贼匪情形,皆不切要。以各路将领多人,并未能擒获李树、樊人杰,并分出为首之伙贼,亦未能弋获;并有以张汉潮诿卸于明亮、兴肇之意。宜绵又未身在行间,仅据禀报之辞,一奏塞责,仍蹈素日积习。朕向闻自宜绵带兵剿贼以来,贼至则不敢向前,贼去始移营前往。因将军机处钞存伊节次奏折底,详加核对,皆于无贼处所驻扎,畏葸无能,巧于退避,实与朕所闻相符。即如本日奏到之折,既称张汉潮窜入五郎境内,伊以堵剿平利贼匪,不能兼顾为辞。其实平利一股贼匪,又不见其亲往剿办,仅委镇将等带兵堵剿。俟贼窜回川境后,宜绵始由紫阳赶赴长岭,此即避贼之明证。宜绵着传旨严行申饬,并着即解任来京候旨。"寻奏"带领总兵庆溥、参将韩家业由紫阳进剿西乡贼匪,闻贼匪屯扎王黑坝,随派庆溥等进剿。臣与韩家业驻鞍子沟策应后路粮饷。又有另股贼匪,窜入紫阳关垭子,臣即带韩家业于汉王城、仙姑滩一带分拨兵勇,[一七]加意防守。贼窜尚家坝,复趋瓦房店,臣即赶回紫阳,调兵堵御。"谕曰:"朕素知宜绵自剿办贼匪以来,从未亲身督率。此次堵剿各股之贼,仍系派人前往,惟以策应后路粮饷及赶回紫阳调兵为辞,明系避贼而行,仍蹈畏葸不前恶习。应俟宜绵到京时,逐一询问,再降谕旨。"上命川省粮饷专交副都统衔福宁管理。三月,福宁奏:"川省军兴以来,各路供支未能遵照定例核实办理,其官兵夫骡价值、乡勇盐粮等项,宜绵统军,因追剿窜匪逐日移营,一时权宜核发,所费尤为不赀。"谕曰:"此项军需经费用银七千馀万两,[一八]皆由各路领兵大员任意滥用所致,朕闻之至熟。今福宁折内称:'宜绵一时权宜核发,所费不赀。'即此二语,已包括无数浮支滥用矣。"

四月,和硕成亲王永瑆奏:"现宜绵戴双眼花翎,可否仍令

戴用?”得旨,令戴单眼花翎。寻命在散秩大臣上行走。谕曰:
"宜绵自办理川省军务以来,并不亲率将弁认真剿贼,惟事退缩
畏葸,致误军机重务,是以降旨令其解任来京。昨到京时,伊并
未专折请罪,及召见面询军营情形,止称兵少贼多,于剿捕机宜、
地名远近,概不能详悉陈奏。因询以在大成寨盖屋居住之事,伊
居然直认不辞,毫无知罪畏惧之意。随令军机大臣将朕所批伊
折给予阅看,乃多方辨饰,惟以惭愧为辞,仅请革去太子太保衔,
仍不自伏愆尤,实属全无天良,出于情理之外! 宜绵身任陕甘总
督,带兵打仗,是其专责;虽经具奏老病情形,亦不过虚词搪塞,
为诿卸地步。试问伊屡次奏报打仗杀贼,为虚耶为实耶?[一九]其
昧良负恩,实难辞咎。究念伊老病,免其治罪。宜绵曾任乌鲁木
齐都统,于新疆情形尚为熟悉,着加恩赏给三等侍卫衔,自备资
斧,前往乌里雅苏台,帮同绵佐办事。”寻因湖北安襄郧道胡齐
仑侵饷事发,呈出动用军需底帐,内有各路领兵大员得受馈送及
滥提银两之事。上以宜绵前在川省办理军需,经手日久,岂有不
滥行提用,作为馈送借资结纳之理? 且川省领兵大员,在楚既经
得受馈遗,则于川省亦必借端需索。宜绵等如何侵用及致送何
人之处,不可不切实严究。”命四川总督魁伦驻扎达州审办。十
月,魁伦奏:“详核军需档册,惟长夫长骡及雇募乡勇两项,所费
最大。初因宜绵等统兵由陕入川,各兵皆带有长骡,每日给发骡
价;无长骡者,给长夫。川省接办之初,因军需紧要,一面照数给
发,一面移查陕省办过成案。旋据覆称,系权宜办理,并无成案
可稽。川省司道议定核减章程,宜绵以不敷用批驳,复议加增,
并未奏明。又乡勇一项,先经宜绵奏明,分别给予钱文,嗣因买

食维艰，复经奏明支给口粮。"十一月，谕曰："长骡、乡勇，种种冒滥，皆系宜绵任内之事。总俟呈出底帐，无难逐款根究。"

五年正月，谕曰："各路贼匪，肆扰鸱张，至今未能扑灭，皆由宜绵因循玩误所致。若追论其老师糜饷之罪，即将伊家产查抄，并将该省军兴动用之款，罚令赔出，亦属罪所应得。今因事属已往，姑不即行究办。且宜绵上年来京，本系获罪之人，经朕加恩赏给三等侍卫，派往乌里雅苏台参赞事务，实属格外宽典。宜绵具有人心，其辜恩负职之罪，宁不自知？着绵佐即将此旨密谕宜绵，令其扪心自问，当如何捐赏助饷，庶可自赎。现在办理军务善后，一切正需经费，宜绵应激发天良，将认缴银两若干之处，自行陈明。"二月，定边左副将军绵佐奏："宜绵请将住房及地亩变价措缴外，尚有前在陕甘总督任内未支廉俸一万三四千两，遣人补领，全数交出。"上以宜绵一味借词搪塞，苍猾已极，可谓毫无人心，复传谕绵佐切责之。寻命革职，发往伊犁效力赎罪。三月，绵佐奏宜绵自认前在军营因循玩误，恳赴军营自备资斧，带兵效力。谕曰："宜绵因循玩误，此四字实其罪案。前将伊革职发往伊犁，亦因贻误军务，按律惩治，而宜绵在任，尚未查出贪婪实迹，是以未将伊家产查抄，并非因其认缴银两，[二〇]支吾搪塞，故加之罪。乃宜绵此时尚欲恳赴军营，自备资斧，带兵效力，实属无耻！宜绵前此身为总统，畏葸昏庸，毫无展布，坐误军机；今更加老病，复赴军营，有何用处？岂因剿捕贼匪，功届垂成，尚思厕身其间，腼颜仰邀甄叙耶？着即前赴伊犁，[二一]不得再有延缓。"寻请罚银二万两，以助军饷，上予限一年完缴。

六年二月，宜绵子盛京刑部侍郎瑚图灵阿奏未完罚项，恐逾限期，请将住房估计价值呈缴入官。谕曰："宜绵获咎之由，实以其迁延玩寇，不加重辟，从宽远戍。初非缴完罚项，即可加恩释回。今瑚图灵阿呈出住房，虽系代伊父措缴官项，但伊现为刑部侍郎，在京当差，若房屋一并入官，必致栖身无所。况宜绵之罪，与伊何涉？所有宜绵应缴银两，着加恩再宽限一年，其住房亦不必呈缴。"七年四月，奉旨，宜绵年逾七旬，精力就衰，着加恩准其回旗。九月，呈请所欠官款尚有未完银八百馀两，自伊犁释回，现患腿疾，不能讨赏差使，另措缴银二千两，稍效涓埃。谕曰："宜绵名下未完欠项，自应按数完缴。至伊既患腿疾不能当差，惟应上紧调治，俟痊愈后，再请差使，何必复行措缴银二千两，轻视朕躬太甚！岂以呈缴银两遂可复职乎？着传旨严行申饬。"十二月，川、陕、楚剿捕逆匪大功戡定，谕曰："宜绵前在军营，督剿洞汝河等贼匪，尚属认真。后因总统军务，安坐大成寨，任贼匪往来奔窜，革职发往伊犁。念其年老，释放回京。伊究曾出力，〔二二〕着加恩以六部员外郎用。"九年，谕曰："朕披阅剿平三省邪匪方略，嘉庆二年九月间，宜绵曾奏及'各州县团练乡勇，非纪律之师可比，赏过则骄，威过则散'等语，实为切中军营之弊。宜绵久任封疆，见识尚为老到。兹念其年老，曾经出力，着加恩以四五品京堂补用。"十年九月，授大理寺卿。十一年五月，以腿疾复发，奏请开缺，得旨："准其开缺，在家调养，俟病痊后，再行赏给差使。"十七年十一月，卒。

　　子瑚素通阿，原名瑚图灵阿，官至刑部左侍郎；札勒杭阿，一品荫生，现任户部员外郎；富珠隆阿，甘肃阶州直隶州知州；乌什杭阿，礼部笔帖式。

【校勘记】

〔一〕授陕西布政使　"陕西"原误作"直隶"。耆献类征卷九七叶一六上同。今据宜绵传稿（之二八）改。按国传卷二六叶一上不误。

〔二〕起出大小玉器及噶吧石各件　"噶吧"原误作"瑙"。耆献类征卷九七叶一七下同。今据宜绵传稿（之二八）改。按国传卷二六叶二下不误。

〔三〕郧县地方均有邪教聚众　原脱"郧"字。耆献类征卷九七叶一八下同。今据宜绵传稿（之二八）补。按国传卷二六叶三下不脱。

〔四〕以湖北当阳县城被陷未复　原脱"未"字。耆献类征卷九七叶一九上同。今据宜绵传稿（之二八）补。按国传卷二六叶三下不脱。

〔五〕安康教匪数股扰近兴安府城　"股"原误作"千"。耆献类征卷九七叶二〇上同。今据宜绵传稿（之二八）改。按国传卷二六叶四上不误。

〔六〕馀贼均就缚共一千八十二名　原脱"馀"字，又"八十二"误作"八百二十"。耆献类征卷九七叶二〇上同。今据宜绵传稿（之二八）补改。按国传卷二六叶四下不误。

〔七〕板屋延及木城乘贼慌乱我军拥上歼毙贼首胡知和廖明万季九万　"板"上原衍一"柯"字，又"木"误作"水"，"乘贼"误作"乘城"，"胡"误作"何"，"季"误作"李"。今据宜绵传稿（之二八）删改。按国传卷二六叶四下不衍"柯"字，"木"仍误"水"。又下文有"唐明万"与"唐明高万"，疑"唐"或系"廖"之形误，"高"为衍文。又本卷秦承恩传"廖明万"作"穆明万"，"季九万"作"李九万"，均误。

〔八〕与徐天德等合伙分屯土黄坝至五保顶　"至"原误作"之"。耆献

类征卷九七叶二二下同。今据宜绵传稿（之二八）改。按国传卷
二六叶六上不误。

〔九〕借各州县团练乡勇以佐不敷　原脱"乡勇以佐"四字。耆献类征
卷九七叶二四上同。今据宜绵传稿（之二八）补。按国传卷二六
叶七上不脱。

〔一〇〕请于四川陕甘共添练备战兵二万名湖北河南各添五千名
"请"原误作"其"，又"湖"误作"河"。耆献类征卷九七叶二四
上同。今据宜绵传稿（之二八）改。按国传卷二六叶七上不误。

〔一一〕抢八庙场粮台　"庙场"原颠倒作"场庙"，又脱"台"字。耆献
类征卷九七叶二五下同。今据宜绵传稿（之二八）改补。按国
传卷二六叶八下不误。

〔一二〕覃永寿等窜至房县　"覃"原误作"莫"。耆献类征卷九七叶二
六下同。今据宜绵传稿（之二八）改。按国传卷二六叶九上
不误。

〔一三〕唐明万等于顶甲山　"明"下原衍一"高"字，又脱"甲"字。耆
献类征卷九七叶二八上同。今据宜绵传稿（之二八）删补。按
国传卷二六叶一〇上不误。下同。

〔一四〕击大股贼匪李树樊人杰阮正隆等于二州垭　"股"原误作
"固"，又"阮"误作"元"。耆献类征卷九七叶二八上同。今据
宜绵传稿（之二八）改。按国传卷二六叶一〇上不误。

〔一五〕可见伊等捏词虚报　"见"原误作"乎"。耆献类征卷九七叶二
八下同。今据宜绵传稿（之二八）改。按国传卷二六叶一〇下
不误。

〔一六〕封疆是其专责乃从前贼匪至境任其越界奔窜往来自如　"疆"
下原衍"之任"二字，又脱"乃"字，"如"误作"缘"。耆献类征

卷九七叶三八下至二九上同。今据宜绵传稿(之二八)删改。
按国传卷二六叶一〇下不误。

〔一七〕臣即带韩家业于汉王城仙姑滩一带分拨兵勇　"臣"原误作
"城","王"误作"玉",又脱"江岸"二字。耆献类征卷九七叶
二九下同。今据宜绵传稿(之二八)改补。按国传卷二六叶一
一上不误。

〔一八〕此项军需经费用银七千馀万两　"千"原误作"十"。耆献类征
卷九七叶三〇上及国传卷二六叶一一下均同。今据宜绵传稿
(之二八)改。

〔一九〕为虚耶为实耶　"为实"原误作"否"。耆献类征卷九七叶三一
上同。今据宜绵传稿(之二八)改。按国传卷二六叶一二上
不误。

〔二〇〕是以未将伊家产查抄并非因其认缴银两　原脱"是以"以下至
"查抄"九字,又"非"误作"未"。耆献类征卷九七叶三二下同。
今据宜绵传稿(之二八)补改。按国传卷二六叶一三上不误。

〔二一〕腼颜仰邀甄叙耶着即前赴伊犁　"耶"原误作"即",又"着"下
脱一"即"字。耆献类征卷九七叶三二下同。今据宜绵传稿
(之二八)改补。按国传卷二六叶一三上不误。

〔二二〕伊究曾出力　"力"原误作"兵"。耆献类征卷九七叶三三下及
国传卷二六叶一四上均同。今据睿录卷一〇六叶一六上及宜
绵传稿(之二八)改。下同。

毕沅

毕沅,江苏镇洋人。乾隆二十二年,以举人为内阁中书、军
机处行走。二十五年一甲一名进士,授修撰。三十年,升侍读。

三十一年,升左庶子,授甘肃巩秦阶道。尝从总督明山出关查屯田,奏请调安肃道。三十五年,擢陕西按察使。三十六年,升陕西布政使。

三十八年,授陕西巡抚。三十九年,与陕甘总督勒尔谨奏言:"甘省地瘠民贫,全赖官仓接济。前收捐监银,以补常平缺额。嗣因日久弊生,奉谕停捐,而仓储缺额尚多,不能如数筹补。窃谓捐监之弊,皆大吏稽察不严所致。甘省农民借粜粮为生,迩来岁庆屡丰,价值平减,若乘此有秋,准复捐监旧例,听闾阎自为输纳,以裕仓储,以济民生,于事诚便。"奏上,得旨允行,并命沅详定章程,严密稽察。四十一年,赏戴花翎。四十三年,以高朴在叶尔羌私采玉石,运送回京。沅审讯朴家人,供辞不实,降旨责沅草率。四十四年十二月,丁母忧,去职。四十五年十月,谕曰:"陕西巡抚员缺紧要,毕沅前在西安最久,熟悉该处情形,且守制将届一年,现在一时不得其人,着前往署理,亦非开在任守制之例也。"四十六年三月,甘肃撒拉尔番回苏阿洪等争立新教,互相仇杀,并害知府、副将等官,抢占河州。沅闻报,即选西安绿营精兵会西安将军伍弥泰、提督马彪等剿捕;贼逼兰州,又调各路官兵守御进剿,安设台站,以速邮传,粮饷、马匹、军火、器械筹备皆裕。逆番就擒,收复河州。上谕:"毕沅在陕西境内,闻甘省有事,即能悉心调度,事事妥协,实属可嘉。着赏给一品顶带,并交部优叙。"七月,奏拿获川省咽匪艾隆等。旋以甘省捐监州县通同捏灾冒赈,沅未据实查参,谕令沅自行议罪。沅请罚缴银五万两,备甘省官兵犒赏之用。御史钱沣奏参沅前署督篆时,于该省折捐冒赈诸弊,瞻徇前任,其罪较捏灾各员无减,请敕部比照议处。四十七年正月,上谕:"毕沅在甘省两署督篆,于该省历年积弊,亦无不知之理,乃竟巧为支饰。降三品顶带,仍留巡抚任,停止俸廉;并不许呈进贡物。"四十八年正月,复还原品顶带,仍准给养廉。是月,服阕,实授巡抚。四十九年,甘省盐茶厅属回民聚众滋事,沅奏调各路官兵搜剿;又奏筹办军需及沿站供支各事宜:俱得旨奖励。

五十年二月,调河南巡抚。二月,奏:"河北一带,未得雨泽,各属仓储,因连年积歉,蠲缓散赈,所存无多。请截留漕粮二十万石,以备赈借之需。"上如其请。又奏请将民欠钱粮概予缓征,及展赈两月,温谕嘉之。五月,奏柘城县奸民聚众抗官,带兵亲往,拿获要犯,审明正法。又奏谕民毋得私自囤积,以平粮价;又浚贾鲁、惠济等河。奉朱批:"诸凡皆妥。"十月,奏查明淮水发源在桐柏山,赐御制淮源记。五十一年正月,恩旨赏穿黄马褂。五月,奏:"豫省连岁不登,山西富户闻风赴豫放债,准折地亩,贫民失业。现饬属晓谕,报明地方官,酌核原价取赎。"奉谕有"尽心民事,居心公正,深识大体"之奖。六月,擢湖广总督,因伊阳县戕官首犯秦国栋等日久未获,不准前赴新任;旋因陕省盘获秦国栋,沅以缉捕不力,仍回巡抚本任。五十三年,荆州被水,复擢湖广总督,奉谕即速往荆州办理抚恤事宜。旋奏兴修监利、江陵、公安、广济、黄梅等县堤工,五十四年,奏续添荆江鸡嘴坝工,及打筑万城堤工,上嘉之。嗣以河南考城县移建城垣非地糜费,沅曾奉饬,未据实陈奏,有旨交部严议。五十九年,以湖北竹溪县民人王占魁等传习邪教,川省委员查拿匪犯伙党纠抢殴毙差役,沅未奏;及奉旨,降补山东巡抚,摘去花翎,罚缴湖广总督养廉五年,再罚山东巡抚养廉三年。是年,奏临清等十州县叠被旱涝,饬属及时采买存贮,以备平粜。

六十年,仍授湖广总督。时湖南苗石三保滋事,命往荆州、常德等处筹办粮饷、军火等件。沅抵常德设局筹运,又以泸溪为辰州门户,浦市为沿江大市,且转运必由之路,守兵单弱,奏调湖北省兵分助防守;又于湖北省州县与永顺接壤各隘口,俱添兵防守,且为声援。又奏:"辰州三厅及泸溪等处村市焚烧,被难之民既妥为安置,其中不乏壮丁,现饬属招募团练,又各寨熟苗近来亦知大义,且步履骁健,用以先驱,必能得力。现已出示晓谕招徕。又以各苗寨中有寄居客户,不皆安分之人,趁此点出散赈,就便清釐客民,讯明乡里,递回原籍。于抚辑之中,即寓剔除之意。"诸奏皆有旨嘉奖。旋以转运妥协,赏戴花翎。又以各苗寨纷纷投诚,官兵攻贼,节经痛剿,粮饷、军火,均得应期足用,交部优叙。

嘉庆元年正月,湖北省邪匪聂杰人等滋事,沅自辰州驰赴枝江等处带兵会剿。当阳又有匪徒戕官,沅奏往荆州就近调度,又奏贼情鬼蜮,辗转煽惑,盐枭土棍多附和入伙,愚民被胁相从,蔓延可虑,请发京营劲旅三千名,酌量分驻。上谕:"毕沅因州县纷纷禀报,未免张皇失措,不能得有把握。"又以襄阳贼匪潜出滋事,由沅调度失宜所致。传旨申饬。六月,又以攻剿当阳,旷日持久,传谕严行申饬,旋降旨交永保总督统办。七月,沅奏督率兵勇将当阳贼匪全数剿灭,上谕毕沅已将当阳肃清,所有湖广总督篆,仍交毕沅接管。继以惠龄奏生擒首逆张正谟等,沅并赏给轻车都尉世职,作为二等承袭。九月,奏抵襄阳侦探逃匪,生擒头目田德魁等，又奏："刊发简明告示，令生擒各贼内晓事者，赍回贼营，遍行晓谕。日来悔罪投诚者，络绎不绝。"奉谕："自应如此办理，毕沅仍当加意防范，不可稍涉大意。"十月，奏言："黔、楚苗匪首逆吴半生、石三保、吴八月等，俱以次就擒，仅石柳邓未获，已属势穷力蹙。请将各省营兵撤回本省营伍，所有苗疆地方扼要处所，酌拨二三万名分布控制。"上谕军机大臣曰："官兵撤退，朕所素愿。但现在平陇尚未攻克，苗匪诡谲异常，且教匪声息相通。现石柳邓等未能拿获，即行撤兵，伊等亦无忌惮，尤非良策。岂能遽议及此？"沅旋以冒昧自陈。十二月，明亮等奏斩枭石柳邓等，蒇功献馘。上以沅于苗疆情形谙悉，命速驰往湖南，会同鄂辉、姜晟悉心筹酌，加意镇抚。沅奏言："襄阳等处教匪，尚稽殄灭。先尽楚北之兵撤令归伍，以资弹压。"又奏："樊城为汉南一大都会，本年猝被贼扰，因无城垣可恃，遂多蹂躏。臣驻守以来，察看形势，必须建筑砖城，方可捍卫。今乘难民空闲，需食正殷，就地招徕，以工代赈，洵为一举两得。"得旨俞允。二年二月，奏："辰州逼近苗疆，为三厅门户。请将提督常驻辰州，稽查弹压，提标四营兵于常德、辰州分驻。俟苗地安静，提督每岁于辰州、常德往来驻扎。"又请添设总兵于花园汛，又于附近平陇之强虎哨拨驻守备一员，以资犄角。三月，又奏凤凰、永绥、乾州等处酌添兵丁分驻，又请各处修城筑堡，酌给新设苗弁饷银。诸奏入，奉旨皆依议行。时上以邪匪尚未剿净，谕沅查明焚掠处所难民，复业者妥为抚绥。

六月，以疾入奏，谕曰："毕沅奏五月内头晕失跌，左手足麻木不仁。现仍力疾照常办事。览奏，殊为廑念。着加恩赏给御药房修合之活络丸。”七月，卒于官。谕曰：“湖广总督毕沅，宣力封圻二十馀年，办理军需，积劳婴疾。兹闻溘逝，殊深轸惜！着晋赠太子太保世职，令其孙承袭。”八月，谕：“毕沅前在湖广办理教匪，失察过多，不必予谥。”四年九月，谕：“从前毕沅身任湖广总督，不能实力整顿，贻误地方，以致教匪潜谋勾结，乘间滋事。毕沅又不能督饬所属迅速剿除，迄今匪徒蔓延。皆由毕沅于教匪起事之初，[一]办理不善，其罪甚重。昨又据倭什布查奏胡齐仑经手动用军需底帐，毕沅提用银两及馈送领兵各大员银数最多。毕沅既经贻误地方，复将军需帑项任意滥支，结交馈送，舞法营私，莫此为甚！傥毕沅尚在，必当重治其罪。今虽已身故，岂可复令其子孙仍任官职？所有承袭轻车都尉世职之长孙毕兰庆，及承袭毕沅荫生之次子毕嵩珠，俱着革去，不准承荫。”十月，追产入官。

【校勘记】

〔一〕毕沅又不能督饬所属迅速剿除迄今匪徒蔓延皆由毕沅于教匪起事之初　原脱“又”以下至“毕沅”二十一字。耆献类征卷一八五叶一二下同。今据睿录卷五二叶二〇下补。按国传卷六五叶一六上不脱。

秦承恩

秦承恩，江苏江宁人。乾隆二十六年进士，改庶吉士。二十八年，授编修。三十三年，大考二等，迁左赞善。三十四年，擢侍讲。三十五年，充顺天乡试正考官。三十六年，京察一等，授江西广饶九南道。四十五年,调福建延建邵道,四十六年二月,升按察使。十一月,调陕西按察使。四十八年三月,擢四川布政使。五月,调湖南布政使。五十一年二月,调陕西布政使。五十四年正月,调直隶布政使。三月,谕仍留陕西布政使任。六月,因前在湖南布政使任内失察耒阳县生员贺世盛编造逆书,部议降二级调用,奉旨从宽留任。

七月,擢陕西巡抚。九月,奏兴安府属之安康县地方辽阔,请分隶汉阴通判管辖,裁汉中府沔县贡河驿驿丞,改为汉阴巡检,下部议行。五十六年三月,奏:"陕甘局铸钱文,向系存贮局中。近因收买小钱,改铸为数更多。若照旧贮局,恐日久滋弊,应请改归藩库收贮。其搭放兵饷,即由司当堂给发。"得旨嘉奖。七月,奏查明陕省盐法,并筹补永东仓盐池额课,报闻。五十七年二月,京察届期,谕曰:"秦承恩宣力封疆,克称厥职,着交部议叙。"五月,奏请定太白山祀典,得旨允行。八月,因咸阳县知县张廷杰推升广西庆远府同知,并未饬赴新任,奏请留陕补用,为属员规避边缺,部议降二级调用,奉旨改为革职留任。九月,奏陕省秋禾约收分数及粮价,并不详细查明。十月,核奏收成分数单内,未将灾分轻重分别赈济之处声明,均奉旨严行申饬。五十八年七月,奏将陕西延安、汉中、榆林、鄜州、绥德五府州属之肤施等三十一厅州县盐库正银,一并归地丁摊征,命军机大臣及户部会议准行。八月,入觐,赏戴花翎。五十九年四月,因前任湖南布政使任内失察武陵县贡生欧阳纬编造诞谬诗文,部议革任,上免之。八月,拿获邪教萧贵等七十馀名,并不由驿驰奏,仅差人赍递,迟至二十馀日,始行奏到。上以秦承恩不知缓急轻重,交部严加议处,寻议革任,上免之。六十年二月,奏拿获河南窜入陕境盗犯十九名,派员解省审办,得旨嘉奖,并赏给大小荷包。是月,京察届期,上以秦承恩督缉盗犯认真妥办交部议叙。三月,奏请封闭陕西略阳县兴隆湾铜矿,从之。

嘉庆元年三月,湖北竹山、竹溪县境内各有匪徒滋扰,承恩以该处距陕省兴安府最近,札令将弁驰赴竹山、竹溪县剿洗,亲往接壤要隘,督同文武员弁堵截,并饬将擒获竹溪逆匪,解至兴安,分别正法;其误习邪教者,责令自新,释之,并属绅士团集乡勇,互相纠察。奏入,谕曰:"秦承恩在兴安一带,[一]分派员弁防守地方,并鼓励乡勇截杀湖北窜匪,地方宁谧,所办可嘉之至!着交部议叙,以示奖励。"十月,奏:"四川达州亭子铺地方匪徒聚众滋事,达州与太平县交界,太平与陕西汉中、兴安二府毗连,恐川省追捕紧急,窜入陕境。臣现饬该管府道,会同兴汉镇督率弁兵严密防守,一面亲赴汉中弹压堵御。如陕省边境照常安帖,臣即带领兴安府城守防兵,径往达州,咨会侍郎英善两面夹攻,以期一鼓歼除。"上嘉之,并赏给大小荷包。寻因达州匪徒欲赴陕省勾人入伙,经先曾入教改悔投诚之程廷珍等报知,指引官兵围击之,歼毙一百名,擒获首犯宁学成。奏入,谕曰:"所办甚好。程廷珍前曾入教,经秦承恩出示化导,挈家投出。嗣又经伊报信,并指引官兵歼擒多贼。可见愚民具有天良,地方官若实力劝导,自无难化莠为良。"是月,达州所属之东乡、太平等处,亦有匪聚众,承恩带兵赴州驻守,使达州之贼不得与太平匪徒联结。十一月,因提督柯藩驰抵安康、太平交界之黄柏棚地方,搜捕川省逃匪,承恩驰赴兴安弹压策应。奏:"兴安府属地方辽阔,跬步皆山,而郡城为川、楚入陕门户,尤关紧要。现在近城之牛蹄铺、古庙岭等处,亦有匪徒屯聚窥伺。臣督率兵勇上紧搜捕,一面札商总督宜绵,将所调赴川兵丁带至兴安,会同柯藩将境内之贼分路扫除,即由安康、紫阳取道至太平会剿。"谕曰:"兴安与太平毗连,防有川省逸匪窜入。秦承恩仍着暂留该处,督率堵拿,并资弹压,不必远赴达州为是。"寻奏:"兴安府属各厅县,多与四川连界,在府城南者,为牛蹄铺、古庙岭两处之贼,以安岭为巢穴;在府城北者,为将军山:皆逼近郡城。贼匪屯聚窥伺,将军山与郡城相隔汉江,可以据堑而守;惟安岭之贼凭高直下,半日可到,不可不先为扑灭。"随派将弁分路齐进,焚毁木城,歼毙数千,并逃窜之贼剿除净尽,复分兵四路进攻将军山,断贼汲道,用炮轰开石墙,乘势直进,杀贼数百,生擒首犯冯得仕,〔二〕馀匪就缚者千馀。叠奉优旨嘉奖,并赏给玛瑙盒、大小荷包。

十二月,汝河贼匪并入洞河五作云贼巢力拒,承恩督率兵勇由花黎冈进击,连扑三次。适贼炮裂,自行轰毙多人,我兵乘势扑进,贼匪尽数歼毙。会各路官兵进逼五作云大寨,截杀贼三千馀,被焚及自戕者千馀,歼毙首逆胡知和、廖明万、季九万,生擒廖景华等三百馀名。紫阳境内贼匪净尽。奏入,赏给金盒、玉扳指、大小荷包,并交部议叙。二年正月,剿安康县之光头山贼匪,先派将弁于对面之朝阳坪左右合扑,〔三〕歼毙五百馀名,夺获贼卡。复于光头山左右及贼寨后之界岭,〔四〕用炮轰击,四面攻扑,杀贼二千馀,毙贼总头目王刘氏,枭示;并获首犯刘文照、彭仪万、石金顺、刘大富、万洪礼等,正法。男妇二百馀人均分别办理。安康境内贼匪净尽。奏入,上以光头山贼匪全行剿灭,陕境肃清,所办实属可嘉,赏给金盒、荷包、双"喜"如意,仍交部从优议叙。二月,奏:"陕省兴安境内被难民人,业经派员查看,先令搭棚栖身,散给馍粥,随照灾赈之例,给予米粮及棉衣。今陕境肃清,应令复归本业,而该民人等秄种、口粮、牛具、房屋,荡然无存,情堪悯恻。请再分别赈济,给予三月口粮,被焚房屋,给银令自行盖造,仍各借给秄种、牛具,俾资耕作。"得旨允行。

三月,楚省窜匪由河南卢氏阑入陕西商南县境,承恩驰赴商州一带堵剿。四月,商州、山阳交界之西牛槽等处,有匪徒聚集多人,乘机窃发。承恩带兵往剿,寻击之于三条沟,剿杀五百馀名,生擒百七十名;又偕西安将军恒瑞追截馀匪,逼入深沟夹击之,立毙六百馀名,生擒贼目韩有成并伙匪八十五名,西牛槽窜匪全数歼除。旋因雒南石板沟地方有楚匪勾结本处教匪起事,承恩偕总兵富尔赛驰往剿捕。奏入,谕曰:"雒南石板沟地方,有匪徒滋事。秦承恩已同富尔赛带兵前往剿捕,谅不难即时扑灭。着秦承恩于剿竣后,酌量情形,若贼匪尚在陕西边界一带窜聚,秦承恩自应带兵帮同恒瑞等合力兜击;如贼匪已出陕境,军营带兵之员甚多,商雒、兴安一带亦关紧要,秦承恩即当在陕省边界驻扎防堵,不必再向前进,以致不能兼顾。"五月,上以秦承恩于堵剿贼匪事宜,奏报迟缓,申饬之。六月,总统惠龄等奏黄龙铺西窜之贼,在紫阳县之白马石抢船渡江,经官兵拿获代贼雇船之钱正万等,解交秦承恩收审。谕曰:"钱正万既为贼匪雇船,必有与贼通同情事。该地方官漫无查察,任令钱正万为贼雇船偷渡,亦当一并严参。着秦承恩即彻底究明,严行定罪覆奏。"寻奏:"汉江北岸船只,前已全数收归南岸,而紫阳白马石等处居汉江上游,水只深三四尺,各股贼匪俱系骑马浮渡,间有抢过船只,装载老幼妇女;其强壮之贼,多系两人挽手并涉。"上以所奏实属回护,严饬之。又奏筹办川省粮运,令西乡附近州县设法协济,上是之。闰六月,奏:"讯明钱正万为贼雇船,及张三清为贼渡送妇女老幼,皆出于被逼被抢。臣于楚匪阑入楚境,不能迎截,以致窜过汉江,尚何敢诿过属员,为自行解免地步?请将臣交部严加议处。"上以"钱正万等系无知小民,见大伙贼匪猝至,被其逼胁雇船,其情尚属可原。至地方官有守土之责,今既防守疏虞,其罪岂容解免?秦承恩徇庇属员,未经参办,转以不敢诿过为词,自请处分了事,实属错谬。着先革去翎顶,姑暂留巡抚任,以观后效。"

八月,楚匪窜入白河县石槽沟与房县、竹山续来之贼三千馀,归并屯聚,经官兵由东追堵,随向西窜赴朱家河。承恩督率乡勇,在安康接壤各要隘防堵。奏入,上以现在陕省兵力无多,虽有乡勇一二万人,总须大员带领官兵在前冲击,方能得力,命恒瑞酌带官兵驰赴白河、洵阳一带。秦承恩带领本地兵勇,星赴该处,与恒瑞并力迎击,一面扼其北窜汉江之路,一面防护白河、洵阳等县治。九月,奏防堵东西两路窜匪情形,上以办理俱合机宜嘉之。时东路贼匪西窜赤崖,分两股:一由香炉沟窜近安康界,一由花园寺窜近平利界。承恩带领兵勇赴安康边界设伏于贺家垭山梁,冲击贼营,歼毙七百馀名;又令调到肃州官兵,驰赴平利兜围截杀。奏入,得旨嘉奖。是月,西路贼匪窜至安康砖坪,与东路分股之贼合窜至平利太平河、连线河一带。惠龄由西路追剿,柯藩由东路截杀,承恩督率兵勇策应。旋因均州贼匪窜入洵阳之铜钱关、神河口，移驻金堂寺地方御之，贼翻山西窜，至烂泥湾分两股：一向平利南窜，一向西紧逼郡城。承恩偕惠龄合兵追截，馀贼向平利界奔逸，与南窜之贼合向白沙河一带遁去。奏入，谕曰："秦承恩在兴安一带督率兵勇堵剿，尚属出力，着加恩赏还翎顶。"十月，首逆王廷诏、高均德一股由安康砖坪、佐林沟，直扑兴安府城。承恩派员弁分路堵截，并密札惠龄相机迎击。得旨嘉奖，并赏给嵌镶宝石带头、大小荷包。十一月，奏："近省一带，兵备空虚，商令总兵王文雄驰赴镇安驻扎，总兵爱星阿暂驻兴安北面。傥贼有北趋之势，臣即与爱星阿驰赴镇安，会同文雄迎击。"上以贼匪俱向西南奔窜，安能复折向北岸窜至东北镇安地方，所奏殊属牵混，申饬之。

三年正月，谕曰："秦承恩现丁母忧，例应离任守制。但该抚现在兴安一带巡防，军务关系紧要，且该抚在陕年久，一切地方情形及军需等件，皆为熟悉，未便遽易生手，仍着署理陕西巡抚，在任守制。"寻奏："高均德股匪窜至镇安云盖寺一带，欲由山阳东窜商州，直趋豫境。臣与王文雄由蓝田驰赴商州、钞出贼前，断其窜路。"谕曰："自山阳以至商雒，并无拦截之兵。秦承恩等务当兼程赶赴商州迎堵。"二月，高均德、齐王氏两股贼匪，窜至汉阴之观音河，会合后股李全等，又分窜城固、南郑，逼近北栈及五郎一路，扰及郿县、盩厔地方。承恩偕王文雄带兵驰剿，击之于焦家镇，歼贼五百馀名，生擒三十馀名。上以承恩调度合宜，赏给金镶松石盒、白玉"喜"字牌、大小荷包。三月，李全一股窜近长安地界，承恩偕荆州将军兴肇，提督柯藩、王文雄分路进击，歼八百馀名。馀匪分窜，东入库峪口内，西至翔峪、澧峪一带，又分数股,承恩偕王文雄督率将弁堵住翔峪向内逼攻。贼众翻山回窜,赶杀千馀名,又经兵勇攻扑澧峪,截杀五百馀名,生擒二百三十名,正法,并被裹难民一千数百,放归复业。复派精练乡勇千馀,随兴肇、柯藩协剿库峪之贼。奏入,谕曰:"被贼裹胁良民,分别安抚,使之陆续投出,亦足以解散贼匪,所办尚是。"寻李全分股贼匪,因官兵在东南兜剿,伺隙翻山北窜,欲勾合阮正通一股,偷过岭北;又川省贼匪张汉潮及龙仁山之侄二股,先后窜至西乡之渔渡坝、紫阳之毛坝关等处,承恩偕王文雄在大峪一带堵剿。奏入,上命秦承恩督饬陕省各员严密布置,妥为堵御。四月,李全与阮正通合伙,折回镇安,西窜汉阴、石泉地方,而高均德股匪窜入秦岭老林,折向东南奔逸。承恩奏:"前此高均德股匪分窜渭南、华州诸峪口,欲出东北大路,直趋豫境。经臣督令王文雄等带兵迎剿,入山搜捕,尽行歼除。李全、阮正通等正在汉阴、石泉滋扰,经宜绵、兴肇、柯藩在彼围剿,若逼归一处,各路官兵会合,定可一鼓歼除。惟查镇安西北可由五郎、洋县直趋凤翔、宝鸡、盩厔、鄠县,倘贼匪被围紧急,不能南窜,势必翻山北出。臣与王文雄现即带领官兵由东而西,暂驻子午峪,相机迎击。"谕曰:"高均德一股贼匪,业向镇安西南一带奔逸。乃秦承恩复追述从前情形,尚称贼匪欲出东北大路,而于现在剿捕情形,转未声叙明晰,着传旨严行申饬。至该匪等折窜镇安后被剿紧急,难保不翻山北逸。秦承恩、王文雄现在带兵驻扎子午峪,务须相机迎击。"寻奏:"阮正通等窜至城固之花家坪、杨家庄等处,恐潜出凤翔、宝鸡一带,偷生割麦。臣与王文雄即由子午峪驰往郿县,探踪截剿。"上以所奏仍不过防堵情形,其高均德、李全、阮正通是否归并一处，亦未声叙明晰，严饬之。

时高均德、李全、张天伦合伙阮正通，由石泉、洋县西窜。上以秦承恩在子午峪迎击，为日已久，迄未将首逆拿获，庸懦无能，又严饬之。五月，高均德等屡经官兵在陕截杀，遂由铁锁关窜入川境。谕曰："汉中、西乡一带，着责成秦承恩严密防堵，毋又任贼匪折回陕境。"六月，奏："臣与王文雄剿净栈西窜匪，前赴汉中。适川匪一股窜至南郑之牟家坝，臣等即督率兵勇星夜渡江驰剿，并密派将弁分路截击，歼毙八百馀名，生擒二十二名。贼匪折回四川南江县境。现在陕境宁谧。"谕曰："秦承恩奏截回川匪一折，据称陕省现已无贼，但汉中一带毗连川省，秦承恩等总当实力严堵。"寻由凤县剿阮正学股匪于城固之二郎坝，歼毙多名，匪众窜入南江县境。谕曰："宁、沔一带，着责成秦承恩等实力防堵，毋使川匪复又折窜陕境。"八月，川省徐天德、冉文俦、高均德、樊人杰各股贼匪，由仪陇逃向广元一带，又南江大河口亦有贼匪屯扎，切近陕省南郑、宁羌、沔县等处。谕曰："陕省边界，前经降旨责成秦承恩等严密防守。今窜逃至广元、南江一带与南郑、宁羌、沔县接壤，着秦承恩即于宁、沔、南郑紧要关隘，[五]深沟高垒，严密堵御，设伏邀击。汉中一带，亦应列成严防，或设疑兵，使之不能阑入。"七月，贼匪李树、唐明万等一万数千众，由西乡井泉子窜入顶甲山、罗家沟一带，经总兵庆溥带兵堵御，而首逆樊人杰、龙绍周等由三花沟乘间窜入，与各贼匪分为数股，将官兵围绕。承恩偕王文雄驰至策应，贼由荒田嘴翻山东逸。又另股贼匪张汉潮由通江老林窜至城固天明寺，踹浅过江，经守江乡勇截住，馀众向北山一带窜逸。承恩挑带兵勇驰回汉中，由西江探踪迎截，并咨恒瑞分兵会剿。奏入，上以并力歼擒，毋得疏懈勖之。十一月，另股贼匪窜入洋县铁冶河，承恩由留坝江口、平定关抄至螫屋二郎坝拦截之。

川省冉文俦一股又窜至通江小方山，将近陕境。承恩由五郎仍回汉中，顾栈道门户。寻张汉潮由洵阳窜至楚北郧西边界，经官兵击回镇安，[六]又窜入豫境。四年正月，谕曰："秦承恩在汉中一带边界堵御，并不能严密防范，任贼往来奔窜，即如张汉潮一股贼匪，系由汉中入陕，复由陕至豫，竟无兵勇阻截。该抚有封疆之责，咎实难辞。着传谕秦承恩，务当督率兵勇，实力防堵。嗣后倘有贼匪阑入陕境，惟秦承恩是问。"是月，又谕："秦承恩多病，精神不能振作。想伊才具本短，又伊母病故，心绪昏瞀。陕西军务紧要，秦承恩不必署理巡抚，着即回籍守制。"二月，张汉潮在凤阳县属之唐藏地方屯扎，官兵四面围剿，其东面为承恩所派之游击苏维龙防堵失利，贼匪窜逸。谕曰："张汉潮屯聚唐藏地方时，明亮、兴肇带兵抄截南路，吉兰泰、官信在西北二面围逼；其东路秦承恩派游击苏维龙带兵防堵。是四面皆有官兵断其去路，正可于此地将汉潮擒获。乃苏维龙一路失利，贼首即由东面突出。失此机会，殊为可恨！秦承恩自剿办贼匪以来，从未身亲督率，总系派人前往，而所派者又多怯懦无能之员。此次苏维龙带兵失利，纵贼逃窜，即系秦承恩派委非人所致。朕闻上年贼匪逼近西安时，焚掠村庄，百姓受害者不下十馀万。秦承恩以防守省会为名，并不出城杀贼，且平日官声亦属平常，若仅令回籍守制，无以示惩。恒瑞现署陕甘总督，[七]即着恒瑞将秦承恩革职拿解来京，交军机大臣会同刑部审讯。"四月，谕曰：

"秦承恩昨经解到,令军机大臣严讯。其紧闭西安城门,不准难民进城一节,据供伊与王文雄总在军营,并未在西安城内居住。直至三月初一日,贼匪窜入南山,兴肇、柯藩、王文雄带兵往南剿贼。秦承恩始于是日辰刻进城,本为安抚百姓,非因避贼,次日仍即出城,赴王文雄军营。前此关闭城门,系陆有仁、台斐音在彼。秦承恩到时,始行开城,听民出入。至西安城壕向来无水,近郊百姓多已避进城内,实无难民触城投河之事。秦承恩进城出城,皆有日月可稽。贼匪由鼙屋向东合窜时,距城较近,系陆有仁、台斐音在城内防守,将城门关闭,亦有确切证见。秦承恩果否于初一日进城,初二日即赴王文雄军营,无难一询而得。着恒瑞、永保、马慧裕就近鞫问王文雄、柯藩、台斐音,令其详核秦承恩供词,或虚或实,逐一登答,毋得稍有瞻徇。"寻经先后覆奏。

五月,谕曰:"秦承恩自教匪滋事以来,漫无调度,玩误机宜,以致贼匪日久未能扑灭,业经革职拿问,交刑部审讯。今已讯明,并据查询覆奏,虽无关闭城门,安坐衙署,致难民触城投河之事;但秦承恩身为巡抚,不能尽心办贼,玩误稽延,实有应得之罪。着军机会同刑部按律定拟具奏。"寻议奏承恩于留坝一带正资堵剿之时,仅委游击苏维龙带兵前往,伊转在汉中观望,实属玩误稽延,照临敌逗遛观望失误军机律,拟斩监候。谕曰:"秦承恩照玩误军机律定拟斩监候,固属按律办理。但念秦承恩本系书生,未娴军旅,前此因有人奏参秦承恩关闭城门,安坐衙署、不纳难民,以致数万百姓触城投河而死。嗣陆有仁到京,曾面加询问,据称实无其事。因降旨询问恒瑞、永保、王文雄、柯藩、台斐音,今据伊等先后奏到,众口一词,与秦承恩所供日月俱属符合。

是则秦承恩之咎止于不能办贼，着加恩释放，令其回籍守制，闭门思过。服阕后，另行简用。"五年，谕曰："秦承恩前已革职，因伊有母丧，加恩令其回籍。今已服阕，岂可令其安居故里？着发往伊犁效力赎罪。"七年二月，期满，释回到京。上念其平日办理地方事件尚为熟悉，亦并无操守不洁之处，命以六部主事用，遇缺即补。七月，命充会典馆纂修官。八月，奉旨，以六品顶带补授通永道。

十一月，命以三品顶带补授江西巡抚。八年三月，奏请将江西省带征漕粮分别起运酌留、筹补仓谷、节省经费，谕曰："秦承恩系朕弃瑕录用之人，地方公事，尤应实心经理。乃于运京漕米，并不筹办妥协，欲借以弥补仓廒，殊为取巧。着传旨申饬。"九月，因前在陕西巡抚任内滥应军需，部议降五级调用，奉旨改为革职留任。十一月，奏："广昌邪匪赖达忠勾结宁都州李步高、石城县廖幹周等聚众滋事，业经先时扑灭。现将生擒各犯，分别审办。"谕曰："此案为首之赖达忠、李步高、廖幹周等，虽均经歼毙，其伙党生擒者谅必不少，即可追究该匪等滋事根由。固不可遇事搜求，亦不可稍有疏纵。"是月，又谕曰："秦承恩自本月初七日奏到广昌等处邪匪滋事，经官兵扑灭一案，迄今半月有馀，未据续有奏报之折，殊不可解。着传旨申饬。"十二月，以审明邪匪分别办理，地方宁谧，入奏。谕曰："该抚于一月之内，督率员弁兵勇，将地方谋逆重案，上紧拿获，不致酿成大事，所办尚为妥速。本应加恩赏还二品顶带，并交部议叙，以奖其劳；惟是该省遇有此等奸民在彼蠢动，一经奏闻，朕无不刻深悬念。该抚前月初七日奏报大概情形，后匝月以来，驿递杳然。虽办理完竣，而奏报迟延，其案内要犯，经该抚率同臬司审讯明确，又未将各首匪供词缮录随折进呈，仅称条录各供咨部，亦属草率。核其功过，仅足相抵。是以此次未予恩施，该抚惟当奋勉办公，另图报称，以期仰邀渥眷。"九年二月，谕曰："本年京察届期，<u>江西</u>巡抚<u>秦承恩</u>当该省匪徒<u>廖幹周</u>等滋扰时，即带兵赶往督捕，全数扫除，特因其奏报迟延，是以未即加恩。因念纠众巨案，该抚能克期办竣，其功足录，着赏给二品顶带。"四月，因<u>袁州</u>等帮重运粮船失风，迟至一月之久，具折陈奏，奉旨交部议处。寻议革任，上宽免之。

十年，授左都御史，仍暂署<u>江西</u>巡抚。十一年五月，授工部尚书。六月，调刑部尚书。九月，署<u>直隶</u>总督。十二年，<u>江西</u>巡抚<u>金光悌</u>奏巡抚衙门有未结词讼六百九十五起。奉旨，<u>秦承恩</u>在该省巡抚任内最久，着交部议处。部议革任，奉旨，改为革职留任。十三年，因刑部审拟宗室<u>敏学</u>逞凶一案，有心开脱，部议革职，奉旨，着加恩降为编修，在文颖馆效力。十四年三月，折司经局洗马。四月，谕曰："<u>秦承恩</u>服官年久，资格较深。上年在刑部尚书任内，审办宗室<u>敏学</u>一案，未免有所瞻顾，尚非过之大者。昨已加恩擢用洗马，闻其患病在寓，尚难即痊，着加恩赏给三品卿衔，俟病痊候补。"寻卒。

子<u>耀曾</u>，兵部候补员外郎；<u>念曾</u>，工部候补主事。

【校勘记】

〔一〕秦承恩在兴安一带　"安"原误作"汉"。<u>耆献类征</u>卷九五叶三二下同。今据<u>国传</u>卷六七叶二上改。

〔二〕生擒首犯冯得仕　"冯"原误作"马"。耆献类征卷九五叶三四上同。今据国传卷六七叶三上改。按本卷宜绵传不误。

〔三〕先派将弁于对面之朝阳坪左右合扑　原脱"阳"字。耆献类征卷九五叶三四上同。今据国传卷六七叶三下补。

〔四〕复于光头山左右及贼寨后之界岭　"及"原误作"击"。耆献类征卷九五叶三四上同。今据国传卷六七叶三下改。

〔五〕着秦承恩即于宁汧南郑紧要关隘　原脱"宁汧"二字。耆献类征卷九五叶四〇上同。今据国传卷六七叶七下补。

〔六〕经官兵击回镇安　"击"原误作"折"。耆献类征卷九五叶四〇下同。今据国传卷六七叶八上改。

〔七〕恒瑞现署陕甘总督　"现"原误作"著"。耆献类征卷九五叶四一下同。今据国传卷六七叶八下改。

景安

景安,钮祜禄氏,满洲镶红旗人。乾隆二十七年,由官学生考取内阁中书。三十五年,补官。三十八年,升侍读。三十九年,调颜料库员外郎。四十二年,调户部员外郎。四十五年,京察一等。四十七年,迁郎中。四十八年二月,京察一等。八月,授山西河东道。五十一年,迁甘肃按察使。五十二年,调河南按察使。五十三年,迁布政使。五十六年四月,调山西布政使。六月,调甘肃布政使。十一月,廓尔喀侵扰后藏,命将军福康安剿之,谕景安办理西宁至藏台站。十二月,赏戴花翎。五十七年,经福康安奏留西藏,委赴察木多催趱军需。寻调往济咙,督运粮饷。五十八年正月,贼平,以亲老乞回旗终养,上允之。擢工部右侍郎,兼正蓝旗满洲副都统。六月,转左侍郎。七月,调仓场侍郎。五十九年六月,调户部右侍郎,仍暂留仓场任。八月,回京,兼正黄旗满洲副都统、公中佐领。十月,兼管光禄寺及右翼官学事务。

六十年,授河南巡抚。嘉庆元年五月,湖北教匪滋事,贼锋逼河南,命景安驻兵南阳防堵。九月,钟祥逆匪姚之富等窜踞襄阳之双沟,西安将军宗室恒瑞等带兵追剿,粮运不继。景安筹拨给军,上嘉其不分畛域,赏加太子少保衔。十二月,贼匪窥邓州,时景安驻州南之魏家集,兵仅四百,贼众六七千,四面攻围。景安厉兵坚守,以枪炮毙贼数十,相持一昼夜,得恒瑞等援兵,围始解。谕曰:“景安带兵仅四百名,被六七千贼众层层围裹,幸而景安持以镇定,不使贼匪知官兵虚实,用能坚守遏贼,甚属可嘉。着赏御用玄狐冠一顶、金盒一个、大小荷包,以示优奖。”二年二月,奏访闻淅川、内乡有教首王佐臣等与楚匪勾结,谋应姚之富,督兵亲往搜捕,杀贼千馀,擒佐臣及贼目杨志才等,复诛馀匪一百五十馀人。谕曰:“淅川、内乡教匪伙党,景安能留心查察,于逆匪未发之先,豫行擒剿,立就骈诛,使湖北贼匪不能纠合滋扰,厥功甚伟。着赏戴双眼花翎,加封伯爵,并赏宝石带头、大小荷包,以奖勋劳。”三月,楚匪由信阳分窜确山、罗山县境,景安派总兵王文雄往援罗山,自诣确山迎剿,败贼于遂平驿,又追之于舞阳。时别股贼匪窜叶县,焚保安驿,折回裕州,参将德胜等被围于四里店,景安驰往应援,文雄自罗山亦以师至,两路奋击,解其围。贼越山狂窜,景安追至南召之李青店,侦知桐柏、泌阳两县有贼侵扰,与文雄驰回防御,败贼于裕州古石滩,追奔三十馀里。

上以其调度有方,奖赉之。

寻擢湖广总督。四月,自豫带兵二千馀名,行抵荆门州,遇贼众二万馀,锋甚锐,因先据白云山立营,设伏山沟,贼恃众来犯,我兵四面轰击,守备张霞举等奋力压剿,始溃败;复有股匪由山沟抄袭,景安与藩司高杞分路迎截,伏兵突出,贼溃四散,追击二十馀里。上以其设法布置,能以少击众,嘉之。五月,贼首张汉潮等于当阳积山寺负嵎抗拒,景安率马队击之,贼骇遁。[一]复邀嘉奖。八月,以湖北被扰难民,及上年被旱州县,奏请分别给赈,得旨允行。四年正月,上以张汉潮日久未获,严饬统兵大员,于是署陕甘总督恒瑞、署陕西巡抚秦承恩奏贼匪张汉潮由南山窜至盩厔,又西窜凤县,分兵三路,相机迎击。景安亦奏:"张汉潮股匪遁赴五郎、洋县一带,已派总兵王凯驻守郧西,以防折窜。臣暂驻郧阳适中之地,以为策应。并据宜绵札,会张汉潮在石泉地方,经官兵冲杀,截为两股,前股赴留坝、凤县一带,明亮、兴肇至汉中截击;后股由汉阴、安康折回镇安境内,止有总兵关腾带兵剿捕,又成尾追之势。臣即驰赴郧西边境迎截。"谕曰:"恒瑞、秦承恩奏南北两路贼匪情形,仍属敷衍空言。景安所奏驰赴郧西边界迎剿窜匪,全不切实。张汉潮股匪前经窜入陕境五郎、洋县一带,湖北郧西边界最关紧要。乃景安远驻郧阳,仅派令总兵王凯驻守郧西,殊属畏怯退避。现在张汉潮已窜留坝一带,而后股贼匪复由安康折入镇安,与郧西境壤紧接。景安只知关腾兵又成尾追之势,殊不思伊从前节次带兵堵剿时,惟事避贼而行,贼至则移营他往,贼去始远蹑贼踪,则并关腾尾追之不若矣!即如此时伊果早至郧西,贼至正可迎截,何待闻信后始行前往乎？况前往与否，尚未可知，着严行申饬。"

三月，谕曰："景安前在河南巡抚任内，驻扎南阳一带，堵御
湖北教匪，毫无布置，一任阑入豫境，又不敢迎头截剿，惟知远避
贼锋，尾随探信，粉饰奏报，以图塞责。纵令贼匪由南阳一带直
出武关，窜赴陕境，其畏葸退缩，于带兵诸臣中为尤甚，以致有迎
送之号，朕所深知。近闻其办理抚恤一事，并不查明户口，按名
散给，每县止发银一千两，只尽此数不准多开，所办尤为乖谬！
地方大吏安集招徕，自应查明各处户口实数，分别办理。若一概
定以成数，则流离较多之处，必至口食无资，而未被贼扰之区，亦
得滥支官项，无怪乎小民失所，官吏冒销也。景安系和珅族孙，
平日趋奉阿附，每于奏报之便，附寄信件，禀承指使，以为有所倚
恃，既不能实力办贼，又不能加意抚民。此时湖北地方甚关紧
要，未便再任贻误，着来京候旨。"是月，上以景安平日操守尚属
谨饬，命以伯爵前赴川省，更换明兴，接办军需。先是，景安以参
将广福玩视机务，肆行咆哮，奏请枷责示众，俟军务告竣，发往伊
犁充当苦差。命经略大臣勒保查讯，寻讯明景安在湖广总督任，
令广福总理营务。嗣驻竹溪，每得军报，不审虚实，辄发兵，甫行
又撤回。广福以调度乖方，兵多私议，屡谏不听，反詈之；广福亦
抗词相抵，景安遂行诬劾。谕曰："景安因广福直言禀阻，即行詈
骂，已失待属员之体。又复奏参枷号，并请事竣充发，实属任性
妄为。然此犹过之小者。景安大罪，在前任河南巡抚时，于贼匪
由钟祥窜至豫省，纵令逃逸，以致蔓延数省，至今未能殄灭。是
其惟惧畏贼，捏报邀功，种种玩误，厥罪甚重。着革去伯爵，发往
伊犁效力赎罪。"十二月，上召见领队大臣惠龄，据奏："从前教

匪在荆、襄滋事，屡经官兵剿办，仅馀三千馀人。彼时景安任河南巡抚，在南阳一带驻守，不肯实力防范，协同剿捕，致贼匪阑入豫境，到处焚掠。景安相距数十里，并不发一兵救援，以致贼匪直从武关奔窜陕省，人数又复众多，鸱张日甚。景安惟于无贼处躲避，又贼去已远，始行尾随遥送。合省官民无不恨其纵贼，且笑其懦怯。"谕曰："若使景安能实力防堵，协同领兵大员会合夹击，保障全豫，早可剿办净尽，何至延及此时，尚未竣事？是数年来，贼匪蔓延数省，糜费国帑八千馀万，焚毁民田庐舍不知凡几，赤子之横遭锋镝者，又不知凡几，实皆景安之畏葸无能，养痈贻患所致。即办理淅川一案，亦系完颜岱等早经办妥，景安攘为己功，据以入奏，得邀伯爵之封。是景安既恇怯纵寇，又复饰奏冒功，其罪实无可贷。若仅予革职，发往伊犁，转得在彼安坐，置身事外，何以为封疆大臣纵贼殃民者戒？着传谕保宁即将景安锁拿，迅即押解来京，交刑部另行审拟。"

五年四月，谕曰："教匪滋事，起于湖北，至二年窜入豫境。其时景安系河南巡抚，带领兵勇甚多，若能在豫省各要隘，督率防御，则贼匪前有拦截，亦不至肆行冲突。乃豫省惟庆成、王文雄、张文奇曾与贼接仗，亦未能将贼截回；而景安则一味畏葸懦怯，仅在南阳无贼地方驻守。该处居民裹携粮食，迎犒官兵，景安拒而不纳，因此大失人心。甚至该省文员将粮饷军火豫备齐全，听候景安调遣，而景安不发一兵；武员伏地跪求打仗，景安亦安坐不顾。通省文武员弁俱各心怀不平，是以民间遂称景安为'迎送伯'。人人痛恨，而贼匪转利其在彼，得以肆行奔窜，贼至之处，豫省并无官兵阻挡。遂由罗山、南召等处窜至卢氏，从武关阗入陕境,秦承恩又失于防堵,任贼窜往兴安,越过汉江,扰及川境。适川匪王三槐、徐天德等亦从此勾结蔓延,迄今四载有馀,未能蒇事,劳师糜饷,荼毒生灵,实景安首先纵贼所致。前经降旨,将景安拿交刑部治罪。兹景安亦自知罪状昭著,无可置辩,其所供从前湖北教匪北窜时,同王文雄带兵迎剿一节,彼时景安并未能赶上贼匪,及贼已入陕,王文雄带兵进剿,而卢氏境内尚有馀匪屯聚,景安不会同庆成等剿办,乃转向内乡躲避。迨贼匪全出豫境二十日后,方到卢氏,总在贼后逗遛,从未与贼接仗一次,其恇怯避贼,实百喙难辞。至所供办理淅川教匪,系据完颜岱面禀,该处有教匪潜匿,伊亲自带兵前往查拿一节,淅川教匪本系伏而未动,自应密加防备,断无任意妄拿、激之生变之理。现今贼队中裹胁之人,方节次降旨,令各军营设法招抚,岂有将只系习教未经滋事者概行杀戮乎?况此案人犯已经完颜岱讯明办理完结,景安始行到彼,辄敢张大其事,诳称带兵一千馀名生擒首逆饰辞入奏,致滥膺伯爵崇封。其欺诳冒功之罪,景安已自认不讳。以上种种款迹,若不公同鞫讯,明正其罪,何以为封疆大臣贻误国事者戒?着交大学士、九卿严讯定拟。"八月,奏拟斩决,上加恩改缓。七年,谕曰:"景安前任河南巡抚,不能堵御贼匪,致令延及川、陕,其罪甚重,业经问拟重辟。念其平日居官廉洁,从宽监禁。兹军务告蒇,着加恩释放,发往热河,充当披甲。"

八年八月,以六部笔帖式补用。九月,命往豫省河工,交那彦宝等差遣委用。十二月,承挑引河工竣,赏加主事衔。九年三月,衡工合龙,以六部员外郎用。五年,授直隶承德府知府。九月，超迁山西按察使。十二月，调直隶按察使。十年，擢陕西布政使，旋调福建布政使。十一年三月，升江西巡抚。五月，调湖南巡抚。十六年七月，授内阁学士，兼礼部侍郎衔。十一月，迁理藩院右侍郎，兼镶白旗汉军副都统。十七年五月，调户部左侍郎。七月，调刑部右侍郎。十一月，擢理藩院尚书，兼正红旗汉军都统。十八年九月，充翻译乡试正考官。十一月，调都察院左都御史。十九年闰二月，充国史馆副总裁官。三月，擢礼部尚书。四月，充翻译会试正考官。九月，调户部尚书。十二月，赐紫禁城骑马。二十年，命偕仓场侍郎朱理前往甘肃查讯亏缺仓粮，行抵泾州，即查知额征短缺四千馀石，又查得平凉、固原、隆德、静远、会宁各州县皆有亏缺，据实参奏。二十一年正月，讯明该省续亏百万有奇，命自总督以下各按银数着追治罪，寻酌拟追补章程五条。奏入，下军机大臣议行。十一月，授内大臣。二十三年，充翻译乡试正考官。二十四年，仍赏加太子少保衔。二十五年十月，授领侍卫内大臣，守护昌陵。道光二年，休致。三年，卒。谕曰："景安服官中外，宣力有年，因年老休致回京。兹闻溘逝，殊堪轸惜！着加恩赏给尚书衔。所有应得恤典，该部察例具奏。"寻赐祭葬。

　　子润德，兵部侍郎，自有传；恩德，官郎中，缘事革职。

【校勘记】

〔一〕贼骇遁　原脱"贼骇"二字。耆献类征卷九六叶三〇下同。今据
　　　景安传稿（之二一）补。

吴熊光

吴熊光,江苏昭文人。乾隆三十七年,由举人考取中正榜,以内阁中书用。四十一年,补官,寻充军机章京。四十四年,擢侍读。四十六年,升刑部郎中。四十九年,迁山西道监察御史。五十一年,转掌四川道监察御史。五十四年,擢工科给事中,寻丁父忧。五十七年,服阕,补户科给事中,寻转户科掌印给事中。嘉庆元年,擢鸿胪寺少卿。二年四月,迁通政司参议。闰六月。特赏三品卿衔,随同军机大臣学习行走。十二月,授直隶布政使。四年正月,高宗纯皇帝龙驭上宾,熊光专折沥陈哀悃,敦劝仁宗睿皇帝节哀。上以其情词真切,合君臣之义,谕嘉之。

三月,擢河南巡抚。时川、陕、楚教匪滋扰,豫省西南两面逼近寇氛。熊光抵任,即驰赴卢氏督办,饬河北镇总兵张文奇驻卢氏之栾庄,南阳镇总兵田永桐驻淅川之荆子关,自驻适中之地,以为犄角。四月,陕西股匪张汉潮窜入商州境,复分股西窜蓝田。熊光奏言:“张汉潮股匪系参赞明亮带兵专剿,今分为两股,牵制官兵。又探另有贼匪由洋县五郎厅东窜,是又在官兵之后,尤恐明亮顾此失彼。豫省官兵不能再行抽拨,请将山东派赴川省兵丁一千三百馀名,于道过陕州时截赴明亮军营,以资协剿。已密札张文奇先于边境声言,现带山东劲旅前赴堵剿,以壮声援。”谕曰:“昨因陕省兵力稍单,已降旨将山东新调兵丁留陕应用,并先广为宣布,以慑贼胆。吴熊光所见,皆与昨旨相合,可嘉之至。”

又以湖北股匪张天伦窜至杨家牌楼,距郧阳江岸二百馀里,豫省东南边境在襄江北岸，应密为布置，以期有备无患。查直隶正定标营尚有挑备战兵一千馀名，可以调用，已飞咨总督胡季堂，密饬预备听调。疏入，谕曰："河南边界紧要，自当添兵防堵，朕本有调用直隶官兵之意。今吴熊光已咨胡季堂，密饬豫备，与朕意不谋而合，深堪嘉许。"嗣以张天伦等股匪扰至湖北竹山、竹溪，熊光奏请将前调直隶官兵，迅疾派往听调，如兵丁到豫可以无需，或就近令赴楚省协剿。上以熊光张皇侵越，有意见长，训饬之。五月，奏言："各股贼匪俱在汉江之南，江北惟张汉潮一股，须会集兵力，先行扑灭，是以前奏请将山东官兵截交明亮。嗣以张汉祥扰及陇州，将东省兵丁改赴凤翔一带。兹闻张汉祥已窜回秦州，应仍饬东省官兵径赴明亮军营，廓清江北贼匪，再移赴南岸，并力剿办。"谕曰："吴熊光系河南守土之臣，将本境防守事宜妥协经理，使贼匪不能阑入，即为尽职。至豫省而外，陕、甘等处军情，朕与经略尚不能遥度，吴熊光乃率行臆断，纷纷檄调，俨然以军机大臣自命，欲分经略之权，不知分量，不晓事体。着传旨严行申饬。"寻奏报贼匪张汉潮由商州窜越，分趋雒南、商南境。雒南与豫省卢氏接壤，商南与淅川接壤。飞饬张文奇、田永桐分兵堵截，均截退，未阑入豫境。又奏贼匪由陕境窜近里漫坪，复由黄柏沟、罐儿沟一带翻山奔窜，恐其直向东趋，急分兵兜击。贼首张汉潮身受枪伤，西窜回陕。复饬将边境馀匪搜捕净尽。叠奉谕旨嘉勉。

时东河总督吴璥议加河工稭料运费于地粮内摊征。熊光不加详察，与联衔具奏。下部严加议处。寻议降调，上加恩改为留任。七月，特旨赏戴花翎。寻奏言前饬南汝道陈钟琛赴襄江一带,督同府县提净南岸船筏,并调集邓州乡勇,在沿江要隘防守。复恐沿江道里绵长,陈钟琛一人照料难周,随令粮道完颜岱带满营兵前往协防。仍飞咨山西将楚省前调官兵催令迅速前进,又酌派寿春镇兵五百名往樊城驻扎。谕奖其筹画皆合机宜。折内有"楚省为豫省南面保障,为楚即以为豫"之语,上尤嘉赏焉。又以边隘辽远,江防紧要,请召募练兵五千名,以资保障;并以开封练勇一千一百馀名征防得力,请作为抚标新兵,从之。时有旨命副都统额勒亨额领盛京官兵赴楚剿贼。八月,复谕令盛京官兵改道赴陕。熊光奏言官兵头起已行抵南阳,若仍由樊城,未免纡折,应即由镇安前赴商州。但军需一切,陕省一时不及备办,已于南阳贮备项下就近支发,俾得迅速遄行。上以熊光能以国事为重,不稍拘泥,谕奖其实心任事。五年正月,奏陈豫省西南两路办贼情形,得旨嘉勉。先是,直隶总督胡季堂奏请将河南内黄县改归直隶管辖,已下部议行。三月,熊光以河南全漕皆在内黄楚旺地方受兑,若改归直隶,隔省呼应不灵,恐误兑运,奏请仍归河南,从之。

四月,楚北贼匪窜入均州,扰及郧县,将偷渡襄江,豫省防江兵勇击走之。事闻,上念河南兵力尚单,特命直隶、山东、山西督抚各派官兵赴豫,交熊光调拨;又谕熊光添募乡勇。熊光奏言:"各省团练乡勇,惟郧西之勇最为壮健。缘前此贼匪齐王氏等系郧西乡勇击毙,该县民人恐贼复仇,是以同心协力,奋勇御贼。至豫省卢、淅一带,从前原驻乡勇万馀名,而贼股奔窜,仍得游行自如。因卢、淅地方民鲜土著,团练维艰。所募乡勇,悉系邓州之人,既去其乡,安望其勇。凡应募者无非游手好闲之辈,贼至先已潜逃，转使兵心为之摇惑。是以上年秋间奏明裁撤乡勇，添驻防兵。半年以来，贼匪未敢肆窜，此设兵胜于驻勇之明验也。目下卢、淅边境地广兵单，所有直隶等省官兵，即可陆续到豫。拟分拨镇臣等带领，择要驻守，分投策应。"疏入，报闻。又以营兵张文忠等暴横滋事，鞫实，即将首犯正法，附从者论罪如律，并自请议处。上以熊光所办能知轻重，其失察处分，特予宽免。六月，奏以豫省有馀马匹分解湖北、陕西军营各三百匹；又拨银十万两解楚北，二十万两解陕西，俾资接济。谕奖其不分畛域，得封疆大臣之体。七月，宝丰、郏县匪徒李杰、杨士全等听从贼首刘之协勾结倡乱，经布政使马慧裕在翟家楼率兵剿散，溃匪窜至彭山。熊光在卢氏防堵，驰赴追捕。先饬附近各属分布壮勇于隘口，设伏严守。亲督将弁四面兜截，尽歼其众，刘之协遁至叶县，就获伏诛。事闻，上嘉熊光调度合宜，将士用命，下部优叙。时湖北贼匪折回郧县，并窜至穀城、均州。熊光奏请敕令吉林、黑龙江官兵赴楚进剿。谕曰："本日据姜晟奏到，已谕令长龄将所带吉林、黑龙江官兵径赴湖北剿贼，吴熊光所奏适与朕旨吻合，可嘉之至。"

六年二月，京察，上以熊光防堵认真，上年剿捕宝、郏教匪，办理妥速，下部议叙。三月，以镇平县误将秋审绞犯处斩，熊光仅将应议职名归入年终汇题本内开参，并未专折奏劾，谕饬之。四月，擢湖广总督。会经略额勒登保奏劾湖北巡抚倭什布迟误军粮等款，命熊光传旨逮问倭什布，即逐细详查。熊光奏言："湖北与豫省接壤，该省从前文武废弛，臣在豫已有所闻。其不给兵饷一节，臣以督臣书麟既经奏闻，故未具奏。今若不彻底根究，何以儆官邪而靖地方？惟是襄局虽总司收发，而发给各营又另有粮员经手。军务未竣，一时难以传齐审讯，容俟详细密访。至倭什布不能约束家人，亦有所闻，并须密访确切，一体严参。"谕曰："吴熊光身任封疆，既知楚省文武废弛，及倭什布不能约束家人，不给兵饷等款，即不专折奏参，亦当于奏事之便，附片密陈。乃年来并无一字提及，事已败露，始称早有所闻，殊非诚心为国之道。至所称经手粮员，一时难以传讯，所见甚是。吴熊光唯当详细密访，陆续奏参。"

六月，偕提督长龄、巡抚全保奏言川匪汤思蛟、刘朝选等逆扰近上龛青峰沟，官兵于青峰沟、范家垭等处连次歼擒甚夥。又奏贼匪经官兵追至兴山长房河一带遁入老林，官兵奋勇迎剿，贼不能支，分股北走，欲乘虚阑入东湖地界。官兵分道兜剿，俘斩无算，并枪伤黄号贼首张万林，歼毙白号贼首王正贤，生擒伪总兵邓起龙等多名，贼大溃。上以熊光虽未亲身打仗，但一切调度供支粮运经理妥协，温诏褒嘉，并赏赉焉。寻又以官兵在竹溪、房县一带歼贼多名，又在房县、兴山一带分路剿贼，生擒首逆崔宗和之侄连儿及伪总兵王冠军，歼其党千人，先后奏闻，均有旨嘉奖。十一月，奏请移德安营守备驻随州，随州营千总驻德安。从之。

七年正月，奏言："楚北新设提督，改移郧阳镇协，应添兵三千五百名。请即以无业乡勇补充，可收驾轻就熟之效；又得官为钤束，不致流而为匪。所需千、把、外委等官，即以乡勇首领内酌量拨补。"又言："二竹、房县当添兵力，以资驾驭。拟在腹地各营，酌量抽拨，于房县之上龛设守备一，九道梁、冷盘垭各设千总一,竹山之官渡设守备一,洪平、吉阳关各设千总一,竹溪之丰溪设守备一,向家坝设千总一,各驻兵有差。"均如所请行。又奏报官兵搜剿边境潜匿贼匪,生擒首逆张永寿之子得贵,并将青号馀匪全行扑灭。王国贤、曾芝秀等股匪折窜巴东,经官兵截剿,歼贼多名。三月,又以官兵追剿贼匪,射中贼首曾芝秀,歼毙贼首唐明万,先后奏闻,均得旨嘉奖。六月,以樊人杰股匪扫除净尽,上嘉熊光督办粮饷认真,俾士马饱腾,所向克捷,命下部议叙。八月,奏言:"寨勇习于战斗,轻视官兵,种种流弊,不得不豫为顾虑。现派员分投督办,令将寨堡户口、器械逐一登记,阳资其力以助此日之军威,实默挈其纲,以弭将来之民患。"上韪其言。十二月,贼首崔宗和在武当山就俘,复谕嘉之。寻以大功戡定,川、陕、楚逆匪全数扫除,赏加太子少保衔,仍下部优叙。

八年正月,奏筹办安插乡勇,应于大兵未撤以前,酌量筹遣,并知照各原籍地方官,妥为管束,毋致结队扰民。闰二月,奏言:"湖北等省教匪滋事,所有叛产绝产,前经奏准详查明晰,或以安插乡勇,或以分给难民。兹查湖北叛产绝产散在蒲圻等二十六州县,按县查核,多寡不齐,肥硗异致。如以本境之产分给本境乡勇难民,则囿于方隅,办理不能画一。然以此属之有馀,拨补他属之不足,该民勇等移家就业,未获受田之益,先增迁徙之繁。惟有勘明变价,照赈恤之例,列等给赏,以资生计。"报闻。三月,奏:"楚省兵饷月需银十六七万两,今将不得力之疲兵,有业可归之乡勇,节加裁撤,现在月需八万两有奇。"上以熊光能随时撙节,核实支销,谕嘉之。七月,请将提标后营守备移驻湖河镇,右营守备移驻樊城,从之。是月,剿捕馀匪全竣,三省肃清。谕曰:

"吴熊光督率地方文武及堡寨人民帮同搜捕,勤奋出力,着交部议叙。"寻奏:"都司麻光裕原带施南乡勇五百名,随征数年,技艺娴熟。请即饬光裕带赴巴东江北驻扎,另立一营,各给守粮一分,设马粮十二分,作为额外外委,令其管带操演。"下部议行。

十二月,奏劾湖南巡抚高杞违例调补湘潭县知县周凝远,有意开脱耒阳县知县熊维培,及采买仓谷亦有情弊。上命刑部侍郎赓音驰往察审,并召高杞来京。寻赓音覆奏查无舞弊营私之处,止于办理迟延,将高杞议降一级。高杞由湖南来京,上询以熊光近日办事如何,高杞奏称熊光性情躁急,接见属员,每加诃斥,批禀书札,往往措词过当。上复询熊光操守,高杞奏称熊光操守实属廉洁,愿以身家相保。旋经户部侍郎初彭龄奏参熊光得受沔阳州知州秦泰银一万两,每年收受匦费银六万两,又将资财送交伊戚李世望代为营运三款。上究问彭龄此语得自何人,以高杞对。复召见高杞,诘问。奏称秦泰馈送一节,系湖北通判魏耀所言。得旨交湖北巡抚全保、盐政恬山据实查覆。九年七月,全保等奏熊光实无贪鄙劣迹,匦费久经裁革。魏耀向高杞所言,坚不承认。将魏耀解京与高杞面质,耀供秦泰馈送等语,系高杞先问,随口迎合,实无影响。其匦费及李世望代为营运二款,高杞与彭龄彼此推诿,各执一词。高杞、彭龄、耀皆获谴。特命军机大臣传谕:"熊光不可不返躬自省,有则改之,无则加勉。"并敕以"文禀批答,自有体制,须平心办事,不可仍前躁妄。"

十年六月,调直隶总督。九月,上巡幸沈阳,熊光迎銮,赐黄马褂。时两广总督那彦成与广东巡抚、升任湖广总督百龄互相参讦，又两淮盐政佶山奏湖北郧阳等处官引滞销，潞私充斥。上命熊光偕侍郎托津驰往湖北查办。十月，调两广总督。十一年正月，以路臣国商船驶至广东，熊光未能详查明确，遽准开船回国，下部议处。寻有湖北试用知县卢家元讦告熊光任湖广总督时升调不公，及此次审办百龄家人，有意从严，巡抚瑚图礼以闻。上以卢家元越分渎陈，革职治罪如律。九月，直隶司书侵帑事觉，将司书王丽南等论罪有差。上以历任藩司漠不经心，严旨饬责，惟熊光在藩司任无虚收，总督时亦无失察，特旨优奖。十二年四月，奏言："粤东内洋海道辽阔，旧设炮台多不得力，请撤去炮台兵丁，多备船只。又米艇在外洋不能得力，只可留于内洋守御，请另造战船资外洋巡缉。"得旨允行。九月，有船商金协顺等装载暹罗国货物来粤贸易，熊光因奏请禁内地民人代驾暹罗国船只进口，以杜弊端。上是之，特降敕谕知暹罗国王，申明例禁。又以舟师在仰船洲洋面追捕匪船，获贼目多名，得旨嘉奖。又请增设开平县文武学额，从之。十月，御史郑士超奏粤东吏治废弛。上以熊光于海疆重地，不加整顿，饬之。十三年正月，奏陈粤东实在情形，谓"从来有海防而无海战"。上是其言。八月，有英吉利夷目带领兵船驶入内洋，泊香山县属鸡颈洋面，[一] 英兵三百名持兵擅入澳门，分守炮台。九月，熊光始行奏闻，并言已饬令停止开舱，派员晓谕。俟英兵退出澳门，方准起货，若再挨延，即封禁水路，绝其粮食。上以熊光究竟如何严切晓谕，及现在作何准备，全未奏及，所办太软，谕曰："边疆重地，外夷竟敢心存觊觎，饰词尝试，不可稍示以弱。此时如该国兵船业经退出则已，如尚未退出，即着遴派晓事文武大员，前往澳门，严加诘责。以天朝禁令綦严,不容稍有越犯,逐层晓谕,义正词严,该英人自当畏惧凛遵。仍当密速调派得力将弁,统领水陆官兵,整顿豫备。一有不遵,竟当统兵剿办,不可畏葸姑息。此事于边务夷情,大有关系。该督抚不此之虑,而唯鳃鳃于数十万税银,往复筹计。其于防备机宜,全未办及,懦弱不知大体,着传旨严行申饬。"旋命军机大臣将奏到英吉利国原禀翻译进呈,禀内措词多不恭顺。上以熊光接阅英禀,早当驱逐驳饬,乃只以虚文入告,且具奏后英船曾否退去,亦未据续行驰报,诏责其糊涂懈怠,敕将现在情形及如何密饬筹备,速行奏闻。

　　十月,奏英船尚在澳门挨延观望。诏饬熊光因循废弛,只知养尊处优,全不以海疆为重,大负委任,先降为二品顶带,拔去花翎,仍下部严议;寻褫职,命新任两广总督百龄查明实在情形具奏。十四年四月,百龄奏言:"上年英兵抵澳时,地方文武节次禀报,吴熊光批令照常防范。香山县等请兵堵逐,亦批以镇静不可张皇,并未亲往查办。英兵见无准备,将兵船驶进虎门,停泊黄埔。又驾坐三板船至省城外停住,求见总督,恳代奏在澳寓居,熊光总未见面。该英兵欲向十三行装取火食,总兵黄飞鹏开炮轰毙英兵一名,带伤三名,英兵即行退回。熊光檄兵防守,并未攻击。及至恭宣谕旨,英兵畏惧,情愿撤兵,复求开舱。熊光谕令全行退去始准贸易,英兵陆续退至外洋。"谕曰:"此次英兵遇官兵开炮,并不敢稍有抗拒;及奉有严饬谕旨,亦即开帆远去。是尚知震慑天威,无他伎俩。设吴熊光于英兵登岸之初,即亲往弹压,晓以大义,一面派兵防守,英人自必知所畏惧,即时退出,庶足宣示国威。吴熊光于此等事迟至月馀始行具奏,既未亲往查办，又不面询斥逐，虽开舱在兵退之后，而许其开舱究在未退之先。奏报既属迟延，办理又形畏葸。且屡次英人具禀，及吴熊光批示，并轰毙英兵等事，俱未入奏，亦属含糊。吴熊光由军机章京蒙皇考高宗纯皇帝不次超擢，用至军机大臣，复经朕简任三省总督，非新进不晓事者可比。乃种种错谬，实负委任。吴熊光前已革职，着拿交军机大臣会同刑部审讯，定拟具奏。"寻遣戍伊犁。

十五年，洋匪肃清，上念熊光平日尚能办事，前在军营亦属出力，此时巨盗殄除，特命释回，以六部主事用。十六年，补兵部主事。十八年，请假回籍。道光八年，举行戊子科乡试。熊光系乾隆戊子科举人，至乡榜重逢，疆吏以闻。谕曰："原任兵部主事吴熊光曾任督抚大员，虽于两广总督任内获咎，事尚因公。此时养疴在籍，年近八旬，适当蕊榜重逢，洵属艺林嘉瑞。吴熊光着加恩赏给四品卿衔，准其重赴鹿鸣筵宴，以昭盛典。"十三年，卒。

【校勘记】

〔一〕泊香山县属鸡颈洋面　"颈"原误作"头"。耆献类征卷一九○叶九下同。今据睿录卷二○一叶三○下改。

宗室恒瑞

宗室恒瑞，正白旗人。由闲散宗室于乾隆二十七年，授三等侍卫。二十八年，升二等侍卫。四十年，升头等侍卫。四十一年，以副都统衔赴藏办事。四十六年，署镶白旗汉军副都统。四十八年，授热河副都统。

五十一年,擢福州将军。会奸民林爽文、庄大田等纠众攻陷凤山县,台湾告警。福建督臣常青奏请添兵。五十二年三月,〔一〕上命恒瑞挑选驻防满兵一千名往剿,随以常青为将军,授恒瑞为参赞。四月,师抵厦门,五月,至台湾。同常青至凤山南路剿贼,出城不十里,遇贼万馀,进击两次,颇有斩获。因贼势众多,请增调劲旅,命以广东、杭州驻防满兵三千名,闽省兵二千名,粤省兵四千名,及两广总督孙士毅挑备兵二千名,益之。旋奉谕曰:"常青年逾七十,精神不能周到。恒瑞又系年轻,未曾更事之人,殊不可恃。因命陕甘总督福康安驰驿至热河,预备差遣。"六月,恒瑞奏称:"贼匪连次来犯,官兵迎击,辄奔逸。臣等料其诡计,欲诱官兵深入,即绕出后路,而盐水港等处之贼自北趋郡,必更肆无忌惮。又据总兵柴大纪及派往盐水港游击杨廷麟告急请援,已派总兵魏大斌等前往,并令确探笨港有无失事。查凤山之东港在鹿耳门左,已为贼占。诸罗之笨港在鹿耳门右,又为贼扰。则现在鹿耳门一口尤为紧要。至盐水港在诸罗之南、府城之北,距府城仅五六十里,今贼众攻盐水港固意在诸罗,实即觊觎府城。臣等时时兼顾,势难轻进。"谕曰:"贼人狡诈,故作窥伺府城,实欲断我粮道,攻逼诸罗。若诸罗有失,则台湾府城势更孤悬。该将军等竟宜先往北路,会同柴大纪并力擒渠,或分兵盐水港打通粮道,此为上策。"七月,魏大斌兵至鹿仔港,遇贼被围,把总麦逢春、武成烈、刘联陞等阵亡。

上以常青、恒瑞调度失宜,又参将瑚图灵阿等自山猪毛翻山进攻南潭,并不亲往应援,坐失事机,饬之。旋奏贼犯郡城,击却之,督兵进剿,至南潭,歼贼数百人,因天晚路窄收兵。谕曰:"常青、恒瑞等屡次俱称遇雨路窄收兵，而于庄大田是否尚在南潭，并未提及，实属糊涂。着严行申饬。"八月，奏言："军中偶染暑湿病者十有二三，贼匪闻知，屡次来犯。经臣等击退，现在各里庄归业者千馀人，咸以官军南向，〔二〕隐有所恃；若遽舍南趋北，恐贼乘间窃发，而附近各庄不无惶惑。"又奏："魏大斌等沿途遇贼打仗，适参将潘韬、李隆领兵迎接力战，始抵诸罗，现在仍被围困。臣等当派副将贵林、蔡攀龙等由水路往援。"谕曰："常青、恒瑞以一人统兵前往北路，一人驻守，并非令一兵不留在府城营盘也，有何可虑？并不那移尺寸之地！柴大纪被围日久，魏大斌又在围城之中，此时尚不亲往救援，岂徒以株守为事耶？"先是上以常青、恒瑞俱未经军旅，恒瑞身系宗室，或存富贵习气，未能和协，令督臣李侍尧据实覆奏，并询以伊二人能否办理此事。侍尧奏称恒瑞深知以国事为重，与常青亦并无意见，惟不能亲援诸罗，未免为贼所缀。可否于武臣中如海兰察者，令其前来会办，即可及早蒇功。时已命福康安为将军代常青，并授海兰察为参赞大臣，驰往台湾，恒瑞仍令参赞军务。是月，贵林等兵至正音庄，〔三〕遇贼阵亡；蔡攀龙力战抵诸罗，伤亡大半。恒瑞率兵往援，被贼拦截收军，改由海路前进，抵盐水港，逗遛不前。十月，奉旨解任来京。嗣以抚谕附近民人造册投诚，上阅其奏，尚属奋勉，命与常青仍带兵协剿。恒瑞又奏贼占据情形，上以恒瑞惧怯，着福康安确切查参。是月，恒瑞率侍卫乌什哈达、梁朝桂等败贼于新店，收复鹿仔港。

十一月，福康安等率师抵鹿仔港，恒瑞同海兰察屡败贼于兴化店、斗六门、大里杙等处，擒斩贼目刘怀清、林茂、林素等，林爽文遁去。十二月,进取集集埔,至生番隘口。谕曰:"官军屡战得胜,已成破竹之势。恒瑞因人成事,并非自能奋勇前进。又福康安派镇将等攻剿,独不派柴大纪,蔡攀龙二人,而于恒瑞拥兵不救之罪,不但不加参劾,且屡次声叙战功,豫为地步,无以示公正,〔四〕传旨严饬。着恒瑞来京。"福康安旋奏:"恒瑞前在盐水港不能直达诸罗,咎无可辞;但打仗俱亲身前往,每日招抚村庄,巡查营卡,并未在营坐守。及臣等自诸罗进兵,恒瑞屡次向前杀贼,海兰察等皆所亲见。臣固不敢徇私袒庇,亦不敢因系亲谊,故为避嫌。应请留于军营效力赎罪。"谕内阁曰:"恒瑞观望迁延,及张大贼势,妄言惑听,本应军前正法。朕以彼时官军剿贼,尚未得手,虑骇听闻,降旨令其回京。乃福康安曲为庇护,又屡于折内声叙恒瑞带兵打仗。试思伊为满洲大臣,众皆打仗,独伊不打仗,逃往何处乎? 又前因保宁补放伊犁将军,川省无熟悉番情之人,故将鄂辉调回成都,而以常青仍为福州将军。福康安具奏时,尚未知保宁调伊犁之信,何以欲将鄂辉仍留成都? 不过因恒瑞本系福州将军,希冀仍留原任之意,岂能逃朕洞鉴乎? 着传旨申饬。恒瑞仍遵前旨革职来京,交部治罪,是福康安爱之,实所以害之也。"五十三年,〔五〕恒瑞同海兰察等缉获林爽文于老衢崎。二月,同总兵穆克登阿等追擒庄大田及其母庄黄氏等四十馀名。奏入,得旨,从优议叙。三月,谕曰:"福康安前抵鹿仔港,未及三月,即擒获首逆,南北二路全境荡平。恒瑞从前妄请多兵,几至惑众误事,不可不治罪。此奏出自他人,必当按律正法。姑援议亲之条,从轻革职,发往伊犁效力赎罪。"十月,谕曰:"恒瑞在台湾获罪,究为公事起见,尚可宽宥,着加恩赏给副都统职衔,作为伊犁参赞大臣,帮同保宁办事。"五十四年,授正黄旗汉军都统、定边左副将军。五十五年正月,调镶黄旗汉军都统。八月,调正白旗汉军都统。六十年八月,补授绥远城将军。九月,调补西安将军。

嘉庆元年正月,湖北教匪滋事,奉旨令恒瑞带兵三千名,会同湖广总督毕沅、湖北巡抚惠龄往剿。二月,恒瑞奏乌鲁木齐都统永保入京陛见,道出西安,请暂留驻,以资弹压。得旨,永保曾经军旅,着同恒瑞带兵剿贼。三月,恒瑞与兴汉镇总兵文图等破贼于竹山,复其城,获贼首武明山、翁叔原等。上嘉其功,交部议叙。永保至军营,合兵由房县进剿鬼谷子、黑虎沟,贼匪奔三里坪,留文图率兵围守。恒瑞同永保由岯峪、五虎垭进至七里湾,适总兵彭之年领兵至,贼惊走,渡二郎沟,窜入保康东北之白云寺大山,官兵由黄连垭进攻。四月,抵黑龙沟,又至东山长岭,贼奔喇吧洞。上以三里坪贼经文图剿净,而恒瑞等日久无功,饬之。恒瑞仍遵旨赴襄阳,同河南巡抚景安等剿贼,留文图剿喇吧洞。五月,文图剿喇吧洞贼尽,以兵赴巴东。恒瑞所留西安官兵,亦撤至襄阳,遂同头等侍卫明亮领兵由樊城进次昌堰,[六]与景安等会合进剿,屡败贼于岳家沟、刘家集,毙贼二千馀人。奏入,上以贼首姚之富、刘之协并未拿获一人,不值加恩,恒瑞等务宜倍加奋勉,勿使逸入枣阳、随州等处。是时,贼屯聚蒋家垱、曲家湾一带,官兵进至王家冈,离枣阳三十馀里,与贼寨逼近。恒瑞同明亮等设伏,纵击大败之。六月,进攻蒋家垱、曲家湾,歼毙无算。枣阳围解。旋移营董家冈,贼伪呼投降,潜抄官兵后路,恒瑞等急以后兵为前队,翻身迎击,适总兵德龄兵至,击退之。

贼匪窜回枣阳正东丫儿山,与张家垱贼连营十馀里,官兵并力穷追一昼夜,破贼营十馀处,斩三千馀人,生擒百馀人,得旨奖叙,赏金盒、大小荷包。七月,自随州梓山进剿至龙门山,屡克之。枣阳、随州、宜城境内贼平,蒙恩优奖。八月,自青狮岭赴钟祥,与永保夹击邓家冈贼,追至黑沙河,大破之,馀匪复奔双沟,连夜追击,焚其砖堡。九月,贼匪分为两路,一由枣阳东窜唐县,一由白河西窜吕堰,恒瑞同明亮等领兵西蹑,贼退踞叶家店,进兵围之,毙贼数百,生擒首逆姚之富之母郝氏、孙姚福金等,移兵渡白河、唐河,剿办枣阳东窜之贼。十月,以贼匪直奔仓台,未能剿截,与永保同奉严饬。贼匪旋奔唐县濠镇一带,恒瑞移营仓台,适永保、景安逼贼至唐河,即往策应,贼向东南窜走。十一月,官兵四路并进,破贼屯十馀处,恒瑞身受枪矛伤,特赏金盒、大小荷包。十二月,进击姚之富至彭家冈,歼擒三百馀名。

二年正月,惠龄等自槐树冈破贼,恒瑞闻炮声,引兵邀击,杀贼二千馀名,追至七里冈。时永保以玩贼革职解京,并以恒瑞参赞失宜,降旨令惠龄、景安查奏。寻覆奏恒瑞不辞劳瘁,颇属勇往,因与永保隔营,不能每事商议。现在带兵需人,请同庆成、舒亮留营自效。谕曰:“恒瑞、庆成、舒亮因贻误在前,各知悔惧,奋勉出力,若能迅速葳功,不但可赎前愆,并当酌量施恩。随赏给镶玉如意一柄。”是后同惠龄等屡败贼于赵家冈、谈家冈胜厂等处,追至刘家港,[七]与庆成协擒贼首刘起荣,解京伏法,有旨奖励。二月,惠龄、舒亮由长冈岭袭贼于小阜街,恒瑞、庆成以马队绕贼前,毙贼五百馀人,蹑至曾家店,败之于郑家河,又破之于新城,生擒贼目李潮等,及骑马小儿一名,询知为姚之富之孙,戮之。三月，追贼至泰山寺，贼闻风遁，及之于洛阳店，杀贼百馀人，进逼温峡口。其夜二更，令军士衔枚疾走，四更，抵贼所，奋击杀四百馀人，生擒贼目刘顺等五十九名。次日，进击龙凤沟，用连环大炮轰击，贼惊乱，忽一贼手执大旗招飔，贼众复聚，恒瑞从隔岸发矢，中其左眼，随策马先渡，官兵争赴，擒之，搜得数珠铜佛，自供称韦成，系姚之富伪都总师，并擒姚爽等二十七名，皆伏法。奏至，赏戴花翎。

贼匪旋翻山窜入豫境，又分为三股，分窜商南、山阳一带。四月，恒瑞驰赴山阳剿办第三股贼匪，进至周家河，贼退走山梁，官兵仰攻，追逼山岭数重，擒斩七百馀人。忽闻贼首王廷诏、李全等犯山阳县城，乃回兵磨沟口，遇贼于十里铺，击退之。周家河贼亦为荆州将军兴肇截杀，西逸。恒瑞由商州进剿，适陕西巡抚秦承恩追剿西牛槽贼东窜，迎击于双路口，擒斩六百馀人。五月，追贼至黄龙铺，适惠龄等亦至，追击至猪坪，共斩首三千馀。[八]是月，姚之富、王廷诏、李全三股贼匪，仍合为一处，由紫阳县白马石抢渡汉江，恒瑞等坐迟缓纵贼，奉严旨革去花翎。六月，恒瑞等缘汉江尾贼至西乡，遇雨六昼夜，贼遂分路窜入川省。恒瑞等由城口进次平官渡，贼奔开县，与徐天德、王三槐合伙，扰及云阳、万县。闰六月，大兵至大凉山下，贼千馀人踞山颠，恒瑞同明亮等分兵五路登山，克之；又歼陈家山贼方正潮等。赏玉"喜"字牌、大小荷包。贼匪复逼云阳，大兵至，歼六七百人，馀贼奔夔州香坪、桂坝一带，追及于双河口，千总安庆、张奇首先杀入贼队，恒瑞等乘之，毙贼五百馀，生擒唐之英等八十馀名。七月，进剿大宁贼匪于田家坝、西牛坝、枫木岭等地方，连败之，擒斩共二千馀名,获器械无算。

　　贼窜太平县之白杨庙。八月,追至金竹坪,贼乘夜奔亭子庙,将掠官坝塘,恒瑞等设伏以待,贼至,歼九百馀人,生擒十一人。时当阳逸贼窜入白河县,都统丰伸布等阵亡,奉谕赴兴安应援。九月,抵兴安,同庆成迎击贼众于张家滩,旋由牛蹄岭绕出贼前,进至狗脊关、马鞍铺、蒋家坪,夺获贼营九处,马骡、器物无算。十月,赴西乡,行次沙潭坎,与土都司韩光泽破贼于神仙沟,追至七里沟、韩家坝,复大破之,贼北趋汉中,又破之于白庙崖、高峰沟。凡三日,杀贼二千馀人,生擒王廷基等五百八十一名,赏玉“喜”字牌、大小荷包。十一月,追贼于毛垭子,进抵褒城,遇贼黄沙铺,击歼之。是时贼首姚之富、李全、齐王氏等,合股西奔,连营二十馀里,将渡汉江北窜。恒瑞同庆成设伏新街子,乘贼半渡,击之,擒龚玉等六十馀名,进至桑树湾,遇贼高均德,恒瑞令带领撒拉尔回兵之都司马钟麒,假乡勇旗号以诱贼,而身率兵自山梁下压,庆成等分投策应,贼众披靡,歼一千九百馀人,生擒八百九十馀人,蒙恩奖赏。同庆成遵旨由宁羌州赴援保宁。十二月,抵回龙场,贼首王廷诏等犯郡城,击毙其众七八百人。旋同总兵观祥等赴援营山,〔九〕贼分股迎拒,短兵接战,都司马钟麒、王名望等战殁,〔一〇〕总兵富尔赛自城杀出,贼溃,围始解。

　　三年正月,贼目罗其清纠合土贼黄道、李乡约自营山将寇顺庆,恒瑞同庆成进攻简家坝、黄连垭、芙蓉寺等处,皆有斩获,因贼势滋蔓,欲俟四川总督勒保、陕甘总督宜绵拨兵会剿。谕曰:“恒瑞、庆成节次剿贼,名虽八百人,其实妇女幼孩居半。且勒保、宜绵等正在会击王三槐、徐天德,岂能分兵前来?此时贼匪既在老林,若能设法擒渠,尚属伊等之功,倘防堵不严,复有勾结,惟伊二人是问。"二月,贼奔蓬州,恒瑞同观祥邀击之,贼分队扑仪陇县城,恒瑞督兵追杀,至萧家梁,贼向东南大山窜逸。旋以逗遛,奉旨申饬。四月,贼从孙家梁冲突十馀次,经官兵截回,进攻鲤鱼嘴,罗其清掘沟断道,恒瑞同观祥绕出山沟,夺贼卡三座,杀五百馀人。贼匪潜勾冉文俦滋扰仪陇运道,总兵朱射斗等由马鞍场,副将关联陞等由清风寺,分路进剿,恒瑞分兵断磨盘寨。次日,贼溃,歼戮无算。五月,惠龄、朱射斗等进攻李华寺,冉文俦败走,恒瑞以兵继之,歼何家寨贼二百馀人。旋闻陕匪龙绍周等由巴州窜至,欲与罗、冉二贼合,官军由双路场迎击,又破之于杨柳寨。[一]六月,都统德楞泰追贼高均德至石人河,飞咨恒瑞等迎击,共歼千馀人。恒瑞仍同惠龄赴老林场剿龙、冉二贼,连扑贼卡二座,进逼山梁,枪炮齐发,擒赵连等七十馀人、牛马五十馀头。进次黄泥坪,与德楞泰会,进逼至大神山,高、冉等贼连挐二万馀人,绵亘五十里,扎木山腰,为死守计。惠龄等进攻打石坡,恒瑞等进攻喻家垭,德楞泰由中路向大神山,皆有斩获。贼连夜扑德楞泰、恒瑞营盘,击却之,乘雪雨昏黑进击,杀贼千馀人。七月,贼扎筏将渡渠河,德楞泰引兵进击,恒瑞同惠龄分兵攻香安坪、土门垭,贼忽从三板桥、金家场鼓噪而来,援兵击败之,旋分三路进攻,恒瑞一路杀贼三百馀人,其东西二面为惠龄、德楞泰所破,合兵攻马鞍山,射死戴翎贼目冉文富。进次龙凤坪,贼奔观音崖,分踞箕山南北,潜抄我军后路,大兵回击,伏兵自后掩杀,歼贼二千馀人,生擒何世官等一百馀人。随闻贼首徐天德、樊人杰为将军富成所追,窜至紫观场,与高均德合。恒瑞同惠龄、德楞泰督兵截剿,连战壁山庙、土门铺、观音寺,转战至凤峒铺,凡四昼夜,杀贼四千馀人,擒获千馀人。贼穷蹙,窜郭家沟,仍依罗其清屯聚,徐天德逸去。

八月,从插旗山追击徐天德,逼入古战坪,擒斩千馀人,遂克凤凰寺巢,贼奔箕山。九月,攻克白崖寨、骆寺桥,又克黄泥坪、陈家坪、小篷寺等处,进逼柏树山、仰山垭,距箕山十馀里。惠龄、德楞泰直前攻破卡栅,恒瑞从右山杀入,合兵纵击,尽破箕山后二十馀里贼卡。凡四昼夜,杀贼数千人,贼目罗其清、李全、王廷诏奔大鹏山。十月,恒瑞同惠龄、德楞泰进围大鹏山,十一月,克之。恒瑞前赴陕西,与宜绵、秦承恩会剿贼目张汉潮。十二月,惠龄、德楞泰生擒罗其清于巴州,馀匪李全、樊人杰窜西乡。恒瑞以不即迎击,屡奉旨严饬。四年正月,命恒瑞署理陕甘总督印务,寻以兵赴大巴山,获贼龙曰理;〔一二〕又赴宁羌,迎击蓝、白号贼张应祥、包正洪、萧掌柜等。二月,贼由七盘关窜至黄坝驿,官兵进抵大安驿。贼转窜广元,遁入略阳。恒瑞进攻柳树垭,而宁羌又报贼目鲜大川将至,恒瑞回兵驻大安驿,贼窜南江,将近南郑边卡,乃驰回青石关,御之。三月,奏请派员驻扎汉中,督办军储,从之。

四月,蓝、白两号贼窜秦州,恒瑞由太渠出菜子岭,派员分路堵剿,贼窜两当,纵击,杀三百馀人。适张汉潮、阮学胜大队贼匪自留坝厅至杜家坪,急引兵迎击,贼窜唐藏一带。明亮等自凤县蹑追,上以明亮、恒瑞在二逆之间,腹背受敌,恐兵力不敷,谕令于宁夏或阿拉善回兵内,酌量添调。五月,卸督篆,即领兵剿白号贼,驰抵白马关,其地与川西龙安接壤,随分派将弁从花长沟、杏红沟并进，冒雨掩击，歼三百馀人。湖北义民首易万里等设伏暗门口，复杀贼百馀人，投出难民二百馀人。上嘉其能保障川西边界，敕部议叙。白号贼寻北窜西和、礼县，而蓝号贼又从米仓山南窜，将入川境。恒瑞札令甘肃布政使广厚、总兵吉兰泰北面截剿白号，而兼程由贾家店、黑马关抄击蓝号。上以恒瑞能不就易避难，谕奖之。六月，进击蓝号贼于老柏树，歼九百馀人，赏戴花翎。蓝号贼旋窜入川北南江县，恒瑞自凤县赴明亮所，会剿张汉潮。七月，蓝号贼折回陕境，恒瑞赴南路截剿，杀数百人，馀匪五六百人复窜川北。恒瑞仍回兵赴石泉，顺流抵迎风坝，至城固、洋县，晤明亮议剿张汉潮。旋败之于东叉河，追至西叉河，贼从马埋道越老林窜去。[一三]九月，追贼清水沟，擒十馀人，贼乘雾冒雨过三渡水逸去。十月，引兵断龙王沟，明亮、兴肇兵亦至，阵斩张汉潮，擒贼目李潮。时明亮、兴肇已有旨夺职讯问；又以恒瑞前次舍蓝号垂尽之贼，竟回陕省，显系趋避，且有得受馈送之事，谕工部尚书那彦成切实查参。寻奏张逆窜三渡水，系由大山陡崖下窜，非三人堵截之路，恒瑞弃蓝号贼回陕，乃因陕甘总督松筠知会，有咨文可据，惟永保、庆成前在楚省得受馈送，恒瑞亦有染指，到陕后，有无此等情弊，已移咨松筠查办。奏入，上以不追蓝号贼，系接松筠知会，尚非恒瑞之咎，松筠调度失宜，奉旨申饬。十一月，自五郎追击张逆馀党李得士等，进抵大建沟，遂入老林，径趋秦岭，与那彦成合兵会剿，冉学胜、高遇春、刘掌柜等贼奔涝峪，移兵两岔河遏之。十二月，蹑贼盩厔、鄠县，多斩获。

五年正月，追至山阳东沟，擒斩千馀人。寻闻川匪二万馀，由略阳寇两当、徽县，恒瑞自褒城入栈迎剿，贼众北窜，渡渭河至陇州、清水、秦安县境,恒瑞同那彦成等蹑追至汪家山,分路奋击,大败贼众,擒斩三千馀人;又救出难民千馀。上嘉之。二月,同总兵凝德等分路由秦安剿贼,凝德遇贼阵亡,参将以下死者五人。恒瑞自伏羌赴援,那彦成适至,合兵击败贼众,又败之于龙泉沟、深都堡。时总兵多尔济扎普等剿贼洵阳之三岔河,战没。上以甘肃窜匪有六路官兵剿杀,不少恒瑞一人,只以那彦成系恒瑞之婿,不肯暂离,实系公中之私。特谕恒瑞驰赴镇安、五郎等处剿贼。三月,引兵由秦州回抵唐藏,贼杨开甲、高均德等方扰南星等处,又有贼数千犯草凉驿,恒瑞留总兵观祥防守,领兵由蓝田赴山、商一带剿贼。谕曰:“恒瑞系西安将军,既知凤县、镇安有贼,自应择要进击,乃置之不顾,惟知赶赴商州。[一四]伊从前尚有款迹,在朕处存记,未曾宣露,原系责令自赎之意。傥因循观望,必当重治其罪。现在恒瑞自已早抵商州,着将该处事宜,专交国霖办理,即带兵自东而西,立功自赎,不得再有玩延。”四月,奏:“臣于途次探闻冉学胜等二三万人分窜洵阳,又有刘天成、庞国胜等勾结多日,臣不敢拘泥前奏,已改道由大山岔、野坪赶赴镇安,率同柯藩等从茅坪、青铜关前进,不使阑入楚、豫。”上以恒瑞并未与贼打仗,敷衍入奏,饬之。恒瑞等兵抵两河关,贼复西窜,追至大中溪,抵红崖石嘴子,败之,共斩三百馀人。经略大臣额勒登保同那彦成赴五郎、镇安一带,分路并进,恒瑞率总兵刘之仁等,抄击至竹凹山,毙贼四百馀人,生擒周遇顺等一百三十馀人。讯知贼目伍金柱等纠党二三万人将窜商雒。恒瑞即由山阳高坝店抄截,适额勒登保同提督杨遇春等击败贼众,杨开甲等于辉峪,恒瑞自龙驹寨抄至,复杀百馀人。闰四月,杨开甲、^{〔一五〕}张天伦、辛聪等从米粮川窜逸,恒瑞驰抵漫川关,令副将李天林等进击,遇贼伏被围,恒瑞率游击李朝龙等亲往援之,贼退走,追至黄莺铺,斩贼目罗贵等五百馀人。贼分为四五股逃窜,我兵掩杀二十馀里,至丽子关,^{〔一六〕}前后擒斩六百馀人,贼西奔大小坝庙川。上嘉恒瑞亲身督战,赏给云骑尉世职。

六月,同总兵德忠以兵三千人驻守太渠、唐藏一带。八月,贼伍金柱、高三、马五等由略阳窜出沔阳,^{〔一七〕}径奔西乡,提督王文雄战没。适恒瑞同副都统纶布春等往击。九月,自红椿坝追至大石川,贼奔滩口,为杨遇春所败,斩伍金柱,馀匪奔双河沟口,与徐天德合,突扑我军营盘,击却之,追至金河口,贼已躔浅渡河,毙其众百馀人。贼连夜从渔渡坝翻山遁入川境。十一月,谕曰:"恒瑞现在何处剿贼,总未据实提及。从前恒瑞奏报,亦多粉饰,或恒瑞染患疾病,不能带兵,着额勒登保查奏。"十二月,覆奏:"恒瑞久历戎行,节年办贼,尚属认真。现在西乡钟家沟堵截,亦甚严密。惟年近六旬,本年四五月间,^{〔一八〕}患病时发时止,精力难以支持。应请令回至西安,借资弹压。"得旨报可。六年,卒于任。

子乌勒兴阿,盛京城守尉;次纲阿塔,三等侍卫,兼五品荫生。

【校勘记】

〔一〕五十二年三月 "二"原误作"三",又"三月"误作"二月"。耆献类征卷二八八叶三〇下同。今据恒瑞传稿(之二二)改正。按国传卷二三叶八下年不误而"三月"误作"二月"。

〔二〕咸以官军南向 "咸"原误作"或"。耆献类征卷二八八叶三二上及国传卷二三叶九上均同。今据恒瑞传稿(之二二)改。

〔三〕贵林等兵至正音庄 "正音"原误作"英"。耆献类征卷二八八叶三二上及国传卷二三叶九下均同。今据恒瑞传稿(之二二)改。

〔四〕无以示公正 原脱"无"字。耆献类征卷二八八叶三三上同。今据恒瑞传稿(之二二)补。按国传卷二三叶一〇上不脱。

〔五〕五十三年 "三"原误作"二"。耆献类征卷二八八叶三四上同。今据恒瑞传稿(之二二)改。按国传卷二三叶一〇下不误。

〔六〕遂同头等侍卫明亮领兵由樊城进次吕堰 "次"原误作"攻"。耆献类征卷二八八叶三五上同。今据恒瑞传稿(之二二)改。按国传卷二三叶一一下不误。下同。

〔七〕谈家冈胜厂等处追至刘家港 原脱"谈家冈"三字,又"港"误作"集"。耆献类征卷二八八叶三六上同。今据恒瑞传稿(之二二)补改。按国传卷二三叶一二下"港"字不误而脱"谈家冈"。

〔八〕共斩首三千馀 "千"原误作"十"。耆献类征卷二八八叶三七上同。今据恒瑞传稿(之二二)改。按国传卷二三叶一三上不误。

〔九〕旋同总兵观祥等赴援营山 "祥"原误作"成"。耆献类征卷二八八叶三九下同。今据恒瑞传稿(之二二)改。按国传卷二三叶一四上不误。又下文有"观祥"可以为证。

〔一〇〕都司马钟麒王名望等战殁 原脱"马"字,又"麒"误作"琪"。耆献类征卷二八八叶三九下同。今据恒瑞传稿(之二二)补改。按国传卷二三叶一四上不误。又上文有"马钟麒"可以为证。

〔一一〕又破之于杨柳寨 "柳"原误作"家"。耆献类征卷二八八叶三九下同。今据恒瑞传稿(之二二)改。按国传卷二三叶一四不误。

〔一二〕获贼龙曰理　"曰理"原误作"日哩"。耆献类征卷二八八叶
　　　四〇下同。今据恒瑞传稿(之二二)改。按国传卷二三叶一五
　　　上不误。

〔一三〕晤明亮议剿张汉潮旋败之于东义河追至西义河贼从马埂道越
　　　老林窜去　原脱"晤"以下至"西义河"二十字,又"埂"误作
　　　"垭"。耆献类征卷二八八叶四一下同。今据恒瑞传稿(之二
　　　二)补改。按国传卷二三叶一六上脱"剿"以下至"西义河"十
　　　六字,而"埂"字不误。

〔一四〕惟知赶赴商州　"商州"原误作"山商"。耆献类征卷二八八叶
　　　四二下同。今据恒瑞传稿(之二二)改。按国传卷二三叶一七
　　　上不误。本传下文有"早抵商州",可证。

〔一五〕杨开甲等于辉峪恒瑞自龙驹寨抄至复杀百馀人闰四月杨开甲
　　　原脱"等"以下至"杨开甲"二十三字。耆献类征卷二八八叶
　　　四三上同。今据恒瑞传稿(之二二)补。按国传卷二三叶一七
　　　下不脱。

〔一六〕至丽子关　"丽"原误作"麓"。耆献类征卷二八八叶四三下
　　　同。今据恒瑞传稿(之二二)改。按国传卷二三叶一七下不误。

〔一七〕马五等由略阳窜出沔阳　"由"原误作"出"。耆献类征卷二八
　　　八叶四三下同。今据恒瑞传稿(之二二)改。按国传卷二三叶
　　　一七下不误。

〔一八〕本年四五月间　"间"原误作"闻"。耆献类征卷二八八叶四三
　　　下同。今据恒瑞传稿(之二二)改。按国传卷二三叶一八上
　　　不误。

呢玛善

呢玛善，呢玛奇氏，满洲镶黄旗人。父达三泰。[一]呢玛善，初由闲散随征湖北邪匪，授七品职衔。

嘉庆二年，授蓝翎侍卫。三年，歼毙黄号首逆齐王氏、姚之富，以功擢三等侍卫。四年，丁父忧，袭骑都尉加一云骑尉世职。五年十月，随领队大臣长龄剿高三、马五等股贼匪，在阵受伤，命以应升之缺升用。十二月，擢二等侍卫。复随长龄进剿青号首逆徐天德，屡败贼众。六年七月，偕副将吉林泰剿天德逆党张允寿于熊藏山，呢玛善先登山梁，炮击张逆，毙之，擢头等侍卫。八月，陕西逸匪王山逼竹溪，率游击王占鳌等夜扑贼营，焚其巢，歼戮无算。十月，搜捕楚境馀匪，擒贼目廖大海、陈士富及伙匪刘光义三十八人，下部议叙。七年六月，擢湖北竹山协副将。十月，蓝号首逆戴世杰窜施家沟，参赞德楞泰围之，呢玛善偕总兵马瑜由山梁下击，斩戴逆，擒伪元帅赵鉴，赏戴花翎。八年，以搜剿阴峪河馀匪，行走迟缓，褫花翎。九年，川、陕零匪图窜入楚，呢玛善在竹溪县界奋力防堵。楚地肃清，赏还花翎。十年闰六月，擢河南河北镇总兵。十一月，调湖北郧阳镇总兵。十七年，伤疾作，回旗调理。十八年二月，病痊，命在头等侍卫上行走。三月，授浙江衢州镇总兵。九月，调河南南阳镇总兵。

二十五年，擢成都将军。道光元年，云南永北厅土司所属野夷唐贵等纠众滋事，命呢玛善赴滇进剿，旋经云贵总督庆保剿平，呢玛善搜获馀匪。谕曰：“呢玛善遵旨赴滇，比到军营，虽已扫穴擒渠，尚有零匪窜匿山谷，该将军不事贪功，分派员弁入山搜捕,深合机宜。着加恩交部议叙,并赏玉鞢、黄辫、大小荷包。"
二年,以果洛克番贼叛,调兵剿捕,擒土目曲俊等五十五人,歼毙
甚众。贼平,得旨嘉奖,下部议叙。

四年,卒。谕曰:"成都将军呢玛善由侍卫出兵川、陕、楚三
省,荐升南阳镇总兵。朕御极后,特畀以将军重任。前派办云南
永北军务,迅速妥协,甚为出力。平日整饬营伍,控制番、夷,均
能认真任事。方谓得一有用良臣,长资倚任。遽尔长逝,实深痛
惜!着加恩赠太子少保衔。赏银一千两,照将军例赐恤。到京
之日,准其入城治丧。所有任内一切处分,悉予开复。应得恤
典,该部察例具奏。"寻赐祭葬,予谥勤襄。

【校勘记】

〔一〕呢玛奇氏满洲镶黄旗人父达三泰呢玛善　原脱此十七字。耆献
　　类征卷三一二叶二一上缺文十七字,均作□。今据呢玛善传稿
　　(之三四)补。

赛冲阿

赛冲阿,赫舍里氏,满洲正黄旗人。乾隆四十年闰十月,由
蓝翎长挑十五善射。十二月,袭云骑尉世职。四十六年,授健锐
营委署前锋参领。四十七年,升副前锋参领。五十一年,升前锋
参领。五十二年七月,台湾逆匪林爽文滋事,派随将军福康安往
剿。十二月,攻克大埔尾、大埔林各庄,连夜进攻斗六门。赏斐
灵额巴图鲁名号。[一]台湾平,列后三十功臣中,绘像紫光阁,命
儒臣制赞。五十六年,授委署翼长。五十七年,升翼长。五十九

年,擢吉林副都统。

嘉庆二年五月,调三姓副都统。七月,以川、楚教匪滋事,命领吉林官兵赴军营协剿。十月,抵将军明亮、护军统领德楞泰军营。时张汉潮、张世龙、张世虎、李潮、张世爵、阮学明等股匪,窜至平利县之曾家坝。赛冲阿从德楞泰抄击,歼获多名;又败之于大宁县之黑虎庙,箭毙张世虎。贼分股狂奔,连败之于伞子坪、周家坝、白沔峡等处。均得旨嘉奖,赏玉鞢、大小荷包。十二月,追剿齐王氏、姚之富、李全、王廷诏、张汉潮等股至宁羌州之罗村坝,赛冲阿以吉林马兵冲入贼队,往来击射,歼毙甚夥。三年正月,破襄阳白号首逆高均德于洋县之金水铺,旋复蹑贼至安子沟。贼乘夜折回,偷扑营卡。赛冲阿与总兵达音泰带兵从卡内跃出,并力下压,杀贼千馀。二月,高逆与齐王氏、姚之富合扰安康界。官兵进至判官岭,贼于沟内以四五百人诱敌,复于林内豫伏数千人,并力抗拒。赛冲阿率先冲压,败之,擒贼目冯大甲、朱锡,并射毙红衣贼目二名。三月,齐王氏、姚之富东窜山阳之石河铺,明亮、德楞泰由大路追剿。赛冲阿驰至坝店截击,遂与明亮、德楞泰等三面夹攻,至郧西之三岔河,擒贼目王如美、朱正声等。齐王氏、姚之富均投崖毙,馀匪擒斩净尽。捷闻,赏金镶松石盒等物。四月,迎剿高均德股匪于华州之高塘。五月,败之于洋县之茅坪,又败之于关西沟。六月,贼遁入川境。时阮正通、龙绍周、龚建、徐万富、唐大信等股屯踞南江之长池坝,高逆与合。赛冲阿随德楞泰沿途追剿,各贼俱奔至渠县之大神山,又与通江蓝号首逆冉文俦合。七月,攻克大神山贼巢。贼众窜至营山县箕山,据各险隘,与巴州白号首逆罗其清互为声援。九月,随德楞泰分路进攻,夺贼卡七、贼寨六,各股匪均溃。直攻箕山贼巢,克之。罗其清退踞大鹏山。十月,攻克大鹏山,贼复退踞青观山。十二月,再克青观山,贼众剿杀无遗,擒罗其清及其子永福,弟其秀、其书。冉文俦于攻破箕山时遁通江之麻坝寨,移师剿之。贼以除夕玩不设备,赛冲阿随德楞泰连夜进攻,擒文俦及苟文玉等。

四年四月,败徐天德股匪于旗杆山。六月,败张天伦股匪于修溪坝。七月,侦知线号龚文玉股匪屯踞夔州交界之八石坪,与德楞泰分路进攻,立破贼寨,追至楚省竹溪之大禾田,擒文玉及其家属。十月,击高家营股匪于大市川,阵毙伪元帅曹明魁,擒首逆高均德及其叔高成杰,伪元帅王临高,伪先锋阎慎卿、阎慎雄、秦学顺等。又于大安邦截剿张士虎股匪,擒传教首逆刘学仁,并歼士虎。十一月,歼白号贼首张金魁于空水河,擒伪总兵符曰明、伪先锋王佐魁及耿向荣等于野人村。十二月,追剿苟文明、鲜大川股匪于猫儿梁、马家营等处。

五年正月,白号高家营、青号戴家营各股,由陕西窜入甘境。随德楞泰驰赴秦州会剿。时蓝号首逆冉天元合黄号徐万富,青号汪瀛,绿号陈得俸,白号张子聪、雷世旺、庹向瑶等,乘间由定远抢渡嘉陵江,分扰南部、盐亭、西充各县境。复随德楞泰回川剿之。二月,抵江油之新店子。贼分四路,马步各数千迎敌。我军亦分路并进,乘胜冲入贼巢。赛冲阿及副都统温春深入被围,相持二时。德楞泰往援,内外夹攻,围始解,生擒陈得俸,箭毙冉天恒,冉天元负创逸。已而天元及伪总兵鲜其顺俱就擒。叠奉恩旨叙功。三月,大破贼于李家坪、石门寨等处,俘斩伪总兵李斌、伪先锋董廷华等。四月，贼窜渡潼河，犯蓬溪县，围成谷、太和、仁和、仁义等民寨。偕温春往援，连战，歼毙伪元帅雷世旺，擒伪总兵吴学周等，四寨围解；又分兵叠败贼于中江县境。潼河两岸肃清。六月，破冉天泗、王士虎于江南之长池坝，擒贼目鲜中青、旗手周才抢、探马头赵大成、甘品玉等。七月，破鲜大川、苟文明于丘池之新场，歼伪总兵吴耀国、伪先锋鲜文炳，擒贼目苟文礼、刘照崇，旗手张文元、苟文经、王绶等。

八月，擢固原提督。谕曰："此时川省各股贼匪，势已穷蹙，军威大振。着德楞泰即令赛冲阿速赴西乡，会同纶布春专办高三、马五戴家营各股贼匪。"寻德楞泰奏称："臣一路官兵，惟吉林索伦马队最为得力。吉林兵向交赛冲阿管带，已越三年。该提督深得兵心，人皆用命；且东三省人之性情，最为忠直，一经悦服，终始不移。昨闻赛冲阿授为提督，吉林兵无不同声欢舞；及闻其须赴西乡，即纷纷至臣处环跪祈留，实难骤离。但赛冲阿系固原提督，不便久留川省，一俟川省肃清，即当权其缓急，臣德楞泰或与赛冲阿同去，或先令其赴陕。"上从之。九月，白号贼赵麻花与老林贼王珊合夥，向陕境奔窜。随德楞泰由江口截剿至云阳，歼赵麻花于寒池坝，歼王珊于滥泥沟，馀匪净尽。十一月，侦知白号杨开第、蓝号李炳、黄号齐国谟等贼，向巴州南亚场一带东窜。驰赴观音河截之，擒李炳之子李朝坤、伪总兵王得江、陈文及杨开第之师余国明、伪副元帅冯中谟。寻随德楞泰赴陕，剿办汉江南岸之贼。德楞泰奏："固原提督赛冲阿，向随臣一路带兵剿贼，刻下已入陕境。查固原提督印信，现经庆成署理。此时庆成若将印信交出，必致呼应不灵。赛冲阿平日极为众心悦服，打仗甚属奋勉,一易生手,恐致两无裨益。请仍令随同前往剿办,俾得易于集事。"上如所请。

六年正月,追剿高三于山阳之乾沟,擒传教贼目龚如一,歼伪元帅阎慎珍。贼奔窜,追至镇安之野猪坪,高三就戮,擒先锋王儒等。叠奉旨交部议叙。三月,败唐明万、李显必于和冈溪。追抵黄花庙,贼夜扑副将李应贵、游击马元营。赛冲阿带兵往援,贼败溃。四月,白号徐天德合蓝号陈朝观、白号曾芝秀、黄号樊人杰等股西窜,屯踞白河县黄石板。德楞泰与赛冲阿分路进剿,擒伪元帅庞士应及伪总兵古文魁、蒲子荣、陈天贵等。首逆陈朝观逸去,寻亦就缚。五月,偕温春带兵至宁陕之两河口,获徐天德、樊人杰家属。天德窜紫阳之仁河、新滩,赛冲阿等自后蹑之,天德溺毙,馀党俘馘无算。上以赛冲阿奋力追剿,穷贼所向,实属可嘉,赏玉鞢、大小荷包,并下部优叙。

六月,授西安将军。七月,偕德楞泰截剿黄号贼首龙绍周于湖北之竹溪等处,屡歼贼匪。龙逆挈其党折窜蜀之开、万,又走楚之兴、房。赛冲阿等带马队穷追,先俘其妻子,复歼其兄弟绍华、绍海,并其大小头目。龙逆势蹙,遂由楚入陕,与萧四馀匪合窜。十月,赛冲阿偕温春等追至平利之岳家坪,乘雨雪迷漫,纵兵冲踏,阵毙龙逆,全股贼匪歼尽,萧四馀匪一并扫除。捷入,上嘉赛冲阿功绩,赏骑都尉世职,并海龙马褂,以示奖励。十一月,截击刘朝选股匪于东乡之土黄坝,获其家属。十二月,败之于奉节、大宁交界之桃木湾、乾沟、葛山一带。七年正月,又败之于潘字槽,获庹向瑶之子庹文正、侄庹选正,朝选与其党十馀人逸去。谕曰:"赛冲阿虽未能将首逆生擒,而全股贼匪业已剿洗无遗,所办尚好,加恩交部议叙。"二月,败白号宋国品于梁山县之柏林槽,又败青、白号零匪于东乡之袁家坝,擒贼首席尚文。时总督勒保分派将弁,于大竹、邻水一带追剿陈自得股匪。赛冲阿带兵抄出贼前,夹击,大破之。得旨嘉奖,赏玉鞢、荷包。寻调宁夏将军。三月,偕德楞泰赴楚,剿办黄号樊人杰、蓝号蒲天宝等股匪。四月,败樊逆于鸡公山梁及谭家庙等处,又攻克蒲逆于大垭口。六月,樊逆败窜平口河脑,赛冲阿由黄茅垭自上压下,樊逆投河死,歼其弟人礼、子樊龙、樊虎。八月,蒲逆窜入老山内瓦屋沟潜匿。与德楞泰分兵搜捕,蒲逆坠崖毙,尽歼馀匪。九月,经略额勒登保以安平一带营卡紧要,调赛冲阿来陕,驻扎太平河,防剿川、楚边境。十二月,大功告蒇。谕曰:"赛冲阿自随征以来,在诸将中勇略尤著,节次歼擒首夥各逆,为数较多,着赏加轻车都尉世职。"

九年正月,调西安将军。时零匪苟朝九等窜匿南山,德楞泰督兵搜捕,赛冲阿请驰往帮办。谕曰:"苟朝九之外,惟阎俊烈所剿之贼,人数稍多。该副将部下兵丁,恐形单弱。德楞泰声威素壮,自无须赛冲阿前往,着即赴阎俊烈一路帮同剿捕。"旋因苟朝九与阎俊烈所剿之贼合,赛冲阿亦即驰赴德楞泰军营,命嗣后有会奏事件,赛冲阿列名在德楞泰之后。四月,以雨水阻滞,贼匪窜入老山,官兵不能前进。谕曰:"官兵不能淌渡,何以贼匪又能冒雨狂奔? 似此日复一日,老师糜饷,何所底止? 着传旨申饬。"五月,奏报进剿情形。谕曰:"连日分兵探剿,不过杀贼一名,生擒被掳人民十名。贼匪除二百三四十人外,又新掳一二百人。似此裹胁日增,何时始能办竣? 此而不加黜罚,何以肃军纪而励戎行？赛冲阿系西安将军,早经派令在德楞泰军营帮办剿贼,且系联衔奏事之员,非专听调遣镇将可比,其获咎亦重。赛冲阿前赏轻车都尉世职,着降为骑都尉,并拔去花翎,以示薄惩。"八月,奏歼毙苟逆等,馀匪溃散,赏还花翎并轻车都尉世职。九月,奏报馀氛扫荡,三省全功告蒇。下部议叙。

十年十月,调广州将军。十一年正月,洋盗蔡牵窜入台湾,勾结嘉义、凤山两路匪徒,南北滋扰。命赛冲阿为钦差大臣,驰往督办,提督李长庚以下均受节制。二月,行抵厦门,奏报蔡逆经官兵剿败,逃出鹿耳门,李长庚见带领兵船追捕。谕曰:"赛冲阿不谙水师,调拨冲涉,皆非所长,不可希图立功,亲自出洋督剿。惟当于陆路一带,将南北勾结馀匪,悉数歼擒,绝其党与。至蔡逆逃往南路凤山一带,或又思勾结岸匪,乘间滋扰,着赛冲阿随时留意,严密防范。"三月,行抵台湾。奏凤山县城经爱星阿收复,嘉义县、盐水港一带之贼经许文谟痛加剿洗。此时蔡逆北窜,馀匪奔逃,南北两路并无成股之贼,所有前调之两粤及福州驻防兵,已移咨各督、抚、将军飞行停止。又奏将蔡安国所带水师兵四五百人,令其随李长庚听候调遣;并将带到官兵派拨凤山大穆降分防及知会许文谟,如果须添兵力,再行随时拨往。上嘉其明白晓事,所办俱是。寻调福州将军。谕曰:"前因广东地方紧要,曾降旨将各该省陆路镇、协各营,均受广州将军赛冲阿节制。闽省现有剿捕事宜,所有陆路镇、协各营,应如何交该将军统辖之处,着兵部议奏。"寻议上,得旨:"除督、抚、提三标各有专辖外,其陆路各营、协,均归将军统辖。所有台湾一镇,远隔重洋,自本年为始,令将军、总督、巡抚及水师、陆路两提督轮往查阅营伍,事竣奏闻。"

　　七月,蔡逆窜入鹿耳门洋面游奕。赛冲阿分饬镇将,布置堵剿,四面合围攻击,获其船十,沉其船十一,擒贼目林略、傅琛、伙匪二百馀名,击毙淹毙贼匪共一千六七百名,获旗帜器械无算,并击翻蔡逆坐船。奏入,上以赛冲阿虽未出洋督剿,一切调度得宜,运筹制胜,实堪嘉奖,下部优叙,赏翎管、扳指、荷包。十二年二月,奏请移建凤山县城于旧县兴隆里。从之。四月,奏:"台湾水陆肃清,留防兵丁三千馀名,分作三起内渡。头起即配船内渡,二三起仍俟四五月间,洋面实在安静,再统带内渡。"谕曰:"蔡逆窜入粤洋,李长庚追踪剿捕,尚未就擒。而朱濆一犯,势颇鸱张,窜到粤属广澳洋面游奕,去闽、粤交界之南澳不远,恐其乘机窜闽,窥伺台湾。着赛冲阿酌量情形,如头起征兵实已配船内渡,自不必复行截回;其二三起征兵,即应留于台郡,分布防守。该将军尤不可遽行内渡,须探明蔡牵就擒,朱濆远窜,台湾可以放心,再行酌量内渡。务宜妥协经理,勿负委任。"九月,奏报官兵剿败朱濆于鸡笼洋面,得旨嘉奖。

　　十三年正月,总督阿林保奏蔡、朱二逆,均已穷蹙,台湾地方早经清谧,可无须将军大员在彼督办。命赛冲阿回将军本任。三月,奏近年官兵出洋捕盗,每因船身低小,难于仰攻,应酌量变通。请将应行造补梭船十七号裁汰,改造二丈三四尺梁头大船八只。其应小修之"善"字号船,屡经驾驶,损动过多,请照大修例办理。命如所请。六月,福建提督张见陞剿捕朱濆,迁延贻误,上褫见陞职,命赛冲阿会同巡抚张师诚审讯,论拟如律。九月,奏称福州满洲营、水师旗营修械需费并操演赏项不敷,酌议筹款生息；幼丁随营操演，酌量按月给银。谕曰："福州驻防八旗及水师营额设军械，既因贮存日久，未能整齐如式，准其于藩库存贮旗营马价内动拨银二万两，发交盐商生息。所有应行修理改造器械需用银两，即于此项内动支，馀银仍着归还马价原款。其操赏一项，亦应于息银筹拨还额。至官兵出口买马及寻常差使，例借公项，不敷盘费，自应于生息项下酌量动用。惟所称幼丁随众操演，每名每月酌给银三钱之处，殊属取巧市惠。幼丁随众操演，预备将来编隶营伍。即技艺娴熟，亦不过量加奖赏；若技艺生疏，并不必加之惩责。原以该幼丁系属闲散，与入伍食粮者不同。今若每名每月概予银三钱，是又为幼丁增添钱粮，恐滋冒滥，此一节着不准行。"

十四年三月，调西安将军。十二月，调吉林将军。十五年，以局员萨音保等浮收十四年分参馀银两，未能查明奏参；又私裁卡伦，亦未能及早查出，偕副都统玉衡自请交部严议。部议降三级调用，上加恩改为降四级留任。十六年，年班入觐，奏途次见逃荒民人，询系奉天所属岫岩、复州等处歉收之户，因札致吉林副都统松筱，将灾民暂且安抚，请于杂项下动支银两，先行煮赈两月。适松筱奏报近有奉天流徙饥民，潜越入境，现饬各员妥为驱逐。谕曰："本年奉省复州等处歉收，饥民流徙。前赛冲阿曾奏明札致松筱于该处煮赈，妥为安抚。今松筱以流民例禁出边，饬将饥民概行驱逐。各灾黎已离故土，今复遭驱逐，严冬冱寒，冻馁无依，岂竟听其辗转沟壑，莫为轸恤？所奏错谬矣。着松筱将各饥民照赛冲阿所奏，暂为安顿，督同地方官查明户口，分设粥厂，妥为照料。"

十七年正月,赏紫禁城骑马。三月,三姓副都统果勒明阿奏请三姓参场,加增参馀银两,所赏船只,官为修理。上命赛冲阿议奏。寻奏三姓参斤,向皆送至吉林,由将军汇总办理,并无另有参馀费用;即如官船,系业经赏给,该官兵之物,每年黏补,自不应动用官项。命照所议办理。四月,谕曰:"八旗生齿日繁,京城各佐领下,户口日增。因思东三省原系国家根本之地,而吉林土膏沃衍,地广人稀。闻近来柳边外采参山场,日渐移远,其间空旷之地,不下千有馀里。着赛冲阿、松筠查明吉林地方,自柳边外至采参山场,其间道里共有若干,可将参场界址移若干里,悉数开垦。自此之外,所有闲旷之地,计可分赡旗人若干户,一并详细妥议具奏。"十一月,覆奏:"勘得拉林东北有闲荒一处,可垦五千馀晌,又有东北夹信子沟一处,可垦二万馀晌,该两处距阿勒楚喀城四五十里不等。恐新驻旗人,该副都统难以约束,且近年吉林各处收成不丰,请俟三五年后,从容办理。"又奏:"三道卡萨里闲荒地亩,请拨补吉林官庄壮丁。除拨给外,其馀闲荒,不许旗民侵占。每年秋收后,令该管官亲往查勘,以杜私垦。"谕曰:"今既勘明拉林附近有可垦地二万五千馀晌,而三道卡萨里地方仍有闲荒可垦,是该省未经垦种旷土甚多。与其每年派人查管,何如一并筹画。至拉林荒地,离城虽有四五十里,移驻旗人耕作,与按期演习骑射者不同,亦不必专在近郊。若谓该处近年收成不丰,此时原不能即将旗人移驻,其一切垦荒计亩章程,则须预为筹画,不必延至三五年后,推诿时日。着该将军即检查乾隆年间移驻旧案,先期试垦,应办各事宜,先行筹议。"

十八年四月,调成都将军。九月,河南教匪李文成据滑县滋事。〔二〕十一月，官军败贼于司寨，李文成伏诛。大兵旋复滑县，尽歼贼众。十九年正月，谕曰："此次调赴军营之吉林官兵，将司寨地方贼匪歼除。及至滑县攻城杀贼，实属奋勇可嘉，皆由该将军、副都统平日训练有方所致。赛冲阿虽经调赴成都，但离吉林未久，着一并交部议叙。"是月，陕西南山木厢匪徒，经官兵剿败，窜至洋县滋扰。赛冲阿以洋县与川省通江接界，檄调官兵二千名赴陕省会剿，并续派兵五百名交总兵桂涵，分拨要隘防堵。奏入，谕曰："赛冲阿既入陕境，无论何股贼匪，探知相距不远，即迅速带兵前往捕灭，切勿得一胜仗，任听馀匪窜匿，又滋裹胁。"寻奏称行抵木竹坝，贼匪由老渔坝窜至，督兵进剿，擒青号伪元帅杨荣，伪先锋孙应才、李定兴及大小头目十五名，歼获贼匪五百名；又于太阳滩剿杀贼匪四百馀名。〔三〕二月，在汉江北岸，擒红号首逆罗怀。又奏报剿除青、蓝、红、线四号股匪，阵毙首逆苗小一。上以其保障东南，加封二等男，赏戴双眼花翎。三月，奏报南山老林内外、汉江南北两岸，全行肃清。四月，凉山生番出巢焚掠，命驰赴督办。五月，奏称官兵歼毙为首凶夷毕格等，夷匪旋平。得旨嘉奖。

二十一年正月，成都兵丁孙占鳌等，因挟私忿，纠众逞凶，乘夜赴府县衙署纵火。赛冲阿闻知，持以镇定，分派兵役看守仓库、监狱、军装、火药，次日城门照常启闭，市廛安堵，先后将首伙十六犯全数拿获。赛冲阿自请严议，上加恩宽免。三月，廓尔喀与披楞交兵，禀请救援。驻藏大臣奏闻，命赛冲阿为钦差大臣，带兵赴藏。谕曰："命汝带兵至藏，总为严防边界，断勿协助廓尔喀。若披楞扰及藏地边界，必应痛剿驱逐，切勿贪功穷追。若廓尔喀王子情急,本身来投,亦可收留,妥为安插。严堵披楞,勿令阑入。若两处讲和罢兵,汝即回成都也。"并谕至藏时,以奉旨询问达赖喇嘛呼毕勒罕为名,切勿宣露带兵卫边之意。四月,奏称廓尔喀、披楞交兵渎禀,先行持檄诘责,随带兵前越边境,胁以兵威。谕曰:"所奏实属妄诞纰缪之至! 此次赛冲阿带兵赴藏,原为严防边界;并令该将军到藏,以奉旨询问达赖喇嘛呼毕勒罕为名,不可稍露风声。乃赛冲阿竟不钦遵办理,辄首先出名,将让路阻贡之词,分驰二檄,诘责廓尔喀、披楞。其诘责廓尔喀之词,已属糊涂;至诘责披楞,其谬妄更出情理之外。如披楞接到檄谕,该国王以让路阻贡之言系廓尔喀捏禀,恳请天朝发兵,其将何以应之? 若恃其险远,竟承认伊向廓尔喀曾有是言,又岂能因此一言,即大兴师旅,穷兵黩武乎? 至廓尔喀屡次投禀请兵请赏,今接到檄文,即回禀以前次屡禀驻藏大臣,未蒙转奏,今闻大皇帝特差将军带兵前来,感恩欢喜,其让路阻贡之言,实系披楞所说,恳请天朝发兵。万里远征,国家何为出此? 若如赛冲阿所言,我兵两路进捣阳布,檄饬披楞攻其南面,则廓尔喀臣顺多年,不恤其难,转率同外夷夹攻其地,堂堂天朝,大体安在? 赛冲阿此举,首鼠两端,进退无据。看来伊因朕派令赴藏,妄起贪功之念,欲构成边衅,以邀爵赏,而置国家大局于不顾,是诚何心? 太不度德量力矣! 况如此重大军情,不待奏闻,先行驰檄,专擅之咎,亦无可辞。赛冲阿着传旨严行申饬,先拔去双眼花翎,降为二品顶带。"九月,奏称廓尔喀王专遣噶箕恭进表贡,披楞部长头人遵檄禀覆,现在两国讲和,边界清谧,遵旨撤兵回川。上加恩赏还双眼花翎、头品顶带。

二十二年六月，授正白旗汉军都统，命在御前大臣上学习行走。七月，授镶黄旗领侍卫内大臣。二十三年八月，头等侍卫扎兰保呈控珲春协领扎呼岱私出小票，向入海民人索赃；于密扎妥起地方，招引民人，盖房垦地；又于头道沟等处，令民人设园种参，并折磨兵丁等款。命赛冲阿驰往审讯。寻讯明扎兰保因勒索不遂，砌款控告。其所控扎呼岱招引民人、盖房垦地、设园种参等款属虚，惟因公科敛、役使兵丁讯实。各按律问拟有差。九月，授盛京将军。十一月，奏请盛京添设总管及增给佐领图记。谕曰："盛京宫殿一应事宜，向系将军兼管，内务府大臣总司其事。自国初以来，相沿已久。赛冲阿率请照热河之例，添设总管一员。热河系属园亭，与盛京宫殿规制不同。该将军此奏，明系意存推诿，所请俱不准行。"十二月，奏请添设围场官兵，下部议驳。谕曰："盛京围场与木兰岁岁临幸者不同，赛冲阿前奏，未免过事铺张。其所请专设协领及关防处官员兵丁等款，着照部议，不准添设。"二十四年九月，授理藩院尚书，兼镶黄旗领侍卫内大臣、正红旗满洲都统、御前大臣。十月，命管理雍和宫事务。二十五年七月，赏用紫缰。八月，赏加太子少保衔。

道光元年，管理咸安宫、蒙古学、唐古忒学、托忒学。二月，授西安将军，仍兼御前大臣、领侍卫内大臣。三年三月，奏称西安所管营伍额存军器，因年久动用，多有遗失损坏。请仿照吉林枪式，制造长矛、鸟枪五百杆，及撒袋、弓箭等项，俾军器一律坚利齐整。上是之。八月，万寿圣节，列十五老臣中，绘图于万寿山之玉澜堂，御制诗有"屡膺庙略成伟绩，宣威重镇知鹰扬"之句。四年六月，诏来京供职。闰七月，授镶蓝旗蒙古都统。八月,授内大臣。十二月,授阅兵大臣。五年五月,授总谙达。七月,授镶黄旗领侍卫内大臣。十二月,以年老,上加恩赏乘轿。六年正月,管理健锐营事务。寻谕曰:"赛冲阿年逾七旬,毋庸在御前大臣、领侍卫内大臣上行走,着专管旗营事务,并赏给内大臣。"二月,署镶红旗满洲都统。九月,署正黄旗蒙古都统。七年,调正红旗满洲都统。八年三月,调正黄旗蒙古都统。六月,因病奏请开缺,得旨仍留内大臣、总谙达。是月卒。命大阿哥前往赐奠,赠太子太师,予谥襄勤。

子额图珲,原任三等侍卫。孙特克慎,袭二等男爵,缘事革;萨克慎,前任户部员外郎。曾孙清福,袭二等男爵,官四等侍卫。

【校勘记】

〔一〕赏斐灵额巴图鲁　原脱"额"字。耆献类征卷三一五叶一七上同。今据赛冲阿传稿(之三〇)补。

〔二〕河南教匪李文成据滑县滋事　原脱"河南"二字。耆献类征卷三一五叶二七下同。今据赛冲阿传稿(之三〇)补。

〔三〕又于太阳滩剿杀贼匪四百馀名　"百"原误作"十"。耆献类征卷三一五叶二八上同。今据赛冲阿传稿(之三〇)改。

清史列传卷三十一

大臣传次编六

马瑜

马瑜,甘肃张掖人,寄籍四川华阳县。乾隆四十七年,以武生效力督标,荐升庆宁营千总。五十七年,随将军福康安出师廓尔喀,累功授泸宁营守备,加都司衔。六十年闰二月,松桃厅苗匪阑入秀山县境,随总督和琳带兵堵剿,攻克各路贼寨,赏戴花翎。五月,擢冕山营都司。十月,擢督标左营游击。是月,进抵高多寨,生擒首逆吴半生。下部议叙。

嘉庆元年,命赴达州军营。二年三月,攻克大团包,〔一〕赏大小荷囊。复击贼于棋盘石,夺其卡。六月,进攻安子坪等处,枪毙首逆,并擒其家属。予达春巴图鲁名号。七月,迎探贼踪至宁羌州,安抚州城。三年三月,歼首逆齐王氏、姚之富于沙狐岭,馀贼窜匿。时瑜首先侦探,官兵得以分路截剿。上嘉其奋勇,擢参将。四月,剿白号贼高均德于雒南,六月,追击于铁钉垭,毙贼二百馀名。均德与其党冉文俦等窜踞大神山。七月,官兵分路进剿,瑜攻其东面,克之。文俦等由龙凤坪遁走箕山坡下。九月,克箕山贼匪,罗其清退据大鹏山寨。十月,合兵围剿,瑜等冒雨攻寨,毁其南门,枪毙其父从国,其清遁,十二月,生擒于巴州濛子滩洞中。事闻,诏以升缺尽先补用。文俦自箕山窜入通江之麻坝寨,负嵋抗拒。四年元旦,瑜随副都统德楞泰等分兵三路,毁寨而入,生擒冉文俦及其子天受,并贼党千馀人,夺获牛马、器械无算。加副将衔。三月,补四川督标副将。七月,追贼入楚。十月,擒高均德于大市川。

　　五年正月,川北、川西贼势猖獗,仍随德楞泰统兵入川。二月,攻江油之乌龙寨,生擒线号首逆。诏给功牌。三月,进攻重华堰,贼伏于火石垭者万馀。瑜等分路环击,[二]擒首逆冉天元等。下部议叙。复剿贼于剑州之石门寨,贼抢渡潼河,瑜偕副都统赛冲阿等击走之。四月,追贼至开封庙,乘贼抢渡嘉陵江,斩杀二千七百馀人。歼蓝、白号贼于麻柳场。闰四月,剿蓝号贼于七孔溪,瑜伏兵山下,俟贼过沟时击之。五月,攻长池坝贼巢,得旨嘉奖。六月,擢贵州安义镇总兵。七月,调重庆镇总兵。八月,贼至长坝,方渡河,瑜领马步兵掩至,白号首逆度向瑶赴水死。九月,歼贼于母子垭。六年正月,逆贼徐天德并黄号股匪,自洵阳北窜。瑜追至乾沟,擒斩甚众。馀匪奔镇安,瑜等领精兵八百,间道出野猪坪,雪夜奋击。二月,剿黄号贼龙绍周于五里垭,复蹴之于官渡河,淹溺无算。四月,黄、白、蓝三号贼匪,自陕入楚,与徐天德合。瑜随德楞泰追击于陕之黄石坂,斩获二千馀名。五月，剿贼于毗河铺，〔三〕贼势瓦解。徐天德奔河滩溺死。七月，追贼入川，败黄号贼于菜子垭、峰竹厂。贼走巴东，复败之于云雾溪。九月，由老木孔入山搜剿，贼西趋陕。瑜偕总兵蒲尚佐等冒雪进攻，殄龙逆于平利之岳家坪，黄号贼匪殆尽。十一月，歼贼于白果坝。贼窜至通江之刘家坝，瑜等分路绕上山梁，大兵继进，俘获无算。七年二月，随德楞泰至巫山十二峰，扫除綫号散贼。四月，剿贼于鸡公梁，擒斩千馀人。五月，击贼于水沟后山垭口，擒斩八百馀人。六月，追击于观音碥，〔四〕首逆樊人杰就擒，下部优叙。十月，贼窜施家沟，为老山极险处。〔五〕瑜步行入山，督兵兜剿，首逆赵鉴等就擒。歼青、黄两号贼三百馀于中子坪。复侦知巴、巫接界，贼匪屯聚。月夜捣其巢穴，擒斩之。均下部议叙，恩赏扳指、荷囊。时贼势穷蹙，瑜由巫山向北搜剿。十一月，毙贼于铜盆溪。十二月，追击于栗子坪等处，斩馘百馀。擒青号贼于凤凰山。八年正月，于黄柏沟及太阳河剿除零匪。二月，获白号首逆王三槐之弟三魁于马家塥，馀股零星扫荡；而楚匪复逼入川，瑜偕副都统色尔滚合兵迎击。闰二月，从间道进攻镫盏窝，雨雾弥漫，瑜由山顶冲下，斩馘五十馀人；随于丰玉坪、天池子、草堂河、黑楼门等处，沿途搜缉，川、陕、楚馀匪歼除殆尽，乃于三省边界，分段巡防。瑜派守川省之徐家坝，十月，突有陕界伏匪由南山窜出，裹胁渐多，因自川东探剿入陕。十二月，由八义寨、獐狍崖而进，擒斩数十名，复蹑之于尹家台子。贼恃险抗拒，瑜设伏败之。

九年正月，擢江南提督，留办善后事宜。二月，贼窜湖北之兴隆坡，瑜勒兵兜剿，歼毙苟文华等。上嘉之，赏翎管、扳指、荷囊。复追贼于日晒溪、渔峒子。四月，调云南提督，仍留办善后事宜。六月，贼屯柴扒老林，瑜偕提督丰绅，由添紫城在贼北进攻，贼潜遁。经略额勒登保偕德楞泰等奏言："添紫城在贼屯之南，最为紧要，专派丰绅、马瑜在彼扼截，竟任乘间偷越，实难辞咎。"命革巴图鲁名号，摘去花翎。时馀匪专向老林奔窜，瑜带兵二千追穷贼所向。七月，进攻凤凰寨，有名贼目数奸擒。下部议叙。八月，毙首逆苟文润等于鱼峒子。奏入，赏还花翎及巴图鲁名号。九月，瑜率将备先后搜获贼匪，陕境肃清，仍于川境沿边分缉。寻苟朝九被获于汉中府，全功告蒇，下部议叙。十月，檄撤陕西从征乡勇。十年八月，赴云南提督任。十五年，调江南提督。十八年四月，调直隶提督。七月，随驾热河，命射布靶，中三矢，赏穿黄马褂。

九月，河南教匪滋事，陷滑城，命瑜驰往剿办。十月，至滑之留固村，奸贼二百馀人于南湖、北湖。与总督温承惠合兵会剿，毙贼五百馀名，夺获枪炮、器械甚多。复由道口之运河西岸进兵，贼匪淹毙无算。上传示方略，命瑜偕副都统富兰由濬县绕道，速赴开州以北，逐一搜捕，向南进剿。瑜等探知滑县之潘章、李家庄、袁家庄等处距开州甚近，俱有贼屯聚，十一月，进毁贼巢，奸毙二千八百馀人。十二月，攻复滑城。瑜留驻开州，搜捕窜匪九百馀人。事竣，下部议叙。寻因失察都司曹纶从贼入教，部议革职，诏改为革职留任。十九年二月，调江南提督。四月，以防守东明时失察所属将弁买带妇女，降补徐州镇总兵。二十二年，调山东兖州镇总兵。二十三年，上以其怠忽捕务，严饬之。

二十四年四月，仍授江南提督。六月，卒。谕曰："马瑜前在军营,著有劳绩。着加恩照提督例赐恤。"谥<u>壮勤</u>。

【校勘记】

〔一〕攻克大团包　"团"原误作"园"。<u>耆献类征</u>卷三一〇叶三上同。
　　　今据<u>国</u>传卷七七叶六上改。

〔二〕瑜等分路环击　"路"原误作"号"。<u>耆献类征</u>卷三一〇卷四上
　　　同。今据<u>国</u>传卷七七叶六下改。

〔三〕剿贼于毗河铺　"毗"原误作"昆"。<u>耆献类征</u>卷三一〇叶四下
　　　同。今据<u>国</u>传卷七七叶七上改。

〔四〕追击于观音碥　"碥"原误作"砀"。<u>耆献类征</u>卷三一〇叶五上
　　　同。今据<u>国</u>传卷七七叶七上改。

〔五〕为老山极险处　"老"原误作"先"。<u>耆献类征</u>卷三一〇叶五上
　　　同。今据<u>国</u>传卷七七叶七上改。

　　薛大烈

　　<u>薛大烈</u>,<u>甘肃皋兰</u>人。由行伍荐擢千总。<u>乾隆</u>五十二年,随
征<u>台湾</u>逆匪有功,赏戴蓝翎。五十七年,随将军<u>福康安</u>征<u>廓尔
喀</u>,克<u>热索桥</u>等处贼碉,赏换花翎。寻擢<u>陕西</u>固原提标后营守
备,仍留军营。五十八年,叙功,赏给应升顶带。五十九年,授<u>甘
肃梨园</u>营都司。

　　<u>嘉庆</u>元年,<u>川</u>、<u>陕</u>、<u>楚</u>教匪滋事,随提督<u>柯藩</u>进攻<u>陕</u>省之<u>将军
山</u>,克<u>黑虎塘</u>贼卡,馘贼二百馀。复偕游击<u>李逢春</u>断贼汲道。十
二月,攻克<u>洞河五作云</u>贼寨。得旨,以应升之缺升用。二年四
月,随<u>陕甘</u>总督<u>宜绵</u>攻<u>鸡爪岭</u>,杀贼被创。三年正月,擢<u>洪广</u>营

游击。时贼匪欲窜四川，大烈随宜绵由文家梁追剿三十馀里，杀贼六百，生擒一百二十馀。二月，随四川总督勒保克贼于白沙河山梁。七月，偕参将王清弼等进剿开县之兰芽场，生擒贼首洪道人。八月，白号贼首王三槐踞云阳县之安乐坪。勒保先令大烈率兵勇驰伏，俟大兵至，闻枪声为援。以火箭射贼巢，贼溃，生擒王三槐。得赏健勇巴图鲁名号。九月，授陕西阳平关营参将。随勒保击贼首冷天禄于石壁峰等处，突有贼二百馀跃卡出斗，大烈由乱石窖下攻，尽歼焉。十二月，随甘肃提督达三泰攻手扳岩贼卡，据鱼鳞口山梁。四年正月，由横梁进攻濠边遇伏，大烈力战，贼退走。四月，补四川提标中军副将。

五年四月，擢川北镇总兵。先是，勒保以玩延军务褫职，尚书魁伦署总督事。大烈随魁伦剿蓝号贼匪于中江之象龙寨，追至官家山，毙贼四百馀。蓝号股匪与白号贼合，南窜过河。大烈偕副都统阿哈保、总兵施缙驰击之。魁伦以潼河失守逮问，勒保复任总督。大烈随勒保由保宁追剿，突有贼于开封庙截我军后路，大烈率兵折回，击退之。侦知白号、蓝号诸匪欲分据各路，渡嘉陵江，大烈偕阿哈保等亦分路进击，贼不得渡。得旨，交部议叙。

闰四月，白号股匪屯龙安之铁笼堡，大烈率兵勇徒步过独木桥，抢占山梁，生擒贼目董大榜等。白号股匪复与蓝号贼合踞竹子山，大烈由老林进攻，总兵百祥遇伏于平家崖，大烈令游击郑启贵两路截杀，毙获甚多，馀窜凤阳山；复偕百祥追剿至徐坪垭、摩天岭等处。七月，白号贼首苟文明等围三汇之高寺寨，大烈随勒保连夜驰击，围始解。我兵追至清河坝，侦知苟文明欲由定远之石板沱过江,参赞德楞泰蹑其后,大烈随勒保抄出贼前,贼分两路窜。有馀匪四百遁飞龙场,大烈率兵勇驰捕,尽歼之。九月,大烈偕侍卫花聘等击于下八庙,乘夜雨进剿,贼溃,我兵复扼之于倒流水。会副都统温春、赛冲阿夹击,斩级六七百,生擒贼目王曰榜,并歼毙伪副元帅汤思举、伪总兵王三魁等。

十一月,湖北线号股匪窜鸡鸣寺,大烈随勒保抄出贼前,师次汉阳河,枪毙执旗贼目并马步十馀贼,馀匪遁。大兵追杀四十馀里,俘斩多名。得旨,交部议叙。十二月,襄阳白号贼首杨开第等窜巴州南垭场,大烈于渠县安仁溪遇探马七八十骑,尽斩之。即偕阿哈保、总兵永宁首占山梁,射毙数贼,贼遁。自安仁溪追至巴州两台山,疾驰百馀里,途中歼贼及落岩死者一千四五百众,生擒七百七十三,获大炮、枪矛、器械无算。杨开第逸于营山之柏林场,寻为乱矛戳毙。[一]上以大烈打仗奋勇,交部议叙。馀匪窜通江之乌林垭,大烈复率兵驰击之。

六年正月,蓝、白两号股匪窜大宁金竹坪,大烈率弁兵乘雪进剿,弃马步行,克贼于白马庙山梁,贼遁大盖顶。大烈随勒保分两路进,擒获多名。时蓝号贼首樊人杰、徐万富合蓝、白两号股匪,窥伺江岸,屯仪陇之碑湾寺。大烈偕阿哈保乘夜追击八九十里,贼溃,歼徐万富。奉谕曰:"阿哈保、薛大烈探知贼匪在碑湾寺屯聚,即乘夜追击,歼除贼首,实属奋勇出力。交部从优议叙,并赏给四喜玉扳指、镶玉带版、大小荷包。"二月,贼围九杵、石准二寨。九杵寨已为贼破,大烈率兵驰援,立毙贼百馀,贼始退,脱被胁男妇一千三百众。石准寨之贼旋逸去,我兵乘胜追击于广福院、沙箕湾等处,馘贼五百馀,生擒黄号伪总兵李尊贤等,复由榨井坝、羊子岭进攻。上嘉之。三月，率师由水路直趋夔、巫，遏贼窜楚之路，贼窜入陕境。上以剿贼延玩，责之。蓝号馀党曹世伦伪称元帅，窜南江之九岭子。大烈由麻柳湾进攻，副将田朝贵直冲入阵，以分其势。大烈分投掩杀，斩级四百，歼曹世伦，生擒伪总兵贺友文等，获旗帜、刀矛四百八十九件。

六月，青、蓝两号馀匪窜东乡，犯仁和、永兴二寨。我兵次樊哙店，分三路进。勒保令大烈由右路兜剿，蹙贼于华尖坝河边，蓝号贼首苟文通及其党四五百俱淹毙，[二]歼贼首鲜俸先，生擒青号贼首何子魁等。得旨，交部议叙。七月，青、蓝、黄号股匪窜巴州石塂山。大烈先令游击杨春荣于龙凤垭等处设伏，偕阿哈保连夜进兵，奋勇截击，毙贼千馀，生擒贼首徐天德之弟徐天寿、王登廷之弟王登高、伪元帅王文科、伪总兵刘学诏、贼探李纯绪等九名、馀贼六百十八名。上嘉其奋勇，赏给四喜玉扳指、大小荷包，并恩赏大烈之子千总。时高山寨有高家营贼匪窜核桃坝，[三]大烈由土地坡进剿，紧蹑贼踪，而魏棒棒股匪踞童家山梁，抗拒我兵。分两翼袭击，贼遁入老林。八月，高、魏二逆合窜于大茅坪。阿哈保由左路进，至半山遇贼抗拒。大烈由右路合击，勒保令诸将弁至大茅坡山顶下压，大烈趁势进击，贼溃。高逆窜空山坝，遇襄阳蓝号伪元帅冉学胜，合聚于通江之卢家湾。大烈偕阿哈保分路进剿，乘贼不备，歼毙甚多，生擒冉学胜。奏入，谕曰："阿哈保、薛大烈自带兵以来，屡次杀贼立功，节经升赏。兹复亲率官兵，生缚渠逆，俱为奋勉出力。着加恩各赏给云骑尉世职，并加赏玉扳指、大吉四喜牌、大小荷包。"时魏逆窜南江老林，我兵步行入山，追击二三十里。九月，克贼于溪口、茶园沟等处。十月，督兵击白号股匪于达州之卢峒寺河边。贼踹浅渡河，大烈由魏家沟追剿，斩级四百，擒贼百馀，脱被胁难民千人，馀匪窜开县之柴水坝。复进攻羊耳业山梁，生擒伪总兵黎朝顺、大旗手张名扬等。贼遁入陕省西乡之渔渡坝，勒保令大烈专领将弁紧追。大烈激励将士，不带锅帐，各裹干粮，连追蹑二百三四十里。至通江之罗村，有贼四五百，恃险抵拒。大烈率诸将击毙二百馀，馀贼溃乱。大烈仍督兵紧蹑，沿途多有斩获，截贼回川，不使入陕。谕曰："薛大烈鼓励兵勇，昼夜追剿，不辞劳瘁，其功甚属可嘉。着交部议叙。"十一月，贼匪欲窜开县老山，大烈由鸡鸣寺进剿，令协领达斯呼勒岱截贼旁窜陕、楚之路，大烈率参将罗声皋等追蹑贼尾，歼毙多名。师次八台山，有另股零匪围赵家坪寨峒。大烈密谕兵勇，勿举烟火，率兵驰击之。十二月，黄号馀党葛士宽等窜邀仙崖，掷石抗拒。大烈令趫捷兵勇二百设伏。我兵徐退，贼即乘空下山。从林内突出，歼戮无遗。复督兵进八卦山，歼伪总兵李显林等。

七年正月，白号贼首苟文明窜开县之马家营老箐。大烈令达斯呼勒岱设伏于双河口，副将李应贵、张绩分左右进攻，大烈由中路策应，冒雪驰击，杀贼五百，生擒二百，获贼旗、刀矛、马骡无数。苟逆窜入陕境西乡。二月，大烈率步勇三千，由秦岭板房子追剿。我兵分投堵截，贼窜鄠县之桃园子老林，大烈偕张绩直前冲杀。贼踞圆岭山抗拒，后路有贼四五百由山沟突出，大烈率兵勇折回援应。贼踞半山，我兵纵火攻山，贼溃，生擒伪总兵姚青云、大旗手乔应禄等。上嘉之。三月，经略额勒登保令大烈回川剿贼。四月，因病未赴军。十一月，勒保奏大烈病，请解任。

谕曰:"薛大烈频年在军营带兵,甚属奋勉出力。今因积劳成疾,着加恩准其回籍调理。"九年正月,到京,在乾清门行走。四月,谕曰:"薛大烈因无总兵缺出,尚未简放。昨因随从进城坠马,跌伤甚重,已派蒙古医官前往诊治。念在京当差,并无俸银日用,着加恩照乾清门头等侍卫所得俸银之数赏给,所有春季俸银,并着补给。"寻补直隶天津镇总兵。十二月,擢直隶提督。十年,奉旨,赏穿黄马褂。

十一年十月,宁陕镇新兵陈达顺等滋事,大烈随领侍卫内大臣德楞泰驰剿。十一月,调陕西固原提督。十二年二月,陕西省瓦石坪叛匪周士贵等滋事,大烈偕总兵杨遇春分兵进剿,全数歼获。德楞泰奏入,赏给大烈白玉喜字扳指、黄辫大小荷包;又谕以大烈系首先督兵进剿,予军功加二级。十三年二月,调江南提督。十月,调直隶提督。十四年,奏获民人私运铜斤进口,亲往八沟确查,并获平泉州私采铜斤各犯。谕曰:"薛大烈昨经派赴八沟查办。因嘉庆六年平泉州回道沟曾出有铜矿,奏请开采未准,恐系该处防禁不严所致,当密委李学周等驰往访查。现将偷挖铜沙之徐振等盘获,且亲往将矿铜查出。薛大烈能于多年旧案,记忆明确,办理不致费手,尚属能事。着交部议叙。"十五年二月,以子续姻事入奏,谕曰:"薛大烈为子续姻,辄敢以琐屑私事入奏,并向所属守备求婚,奏将该员回避,殊属胆大妄为。着降补天津镇总兵,仍带革职留任。"四月,大烈访获福建民人苏花脸流寓天津,开赌窝娼,并起出刀矛各件。上以其缉捕认真,开复革职留任处分。八月,擢广东陆路提督。

十八年,河南滑县教匪滋事,大烈奏请带兵前赴军营协剿。

谕曰："滑县教匪，指日克复，军务即可告藏。薛大烈因请赴军营，擅发驿递，太觉高兴多事。所奏不准行，交部议处。"寻议降三级留任。十九年二月，直隶总督那彦成奏，查明古北口历年提督动用马乾买马银两，大烈用过银二千七百馀两。得旨，交部严加议处。寻降补陕西汉中镇总兵。闰二月，调河南河北镇总兵。二十年二月，睢工合龙，上以大烈弹压出力，赏加提督衔，仍交部议叙。五月，卒。谕曰："薛大烈屡次出师，历任提督，著有劳绩。上年于河北镇任内，防护睢工出力，复赏加提督衔。兹闻溘逝，深为轸惜！薛大烈着加恩照提督例赐恤，其任内降革处分，悉予开复。所有应得恤典，该部察例具奏。"赐祭葬，谥襄恪。

子福，候补千总。

【校勘记】

〔一〕寻为乱矛戳毙　"戳"原误作"歼"。耆献类征卷三〇七叶三二上同。今据国传卷七九叶五上改。

〔二〕麏贼于华尖坝河边蓝号贼首苟文通及其党四五百俱淹毙　"河"上原衍一"河"字，又"通"误作"明"。耆献类征卷三〇七叶三三上同。今据国传卷七九叶五下删改。

〔三〕时高山寨有高家营贼匪窜核桃坝　原脱"有"字。耆献类征卷三〇七叶三三上同。今据国传卷七九叶六上补。

桂涵

桂涵，四川东乡人。嘉庆元年，川省教匪滋事，青号贼首徐天德、白号贼首王三槐等犯东乡。涵以乡勇应募，随四川总督英善军营效力。十一月,剿贼于罐子山,以连有斩获,给外委顶带。十二月,涵率义勇剿贼于张家观、普子岭、马鞍山等处,累战皆捷。英善上其功,赏六品顶带。贼衔涵甚,二年正月,复犯罐子山,焚劫涵所居村堡,涵击败之。贼转掠冉家坝、天星桥,涵设伏邀其归路,俟贼过,突起击之,追斩三百馀名,给行营千总。

时徐天德大股驻金峨寺,为官军所围,经月无所掠,食粮且尽,欲由尖山隘口西窜。二月,涵率义勇截剿,遇贼于明月坝,斩三百馀级,贼走据香炉坪。三月,四川总督宜绵檄涵屯守洋列子隘口。洋列子距香炉坪近,涵日率数十人登高阜觇贼,伺贼出营樵汲,辄发火枪遥击;贼近,即率众截杀:前后斩馘多名。五月,贼渡落尾河,河水方涨,涵以兵麾之,斩溺无算;复战于冉家坝、谭家观,歼贼千人,徐天德之党几尽。涵亲族同里闻涵累捷,赴大营投充乡勇者甚众。内大臣德楞泰、将军明亮即令涵统之,名涵字号义勇。六月,随官军击斩贼首孙士凤于净土寺,歼毙数千名,又败馀贼于天星桥,叙功,赏戴蓝翎,拔补黎雅营右哨千总。

十一月,白号贼罗其清、蓝号贼冉文俦等合众犯营山,经官军击退,贼走谭家岭、三溪口,涵偕忠州知州刘清及武生冉子明等分三路蹑剿,擒斩五百馀名。罗其清走来定寺,十二月,涵等追败之。三年三月,随川北镇总兵朱射斗剿贼于巴州之插旗山,擒斩一百馀名。四月,罗其清退据鲤鱼嘴,涵随官军追击贼营于山巅深箐中,沿坡设滚木礌石,守御甚备,官军仰攻,士卒多伤。涵率义勇分由石洞沟、猴儿岭间道攀援而上,直扑贼卡,贼惊扰,官军乘之,斩三百馀名。涵被重伤,犹裹创力战,相持至日暮,始敛兵退。六月,王三槐率众犯东乡、太平,遇官军,折而东,追及于杨子岭,贼方渡河,官军先自下游端渡,绕出贼前,而涵率义勇从后夹击,斩四百馀名。十一月,剿白号贼冷天禄于云阳之安乐坪,贼粮尽,诈降。涵侦知之,预伏兵于方家坝、鱼鳞口,贼夜至,伏发,斩贼二百馀。东乡贼匪谢万青复纠合零匪数百人,据开县之猫儿寨,为官军击走。涵随参将褚大荣、胡尚贤星夜追蹑,及于三宝山,贼窜匿深林。涵等分三路搜捕,斩万青党众俱尽。捷闻,擢建昌镇越嶲营中军守备。

十二月,剿贼于手扳岩,涵偕守备薛升夜斫贼营,手刃守卡贼匪,攀栅而入,斩八十馀名,生擒贼目刘寅儿等。四年二月,剿贼于长寿之云台铺、达州之雷音铺、太平之铁矿坝、开县之芦花岭等处,俱有斩获。三月,败黄号贼龙绍周于太平之修溪坝,徐天德由川窜陕,经略大臣勒保檄副都统德楞泰统大队追蹑,饬涵率义勇由间道出贼前夹击,败贼于通天观。四月,复击徐天德于明通井、王家坝、新开场,连败之。五月,追贼至陕西平利之四季河,擒贼目张仕达,降伪总兵顾应全;又剿贼于巫山之八十坪,降伪总兵张宗泰。六月,随朱射斗剿蓝号贼包正洪于芦花岭,斩之。四川总督勒保以闻,赏换花翎。七月,剿擒贼首龚其位、顾三聘于八十坪,斩四百馀名。八月,进剿贼首龚建于猫儿寨。九月,黄号贼樊人杰等自云阳窜开县,涵随四川提督七十五追及于火峰寨,贼众据险拒守,官军分道攻克。贼首龚建突阵欲走,涵擒以献。捷入,命以都司升用。

徐天德率众围夔州府急,涵会朱射斗等援之,战于莲花寺,擒斩八百馀名,获贼目李思贵,欲解大营正法,思贵乞招贼以自赎,涵纵之。思贵旋同贼渠李其仓、刘全德,并其党四百馀人,诣经略额勒登保军门降。十月,随额勒登保追蓝号贼张汉潮,行次杨柳池,遇白号贼鲜大川、蓝号贼王士虎,涵所统兵少,贼围数重,鏖战良久,突围出,大兵踵至,会合击贼,斩数百名。旋复败贼于巴州之鹰背场,擒斩二千有奇。十一月,剿青号贼王登廷于通江之东君坝,侦贼营无备,天未曙,即率兵薄之,贼大乱,登廷就擒,并获伪总兵王文奇。旋补维州协左营都司。

五年正月,败贼于蓬溪之高院坝,三月,又败贼于剑州江口,擒斩数百名,赴水死者甚众,获骡马无算。寻剿白号贼高三、马五于江油之桂溪场,败之,贼窜平武。四月,冉文俦犯象龙寨,官兵击破之;贼乘夜扑营,复为官军所败。涵率兵追至懒板凳,擒贼目符得恒。是时,贼被官军搜捕急,遁入老林,我兵复麋之,贼窘甚,闰四月,将由径岭窜逸,胁守卡团勇,俾让路以出。四川提督勒保令涵易服伪为团勇让路状,贼前队至,麾众出不意击之,擒斩七十馀名,馀皆堕涧死。六月,剿贼于新宁之斗山关,擒斩数百名。七月,败白号贼杨开甲、齐国典于邻水之七孔溪,又败鲜大川于大竹之姚家岩。叙功,升靖远营游击。

八月,随七十五剿黄号贼王国贤于开县之温塘井,擒斩二千馀名。十一月,东乡、开县零匪窜至扇子山,涵带兵蹑贼,追及于梁山、大竹连界之赛白兔山梁,尽歼之,擒伪先锋符大成。六年正月,搜逸贼于柏林槽,诛戮殆尽,又败贼王士虎、苟文明于阆中之碑湾寺,二月,追至开县之土龙堰,又败之。三月,白号贼汤思蛟遣其党唐大魁、马思贵,伪总兵庞姓,伪先锋冉姓等,分路滋扰,涵击唐大魁于猴儿岩,擒之,尽戮其众。四月,剿马思贵于萧家山、榨井坝等处,马思贵中矛死,擒秦士玉等七十一名。五月,涵随贵州古州镇总兵永凝、副将田朝贵等剿汤思蛟，贼屯马家营山梁，而于灵官庙设卡分守，官军击破之，乘胜薄马家营，贼抵死据险抗拒，永凝督众仰攻。相持久，涵率步队自山右陡崖猱攀而上，官军自山前冒矢石竞登，合捣贼巢，贼不能支，遂大溃，擒斩多名，获刀矛、旗帜无算。奏入，命下部议叙。

六月，蓝号馀党鲜俸先、苟文通，青号馀党何子魁，与太平固军坝残匪，同犯东乡之仁和、永兴二寨。官军分三道击之：勒保率大队由中路，副都统阿哈保由左，涵随川北总兵薛大烈由右。贼败走，穷追至叶尖坝，阵斩鲜俸先，擒何子魁，苟文通赴水死。旋随阿哈保剿贼于通江之石篓山，擒徐天德之弟天寿、子大宽、侄大朝，王登廷之弟登高，及伪元帅王文科、伪总兵刘学诏等，俘斩千二百馀名。上以涵累著战功，命以应升之缺升用。八月，官军擒蓝号伪元帅冉学胜于通江，涵以协剿有功，复命下部议叙。九月，贼东掠官坝，官军败之。涵偕参将罗声皋等追剿，斩一百馀名，复随勒保剿贼于垫江之太平铺、登溪铺等处，擒斩一千八百馀名。十月，汤思蛟窜达州，涵随阿哈保等追剿于魏家沟，擒伪先锋王登级等。十一月，剿擒贼首萧坤于太平之潘家坪，斩三百馀名。十二月，随薛大烈剿黄号贼于太平之小中河，贼遇官军惊窜。涵豫伏兵于各隘，佯退师以诱贼。贼乘虚逸出，悉击歼之，获首逆葛思宽。

七年二月，升四川提标中军参将。三月，汤思蛟之党张学武率馀匪窜开县之王家坪，涵随甘肃肃州镇总兵张绩击斩之。移师烂泥坝，侦有徐天德馀党在银厂坪，急往剿擒伪先锋廖登仁、陈文礼。四月，徐天德等走铁炼桥，涵偕张绩设伏邀击，俘斩无算。馀匪王珊等窜凤凰山,复为涵击破。七月,湖北窜匪由巫山、大宁入川,涵随张绩截剿于石坪,歼擒其半,讯知贼将踵至,驻师待之。八月,楚匪果犯马蟥口,复败之。九月,剿贼新宁之两峰垭,贼众窜匿深林,四面兜击,贼无遗类。移兵袭扇子山,尽歼逸贼于金家营,又剿贼于开县之芭蕉沟、太平之曹家沟,擒斩五百馀名,获伪总兵孙廷相。十月,龙绍周馀党由旧县坝犯东乡,涵率兵截剿,夜击贼营,斩一百馀名。时王国贤暨线字号馀匪先后入川,合扰双场民寨。涵随官军分路进击,贼败走;驰抵大竹,歼馀匪于乌龙寺。十一月,剿青号伪总兵熊卜禄于长寿之宋家沟,擒斩七十馀名,卜禄死。移师讨白号贼庹秀、伪千总杨林等于忠州之高冈堰,悉擒之。十二月,偕邻水县知县钟人杰合剿宋逆馀党于张家场,俘男妇一百馀名。

八年正月,败白号贼于大竹之三墩坡,贼目苟文富窜垫江之冷家坝,为我兵追获;又搜馀匪于梁山之石板坡,大竹之大安槽,及江北厅之古路坪、木耳场、月来场等处,频有斩获。三月,歼蓝、青号馀匪于万县之四十八槽、孙家槽等处,获青号贼目王青。四月,白号馀党宋国品率众自老山窜扰大竹,涵令知县袁士先预设伏于大垭口,防贼败窜,而自以大军迎战于柏杨沟,大破贼众,生擒国品。五月,剿贼于巴州之清半寺,伪总兵王老少率馀众降。六月,迁云南龙陵协副将。剿画角岭、莺嘴岩诸贼,擒伪先锋陈宗冕。八月,调维州协副将。

时川东诸贼肃清,大兵以次凯撤。川东诸镇将分守各隘,涵驻太平,搜剿匿匪。未几,蒲包山、黑炮山、关口坪、峨城山、黑峒沟、柯家坪诸处零匪悉平。九年正月,以次歼开县桃花洞、白笋坪诸贼。四月,<u>陕西</u><u>固原</u>提督<u>杨遇春</u>败贼于<u>平利</u>之<u>杨道士沟</u>。七月,贼扰<u>安康</u>之<u>凤凰寨</u>,涵复随<u>遇春</u>等分三路进击,斩伪元帅<u>李如玉</u>、<u>周天良</u>,伪总管<u>王士奇</u>,擒伪元帅<u>罗思兰</u>、<u>符廷伏</u>,伪总管<u>王宗福</u>、<u>纪友亨</u>、<u>萧昌奉</u>等于阵,并歼贼党一百五十馀名。十年十月,调署<u>夔州</u>协副将。搜捕<u>川</u>、<u>陕</u>、<u>楚</u>沿边馀匪,歼除净尽。十一年,<u>绥定</u>叛匪<u>王得先</u>等滋事,涵带本营弁兵,急募乡勇三千人,星夜驰往剿捕,遇贼于<u>檀木场</u>,大破之,首逆<u>王得先</u>等俱就擒。事闻,赏<u>健勇巴图鲁</u>名号,加总兵衔,仍交部议叙。

十三年,署<u>重庆</u>镇总兵。十四年,授<u>川北</u>镇总兵。十八年,<u>陕西</u><u>岐山</u><u>三才峡</u><u>木厢</u>匪徒<u>万五</u>等因饥煽乱,上命<u>四川</u>提督<u>多隆武</u>率涵等驻<u>川北</u>截剿,以防<u>陕</u>匪南窜。十九年正月,贼党<u>吴抓抓</u>等率千馀人趋<u>武关</u>,欲自<u>黑河</u>入<u>蜀</u>。涵率<u>松潘</u>兵由<u>沔县</u>迎遏,贼退走。二月,事平。道光二年三月,擢<u>四川</u>提督。七月,<u>果洛克</u>贼番劫<u>西藏</u>堪布贡物,涵奉命剿办,兵抵<u>唐凹</u>、<u>达凹</u>等寨,歼戮甚众,擒首逆<u>曲俊</u>父子,惩治如律。<u>阿坝</u>各番畏威乞命,上以涵办理其合机宜,命交部议叙,赏玉翎管、玉扳指、大小荷包,以示嘉奖。十二年四月,<u>宁远府</u><u>乌坡厂</u>夷人<u>阿都</u>、<u>扁巴</u>等勾通<u>沙骂</u>土司<u>安玉娘</u>聚众作乱。涵檄守备<u>张富</u>、<u>蔡长青</u>带兵剿捕,擒<u>阿都</u>等诛之;追至<u>万回姑</u>夷巢,<u>扁巴</u>、<u>安玉娘</u>俱自杀。十一月,<u>越巂厅</u>属<u>扪扒支</u>夷滋事,四出焚掠。涵偕<u>成都</u>将军<u>那彦宝</u>调兵三千人,往编查保甲,招抚生熟夷一万五千馀户,夷众感悦,缚献首逆,送还所掠汉民。上免其疏防处分,寻以军政复予议叙。十三年正月,<u>曲曲鸟</u>、<u>窝石</u>等支野夷,〔一〕与熟夷勾结汉奸<u>杨文斌</u>、<u>马新明</u>等,聚众数千人,焚劫<u>越巂厅</u>之<u>大树堡</u>等处,<u>清溪</u>各属熟夷竞起应贼,涵督兵剿捕,连破贼于<u>水桶沟</u>、<u>香树顶</u>,<u>杨文斌</u>等俱伏诛。移师<u>富林汛</u>,贼夜扑大营,涵麾众严御。

遘疾,二月,卒于军。谕曰:"<u>四川</u>提督<u>桂涵</u>由乡勇拔补千总,荐升提督。久历戎行,身经百战,在提督任内,整饬营伍,训练有方。上年办理<u>越嶲厅</u>扪扒<u>夷匪</u>,诸臻妥协。近以<u>清溪</u>夷匪滋事,该提督懋著勤劳,殁于王事。着加恩赠太子太保衔,即照提督赐恤。任内处分,悉予开复。应得恤典,察例具奏。伊子<u>桂文奎</u>等俟服阕后,送部引见,候朕施恩。"寻赐祭葬,予谥壮勇。

十五年,谕曰:"前因原任<u>四川</u>提督<u>桂涵</u>久历戎行,屡著劳绩,特令伊子<u>桂文奎</u>等俟服阕后来京,交部带领引见。昨经吏部将<u>桂文奎</u>等带领引见,朕追念成劳,赏延后嗣。<u>云南</u>候补知州<u>桂文奎</u>着加恩以知州归部尽先选用。文生员<u>桂文籍</u>着赏给副榜、营千总,<u>桂文篆</u>着以千总用,用示朕眷注荩臣、有加无已至意。"

子<u>文奎</u>,以荫授员外郎,改捐知州,现任<u>云南昆阳州</u>知州;<u>文籍</u>,恩赐副榜,就职州判;<u>文篆</u>,候选营千总。孙<u>森煌</u>,<u>陕西</u>候补未入流;<u>有根</u>,候选教谕。

【校勘记】

〔一〕曲曲鸟窝石等支野夷　"鸟"原误作"乌"。<u>耆献类征</u>卷三一九叶一〇下同。今据<u>清宣宗成皇帝实录</u>(<u>大清历朝实录</u>景印本,以下简称<u>成录</u>)卷二三二叶六下改。

李长庚

<u>李长庚</u>,<u>福建</u><u>同安</u>人。<u>乾隆</u>三十六年武进士,授蓝翎侍卫。

四十一年,补浙江衢州营都司。四十六年,升提标左营游击。四十九年,迁太平营参将。五十年,升乐清协副将。五十二年,署福建海坛镇总兵。五十三年六月,以所辖洋面盗案多未捕获,革职留缉。随于外洋各处,叠获洋盗林权等及首伙各犯,并船只、枪炮、刀械等物。五十四年十一月,奉上谕:"李长庚准其留于福建,遇有游击缺出,该督酌量奏补。"五十九年二月,补海坛镇标右营游击,署铜山营参将。叠年在洋,捕获盗犯林瓢等。

嘉庆元年二月,迁铜山营参将。会合浙省兵船围捕粤匪,获吴兴信等三十七名。二年四月,升署澎湖水师副将,又获盗犯郑翁、周叠等。三年二月,擢浙江定海镇总兵。六月,长庚带领兵船于黑水洋面攻击苏柳等,斩贼二十名。八月,攻盗于普陀外洋,获其船,歼毙无数。四年七月,于潭头外洋,生擒盗首侯纳等。旋以土盗凤尾帮勾结夷艇百馀人,踞浙界岛嶴,长庚率舟师出击,追至温州三盘嶴,沉其一艇。时守备许松年等三船,皆为贼困。长庚返篷冲入夹攻,三船皆得出,贼遁。有旨嘉奖。旋谍知艇匪窜过泉州,而闽盗蔡牵船三十馀只泊海坛境内之沙邺、南盘一带。遂由南日洋面驶往,沉其船一,歼贼三,生擒三十馀人。复追艇匪至闽、粤交界之甲子洋。嗣闻蔡牵潜伏于白犬洋,长庚率兵往击,生擒许老等三十馀人。奉旨赏戴花翎。五年闰四月,过温州凤凰洋,救护商船,获盗林青等,并铁炮二。巡抚阮元奏以长庚统率水师。得旨:"三镇会剿,自应有一人统其号令。李长庚素有威望,应令温州、黄岩两镇,听其关会,协同策应。"六月,艇匪自温州北来,长庚率师会同黄岩镇淀泊海门,与松门盗隔港相持。适飓风起,盗船覆溺甚多。贼有泅水匿岛登岸者,官兵水陆并擒之，旬日间献俘千数，获安南伪爵侯伦贵利。事闻，得旨褒嘉。又歼贼于调班洋，获李出等二十二人于深水外洋，沉其船一，擒丁郭等十九人于潭头外洋。

六年，获林俊新等十五人于六横洋，获杨乌等十九人于徐公洋。至福建竿塘外洋，获林俊兴等十人，烧其船一；至旗头，获蔡牵帮盗首陈帖等二十二人，夺其船一；至东雀山，获李广及女犯等二十一人；至尽山，获盗首陈火烧等二十二人；至三盘，获高英等七人。十月，擢福建水师提督。奉旨："李长庚于缉盗事务，尚属奋勉，是以加恩简用。此时蔡牵等逃窜闽洋，李长庚即往新任。倘盗船折回浙洋，当不分畛域，以副委任。"寻以籍隶福建，例应回避，调任浙江。七年，至象山、潭头，获张如茂等十四人。至闽南日、东沪洋，获徐逆等三十五人。八年，蔡牵窜渔山。长庚率舟师掩至，昼夜穷追，蔡牵仅以身免。复与黄岩镇总兵张成合兵击盗尤升等，生擒五十六人，获其船二；又获石塘钓艇盗二十馀人。进击蔡牵于三沙，沉其船一，毙数十人。贼北窜，复追及南麂外洋，夺其船一，烧其船一，生擒八十七人。九年六月，闽浙总督玉德等会奏，请以长庚总统闽、浙两省水师。得旨俞允。先是三月，蔡牵泊于闽洋之浮鹰，长庚率兵击之，擒其男女四十馀人，歼毙十三名，烧其船一，夺其船二，并获红衣炮、刀械百馀。八月，遇马迹盗船六十馀，长庚督兵冲入，贼分两股东西窜。长庚分兵击之，沉其船二，歼毙无数，蔡牵所坐船篷索为官兵所断。及过尽山，风雨骤起，收兵入衢港，俘五十二人，骈首五级。得旨嘉奖。

十年四月，兼署福建水师提督。奉旨："李长庚调福建水师提督,镇将皆其统辖。着将擒捕蔡牵一事,责成专办,一切机宜,悉听调度。"闰六月,蔡牵闻长庚至,遂由台湾北窜入浙。长庚追击之青龙港,获其船一,沉其船二,擒彭求等二十八人。得旨:"李长庚自统舟师以来,具报剿贼,均无虚饰。俟闽、浙洋面一律清平,必加懋赏。"又奉上谕:"李长庚总统水师,温州、海坛二镇总兵为左右翼,听李长庚调遣,俾事权归一。"八月,长庚追蔡牵于台州大陈斗米洋,攻击三昼夜,烧其船一,沉其船一,生擒七十三人。寻以浙江提督孙廷璧不谙水师,奉旨:"浙江提督仍着李长庚调补。"十二月,蔡牵大小盗船百馀,肆扰台湾。长庚率师会剿,歼毙无数。亲驾杉板往勘鹿耳门外港口,同护温州镇总兵李景曾分帮把守。长庚截守新港于水深处,凿沉同安船,以防窜逸。时东风甚急,同安船为巨浪所冲,蔡逆乘潮窜去。诏摘去翎顶立功。十一年四月,蔡牵与朱濆俱窜福宁外洋。长庚会兵往剿,贼东窜张坑洋,复追击之,沉其船一,夺其船三,生擒盗首陈濆、李阿七等七十馀人,毙百七十馀人,获刀炮、伪印、旗帜,救出商船及被劫难民。蔡逆北窜,又折回南。复追至台州之调班洋,生擒李按等五十一人,歼百五十馀人,获铜铁炮十七门。

　　时新任闽浙总督阿林保,密参李长庚因循怠玩,并钞李长庚致署总督温承惠书,请旨革职治罪。上谕:"阿林保密参李长庚因循怠玩二折,览奏均悉。但如折内所云'李长庚借燖洗船只为名,收船进港,恐其私回衙署,亦未可定'等语,尚系该督揣度之词。又称:'李长庚于七月初间在尽山等处洋面,追剿贼船,扼住上风。旋又探听无踪,其跟剿竟属空虚'等语。但昨据李长庚奏称:'七月二十一日,在大陈等处洋面,击沉盗船一只,歼获盗犯一百五十馀名,起获枪刀、铁炮等件,并拿获另船盗首李按'等语。阿林保发折时尚未得其咨报。如果属实,是李长庚兵船七月初间在尽山外洋,一时未能瞭见贼踪。旋又追获得胜,尚非始终株守可比。又李长庚所称兵船缺乏口粮之处,是否实情,抑系借口引避,均须详查明确,方可治以应得之罪。该督远在闽省,仅据李长庚致温承惠信内之言,恐尚未确实。当剿贼吃紧之时,水师统领责任綦重,一时亦无可代之人。况临敌易将,亦不可草率。此时且毋庸革职逮问。”同日又谕:“清安泰现在温、台一带,所有李长庚追贼情形,知之必悉,着即详细密查,据实回奏。”

八月,李长庚率各镇舟师击贼渔山,身受多伤。事闻,得旨:“此次李长庚督兵围捕蔡逆,歼擒盗匪多名,身受多伤,实为奋勉,着加恩赏还顶带。”旋据浙江巡抚清安泰覆奏:“李长庚带领兵船,经过海口,并未回署。至于海船若不勤加燂洗。则船底苔草螫虫,胶黏缠结,辄致驾驶不前。其生擒盗犯李按,委系蔡逆另船头目,馀系李按同船夥犯,并无捏报。又兵船口粮,实有暂时缺乏应采购之处,亦无借词耽延情弊。复遵旨将李长庚在洋剿捕情形密询黄飞鹏、何定江二人。据称黄飞鹏为守备时,即同李长庚在洋捕盗,无不勇往向前。自蔡逆滋扰台湾,倍加感奋,誓不与贼俱生,实无松玩情事。何定江居官闽省时,即知李长庚身先士卒,奋勇直前。兹与连帮出洋,总以克除首逆为急务,实无怠玩。”奏到,奉上谕:“阿林保前此密奏李长庚因循怠玩,种种贻误,请将伊革职治罪。朕披览该督所奏,即觉不惬。阿林保到任不过旬日,地方公事一切未办,海洋情形素未熟悉,而于李长庚从未谋面,辄行连次奏参,殊属冒昧,是以降旨令清安泰秉公详查。本日据清安泰覆奏，则称李长庚带领兵船，经过海口，并未回署。又称海船若不勤加燂洗，辄致驾驶不前。又所获李按，实系蔡牵伙党，并无捏报斩获情弊。又转询黄飞鹏、何定江二人，亦均称李长庚实在奋勇等语。是阿林保奏参，全属子虚。今兵船正当剿捕吃紧之际，若阿林保尚不知以国事为重，犹复轻听人言，甚至因此次奏参李长庚不能遂意，遇事掣肘，使其不能成功，则阿林保之罪甚大。阿林保着传旨严行申饬。"

九月，长庚于竿塘外洋击毙蔡牵之侄蔡天来，沉其船二，计擒获及落海者约数百人，馘首五级。得旨："此次李长庚督兵攻剿，不遗馀力，奋勇可嘉。俟拿获蔡牵，再赏世职酬勋。"十月，长庚会师击蔡牵于二盘，沉其船一，生擒盗首李天来等七十人，毙其股首周天秀等七十馀人。十二年正月，追剿蔡牵入粤洋，沉其船一，获十一人。二月，追至大星屿，夺其船一。又击蔡逆坐船，时风浪大作，兵船不能联络，收军还抵肇庆咸船澳。四月，会同广东提督钱梦虎击粤匪郑一帮船于佛堂外洋，生擒盗首罗二十及男妇四十八人。七月，由闽还浙，奏请办理军政。奉旨："李长庚统领水师，剿捕蔡逆，正在吃紧之时。即因军政届期，亦当权其缓急，或请令清安泰代为考验，候旨遵行。乃并未具奏请旨，辄顺道往宁波，竟置海洋盗首于不问，实出意料之外。着传旨严行申饬。"八月，仍具奏出洋。十一月，与金门、福宁两镇合追蔡逆于浮鹰洋面，获其船二，擒九十五人，馘首十五级，贼窜东南外洋。

十二月二十四日，长庚会同水师提督张见陞联樯入粤。二十五日，至黑水外洋。蔡逆仅存三舟，长庚率师专取逆船，枪炮并发。逆船两旁并巾顶插花，皆被轰破，贼苍黄落水者不可胜数。长庚又别用火攻船，乘风挂其后艄。时烈风大作，波浪汹涌，火炮乱发互击，长庚猝被贼炮子中伤咽喉额角，遂于是日未刻卒。事闻，上震悼，下部议恤。谕曰："浙江提督李长庚宣力海洋，忠勤勇干，不辞劳瘁，懋著威声。数年以来，因闽、浙一带洋盗滋事，经朕特命为总统大员，督率各镇弁舟师，在洋剿捕。李长庚身先士卒，锐意擒渠。统兵在闽、浙、台湾及粤省洋面，往来跟剿，难苦备尝，破浪冲风，实已数历寒暑。每次赶上贼船，无不痛加剿杀，前后歼毙无数，擒拿盗船多只。蔡逆亡魂丧胆，畏惧已极，闻李长庚兵船所至，四处奔逃。正在盼望大捷之际，乃昨据阿林保奏到，李长庚于上年十二月二十四日，由南澳洋面驶入粤洋，追捕蔡逆。望见贼船只剩三只，穷蹙已甚。官兵专注蔡逆，穷其所向，追至黑水洋面，已将蔡逆本船击坏。李长庚又用火攻船一只，乘风驶近，挂住贼船后艄，正可上前擒获。忽暴风陡作，兵船上下颠播，李长庚奋勇攻捕，被贼炮中伤咽喉额角，竟于二十五日未时身故。览奏，为之心摇手战，震悼之至！朕于李长庚素未识面，叠经降旨褒嘉，并许以奏报擒获巨魁之时，优予世职。李长庚感激朕恩，倍矢忠荩。不意其功届垂成之际，临阵捐躯。朕披览奏章，不禁为之堕泪！李长庚办贼有年，所向克捷，必能擒获巨憝。朕原欲俟捷音奏到时，将伊封授伯爵。此时李长庚虽已身故，而贼匪经伊连年痛剿之后，残败已极，势不能再延残喘。指日舟师紧捕，自当缚致巨魁。况李长庚以提督大员总统各路舟师，今殁于王事，必当优加懋赏，用示酬庸。李长庚着加恩追封伯爵，赏银一千两经理丧事。并着于伊原籍同安县地方官为建立祠宇,春秋祭祀。其灵柩护送到日,着派巡抚张师诚亲往同安,代朕赐奠。并查明伊子现有几人,其应袭伯爵,俟伊子服阕之日,交该督抚照例送部引见承袭。其李长庚任内各处分,着悉予开复,所有应得恤典,仍着该部察例具奏,以示朕笃念劳臣、恩施无已至意。"十三年二月,奉上谕:"李长庚为国捐躯,凡水师大小将弁兵丁,皆当为李长庚复仇,方不愧同心敌忾之义。现在蔡逆不过剩船数只,闽、粤两省大帮兵船,总先专注蔡逆,上紧擒拿。上以张国威,下以泄众忿,亦可慰忠魂于地下也。"是月,又奉上谕:"水师提镇将弁等如能将蔡逆擒获,即遵旨将该逆解京。如拿获贼犯,必究出放炮中伤李长庚之人解赴同安,于李长庚灵前脔祭,以慰忠魂。傥不能究出放炮之贼,亦当将贼众内罪应凌迟者解往一二人,脔割致祭,俾伊家附近居民皆得同伸愤恨。"嗣部臣以伯爵等次请钦定,得旨:"李长庚着封三等伯,承袭十六次。袭次完时,给予恩骑尉,世袭罔替。其恤赏银,着再赏给四百两。"予专祠,赐谥忠毅。

子廷钰,承袭封爵。

许松年

许松年,浙江瑞安人。由武举效力温州水师镇标,于乾隆五十九年补黄岩镇标左营千总。六十年,升镇海水师营守备。

嘉庆四年,随定海镇总兵李长庚击土盗凤尾帮匪于温州三盘岙,沉其艇一。寻松年船为贼困,长庚往援之,与松年内外夹攻,船得出,贼遁。五年,超擢定海镇标左营游击。六年正月,随李长庚擒杨乌等十九人于徐公洋。四月,随黄岩镇总兵岳玺击洋盗蔡牵于衢港，擒王山等十七人，夺船一。经浙江巡抚阮元奏入，上嘉其出力，下部议叙。七年，随提督李长庚擒张如茂等十四人于潭头洋，复获金人飞等八十七人于南麂洋，夺船二，沉船一，焚船一。九年二月，升水师提标参将。三月，蔡牵泊于浮鹰洋，松年随李长庚击败之，擒男女四十馀人，毙十馀人，夺船二，焚船一，获红衣炮、刀械百馀。

十年正月，蔡牵窜台湾。闽浙总督玉德疏劾金门镇总兵奇贵延玩贻误，褫职逮问。以松年在水师中最为勇干，奏请护理金门镇总兵，率兵渡台协剿，上允之。二月，击蔡牵于小琉球洋面，毙贼数十人，沉船一。三月，广东艇匪乌石二窜入福建，与洋盗朱濆合党滋扰。松年自琉球回至厦门，即日出大担门，驶至铜山，追及于宫仔前洋面，毙贼无算。四月，在镇海洋与李长庚合兵进击，瞭见匪艇向鲨壳澳南窜，追败之于闽、粤交界之甲子洋，获船二，沉船二，救出商船及被劫难民。六月，蔡牵与朱濆合窜浙洋。李长庚檄松年会剿，败之于青龙港，获彭求等二十八人，夺船一，沉船二，贼遁。八月，追及于斗米洋，连击二昼夜，擒翁进寿等七十三人，夺船二，焚船二，获炮械百馀。是月，蔡牵与朱濆分窜南洋。十二月，蔡牵复窜台湾，密结台地奸民攻郡城，自北汕口至洲仔尾一带，排列多船，与岸上贼往来接应；并于鹿耳门凿沉船只，堵塞口门，以拒外援。李长庚统舟师寄椗口外，松年偕澎湖协副将王得禄，率兵数百，乘小船入安平。十一年正月，进攻洲仔尾，贼以枪炮抵拒，松年首先陷阵，乘势火攻，焚船二十有二，夺船九，贼焚溺死者八百馀人，擒林望等一百六十八人。得旨嘉奖。二月，松年复潜师夜薄洲仔尾，登岸焚贼寮及其船。蔡牵自鹿耳门来劫安平,松年返篷击败之,沉船二。旋与贼战于海岸,歼毙甚夥,焚贼寮七八里。还至海,又焚其船四十馀。蔡牵穷蹙欲遁,以大船驶近鹿耳门。李长庚统舟师南北截击,松年亦率兵夹攻,获贼百馀人,夺船四,焚船五。寻海潮骤涨,蔡牵乘潮遁。舟师复追败之,获贼二百馀人,焚船九,沉船六,松年左手受枪伤。以蔡牵未经就擒,偕李长庚奏请革职治罪。谕曰:"此次官兵攻剿贼匪,大加歼戮,该逆亡命奔逃。其溃败情形,实属显然。但不能将蔡逆立时歼获,李长庚、许松年等疏虞之罪,实无可辞。惟查阅李长庚、许松年二人兵船驻防之处,李长庚系在北汕,许松年系在南汕,蔡逆系在北汕口内渐次窜出,是许松年之咎较李长庚稍轻。且许松年此次奋勇杀贼,被贼枪子穿过左手,功过尚足相抵;况现在受伤可悯,着免其革职,仍留顶带,以观后效。"寻追蔡牵于东港外洋,毙百馀人,沉船一,蔡牵又以大船遁。

　　六月,蔡牵窜鹿耳门,朱渍窜铜山。李长庚渡台剿捕蔡牵,闽浙总督阿林保檄松年于海坛、竿塘一带扼要截击,遂于张坑、返埕等洋擒林祖建等七十四人,获船一,沉船三。阿林保奏朱渍匪船现窜古雷洋,檄许松年移赴崇武一带堵截,不使与蔡牵合党,上是之。七月,擒曾左等二十四人于崇武洋。八月,蔡牵经李长庚剿败,窜水澳,松年率兵截击,擒蔡三来等七十六人,获大船一。九月,阿林保奏:"臣细询李长庚水师各镇勇懦情形,据称各总兵只可驾驭,均难膺总统之任。惟署总兵之参将许松年,沉勇有谋,可独当一面。"报闻。十月,在三盘洋与浙省舟师会剿蔡牵,擒李来等十七人,获船一,沉船一。上嘉之。十二年正月,蔡

牵窜粤洋,松年与李长庚合剿。二月,追及于大星屿,松年率兵
先进,直攻蔡牵所乘船。风浪陡起,贼抛掷火器,松年头面手足
均受伤,收军还泊肇庆𫷷船澳。谕曰:"许松年在洋捕盗二年,缉
获多犯,并拿获盗目大船。昨在粤洋随同李长庚攻围蔡逆,首先
冲拢贼船,身受多伤,甚为奋勇。着加恩实授金门镇总兵。"五
月,追蔡牵于急水洋,遇粤匪郑一帮船,击败之,沉其船,获首犯。
十一月,击蔡牵于浮鹰洋,松年跃入贼船,擒王泽等五十人,获大
船一。得旨,下部议叙。十二月,李长庚在黑水洋追捕蔡牵,中
炮卒。

　　十三年正月,谕松年偕提督王得禄等速擒蔡牵。二月,松年
与福建提督张见陞在龟龄洋合击粤匪,擒王瑞等五十五人,获船
二,焚船一。六月,朱渍窜闽洋,松年于料罗一带截剿。九月,金
门洋有贼船自台湾私载硝磺内渡,松年缉获之。得旨嘉奖。十
月,以朱渍久在东涌外洋潜匿,命松年放洋东渡,会同台郡舟师
探踪协剿。十二月,朱渍复窜南洋。松年率兵入粤,会同闽粤南
澳镇总兵胡于鈜追至长山尾,见贼船四十馀,内大船一,知为朱
渍所乘。松年督官兵并力攻围,枪炮并发,溺毙无数。朱渍受炮
伤遁,馀船纷逃。舟师复追擒二十六人,获船一,焚船三。十四
年正月,朱渍因伤毙。阿林保奏入,谕曰:"朱渍在洋行劫稔恶已
久,虽不若蔡牵之竖旗称王,亦系著名首逆。今被官兵用炮打
伤,越十馀日毙命,即与临阵歼毙无异。总兵许松年率同守备黄
志辉,赶拢该匪大船,专注攻击,枪炮齐施,用能伤毙渠魁,奋勇
可嘉。许松年着赏戴花翎,给云骑尉世职。"八月,粤匪张保仔窜
闽洋金门、厦门一带。松年遣渔船数十诱之,而以舟师出其不

意,突出痛剿,复追至外洋,乘风冲压,擒何来等六十六人,获船七,沉船六。上嘉其勇往,下部议叙。十五年正月,以伤发解任,回籍调理。十六年,丁母忧。十八年,服阕。十九年正月,授甘肃西宁镇总兵,寻调陕西延绥镇总兵,复调福建漳州镇总兵。二十二年,直隶天津新设水师,调松年为天津水师总兵。道光元年,裁天津水师,调广东碣石镇总兵。寻升广东陆路提督,调福建水师提督。三年四月,渡台阅兵,适噶玛兰匠匪林允春等滋事。松年督师入山搜获,首犯正法,馀匪分别惩办。上嘉之。

六年四月,台湾北路有闽、粤两籍民人分类械斗之案,匪徒乘机煽惑,焚掠村庄,延及嘉义、淡水等处。时松年渡台阅兵,命其就近会同台湾镇总兵蔡万龄、知府陈俊千查办。七月,以起衅及蔓延情形奏入。上以松年未将煽惑纠斗要犯究明擒获,所奏衅起实情及蔓延村庄亦未明晰,命武隆阿为钦差大臣,驰驿前往,会同闽浙总督孙尔准妥速筹办,自许松年以下,听其调遣。寻福建巡抚韩克均奏松年在台查拿解散,将次完竣,孙尔准现已渡台督办,不日即可蒇事,谕武隆阿无庸前往。八月,孙尔准疏劾提督许松年办理错谬。谕曰:"此案台湾匪徒李通等挟黄文润搜赃之嫌,纠众寻斗。黄文润集众抵御,格杀二人。匪徒遂造分类械斗之谣,乘机焚抢。经该县王衍庆拿办数贼,匪徒遂窜彰化境内。该提镇等误执民自械斗、官兵只有弹压、不便加诛之说,致该匪等益无忌惮,具结复斗。现因官兵云集,均已解散。提督许松年未能痛加惩办,乃邀集总董劝令讲和,失体损威,办理已属错谬。又监提尚未定谳之凶犯吴溪等作线,并在行间乘坐肩舆,何以率先将士?许松年着即革职留台,交孙尔准差遣,效力赎罪。"十二月,因病呈请回籍调理。经孙尔准奏入,命俟病痊后送部引见。七年,卒。

子锡麟,袭云骑尉世职;岳生,候选州同;廷恩,议叙把总。

邱良功

邱良功,福建同安人。乾隆六十年,由行伍屡随总兵李南馨出洋巡缉,获盗多名,拔补外委。嘉庆二年,在祥芝洋先登盗船,获匪三十馀名,迁把总。五年,擢千总,迁水师提督中军守备。八年九月,擢左营游击。十一月,总督玉德以良功奋勇出力,保奏堪胜参将之任。十二月,迁烽火营参将。九年八月,逆匪蔡牵在洋拒捕,戕伤总兵胡振声。良功以失于防护,革顶带。寻复还。

十年正月,署闽安协副将。偕署金门镇总兵许松年过台会剿蔡逆,官兵出洋,蔡逆已先窜。追至小琉球洋,良功见台协外委许元良等二船被贼围住,急往救援,[一]松年举旗招之,未即拢帮,因劾良功不听调遣,致蔡逆窜逸。诏革职,交总督玉德审讯。寻讯明良功以救援故不及拢帮,复原官。十月,署台湾副将。蔡牵复窜台湾滋扰,良功随浙江提督李长庚剿捕。十一年正月,谕曰:"李长庚带领大兵抵台,在鹿耳门驻守,应即四面兜围,截其去路。但恐该逆乘间逃逸,则安平港口最为紧要,现在邱良功带领换班兵船,在彼防守。恐兵力尚形单弱,李长庚当添派兵丁义勇,饬交邱良功,令其悉心力堵御。如能将蔡逆拦截,即系邱良功之功,当加以重赏;若稍有疏虞,即惟邱良功是问,决不宽贷。"三月,攻破洲仔尾贼巢,斩获甚众,惟蔡逆乘间逸去。命革良功顶带,仍责令带罪立功。五月,蔡牵复窜入鹿耳门洋面。良功偕副将张见陞、王得禄等合力会剿，良功首先冲入贼阵，督率弁兵，奋不顾身，擒杀无算，夺获船贼炮位。赏加副将衔，赏戴花翎。十二年七月，贼目朱濆窜至台湾北路淡水一带游奕。良功带兵追至鸡笼洋，奋力攻击，连获胜仗。奏入，谕曰："朱濆帮船三十馀只，先后窜至鸡笼洋，经署副将邱良功会合总兵王得禄督率舟师攻击，抛掷火斗火罐，贼船立时火起，生擒匪犯林红等十五名，烧毙落海者约有六七百名，馀匪败窜奔逃，穷蹙已极。实属奋勇可嘉！邱良功着加恩交部议叙。"寻部议照一等军功例给与功一等、纪录二次。

十三年正月，授台湾协副将。六月，迁浙江定海镇总兵。十四年正月，擢浙江提督。九月，会同福建提督王得禄剿捕蔡逆，南至鱼山外洋。督催闽、浙两省舟师专注蔡牵本船，并力攻击，覆其船，蔡牵及逆党俱沉海。奏入，谕曰："洋盗蔡牵原系闽省平民，在洋面肆逆十有馀年，往来闽、浙、粤三省，扰害商旅，抗拒官兵，甚至谋占台湾，率众攻城，伪称王号，实属罪大恶极。王得禄、邱良功协力奋追，歼除首恶。邱良功着加恩晋封男爵，并赏翎管、玉韘、荷囊。"寻部议良功为三等男爵，照例承袭。二十二年，入觐。回任，卒于道。谕曰："邱良功前在福建剿办洋盗，著有劳绩，曾经赏给男爵世职。简任提督，克供厥职。兹在途病故，殊堪轸惜！着加恩照提督例给予恤典。"寻赐祭葬。谥刚勇。

子联恩袭。

【校勘记】

〔一〕良功见台协外委许元良等二船被贼围住急往救援　原脱"住急"

二字。耆献类征卷三〇八叶四二上同。今据国传卷八〇叶一六下补。

张见陞

张见陞,广东东莞人。由行伍荐擢千总。乾隆五十七年,升海澄协左营水师守备。六十年,擢龙门协右营都司。嘉庆元年,署碣石镇标中营游击。三年,升福建铜山营参将。五年四月,升浙江瑞安协副将。十一月,调福建台湾水师副将。七年三月,擢福宁镇总兵。

八年七月,洋匪蔡牵窜入浙江洋面,总督玉德派见陞与副将蔡安国在箄塘、浮鹰等处洋面,分布巡防。十年六月,上命提督李长庚专剿蔡牵,见陞等带舟师策应。十一年四月,会副将邱良功船巡至淡水、沪尾洋面,瞭见洋匪朱溃帮船四十馀只,奋力围捕,击毙贼匪多名。七月,蔡牵匪船窜入鹿耳门洋面游奕,见陞与副将王得禄、邱良功四面攻击,夺获贼船十只,击沉十一只,生擒贼目林略、傅琛二名,匪伙二百馀名,割取首级一百馀,击毙淹毙者一千六七百名,搜获旗帜、鸟枪、器械无数。上嘉其冲入贼阵,奋不顾身,加提督衔,赏戴花翎,并四喜玉扳指、大小荷包。

总督阿林保奏兵船配定统带,乏熟悉洋面之员,上以见陞在水师将领中出色,闽省新雇商船五十只,着专交其管带。八月,擢福建水师提督。十二年二月,与总兵杜魁光在闽、粤交界洋面,截拿蔡逆。蔡逆穷蹙窜粤,复率舟师防堵朱溃帮贼匪。三月,于三澎、白鸭洋面两次追及朱溃,[一]大加攻剿,轰烧盗船,伤毙盗匪多名,生擒十数名,上嘉其奋勇。五月,蔡牵由粤窜回闽洋,命见陞与李长庚两面夹攻。八月,追捕蔡牵至南日洋面,连环攻击,拿获盗船一只,擒匪犯林顾等三名。九月,粤洋艇匪二十馀船窜入闽省象屿洋,见陞率兵追捕,击毙贼首,夺大船一只、小船三只,生擒贼犯六十三名,起获旗械、炮位数十件。上以见陞奋勉出力,赏玉扳指、大小荷包,并交部议叙。

十三年正月,率舟师进剿蔡牵,瞭见龟龄洋面有匪船大小六十馀只,与总兵许松年督兵攻击,击沉匪船二只,焚毁一只,拿获两只,生擒贼目王瑞、郑阿由等五十五名,夺获炮械一百三十馀件。馀匪四散奔窜。二月,在粤洋督师攻击蔡牵坐船,轰毙贼匪甚众。四月,偕总兵黄飞鹏等兵船驶抵大星洋面,瞭见土匪船三十馀只,在外洋游奕,即督师于芒屿、牛脚川等处击捕,夺获盗船九只,烧毁一只,生擒一百三十二名。五月,于柑桔外洋遇粤东匪船十馀只,乘风窜至,率众轰击,[一]生擒盗犯十七名,起获炮械四十三件。旋以兵船低小,收泊铜山修理,朱濆匪船由粤窜入闽洋,不能即时擒获,经阿林保劾其距匪船甚近,借口修葺船只,观望迁延,请旨严加训饬。谕曰:“张见陞身任水师提督,海洋捕务,是其专责。且经奏明剿办朱濆帮匪,竟敢观望迁延,任令朱濆抢掠游奕,实出情理之外。前此李长庚捕贼受伤时,张见陞同在粤洋,并未闻有就近救援情事,经朕逾格施恩,不遽加之责备,并因其在洋接仗,给与甄叙,方冀仰邀鼓励,倍形奋勉。今距匪甚近,观望迁延,若不加以惩创,何以肃军纪而靖海疆?张见陞着革职拿问。”经将军赛冲阿、巡抚张师诚会审,拟斩监候。

十六年五月,谕曰:“已革水师提督张见陞前因剿捕洋匪不力,革职拿问,拟斩候。查阅原案,因屡被风阻,不能前进,以致盗匪远飏。核其情罪,与有心逗遛观望、失误军机者,尚属有间,是以屡次秋审俱邀宽宥。姑念监禁有年,予以自新之路。张见陞着加恩赏给千总,发往福建水师营效力,以观后效。"十七年,补提标左营千总,旋升水师协左营守备。十八年十二月,卒。

【校勘记】

〔一〕白鸭洋面两次追及朱濆　"及"原误作"击"。耆献类征卷三○六叶二三下同。今据国传卷八○叶七上改。

〔二〕率众轰击　"轰"原误作"攻"。耆献类征卷三○六叶二四下同。今据国传卷八○叶七下改。

胡振声

胡振声,福建同安人,提督胡贵之子。由行伍拔补千总。乾隆五十三年,擢福建海坛镇左营守备。五十七年,调水师提标中营守备。五十八年,补闽安左营都司。五十九年,补海坛镇左营游击。嘉庆三年,迁浙江玉环营参将。四年,补广东龙门协副将。

五年三月,总督玉德奏:"振声在浙缉捕盗匪,于洋面情形,素所谙悉,以之补授温州镇总兵,可期胜任。"得旨允行。旋经巡抚阮元等奏会剿洋匪事宜,〔一〕谕令定海镇总兵李长庚总其号令,振声与黄岩镇总兵岳玺听其关会,协同策应。九月,探闻水溪、凤尾两帮盗船在洋游奕,即督率兵船驶至。盗放炮迎敌,振声督同将弁奋勇攻击,自卯至午,盗匪受伤落水,不计其数。追至北麂外洋,盗匪大船被兵船炮轰沉没,匪徒落水四散,拿获盗

匪三十二名,割首级五十二颗。上以振声所辖之北麂外洋有盗
船游奕,并未确探速捕,实属疏玩,着交部严议。寻奉旨降三级,
从宽留任。六年七月,蔡牵等追劫商船,自闽窜浙。总兵岳玺、
李长庚沿途追击,振声会剿之,获洋匪陈赞等一百四十名,斩首
四十八,沉溺盗船及获器械无算。奏入,上嘉之,下部议叙。

　　九年六月,振声以兵船二十六只,与海坛镇总兵孙大刚会捕
洋匪蔡牵,驶至浮鹰洋面,瞭见匪船游奕,督率将弁奋勇追击。
贼匪迎拒,振声与孙大刚夹攻,自未至酉,贼匪受伤落水甚多。
而振声以坐船逼近山麓,一时不能运转,被贼掷火焚烧,振声被
害。经总督玉德奏入,谕曰:"胡振声在洋被盗戕害,殊可矜悯!
着加恩照提督阵亡例赐恤。伊如有子嗣,着于服阕后送部引
见。"寻议给骑都尉又一云骑尉世职。

　　继子廷恩袭。

【校勘记】

〔一〕旋经巡抚阮元等奏会剿洋匪事宜　"剿"原误作"勘"。耆献类征
　　卷三〇八叶三三上同。今据国传卷七九叶一六上改。

　　岳起

　　岳起,满洲镶白旗人,姓鄂济氏。由文生员中乾隆三十六年
举人。〔一〕四十二年,由方略馆议叙,补授昭西陵笔帖式。五十
年,升户部堂主事。五十三年,升本部员外郎。五十四年,升翰
林院侍讲学士。五十六年,升詹事府少詹事,旋擢奉天府府尹。
五十七年,升内阁学士,兼礼部侍郎。五十八年,授江西布政使。

因查水灾致疾,告假归旗调理。谕曰:"岳起自简任藩司以来,办理地方事件,尚为妥协。今因查勘被淹圩堤,落水致病,殊属可惜。岳起着即回旗调理。"

嘉庆四年,病痊,授山东布政使,旋擢江苏巡抚。九月,奏清查漕务积弊,曰:"京中所关俸饷米石,久有回漕米之名。积习相因,惟弊是营,竟置米数之盈绌,米色之纯杂于不问。是以旗丁领运,无处不以米为挟制,即无处不以贿为通融。糜费至今,有加无已。推原其故,沿途之抑勒,由于旗丁之有帮费;而旗丁之需索帮费,实由于州县之浮收。窃思欲除一弊,先绝其源,而禁止浮收,实为绝弊源之首。应请谕旨敕下有漕诸省,各按本省情形详细筹画,列款指明,严行禁止,俾各省旗丁及漕运仓场诸胥役,无从更生观望冀幸之心。"奉朱批:"所指浮收折价,及旗丁挟制需索各事,实为切当。其另单所开帮船费用出运陋规,及南赈北赈名目,足见实心查核,将历来积弊和盘托出。从此按款清釐,逐条严禁,可期漕务肃清。"是月,奉廷寄胡观澜结交盐政长随高柏林修寺派累一案情节,据实具奏。寻奏:"查广福寺年久坍塌,非惠保民生之要工,自应听寺僧自行募修。今高柏林系盐政长随,希图夸耀乡里,怂恿盐政徵瑞捐银五千两。胡观澜以知府大员,明知工程浩大,非五千两所能办理,有意逢迎,辄令该县选举董事,饬发印簿,派捐乡镇。复因催缴不前,差追滋扰,以致民怨沸腾。今胡观澜已经革职,永不叙用;高柏林亦已递回原籍管束,尚不能安服众心。相应请旨将前捐钱二万七百十串,即于胡观澜、高柏林二人名下各半追赔。惟查各商民所捐之钱为数零星,若令按户给还,转恐书役、地保顶冒侵蚀。查苏州一带官塘石路桥道,攸关闽、浙等省文报,且为粮船经由纤道,多有残缺,亟应修理。请将胡观澜等罚赔之钱,留为修理塘务工程之用。"得旨允行。

五年,署两江总督。五月,查办南河积弊人员庄刚、刘普等侵渔舞弊。奏入,庄刚、刘普逮罪。七月,奏:"扬州关征收盈馀溢额税银,尽数报解,以归核实。"十月,奏:"江苏藩司耗羡酌核删减,同闲款各实存银数,造册报部。惟有率同详慎覆核,加意撙节,不致稍有浮滥。"俱敕部施行。十一月,偕总督费淳奏陈:"江、浙轻赍米石,原定折价每石五钱,为数太少,本不足以服旗丁之心。但因旗丁运费不敷,竟全行改为本色,百姓以银交米,顿觉浮多,亦有难行之势。与其以虚名相沿,致旗丁转生觊觎,莫若征收实数,俾民丁永绝葛藤。应请嗣后江、浙轻赍折价,以十成折算分为四六,将六成改征本色,以抚旗丁,四成竟予豁免,以惠百姓。"奏入,上敕大学士、九卿会议,驳曰:"据该省市价每石总在二两上下,约略核算,完纳前纳六斗之米,较原定折价几多至一倍有馀。是使小民虚受四成豁免之名,〔二〕转增六成加本之累,实与加赋无异。况折征银两,尚虞加耗滋弊,今若改征米石,更可借口浮收。国家爱民薄敛之政,业经百有馀年,未便轻议更张。"事遂寝。

六年二月,奏审明职衿韩怡呈控绅士邹光国安呈知县黎诞登实政,黎诞登于众绅之前,将所办之事,自行夸张,欲人见好。迨王文治攒集实政索看后,并不将溢美之处深自引咎,亦不将保留之议自行阻止,洵属沽名钓誉。且贴给夫价毫无觉察,李魏氏在逃三年未获,于赎房细事擅责生员,又将久经例禁班房不拆，〔三〕实属溺职。应照例革职。"奉旨依议。四月，奏："借项挑筑河堰，以资保卫毛城铺迤下洪、减等河，又天然闸下河道，前因邵工漫水下注，以致河身淤成平陆，两岸堰工冲塌，必须挑浚深通，补筑堰工，以资黄河分泄畅达无阻，上游之河南永城县洪河，下游萧、砀等县境内河堰，尤应赶紧挑筑。其所借银两分作五年按亩摊征，庶民力得以舒徐，田畴得以利赖。"得旨允行，五月，奏："审河工舞弊人员莫澄身列职官，乃公然于任所开设店铺，及将货物运至工所，居奇网利，渔及贱役民夫，〔四〕种种卑鄙巧诈，实属不堪。"奏入，莫澄拟罪。

八年，来京升见，以疾留京，署礼部右侍郎。七月，承办孝淑皇后永远安奉事仪之王大臣、礼部堂官，于会奏折内粗心疏忽，措词不经。谕曰："岳起现在患病，着不必署理礼部右侍郎，仍以革职留任注册。"是月，卒。谕曰："岳起自简任封圻以来，虽历年未久，而操守清洁，在督抚中最为出众。前日来京时，见病后体气未充，特令留京调摄，以冀速痊。兹闻溘逝，殊堪轸惜！岳起着加恩加赠太子少保衔，照侍郎例赏给恤典。其各任内降革处分，悉予开复。至伊现无子嗣，同族又无堪继之人，所有伊家坟墓祭田，无人经管，着该旗照例查办。"八月，本旗奏："臣等遵将谕旨宣示岳起之妻媪妇，随将伊家现有房四间、契纸一张、地七十六亩，内除给族众作为坟地四亩，并本家立坟地十五亩，下剩地五十六亩五分，契纸七张，呈旗查办。查定例，凡有因无子嗣，〔五〕呈出应入官地至一顷以下，准以三十亩为祭田，其馀地亩全行入官。今岳起系有妻室，复蒙圣恩优渥之人，伊妻媪妇呈出地亩不敷一顷，若按例办理，转觉有负圣主鸿施。臣等遵奉上谕将岳起之妻呈出房契一张、地契七张，即存贮该旗，于每年应得租钱京钱四十千文，仍交伊妻孀妇作为祭扫修坟之用。俟岳起妻没后，将呈出五十六亩五分地交该旗佐领，于所得租钱派人承管，一半作为祭扫之用，一半作为修理坟茔之用。"得旨依议。

【校勘记】

〔一〕由文生员中乾隆三十六年举人　原脱"员"字。耆献类征卷一八八叶三五上同。今据岳起传稿（之二五）补。按国传卷四五叶一上不脱。

〔二〕是使小民虚受四成豁免之名　原脱"豁免"二字。耆献类征卷一八八叶三七上同。今据岳起传稿（之二五）补。按国传卷四五叶二下不脱。

〔三〕又将久经例禁班房不拆　"班"原误作"之"。耆献类征卷一八八叶三七上同。今据岳起传稿（之二五）改。按国传卷四五叶二下不误。

〔四〕渔及贱役民夫　"渔"下原衍一"弊"字。耆献类征卷一八八叶三七下同。今据岳起传稿（之二五）删。按国传卷四五叶三上不衍。

〔五〕凡有因无子嗣　"因"原误作"官"。耆献类征卷一八八叶三八上同。今据岳起传稿（之二五）改。按国传卷四五叶三下不误。

清安泰

清安泰，费莫氏，满洲镶黄旗人。乾隆四十六年进士，授刑部主事。五十一年，擢员外郎。五十二年，授甘肃凉州府知府。五十六年，以署兰州府事鞫审得实，上嘉其留心政事，送部引见。

五十八年,擢湖南衡永郴桂道。六十年,苗匪滋事,总督毕沅令清安泰于保靖、花园一带抚绥降苗。寻以督饷奋勉,赏戴花翎。

嘉庆元年,先后解送首逆吴半生、石三保赴京,擢湖南按察使。五年,擢广西布政使。六年,以上林县买补谷数,造册舛错,部议降一级调用,恩予留任。七年,署广西巡抚。八年,调浙江布政使。九年,浙省粮价昂贵,清安泰随巡抚阮元捐银以济民食,上嘉其急公。十年,擢江西巡抚,寻调浙江巡抚。十月,奏言:“浙西杭、嘉、湖三府上年歉收,有缓征漕米十一万七千馀石。本年春夏雨多,麦蚕并歉,请再缓至来年征收,以纾民力。”得旨,如所请行。十一年三月,奏言:“闽、浙两省新造艇船,系画一造办。今闽省报销,经部议核减,着赔者已恩免追缴,浙省请一例邀免。”上允之。八月,洋匪蔡牵北窜浙洋。清安泰驰赴温、台一带,严禁小船出口透漏米石火药,并饬弁兵分路追剿。洋匪不能近岸樵汲,仍窜去。上以清安泰认真防堵,嘉之。时总督阿林保劾提督李长庚私回衙署,捏报获盗,请褫职治罪。谕曰:“清安泰现在温、台一带,所有李长庚追贼情形,知之必悉,着即秉公详查具奏。”寻覆奏长庚督捕奋勇,并无玩盗捏报状,上嘉其所论公正。事见李长庚传。九月,奏言:“沿海村庄,编查保甲。凡散处海隅之居民铺户,一律编牌造册。其寄寓游民,即责成房主、铺户考察。如有行踪诡秘者,立即禀究。并稽查米铺出入米数,[一]以杜贩运济匪。禁止制卖花爆,以杜火药透漏。至海口采捕小船,恐有奸徒溷迹,均饬沿海员弁随时查禁。”上是之。

十二年五月,平阳县监生庄以苫抗粮夺犯殴官,命清安泰督同江苏按察使百龄审办。鞫实,报闻。时讹传蔡逆于祥芝洋因炮伤毙命。七月，清安泰奏言："臣以该逆因伤毙命之处，只系渔户传述，焉知非该逆故散浮言，以为缓剿稽诛之计？现在谆嘱李长庚探听匪船下落，赶紧剿擒。即该逆真已伤毙，亦须根求证据，方可信以为实。其遗伙亦须乘时歼除，万勿轻听浮言，稍涉观望，致失事机。"上韪其言。九月，偕阿林保奏："温州府属外洋东臼等六山，向隶乐清县。山外洋面，向归温州镇中营管辖。请就近改隶玉环厅，其洋面改归玉环营管辖，于缉捕有裨。"下部议行。十月，劾温州府知府杨兆鹤妄报缉捕邀功状，得旨褫兆鹤职。时蔡逆仍窜浙洋，其子二来登岸入普陀寺烧香。事闻，谕曰："蔡逆为积年巨盗，亟应蹑踪追捕，尽绝根株。今伊子二来胆敢入寺烧香，毫无忌惮。可见该督抚等所称严防口岸，及蔡逆穷蹙之语，全不足信；而浙省地方官尤为松懈，清安泰尚敢腼颜入告乎？"寻命交部议处。

十二月，调河南巡抚。十三年正月，清安泰以浙省漕帮回空阻浅，耗费甚多，奏请将应行扣还恩借本息行月米价，并嘉庆九年十二月造船公借银两暂缓分扣。奉旨俞允。旋莅河南任。四月，劾粮道孙长庚擅动库项放债渔利状，下部鞫实论罪。十四年四月，卒。

【校勘记】

〔一〕如有行踪诡秘者立即禀究并稽查米铺出入米数 原脱"者"与
"米铺"三字。耆献类征卷一九二叶四八上同。今据清安泰传稿
（之二五）补。按国传卷四六叶一二上"者"字不脱而脱"米铺"
二字。

恩长

恩长,觉尔察氏,满洲镶蓝旗人。父钟音,官闽浙总督,授礼部尚书,自有传。乾隆三十年,遵川运例,捐员外郎,选盛京户部。四十三年,调回京,补兵部员外郎,充军机章京。四十六年三月,授河南南阳府知府。十月,迁直隶霸昌道。十一月,调口北道。五十一年,升湖南按察使。

五十八年,以失察属县捕役诬良毙命,降三等侍卫,为和阗帮办大臣。嘉庆四年,调办事大臣。五年,奏:“和阗回户因原种官地,年久迷失,岁纳空粮者共有七百五十馀户。兹于塔克一带地方,丈出官荒地二万六百馀亩,可资开垦。请照额粮多寡,均匀拨补。”从之。寻受代回京。六年,授安徽按察使。七年,擢广西布政使,十一年,迁巡抚。十三年二月,学政祁墫任满回京,奏劾臬司王家宾年老,降旨查询,恩长始行奏明。上以其徇隐,饬之。八月,因岑溪县知县黄通等滥批酿命属差贿和,恩长误拟绞候,经刑部驳正,自请议处。谕曰:“该模原拟错误,固有应得之咎。惟因黄通等身系职官,其犯罪与常人有间,又律无明文,是以比照定拟,其科罪失入,尚为警惕官方起见。所有应行议处之处,着加恩改为察议。”寻议降二级调用,上改为降三级留任。

十四年,调河南巡抚。十五年,奏:“豫省卫辉一带,著名河流有三:一、卫河,一、洹河,一、漳河。自乾隆五十九年漳水南徙,挟洹入卫,每至夏秋盛涨,势无收束,致直隶、河南所属地方屡被淹浸。现在漳河形势北高南下,故道既难修复,而两岸俱系浮沙,又非筑堤所能堵御。查内黄县之南豆公、北豆公村为漳、卫经过口门,且系芦盐豫漕转运要路。拟于该处春秋两次大加疏浚,岁需挑费银八千馀两,令豫省有漕州县及长芦盐商摊捐。"从之。十六年,以南阳府匪徒王胯子等纠众抢劫,持械拒捕,恩长查办迟延,并失察已革道员林树芳劣迹,及县丞冒冠惠许贿求升等款,降三等侍卫,为乌里雅苏台参赞大臣。

十七年,迁二等侍卫,调喀什噶尔参赞大臣。十九年二月,以失察阿奇木伯克玉努斯营私罔利,苦累回民,并私行遣使与浩罕伯克爱玛尔通好,部议革职。谕曰:"恩长于玉努斯种种劣迹,未能查参,本有应得之咎。念其到任在后已加恩改为革职留任,当深知感愧,于所管各事务加意经理,即不谙回语,亦当慎选通事,察言观色,留心听断。设有错误,必将伊从重治罪。伊系已经获咎之人,当倍加谨懔也。"十月,召回京。二十年,因前在广西巡抚任内,于贵县匪徒颜亚贵等纠众不法,审拟错误,部议降一级调用,命以员外郎降补;复以失察喀什噶尔阿浑仔牙墩谋逆,革职。二十一年,卒。

子保善,工部郎中。

颜检

颜检,广东连平州人。父希深,官兵部左侍郎,自有传。检,乾隆四十二年拔贡,朝考一等,以六部七品小京官用,签分礼部。拔贡用京官自是始。四十三年,丁母忧。四十五年,丁父忧。四十八年,服阕。五十四年,升主事。五十五年,迁员外郎。五十六年,扈跸滦阳,校射中四矢,赏戴花翎。五十七年,升郎中。五十八年,授江西吉安府知府。

　　五十九年，擢云南盐法道。嘉庆二年正月，调迤南道。四月，剿办威远倮匪，带领兵练，擒获倮首扎杜。上嘉其功，赏加按察使衔。十二月，升江西按察使。四年，升河南布政使，寻调直隶布政使。五年，护直隶总督。疏言："通永道所属杨村通判，驻扎处所距天津近，而距通州远，请改归天津道管辖。"下部议行。东明县民李车强奸七岁幼童赵六，不从，起意致死，叠矸十五伤，于保辜限内治愈。检以李车淫恶逞凶，未便拘引常例，请绞立决，得旨所议甚是。又永年县民梁自新勒毙继妻白氏，及媳张氏一案，讯白氏携前夫女张氏再醮梁自新，自新子有福以愚駥为白氏所嫌，时加凌虐；自新念系独子，媒聘张氏为有福妻，冀白氏因爱女并怜其子。讵白氏憎詈如故，复纵张氏与族孙梁顺先通奸，为自新父子窥破，遽商同谋毒有福，经自新搜出毒食，忿欲鸣官。白氏母女转驱逐有福，自新愤极，先后将张氏、白氏勒毙。准律殴妻至死应绞监候，惟白氏怙恶不悛，与夫恩义已绝，与寻常毙妻有间，请从轻改拟杖流。上韪其议，加恩减为杖一百、徒三年。

　　六年三月，疏请复旗租原额，以纾民力。谕曰："直隶省回赎旗地租银，因地方官经理不善，以致拖欠至十三万馀两。节经前任督臣胡季堂奏请调剂，迄无善策，而汪承需复有将官地变价之请，事涉纷更，尤为非体。着加恩全行减免，其馀额征租银，年清年款，毋许仍前延玩。"四月，擢河南巡抚。先是，检弟颜樾由举人大挑一等，王大臣避嫌扣除。谕曰："广东举人颜樾业经王大臣挑取一等，后因系颜检之弟，复经扣除。朕本欲俟会试揭晓后，另行加恩，今榜发未经中式，颜检平日居官公慎，伊弟颜樾着加恩仍作为一等。"九月，奏："增豫省武职，荆子关添设副将一员、都司一员、千总把总各一员、外委额外外委各二员,卢氏县汛添设守备、把总各一员,朱阳关添设千总一员,新野汛添设游击一员、千总额外外委各一员,彰德营添设参将一员,千总、把总、外委、额外外委各一员,内黄汛添设外委一员,内黄县之楚旺地方系河南通省兑漕重地,添设千总一员。”从之。十一月,获西华县隆胜沟地方土棍张憨子等首伙各犯,上嘉其妥速镇静。七年二月,违例奏补罗山、息县知县,部议降一级留任。上以检平日办事尚好,改罚俸。

四月,署直隶总督,谕曰:“颜检曾任直隶藩司,护理督篆,办理地方事务,尚属认真。伊资格较浅,着以兵部侍郎衔署理直隶总督。”九月,擢直隶总督,谕曰:“本年直隶总督缺出,因颜检资格稍浅,特令以兵部侍郎衔署理。抵任以来,将及半年,办理公事,尚无贻误。颜检着加恩实授直隶总督,并加兵部尚书衔。”寻赏穿黄马褂。八年三月,奏改直隶涿州管河吏目为北岸三工巡检,霸州管河吏目为北岸六工巡检,沧州减河吏目为沧州风化店减河巡检,专管河务,从之。五月,面奉训谕,具折奏谢,谕曰:“君臣相得,亦非常之缘,不可思议。卿当思颂不忘规,朕若有丛脞之处,必密行进谏,切勿不言;不言则为负恩矣!卿若有失算之处,朕必加谴责,断不姑息;姑息转为私德矣。勉之,志之!”六月,请将元城、大名、南乐、清丰四县捕务,责成大名府同知管理,改为兼河捕盗同知;长垣、开州、东明三州县捕务,仍归大名府通判管理,兼管通属盐务:得旨允行。

七月,以永定河两汛安澜,[一]赏加太子少保衔。谕曰:“颜检自入夏以来,驻工防汛,督同道厅各员,随时抢护各工,俱臻稳固,宜防尽力,殊属可嘉!"是月,<u>直隶各州县蝗害稼</u>,<u>检奏</u><u>三河</u>、<u>昌黎</u>、<u>乐亭</u>三县并无蝗蝻,其馀如<u>遵化</u>、<u>丰润</u>、<u>玉田</u>、<u>滦州</u>、<u>卢龙</u>、<u>迁安</u>、<u>临榆</u>等州县,间有飞蝗过境,俱在空际飞扬,并未伤及禾稼。谕曰:"飞蝗过境之处,道里绵长,岂有久飞不停之理?既经停歇,断不能忍饥待毙,又焉有不伤禾稼之理?总由地方官规避处分,非以有报无,即以不伤禾稼之语,讳匿具详,视为故套。<u>颜检</u>自不肯饰辞陈奏,而地方官诳报积习,实不可信。朕闻<u>三河</u>一带蝗蝻,不但飞集田畴,即大路旁亦纷纷停落,而<u>丰润</u>竟有填积车辙者。此皆过往官员目击之语,<u>颜检</u>不可听属员禀报,遽以为实,[二]仍当详细访查,期于秋收无碍。倘该督不认真查办,经朕查出,恐不能当此重咎也。"

八月,奏请将<u>大城</u>等各州县旗租全行豁免,经部覆豁免十分之五;复以户部缮写错误,仍咨请更正,部臣以闻,命传旨申饬。寻谕曰:"前因户部具奏<u>直隶</u>督臣<u>颜检</u>请将<u>大城</u>等七州县旗租,例应蠲免五分者,于奉到部覆后,仍咨请查核更正,全行豁免,曾传旨申饬,仍照部议行。旋经<u>颜检</u>于差次面奏,此项旗租业已颁发誊黄,与民粮一体全行豁免,此系加惠黎元之事。所有<u>大城</u>、<u>河间</u>、<u>新河</u>、<u>宁晋</u>、<u>隆平</u>、<u>新安</u>、<u>安州</u>七州县及<u>宛平</u>、<u>文安</u>二县应征七年各项旗租,着加恩全行豁免。至该督于奏请时,如欲将旗租与民粮一律请豁,则当声明从无全免之例,垦求破格施恩,方为正办。何得含糊声叙,以致办理歧误?着交部议处。"是月,以<u>查办水利工程</u>,请酌加盐价,为兴修之用,上命大学士、九卿会议,寻议驳。谕曰:"九卿议驳<u>颜检</u>等筹办水利工程请加盐价一折,此事本属难行。盐斤加价,不独系病民之举,且官盐价昂,则私贩愈多，滞销愈甚，于盐务亦属无益。若以兴修水利为词，则该督等所奏，每岁仅将加价银六十馀万两归入河工，于目前修浚事宜，亦属缓不济急。颜检向来办事认真，此奏未必全系该督主见，自系赛尚阿轻听商人之言，从旁怂恿，而颜检即会同入告，殊属非是。着传旨申饬。"九月，奏请缓征文安、大城、雄县、安州、新安、河间、青县、静海、隆平、新河等州县新旧钱粮，允之。

九年二月，京察届期，上以颜检办理地方一切事宜，黾勉妥协，下部议叙。四月，谢恩，并自陈惶悚微忱。谕曰："常持此心，不令稍放，自能永受多祜。朕以自勉之心望卿，慎勿稍忽！"复谕曰："物阜民安，度节方能愉快。近日望泽颇殷，未蒙沾溉。朔日内苑例陈龙舟水戏，亟命罢之，以承天泽。赦过悯农，曷胜企望！"六月，以广渠门外及通州等处间有飞蝗，上命检查明具奏。寻奏蝗不成灾，谕曰："昨据奏现已捕尽，并称飞蝗不伤禾稼，惟食青草，殊不成话！范建丰赴广渠门外，见田禾被蝗食者已有十分之四，尚得云不伤禾稼乎？颜检不应出此，当于折内批示该督平日办事尚为认真，惟于折内每敷陈吉语，未免近于虚浮。朕勤求治理，惟日孳孳，总以实不以文，即景星庆云，前史所称，朕皆不以为瑞。必果系时和岁稔，家给人足，方为有象太平，岂可稍有粉饰？如颜检之好语吉祥，则属员等意存迎合，偶有地方灾歉，必不肯据实直陈。间阎疾苦，壅于上闻，吏治民瘼，大有关系。仍着颜检迅派妥员，分投查勘，务期扑捕净尽。如有伤残禾稼、收成稍减之处，即据实查奏，候朕加恩，毋得仍前讳饰，致干咎戾。"本日御制见蝗叹一首，并录交颜检阅看。寻奏陈实在情形，并自请严议。谕曰："前因京城广渠门外及通州等处间有飞蝗,一面派<u>范建丰</u>前赴查勘,一面谕令<u>颜检</u>将<u>直隶</u>地方有无蝗蝻滋长之处,悉心查明具奏。旋据该督奏称,均已扑除净尽。嗣于前月二十九日,朕斋戒进宫,披览章奏,适一飞蝗集于御案,当令扑捕,经太监等捕获十数个。因思宫禁既有飞入者,则郊原四野,不知更有几何。旋即派员四路查勘。兹据奏驰赴<u>宛平</u>县属之<u>水屯</u>、<u>八角</u>二村查勘,该处七八十亩之广,谷粟被伤,约有三四亩。复据<u>大兴</u>、<u>宛平</u>、<u>通州</u>、<u>武清</u>、<u>新城</u>、<u>遵化</u>、<u>任丘</u>、<u>容城</u>、<u>涞水</u>、<u>固安</u>、<u>保定</u>、<u>满城</u>等州县禀报,所属村庄均有蝻子萌生,现在上紧捕除。可见如许州县均有蝗蝻,若非特派卿员驰勘,<u>颜检</u>仍未必据实直陈。前此所奏,实不免于粉饰。<u>颜检</u>奏请严加议处之处,本属咎所应得,姑念该督平日办事尚属认真,着加恩改为交部议处。嗣后惟当痛改前非,实心任事。遇有地方灾歉事务,尤当一面查办,一面据实陈奏,俾闾阎疾苦不致壅于上闻,方为不负委任。如再有讳匿迟延,经朕查出,必将该督严行惩处,不能曲为宽贷矣。"

七月,<u>束鹿</u>县民<u>王洪中</u>狱上,谕曰:"此案<u>王洪中</u>被<u>张文观</u>纠众寻殴写呈具控,复被<u>张文观</u>等揪落发辫,剥脱衣履,<u>王洪中</u>赴省,在臬司处控告批府。该府即应亲提讯办,辄委之分发试用初学审案之知县<u>黄玠</u>审讯,偏信<u>张文观</u>等一面之词,称<u>王洪中</u>素不安分,疑为诳告,转将干证等各加掌责,遂致顺口捏供。迨经禀府覆审,<u>吴兆熊</u>仍不虚衷研鞫,复将<u>王洪中</u>掌责,以致<u>王洪中</u>受屈自缢。<u>王洪中</u>平素即系刁健,而就案论案,实因官司负屈莫伸,轻生自缢,皆由该府县偏听枉断所致。总督<u>颜检</u>据详率结,已属非是,况此次在差次召见,经朕询问,伊等但奏称系属寻常斗殴案件,于部讯各情节,竟茫然不知。可见该督等于此等民人负冤上控之事,并不亲加伸理,委之首府审办,任令颠倒是非,出入人罪。似此玩视重案,国家又安用督、抚、藩、臬为耶?颜检着交部严加议处。"寻议革职,上改为革职留任。九月,永年县民郭四狱上,上以此淫凶重犯,不容一日稽诛,该督仍照寻常案件奏请敕部核议,实属拘泥,命传旨申饬。十二月,奏陈各属文武年终考语,得旨:"知人则哲,惟帝其难。今之慎终如始者鲜,见利忘义者多。朕实愧知人之明,愿卿常留意,勿被人欺,勉之!"

十年四月,刑部以逆犯刘士兴狱上,谕曰:"直隶民风素称良善,乃刘士兴一犯,平日在藁城地方,与周廷敬等结拜兄弟,并向魏迎春学习枪棒。其好勇斗狠,本非一日。竟敢于禁门外持械逞凶,实为罪大恶极!地方官稽查奸宄,责任綦重,如寻常赌博细故,尚皆申明禁约,何于此等匪徒传习枪棒,毫无闻见?总督颜检着交部议处。"部议降调,上以刘士兴平日尚无逆迹彰著,此次持械突至禁门,原非意料所及,命改为降一级留任。是月,奏:"敬承谕旨,嗣后加意整饬属吏。"谕曰:"方今中外吏治,贪墨者少,疲玩者多。总尚因循,每多观望。大臣不肯实心,惟恐朕斥其专擅,小官从而效尤,仅知自保身家。此实国家之隐忧,不可不加整顿。卿系腹心之臣,故将此旨谕知,卿其勉之!"又奏言:"敬承圣训,推扩管见,属员平日出力处如果超众,而所罹不见,轻而可原,仍当教导成全,以协为国储才之义。"谕曰:"属员中不肖者,乃殃民之官,断不留于治世。如近日广西之孙廷标,湖南之董如冈,去其已甚,正所以保全馀者。能多几员改过之人,保全百姓之元气多矣。以此类推,知其略矣。非教卿存心刻薄,严厉御下也。"

五月，奏劾易州知州陈渼亏空累累，并自请严议。谕曰："陈渼在任八年，亏空仓库正杂钱粮银九万八百馀两，又捐杂各款银二万一千五百馀两。地方官于帑项任意侵挪，该管上司扶同徇隐，若不严行惩办，何以清帑项而饬官方？颜检系由本省藩司升任总督，于属员仓库亏短，并不早为参办，着交部严加议处。"寻议褫任，谕曰："各省仓库钱粮，均系国帑。倘有亏缺，即当按律治罪。节经降旨通谕各省督抚，令其督率清厘，毋许属员续有亏挪，不啻至再至三；而颜检历任直隶藩司、总督，总未据实入告。每于差次逐日召对，面加垂询，亦未将实在亏短情形，备悉密陈，只图含糊了事，实则并未上紧查办。颜检好为虚语，意存粉饰，屡经训饬，仍不悛改，一味徇庇属员，因循推诿，以致各该州县无所畏惧，蔑法营私，不惟前欠未补，[三]抑且任意续亏。今易州一处，亏空正杂款项至十一万馀两之多，皆由各上司沽名见好、迁延不办所致。本日吏部议奏，将颜检降四级调用，因本有革职留任之案，无级可降，应行革任。此专指易州一案而言，合之通省续亏之数，该督获咎甚重。本应革职治罪，姑念颜检平日尚能办事，操守亦尚谨饬，破格施恩，着赏给主事衔，在吉地工程处效力，仍带革职留任。八年无过，方准开复。"

六月，以永定河堤工蛰陷，谕曰："直隶总督职司宣防，此次堤根汕蛰，自因办工草率所致。[四]颜检前在直隶总督任内，何以并不留心稽查，责无可辞。传谕颜检刻即驰赴永定河北岸堤工，随同那彦宝办理堵筑事宜，勉赎前愆。如查有应行赔修工段，即着落颜检等赔修。"是月，以直隶省上年情实人犯，刑部由缓决改情实者十四条,得旨:"督、抚、臬、司于秋谳事件,自应详慎参核,分别定拟缓实,期于无枉无纵,乃颜检、傅修于凶殴毙命各案,辄从宽贷,且将原拟情实之犯,无故改拟缓决。似此心存姑息,欲邀宽厚之名,而不顾死者含冤地下。该督等于此等情真罪当之犯,尚思曲为末减,又何能整饬吏治?无怪乎属员罔知儆畏,于仓库任意侵挪,日久不行弥补,并有续亏,该督等一切置之不问,尚复成何事体!直隶省诸事因循废弛,即此次办理秋审失出至十二案之多,而前实后缓者,又有两案。颜检、傅修即现任总督、臬司,其咎已应罢黜,况前于办理清查案内业经获罪,颜检前经赏给主事衔,令在永定河工次效力,今办理秋谳似此谬妄,实属辜恩。颜检着革去主事职衔,仍在工次效力,以为各省大吏阘茸废弛者戒!"

十一年七月,谕曰:"颜检前在直隶总督任内,于各属亏缺库项,因循不办,任令监追各员在省闲住;复于秋谳情实案犯,改拟缓决,有意轻纵。该员在工效力,已阅年馀,其才具尚不至终于废弃,其罪亦非必不可恕。现在南河要工林立,颜检着赏给五品顶带,发往江南差遣委用。接奉此旨,即着迅速前往,如果奋勉出力,铁保等即据实奏明,将颜检以同知补用。"先是,直隶省官吏勾通侵吞帑项,历有年所,事觉,谕曰:"该省官吏幕友、长随人等,敢于一气勾通,将国家正帑任意侵吞,明目张胆,毫无忌惮。历任总督、藩司,懵然不知,竟同木偶,所司何事?为从来未有之案,朕不得不从严加重办理。颜检本系在直隶总督任内获咎之人,经朕节次施恩弃瑕录用,赏给同知,发往南河效力。今伊在总督、藩司任内,复有此重大之案,实难再为曲贷,颜检着革去顶

带。着铁保派员押送来京,听候部议。"寻议革职,上以革职不足
蔽辜,发往乌鲁木齐效力赎罪。十三年三月,命释回,令其自备
资斧,前往南河工次差遣委用。十四年六月,命以主事充西仓监
督。十月,调大通桥监督。十五年二月,调户部主事。三月,授
湖南岳常澧道。五月,授云南按察使。

　　十六年六月,授贵州巡抚,具折谢恩。得旨:"洁清立身,汝
之长处。刚方御下,汝未能及,所以被人欺侮。今世小人多于君
子,一味厚道,断乎不可,勉力振作为要。"十七年正月,奏谢颁赏
"福"字,得旨:"贵州民情不似从前淳朴,有习西洋教者,有贩卖
人口者,汝不加严究,又似先时懦弱情形矣。若再犯国法,朕断
不轻恕,慎之,勉之!"二月,给事中何学林奏劾贵州传习天主教,
各乡聚集数十人及数百人不等,省城之北门外尤甚;又思州府等
处有拐匪,各据巢穴,诱拐妇女,地方官俱不严行查办。谕曰:
"思州、平越等处距省尚远,或系府县官隐匿不报。至省城北门
外传习天主教者,实繁有徒,该抚驻扎省垣,岂竟毫无闻见? 乃
漫不经心,所司何事? 颜检系获咎之人,经朕弃瑕录用,仍畀以
封疆重任,倍当激发天良,力图报效。今该省有此奸匪,伊未能
早行查办,已有失察之咎,着该抚即督率所属将省城关外各处传
习天主教匪徒及思州等处拐匪,分饬严密查拿,以靖地方而除积
患。若因循姑息,酿成大案,其咎更重于失察书吏侵蚀钱粮矣。
思之,慎之!"御史王开云奏陈黔省近年略贩人口之风甚炽。谕
曰:"颜检身任封圻,戢暴安良,是其专责。今该省有此奸匪,略
卖兴贩,干禁病民,伊已失察于前,若再因循姑息,不认真查办,
其咎更重。朕追论前愆,一并惩治,恐该抚不能当此重谴也。"五

月,命来京候旨。先是,滦州民董怀信等传习邪教,事觉,吏部议上历任总督等官处分,上以颜检在总督任内最久,并曾任藩司,其咎较重,降二级以京员用。八月,复以直隶涿州知州徐用书交代含混,经侍郎景安等查明奏参。谕曰:"前任总督颜检被属员朦混,据详率奏,实属愦愦,岂能复胜京堂之任?着于到京后,以六部郎中降补。"十八年,补工部郎中。

十九年六月,授山东盐运使。七月,命以三品顶带为浙江巡抚。十二月,以杭、嘉、湖三府旱,疏请豁除蠲缓,允之。是月,奏:"请开浚西湖,其略以为杭州之西湖,聚南北诸山七十二泉之水,潴而为湖。仁和、钱塘等州县及嘉、湖二郡田亩,均借此湖灌溉,且许村、西路、黄湾等场商人掣运盐斤,赖以浮送,实为浙省紧要水利。"从之。二十年正月,谕颜检曰:"汝操守好,才干优,所欠者爱惜小阴功,心慈面软,不能振作。是以属员只知怀德而不知畏威,吏治敝坏,皆由此起。猛以济宽,汝其勉之!"五月,西湖山内厝棺被窃,狱上,命刑部核议,寻经议驳。谕曰:"此案俞瑞祥等烧棺窃取财物,自有撬棺移尸情事,该抚所称并未损及骨殖一语,[五]殊难凭信。明系将贼犯罪名从轻问拟,豫为地方官开脱处分。颜检向来办事疲软,经朕弃瑕录用,乃于地方盗窃案件,仍纵恶养奸,因循怠玩,不能实力整顿,又欲为部曹乎?着传旨申饬。"七月,武平县民刘奎养等结会传徒,狱上,谕曰:"此案刘奎养听从在逃之谢国勋纠入添弟会,给与秘书一本。颜检既经起获,即应向该犯等追究系何人编造,作何行用,乃仅将该犯等照复兴添弟会名目,加重问拟斩决,并未研究该犯等有无谋为不轨情事,实属草率。颜检因循疲玩,总不能改,姑着交部议处。"十二月，西湖厝棺被窃之案，复经御史苏绎参劾，命侍郎成格等往谳，讯明俞瑞祥等均非烧窃厝棺正犯，系由县役差缉正贼未获，畏惧比责，贿嘱诬认。谕曰："此案若非特派大员前往查办，几至以假乱真，使正贼转得漏网，成何事体？颜检前任直隶总督，即阘茸不职，以致地方废弛，邪教萌蘖滋生，后遂酿成大案。迨由贵州巡抚降补郎中，因一时简用乏人，又加恩擢授浙江巡抚。颜检蒙屡次弃瑕录用之恩，自当倍图奋勉，乃仍复因循怠玩，无能已极，且年已就衰，难望振作，即着照部议革职，回籍家居，闭门思过。"二十四年，恭逢万寿，入都祝嘏，奉旨以六部员外郎即用。二十五年七月，补刑部员外郎。

　　十二月，擢福建巡抚。道光元年，疏陈编查白底渔船以靖盗源，其略以为："奸弊必有由起，防察须究其源。闽省下游各郡民多操楫为生，旧例凡商渔置造船只，由地方官取结给牌，出入各汛口，一体挂验；又复烙号书篷，将船户姓名悬于目睫。如有在洋作奸犯科情事，人皆一望瞭然，立法未尝不周。无如狡猾之徒，行为诡秘，常有私置船只，或向人转租私卖，假冒原主名姓，混越出口，阳托采捕为名，实则隐图劫掠，大为商旅之害。查各澳船只出洋贸易者，惟有白底船即大渔船一项，每届春冬，驶往浙洋，捕鳇钓鳇，其初原无为盗情形。若渔汛愆期，无利可获，往往乘间伺劫。旧例烙号书篷，易于涂灭，仍属有名无实。惟有编立甲牌，以十船为一甲，责令该澳甲族房长取具连环保结，一船为匪，九船连坐。嗣后饬领本籍牌照，不准于邻县请照，亦不准将船租卖别县民人，以杜假冒，庶守分者不敢妄为，玩法者知所儆惧。"得旨："所办甚善，务在实力实心，地方文武员弁认真稽查，奉行毋懈；如有疏防玩纵情弊，尔督抚等即据实奏参，勿稍徇隐，以靖海疆，勉之！"

二年正月，复擢直隶总督。先是直隶藩司屠之申奏直隶差务殷繁，议请于每地一亩摊征差银一分，以均徭役。上命俟颜检到任后，妥议具奏。寻奏称减差均役之说，实不可行，其略曰："自古有治人，无治法。立政贵持大体，无事纷更。守土重在得人，自臻治理。现惟有严饬该管道府，各就地方情形，并向来办理旧制，随时斟酌，妥为布置。一有差务，即严察该州县等，如有能体恤民艰、公平允协之员，据实保举，其有听信书役任意浮派苛累者，立即指名纠参，不得稍从宽纵。"上以所论极是，谕曰："赋徭之制，东南则赋重役轻，西北则赋轻役重，立法至为深厚。若如该藩司所奏，是役重而赋并重，其意何居？嗣后直隶办理差务，着颜检严饬该管道府仍遵旧章，各就地方情形斟酌妥办。"七月，奏请赈济霸州等二十一州县被水灾民，得旨，如所请行。八月，疏陈永定河水势骤涨，南六工东西坝共走失十三丈，未克如期合龙，恳请宽限。谕曰："近日天气晴明，并未阴雨，即使偶值北风，汕刷势猛，永定河面不为宽广，何至水势陡长，波浪汹涌，不能如期合闭口门，反走失十三丈之多？总由料物本未购备齐全，人夫又不能督饬抢办，种种办理不善，咎无可辞。此次姑允所请，予限二十日，毋许再有迟误。颜检督办无方，着交部议处。"寻议降一级留任。九月，大坝合龙。得旨："该督督率厅弁，昼夜趱办，慎重进占，于十三日启除土埝，开放河水，建瓴而下，大溜掣动，畅流下注，即时挂缆合龙，全河复归故道。览奏欣慰。"十月，奏缉获在逃十年习教之逸犯宿景连等，按律惩治，上嘉之。三年二月,请将大城县续淹七十村庄加赏一月口粮,得旨允行。四月,上以"颜检自简任直隶总督以来,办理均无遗误,惟年近七旬,究恐精力不逮,有失整顿,命来京另候简用。"是月,署工部左侍郎。六月,调署礼部左侍郎。九月,授户部右侍郎,兼管钱法堂事务。十二月,调仓场侍郎。四年七月,以失察旧太仓监督吉升保等得赃,部议降二级调用,上加恩改为降三级留任。十二月,授漕运总督。五年,以河淤漕滞,下部严议,寻议降三级调用。谕曰:"朕惟国家用人之道,贵在赏罚严明;而赏罚之平允,在权衡功过。朕自临御以来,于内外诸臣,无不倾心委任,从不以其人之功过豫存成见,意为宽严。颜检经朕特简漕督,漕务是其专责,乃不能妥速办理,有负委任,且年力就衰,着加恩改为降二级,以三品衔休致。"寻疏称察看帮船盐运情形,恐致迟误,请援照成案截留存贮筹办,复谕曰:"颜检曾任督抚有年,自特简漕督以来,并不通盘筹画,一味游移迁就,实属无能。着降为五品衔休致。"十年,以户部假照案发觉,颜检失察被议,降六品衔。十一年,入都祝嘏,赏还五品顶带。十三年,卒。

　　子伯焘,现官闽浙总督,缘事褫职。

【校勘记】

〔一〕以永定河两汛安澜　"两"原误作"三"。耆献类征卷一九一叶三下同。今据睿录卷一一七叶一三上改。

〔二〕遽以为实　"遽"原误作"遂"。耆献类征卷一九一叶四上同。今据睿录卷一一六叶六下改。

〔三〕不惟前欠未补　原脱"不惟"二字。耆献类征卷一九一叶八下同。今据睿录卷一四五叶五下补。

〔四〕自因办工草率所致　"工"原误作"理"。耆献类征卷一九一叶九
上同。今据睿录卷一四五叶二四上改。

〔五〕该抚所称并未损及骨殖一语　"骨殖一语"原误作"一骨"。耆献
类征卷一九一叶一二下同。今据睿录卷三○七叶二二上改。

裴行简

裴行简,江西新建县人。父曰修,官工部尚书,谥文达,自
有传。

乾隆四十年,行简蒙恩赐举人、内阁中书。四十二年,在军
机章京上行走。四十五年,擢内阁侍读。是年,京察一等,复考
选御史,先后引见,皆记名。四十九年,随大学士公阿桂赴甘肃
剿办石峰堡回匪,旋随赴河南查办睢州河工堵筑事宜。五十年,
擢山西宁武府知府。五十三年,调平阳府,历署雁平道,太原、潞
安等府。五十五年八月,呈请改补京职,奉旨:"裴行简向在军机
处行走,由内阁侍读补放知府。今以亲老,呈请改补京职。外省
官员往往有父母年已衰老,不肯据实呈请,意图恋栈。裴行简情
愿内用,甚属可嘉! 着加恩仍留知府顶带,以员外郎即用。"旋补
户部员外郎,仍在军机处行走。六十年,擢刑部郎中。

嘉庆四年,擢内阁侍读学士,奉命祭告南海。五年,擢太仆
寺少卿。六年正月,偕大理寺少卿窝星额赴陕西军营犒军,擢太
仆寺卿。四月,授河南布政使,旋调江宁布政使。五月,上以裴
行简前赴军营犒赏兵勇,并将王廷诏管解,均属出力,赏戴花翎。
谕曰:"裴行简奏谢恩驰赴河南藩司新任折内,有'俟大功告成,

仍恳求来京供职'之语。今又调任江宁,届期候朕酌夺。"七月,
抵江宁任。八月,丁母忧,回籍。八年五月,谕曰:"裘行简将届
服阕,着署理福建藩司印务,不必来京请训,即赴新任。"十二月,
服阕,实授福建布政使。

九年十二月,调直隶布政使。十年正月,奏直隶藩库各项钱
粮大概情形,酌拟办理缘由,又遵旨逐条复奏:"直隶亏缺款项细
数,应饬各道府造册齐全,送局后方可彻底查核。至州县因何赔
累之由,说者动以皇差为名,借口赔累。殊不知乾隆三十年以
前,从未闻直隶有亏空之事。然乾隆十六年、二十二、二十七、三
十等年,四举南巡盛典,乾隆十五、二十六年两次巡幸五台。十
五年之内六次办理差务,〔一〕不为不多,何以并无亏空?乾隆四
十五、四十九等年两举南巡盛典,四十六、五十一、五十七等年三
次巡幸五台。二十年之中办差五次,较少于前,而亏空日增。总
缘三十年以后之地方大吏,贪黩营私,纳交馈送,非办差之踵事
增华,实上司之借端横索。近年大吏不加查察,一任州县借词影
射,相习成风。试令州县扪心自问,果有赔累,其捐官肥橐之钱,
究从何出?此臣之所不敢代为宽解者也。至分年弥补之说,可
以行之于他省,而在直隶为难;可以行之于现任,而在离任之员
为难。盖直隶为各省通衢,往来驿务最为繁多,缺分较好之州
县,只可裒多调剂津贴,冲途又无别项陋规可以提取。此直隶较
他省为难也。至现任之员查有亏空,予以革职留任,勒限弥补,
彼必保护身家,爱惜官职,即卖田鬻产,亦思依限全完,若责以代
离任之员按年弥补,伊焉肯自解私囊,代人完欠?势必取给仓
库,遮掩目前。是前欠未清,后亏复至。此现任代前任弥补之为

难也。至直隶屡次清查，亏缺渐增、完缴渐少之故，盖亦有说。查属员之亏项无着，例应该管之道府分赔；道府之赔项无着，例应本任之院司摊赔。今直隶并未申明定例，查照办理，则其自为之私已可概见。乃惟沾沾于原亏之员是问，又不按例严追，无以示惩。此所以原款无着、后亏复增也。臣愚以为初、二两次清查，应行在省监追之员及应令各省监追之员，经此次盘查后，再行勒限一年。如果实在无力完缴，查明任所原籍财产，实属尽绝，即由部臣查明各该员在任月日，着落该管各上司分别赔缴，以归有着。至嘉庆十年以后，州县交代遇有亏空，臣惟有执法从事，断不准混入清查，致从宽纵。总之自九年以前，查核亏数，以清亏空之源；十年以后，严究交代，以截亏空之流。如此办理，庶以前之亏空或不致悬宕无着，以后之交代或不敢仍前藐玩。"疏入，上奖其所奏明晰，令大学士、六部尚书议行。五月，兼署按察使。

九月，护理总督。十月，谕曰："裴行简资格较浅，于直隶地方事务，尚能整饬。着加恩以兵部侍郎衔，署直隶总督。"十一月，奏直隶初、二两次原亏银两，将应行监追人员饬追。旋即查明原任知府顾宾臣等五员亏缺银数，奏请办理。十一年，奏请移驻汛员以重河防，补筑永定河堤埝工程。直隶旧有千里长堤及新旧格淀堤，亟请疏筑；又会筹兵丁差费，于该省公项内拨款生息。均得旨允行。五月，因办理宋二油饼故杀一案，入于缓决，部议降调。谕曰："裴行简于应入情实之犯，咨请入缓。嗣复引案饰非，部议降二级调用，着改为降三级留任。"六月，奏查北运河一带官剥民船滋弊情形，请明定章程，报闻。七月，永定河北岸坍塌一百馀丈,防堵不力,自请严议,奉旨降二级留任。八月,布政使庆格查出司书假雕印信,串通银匠虚收解款,行简据实入奏,钦派大学士费淳、尚书长麟驰赴严讯,查明款项具奏。谕曰:"裘行简在藩司任内,曾虚收受银一万一千馀两,其署总督任内,亦失察藩司虚收银一万六千馀两,但为数较少。再伊于升任总督后,[二]因藩库款项未清,奏明查办,方能厘出弊端,免其严议。着交部议处。"部议革任,上改为革职留任。

九月,卒。谕曰:"署直隶总督裘行简,系裘曰修之子。少时即蒙皇考高宗纯皇帝赏给举人、内阁中书,在军机处章京上行走有年,荐擢山西知府。嗣因亲老,吁留京师供职,尝荷恩准以四品顶带改补部秩,仍直枢曹。朕亲政之初,曾经有人密保,迨擢授京堂,简放藩司,果能办事实心,正己率属。前年由福建藩司来京觐对,彼时因直省钱粮款项,纠缠悬宕,恐有弊端,特将伊调任直隶。自到官以后,将通省仓库彻底清查,条分缕析,于地方一切公事,均能不辞劳瘁,经理认真。是以上年该省总督缺出,即命以侍郎衔署理。此次办理书吏等勾通州县舞弊虚收钱粮一案,虽系庆格自行查出,究因该署督立法清查,始能勾稽得实。封圻重寄,倚任方资。兹披览遗章,并据天津道胡钰奏称该署督由天津赴永定河查看漫口工程,行至三河头地方,偶感风寒,医药无效,遂致不起,殊深愧惜!着加恩照实任总督例,给与一品恤典。所有任内一切处分,均予开复。伊子裘元善,着加恩赏给举人,俟服阕后,一体会试。"赐祭葬,谥恭勤。

子元善,现任翰林院庶吉士。

【校勘记】

〔一〕十五年之内六次办理差务　"十五"原误作"二十"。耆献类征卷
　　一九〇叶三三上同。今据国传卷七五叶二上改。按上文云乾隆
　　十六年至三十年，知此实为十五年。

〔二〕再伊于升任总督后　"于升"原误作"署"。耆献类征卷一九〇叶
　　三五上同。今据国传卷七五叶三上改。

张诚基

张诚基，山东金乡人。乾隆三十四年进士，分户部学习。三
十七年，补浙江司主事，荐升郎中。四十三年，授贵州贵西道。
四十六年，调粮驿道。四十七年，擢贵州按察使。五十年，调四
川按察使。五十一年，丁母忧。五十五年二月，命署甘肃按察
使。十一月，擢直隶布政使。五十七年，调江苏布政使。

嘉庆元年六月，授安徽巡抚。八月，查缉颍、亳、六安等处匪
徒，奏闻，上是之。调广东巡抚。先是，粤东洋盗充斥，肆行劫
掠，诚基严饬员弁购线缉拿。二年二月，获盘踞夷地积年在洋肆
劫之盗首大辨贵及匪党十八名，又获盗犯周得仁等十七名，按律
惩办，枭示沿海地方。奏入，报闻。三月，获在洋行劫盗匪并服
役各犯，审明分别办理，具奏。谕曰："此次所获盗匪，只系随同
在洋行劫及服役各犯，并非盗首，何足为奇？张诚基务须督饬所
属，上紧购缉，将盗首林发枝等悉数拿获，以靖根株，毋得稍存推
诿。"是月，仍调安徽巡抚。四月，调江西巡抚。十一月，以高安
县俞圣基任听管仓丁役私造大斛，希冀浮收，奏请革审。旋于三
年三月讯明，系粮道张姚成恐人造斛作弊，令差役私诱木匠故作

宽大斛面，以便从此根究。后木匠畏罪，妄扳高安县家丁，姚成误信揭参，请将该道革职，该县开复，并请交部议处。谕曰："张诚基于已经奏参之案，并不回护，据实平反，所办尚是。自请交部议处之处，着加恩宽免，仍交部议叙。"八月，义宁州陈坊地方，有习教匪徒聚众滋事，诚基接据禀报，即督同总兵带兵剿捕，将首犯刘联奎枪毙，馀匪擒获，居民安堵如故。奏入，上嘉之，赏戴花翎，交部从优议叙。谕曰："江西地方向未闻传习邪教，亦无纠众抢掠之事。此案刘联奎闻湖北蒲圻县有匪徒抢掠获利，遂起意在陈坊地方竖旗聚众，焚劫村庄，实属不法。张诚基督率将弁，驰抵该处剿捕，直捣贼巢。于匪众初起之时，将各犯全获，已降旨从优议叙，赏戴花翎。张诚基着赏黄辫大荷包一对、小荷包四个、玉扳指一个、累丝盒一个、碧玉带板一块，以示奖励。"

六年，上闻江西正考官周兴岱以侍直内廷，于前赴该省时，称有奉旨查访地方之事，并擅出告示，收受程仪，密旨命诚基查覆。七年正月，诚基据实陈奏，谕曰："周兴岱以供奉内廷，在外夸张，何以该省官员畏其声势，馈送从厚？张诚基平日办事必非无瑕可指，虑其举发，故尔曲意周旋，仍蹈逢迎积习。俱着交部议处。"十月，原任江西建昌县知县刘光，遣子赴步军统领衙门控告诚基剿捕义宁州逆匪时冒功，上命侍郎姜晟前往审办。姜晟奏称讯问诚基供认此事实有粉饰，因年来心疾未释，当日闻地方有反叛之事，虽经办竣，恐干重罪，是以将八月搜捕完竣之日，作为伊带兵打仗之时，其实并未亲自临阵，并缮具诚基亲供呈览。谕曰："张诚基以巡抚大员，于地方逆匪滋事之案，平日不能留心查察，及破案之后，尚不将办理情形据实陈奏，又复粉饰情节。

今据供称希冀轻减罪责,试思失察逆匪之罪,较之捏饰具奏之罪,孰轻孰重?张诚基着革职,交军机大臣会同刑部审拟治罪。"八年正月,审讯属实,拟斩监候,上宽之,改绞监候,交刑部监禁。十一年,奉旨发伊犁效力赎罪。十三年,释回,命自备资斧,前往南河听候差委。十四年,奉旨以六部主事用。十五年,补刑部江西司主事。二十一年,卒。

陆有仁

陆有仁,浙江钱塘人。乾隆三十四年进士,分刑部学习。三十七年,补贵州司主事。四十年,授云南司员外郎。四十二年,转四川司郎中,俸满保举知府。四十五年,充贵州乡试正考官。四十六年,授广西梧州府知府。四十九年,调太平府知府。五十二年,升福建延建邵道。时以安南内讧,夷眷来奔,陆有仁详询夷官,援接防护。经总督孙士毅奏入,并请留同防边,得旨嘉奖。五十四年,调福建督粮道。五十五年,升山东按察使。五十七年五月,授直隶布政使。十月,因山东任内未能确查所属盗杀重案,率行据详,降甘肃按察使。嘉庆元年六月,擢刑部侍郎,留办甘肃赈务。十一月,命代办陕甘总督事。时因四川达州教匪西窜,陕甘总督宜绵亲往办理。甘省秦州、巩昌均与川省毗连,上谕陆有仁严密堵截。

二年四月,河南贼匪窜入朱阳关,[一]逼近雒南。请与西宁镇总兵富尔赛驰赴潼、商,[二]相机堵御。又以贼匪侵入商、雒境地,请督兵进剿,并饬调甘凉镇营兵前往堵截。谕曰:"陆有仁不过代办总督事件,至军务紧要,自有巡抚在彼。今檄调甘凉等处兵丁,并亲身来陕,殊属张皇。甘肃地方紧要,陆有仁自应在彼弹压,何不晓事体缓急轻重若此!着于途次转回兰州,并将所调兵飞饬停止。"五月,因宜绵檄调撒拉尔回兵二千交总兵柯藩于兴安防剿,陆有仁谕令暂停循化,经宜绵等奏入。谕曰:"汉中兵单力少,是以檄调此项回兵,以资截剿。乃教匪窜至汉阴而回兵尚在循化,是陆有仁从前遇事张皇,一经申饬,于檄调应援之兵,亦屡催罔应。迟误军情,较永保漫无调度者尤为过之。陆有仁着革职,交刑部治罪。"八月,讯系拘泥候旨,与宜绵查奏相符。上命戴罪往四川效力。旋补陕西按察使。十一月,授陕西布政使。三年,贼匪高均德股匪窜浣守寺,谕陆有仁留心防截。叙功,赏戴花翎。

四年正月,擢广东巡抚。时夷洋盗匪同劫盐船,饬兵击捕之。九月,以农耐与安南国兵船遭风入粤,所奏失当,旨饬之。十一月,奏盗匪悔罪投首,分别抚恤安插。得旨:"所办甚是。至安南、农耐盗匪或有风闻来投者,即当给资遣回。"

五年二月,内迁工部右侍郎。六月,调刑部右侍郎。九月,授陕西巡抚。十一月,奏沔县、洋县馀匪叠经经略额勒登保、参赞德楞泰剿戮,不难克期蒇事。现赴汉中督办粮饷,惟期和衷共济,早靖逆氛。时陕省民心散懈,于团勇筑堡,不能实力奉行,防堵未能尽力。上切谕之。旋以"结寨得宜,可以坚壁固守;团勇得力,可以御贼卫民"入奏,上是之。又奏:"安抚难民被胁,有久暂之分,则安顿亦须区别。如寄民贸易猝遇贼胁旋即逃出者,其原有产业,只给川资即可宁家。惟落业之户,不得已随贼日久,一经逃出,惟恐兵勇所不容,又恐谋生无术,以致疑惧不前。

前奉谕旨,饬令清查叛产,以备安顿难民。现查白河、安康等处叛产可以备拨,又有全家被害无人承业之产,以及南山客民试种之田,因贼抛荒,俱可确查,以备安插。无归之人,各遂生全,则贼党自能解散矣。"得旨:"解散贼党,安插难民,自应如此办理。果能给予恒产,固其恒心,何至甘心从贼? 总在实力奉行,不可徒托空言也。"

六年正月,奏委员晓谕各寨,并于总要隘口分拨兵勇守卡,无使贼匪入境。又请将五郎、孝义专派大员,加意团练堵剿,以专责成,可期即收成效。二月,奏:"贼匪被剿情急,往往窜南山老林,劫夺零星居户以为口粮。请劝令居民搬移出山安顿,使贼入林无粮,自不能日久潜迹。"谕曰:"此事断不宜轻动妄为。将来事定后,惟当酌量情形,安设营汛,派兵分驻,永臻绥靖。"三月,以办理粮饷迅速,议军功加级。又与总督长麟筹办宁陕镇额设新兵六千,以兵六勇四配搭,请于凯旋时以各路乡勇充补。谕曰:"长麟、陆有仁之意,以所有应设新兵,俟凯旋归入善后事宜办理,未免不知缓急。务当设法速为经理,俾屹然成一巨镇,以杜贼匪再入之路。倘有迟延,贼复窜入山内,则惟长麟、陆有仁是问。"四月,奏目下据险设防,南山之贼剿灭净尽,各路防兵俱已抽拨入山;又筹议抚辑饥民难民。上是之。六月,谕曰:"陆有仁自简任以来,皆能预为妥办。且于筑堡一事,与额勒登保酌量章程,筹画尽善,俱有成效。赏给荷包,议军功加级纪录。"七月,奏安插乡勇为善后第一要务,请于大功告竣之日,分别安置。十一月,以川省贼匪逼近黑河,有仁饬总兵齐郎阿、通判雏昂截击有功,上嘉之,赏乌云豹马褂。时徐匪东窜牛尾河,有仁饬副将韩自昌等击剿净尽，议军功加级。

七年四月，会议宁陕镇新设兵丁分别防剿事。八月，谕曰："陆有仁三年以来，经理粮饷，俱能先事绸缪，供给充裕。并督率地方官办理搜捕零匪，甚为出力。且节次捐廉，制办衣履，解营分赏兵勇，着交部议叙。"十月，卒于汉中。赐恤如例。子继祖，荫生。

【校勘记】

〔一〕河南贼匪窜入朱阳关　"朱阳关"原误作"来朱场"。耆献类征卷一八八叶一九下同。今据国传卷七一叶九上改。

〔二〕请与西宁镇总兵富尔赛驰赴潼商　"尔"原误作"不"。耆献类征卷一八八叶一九下同。今据国传卷七一叶九上改。

荆道乾

荆道乾，山西临晋人。乾隆二十四年举人，大挑知县。三十一年，签发湖南。四十二年，补麻阳县，寻调善化县。四十七年，迁甘肃宁夏同知。五十四年，擢安徽池州府知府。六十年，擢登莱青道。嘉庆二年，擢山东按察使。四年，擢江苏布政使。五月，疏言："驿站额需夫马工料，向系各州县将地丁银两解赴藩司，移贮臬库，州县复差人支领，辗转糜费，请照吏役工食例，于地丁内扣支。"得旨如所请行。七月，谕曰："宜兴奏革除漕弊一折，所指浮收勒索及折色分肥等弊，朕闻之已久，实为漕务之害。但所指情弊，尚有不止于此者。着传谕有漕各督抚一体查办，将以上积弊实力革除。"寻又谕曰："宜兴所奏，有漕州县既革浮收,领运弁丁自无从再有帮费。现在移会漕臣,将所有沿途无名杂费,一概裁革,及严禁水手格外勒加身工各情节,并着<u>岳起</u>、<u>荆道乾</u>会同漕臣实力查办。<u>岳起</u>、<u>荆道乾</u>操守素好,均能实心任事之人,务须与漕臣妥为经理,俾相沿陋习,以次清釐。丁力既得宽舒,兑运不致有误,而收漕积弊亦一律肃清。有守有为,方为不负委任。"

八月,擢<u>安徽</u>巡抚。十一月,奏:"臣前奉谕旨清厘漕弊,业经严禁州县浮收,并拟将耗米五斗,向以五升给丁者酌加二升,俾旗丁借资帮补,奏蒙俞允在案。查旗丁用项,现在虽尚浮于得项,但得项有据可查。至沿途浮费,系由采访而知,谨一例查察,分别开单奏请禁革。"谕曰:"各省旗丁押运抵<u>通</u>,沿途费用甚多,粮道又将旗丁应领各项,不行如数发给,以致旗丁向州县加增帮费,而州县遂得任意浮收,积弊已非一日。<u>岳起</u>、<u>荆道乾</u>奉到谕旨,应禁陋规自应概行裁革。现在沿途滥费既除,旗丁又得增添津贴,用度宽裕,自不致仍前支绌,不能复向州县索费,而州县更不能借口浮收。从此漕务肃清,诸弊可期尽绝。着将<u>岳起</u>、<u>荆道乾</u>两次奏到清折,交部通行有漕省分,将一应陋规永行禁革。"十一月,又奏:"贴运屯田一项,每丁派田若干,及应得租籽,新金旗丁不能了然。臣现令粮道刊刻木榜,令众丁认田收租。其每船应领款项,亦刊刻易知单,令正身运丁请领,以杜包领欺压之弊。查屯田根据向归卫备经管,不足以昭周密,请照造一分发交各卫,以备金丁查验之用。其原册改归粮道收管。"报闻。

五年三月,奏:"臣于督放<u>宿</u>、<u>灵</u>、<u>泗</u>三属展赈,途次接到朱谕：'宿州等处总应留心。恐伏秋大汛时，又增灾难。我君臣尽此心力，保民捍患，宁滥无遗。'仰见皇上轸恤穷黎，刻刻痌瘝在抱。臣当即兼程驰抵宿州，次至灵、泗驻厂亲放毕。查宿、灵、泗皆邵坝下游，其中原被七分灾地，陆续涸出，可以补种杂粮。惟原被八九分灾地，现在水深三四尺不等，无从耕种。”奏入，谕曰："宿、灵、泗三州县，原被八九分灾区，尚未耕种。现在将届大汛之时，该处积水未消，万一水势加长后，始行赈恤，未免缓不济急。着荆道乾查明户口，加恩展赈。至口门合龙之日，俾灾民不致失所。"六年十月，因病奏请开缺。谕曰："荆道乾官声素好，自简任封疆，办理地方公事，均属妥协。今年老患病，着准其解任，或回山西本籍地方，或即在江省就近调理，〔一〕俟病痊来京，另候简用。"

七年三月，谕曰："荆道乾患病解任，不能起程回籍，至今尚在江省调养。着王汝璧密查近日病体如何。"旋奏道乾于是月初三日病卒。谕曰："原任安徽巡抚荆道乾外任有年，清操素著。自擢巡抚，办理地方事务，俱能整饬。去冬因病患气喘，曾降旨准令解任，并准在江省调理，以冀就痊。兹闻溘逝，殊堪轸惜！着加恩赐祭一坛。所有任内降革处分，均予开复。伊有二子一孙，俟服阕后，着伯麟拣选一二人送部引见。"寻赐其孙炆举人。

【校勘记】

〔一〕或即在江省就近调理　"江"原误作"安"。耆献类征卷一八八叶三上同。今据睿录卷八九叶一八上改。下同。

谢启昆

谢启昆，江西南康人。乾隆二十六年进士，改庶吉士。三十一年，散馆，授编修。三十五年，充河南乡试正考官。三十六年，京察一等，充会试同考官。三十七年，授江苏镇江府知府，旋调扬州府知府。四十三年，东台县民徐述夔诗词悖逆，事发，以启昆查办迟延，论军台效力赎罪。寻复原官，经两江总督萨载奏留江南；四十四年，丁父忧，复奏留委用。四十五年，命署安徽宁国府知府，俟服阕再行实授。四十六年，丁母忧，回籍。四十八年，服阕，以病仍留本籍。五十五年，病痊，赴京引见，命仍发江南，以知府用。旋特擢江南河库道。五十九年，迁浙江按察使。六十年，授山西布政使。是年冬，谕曰："浙江为财赋之地，闻谢启昆在山西任内，办事尚属认真，且曾任浙江臬司，署理藩篆，着调补浙江布政使，以资驾轻就熟。"

嘉庆四年，奏请陛见，回任护巡抚篆，旋擢广西巡抚。奏言："广西边境土司四十六处，星罗棋布，为通省藩篱。各土司本无俸廉，专恃祖传田产，办公养赡。自宋、元至今，支庶派分，恒产渐少。且累世承袭以来，衣食租税，不知节俭。又自乾隆五十三年，办理安南兵差，出夫供役，亦有赔累之处。生计日绌，辄向客民借贷。奸民乘机盘剥，将田产准折，以致养赡无资。前抚臣成林奏请招徕土司境内客民开垦闲田，抚臣台布又奏请官设典当，以济土司缓急，均属势所难行。曾奉谕旨严切训饬，仰见圣明洞烛遐荒，无微不至。臣现在遵奉恩训，晓谕各土司，嗣后务宜倍加节俭，并严饬客民如有重利剥削、准折田土之事，即照例递籍治罪,将产给还土司;其通情典当,尚无重利者,姑免深究。计其有馀利者,减价取赎;利不敷本,或无力赎回,应酌定年限,俟所收田租已有一本一利,即将田产撤归原主。总以五年为期,毋许再占。复督率各道府革除一切陋规,俾资休养生息,自可复原;客民既无重利可图,断不怀挟重赀赴瘴疠之乡,自取罪戾。则盘踞占耕之弊,不禁自绝。至客民入苗地买卖借贷,例应究治。惟广西土司与民地犬牙相错,土官土民皆驯谨愚陋,与滇、黔苗、倮之犷悍者迥不相同,顺其性而抚之,尽可相安无事;且物产稀少,借客民贩运,有无相通,因地制宜,无庸禁止。"从之。

五年四月,奏:"兴安县有陡河一道,发源阳海山,筑堤分水,东流为湘江,西流为漓江,系楚、粤、滇、黔五省所经之道。秦、汉开凿以来,间岁不修,即多浅阻。臣抵任时,路经该处,见有阳海堤一道,坍数十丈,水势漫溃。堤内民田淹漫数万馀亩,堤外河流因之浅涸。臣仿浙江海塘竹篓囊石之法,镶筑石堤,民田俱经涸出,可以播种,其河流亦一律深通。向来铜船过陡河,必行一月。今浙江铜船一百五号,三日内全行出陡,此其明验。至广西通志自雍正十一年纂成后,已七十年。臣公馀搜罗散佚,续编成书,进呈钦定。"报闻。又奏曰:"臣恭奉上谕:'百姓不可剥削,仓库不可亏损,在督抚悉心讲求,无欺无隐。'臣查各省仓库,积弊有年,其州县之敢于明目张胆,虚报亏空;监交之员又敢于两边说合,写券书押者,皆由贪黩偾事之督抚酿成于前,庸暗姑息者又纵容于后。迨至水落石出,则借口设法弥补,以图掩饰。岂知天地生财止有此数,所设之法仍不过取之于民。是以各省仓库大局约有三变:始则大吏之贪婪者,利州县之馈贻;偾事者资州县之摊赔，州县匿其私橐，而以公帑应之，一经离任，则亏空累累，大吏既饵其资助，不得不抑勒后任接收，此亏空之缘起也；继则大吏之庸暗者，任其欺朦；姑息者又惧兴大狱，甚至以敢接亏空者为能员，以禀揭亏空者为多事，以致州县视若己赀，取携如寄，并有借口亏空过多，挟制上司升迁美缺者，此亏空之滥觞也。近年督抚之不职者，相继败露，诸大吏共相濯磨，各州县亦争先弥补。但弥补之法，宽则人心生玩，而胥吏夤缘为奸；急则众志张皇，而百姓先受其累。此立法之难，况各省多寡贫富不同，难易情形迥别，一法立即一弊生，惟在因地制宜，似难率定章程，反多窒碍。臣愚陋之见，请敕下各督抚，先彻底查明实数，除本员现在者，如律论治外，其积亏无着之项，详记档册，使猾吏无可影射，多分年限，使后任量力补苴。不必辗转诛求，亦不必程功旦夕，仍责成督抚裁革陋规，以清其源；倡行节俭，以绝其流；讲求爱民之术，以培元气；奖擢清廉之员，以励官常。似此日计不足，月计有馀，不数年间休养生息，不特仓库充盈，而吏治民生亦蒸蒸日上矣。广西地瘠民贫，仓库向无亏缺。自孙士毅办理安南事务，一切军需供亿，所费不赀。且米谷、银饷、军装、器械，在关外毁弃者，不可胜数。均因不能开销，令各州县分赔，遂致通省各有亏短。臣思此项本非州县侵蚀，且本人均已去任，接收者方在实力补苴，乃一经参劾追赔，难保无勒捐派累之事。惟躬率司、道、府、州省衣节食，革去一切陋规。昔日应酬之费，作为州县从容弥补之资，少者限以一年，多者二年，至多以三年为断。仍实心访察，进廉去贪，俾无丝毫累及百姓。计三年之内，库项必能补足。惟是数十人补之而不足，一二人败之而有馀。是又全在督抚知人善任,大法小廉,不爱逢迎,不存姑息,庶不至复有续亏之患矣。"又言:"弥补亏空,总期仓库丰盈,初不为一身免累之计,庶不至事事皆无实际。臣前历官山西、浙江藩司,慎密设法,将山西积亏八十馀万,全行补完;浙江则弥补十分之五,皆未经咨部,亦未咨追原籍。盖因当日之员大半死亡、遣戍,其子孙贫乏者居多,一经咨部查追,纷纷滋扰,徒饱胥吏之橐,仍不过以家产尽绝,咨覆完结。求其如数追缴,十无二三,而现任之员反得置身事外,实与帑项无益。兹查广西通省库项未完者,共三十九州县,核其亏数与廉羡之多寡,分限三年,按月交库,作为额贮实数。于州县交代时,察其补数不足者,即以亏空参劾。"先后奏入,均嘉纳焉。

先是,上谕嗣后遇应行买补仓谷年分,务须饬令所属于丰稔邻县,按照时价,公平采买,不许在本地派买。启昆以广西地方跬步皆山,转运之费不减于市谷之价,各州县于邻邑采买,既无粮食市廛,又不能向肩负力役之乡民零星收买,恐不肖者因办理掣肘,或互相朋比,代为勒派,致有防弊之名,而无杜弊之实。请仍于本地买补。上允其请。八月,奏言:"准部咨州县未满三年,不准奏调,所以杜奔竞、绝营求,立法实为尽善。但粤西烟瘴缺甚多,水土最恶,官员不无视为畏途,与调繁之得美缺者迥殊。是以向例烟瘴缺出,止应拣选能耐烟瘴水土之员调补,毋庸拘定年限。今若一律定以实缺三年,则粤西州县六十二缺,烟瘴居其十,于内地州县中择其历俸三年并无违碍处分,而又年壮才明能耐烟瘴者,竟不可得。若请旨拣发,则初至之员,不习水土居多;若以年老之人迁就调用,使之触冒瘴疠,而年壮力强者,反因格于定例得遂其规避之计，似未平允。且恐年老者血气既衰，不能弹压整顿，于边疆吏治更有妨碍。如以烟瘴员缺俸满即升，似有捷径可图，则定例本有烟瘴人员俸满后，仅循分供职者，将应升之处注销；滥行保送者，该上司降二级调用，处分甚严。是既调之后，仍应核其政治实绩，并非一经调边，即可升擢。请仍照旧例，不必计俸，惟择才优，庶有裨益。"下部议行。

六年，以广西弁兵调楚剿贼，奋勇立功，下部议叙，加一级。旋以上林县知县宝谦采买仓谷不善，奏请革讯，宝谦畏罪溺死，未经防解，命交部议处，并令明白回奏。寻谕曰："谢启昆覆奏，自称'求治太急，驭下太严'等语。谢启昆在巡抚任内，朕亦闻其办事过急，每有失当之处。此案办理疏忽，传旨申饬。"七年四月，疏言："广西宝桂钱局向由本省铜厂解局供铸，嗣因本省产铜稀少，赴滇采运，俱系高铜，乾隆二十一年改为高低对半。迨三十八年后，改为高四低六。经前抚臣熊学鹏筹议，将少买高铜一分改买低铜一分，计节省正价及脚费银八百馀两，添买低铜，通融配铸。维时本省有金鸡等厂，高铜尚可通融办理。嗣于五十七年，各厂全行封闭，专赖滇铜，而己酉年买运回局，成色过低，咨明滇省委员会炼，其钗铜一百二十三斤，仅得净铜七十六斤。核与二十七、二十八等年改拨低铜案内奏明每正耗铜一百二十三斤，炼净八十四斤十三两零之数，又短铜八斤十三两零，咨滇拨补。五十八年，准滇省咨现在高铜丰旺，或此后全买好铜，以免成色不足，往返之咨查太烦。旋因五十九年后暂停鼓铸，嘉庆元年适有小钱鼓铸，致未办理。戊午年赴滇采运，仍循旧例铸出钱文，色黯质脆，民间难以行使，屡经监局官督饬炉匠锥炼，而火工折耗,赔累甚重。应请自七年为始,一律采运高铜,于鼓铸大有裨益。再查广西嘉庆三年以前,设炉十二座,买运高低铜二十五万馀斤,内高铜十万馀斤。自三年减炉五座,共需铜十万一千八百馀斤,若全买高铜,与从前未减炉座以前买运高铜数目所增无几,滇省拨运可无虞拮据。如虑各省纷纷陈请,江苏、湖北二省久经改为全买高铜,并非广西创始,惟历年采买高低铜正价及脚费,除镕出黑铅变价外,需银一万三千六百四两零,今改买高铜,需正价及脚费银一万四千六百四十一两零。计不敷银一千三十七两零,未便因馀息可支,遂启加价之渐。查此项为数无多,臣与两司盐道养廉优厚,应请每年于抚司道养廉内摊扣拨补,毋庸作正开销。"奏入,下部议行。

七年六月,卒于任。遗疏闻,谕曰:"谢启昆在巡抚任中,资格尚好。其前任藩司时,办事认真,于仓库钱粮,尤能清厘整顿。迨擢任巡抚,操守亦廉洁。兹闻溘逝,殊堪轸惜!该省浔、梧两关盈馀银两,向来留充公用。自谢启昆到任后,陆续节省一万两存贮藩库,着加恩于此项内提银三千两,赏给谢启昆家属,以资回籍治丧之费。其任内降革处分,悉予开复。所有应得恤典,着该部察例具奏。"寻赐祭葬如例。

子学崇,嘉庆七年进士,现任翰林院编修;学炯,现任刑部员外郎。孙振音,从二品荫生。

蒋兆奎

蒋兆奎,陕西渭南人。由副榜贡生捐教谕。乾隆二十六年,补甘肃张掖县教谕。三十年,中式举人。三十一年,成进士,以教授衔管教谕事。三十三年，俸满保举，授四川合江县知县。调灌县知县，以忧去。四川总督富勒浑奏请留川省办理军务，旋署华阳县知县，赏知州衔。四十一年，捕护拒伤官兵咽匪首犯，送部引见，交军机处记名。四十二年四月，服阕，四十四年，补山西泽州府同知。四十六年，迁安徽颍州府知府，改授山西汾州府知府。四十八年，调太原府知府。

四十九年，擢河东盐运使。五十四年二月，迁山西按察使。六月，擢甘肃布政使。五十六年，调山西布政使。时河东商力疲乏，议将盐课改归地丁。上以蒋兆奎曾任河东运使，盐务素所熟谙，命协同山西巡抚冯光熊经理。旋议将山西、陕西、河南三省应纳之正课、杂项共四十八万馀两，在于三省行盐完课纳税之一百七十二厅、州、县地丁项下，通计均摊，约计每两摊银九分有馀。冯光熊奏入，下部议行。五十七年闰四月，奉上谕："河东盐务从前金商承办，徒滋地方官勒索之弊。是以议将盐课改归地丁，以期利归于下，商民交便。现在该省盐池产盐旺盛，两三月内发贩盐数，较往年多至加倍。是盐课改归地丁一事，效验甚速。此议实蒋兆奎所倡，今果能始终承办，已著成效，甚属可嘉！蒋兆奎着加恩赏戴花翎。"

十二月，擢山西巡抚。五十八年二月，奏裁芮城县陌底渡巡盐巡检。五月，奏："山西省北边墙一道，中有杀虎、宁鲁、得胜等口三十六处。向于杀虎口设立监督，凡货物往来，必由该口投税放行。乾隆二十九年，经前抚臣和其衷奏请于左云县属之宁鲁口添设税口税务，仍归杀虎口监督派人征收。奉旨允行在案。兹查近来各货多在大同府城聚集，由府城出宁鲁口，至丰镇发卖,计程三百六十里;出杀虎口远至五百二十里。道里既远,则脚价增添,货物因而昂贵。若由大同府出得胜口至丰镇厅,仅止百里,道里平坦,车辆可通。请于得胜口添设税口,俾货物就近投税,赴丰镇实属商民两便。"从之。八月,以办理秋审人犯内布兰殴死济成一案,定拟错误,命传旨严饬,仍交部议处。五十九年,迎驾淀津,赏穿黄马褂。六十年,奏:"山西宝晋局鼓铸,原设六炉,前因钱价平贱,减去二炉,只存四炉。兹查省城现在钱价,每库平纹银一两易钱一千,市平纹银一两易钱九百八十文不等。较之未曾减炉之前,仍属相仿,而各州县钱价亦未见昂。请将宝晋局减存四炉,全行停铸;其搭放兵饷,请旨以银两满支。"报可。

嘉庆元年,参奏:"汾州府知府张力行审办岳望冀负欠钱债,与伊子张情田通同娄索,冀宁道邓希曾,太原府知府高灿、朔平府知府章钰、宁武府知府张端城委审此案,未曾审出实情,恐有回护同官情弊。"得旨:"张力行着革职拿问,邓希曾、高灿、章钰、张端城均着解任,交与蒋兆奎一并提集人证,严行质审,定拟具奏。"又续参张力行于库贮兵饷、饭食等项银侵用一千二百馀两,业据供认。谕曰:"张力行以知府大员,于审追钱债事件,任意娄赃,已属大干法纪;兹又查出张力行侵用兵饷各项银至一千馀两之多,实出情理之外。现经军机大臣会同法司定拟斩决,但该参员尚有娄索赃银一案,应行质对,着传谕蒋兆奎将前案即速审讯明确,归案定拟。一面具奏,一面照议,并将张力行即于该处正法,以昭炯戒。"二年八月,以剿办教匪,调派本省官兵妥速,交部议叙。十一月,以病恳休,得旨:"蒋兆奎着准其解任,即就近回籍调理。"

　　四年二月,起为漕运总督。七月,仓场总督达庆奏本年山东临清一带河水稍落,粮船起拨耽延,天津以南脱帮计三十二日。奉上谕:"漕船脱帮,例干严议。今夏运河水浅,粮船起拨不免耽延,亦何至脱帮三十馀日之多?该漕督总司漕务,不能设法遄行,着交部照向例议处。"寻部议镌秩,奉旨改为降二级留任。八月,奏:"办理漕运,要在恤丁。现在清厘漕务,严谕有漕各省督抚整饬一切,慎选米色,革除陋规,诚百度维新之会也。第查陋规内,旗丁于水次兑银时,向州县需索兑费,有一二百金者。今既征米精纯,严禁浮收,州县并无馀利,岂肯复出兑费?旗丁既得好米,需索无词,自当受兑开行。惟各衙门以及沿途陋规虽已禁革,旗丁花费自可节省,而生齿日繁,诸物昂贵,应得之项委不敷用,急须调剂。前读上谕,言'有漕州县,无不浮收,江、浙尤甚,每石加至七八斗'等语。此历来交纳习以为常。今若于七八斗之内,划出一斗,津贴旗丁,其馀尽行革除。所出有限,所省已多,不特千万旗丁借资济运,即交粮亿万花户,已沾圣恩无穷。"奏入,命大学士会同户部议奏。谕曰:"州县征收漕米,不许颗粒加增,例禁甚明。近因各省多有浮收之弊,节经降旨严查整饬。今蒋兆奎以旗丁用度不敷,辄请明定章程,每石加增一斗,以资津贴。是使不肖官吏益得有所借口,且名为加增一斗,其所征必不止于此数。[一]恐浮收积弊仍不能除,而此新增一斗之粮,与加赋何异?其事断不可行!惟迩年旗丁疲乏,亦当设法调剂,量为津贴。着有漕各督抚确查妥议具奏,务令丁力不致拮据,而正供不致加增,方为妥善。"

　　十一月,奏:"各帮费用不敷,现奉恩旨设法调剂,令有漕各督抚确查妥议，无如调剂者有名无实。即如<u>两江总督费淳</u>所奏，与运费并不敷用，尚奉部驳；而<u>江苏</u>抚臣之四升七合，<u>安徽</u>抚臣之二升，焉能有济？揆度情形，必有贻误。臣才识短浅，无能补救，惟求皇上另简贤员，速为接手，庶于恤丁济运之道实有裨益。”谕曰：“<u>蒋兆奎</u>系朕特简漕督，如果实有碍难办理之处，亦应再为设法筹画，何得竟请罢归，为此忿激之语？看来，<u>蒋兆奎</u>竟不免听信漕属员弁一面之言，而又无良策以善其后，遽以引退为词，实属冒昧粗率！<u>蒋兆奎</u>着传旨严行申饬，并着将漕运情形详悉陈明，除加赋一节断不可行外，其应如何津贴之处，再行明白回奏，候旨遵行。”

寻奏：“漕船冬兑冬开，现在渐次兑漕，转瞬开行。一切费用，入不敷出，燃眉之急，已不可解。再四思维，苦无良策。拟每船借给银一百两，于各省粮道库内支领，分作三年，在该丁应领项下扣还归款。其<u>山东</u>、<u>河南</u>船只路途较近，每船只给银五十两，已可接济。再查有漕各省皆有轻赍一项，本系应征之米，每斗折银五分，名为轻赍。今请仍征本色，按照旗丁每船所载米数赏给。又<u>江安</u>轻赍改征本色米石较少，<u>苏</u>、<u>松</u>轻赍改征本色米石较多，白粮并无轻赍，请通融匀拨漕、白各帮。如此则漕运不致拮据，可以一劳永逸。”谕曰：“<u>蒋兆奎</u>奏酌筹津贴运费一折，已交部议奏矣。前<u>蒋兆奎</u>将有漕州县征收漕米每石增收一斗之奏，事属加赋，断不可行。今阅所奏又系损民益丁，其意总欲于正供内设法添增，巧避加赋之名，而仍存加赋之实。自系轻信卫弁怂恿，为其所愚，故尔频频渎请。但加赋一节，断不可行，朕志已定。<u>蒋兆奎</u>如果自问才具不能将漕运妥为经理，即当据实具奏,不得辄忿激求去,如明季挂冠之状,朕前不可施此伎俩也!
将此谕令知之,仍即明白回奏。"又谕令铁保驰驿前往,会同费淳
详细访查蒋兆奎究系听信何人之言,[二]屡次渎请,抑系年老不
能经理。旋据兆奎覆奏:"臣才具实不能将漕运妥为经理,不胜
漕督之任,恳祈皇上另简贤员,将臣更换。此时正当吃紧之际,
并求皇上令更换之员,刻即来淮接手,免致误公。"又奏:"臣前
折曾将旗丁运费不敷,及臣求退情由,具奏在案,而其故尚未缕
析陈明。查旗丁运费本有应得之项,应无不敷,惟所定领项,在
数十年、百馀年以前。迨后生齿日繁,物价数倍,从前所定之领
项,现在实费用不敷,而近年旗丁尚可撑持者,以州县浮收,向索
兑费,并因州县折收米石,将行月等米亦向州县折收。两项所
得,以之贴补一切经费各处浮费。现在革除漕弊,则浮费可省,
而兑费究不能减。于是始议划米一斗,再议轻赍改本,均以加赋
不准。臣才识短浅,别无经理良策,恐贻误重务,恳皇上另简贤
员接办,原从小心敬畏而来,并非气质用事。"先后奏入,谕曰:
"向来有漕省分征收漕粮,州县以济运为名,多方浮收,最为民
困。是以降旨清厘漕政,剔除积弊,仍虑运丁兑费不敷,令有漕
省分各督抚确查妥议,酌给津贴,并降恩旨,令旗丁多带土宜二
十四石,免其上税。原期地方、漕务两有裨益,而蒋兆奎总以运
费不敷为词,频频渎奏,又不妥筹办法,其意总在加赋借帑,始终
坚怙己见,执拗不回。看来,蒋兆奎竟难胜漕督之任,所有漕运
总督员缺,即着铁保补授。蒋兆奎暂留该处,俟费淳、铁保查办
完竣后,再降谕旨。"

五年正月,费淳等奏查明蒋兆奎屡以旗丁兑费不敷渎奏,系

为恐误漕运起见,尚无任听卫弁怂恿情事。奉旨,蒋兆奎免其交部议处,即来京候旨。是月,补工部右侍郎,旋授山东巡抚。闰四月,奏年老有病,恳请简员更换。谕曰:"蒋兆奎前在山西巡抚任内,因年已七旬,兼患怔忡,予告归里。上年来京,朕看其精力未衰,复用为漕运总督。伊赴任后,将近一年,声名尚好。惟于旗丁津贴不敷一节,始则妄议加赋,继则请借给各帮银两,哓哓置辩。经朕节次申饬,伊即恳请解任,已失敬事之道。姑念其平日官声清洁,不肯即加罢斥,改授工部侍郎。伊来京谢恩,在朕前犹以旗丁津贴究属不敷,[三]于漕运恐有贻误,坚执前见。其实铁保接办漕运后,并不见其掣肘,各省漕船俱各依限开行。现已陆续抵通,并无迟缓。可见蒋兆奎于漕运情形全不悉心体究,逞其偏见,自以为是,其刚愎自用之咎,实无可辞。朕犹念其曾任封圻,于地方事务较为熟谙,将伊补授山东巡抚。伊到任后,于该省吏治官方,并未见实有整顿之处。前因御前侍卫明安往泰山进香,回京奏称东省地方官私馈赆仪八百两,并称沿途经过营汛,墩房坍塌,未见有兵丁守驿。曾明降谕旨将蒋兆奎等申饬。据伊覆奏:'上年明安前赴泰山进香,亦曾收受银八百两;至守汛兵丁,因明安乘马驰行,不及身穿号衣,站班伺候'等语,殊不成话! 向来奉旨出差人员,沿途驿站,俱有传单,预行知照,岂有明安业已到境,而汛兵尚未得信之理? 所奏实属回护强辩,复降旨申饬。兹蒋兆奎遽因此事忿激求去,如此执拗任性,岂人臣事君之礼乎? 况朕不过降旨申饬,尚未将伊交部严议,而伊即抗章求退,岂内外大臣有善必旌、有过即不应加之谴责乎? 若臣工等皆似此相率效尤,宁不成明季挂冠恶习? 此风断不可长! 蒋兆奎在朕前尚敢如此,其接见属员,办理公务,必更有偏执己见、不恤人言之处,安能饬吏治而得民心?本应革职治罪,究念其廉名素著,量予薄惩。蒋兆奎着革退巡抚,拔去花翎,加恩降为三品卿衔,即予休致。由山东启程回籍,不必进京谢恩。伊即来京,朕亦不复召见。回籍后,惟当闭门思过,以终馀年,用副朕格外矜全至意。”五月,御史周栻参奏蒋兆奎因事申饬,竟引疾去,嗣蒙恩赏卿衔,理宜匍匐宫门,谢恩请罪,乃竟悍然不顾,径自归里,请交部治罪。上以蒋兆奎系奉旨回籍,毋庸过事搜求,特原之。七年二月,卒。

子莲,二品荫生,捐纳主事。

【校勘记】

〔一〕其所征必不止于此数　“必”原误作“并”。耆献类征卷一八七叶一二上同。今据睿录卷五〇叶四五上改。

〔二〕会同费淳详细访查蒋兆奎究系听信何人之言　“访”原误作“饬”。耆献类征卷一八七叶一五下同。今据国传卷六九叶四下改。

〔三〕在朕前犹以旗丁津贴究属不敷　原脱“津贴”二字。耆献类征卷一八七叶一七上同。今据睿录卷六五叶一二上补。

兴奎

兴奎,瓜尔佳氏,满洲镶白旗人。乾隆三十一年,由健锐营蓝翎长补前锋校。三十六年,升前锋参领。四十一年正月,授贵州黔西协副将。三月,调陕西庆阳协副将。十月,擢直隶宣化镇总兵。四十六年,调甘肃西宁镇总兵。五十四年,擢乌鲁木齐提督。

嘉庆四年八月,调乌鲁木齐都统。十二月,以军机大臣议准,驻防保举人员遇各省绿营缺出,准其升用。惟伊犁、乌鲁木齐等处与内地情形不同,请敕交将军、都统议奏。兴奎偕伊犁将军保宁奏言:"伊犁、乌鲁木齐地处极边,官兵必技艺精锐,始足以资捍卫。升用各省一员,即少得一人之力。况与内地风土人情不能熟习,且驻防人员递有应升之缺,不虞壅滞,请仍其旧。"又以礼部议准,驻防官兵听其就近应岁科两试,复奏言:"伊犁、乌鲁木齐俱系用武之地,总当以骑射为本。向虽设有官学,习读汉书,不过为钞写文移起见,无庸令其考试。"从之。

七年正月,丁母忧。七月,授西安将军。时大兵征剿川、陕、楚三省邪匪,将届竣事,命搜捕陕西馀匪。九月,经略大臣额勒登保以宁、沔一路为川、陕门户,奏令兴奎驻守。十月,以川匪二百馀人窥陕西花石梁卡隘,移咨总督惠龄防堵,又侦知南山馀匪有西窜之势,移营铁锁关,御之。八年二月,南山贼匪由金池院南窜,兴奎派游击刘英魁等击毙多名,贼逸至铁锁关;复派把总李永和等截击之,馀匪遁入卦子山,兴奎督兵搜捕。四月,以青海蒙古被野番劫掠,饬惠龄回兰州查办。南山馀匪,专责兴奎督剿。六月,由洋县取道入山,与总兵杨芳合兵搜剿,歼擒净尽,仍回宁、沔,巡防边界。八月,三省底定,撤兵归伍,仍留兵分守各要隘,命兴奎统陕西防兵。

九年,调宁夏将军。十二年四月,奏满营兵丁生齿日繁,请于库贮马价等项,拨银二万馀两发商生息,择其弓马娴熟者,按月给赏,从之。五月,<u>甘肃</u><u>大通县</u>野番肆扰,上以<u>兴奎</u>为都统,命赴<u>西宁</u>,偕办事大臣<u>贡楚克扎布</u>剿之。寻番目<u>尖木赞</u>率众来降,愿为官兵前导,<u>贡楚克扎布</u>疑其诈,发兵捕之,遁。上以<u>贡楚克扎布</u>失信损威,夺其职,<u>兴奎</u>未能阻止,又不据实奏参,交军机大臣会同兵部议处,寻议革职。九月,官兵进克<u>沙卜浪</u>番族,番目<u>完木古</u>等降,番地平。谕曰:"<u>兴奎</u>督办军务,尚为妥协,本应加以奖叙,惟于妄拿<u>尖木赞</u>一事,经军机大臣等议以革职。兹念其带兵出力,功过尚足相抵。着加恩免其革职,毋庸交部议叙。"

十四年,复授<u>乌鲁木齐</u>都统。十五年四月,以<u>和阗</u>办事大臣<u>色克通阿</u>在<u>吐鲁番</u>患病,率令回<u>京</u>,上责其专擅。下部议降调,上加恩改为革职留任。十一月,请借<u>镇迪</u>道库贮银六千两设典生息,以济孤寡旗人,从之。十八年,以已革领队大臣<u>恒杰</u>揭告<u>兴奎</u>收受属员馈送,及亏缺仓库等款,革职,命<u>伊犁</u>将军<u>松筠</u>会同新任都统<u>长龄</u>鞫明受馈属实,馀坐诬。上以<u>兴奎</u>业经革职,已足蔽辜,饬令回旗。<u>道光</u>四年,卒。

子<u>额勒德理</u>。

三音布　　扎勒杭阿等

<u>三音布</u>,<u>英土尔氏</u>,<u>伊犁</u><u>锡伯营</u>镶黄旗人。由领催于<u>嘉庆</u>五年补蓝翎长。十三年,拔补骁骑校,荐升佐领。<u>道光</u>五年,逆裔<u>张格尔</u>遣其党<u>奇比勒迪</u>带领回众,于<u>巴雅尔</u>一带意图种地资粮,借以声气相通。经参赞大臣<u>庆祥</u>密派<u>三音布</u>与协领<u>科凌阿</u>等带兵相机擒捕,至<u>占帕拉特</u>住处,诱其前来;随设伏于<u>雅满山</u>口险要之区,奋力兜剿,歼毙贼众多名,并枭贼目<u>奇比勒迪</u>。捷入,得

旨,以应升之缺升用。六年,贼匪围攻<u>喀什噶尔</u><u>汉</u>城,随同<u>庆祥</u>等尽力抵御,两月有馀,贼匪挖通地道进城,官兵犹复巷战,拒杀多名。众寡不敌,<u>三音布</u>与前锋校<u>扎勒杭阿</u>、骁骑校<u>达明阿</u>、蓝翎侍卫<u>德普兴阿</u>俱殁于阵。事闻,均赐恤如例,赏云骑尉世职:<u>三音布</u>子<u>博尔果素</u>袭,<u>扎勒杭阿</u>子<u>庆春</u>袭,<u>达明阿</u>子<u>德清阿</u>袭,<u>德普兴阿</u>子<u>讷摩布</u>袭。

<u>扎勒杭阿</u>,<u>吴佳氏</u>,<u>蒙古</u>镶黄旗人。由前锋于<u>道光</u>三年拔补本职。

<u>达明阿</u>,<u>孔格利氏</u>,<u>伊犁</u>锡伯营正蓝旗人。由领催于<u>嘉庆</u>十三年补蓝翎长。<u>道光</u>五年,升本职。

<u>德普兴阿</u>,<u>孔格利氏</u>,<u>伊犁</u>锡伯营正蓝旗人。由领催于<u>道光</u>五年授本职。

清史列传卷三十二

大臣传次编七

松筠

松筠,玛拉特氏,蒙古正蓝旗人。乾隆三十七年,由翻译生员考补理藩院笔帖式。四十一年,充军机章京。四十二年,升主事。四十三年,升员外郎。四十四年,充三座塔理事司员。四十五年,调户部银库员外郎。旧例,蒙古司员不与银库之选。松筠经军机大臣保奏,蒙古司员之掌银库,自松筠始也。四十八年,京察一等,超擢内阁学士,兼礼部侍郎衔,授镶黄旗蒙古副都统,赏戴花翎。四十九年,调正红旗满洲副都统,赏穿黄马褂,命赴吉林查办参务。

五十年,命往库伦查办鄂罗斯事务。五十一年三月,库伦有官马逸入鄂罗斯卡座,鄂罗斯人获而献还。松筠传示各卡,嗣后有鄂罗斯马误入官卡者,亦如之。事闻,有旨嘉奖。闰七月,授户部右侍郎,仍留库伦办事。五十五年,有术勒干卡伦巡兵为鄂罗斯打牲人所害,松筠檄缉各犯,先行治罪,然后具奏。上切责之,革退侍郎、副都统,拔去花翎,以四品顶带留库伦效力赎罪。五十六年,授工部左侍郎、正白旗满洲副都统。五十七年四月,调户部右侍郎,复赏戴花翎。七月,充蒙古翻译考试官。十月,转左侍郎。五十八年二月,充崇文门副监督,寻授御前侍卫、内务府大臣、军机大臣。七月,充国史馆副总裁。时英吉利入贡,请于天津、宁波海口贸易,并求给附近珠山小海岛、附近广东省城地方各一处,居商存货。上既严谕指驳,复虑其沿途生事,特命松筠护行,凡所要求严词拒绝,途中安谧。有旨嘉其得体。九月,松筠奏遵旨令该英人在船顺道观览,俾知民物康阜,景象恬熙。惟有随时随事加意斟酌体会,务令知感知畏,勉期妥办得中。奉谕:“命汝去,可谓得人,勉之! 望汝回来面奏耳。”五十九年正月,署吉林将军。六月,命查办湖北荆州税务,道出河南卫辉,值霪雨,卫河水骤长数丈,淹浸民居。松筠躬率牧令开仓赈恤,疏入,上以松筠奉差经过,并不置身事外,实心可嘉,赏给大小荷包,下部优叙。七月,升工部尚书,授镶白旗汉军都统。

　　寻充驻藏办事大臣。嘉庆四年正月,召还京,调户部尚书。二月,授陕甘总督,加太子少保衔。初,松筠驻藏时,达赖喇嘛、济咙呼图克图等报称,西南边界有廓尔喀之兵,松筠访知廓尔喀系向定结边外等部,带兵索欠,并无他故,恐唐古忒番民疑惧,特于喀达、定结、帕克哩等处亲往拊循,并借川省藩库银五千两,筹议抚恤穷番,修建鄂博、寨卡各事宜。至是,请扣陕甘总督廉俸解归四川。时川、陕、楚三省教匪滋事,黄号逆匪张汉潮与蓝、白两号之党,由楚入陕,又窜甘肃。五月,松筠抵陕后,疏陈贼匪情形,因言:"前奉恩旨,招谕胁从,虽已誊黄晓谕,恐贼队中尚未尽知。现遣妥人潜入贼队,谕令被胁良民能捕献首逆,则当宥罪施恩,即临阵投降,亦令给资回籍。又复遍谕村镇,与其避贼而焚掠一空,莫若团集而势操全胜。抵御杀贼者,定加奖赏;擒获渠魁者,奏予职官。"疏入,谕曰:"松筠甫入陕境,所办已得要领。留心军务,忠悃可嘉!"时有千总向明山带同乡勇五十二人巡缉,被秦州乡勇萧复有等疑其为贼,尽遮杀之。松筠奏言:"此案若问以拟抵,恐各路乡勇心怀畏怯,遇有真贼不敢堵截,但向明山无辜被戕,情殊可矜,请照阵亡例议恤。萧复有等照过失律拟绞收赎。"从之。

陕西自嘉庆元年军兴以来,共拨饷银一千一百万两。至是续拨银一百五十万两,上命松筠驻扎汉中督办粮饷。松筠请移西安军需局于汉中,清查旧款,另立新规,查明各路官兵数目,酌定每日支用银数,由粮员按旬开折呈局,每月汇奏咨部,庶案牍易清,饬查不难得实。得旨:"所办甚是!松筠平日廉洁自持,故能正己率属,总理粮运,必能胜任矣。"又奏高河梁、金家山阵亡义首张奎、樊雄秀请以把总、外委议恤;其阵亡乡勇一并造册咨部。上是之,并谕嗣后各路乡勇打仗阵亡,俱着照松筠所奏一体议恤。先是,有旨命访查领兵各员优劣,据实密陈。九月,松筠密疏:"副都统明亮久历戎行,素称知兵,所言似合机宜,其实罔有成效。西安将军恒瑞前在湖北战功为最,后剿蓝、白两号贼匪,亦著劳绩,惟年近六旬,精力大减。固原提督庆成身先士卒,然中无主见,领队则可,出谋发虑,非其所长。署陕西巡抚永保无谋无勇,惟知利己,过则归人。惟额勒登保英勇出群,其次则德楞泰亦称奋勇。"上嘉其评论得当。

初,明亮奏参永保驻扎大山岔拥兵不进,商州之役,永保、庆成迁延不进,以致张逆脱逃。上命松筠查访,寻奏查永保、庆成迁延避贼属实,命褫永保、庆成职,饬交审讯。嗣永保偕荆州将军兴肇奏言驻扎大山岔系听明亮指挥,并讦明亮数月来从未接仗,屡次诳报军功。上并褫明亮、兴肇职,交松筠归案审办。时明亮已剿毙张汉潮,松筠请将明亮暂缓究讯,又请留撒拉尔回兵,派庆成带领协同剿贼。谕曰:"此等回兵,从前为保护桑梓,是以急公趋事;若离家较远,强以从戎,傥稍违约束,别生事端,转致碍难办理。现在各路之兵已极壮盛,张汉潮已就殄灭,零星馀匪,岂必借回兵剿办耶? 况松筠派令庆成带领,以获罪听审之人,擅令领队,[一]岂不为其所轻? 至另片奏明亮已将张汉潮歼毙,审办自当暂缓,尤不成话! 前旨以明亮如已将张逆擒获,尚可宽其一线。原指定案后,朕核其功罪量为宽贷,并非令松筠不加审讯也。如明亮并未札令永保在大山岔久驻,其龙驹寨、牧关、栾庄皆曾打仗杀贼,则有功无过,朕即全复其官,亦无不可。若有心倾陷永保,胜仗全属子虚,则其罪甚重,即念其有歼毙张逆微劳,量从末减,亦应恩出自上,非臣子所可妄干。松筠意在置之不问,是与令庆成带兵均为擅权矣。着严行申饬,仍遵旨秉公查讯。"十一月,审结明亮等拟罪如律。时工部尚书那彦成奏参恒瑞前弃蓝号垂尽之贼,折回陕省,系接松筠知会。上以松筠种种错谬,革去太子少保衔、御前侍卫,拔去花翎。十二月,疏言:"汉中北通褒、凤,保障秦中,西达略阳,控扼甘肃。西南宁羌为蜀栈咽喉,东面洋县为骆谷要口,从前川陕总督曾驻此地。其后总兵驻兴安,汉中设协,又有汉兴道驻扎城中,控驭极为周密。今总兵与汉兴道均移设西乡,郡城重地,仅一都司,不足以资控驭。宜移兴汉镇于汉中,移汉中协于西乡,宁羌再增一协,东西两协为汉中镇之翼,商州增立一镇,兴安改镇为协,与潼关协为东西两协,为商州镇之翼。五郎本属西安,亦应移置一协,仍属西安将军管辖。再四川提督应移驻达州,距西乡、渔渡、留坝不过四五百里,其势可以相接。商州设镇,不独固陕省之藩篱,兼可壮郧阳之声势,川、陕、楚相为犄角,棋布星罗,丝联绳贯,诚久安长治之策也。”疏下四川总督魁伦议奏。

五年正月,授伊犁将军,寻命署理湖广总督,驰往湖北剿贼。闰四月,入觐,请弛私盐、私铸之禁。谕曰:“松筠在陕甘总督任内,曾奏将私盐、私铸弛禁,所见迂谬,本应严议。特以平日尚能持正,为有用之材,是以不加深责。特令军机大臣亲书谕旨,密为训饬,而松筠屡称患病,于防堵事宜,不能妥为布置。犹念其声名尚好,授为伊犁将军,命赴湖北暂署督篆剿贼。松筠恳请陛见,称有恩出自上之事,必须面奏,因准令来京。乃所面奏者,仍系私盐、私铸请宽禁例。经朕反覆譬晓,松筠固执己见,怀折渎奏。试思私盐私铸,律有明禁,祖宗定制,岂得轻易更张?且现在私盐有禁,尚有私枭拒捕,若设立税口,俍贩私之徒悍不交税,又将如何办理?至国家泉币之权,操之自下,隳纪纲而弛法度,莫此为甚!松筠以为所铸系嘉庆通宝,即非私铸,是何言耶?若交大学士、九卿核议,必议以变乱成法之罪。朕念其所言,究为国家公事,是以仍命军机大臣明白传知。[二]松筠自知糊涂冒昧,恳仍赴军营效力。但伊前往军营,实属无益,着赏给副都统衔,前赴伊犁作为领队大臣,并赏戴花翎。松筠当力改前非,以期稍赎罪愆,无负朕格外矜全至意。"七月,复授伊犁将军。

初,乾隆二十九年,有旨以伊犁田土肥润,饬将军明瑞等查明地亩,分给满洲官兵,以资养赡。嗣明瑞查明可耕之地甚多,请俟满兵到齐办理。迨五十年及五十五年,复历奉谕旨,饬令筹画耕种,历任将军均以灌溉乏水为词。八年正月,松筠疏言:"臣自上年接任后,探明近水可耕之田,由惠远、惠宁两城酌派闲散试种,通计所获十分有馀。本年秋麦又布种一千馀石,急当广行汲引,因于惠远城东伊犁河北岸,新开大渠,迤逦数十里;又于城西北草湖中觅得泉源,设法开渠,修筑堤岸,疏引支流,其地即分给惠远城八旗耕种。至惠宁城八旗所耕,本系裁撤绿营屯地,原有渠泉足资灌溉,惟种地必资牛力,请于官厂内赏借惠远城每旗牛八十只,惠宁城每旗牛四十只,庶令边地驻防兵农并习。"得旨嘉允。二月,请设伊犁学额,上以不晓事体斥之。九年六月,有伊犁民人郝镜致死贵勒赫,自行投首,松筠审明后,即置之法。上责其办理过当,谕:"嗣后新疆遇有谋故自首之案,不必从重立决。"伊犁、塔尔奇地方向设水磨,派兵碾运麦面,以给兵食。时官兵皆愿领麦易面,松筠请撤此项兵丁分屯耕种,从之。

十二月,松筠以伊犁屯种有效,惠远城得地八万亩,惠宁城得地四万亩,请照伊犁锡伯营八旗屯种之例,按名给地,各令自耕自食,永为世业。经军机大臣议覆,以此项田亩只可令闲散馀丁代为耕种,官兵不当亲身力作,有妨操练。上命松筠妥协经理,务使兵农不致偏废。十一年,奏准伊犁南北山场官地木植,禁止兵民私采,设立商头,官给验票,并定抽收数目,即借以管束民人,稽查逃犯。十二年,赏还太子少保衔,并颁赐御制明慎用刑说。十三年正月,奏报惠宁城东,时出水泉荡漾,房屋多圮,请展筑城垣,移建教场,并于城东挑一大渠,引灌田亩。六月,奏塔尔巴哈台东北一带,夏间应设卡伦。查济默尔色克卡伦地处山阴,不生柴草,请移设于博洛呼济尔,又请板厂沟安设塔布图小卡,于稽查哈萨克出入,最为有益。九月,奏请塔尔巴哈台地方拨兵加屯,拨提督所属中、左、右三营兵二百名前往,农隙操演,派守备、千总、外委各一员管辖。又奏查禁达木达尔图金厂,请于通山路径安设卡伦,派兵防守,令塔尔巴哈台、库尔喀喇乌苏两处领队大臣,每年按季巡查。均从之。十四年正月,塔尔巴哈台有遣戍蒲大芳等三十馀人聚谋不轨,松筠侦知其事,密遣领队大臣色尔衮带兵前往,以巡查金厂为名,悉数擒戮,上嘉其妥速。松筠又以戍兵马友元、王文龙等一百六十九名,皆与逆谋,尽邀杀之。上责其办理苛刻,下部严议。谕曰:"松筠办理此案,并非滥及无辜。惟前奏既属含糊,而此一百馀人必应调至伊犁研鞫确实,明正典刑,原非过当,忽于半途截杀,成何政体?在松筠恐事机不密,酿成他患,然措置未免失当。姑念其平日操守尚好,熟悉新疆情形,着赏给头等侍卫,作为喀什噶尔参赞大臣。"六月,以二品顶带复授陕甘总督,寻赏一品顶带。九月,奏准秦州营改归固原提督统辖,巩昌营改归河州镇统辖。

十二月,调两江总督。江南河道自上年马港口蛰陷,黄水倒漾,河口淤垫为患。十五年二月,松筠偕江南河道总督吴璥查勘旧海口,请修复旧河,使全黄仍归故道,得旨允行。时南河有医生王勋诣松筠献疏沙器具图，以坚木为架，每架用铁百馀斤，钉镶铁齿，以巨绳系于船尾而行，能刷淤沙，使河流通畅。松筠仿其式制造四十架，亲自乘舟随处疏浚，果效。事闻，谕曰："河口一带，连年黄水倒灌，动辄淤垫。松筠配制器具，督率疏涤，前水深一尺馀寸者，现已三四尺有馀，中泓宽有七八尺，实为可嘉！着仿照制造，愈多愈妙，以期积淤疏涤，河道深通，俾军船往来无误。"松筠又以比年河口淤浅，粮运递迟，请造剥船一千只，停泊御黄坝外，以备拨运，并以江、广漕船笨重，请照江西漕船，一律改小，以利遄行。均如所请。七月，奏报重运全数渡黄日期，下部议叙。十一月，以回空漕船渡黄迅速，复下部议叙。是役也，上闻松筠亲赴河口，悬立赏格，督催重空，每帮数百两及一二千两不等。谕曰："松筠自系为力趱漕运起见，但此项赏银出于何处，计其为数不少，非养廉所能敷用。松筠操守清廉，朕所深信，断不疑其取自官民，自系向人借贷。但借贷银两，必须完欠，势不得不借资商力，又与取之于民何异？况赏之一事，非可滥施，得当则人皆感奋，过滥则视为泛常。军船浅阻，本所时有，惟在认真催趱，随时相机，其得赏可以挽渡者，不赏亦未必停搁。若专以赏项为事，年复一年，何所底止？嗣后务当相机经理，期臻经久可行，不得专以悬赏为事。"松筠之赴两江也，疏请引沁入卫，以济漕运，复疏陈黄河受病之由，缘吴璥等于黄泥嘴、俞家滩二处逢湾取直，以致停淤，此时亟应挑复。嗣河督陈凤翔等议覆，引沁助卫，势不可行。吴璥等奏言："河水曲则行迟，直则流急，挑复断不可行。"上责松筠谬执己见，轻率陈奏，传旨申饬。既，松筠遵旨密疏吴璥、徐端议论河务不实，办理工程有虚捏开报情弊，另片自求调任总河，以便查核；又保荐蒋攸铦、孙玉庭堪胜此任。谕曰："所奏各款，必应澈底详查，秉公参奏。河工敝坏已极，人人视为畏途。松筠不但不借词推诿，转肯锐意自任，全是一片公忠，实心为国，甚为可嘉！但松筠于河务素非所长，已降旨将蒋攸铦补授，松筠惟当与之实心讲求，相助为理。"十二月，兼署江南河道总督。十六年正月，奏报马港口堵闭合龙，河复故道，并请于南北新堤两岸各设同知、守备、把总、协办把总各一员，专驻巡防，增设淮海道驻扎中河，专管桃北中河、山安海防，及新设两厅河务，下部议行。

旋调两广总督。先是，粤洋患盗，筹议盐船，海陆兼运。至是，松筠以洋面肃清，请照旧全由海运，又疏称立法之严，尤贵行法之速。粤东惩办土匪，因部覆稽迟，有瘐毙狱中，幸逃显戮者，未能触目警心。请嗣后有伙众四十人以上，或不及四十人而有夺犯殴官各情，俱先行正法枭示。均从之。六月，授协办大学士，兼内大臣，仍留两广总督任。八月，疏请改雷琼镇陆路总兵为水师总兵，粤东西下路海口、龙门、海安、崖州各协营均归管辖。九月，奏请增设佛冈厅直隶同知及照磨、司狱各一，并移设千总一、把总二、外委四，裁惠州、嘉应二府通判各一，复嘉应府为直隶州，复南雄州为府，均下部议行。是月，授吏部尚书，命来京供职，赐紫禁城骑马。十七年正月，充国史馆正总裁。五月，管理武英殿御书处事务。六月，赏给御制南苑大阅诗墨刻。

上以京城八旗生齿日繁，不敷养赡，叠谕吉林将军等于吉林等处筹度闲散地亩，酌量移居。至是，命松筠前往盛京敬谨会勘永陵工程，并筹办移驻宗室房地各事宜。八月，松筠奏："查明西厂自大凌河东岸至秃婆婆店西首,有可耕之地三千顷,可移驻旗人二千馀户;东厂周围数百里,地多积水,其积水皆自北山柳条边而来,若自边墙相地开河,使入川归海,则可涸出沃壤。又东柳河沟一带亦多积水,若自北山东由巨流河至鹞鹰河横开大渠,束水入川归海,亦可得沃壤数千顷。又奏续勘彰武台边门外养什木河迤西一带,〔三〕牧厂闲地,东西宽三四十里,南北长六七十里,足可移驻;并请于大凌河西厂东界一带酌垦田数十顷,先行试种。”上以东厂柳河沟等处相地开渠,经费不敷,无庸办理,命盛京将军于西厂地方即行试垦。九月,奏盛京小东门外东北里许,共建房屋七十所,除现给宗室五十五户,尚馀住房十五所,请将现在闲散宗室添派十五户,每户给田三十六亩,允所请行。是月,命仍在军机大臣上行走,管理理藩院事务。十月,管理雍和宫、咸安宫、蒙古学、唐古忒学事务。两江总督百龄奏参江南河道总督陈凤翔数月不赴工次,陈凤翔陈诉盐巡道朱尔赓额捏报苇荡柴束数目不符,百龄奏报节省帑银不实。上褫凤翔职,命松筠偕户部左侍郎初彭龄驰往查办。十一月,讯明百龄所奏虚诬,朱尔赓额委办荡柴,多杂蒲草,名为增采,实则虚糜,拟褫百龄职,朱尔赓额遣戍,并请罢苇荡左、右两营历年额外所增柴斤。疏入,上以松筠据实办理,毫无瞻徇,公正可嘉,赏貂皮马褂。

十八年正月,授御前大臣。二月,京察,议叙。六月,命以协办大学士兼任伊犂将军。九月,授东阁大学士。十一月,以平定滑县逆匪,叙功,赏加太子太保衔。十九年五月,疏言:“乌鲁木齐从前调派绿营兵择地垦种,嗣因积粮渐多,撤屯归伍,其屯地六万馀亩,招民领种,每户三十亩,征粮二石八斗八升九合。核之屯兵每名二十亩,交粮十二石者,多寡悬殊。年复一年,仓储渐少,于边地兵食大有关系。请复兵屯旧制。"从之。八月,授武英殿大学士。二十年,以审办塔什密里克逆回仔牙墩一案,未候命下,将首从均置重辟,严旨切责,革去太子太保衔,仍革职留任。二十一年正月,京察届期,谕曰:"松筠近年办事,渐觉任性改常。凡所陈奏,亦多窒碍难行,毋庸给予议叙。"五月,召还京,命在御前大臣上行走,总理谙达处。先是,伊犁惠远城旗屯公田与辟里沁回田,均借东山辟里沁泉水灌溉。上年阿奇木霍什纳扎特等禀请开渠,引霍什河水浇灌辟里沁回田,以辟里沁泉水专灌惠远城旗屯公田,松筠核实准行。至是,以得水丰馀,两有裨益,奏闻。七月,管理吏部、理藩院事务,授镶蓝旗满洲都统,复充崇文门正监督。八月,复赏穿黄马褂。九月,管理健锐营事务,赏还太子太保衔。十月,署两江总督。十一月,上以全唐文颁赐廷臣,松筠与焉。

二十二年二月,回京。四月,充殿试读卷官。六月,奏言三辅亢旱,请将来年恭谒祖陵典礼暂缓举行。谕曰:"乾隆四十三年皇考高宗纯皇帝恭谒盛京,特降谕旨,垂示后嗣:'当眷怀辽、沈旧疆,再三周历,薪于祖宗遗绪,身亲目睹,或有无识臣工以为不宜,当律以悖命之罪,诛之无赦。'朕敬承圣训,拟于明秋再举恭谒三陵大典,时向臣工言及。今夏亢旱,未得甘霖。昨据大学士松筠折奏致旱之由,因朕欲诣盛京,列圣示象阻止,实属梦呓,怪诞极矣!成汤遇旱,六事自责,六事中有谒祖陵之一事乎?况一年后之事,先为此言,摇惑众心,大玷首辅之职矣!设若明年直隶及盛京遇有歉收,朕何难降旨展期?上年因绵课阻止秋狝,曾降谕旨,傥有造作浮言阻止者,必按军法。今松筠竟敢阻止上陵巨典,较秋狝为尤甚。此奏若在明降谕旨之后,朕必将松筠置之重典,今尚在未降谕旨之前,是以交军机大臣会同吏部议处。"本日议上,〔四〕谕:"将松筠革职,实属罪所应得,姑从宽典,薄示降谪。着革去大学士并各项差使,以二品顶带补授察哈尔八旗都统,仍带革职留任。八年无过,方准开复。"

二十三年十月,署绥远城将军。时松筠之子吏部侍郎熙昌殁于湖南差次,上悯松筠年老丧子,召回京,调补正白旗汉军都统,赏还头品顶带、花翎,复赐紫禁城骑马。十二月,授礼部尚书,兼管乐部、太常寺、鸿胪寺事务。二十四年正月,兼署理藩院尚书。三月,上谒东陵、西陵,命松筠偕庄亲王绵课、大学士章煦、尚书英和留京办事。四月,充翻译会试正考官。六月,调兵部尚书,授御前大臣、领侍卫内大臣,总理行营事务。九月,授盛京将军。十二月,奏盛京柳河沟一带,地势低洼,请筹办开浚,允之。二十五年二月,奏:"原定安置宗室增设官学生五名,归并盛京宗室官学。查移居营房,距宗室官学八里,冬寒夏暑,幼童徒步维艰。请将原设学生五名撤回本营,再增设学生十五名,满、汉教习,弓箭教习各一名,即在本营就近训课操练。"得旨所办甚好。四月,以兵部遗失行印,查系松筠时任兵部尚书,且佩带印钥,革去盛京将军,降山海关副都统,复降本旗公中佐领。六月,又以前在盛京将军任内审拟温程殴毙宗室喜受罪名颠倒,再降本旗骁骑校。八月,宣宗成皇帝御极,擢都察院左副都御史,十月,授左都御史。十一月,授热河都统。翰林院侍讲学士顾莼疏称松筠宜置左右,以为谏臣之倡。谕曰:"朕擢松筠于降谪之馀，〔五〕先用为左都御史，又任以热河都统，量能授职，自有权衡，何分内外？乃顾莼以为擢用左都御史，群臣庆于朝，万民忭于野，松筠何足以致此？若简放热河都统，乃使之为国宣力，顾莼以为虽予重大之任，若有疏远之心，尤为信口乱言矣！至称或疑其意气之戆，致拂圣聪；或疑其攻击之严，致遭众忌，无论朕虚怀纳谏，从不以直言为忤，且松筠近来亦实无犯颜极谏之事，其于内外臣工，更无私毁私誉，若以此致疑，岂举朝大臣除松筠而外，均为谗谄容悦之人乎？顾莼着严议。"十二月，松筠呈进自纂新疆识略十二卷，上赐序刊行。

道光元年五月，授兵部尚书。七月，调吏部尚书，充会典馆副总裁，授正黄旗汉军都统。八月，复充崇文门正监督，调镶黄旗蒙古都统，复赏戴花翎，赐紫禁城骑马，在军机大臣上行走，充实录馆正总裁。九月，偕礼部左侍郎康绍镛赴浙江查办事件。二年正月，授阅兵大臣，管总理行营大臣事务，署直隶总督。二月，奏请整顿直隶各属书院，上是之。闰三月，回京，充翻译会试正考官。六月，理藩院有议覆乌里雅苏台将军奏乌梁海驱逐潜住之哈萨克及科布多商人私向杜尔伯特交易一折，松筠索稿删改，理藩院尚书禧恩劾奏。谕曰："六卿分职，各有专司。若将别衙门所办之事，妄加删改，实属罕见罕闻。即和珅当日之专权横恣，亦未敢公然出此。实属胆大妄为，着大学士、军机大臣会同九卿议罪。"寻议革职遣戍，得旨，加恩以六部员外郎候补，在上书房翻译谙达上行走。十一月，授光禄寺卿。十二月，以二品顶带授左都御史。

三年六月，命偕户部右侍郎穆彰阿赴热河鞫狱。八月，赏还头品顶带。九月,授吉林将军。四年正月,条奏参务疲累情形,请复旧规办理,并请在小绥芬等处屯田,以供刨夫粮食,疏下军机大臣,会同户部议奏。寻议上,得旨:"吉林参务节经立定章程,所议尚形苦累,自应量为调剂。所有绥芬、乌苏里产参山场,住山过冬刨夫,着准其仍复旧规办理,并令各揽头举熟习刨夫在苏城、苏子海、讷思屯、泥满口等处寻采,按额交上等好参,挑剩馀参,方准售卖。如有蒙混情弊,即着落赔换,重责示惩。其每年留山刨夫,不得过每票人数之半。倘潜居偷漏,从重究治。并着守卡弁兵查验,勿任黑人夹带私参,以昭严密。至松筠奏请在小绥芬、双城子、达塌河一带屯田垦种,以供刨夫粮食。耕种采参,本难兼顾。办给农具,殊形繁费。且道里辽远,稽察难周,尤恐别滋事端,转启奸民窝藏寄顿等弊,着毋庸议。朕因松筠熟悉吉林情形,简畀将军重任,乃遇事纷更,种种错谬,不胜将军之任。吉林将军着富俊补授。"二月,奉谕:"松筠着补授左都御史,此系朕眷念旧臣格外施恩,赏给差使。松筠务慎守职任,毋得妄行纷更,致干咎戾。"四月,充考试翻译正考官。七月,授正黄旗汉军都统。因目昏陈请开缺,温谕慰留,派考试鄂罗斯学。十一月,复赐紫禁城骑马。十二月,充八旗值年大臣。五年正月,稽查内七仓。五月,稽查右翼幼官学。六月,充蒙古翻译考试官。八月,署兵部尚书。

九月,署乌里雅苏台将军。十月,伊犁将军庆祥奏鄂罗斯在哈萨克游牧地方盖房种地,请敕下理藩院檄询,上询之松筠。松筠奏:"哈萨克素称强悍,或曾侵占鄂罗斯地,今从索还,不能不予,而以无据之词,恳将军奏请,实未可定。若理藩院行文查问,鄂罗斯直以索还侵占为言，转难查办。从前哈萨克袭封汗爵，鄂罗斯即有哈萨克早经投顺彼国之语。溯查乾隆三十五年，土尔扈特明背鄂罗斯前来投顺，后鄂罗斯行文索讨，经高宗纯皇帝谕旨斥驳。今以无甚关要之事，行文令其遵奉，傥彼以土尔扈特为言，或以哈萨克投顺彼国为词，徒生枝节，有伤体制。况哈萨克非国家用兵平定者，缘乾隆二十二年平定伊犁之后，哈萨克贡马入觐，因封汗爵，借以羁縻，其或向鄂罗斯投顺，亦应置之不问。查哈萨克游牧地方，与鄂罗斯毗连之处，理藩院并无图志，惟有晓谕哈萨克以天朝定例，外藩之地无图志者，例不办理。"上嘉其熟悉边情，饬庆祥详酌办理。

六年二月，署兵部尚书。五月，授礼部尚书，兼管太常寺、鸿胪寺事。六月，偕户部左侍郎王鼎赴山西查办事件。松筠于山西途次，闻喀什噶尔军报，疏陈熟悉新疆情形，自请前往宣抚，温旨嘉勉，未允行。八月，命校勘清文圣训。九月，充武会试监射大臣。十二月，充经筵讲官。七年二月，充总谙达。七月，充玉牒馆副总裁。八年二月，署热河都统。六月，充蒙古翻译考试官。七月，谕曰："松筠前于陕甘总督任内借用养廉尚未完银八千两，又管理崇文门税务未完分赔银一万三千两。松筠宣力中外，操守廉洁，所有应交银两，着加恩全行宽免。"八月，仍署热河都统，授阅兵大臣，疏请挑挖承德府属旱河工程，[六]应归都统专折奏报，毋庸由直隶藩司报销，以免稽迟。又都统衙门请复旧制，拣派协领、佐领各一员，帮办刑名事务。十月，奏："承德府属一州五县，前经直隶总督那彦成奏准以汉员对调。查汉员与蒙古言语不通，艰于听断，应循旧制，专用旗员。"俱得旨俞允。九年正月，署吏部尚书。三月，署兵部尚书，偕工部右侍郎白镕，往直隶覆鞫新城县营弁朋谋陷害白勤一案，平反定谳，原审官议谴有差。

四月，复署直隶总督。六月，调兵部尚书，命赴科布多鞫狱。十年，命偕吏部右侍郎保昌赴陕西查讯巡抚徐炘被控各款，鞫实，请将徐炘下部严议。途次又闻回疆军报，密陈剿办事宜。谕曰："进剿何难，善后不易。若常川檄发调派，成何事体？必得一长久绥安之道，方为至善。卿若有所见，不妨陈奏，候朕采择。"十一年二月，奏言："喀什噶尔换防官兵宜裁撤，免累回众，叶尔羌玉山宜弛禁，听回众采贩沾润，喀什噶尔参赞大臣宜改设于阿克苏适中之地，喀什噶尔宜改设正副办事大臣二员，令阿奇木郡王伊萨克为帮办，与正副大臣联名奏事。喀什噶尔一带卡伦，宜添设侍卫，领满兵轮驻，无令绿营官兵驻守，易致逃避。回疆驻扎大臣，均不得携眷，免传回妇应役。英吉沙尔无庸专驻大臣，可设三品阿奇木伯克，每事就近呈报喀什噶尔。至安集延回众贸易为生，所贩毡绒染色，无不用茶配制，宜因其所利而利之，永弛茶禁。又安集延贸易之商回，远在浩罕西南，来至喀什噶尔，迢遥辛苦，宜免其纳税，以示招徕。"疏下扬威将军长麟查办。是月，松筠八十生辰，赐"耆龄锡祜"匾额，御书"福""寿"字各一，并文绮服物有差。

七月，署理藩院尚书，管理三库事务。八月，奏请开缺，旋即销假。谕曰："松筠并无患病情形，乃数日之间，忽称衰病难支，忽称精力如前，既请开缺，旋即请赏差使，进退自由，轻率陈奏。君臣相与之际，总当以诚为主。朕于各大臣推心置腹，既以诚相感,各大臣身受重恩,尤当以诚相应。似此任性自便,殊失朕优礼大臣之意。松筠自问于心,能安与否? 嗣后各大臣务当仰体朕心,恭矢靖共,恪守事上以诚之义,用副恩眷。"九月,充蒙古翻译正考官,授镶白旗汉军都统。十月,授内大臣。十一月,因前赴科布多,嘱直隶道员徐寅第代购备赏什物,及奉旨回奏,又未将嘱买在先,发价在后,据实声明,命革去内大臣,以三品顶带休致。十二年六月,浩罕伯克迈玛底里遣使进表,松筠前曾奏及浩罕通商,边境即可绥靖。上思其言,赏还头品顶带,署正黄旗汉军副都统。七月,达尔汉、茂明安、土默特三旗争地,命往归化城查办。八月,松筠督同副都统惠显、副盟长公喇特那巴拉等逐处履勘,查明自克筹堆记东北一带,直至哈达玛勒河,山后系达尔汉所属,山前系土默特游牧,有乾隆二十年图记;茂明安争土默特之沙拉哈达地方属实,自克鄂博东至哈达玛勒河,山前系土默特游牧,山后系达尔汉游牧,有乾隆二十八年图记;达尔汉争土默特山前地方,属实。松筠按照原字原图堆记,履勘晓谕,茂明安扎萨克及达尔汉贝勒,皆折服。松筠又奏言:"自哈达玛勒河东至托苏图山系四子部落郡王伊什登游牧,南接土默特游牧,北系达尔汉游牧,三旗地界应一律查勘。又南系延寿寺喇嘛游牧,亦宜添设堆记鄂博,各清界址,永杜争端。"从之。十二月,授理藩院左侍郎。十三年四月,调工部左侍郎。五月,授正蓝旗蒙古都统。六月,授阅兵大臣。八月,派考试满、蒙中书。九月,署户部右侍郎,兼管钱法堂事务。十月,充左翼监督。

　　十四年,命以都统衔休致。十五年,卒,年八十有二。遗疏入,谕曰:"松筠历练老成,清勤正直,先朝耆旧。由侍郎、尚书、都统简授大学士,出任将军、总督,扬历中外,宣力有年。历事三朝,恪恭匪懈。上年因老病命休,方冀家居调摄,获享期颐。兹闻溘逝,深为悼惜!着加恩晋赠太子太保衔,照尚书例赐恤。所有任内一切处分,悉予开复。应得恤典,该衙门察例具奏。"寻赐祭葬,予谥文清,入祀伊犁名宦祠。二十三年,库丁侵亏帑银事发,经查库王大臣载铨等议奏,历任管库查库、大臣分成摊赔,已故者子孙减半代赔。得旨:"松筠之子原任二等侍卫熙庆现已病故,并无子嗣,免其罚赔。"

　　子熙昌,吏部侍郎;熙庆,原任二等侍卫。

【校勘记】

〔一〕擅令领队　"擅"原误作"派"。耆献类征卷三六叶三四上同。今据松筠传稿(之二六)改。

〔二〕是以仍命军机大臣明白传知　原脱"仍"字。耆献类征卷三六叶三六上同。今据睿录卷六五叶一九上补。

〔三〕又奏续勘彰武台边门外养什木河迤西一带　原脱"木"字。耆献类征卷三六叶四一上同。今据松筠传稿(之二六)补。

〔四〕本日议上　"议"原误作"奏"。耆献类征卷三六叶四三上同。今据睿录卷三三一叶三下及松筠传稿(之二六)改。

〔五〕朕擢松筠于降谪之馀　"谪"原误作"调"。耆献类征卷三六叶四四上同。今据成录卷九叶一二上改。

〔六〕疏请挑挖承德府属旱河工程　"旱"原误作"早"。耆献类征卷三六叶四七下同。今据松筠传稿(之二六)改。

　　托津

　　托津,富察氏,满洲镶黄旗人。父博清额,理藩院尚书,自有传。乾隆四十三年，托津由都察院笔帖式充军机章京。四十七年，升工部主事。四十九年，迁员外郎。五十六年，调户部银库员外郎。五十八年，授福建道监察御史。嘉庆元年，兼公中佐领。四年四月，升兵科给事中。六月，赏副都统衔，署镶黄旗蒙古副都统。八月，署四川总督魁伦以川省教匪不靖，奏请拨解部库银两，以济军需。上命托津解往达州军营。

五年正月，补正红旗满洲副都统，寻命接办四川军需。闰四月，审拟广西平乐协副将七格捏报重伤私离军营，并于所带官兵毫无统束，奏请夺职，遣戍伊犁，允之。五月，奏言川省距京遥远，解运需时，请豫拨饷银，早为筹备。谕曰："川省剿捕，现当吃紧之际，军饷自所急需。托津酌量情形，原可随时奏请。乃于一月以前，豫恳接济，岂不徒添朕忧？甚属冒昧糊涂，于军饷事务，漫无筹画。着即来京供职。伊才具平常，既不能筹办军饷，而带兵打仗，更非所长，断不准续奏留川。即过陕西时，亦毋庸向经略恳请随营效力。此即朕保全之恩，不可不知也。"六月，奏报回京，谕曰："托津系特派管理军需之员，自应将所管营内现存银几万两，约敷几月之用奏明。[一]即目下所馀无几，尚需调拨几万两备用，亦应奏明。军营距达州甚近，紧要情形亦应遇便奏闻。托津并无一言奏及，实属糊涂之至！似此无用之人，即使来京，又令其办理何事？托津着革去副都统，加恩赏给头等侍卫，前往叶尔羌更换奇丰额回京。"寻抵叶尔羌办事大臣任。

六年二月，奏准叶尔羌搭放官兵盐菜银两，请以每两折给普尔钱二百，官兵口食羊只每只折价银五钱，向系合钱发给，请改为银款。三月，以前任办事大臣奇丰额擅给伯克顶带，托津接任后未经更正,部议降二级调用,上加恩改为降三级留任。七年九月,赏给副都统衔,作为喀什噶尔参赞大臣。十二月,授镶黄旗蒙古副都统。八年九月,奏:"喀什噶尔、英吉沙尔两城岁收钱文支放官兵盐菜等项,按照银钱各半搭放,尚有盈馀。请自九年为始,按银四成钱六成支放,于经费既可节省,而钱文亦无积压。"允之。寻调镶黄旗汉军副都统。十月,授仓场侍郎。九年八月,奏浙江台州后帮旗丁亏短米石,私买馀米抵漕,并以霉变米石充数,请交刑部严讯;失察之浙江粮道达琳、押运通判德克金布、领运千总张超群等,下部议处。又议覆御史五诚额奏请各仓监督在仓住宿章程,疏言:"仓廒启闭有时,监督率役住内,恐家丁蠹役得与外间匪徒勾引伙窃;且严冬风高物燥,火烛可虞。应严饬监督等在附近官房轮班直宿,仍周密巡查,以昭慎重。"上是之。十一月,丁母忧。

　　十年闰六月,调吏部左侍郎,命在军机大臣上学习行走。八月,赏戴花翎,寻充左翼监督。九月,湖广总督百龄奏劾武昌盐法道海昌失察岸商抬价病民,劣衿贿和酿命,并宝武局鼓铸偷减,上命偕直隶总督吴熊光往按,罢海昌职,岸商程启大、炉匠黄铭仁、革生王揆英悉按律惩办。又广东已革南海县知县王轼、番禺县知县赵兴武讦告前任巡抚百龄委令属员代办供应,家人借端需索,并违例制造非刑;命托津会同湖广总督瑚图礼往治其狱,按讯得实,请褫百龄职,论如律,王轼等问拟有差。十一年正月,调户部左侍郎。四月,以河南巡抚马慧裕劾河东河道总督李亨特勒派厅员银两各款,命托津偕署刑部左侍郎广兴往按,狱定,李亨特夺职逮问,戍伊犁。十月,赐紫禁城骑马。

十二月,往谳天津已革贡生贺有年索诈贿和,捏控庆云县知县柯映伊私侵关税盈馀一案,奏言:"天津海税向无定额,致历任知县以多报少,通融侵挪,应按照本年挪用之二万二千两为率,自乾隆四十三年起,查明征收各员,按在任之久暂,经征之多寡,勒限着追,照例问拟,并将历任通同挪移各上司查明提用银数,按六成分年赔缴。"仍下部议处,革生贺有年坐受贿索诈,税吏章德程等坐盘踞嘱和,均置之法。天津道胡钰、庆云县知县柯映伊以听民求和,下部议处。又疏陈酌定征收税额,请饬直隶总督就近遴委道府大员监收,以杜侵挪。均如所请行。十二年二月,京察届期,谕曰:"托津在军机处行走勤慎,着加恩交部议叙。"七月,充崇文门监督。时热河副都统福长安劾前任副都统庆杰收受属员公分等款,疏上,夺庆杰职,命偕工部侍郎英和往鞫,谳定,庆杰依官吏求索所属财物律,戍乌鲁木齐。十二月,署经筵讲官。十三年九月,赐燕郊房屋一所。

先是,南河云梯关外陈家浦漫口,由射阳湖旁趋海口,两江总督铁保、江南河道总督戴均元请改河道径由射阳湖入海。十月,命偕刑部尚书吴璥驰赴南河会勘。十一月,覆奏:"查明马港口、张家庄漫水,俱西漾数十里,始折归北潮河。如果该处地势建瓴,何以转向西流?且北潮河已汇流数月,水未消涸,显见去路不畅,改道断不可行。请仍修复故道,接筑云梯关外大堤,收束水势,使之东注,较为得力。"又奏:"勘河口、高堰各工,因运河西岸堵筑漫缺,头、二坝口门较宽,以致不能掣托畅注,请赶紧补筑。"均得旨允行。十二月,以前偕广兴审办案件,于广兴需索骚扰,得受苞苴情弊,未经陈奏,部议降二级调用,上加恩改为降三级留任。旋充经筵讲官。十四年正月,往谳江苏金山寺僧人志学呈控民人王兆良争垦沙地,纠众戕毙多命一案,僧人志学等均治如律。二月,署刑部左侍郎。六月,前任仓场侍郎福庆、许兆椿奏通州中西二仓所存白米亏缺,已革仓书高添凤盘踞舞弊,命偕福庆往勘仓书高添凤、甲斗赵长安、花户陈四等坐奸吏觟法,治如律。旋经刑部究出高添凤私出黑档重领米石一案,奏入,上以仓场侍郎及监督等官历任相沿,因循废弛,以致百弊丛生,将办理不善各员分别革惩。托津在任较久,下部严议,寻议夺职。谕曰:"国家经久之计,首重仓储。该侍郎自当督率所属,慎重钩稽,方为无忝厥职。乃怠玩因循,毫无整顿,以致已革仓书在彼盘踞。似此积蠹横行,官吏觟法,不知该仓场侍郎所司何事?此而不严加惩办,何以肃纪纲而釐职守?托津在任一年,未能查出弊窦,但黑档舞弊,非伊任内之事,着从宽革职留任,仍着落分赔。"

八月,御史陆言劾浙江学政刘凤诰代办监临、印用联号,命偕刑部侍郎周兆基按治,得实,刘凤诰革职逮问,戍伊犁。十二月,失察工部书吏王书常私雕假印,冒领库银,降一级留任。十五年正月,署山西藩司。河东道刘大观参奏前任山西巡抚初彭龄任性乖张,署潞安府知府试用直隶州知州朱锡庚婪索赃私,命偕刑部左侍郎穆克登额往按,鞠实,初彭龄、刘大观均下部严议,朱锡庚夺职,论罪如律。二月,擢工部尚书,授正黄旗汉军都统。四月,以上年承办万寿庆典,经理妥协,赏加一级。五月,调户部尚书。旋因给事中胡大成劾奏勒保任四川总督时,有匿名揭帖,指评总督藩司款迹,寝息未办,命托津偕光禄寺少卿卢荫溥往查,得实,奏闻,勒保坐应奏不奏,罢大学士。

六月,以粤洋巨匪乌石二等殄除净尽,海面肃清,谕曰:"军机大臣承旨书谕,自剿办洋匪以来,颇属勤慎,宜加优奖。托津着赏加军功加一级。"十一月,两淮盐政阿克当阿劾前任扬州通判缪元淳承办扬河堤岸草率偷减,命偕顺天府尹初彭龄前往查办。十六年正月,署两江总督。二月,奏通判缪元淳并无偷减情弊,惟于淮、扬运河水涨,未能先事筹防,以致庙湾场河堤漫口,抢护不及,糜帑误工,请褫职遣戍。四月,调镶白旗满洲都统,赏加太子少保衔,兼内大臣。九月,署吏部尚书。十七年,充会典馆副总裁官。

十八年二月,京察,下部议叙。六月,扈跸热河。九月,直隶教匪林清谋逆,遣其党阑入禁城,命托津回京查办,寻获林逆于黄村西之宋家庄。上以军机大臣托津等昼夜宣勤,办理妥协,赏加二级,旋授协办大学士。时股匪李文成犯豫,陷滑城,钦差大臣那彦成迁延旬日,尚未进兵,上命托津往代。嗣因那彦成帅师进剿,连著战绩,复命托津赴开州军营,督同提督马瑜剿办馀匪。十一月,驻兵开州,得旨:"托津现在开州,督同马瑜搜剿直隶边境贼匪。该处不过零星窜匪,不难办理。如托津一路兵力有馀,无大股可剿之贼,或于苏尔慎、阎俊烈等酌分一二人,带兵驰往滑县会剿。即或兵力不敷分派,则吉林、黑龙江马队过开州时,不许截留一名,速令全抵那彦成大营,听候差拨。托津前奏恐滑县贼匪被剿,窜向东北,欲厚集兵力堵御,不知滑县贼匪歼除,则北面自无虞窜逸。朕盼望捷音,宵旰焦劳。现当功届垂成之际,伊与那彦成当统计全局,先其急者,以期速蒇大功。军务至重,功则同赏,过则同罚。想托津公正廉明,自能仰体朕心,协助那彦成成功,托津一并受恩,朕无歧视,只盼捷音。"寻由汤二庄进发,连克杨店子、王家、道口等村,焚毁贼巢,歼除贼目邢全忠,执贼目郭明山,馀匪俘馘无算。捷入,下部议叙。复谕曰:"托津奏官兵剿捕开州边界贼匪净尽,所办甚好。一切机宜,当详细斟酌,不可畏葸迟疑,亦不可轻率孟浪也。"嗣闻逆匪冯克善窜德州,奏请带兵侦拿。谕曰:"托津所奏,纰缪已极!查拿要犯,不过派员缉拿,若各处皆须发兵前往,有是理乎?托津之意,计行至德州时,滑城已破,德州无事可办。彼时派马瑜等将兵带回开州,伊自行奏请回京,即就近由德州起程。竟系思家念切,以致举动冒昧糊涂。着严行申饬,即刻带兵兼程,转回开州防堵。"会贼匪李文成等窜往辉县,焚掠高庄,直趋林县。上以托津不顾北面,率往德州,严旨申饬。谕曰:"首逆李文成、刘国明已至林县,欲趋磁州。汝速领官兵星夜驰回,自北而南,奋力截剿,生擒二逆,立受隆恩。若再迟延观望,退缩不前,朕必按皇考处治讷亲之例办理。祸福任汝自取,慎之懔之!"又谕曰:"汝径往德州之举,糊涂之极!不治汝罪,已属格外施恩。此次再不奋勉,不能轻恕矣!"十二月,由大名退驻开州,连获零匪。得旨:"开州一带零匪,托津督率官兵擒缚九百馀人,办理认真,着照军功例议叙。"时滑城克复,偕直隶总督那彦成奏陈:"善后事宜七条:一、酌改直隶营制;一、添设河南、山东官兵;一、于直隶开州、长垣,河南濬县、滑县等处,移驻弁兵;一、调拨吉林、黑龙江官兵一千名驻京操防;一、各直省编查保甲,以诘奸宄;一、散乡勇以收器械;一、请以陕、甘将备与直隶分别对调。"疏入,如议行。十九年闰二月，授正白旗领侍卫内大臣。三月，[二]以前在开州时，失察家人携带幼孩，下部议处。寻署兵部尚书。五月，充国史馆总裁官。七月，仓场侍郎荣麟劾通永道张五纬玩误漕运，张五纬复以荣麟回护己见，互相揭奏，命托津往谳之。狱定，荣麟、张五纬下部议处有差。

八月，授东阁大学士，管理户部事务。九月，晋太子太保衔，充会典馆总裁官。十一月，仓场侍郎初彭龄劾两江总督百龄、江苏巡抚张师诚收受馈送，并劾江苏藩司陈桂生册报溧水县亏缺银数，先后多寡不符，有心朦混，命偕户部尚书景安往按。二十年正月，查明百龄、张师诚俱无收受馈送之事，惟百龄于提取关税银两，发县生息，作为兵丁差费，未经奏明办理；张师诚于未到任之先，标弁迎至其家，即留供应差遣，均有未合。百龄、张师诚均下部议处、察议有差。陈桂生亦无含混隐匿情弊，初彭龄坐奏事不实，下部严议。[三]八月，充崇文门正监督。二十一年二月，京察，下部议叙。四月，署御前大臣。闰六月，以直隶总督那彦成前在陕甘总督任内，与藩司陈祁商挪赈银，津贴脚价等费，事觉，命托津往按，褫那彦成职，逮问解京，命托津暂署直隶总督，旋回京。二十二年六月，管理理藩院事务。九月，御史伊绵泰、萧镇于封禁米石婪索钱文，问拟如律。以御史等系由户部保送，托津未能详慎拣选，下部议处。二十三年二月，充文渊阁领阁事。五月，以纂辑明鉴体例不合，罢原纂各官，特改派总裁官，另行编辑，托津与焉。八月，上恭谒祖陵礼成，赏加二级。二十四年，京察，下部议叙。寻谕曰："朕本年六旬正寿，左右近臣，宜再加恩泽。托津襄赞内廷枢务多年，办事老成，承旨书谕，总理部旗事务，从无错误。着加恩赏戴双眼花翎，并赏用紫缰。"

二十五年四月，充殿试读卷官。六月，扈跸热河。七月，仁宗睿皇帝升遐，命总理丧仪。九月，充实录馆监修总裁。谕曰："七月二十五日，恸遭皇考大行皇帝大故，彼时军机大臣敬拟遗诏，朕在谅暗之中，哀恸迫切，未经看出错误之处，朕亦不能辞咎。但思军机大臣多年承旨，所拟自不至有误。及昨内阁缮呈遗诏副本，以备宫中时阅。朕恭读之下，末有'皇祖降生避暑山庄'之语。因请皇祖实录跪读，始知皇祖于康熙辛卯八月十三日子时诞降于雍和宫邸。复遍阅皇祖御制诗集，凡言降生于雍和宫者三见集中。因命军机大臣明白回奏，据称：'恭查大行皇帝御制诗初集，第十四卷，万万寿节率王公大臣行庆贺礼恭纪诗注，恭载高宗纯皇帝以辛卯岁诞生于山庄都福之庭；又第六卷，〔四〕万万寿节率王公大臣等行庆贺礼恭纪诗注相同。至实录未经恭阅，不能深悉'等语。朕敬绎皇考诗内语意，系泛言山庄为都福之庭，并无诞降山庄之句。当日拟注臣工，误会诗意。兹据军机大臣等称实录未经恭阅，尚属有辞。至皇祖御制诗集久经颁行天下，不得诿为未读，实属巧辩。托津、戴均元俱已年老，毋庸在军机处行走，并不必恭理丧仪，一并交部严加议处。遗诏布告天下，为万世征信，岂容稍有舛错？故不得不将原委明白宣示中外，着将此旨通谕知之。"寻部议夺职，谕曰："托津等于敬缮皇考大行皇帝遗诏，内有错误之处，非寻常错误可比。吏部议以革职，实属咎所应得。第念皇考梓宫在殡，而两大学士同时罢斥，朕心实有不忍。托津、戴均元着各降四级留任。六年无过，方准开复。"

道光元年三月,仁宗睿皇帝奉安礼成,托津恭题神主,命晋太子太傅衔,赏加随带三级。七月,调正黄旗蒙古都统。八月,调正白旗满洲都统。二年三月,署户部尚书。四月,授内大臣。五月,以议奏仓场盘查章程,措置失宜,部议降二级留任,上加恩改为降一级留任。寻授阅兵大臣。八月,充崇文门正监督。十月,署吏部尚书,兼管户部三库事务。寻署理藩院尚书。三年正月,托津子恒龄之妻乘轿、由神武门中门行走,有乖体制,上以托津平日不能管束,革去紫缰,并褫双眼花翎,仍戴单眼花翎,以示惩儆。八月,上幸万寿山玉澜堂,赐宴十五老臣,恩命入宴,绘像,御制诗有"昔赞纶扉承考泽,立朝正色端岩廊"之句,褒托津也。四年七月,以官犯侯际清呈请赎罪,贿嘱官吏,并职员董椿指官撞骗等情,命托津按治,侯际清、董椿问如律,刑部堂司各官降革、遣戍有差。五年正月,京察,下部议叙。二月,署户部尚书。八月,署刑部尚书,复充崇文门正监督。六年四月,充殿试读卷官。七月,署左都御史。七年五月,管理刑部事务。七月,通州民人王文弼呈递封章,控告协办大学士英和家人张天成增租扰累,命托津等治其狱。谳定,坐英和失察,褫协办大学士,仍下部严议,王文弼等论罪如律。八年正月,回疆底定,恩逮廷臣,赏还紫缰。七月,以审拟侍卫恩绪殴毙家人一案,瞻顾迟延,含混声叙,命将刑部堂官议处,托津降二级留任。九年八月,上诣盛京祇谒祖陵,命托津留京办事。十月,赏还双眼花翎。旋谕曰:"托津年逾七旬,着于该管旗分衙门带领引见之日,免其带领,以示体恤耆臣至意。"十年八月,得旨:"御门办事,托津着加恩免其进班。十月,以前在户部尚书任内,失察捐纳房书吏蔡绳祖等私造假照,降四级留任。

十一年,因病陈请开缺,谕曰:"大学士托津自嘉庆年间,仰蒙皇考仁宗睿皇帝简任纶扉,赞襄枢禁。朕御极以来,命管理部院旗务,宣力多年,悉臻妥协。今岁秋间,屡以病乞休,降旨令其安心调理。兹复以气体衰惫,奏请开缺,朕实不忍遽允所请。但察其病势未痊,若令强勉趋公,转非所以示体恤。托津着加恩以太子太傅、大学士致仕,支食全俸,俾资颐养,用示眷怀耆硕恩礼优加至意。"十二年,托津孙庚长以二品荫生分部学习,期满引见,上加恩准其留部即补。十五年十月,卒,年八十一。谕曰:"致仕大学士托津宣力五十馀年,资深望重。历仕三朝,渥承恩眷。办事实心,老成公正。十一年冬间,以老病乞休,不忍遽令解退。因伊年跻八旬,恐其系心职守,特加恩恤,准予致仕,并赏全俸。岁赏参枝,时加存问,俾安心颐养,获享遐龄。兹闻溘逝,深为悼惜!着赏给陀罗经被,派庆郡王绵慜即日带同侍卫十员前往奠醊。朕于十一月初七日亲临赐奠,并加恩晋赠太子太师。入祀贤良祠。赏给广储司库银一千五百两,经理丧事。所有原任内一切处分,悉予开复。应得恤典,着该衙门查例具奏。"十一月,上亲临赐奠,复谕曰:"朕亲临原任大学士托津宅赐奠,眷念耆臣。伊孙太仆寺员外郎庆端俟服阕后,加恩以郎中升用。"寻赐祭葬,予谥文定。

孙庆端,福建布政使;庚长,浙江盐运使。

【校勘记】

〔一〕托津系特派管理军需之员自应将所管营内现存银几万两约敷几

月之用奏明 "需"原误作"饷",又脱"奏明"二字。耆献类征卷
三七叶二七下同。今据睿录卷六九叶五上改补。

〔二〕三月 "三"上原衍一"其"字。耆献类征卷三七叶三三下同。今
据托津传稿(之二八)删。

〔三〕下部严议 "严"原误作"核"。耆献类征卷三七叶三四上同。今
据托津传稿(之二八)改。

〔四〕又第六卷 "第"原误作"十"。耆献类征卷三七叶三五下同。今
据成录卷四叶九上及托津传稿(之二八)改。

邹炳泰

邹炳泰,江苏无锡人。乾隆三十七年进士,改庶吉士。四十
年,散馆授编修,旋充四库全书纂修官。四十三年,因纂书出力,
命优叙。四十五年,充文渊阁校理。四十六年,迁国子监司业。
五十二年,擢祭酒。五十三年,充浙江乡试正考官。五十四年七
月,授詹事府少詹事。八月,提督山东学政。十二月,迁詹事。
五十五年,擢内阁学士,兼礼部侍郎,仍留学政任。五十六年八
月,丁父忧。五十八年十一月,服阕。六十年二月,补原官。八
月,充顺天乡试副考官,寻提督江西学政。

嘉庆二年正月,丁母忧。四年四月,服阕。五月,补原官,旋
授礼部右侍郎。九月,调仓场侍郎。五年三月,劾坐粮厅颜培天
嗜酒任性,请撤回,交部议处,从之。六年二月,京察。谕曰:"邹
炳泰剔除积弊,整顿漕务,着交部议叙。"五月,裕丰仓不戒于火,
炳泰以未能先事防范,自请议处。上以炳泰驻扎距仓较远,一闻
禀报,即驰赴该处查看,尚无不合,免之。五月,都统明安奏二月

分西四旗应领俸米,现在海运仓始行支放。上以炳泰总司仓务,常因事入城,可以随时稽察,何至该仓应放米石,迟至数月之久,毫无闻见,命交部严加议处。寻议降二级调用,恩准抵销。会侍郎达庆奏报军船回空日期,炳泰未经联衔,复单衔具奏各帮亏短米石数目。上命侍郎和宁、祖之望驰赴通州查办。嗣以查明未经会商奏入。谕曰:"邹炳泰于二进军船挂欠,既经奉旨将馀米扣补。三进军粮事同一例,焉有歧视之理? 而邹炳泰因与达庆意见不合,辄奏称豫防旗丁等年年积压。虽似因公起见,实不免偏执使气。邹炳泰着交部议处。"寻降一级留任。九年八月,御史五诚额奏请各仓监督轮流率役在仓住宿,敕下仓场议奏。经炳泰议以:"仓廒重地,若令仓役时常出入,或与在外匪徒勾串偷窃,且严冬烧炕,火烛可虞,请仍于附近仓门官房居住,轮班稽查。"上是之。

十年二月,擢都察院左都御史。五月,迁兵部尚书。六月,兼署工部尚书。九月,管理户部三库事务。十二月,充经筵讲官。十一年三月,上御经筵,炳泰误站班次,未请处分,命交部加等议处。寻议罚俸六个月。九月,兼顺天府府尹事。十一月,命紫禁城骑马。十二年正月,调吏部尚书。十三年三月,充会试正考官。十四年正月,加太子少保衔。四月,充殿试读卷官。六月,已革仓书高添凤盗领米石案发。上以炳泰在任最久,于少收多放情弊,全无觉察,命革去宫衔,降为二品顶带,仍带革职留任。寻以万寿庆典赏还一品顶带。十五年十月,炳泰七十生辰,御书"卿云锡祉"匾额赐之。十六年正月,炳泰以足疾请开缺。谕令安心调养,不必限以时日,复命御医诊视。三月,署户部尚书。四月，充殿试读卷官，复充朝考阅卷官。五月，协办大学士仍兼吏部尚书。六月，赏复太子少保衔。九月，炳泰因吏部司员扣缺错误，回护坚执，将办理缘由陈奏，上是之。

十八年，充顺天乡试正考官。会降调知县傅士奎及已革司狱夏本荣呈请捐复，炳泰前后准驳，与署任侍郎初彭龄意见不同。经初彭龄入奏，上命大学士勒保等详核具奏。旋经查明两案覆奏，均应议准。谕曰："邹炳泰身任尚书，遇有呈请捐复者，应准应驳，自当准情覆议。乃于傅士奎一案，则已驳复准，旋又改驳。于夏本荣一案，则已准复驳，茫无定见。着交都察院议处。"寻议降二级留任。又兵部主事姚堃在昌平州八仙庄被劫，上以该处距京城数十里，为官员商贾往来孔道，盗匪胆敢纠众邀劫，实由地方官阘茸所致。邹炳泰仅将专管上司参奏，亦未自请处分，竟视为寻常盗案照例办理，殊觉懈弛，谕无庸管理府尹事务。九月，以逆匪林清党与多系直隶固安及黄村一带人，谕曰："邹炳泰在顺天府尹任内，平日漫无查察，以致养痈贻患，着以中允赞善降补。"寻休致回籍。二十五年正月，卒。

曹振镛

曹振镛，安徽歙县人。父文埴，官户部尚书。自有传。[一]

振镛，乾隆四十六年进士，改翰林院庶吉士。五十二年，散馆，授编修。五十六年二月，大考翰詹，列三等。谕曰："曹振镛虽列三等，然观其才具，尚堪造就，且系曹文埴之子，着加恩授侍讲。"十月，充日讲起居注官。五十七年六月，充浙江乡试副考官。九月，任河南学政。嘉庆元年二月，转侍读。四月，升右春坊右庶子。十一月,升侍讲学士。十二月,转侍读学士。三年二月,大考翰詹,振镛列二等,迁詹事府少詹事。六月,充湖北乡试正考官。八月,任广东学政。九月,升詹事。十二月,丁父忧。五年,特予曹文埴恤典,赐谥文敏。振镛入谢,上以文埴之母年九十有四,赐人参、缎匹,命振镛赍回,以资颐养。六年,服阕,七年五月,补通政使司通政使。

八年九月,充实录馆副总裁官,命专司勘办稿本。十二月,迁内阁学士,兼礼部侍郎衔。寻充经筵讲官、文渊阁直阁事。九年二月,上幸翰林院,分韵赋诗,振镛与焉,赐绢笺、笔墨有差。时值京察,上以振镛恭纂实录稿本,尚为详慎,下部议叙。寻以恭进实录内抬写之处讹缮一字,部议降一级调用,上从宽改为降三级留任。六月,署吏部右侍郎。七月,迁工部右侍郎。八月,任江西学政。十年二月,偕巡抚秦承恩疏言:“万载县土棚两籍考试,请于原额十二名外,加额四名,不分土棚籍合考取进。”从之。十一年六月,调吏部右侍郎。十月,迁工部尚书。十二年三月,充实录馆正总裁官。四月,圣训、实录告成,予议叙,振镛辞免,恩加太子少保衔。九月,命恭送高宗纯皇帝实录前往盛京尊藏,礼成,加二级。十二月,充文颖馆正总裁官。

十三年三月,署吏部尚书,寻署户部尚书。四月,充殿试读卷官。六月,署刑部尚书。八月,充顺天乡试正考官。十四年四月,充殿试读卷官。五月,管理户部三库事务。七月,调户部尚书。十二月,以失察工部书吏舞弊冒领三库银两,部议降二级调用,上加恩改为降三级留任。十五年五月,充会典馆副总裁官。十月,充顺天武乡试正考官。十六年三月,充会试正考官。四月,授翰林院掌院学士,充经筵日讲起居注官。十八年八月,复署吏部尚书。九月,调吏部尚书、协办大学士,寻擢体仁阁大学士,管理工部事务。十二月,赐紫禁城骑马,赏平定滑城功,以振镛职任纶扉,晋太子太保衔,充文渊阁领阁事。十九年正月,命稽察钦奉上谕事件处。闰二月,命续纂河工方略一书,振镛总司其事。是月,纂辑全唐文完竣,赏加二级。五月,充国史馆正总裁官。七月,上谒东陵,命留京办事。九月,充会典馆正总裁官。十月,振镛六十生辰,御书"纶阁延晖"额,并服物赐之。

二十年三月,上谒东陵,命留京办事。先是,工部司员福海保送一等,寻任雁平道,缘事革职,将历次滥保各堂官均交部议处,寻议降二级调用,上改为留任。七月,上秋狝木兰,命留京办事。二十一年正月,京察,上以振镛总理工部,兼管三库事务,均属妥协,交部议叙。二月,上谒东陵,命留京办事。七月,上秋狝木兰,复命留京办事。二十二年三月,充会试正考官。七月,上秋狝木兰,命留京办事。二十三年三月,上谒西陵,命留京办事。五月,以纂辑明鉴体制背谬,振镛等不知豫行请旨,部议降调,上加恩改为降三级留任。七月,上诣盛京恭谒祖陵,命留京办事。是月,工部续估东岳庙工程浮开银两,上以工部各堂官既于书吏舞弊毫无觉察,又失察司员得赃,平昔互相推诿,怠玩因循,将振镛等交部议处。寻议降调,上改为降三级留任。

二十四年七月,上秋狝木兰,命留京办事。九月,复管理三库事务。十一月,命振镛偕尚书穆克登额查估正阳门应修工程,振镛疏称大楼等处尚属稳固,时届寒冻,难以施工,明岁南北向亦属不宜,请暂缓兴修。上以所奏甚是,从之。二十五年三月,上谒东陵,命留京办事。是月,兵部遗失行印,命振镛等鞫讯,以日久未能审出实据,降二品顶带。寻会审得实,复其顶带。七月,上秋狝木兰,命留京办事。九月,命在军机大臣上行走,充实录馆监修总裁官。

道光元年三月,仁宗睿皇帝奉安礼成,振镛恭题神主,晋太子太傅衔,加随带二级。五月,授为武英殿大学士,赐第于内城三转桥。二年正月,京察,上以“振镛办理部务本属妥协,又自简任军机大臣以来,敬共所事,实力劻勷,交部议叙。”二月,承办坛庙工程司员得受官匠银两,复嘱托看册司员朦混算销,上以该堂官漫不经心,将振镛等交部严议,寻议褫职,上加恩改为降四级留任。八年无过,方准开复。四月,充殿试读卷官。十二月,振镛等奏现察各处工程较多,请嗣后分别轻重情形酌办,不得同时并举,以重工料而节糜费,从之。三年正月,谕曰:“朕于本年元旦御殿受贺,闿惠覃敷,左右近臣,允宜特加恩泽。大学士曹振镛失察承修工程司员,降四级留任,着加恩宽免。”二月,上临雍视学,振镛充直讲。三月,充会试正考官。八月,上幸万寿山玉澜堂,锡宴十五老臣,时振镛年齿居末,恩命入宴,画像,御制诗有“丝纶佐朕弥恭谨,抒忠献替资劻勷”之句,褒振镛也。四年四月,仁宗睿皇帝实录告成,赏戴花翎,子恩汴,候选员外郎,遇缺即补;子恩溁,特赐举人,一体会试。七月,充上书房总师傅。十月,振镛七十生辰,御书“调元笃祐”额,“秉钧日赞资良弼,杖国时康引大年”联句,并服物赐之。五年正月,京察,上以“振镛管理部务,均属妥善,承书谕旨,献替劻勷,尤为出力,交部议叙。”六年四月,充殿试读卷官。十二月,入直南书房。

七年，回疆克复四城，谕曰："现已谕撤大兵筹办善后，计逆裔犯顺一年有馀，凡一切军报承书谕旨，军机大臣等夙夜殚心，勤劳懋著，允宜特沛恩施。大学士曹振镛着晋加太子太师。"八年正月，回疆奏报生擒首逆张格尔，谕曰："自道光六年喀什噶尔用兵以来，军机大臣曹振镛等佐朕运筹军务，夙夜勤劳，承书谕旨，巨细无遗。去岁因四城虽复，首逆未获，曾经稍示恩荣，朕意未惬。兹元凶生获，红旗报捷，军机大臣等尤当再沛恩施，用昭奖劝。大学士曹振镛着晋加太傅衔，赏用紫缰，仍着照军功例，交部议叙。"四月，赐图像紫光阁，御制军机大臣像赞，并序曰："朕寅承大宝，日理万几，孜孜焉惴惴焉，尝恐用人行政，或致阙失。每遇事必虚怀延纳，不敢自作聪明；而军机大臣曹振镛等皆能感戴皇考之遗泽，暨朕之信用，是以知无不言，一心一德。即如前岁西陲用兵，诸臣夙夜在公，襄赞机谋，承书谕旨，无不尽心竭力，与朕同一忧勤；而大学士曹振镛自简授军机大臣以来，公正慎勤，班联领袖，尤能殚心据实，巨细无遗。兹大功告蕆，特欲循照旧章，绘入功臣像，而朕之不自大其事，不自尚其功，亦可昭示来许。奈曹振镛等善则称君，真诚逊让，朕亦难于强勉，在朕心终未惬也。试思汉高祖之大度，唐太宗之英明，运筹决胜，亦必须萧、曹、房、杜辅助而成也。矧戎为国之大事，朕临御以来，兴戎首举，嘉予内外文武诸臣，各殚心力，迅奏肤功。不然，则成功未能如此其速，筹画未能如此其善也。朕思之再三，允宜别绘一图，亲为制赞，以遂诸臣不敢列入功臣之心，而又能彰明帷幄之辅弼得人，不亦善乎！"御制振镛赞曰："亲政之初，先进正人。密勿之地，心腹之臣。问学渊博，献替精醇。克勤克慎，首掌丝纶。"

九年元旦,上亲书御制振镛像赞赐之。三月,充会试正考官。八月,随驾诣盛京恭谒祖陵,大礼庆成,赏加二级。十月,谕曰:"大学士曹振镛年逾七旬,着于该管旗分衙门应行带领引见之日,〔二〕免其带领引见,以示体恤耆臣至意。"十年十二月,御书"同德资良弼,单心赞治枢"联对赐之。十一年正月,京察,上以振镛久任军机大臣,赞襄勤慎,承旨详明,交部议叙。五月,振镛子户部郎中恩汴病殁,上传谕慰之,并以恩汴原得一品荫生予其次子恩澍承荫,示体恤焉。八月,上五旬万寿庆辰,加恩廷臣,振镛得赏戴双眼花翎。十二年,充殿试读卷官。十三年,充会试正考官。十四年正月,赐紫禁城内乘轿。时届京察,谕曰:"大学士曹振镛久任军机,克勤克敬,年登八袠,精力如常。着加恩交部议叙。"三月,上谒西陵,命留京办事。十月,振镛八十生辰,谕曰:"大学士曹振镛由乾隆年间供职词垣,嘉庆年间荐擢至大学士。朕亲政之初,简授军机大臣。久赞纶扉,倍加勤慎。现在年登八帙,精神强固,朕心实深嘉悦,允宜特沛殊恩,以昭懋眷。伊孙曹绍楣,着加恩赏给举人,准其一体会试,用示朕笃祜耆臣有加无已之至意。"颁赏御制诗曰:"八帙洪开甲午年,嘉予元老弼仔肩。三朝雨露沾深泽,一德谋猷济巨川。梁栋有征资启沃,丝纶必慎冠班联。长兹寿寓君臣庆,政在亲贤幸得贤。"又御书"领袖耆英"额。"紫阁图勋嘉辅弼,玉澜锡庆介期颐"联对,并服物赐之。十二月,因感冒请假,谕令安心调理。

十五年正月,卒。谕曰:"大学士曹振镛问学渊博,献替精醇,公正慎勤,老成持重。自其父曹文埴供职内廷,渥承皇祖高宗纯皇帝知遇,擢至户部尚书。嗣曹振镛仰荷皇祖特达之知,由翰林荐升詹事。皇考仁宗睿皇帝亲政以来,荐加升擢,简任纶扉。朕御极之初,特授军机大臣,十四年馀,一德一心,深资启沃。丝纶首掌,巨细毕周。夙夜在公,始终如一。实朕股肱心膂之臣。服官五十馀年,历事三朝,身跻崇要,从未稍蹈愆尤,动循矩法,克副赞襄。念其年跻八秩,特命肩舆入直,俾节劳勚。上年因微疾请假,派员存问,俾安心在寓调养,优加慰劳。方冀速痊,照常入直。讵意数日之间,遽成长往。顿失腹心之臣,不觉声泪俱下,悼惜难堪!着加恩入祀贤良祠,赏给陀罗经被,并手串、烟壶、暖手各件,派穆彰阿带领侍卫十员,即日前往奠醊。朕于本月二十九日亲临赐奠。并着赏给广储司库银二千两,经理丧事。其任内一切处分,悉予开复。应得恤典,着该部察例具奏。伊子曹恩澍,着赏给四品卿,俟服阕后,遇有四品京堂缺出,着该部开列请补,用示朕轸怀耆旧恩赉有加至意。"寻赐祭葬,谕曰:"朕亲政之初,见大学士曹振镛人品端方,学问优长,特授为军机大臣,用资启沃。十四年馀,靖恭正直,历久不渝。虽身跻崇要,小心谨恪,[三]动循矩法,从未稍蹈愆尤。凡所陈奏,均得大体。老成持重,懋著忠勤,实朕股肱心膂之臣。从前乾隆年间,大学士刘统勋,嘉庆年间大学士朱珪,仰蒙皇祖高宗纯皇帝、皇考仁宗睿皇帝鉴其品节,赐谥文正,易名之典,备极优隆。曹振镛实心任事,体用兼优,外貌呐然,而献替不避嫌怨,朕深倚赖而人不知。揆诸谥法,实足以当'正'字而无愧。兹据该衙门奏请予谥,着加恩赐谥文正,用示朕眷怀良辅宠锡嘉名至意。"复谕曰:"大学士曹振镛先朝耆旧,久直内廷,端谨老成,靖恭正直。

十四年馀,嘉谟嘉猷,深资倚赖。前因溘逝,特崇懋典,用奖前勋。加恩赐谥<u>文正</u>,并准其入祀贤良祠。伊子<u>曹恩濚</u>,服阕后以四品京堂补用。朕追维良辅,叠沛隆施,兹复派令<u>惠郡王</u>前往赐奠。伊孙<u>曹绍桐</u>着赏给举人,准其一体会试。将来灵柩回籍时,着沿途地方官照料,妥为护送,用示朕笃念耆臣有加无已至意。"七月,谕曰:"大学士<u>曹振镛</u>灵柩于月内起程,由水路回籍,着加恩于二十七日派御前侍卫<u>道庆</u>前往赐奠。到籍后,加恩赐祭一坛,着安徽巡抚邓廷桢派委道员一人前往奠醊。"〔四〕

　　子<u>恩濚</u>,候补四品卿。

【校勘记】

〔一〕自有传　原脱此三字。<u>耆献类征</u>卷三八叶一上同。今据<u>曹振镛传稿</u>(三二六)补。

〔二〕着于该管旗分衙门应行带领引见之日　原脱"管旗分"三字。<u>耆献类征</u>卷三八叶六上同。今据<u>成录</u>卷一六一叶二八上补。

〔三〕小心谨恪　原脱此四字。<u>耆献类征</u>卷三八叶八上同。今据<u>成录</u>卷二六二叶一八上补。

〔四〕着安徽巡抚邓廷桢派委道员一人前往奠醊　原脱"安徽巡抚"四字。<u>耆献类征</u>卷三八叶八下同。今据<u>成录</u>卷二六九叶一六下补。

　　百龄

　　<u>百龄</u>,<u>张氏</u>,汉军正黄旗人。<u>乾隆</u>三十七年进士,改庶吉士。四十年,散馆,授编修。四十一年,充<u>文渊阁</u>校理。四十二年,提督<u>山西</u>学政。五十年,改<u>江南</u>道御史。五十五年,丁父忧。五十

七年,服阕,补浙江道御史,寻擢奉天府府丞。五十八年,丁母忧,六十年,服阕。

嘉庆三年,补顺天府府丞。四年,调奉天府府丞。五年二月,授湖南按察使。十月,调浙江按察使。六年,擢贵州布政使。七年二月,贵州巡抚常明劾粮道孙文焕侵蚀赏恤征兵银两,兼于粮台委员名下虚填银数,朦混请销,并抽匿印领册卷,经百龄于到黔后即行查出,上嘉之。嗣孙文焕控告百龄假公勒索,并巡抚常明镕卖军需用剩铅丸四十余万斤各款,上命侍郎初彭龄、富尼善赴黔严鞫。寻据奏常明镕卖铅丸属实,余坐诬。谕曰:"此项铅丸,既经军需用剩,自应归入军需项下报销,乃因幕友金玉堂向来贩卖白铅,竟镕作铅斤,运往汉口发卖,希图渔利。迨藩司百龄查知,常明始应允照数买还。舛法营私,行同市侩,常明着革职;至百龄于孙文焕所控各款,虽审全虚,但百龄既经查出常明欠缴库项,并纵令劣幕私卖铅斤各款,不即据实参奏,仅以催逼押缴完结,意存瞻顾,巡抚实属有心祖庇,令初彭龄等于定案时治以徇隐之罪。"〔一〕寻部议降三级调用,上宽之。十二月,调云南布政使。

八年,擢广西巡抚。九年四月,奏广东合浦、灵山县民勾结滋事,窜入广西博白县境,拿获冯老四、林定帮、〔二〕林青上等。六月,奏:"越南夷人阮俅等前安置江宁时,私买内地百姓为仆,携带还国。路经广西,经臣查出后,即行截留,照契价赎回,送还原籍。"上是之。七月,劾武缘县知县孙廷标屈抑革生黄万镠等,毁尸诬告冤拟绞候一案,请将廷标革审。上嘉其到任未久,能平反重谳,赏戴花翎;并以广西道、府等官与孙廷标半属旧识,恐互相朦蔽,命广东布政使广厚赴广西,随同百龄鞫讯。寻审明孙廷标残尸灭伤,任意葳法各情,特予太子少保衔。十一月,调广东巡抚。十年四月,陆丰县甲子司地方会首李崇玉勾结土匪洋盗滋事,[三]饬文武员弁拿获匪党二十馀名,并叠获甲子司著名伙犯四百馀名,奏请分别核办。闰六月,以南海县知县王轼、番禺县知县赵兴武玩视刑狱,滥羁人犯,并任听蠹役官媒,私押男妇,致毙多命,偕总督那彦成列案参奏。命加一级,以示奖励。

六月,擢湖广总督。九月,两广总督那彦成以已革南海、番禺二县王轼等禀百龄在巡抚任内用联枷致毙二命,复派家人任二传令两首县代办供给,并于离任时,[四]将署内一切玻璃、紫檀物件,用人夫二千馀名搬运下船;又以百龄在巡抚任内曾与总督连衔具奏各折,百龄到湖北后将折差截留,仅录朱批行文知会等语。[五]奏入,命直隶总督吴熊光、吏部侍郎托津驰往查办。十月,吴熊光等奏百龄在广东曾用联枷,及将折差截留,俱经供认。惟在粤省起程时,将署内各物搬运下船一节,坚不承认,请将百龄解任质讯。谕曰:"批回奏折,既系督抚会衔,则总督列衔在前,自应先交总督拆阅,即因系巡抚衙门主稿,先行拆阅,亦应将奉到朱批原折封交恭阅。况百龄已升任他省,并无应办之责,乃辄将粤省会奏折件,中途截留。迨拆阅后,又不将朱批原折寄交那彦成阅看,只系恭录知照,安保其不意为增减?殊属错谬!实不料其竟敢如此妄为!至各衙门所用刑具,自有定制。今百龄于惩办棍徒,辄用联枷拘系,实系非刑。但百龄款迹所重者,总在逼勒二县供给买办,临行搬运物件一款。现据百龄供认,只系在书院寓居十二日,曾交二县买办食物,业经发银一百两。其预备轿伞等物,亦有开销公项银六百两。若无别项需索,何至二县用银一万两之多? 与所供银数大相悬殊! 至任二供称,起程时曾将署中置备几案等项搬带家眷船上。若如所供,则器具尽属无多,何以用夫搬运多至二千馀名? 殊难凭信,不可不澈底根究。百龄现已解任,如审有婪赃款迹,即将伊革职拿问,并将任所资财查抄。"

十二月,吴熊光、托津等奏据任二供百龄自广东起身时,眷船随后行走,将历年积存之物,并广东署中原备器用,私自搬取下船。到楚后,在汉阳李姓栈房安放。百龄均不知情。当已逐件查出,并将百龄署内物件亦行查封,内有木器、挂灯等项,亦系广东之物。据百龄供称,俱系任二私自安放,实不知情。惟自认糊涂昏愦等语。谕曰:"百龄平日为人办事,朕所素知,系属精明之人,非糊涂昏暗者可比。伊于家人任二在汉阳寄顿之物,即难诿为不知,焉有近在署内毫无觉察之理? 况任二私带物件,自必私瞒伊主,何以转运进署内,岂不虑百龄看出乎? 总督系关防衙门,当物件搬进运署时,百龄岂得诿为不知? 所供明系支吾狡辩,卸罪于任二。至伊于任二寄顿物件内,又自行指出纱格、瓷器等一二觔旧价贱者,认为己物,以见其馀各件与伊无涉。此又系百龄巧卸之术,岂能逃朕洞鉴? 看来,不但伊署内查出之木器、挂灯等件,系百龄自行携带;即在栈房寄顿之物,亦系百龄所寄,不过尚未运进衙署。可令百龄据实登答,毋许含混,以致罪上加罪。且披阅单内,有买房六处、买地五十馀顷,为价不少。伊出京时,曾闻其盘费不敷,向人挪借银两,竟似清贫有素,而现查出所置产业如此,其平日所为,恐未足深信。现在吴熊光已赴两广总督新任,百龄着革职拿问,交托津会同瑚图礼提同伊家人任二及广东人证,详细质讯,按律定拟具奏。"

十二月,托津偕新任湖广总督瑚图礼审拟百龄截留批折,制造非刑,及令属员代办供应,致家人任二借端需索等款,请将百龄发往伊犁效力赎罪。谕曰:"朕详加酌核百龄所犯共系三罪,其截留批折一事,系前在广东巡抚任内会同总督具奏之折,虽系巡抚衙门主稿,但伊列衔在后,且已赴湖广总督新任,即不得与闻广东之事,何得于折差过境时,擅给驿马,令赍赴武昌省城。及拆阅后,并不将原奉朱批移交广东,仅止照录行文,〔六〕实属非是。姑念此次系寻常折奏,并无密谕查办之件,因此泄漏事尚可原。其制用联枷一事,在百龄原因广东省民风刁恶,用以惩办奸徒,但究属非刑,有违定例。设地方官因此效尤,纷纷仿造,并将寻常案犯一概施用,率致枷毙,岂非百龄作俑乎? 至伊令属员代办供应,并失察家人借端需索一节,百龄在广东巡抚任内,虽无娄索赃款,但委交二县代办食物,又不驳回铺垫,以致伊家人任二借端需索,两县家人朦混开销,数逾巨万,而于任二私带傺伙物件前赴湖北,寄顿隐匿,毫无觉察,现在抄出任二物件,俱系粗重什物,〔七〕若百龄意在贪赃,则粤中珍玩细软可带者多,何必携此累重之物乎? 是百龄委不知情,所供尚属可信。且伊自擢用督抚以来,所到之处,俱能实心任事,整顿地方。国家办理刑章,八议中原有议能之条。百龄尚可量加宽宥,着免其发往伊犁,加恩在实录馆效力行走。"十一年三月,上以实录将次告成,无须另行添派。现在闽省台湾剿办蔡逆匪党,一切军需粮饷,须人经理,命百龄随领侍卫内大臣德楞泰驰驿前赴闽省,帮同布政使景安妥为办理。五月,赏六品顶带,补福建汀漳龙道。十二年,擢湖南按察使,赏加四品顶带。四月,调江苏按察使。十三年二月,以病请开缺,回旗调理,从之。五月,病痊,补鸿胪寺卿。寻授山东按察使,九月,擢布政使。十二月,升山东巡抚。

十四年正月,命百龄以二品顶带、兵部侍郎衔补授两广总督。四月,劾前督臣吴熊光办理英吉利兵船擅入澳门一事,迟延错谬,请旨加罪,并请俟本年英吉利国货船到时,先期侦探,预筹防范事宜,上是之。五月,密奏:"粤东废弛情形,以粤海著名盗首如张保仔等帮船甚多,伙党几万馀人。其所以有恃无恐者,总因接济根源不能断绝,请令地方官认真堵缉,并拿获接济盗匪及滥崽等一百馀名。"上嘉其所见,深得要领。六月,奏:"历年粤洋剿捕匪船米艇,具有成效。前督臣吴熊光以米艇不能远出外洋,请改造登花船二十号。兹查登花船难以购料,请将原估登花船二十只工料银改设大、中、小米船四十号,以节浮费而便驾驶。又吴熊光原奏于遂溪县东海地方设立专营,在督抚各标内,抽兵防守。嗣以东海不产砖木停止,复请改募水师添船缉捕。兹以新造米艇二十只在东海巡防,二十只在西路洋面策应。其配驾巡兵即于通省水师内,按数匀派,既可毋庸建立营汛,亦毋庸改募水师。且陆路口岸防守紧要,原议裁撤督标后营及提标兵丁之处,本与营制不符,断不可轻议裁革。"得旨允行。九月,奏:"粤东盐船多由外海运至省河,近因海氛未靖,盐船涉历外洋,或被掳劫,或畏怯盗匪,买照放行。间有不肖船户私带水米济匪获利,而内地一切情形,就中暗递消息。是盐船出海,实为目前之大患。请改为陆运,以杜诸弊。"从之。

十一月,奏:"贼匪张保仔恃众,时入内港焚劫,大黄埔甚急。臣会同水师提督孙全谋合击,先后歼擒盗伙二千四百馀名,并张保仔之兄生仔及大头目三十四名,贼势穷蹙,冒死冲突,各兵船于港口遥堵,不能连络拦截,致首盗乘间窜出外洋。孙全谋坐失机宜,功难掩过,请治其罪。"上以水师恇怯无能,命将孙全谋革职,拿交刑部治罪。寻谕曰:"朕闻广东数月以来,洋盗充斥。因百龄到任之后,更张过急,查办严紧。故盗匪登岸肆行劫掠,顺德、新会、番禺、香山、东莞等县,到处皆有,而番禺之三善,东莞之到窖,阖乡俱经蹂躏,〔八〕人口伤至数千,尤为惨酷。前据百龄奏派兵堵剿,歼擒匪伙二千馀名,贼势是否稍敛?并闻该督因筹办太急,心存焦愤,现患失血之症,殊为垂虑。该省积玩已久,并非始于今日,水陆官兵几不知有缉匪之事,奸徒地棍无往非通盗之人。百龄力挽颓风,认真整顿,饬催官兵出洋剿捕,将各处口岸防守严密,水米不能透漏。该匪无所存身,铤而走险,始行扑岸焚抢。此正因百龄实力经理,方有此等情事。现闻贼匪衔恨百龄,竟敢攒凑花红三十万两,谋致该督,殊深痛恨!亦可见该督在彼实为贼中畏惮。贼匪不法至此,安得不大加剿办?但积玩之后,不能骤然整顿,而全胜之法,必须部署万全。此时总当将内河未净馀匪先行悉数办净,各处口岸加意严防,不任贼匪乘间窜入,再将水师官兵次第整饬,船只炮械预备齐全,方可随时酌量机宜,尽力剿办,不妨从容布置,转不可存欲速之见。且该督年逾六旬,平时实心办公,本不惜殚竭思虑,此时焦急过甚,深恐体气不支,尤当加意自爱,仰副委任。"

十二月,奏:"洋匪张保仔屡思内窜,俱经舟师击退,大帮洋匪郭婆带等率伙众五千馀人，擒献张逆匪伙三百馀名，呈缴船只九十馀、炮四百馀座，悔罪投诚。"谕曰："广东捕务废弛日久，自百龄到任之后，认真整顿，严断接济，简练舟师，用能壁垒一新。俾贼众胆寒，现在郭婆带率众投诚。又张保仔自赤沥角遁出外洋之后，希图掠食，直趋官兵屯扎之固戍地方，欲图攻扑，并经百龄督饬舟师及地方官，两次迎剿，大挫贼锋。此外内河积年凶盗，向来为害商民者，亦经督饬地方官擒拿，分别审办，本日折内即有一百二十馀名。可见其办理认真，无少疏懈，实为出力可嘉！百龄着加恩赏戴花翎，并赏四喜扳指、翎管、鼻烟壶、吉祥牌四件，黄辫珊瑚豆大小荷包，以示奖励。"十五年正月，奏潮州府属洋面有乌石二等帮匪船在彼游奕，经总兵胡于鋐带领舟师分路剿捕，擒获盗贼六十馀名，并夺获炮械等件。上嘉之。三月，奏粤洋巨盗张保仔、香山二等畏罪乞降，率其党二万馀人，缴船四百馀只，听候收验。谕曰："此等降匪皆系伊等自行来投，非由兵威震慑所致。即该督等原折亦称其并未穷蹙，是以此时不加恩奖。若能乘此大股解散之时，将乌石二、东海霸股匪悉数歼除，自当立沛殊恩，用奖勤劳。"六月，奏生擒积年巨寇乌石二等首伙各犯，并盗首东海霸等悉数已降。谕曰："粤东盗匪在洋面肆劫，已非一日。百龄自简任后，实心经理，振作有为，督饬舟师，纪律严明，将弁等无不踊跃用命。粤洋著名大股盗匪，除投首外，均已悉数歼除。全省洋面一律荡平，允宜特沛殊恩，用昭懋赏。百龄着加太子少保衔，赏戴双眼花翎，给予二等轻车都尉世职，并赏给扳指、勾环、大小荷包。"八月，奏："粤东地滨海洋，水陆营务甚繁，非提督一员所能经理。请添设水师提督一员，驻扎虎门地方，<u>虎门左翼镇</u>总兵请移驻<u>阳江</u>，改为<u>阳江镇</u>水师总兵；并请移改副将、[九]守备、县丞各员，酌添兵丁，以重边防而专职守。"下部议行。十一月，奏："<u>粤东</u>盐斤加价，原为捕盗之需。今大小匪帮俱已办竣，应请停止，并以前因筹杜接济，将<u>粤东</u>盐务奏改陆运。今全洋平静，请仍海陆兼运，以便商力。"从之。

十六年正月，因病奏请开缺，回京调理。谕曰："<u>百龄</u>自弃瑕录用以来，感激朕恩，矢图报称。经朕节次简用至<u>两广</u>总督，[一〇]彼时洋匪未净，<u>百龄</u>力肩重任，锐意经营，一切随宜布置，悉能殚竭荩劳。年来贼匪穷蹙投诚，其怙恶者亦悉行剿灭，外洋全就肃清。<u>百龄</u>勋绩懋著，经朕渥沛恩施，优给轻车都尉世职，锡予宫衔，赏戴花翎。伊感奋之馀，宣力不懈，复将内河盗匪以及陆路土匪设法侦缉，次第办理多案，地方日臻宁谧，海疆大有起色，克副委任。现在<u>粤省</u>善后诸事尚多，正资其一力整顿。今据奏称上年十二月望后忽然心气作痛，寝食不宁，两耳听语不真，非旦夕所能平复。所奏自系实情。朕垂廑<u>百龄</u>积劳已久，当此患病之时，再若撄心公事，难资调摄，着加恩准其开缺，并缓程来<u>京</u>，俾得从容调理。计<u>百龄</u>到<u>京</u>之时，其病体自已就愈，可资倚任。所有刑部满尚书员缺，即着<u>百龄</u>补授。"五月，上以<u>百龄</u>病体尚未全愈，刑部事务较繁，改授左都御史。

六月，病痊，授<u>两江</u>总督。时<u>陈凤翔</u>奏五月二十四日夜大雨如注，河水增长，<u>王营</u>减坝土堤坐蛰，口门塌开八十馀丈。七月，<u>凤翔</u>奏："减坝口门大溜侧注，水深三尺有馀，现在东西二坝裹头盘就之后，测量口门，尚存七十五丈八尺。若遽行收窄进占，必致水势抬高，转碍已成二段。且恐正河水路不畅，致有他虞。此时惟先行赶集料物,俟秋汛过后,再行堵筑。一面先同督臣前赴海口查勘下游情形。"上以百龄平日办事明决,命会同陈凤翔详细履勘,将应如何筹办之处先行据实具奏,以慰廑注。寻百龄奏亲赴海口查勘,现无高仰形迹,亦无拦门沙堤,至其受病处在去年挑挖河身二段内积淤三千馀丈,又亲至马港口以下见所积淤沙挑费更巨,且入海路窄,从前数年总不能通畅,两相比较,仍以修浚正河为便。并请将灶工尾以下河身加挑宽深,两岸接筑新堤,夯硪坚实,再于七套地方增建减水坝,及修复王营减坝,复建磨盘埽等工。上以所议均有条理,命百龄尽心筹画。又奏邳北绵拐山及萧南李家楼二处堤工漫溢,命会同陈凤翔严饬该道厅迅速堵筑。八月,奏李家楼漫口现宽至一百零一丈,口门水深二丈八九尺不等,急难堵合,拟于大堤之外,绕过圈筑土堰,接筑东西坝基盘作裹头,以为进占地步,并筑拦河坝,以免停淤。上是之。十月,谕曰:"本日万寿之辰,召见军机大臣,适据口奏百龄于九月十五日得生一子。百龄年逾六旬,望子甚切,该督连年办理地方公事,实心实力,有裨封疆,因得上蒙天佑,老年得子,继续宗支。朕闻之甚为欣慰,着加恩赏伊子名札拉芬,俾得健壮长成。百龄奉到此旨,必更感激欢忭,精神奋发,专意办公,心力益臻周密。"十二月,奏长河放水畅行,王营减坝合龙稳固,下游诸工一律完竣。谕曰:"王营减坝自五月间坐蛰以来,下游直至海口一带,逐段淤浅,经朕节降谕旨,催令挑浚堵筑。百龄等钦遵办理,厚积人夫工料,先将下游河身一律挑通,一面将口门赶紧进占,开放引河,溜势顺畅。兹于十一月二十七日挂缆合龙,堆压稳固,其洪湖仁字坝先于二十四日堵合,清水全出河口,现在溜归一处,滔滔东注,直达海口,毫无阻滞。而核计工料所需,较之历届大工,复节省孔多,办理实为妥速。百龄自补授两江总督以来,经理河工,不辞劳瘁。前此各工漫口,皆非伊任内之事,兹督率员弁,奋迅趋公,调度有方,劳绩懋著。百龄着加恩先行交部议叙,颁赏御书'福'字,俾迓吉祥,并赏给金线蟒袍一件、大荷包一对、小荷包四个。节届新春,并加赏小荷包一个,内贮金银八宝一分,以示优奖。现在李家楼工程紧要,该督当倍加奋勉,务将挑工赶紧督催,一面相机进占,期于明年正月内奏报合龙,届时再膺懋赏。"又奏:"江南原设淮安府外河同知一员、守备一员,经管两岸堤扫工程。道路绵远,难以兼顾,请于外河北岸添设通判一员、守备一员,与原设之外河厅营分管南北两岸,以专责成。"得旨俞允。

十七年三月,李家楼大工合龙,上以百龄督率有方,办事妥速,交部从优议叙,并赏四喜玉扳指、鼻烟壶、大小荷包。五月,奏南粮全数渡黄,谕曰:"南粮帮船渡黄,近十馀年来,皆系于五、六、七月间报竣。本年四月二十八日,即行全数渡黄。百龄自简任两江总督以来,办理河漕诸务,俱有起色。前已屡次加恩甄录,此次毋庸交部议叙。该督年老得子,经朕赐名札拉芬,着加恩赏给六品荫生,俾得早膺顶带。俟年及岁时,再行赏给差使,以示推恩延赏至意。"〔一〕七月,奏黄运两河伏汛安澜,谕曰:"本年江境黄河甫经挽归故道,伏汛叠次长水,仰荷昊苍默佑,各工平顺。目下黄河尾闾通畅,大有转机。惟洪湖为清水总汇,其节宣橐籥,全在五坝启闭得宜。今五坝已坏其四,惟馀智字一坝,设遇湖水涨满,不足以资宣泄。不特下河一带横遭淹浸,而清水不能收蓄，则淮弱黄强倒灌接踵，[一二]即黄运两河仍必日形淤垫。此时大局应以修复五坝为紧要机宜，着该督趁此各工无事之时，即会同筹办，务使湖水启闭由我，可以放心收蓄，永资以清刷黄之利。"八月，奏："陈凤翔于礼坝要工，自四月开放后，并未亲往查勘，迨至六月水已冲动坝下土石桩木，道厅节次禀报，始行察看。行至高堰，仍不亲身筹办，仅委游击陈岱堵筑。陈凤翔复借查陈家浦埽工，远赴海口，至八月始行赴坝，并河库所发礼坝工银至二十七万七千馀两之多，仍未竣工。清水大泄，下河州县被水成灾。"谕曰："陈凤翔在河督任内，上年王营减坝及李家楼各工漫口，皆其贻误所致。嗣经简用百龄督办，将漫口次第堵合。朕令陈凤翔亦随同帮办，[一三]加恩赏给三品顶带，以观后效。乃陈凤翔于礼坝要工，仍不及早亲往筹办，因循贻误，糜帑殃民，着革职，留于河工当差。"

嗣百龄因礼坝急难堵合，复劾陈凤翔急开坝于前，迟闭坝于后，以致办理棘手，请将陈凤翔严加议处，并自请议处。先是，御史吴云、马履泰劾奏任用朱尔赓额贪黩侵欺，所举劾多失当。敕下松筠等就近密行查访。谕曰："朕于百龄此次获罪，仍加恩留任者，原以人才难得，核其前后功过，权衡斟酌，一秉至公，毫无曲庇百龄之心。今该御史又有此奏，岂可不查明核办？松筠、初彭龄平日办事公正，此事仍交伊二人确查。如吴云折中称'朱尔赓额贪黩侵欺，如此不肖，百龄倚为用人，即有不可问之处'等语。朱尔赓额为百龄信用，是平日有纳贿交通情弊；又折内称'百龄于属员意为喜怒，保举参劾，俱多失实，不问可知'等语。并着松筠等详查。百龄在两江所举所劾各员，何人毫无劳绩，百龄受其重贿,滥行保荐;何人懋著勤劳,百龄任性憎恶,屈抑参劾。松筠等到江已经月馀,于百龄官声事迹,自必有所闻见。着于接奉谕旨后,先行据实覆奏,仍一面密查确访,如查有前项真实款迹,即由四百里严参,候旨交伊等审办。"嗣经松筠等覆奏:"遵旨查访,吴云原折所参,毫无确据,良由毁誉之词,出诸恩怨之口。实不敢以无据之言,妄行入奏。"谕曰:"松筠等二人平日办事公正,众所共知。今所言犹如此,岂能据马履泰、吴云二人空言摇惑,即将百龄斥办耶? 总而言之,百龄实属有为之臣,朕非轻言所能摇惑之主。百龄将来能永承恩泽与否,朕不能保。此时不能再加重谴,以遂谗谮之奸。"

十八年三月,偕河道总督黎世序奏:"仁义礼三坝,近年屡经开放,冲跌坝基,损坏刷成深塘,难以修复。请于蒋家坝以南附近山冈之处,尽先仁义礼三坝并挑挖引河三道,尽先改建仁义二坝,将礼坝基址筑作草坝,以备本年宣泄。并绘图贴说进呈。"上以地基所奏未能详晰,饬令再议。寻复加履勘,力称稳便,命即照所请改建。九月,赏还头品顶带,命协办大学士。时直隶长垣县匪徒滋事,窜赴东省曹州一带。百龄接准山东巡抚同兴知会,即派弁兵于江苏、安徽两省交界地方,分路协防,就近选带标兵数百,驰赴徐州,察看情形,相机筹办。奏入,上是之。十二月,奏筹办撤兵归伍及边防善后事宜,谕曰:"滑县克复,并无馀匪窜出,各省边界防兵,自应撤回归伍。该督以边界甫经辑宁,尚资弹压,请暂留兵一千二百名在彼驻防,亦系慎重之意,但亦不必迟至二月,该督察看情形,如地方宁静,于正月内全行裁撤,以节劳费。"

十九年二月,请于江苏各当铺按照成本多寡,将息银输纳二成,以捐输之次年为始,分作五年,即于各州县每年所征钱粮内就近照数给还,并请于出资开当之本商有职衔者,按等酌予加衔;无职衔者查明量给顶带。奏入,谕曰:"国家理财利用,政有常经。即权宜取济,亦当酌事理之平。今该督等欲按当商成本,责以输纳,又恐取民非制,请令五年如数给还。〔一四〕无论一出一入,甚滋繁扰,试想地方官勒借所部财物,尚干功令,况以经国之需,而谋及庶人,不已亵乎? 至仕宦家固亦有治生营运者,然此辈大概市侩居多,强其所不欲,而滥给名器,亦太不计利弊轻重矣。百龄由翰林出身,历任封疆,至协办大学士,不应识见庸陋,为此不学无术之言。除所奏饬驳外,仍交部议处。"八月,兵部尚书、署江苏巡抚初彭龄奏请查办各属亏空,上以百龄、初彭龄皆系实心任事之员,命会同查办,分别情罪轻重,酌拟章程,开单具奏。九月,以巡抚张师诚已赴本任,命初彭龄于交篆后,暂留苏省会同该督抚详悉妥办。嗣初彭龄、百龄、张师诚先后将查办亏空之事,各拟立章程十条,具折入奏。谕曰:"初彭龄、百龄、张师诚平日办事,俱尚公明。是以此次江省亏空,令伊三人会同查办,定立章程。初彭龄等自应彼此和衷,公同商酌,即稍有意见不同之处,亦不妨据理折衷,期于同归一是。乃初彭龄不待商定,先于本年本月二十日自将章程具奏;百龄,张师诚亦即于次日另将章程具奏。〔一五〕彼此龃龉,大乖公忠体国之义。除将伊等各拟章程,派托津、曹振镛等妥议具奏外,初彭龄、百龄、张师诚俱着传旨申饬。"

寻初彭龄参奏百龄于兼署巡抚时,管关道员钟琦曾帮贴折差盘费银一千二百两,并风闻百龄收受永丰坝、泰坝委员馈送银二万馀两,命大学士托津、户部尚书景安驰往清江查办。先是十一月,百龄奏两淮运使廖寅之子廖思芳拿获林清案内逆犯刘第五,旋经解部鞫诬,命托津、景安讯拟江苏原审各员罪。谕曰:"百龄于此等重案不详慎严鞫,率以廖思芳恐吓教诱,供词冒昧入奏,若非部臣平反,几成冤狱。百龄不必交部议,着革去宫衔、协办大学士,暂留两江总督之任。"二十年正月,托津等奏查明巡抚衙门提取两关银两,系相沿陋规,由来已久。此次百龄署巡抚时,曾因苏属出差兵丁口食不敷,由藩司议详在海关提银一千二百两,扬关提银八百两,发县生息,以资津贴。至两坝解送总督衙门银两,系奏明批解公费。此外百龄并无收受馈送情事。谕曰:"初彭龄原参折内据称百龄需索提用银数,系由藩司常格告知,经朕派军机大臣传到常格,两次诘讯,常格坚称并无此语。初彭龄奏事不实,咎无可辞,着交部严加议处。百龄提取两关税项银两,发县生息,以资兵丁差费,虽系以公济公,惟率据司详,并不奏明办理,究属不合,着交部议处。"四月,湖广总督马慧裕奏江夏、汉阳两县先后检获悖逆字迹三纸,内有白阳立业,聚会金陵等语。谕曰:"前年逆案即系白阳邪教,今逆词又以白阳之名惑众,而起事之处独指江宁地方。竟有白阳邪教党羽伏匿在彼,着交百龄密访严查,留心缉获。"

五月,御史石承藻参奏湖北襄阳府知府王树勋原系京城广慧寺僧,法名明心,后因犯禁,递解还俗,隐匿罪名,混捐官职,得旨革职,交刑部审讯。谕曰:"闻百龄前在京师,曾与明心识面。后来百龄在湖北缘事来京之时,王树勋正在楚省,百龄曾令其起课占问休咎。彼时百龄是否知王树勋即系明心僧，抑或但知其为楚省官员，并未识踪迹，着百龄即据实具奏。"寻百龄覆奏："前在御史任内，曾在广慧寺与僧人明心谈禅。丁母忧，又曾就广慧寺念经。后在湖北，令王树勋占课时，实知王树勋候补同知，并不知系僧人明心。请交部议处。"谕曰："百龄在楚省接见王树勋之时，事隔十馀年，王树勋容必更换。伊既未述及前事，百龄一时不能辨识，亦属情之所有。至拜忏占课，均例所不禁。所有百龄自请议处，着加恩宽免。"

前百龄以私行拾获逆词，并查办情形呈奏。谕曰："朕详加披阅词语，悖逆已极！末又将刘伯温、张百龄、方维甸名字并列，情殊险恶！此项逆词，其布散既广，必非一二人所能为。看来，并非仅为挟仇倾陷而起，必有蓄意倡乱之人，纠结党羽，潜匿江境，谋为不轨。先以此帖布散，以惑人心。百龄等必须速办，切不可视为细事，稍存大意，以致日久酿成事端。至百龄与方维甸皆总督大员，乃逆词内竟敢如此诬陷，此事朕万无加疑之理。但百龄被人诬为叛逆，伊尚何地自容？该督查办此案，不惟以国事为重，直当忿切私仇，必期得罪人而后快。"六月，御史高翔麟奏江、淮一带私贩盐斤，有巨枭窝藏，淮徐、庐、凤多有拽刀手等匪徒，应设法访拿。谕曰："江省私贩充斥，自必有窝藏之所。拽刀手招集匪徒，结盟订会，尤易逞凶滋事。皆不可不严拿惩办。况现在江南一带散布逆词，若不上紧访拿，恐有潜匿逆谋之人，与此等盐枭拽刀匪徒暗引勾结。百龄前因逆词内有诬陷之语，奏称接阅之下，不禁切齿，恨不立时碎剒其尸。语意非不愤激，而数日以来，未见拿获一人，亦未将缉捕情形具奏。百龄曾经人诬以贪婪,尚觉颜变愧生,岂被人诬为叛逆,有不忿切私仇,欲得罪人而甘心? 若口是心非,虎头蛇尾,因循怠玩,意存消弭,自问为何物耶? 着百龄与张师诚督饬所属密访严侦,务期迅速弋获。"九月,奏派文武官员先于和州地方缉获散布逆帖人犯严士龙,究出编造逆词首犯方荣升,即于巢县拿获,并于窝藏方荣升之朱上信家,起获九龙木戳,及伪造时宪书、悖逆经卷字迹四箱。谕曰:"百龄督缉认真,能将逆犯访明踪迹,严密捕获,实属可嘉! 着加恩赏复太子少保衔,并给还双眼花翎,仍交部议叙。"寻奏拿获首逆方荣升,究明造意谋逆、散帖惑众各确情,并获伙犯一百五十馀名。谕曰:"此案方荣升罪大恶极,覆载不容,虽在百龄所管境内,该督能督率所属访查破案,将首从各犯同时并获,俾国法早伸,人心胥靖,实系百龄之功。百龄现系二等轻车都尉世职,着加为三等男,并赏给吉祥如意玉牌一面、白玉翎管一个、四喜扳指、大小荷包共十事。其子扎拉芬前曾赏给六品荫生,着加恩赏给为五品,[一六]以示优奖。"

九月,奏感受风湿未痊,请派员代办武闱,上命其安心调摄,照常办公。十月,奏患病未痊,请假一月调理,谕曰:"百龄前患胃痛病症,近复感受风寒,着加恩赏假调理,不必拘定月日。两江总督印务,着松筠驰驿前往署理。"十一月,卒。谕曰:"两江总督百龄简任封疆,历有年所,办事认真,不辞劳瘁。伊年逾六旬,精力素强,正资倚畀,乃积劳成疾。昨因患病请假,特派乾清门侍卫带领御医前往诊视。兹闻溘逝,殊深轸惜! 百龄着赏还协办大学士,派乾清门侍卫博启图驰驿前往祭奠,并带同伊弟硕龄、桂龄一并驰驿。博启图事竣后,先行回京,桂龄、硕龄在彼料理。伊灵枢到京之日，准其入城治丧。届时着军机大臣奏闻，朕派皇子至伊家赐奠。任内一切处分，概行开复。所有应得恤典，该部察列具奏。伊子扎拉芬即承袭男爵，俟年及岁时，再行当差。"二十二年正月，谕曰："上年曾经降旨，俟百龄灵枢到京，准其入城治丧，并着军机大臣届时奏闻，派皇子至伊家赐奠。昨据松筠奏徐州属邳州贫民拦路呼号，恳请抚恤。事关民瘼，前此百龄在徐时未能查办周详，使其尚在，必当治以应得之罪。今已身故，姑免追究。伊灵枢到京，毋庸奏派皇子赐奠，准其入城治丧。"寻照例赐祭葬，予谥文敏。

【校勘记】

〔一〕令初彭龄等于定案时治以徇隐之罪　"徇隐"原误作"应得"。耆献类征卷三五叶二上同。今据国传卷三八叶一下改。

〔二〕林定帮　原脱"林"字。耆献类征卷三五叶二上同。今据国传卷三八叶一下补。

〔三〕陆丰县甲子司地方会首李崇玉勾结土匪洋盗滋事　"玉"原误作"至"。耆献类征卷三五叶二下同。今据国传卷三八叶二上改。

〔四〕并于离任时　"离"原误作"升"。耆献类征卷三五叶二下及国传卷三八叶二上均同。今据睿录卷一五〇叶一七下改。

〔五〕仅录朱批行文知会等语　"语"原误作"款"。耆献类征卷三五叶三上及国传卷三八叶二上均同。今据睿录卷一五〇叶一八上改。

〔六〕仅止照录行文　"行"原误作"移"。耆献类征卷三五叶五上同。今据睿录卷一五五叶一八上改。按国传卷三八叶三下不误。

〔七〕俱系粗重什物　"俱"原误作"供"。耆献类征卷三五叶五下同。今据睿录卷一五五叶一八下改。按国传卷三八叶四上不误。

〔八〕而番禺之三善东莞之到窖阖乡俱经蹂躏　"善"原误作"山"，又"到窖"误作"㳂"，"阖"误作"圖"。耆献类征卷三五叶七上同。今据睿录卷二二一叶二一下改。按国传卷三八叶五下不误。

〔九〕虎门左翼镇总兵请移驻阳江改为阳江镇水师总兵并请移改副将　原脱"虎门"二字及"驻"以下至"并请移"十五字。耆献类征卷三五叶九上同。今据国传卷三八叶七上补。

〔一〇〕经朕节次简用至两广总督　原脱"至"字。耆献类征卷三五叶九下同。今据国传卷三八叶七上补。

〔一一〕以示推恩延赏至意　原脱"延赏"二字。耆献类征卷三五叶一二上同。今据国传卷三八叶九上补。

〔一二〕则淮弱黄强倒灌接踵　原脱"弱"、"强"二字。耆献类征卷三五叶一二下同。今据国传卷三八叶九下补。

〔一三〕朕令陈凤翔亦随同帮办　"令"原误作"念"。耆献类征卷三五叶一三上同。今据国传卷三八叶九下改。

〔一四〕请令五年如数给还　原脱"请"字。耆献类征卷三五叶一五上同。今据国传卷三八叶一一上补。

〔一五〕百龄张师诚亦即于次日另将章程具奏　原脱此十六字。耆献类征卷三五叶一六上同。今据国传卷三八叶一一下补。

〔一六〕着加恩赏给为五品　原脱"为"字。耆献类征卷三五叶一九上同。今据国传卷三八叶一四上补。

章煦

章煦,浙江钱塘人。乾隆三十七年进士,授内阁中书。四十年,丁父忧,四十二年,服阕。四十五年,充军机章京。四十六年,补官。四十七年,丁母忧,四十九年,服阕。五十年,补原官。

五十一年,四月,迁宗人府主事。五月,充云南乡试副考官。五十六年,迁刑部员外郎。五十七年七月,充河南乡试副考官。十月,迁郎中。五十八年,提督陕甘学政。六十年,任满回京,奏留刑部。

嘉庆元年三月,补原官。五月,改山西道监察御史,仍留军机处。五年,截取知府,经军机大臣奏留,命以四五品京堂升用。六年四月,擢太仆寺少卿。旧制,京堂不兼直军机,煦应开缺。谕曰:"该员在军机处行走有年,于剿办教匪一切事宜,本系熟手。此时大功指日告竣,若令其即离枢直,转不能仰邀恩叙。章煦着加恩暂在军机章京上行走。俟大功告竣,再回本衙门供职。"九月,转大理寺少卿。十月,以军营叠获首逆,下部从优议叙。七年,三省教匪平。上以煦办理军务,始终其事,复下部从优议叙。寻自请回本衙门供职,允之。旋以云南巡抚初彭龄劾布政使陈孝昇、迤西道萨荣安办理维西军务,冒销帑银,命偕兵部侍郎那彦宝往谳得实,治罪如律。九年二月,升太仆寺卿。六月,迁顺天府府尹,稽察右翼觉罗官学。十年,授湖北布政使,十一年,擢巡抚。十三年六月,授刑部左侍郎。八月,云南已革贡生任澍宇讦告地方官冒销军需、挪移城工各款,命偕右侍郎穆克登额往按之,坐诬,治罪如律。九月,授贵州巡抚。十月,调云南巡抚,十二月,署云贵总督。

十四年六月,调江苏巡抚,十一月,署两江总督。十五年二月,上以漕运阻滞,或将本年漕米交渡海商船洒带来北,其是否可以试行之处,命筹议以闻。四月,奏称江苏惟大号沙船尚可带运,然约计运费每一百石需银三百两;且商船不能安设气筒,易致霉变,事属难行。上韪之。五月,奏:"严上海海口米禁四事:一、奸商勾通吏役,于放米出洋,责成苏松太道实力稽查;一、军民探有偷放之人赴官禀报者,给赏;一、文武员弁能于海口内外泊船各山岛起获出洋米石,加以升擢;一、客米入境,今将销售米数五日一报,仍责成员弁于出口要隘随时稽查。"得旨允行。十六年,奏设海门厅学校,允之。十七年三月,入觐,以年力就衰,恳留京供职,改授刑部右侍郎。七月,原任直隶涿州知州徐用书子思曾控后任知州周景捏增其父任内亏空,思曾旋在清苑县痎死,妻黄氏疑其中毒,来京控诉。命偕户部左侍郎景安往按之,思曾实系病故,徐黄氏坐诬用书亏项,因前后任互相推移,致有轇轕,请将失察各上司及历任涿州知州,交部分别议处。九月,回京。

十八年九月,河南滑县教匪李文成等滋事,直隶长垣、山东曹县等处均有贼党应之,命直隶总督温承惠统兵剿贼,煦署直隶总督。寻擢工部尚书,充国史馆副总裁官,仍署总督事。十月,奏团练乡勇,请将口粮及制造号衣、器械等费,由官支给。谕曰:"国家经费有常,从无此例,且人数聚散无时,何所稽考。此必系承办军需劣员倡为此议,豫为冒销地步,章煦受其怂恿,妄行陈奏。着交部议处,先传旨严行申饬。"寻议降调,上加恩改为留任。十一月,大名县监犯李经勾通逆匪田克岐制造号旗,散交匪党,霍富秋等纠约为逆,捕获,置于法。十二月,调吏部尚书,赐紫禁城骑马,仍署总督事,以研讯逆犯,廉知滑县首逆冯克善窜伏直隶献县境内,饬知县张翔弋获械送京师,戮之。谕曰:"章煦督缉要犯,任事实心,着加恩赏加太子少保衔,仍交部照军功例从优议叙。"

十九年二月，回京。闰二月，充文颖馆治河方略总裁。三月，充会试正考官。六月，山东金乡县窃匪聚众拒捕，巡抚同兴率以邪教馀党上闻，命偕刑部右侍郎那彦宝往勘得实，首从均问拟如律；以知县袁洁误报，褫其职。时臬司程国仁参奏济南府知府凝图徇庇劣员，通同舞弊，煦等查出章丘县知县崔起龙因催比漕粮杖毙九命，凝图徇庇属实，均治其罪。上以山东吏治废弛，同兴毫无整顿，命煦详察劣迹以闻。七月，奏山东地方凋敝，仓库空虚，皆同兴玩误所致，藩司朱锡爵徇私废公，终日宴乐，均褫职。以煦署山东巡抚清查亏空。九月，新授巡抚陈预抵任，命煦以钦差协同查办，并简户部、刑部司官四员襄其事。十一月，查明嘉庆十四年以前亏缺实数，奏："前任巡抚吉纶曾于十四年清查一次，但奏报不实，其原奏亏缺银一百七十九万八千馀两及另案参追银六万一千七百馀两外，现又查出亏缺银一百五十五万二千馀两，共银三百四十一万二千馀两，系十四年以前亏缺实数。其十四年以后亏空，现因册报不符，饬道府分赴所属督催盘查。"疏入，命严行惩办。

十二月，授协办大学士。二十年正月，以新亏款项繁辏，乞展限办理。谕曰："查办亏空，全在章程周妥，果能斟酌尽善，实力奉行，自有成效。山东十四年以前既经查有实数，此时按银数之多寡，定追缴之迟速，应如何分别办理，使帑项胥归有着。着章煦悉心核定，奏准后交陈预实力遵办。其十四年以后亏缺之数，一时虽未能查明，亦当议定章程，将来陆续查清，以次核办。章煦断无在彼久候之理，伊总须将章程酌拟周密，无舛无漏，设所议不能妥善,将来行之无效,必仍派章煦覆查,不能置身事外也。"二月,查自十四年以后截至十九年九月止,续亏银三百三十四万七千馀两,新旧共六百馀万两;其十四年以后亏项,某员某任究系若干,请立限一年调集离任回籍各员,详加核计。先拟章程十四款上之:一、清厘藩库;一、严查交代;一、酌定征解分数;一、严立追缴限期;一、追缴限期,再分别升任及降调、革职等员,量予增减;一、酌定土司分赔限期;一、催征民欠;一、核减提解节省银;一、确查无着亏项;一、摊捐各款,查有无详禀案据核办;一、流抵房屋、器物,勒限估变;一、州县应领司库各款,尽正项扣抵,不准先抵摊捐;一、仓项与捐项库项,一律筹补;一、州县垫办军需,应俟查明再入抵款。下部议行。三月,回京。

六月,湖北襄阳县候选训导吴焕章控县民易成元与河南南阳县民易登朝等勾结谋逆,并控襄阳县知县周以焊押毙无辜多命,命偕刑部右侍郎熙昌往鞫。先抵南阳,讯明易成元等并无逆谋,焕章依律反坐,次抵襄阳,查以焊实曾押毙十四命,遣戍黑龙江。十月,广东雷州府已革经历李棠讦总督蒋攸铦专擅徇私,复偕熙昌往鞫,以棠诬告,论戍。嗣有已革万州知州李仁峻讦雷琼道胡大成苛派属员,已革举人刘华东等控已故洋商卢观恒滥厕乡贤,已革贵县知县吴遇坤刻书诋毁上官,均命详谳得实,褫大成职,罢观恒从祀,戍遇坤黑龙江。十二月,命管理刑部。二十一年正月,京察届期,谕曰:"章煦前署直隶总督,缉获逆案要犯多名,办事认真,着交部议叙。"四月,回抵山东,会江苏已革知县王保澄讦上官讳匿邪书,仍命偕熙昌往谳,坐诬,依律遣戍。五月,安徽阜阳县民王勇志控捻匪王景纠抢妇女拒杀事主,仍命往鞫得实,问拟如律。六月,署安徽巡抚。闰六月,回京,调礼部尚书。七月,上秋狝木兰,命留京办事。十月,命在军机大臣上行走。十一月,调刑部尚书,管理礼部。二十二年二月,因病赏假,遣御医诊视。三月,奏请开缺,允之。九月,病痊,授兵部尚书、协办大学士,兼管顺天府府尹事务。十二月,充经筵讲官。二十三年三月,授文渊阁大学士,管理刑部。五月,以馆臣纂辑明鉴体例未合,谕令覆辑,煦充总裁官。七月,上诣盛京恭谒祖陵,复留京办事。二十四年正月,上六旬万寿,加恩廷臣,章煦晋太子太保衔。旋值京察,谕曰:"章煦管理刑部事务,尚属尽心,着交部议叙。"四月,充殿试读卷官。十月,充武殿试读卷官。十一月,因病奏请开缺,上慰留之,赏假调理。

二十五年二月,以宿疾未痊,累疏乞休。谕曰:"大学士章煦供职有年,宣力中外,经朕简任纶扉。上年十一月初间,因病请假,兼旬未愈,即奏请开缺,降旨令其安心调养,不限时日。本年正月开印后,复恳请解职,朕以其所患只系腿疾,天气渐暖,血脉和畅,仍可望痊,又经赏假一月。兹据章煦奏称病在筋络,断难脱体,不敢再事因循,旷废职守。情词恳切,若仍复慰留,伊心恐有误公,转难调摄,莫若听其解职,俾得安心颐养,宿疾或可渐瘳。章煦历任封圻,曾在军机大臣上行走,其在署直隶总督任内,并有拿获冯克善军功。章煦着加恩准其开缺,以太子太保、大学士致仕,赏给全俸。伊或在京调理,或回籍就医,均听其便,用示朕优待老臣至意。"三月,煦乞归,上准其驰驿,命沿途地方官在二十里内者护行。道光四年,卒。谕曰:"予告大学士章煦由乾隆年间进士,蒙皇考仁宗睿皇帝简任封圻,荐擢纶扉,赞襄枢务。嘉庆二十五年,因病乞休,予告回籍,支食全俸。兹闻溘逝,殊堪轸惜!着加恩照大学士例赐恤。在任一切处分,悉予开复。所有应得恤典,该部查例具奏。"寻赐祭葬,予谥文简。

子埏,广东南澳同知;坦,江西候补知州。孙镐,一品荫生。

铁保

铁保,栋鄂氏,满洲正黄旗人。乾隆三十七年进士,授主事,签分吏部。四十年五月,补官。十二月,袭恩骑尉世职。四十二年,迁员外郎。四十三年三月,迁郎中。十一月,兼内务府六库郎中。四十四年,调户部颜料库郎中,仍兼吏部行走。四十五年十月,擢詹事府少詹事,仍兼吏部行走。十二月,因办理知州彭日龙捐复错误,降三级调用。四十七年,补户部员外郎。五十年二月,迁吏部郎中。三月,擢翰林院侍讲学士,仍兼吏部行走。五十二年,充日讲起居注官。五十三年三月,转侍读学士。十二月,升内阁学士,兼礼部侍郎衔。五十四年正月,迁礼部右侍郎。二月,兼镶红旗蒙古副都统,稽察会同四译馆,并管理咸安宫官学事务。三月,充会试副考官。十月,调镶黄旗蒙古副都统,兼公中佐领。十二月,充经筵讲官。五十五年正月,上元旦视朝,前引失仪。部议降三级调用,上改为革职留任。三月,充会试知贡举。五十六年十一月,丁母忧。十二月,转左侍郎。五十七年五月,校射中布靶,赏戴花翎。六月,充江南乡试正考官。五十八年三月,充会试副考官,寻调镶黄旗汉军副都统。五月,调正白旗蒙古副都统。五十九年二月,服阕。四月,畿内旱,上祷雨,礼部于应办事宜陈奏迟延,部议革职,上加恩改为留任。以议上时未赴宫门候旨,〔一〕严饬之,并褫花翎。七月,充山东乡试正考官。六十年三月,充会试知贡举。四月,充殿试读卷官。

嘉庆元年,充会试知贡举。二年五月,命督理万年吉地工程。八月,充翻译乡试正考官。三年八月,充顺天乡试副考官,旋调吏部右侍郎。十二月,调正白旗满洲副都统。四年正月,转左侍郎,命教习庶吉士。二月,以司员于陈奏事件未经回明,面斥之。复加参劾,上责其过当,命以内阁学士降补,仍兼副都统。寻迁盛京兵部侍郎。五月,调盛京刑部侍郎,兼管奉天府府尹事。九月,调吏部右侍郎,兼正红旗汉军副都统。十一月,调正蓝旗满洲副都统。十二月,授漕运总督。五年正月,请将向例随漕项下应给州县银米改拨旗丁,并将旗丁应得行月米石改给折色,应领运费令粮道亲身监放,从之。十一月,诏于明年驾诣盛京,恭谒祖陵。铁保疏陈三款:一、裁革将军、府尹等馈送扈从官员土仪。〔二〕一、御道只就旧址镶垫平坦,毋庸另辟新道。一、扈从官员不得指称官差,妄拿车马。上嘉之,如所议行。六年二月,京察,以漕政肃清,交部议叙。

七年,调广东巡抚。八年正月,调山东巡抚。二月,入觐,赏还花翎。六月,以违例保升人员,且折内措词失当,严饬之,并交部议处。寻议降调,上改为革职留任。九月,东河衡家楼漫口,下游穿山东张秋运道。命铁保设法挽渡回空粮船,豫筹明年运道。十一月,以前承办万年吉地工程巩固,下部议叙。九年三月,南粮首进帮船,全过张秋,加太子少保衔。五月,以运河水势淤浅,粮船行走迟滞,部议革职,上加恩改为留任。八月,以清查山东亏空,密疏请将离任人员限满未完者,径行提省押追,毋庸报部;并分咨各旗籍,查抄家产,估变解东归款。谕曰:"所奏大谬。离任人员,多有现官他省;即告病丁忧者,亦系职官,尚有旗员在京当差者,焉有不行奏明,遽尔提往押追之理? 至分咨各旗籍,查封家产,尤无此办法。查抄家产,原因官犯有贪劣款迹,参革后查抄示惩。若未经奏参奉旨,遽行知照查抄,是该旗籍竟听各督、抚指示遵办,有如是专擅之督抚乎? 铁保此奏,实属糊涂。本应交部议处,姑念系密办事件,[三]尚未举行,着传旨严行申饬。"

十年正月,擢两江总督。九月,南河秋汛安澜,下部议叙。十月,捕获洋匪蔡廷秀等多名,予军功议叙。先是,安徽武举张大有,以妒奸毒毙其族侄伦,前任总督陈大文坐罪于大有亡父体文。十一年,命铁保覆按之。铁保委臬司遇昌、苏州府知府周锷等提讯。锷等听受贿嘱,以张伦等猝中蛇毒定狱。铁保以平反有功,请将承审各员议叙。十二年四月,经安徽巡抚初彭龄勘问得实,置大有于法。谕曰:"铁保于特旨交审之案,并不亲提严讯,率据承审属员照拟定案。复失察周锷等徇情朦混之弊,转以平反得实,代请议叙,实属错谬。铁保着革退宫保衔,拔去花翎,仍交部严加议处。"寻议革职,命降为二品顶带,革职留任。十月,以秋汛安澜,复头品顶带及花翎。

十三年二月,奏八旗官兵应领米石,请酌给二成折色。经户部、八旗满洲都统、仓场侍郎议驳。谕曰:"京师五方辐辏,商民云集。本处产粮既少,又无别项贩运粮石,专赖官员兵丁等所馀之米流通枲籴,借资糊口。是以自王公以及官兵等应领米粮,定额俱酌量从宽,并非计口授食。即如亲王每岁领米万石,甚属宽裕,岂为其一身计乎？若如该督所奏,不惟于八旗生计恐致拮据,即以每岁少放米五十馀万石计算,于商民口食之需,亦多未便。铁保曾经管理旗务,并不通盘筹画,实属妄改旧章,冒昧不合。着传旨申饬,仍交部议处。"寻议革职,上加恩改为留任。三月,请改建王营减坝,并培筑高堰、山盱堤后土坡及沿河两岸大堤。命协办大学士尚书长麟、戴衢亨往勘,如所议行。六月,以漕船渡黄迅速,下部议叙。旋以七里沟运河漫溢,降二品顶带,褫花翎。九月,秋汛安澜,复头品顶带。嗣因淮安三铺地方运河纤堤坐蛰,部议降调,上加恩改为留任。十二月,请修复云梯关外海口,允之。

十四年正月,以运河荷花塘决口,合而复溃,再降三级留任。七月,以上年淮安等府水灾,山阳县知县王伸汉浮冒赈银,惧查赈委员、试用知县李毓昌举发,酖杀之,至是事觉。谕曰:"铁保前在司员及侍郎任内,屡获愆尤,弃瑕录用。自补放两江总督以后,不能敬慎办公,一味偏听人言,固执己见。办河工则河工日见敝坏,讲吏治则吏治日见废弛。甚至有不肖劣员,藐视法纪,逞其贪戾残忍,全无忌惮,致酿成如此奇案。而彼犹梦梦不知,可谓无用废物。不但不胜封疆重任,亦何堪忝列朝绅。铁保着革职,发往乌鲁木齐效力赎罪。"十五年六月,赏三等侍卫,充叶尔羌办事大臣。七月,授翰林院侍讲学士,仍留办事大臣任。旋调喀什噶尔参赞大臣。

十六年八月,以阿奇木伯克玉努斯禀称回民毛拉素皮等与叛裔玉素普私通书信,醵金助之,捕获,置于法,赏副都统衔。九月,授浙江巡抚,旋改授吏部左侍郎。十一月,兼镶蓝旗汉军副都统。十七年,擢礼部尚书、镶白旗汉军都统,寻管理武英殿御书处。十八年八月,充崇文门监督。九月,调吏部尚书。十二月,充经筵讲官。十九年二月,伊犁将军松筠奏参铁保前在喀什噶尔办理回众资助叛裔玉素普一案,系玉努斯捏造情节,刑逼诬认,铁保为其朦蔽,枉杀邀功。谕曰:"铁保前在两江总督任内,于王伸汉谋毒李毓昌一案,毫无觉察,将伊褫革发遣,旋又弃瑕录用,荐升吏部尚书。乃前于玉努斯编造谣言,刑求无辜,不加详勘,致成冤狱,枉杀四命,其咎甚重,不能屡恕。着革职发往吉林,交该将军富俊等派拨当差。"二十三年,释回,授司经局洗马。道光元年,以老病乞休,赏三品卿衔。四年卒。

　　子瑞元,二品荫生,湖北按察使。

【校勘记】

〔一〕以议上时未赴宫门候旨　原脱"时"字。耆献类征卷一〇一叶二二下同。今据铁保传稿(之二四)补。

〔二〕裁革将军府尹等馈送扈从官员土仪　"尹"原误作"丞"。耆献类征卷一〇一叶二三下同。今据铁保传稿(之二四)改。

〔三〕姑念系密办事件　"密"原误作"审"。耆献类征卷一〇一叶二四上同。今据铁保传稿(之二四)改。

　　金光悌

　　金光悌,安徽英山人。由举人于乾隆三十四年会试取内阁中书。四十五年,成进士。四十八年,充江西乡试副考官。十二月,迁宗人府主事。四十九年,充会试同考官。五十年,升刑部员外郎。五十一年，升郎中。五十三年，俸满截取知府，仍留刑部。五十四年，京察一等记名，复经刑部奏留。是年充广东乡试正考官。五十五年，刑部奏请以四五品京堂用，上允所请。五十六年，有江西举人彭良彝为伊子顶买吏员，冒领执照，被人告发，上命刑部审办。时光悌适因病请假，御史初彭龄以光悌与良彝系儿女姻亲，恐有推诿瞻徇之弊参奏。上命军机大臣讯明告病在先，并无瞻徇。部议以未能速审完案，亦有不合，降一级调用。五十七年，仍补刑部员外郎。

嘉庆元年，升郎中。四年，充会试同考官。五年，奉旨以四五品京堂用。六年八月，授光禄寺少卿。因值核办秋审案件，仍留刑部。旋经御史张鹏展奏光悌办理秋审错误至九十馀案，不应留部。上命刑部堂官明白回奏。寻大学士董诰等奏秋审案件并无错误，惟广东省黄册有疏漏错误之处，俱经签改缮正。谕曰："金光悌在部年久，该堂官恳请留部。虽系为熟手起见，但平日廷臣中有在朕前论及金光悌者，大率毁多誉少。而朕于召见时，留心察看，金光悌应对未能明晰，亦并非出色之员；况司员升至京堂，例不兼部行走。光禄寺少卿金光悌着回本衙门供职，不必兼部行走。"十二月，迁内阁侍读学士。

七年十一月，擢山东按察使。十年十月，升布政使。十一月，授刑部左侍郎。时有鱼台县民人李庆临控马怀璧纠众殃民一案，上命光悌于途次驰回，秉公严审。得实，定拟如律。十一年二月，命往天津鞫灶户李丕基控盐大使周桐克扣帑恤银案，[一]又往河间鞫宁津县民人郭洙控县役唆贼诬扳诈赃案。三月，复往天津鞫革生杨廷霖诬控杨绍闻服族通奸案。均讯实，定拟如律。六月,刑部审讯北城拿获用药迷拐幼孩一案,究出配药根由,将首恶杨四、杨杨氏及其伙党,如律治罪。上以审讯此案实属认真,加恩刑部堂司官员,光悌恩予纪录三次。七月,命往承德府鞫丰宁县生员杨林声诬控书役借差勒折案,建昌县牌长邢世旺控县书舞弊派差案,及旗人六保诬控孙振培霸种地亩、殴毙李银、贿嘱顶凶案,平泉州民妇于董氏诬控张存信殴毙伊翁于中元案,均审讯得实,定拟如律。

十月,授江西巡抚。十二年,奏江西积案繁多,酌议设局清釐,报闻。十四年正月,奏请借项修理建昌县永丰、芦镇等处圩堤,以卫民田,上如所请行。寻擢刑部尚书。十月,奉旨:“刑部尚书金光悌,年逾六十,行走尚属勤慎,着加恩在紫禁城内骑马。”十七年十一月,卒。谕曰:“刑部尚书金光悌练习律法,办事认真。在尚书任内资格虽浅,伊由刑部侍郎荐擢正卿,宣力有年。遽闻溘逝,深堪轸惜。着加恩照尚书例赏给恤典,该部察例具奏。所有任内一切处分,悉予开复。”

【校勘记】

〔一〕命往天津鞫灶户李丕基控盐大使周桐克扣帑恤银案　“桐”原误作“祠”。耆献类征卷一〇四叶七上同。今据国传卷七一叶一二上改。

秦瀛

秦瀛,江苏无锡人,乾隆三十九年举人。四十一年,上巡幸山左,召试一等,钦赐内阁中书,充军机章京。四十八年,丁母忧。四十九年,丁父忧。五十二年,服阕。五十四年,升侍读。五十七年二月,京察一等。十月,迁户部江西司郎中。五十八年,授浙江温处道。五十九年,调杭嘉湖道。嘉庆二年,署按察使。以拟斩犯妇叶梅氏在狱自缢,部议降调,上加恩改为留任。五年闰四月,升按察使。十月,调湖南按察使。七年,因病乞解任,允之。九年,病痊,补广东按察使。十年闰六月,擢浙江布政使。十月,入觐。上以其年逾六旬,精神渐逊,命以三四品京堂补用。十二月,补光禄寺卿。旋调太常寺卿。

十一年二月,疏言:"广东滨临巨海,东西延亘三千馀里,盗匪不靖,出没重洋,横肆劫掠。比年且至登岸,始犹远在高、廉一带,上年则广州所属,且有盗船拦入。海上大股盗匪如郑一、乌石二、总兵宝、朱濆等,连艅接舰,声势甚张。内地则顺德、香山、新会三县,上年连有内盗肆劫之案。臣前任臬司,访系鹤山会匪梁修平案内逸犯马观复,及开平盗案内逸犯李英芳为之渠魁。该二犯踪迹诡秘,实与海盗句结,不捕则出而为患,捕之急则遁入海中。统兵之将,出海剿捕,大半借词迁延,潜匿岛屿。即与盗遇,亦不能尽力追捕,以致盗匪不靖。夫统领将弁者提督,乃黜一孙全谋,而魏大斌即孙全谋之续。再黜一魏大斌,而继魏大斌者,又恐未必非魏大斌之续。臣愚以为剿捕之法,一曰讨军实。水师废弛,则帑饷虚糜。广东情形,辄以经费不敷为虑。今洋盐两商,捐输宽裕。惟恐经手之员尚有侵渔,遣委之将仍复骄惰。此非立法痛惩,难免徒资耗费。一曰树声威。盗党善于侦探,非我兵先声足以詟人,则盗已从而轻我。古人用兵,以虚运实,以寡击众,自操胜算。臣拟兵行之日,督抚宜举觞欢饮,有功而归,开辕行赏,不用命者,杀无赦。一曰戒虚饰。舟师擒捕盗匪,真假岂能豫必。但存一邀功之念,势将以假为真,谳成多失其实。即偶有平反,亦每以获盗为重,不复深咎。嗣后总期真盗弋获,毋纵毋枉。至守御之法,尤宜亟讲。沿海分设炮台,原为防守口岸。然口岸多而汛兵少,一经调拨,倍觉空虚。即未调拨,而无兵之处,盗船乘间直入内港。各县虽设有巡船,船少不能御盗,且为盗资。又保甲一法,仅属虚名。且纵令胥役讹索,反成厉政。欲行保甲团练,必须百姓服从,一号令而民无不应。臣以为严防守,必先澄吏治;澄吏治必先固民心。一曰清讼狱。粤民好讼,大小案件,频奉谕旨严饬,尚多耽搁。殆由案之初起,〔一〕迟延不办,土棍讼师,从而把持,遂至供情屡易,莫可穷究。惟有督饬州县,有一案即清一案,务洗慵惰偏私之习。一曰抑冗滥。六计尚廉,近海州县有缉盗解犯之费,尤宜搏节,庶不致亏仓库而累闾阎。乃一令到任,即有荐幕友长随者,多人坐食,势不能复为廉吏。至杂职武弁,惟利是图。武弁稍授以权,即挟制文员。而杂职差委过多,亦滋扰累。一曰惩蠹役。地方官不能不用胥役,而不可为胥役用。胥役熟悉地方情形,官用胥役,胥役即能用官,而转不为官用。迨至串同官亲家属,肆为民害,羽翼已成,辄付之无可奈何。上官复以人能办盗曲为开脱,殊不知广东胥役,每有暗通盗匪、收受陋规者,此尤不可不严行惩创也。三者既举而吏治澄,吏治澄而民心固,于以举行保甲团练,无不可使之民,即无不可行之法。众志成城,守御有资矣。"上以所奏各条,俱属可采,命两广总督吴熊光详细查核,分别酌办。四月,擢顺天府府尹。先是,通州举人崔成辅控告王文元霸地抢割,复被凶殴。兼尹莫瞻菉令将王文元取保释放。迨原告呈恳亲提,辄带至私宅讯供。事闻,命留京王大臣会同刑部鞫实。上以事在秦瀛未到任以前,惟于莫瞻菉违例专擅之处,不早奏参,下部议处。寻议降二级留任。十二年正月,升刑部右侍郎。八月,因湖南省积案未清,秦瀛曾任按察使,吏部奏请降二级调用,上加恩改为留任。

十三年,闲散宗室敏学恃势逞凶,命刑部会同宗人府审讯。堂司各员故为开脱,所叙情节自相矛盾,下部严议。寻议革职。谕曰:"秦瀛在署专办部务,于会审案件,未能酌核允当。且亦年老无能,着降三级调用。"十四年正月,补光禄寺卿。三月,授都察院左副都御史,充会试知贡举。四月,授仓场侍郎。五月,谕曰:"仓场一切事宜,因循怠玩,诸弊丛生。现当整饬之际,秦瀛年齿渐衰,恐难周到,着以二品顶带仍补都察院左副都御史。"六月,迁内阁学士,兼礼部侍郎衔。寻擢兵部右侍郎,署刑部右侍郎,十一月,转左侍郎。十五年正月,实授刑部右侍郎。十二月,因目疾解任回籍。道光元年,卒。

【校勘记】

〔一〕殆由案之初起　"殆"原误作"始"。耆献类征卷一〇二叶二四下同。今据秦瀛传稿(之二六)改。

鲍桂星

鲍桂星,安徽歙县人。嘉庆四年进士,改翰林院庶吉士。六年,散馆,授编修。八年三月,大考二等,擢右中允。八月,转左中允。九年二月,上幸翰林院,分韵赋诗,桂星与焉,进雅十篇,赐文绮。七月,充河南乡试正考官。十年九月,上幸盛京,进颂十篇,赏荷包、大缎。十月,提督河南学政。十一年正月,授司经局洗马。九月,迁侍讲。十二年,转侍读。十三年正月,充文颖馆总校。七月,充山西乡试正考官。十一月,署日讲起居注官。十五年二月,京察一等,记名以道府用。四月,授侍讲学士。八月,提督湖北学政。十七年,转侍读学士。九月,擢詹事府少詹事。十八年四月,授詹事。九月,迁内阁学士,兼礼部侍郎衔。十二月,充文渊阁直阁事。十九年闰二月,命稽察中书科。三月,擢工部右侍郎。

七月,署武英殿总裁。九月,充武会试正考官。十一月,命往通州查验仓储。十二月,条奏武英殿刊刻校勘及收存版片各事宜,得旨,交军机大臣议奏。又奏参提调刘荣黼声名平常,居心险诈,副管祝麟声名亦复不好,难以姑容,命武英殿总理事务王大臣及总裁会同秉公查奏。寻将所询情节奏入,谕曰:"朕召见常福,据奏伊等在武英殿查询时,提调刘荣黼对众指称鲍桂星因熙昌校勘修改,恐致迟延,曾言:'熙总裁所校不过偏旁点画,可以将就。并言'近日有旨旗人多靠不住,此时督抚多用汉人'等语。当交军机大臣传询鲍桂星,即据认有此语,系本年秋间闻自周兆基,并称在部与满员共事,见多有徇私背公者。适是日周兆基自盛京差回,遂着传询周兆基,兼令鲍桂星将徇私背公系何人何事,据实指出。随据周兆基登覆伊于召见时,并未奉有此旨,亦未与鲍桂星言及。现在已据鲍桂星自认彷佛记忆是日赴园太早,假寐初醒,周兆基所言,听闻不真。其鲍桂星所指熙昌嘱托武英殿供事,又托将吉林开采煤窑议准,及庆溥托伊工程委员等款,据熙昌登覆实无请托供事之事,即鲍桂星亦不能指出所托供事姓名。其嘱托吉林煤窑一节,据熙昌覆称,但言吉林请开煤窑系属好事,并非托其议准。庆溥登覆只认曾在朝房问过鲍桂星所奏何事,鲍桂星答以具奏董率工程,亦未嘱托委员。以上各情节,如果鲍桂星存心公正,则周兆基以召对时谕旨失口向人宣露,鲍桂星应立时奏参,朕必将伊加以褒奖;乃以彷佛无稽之言,辄向刘荣黼转述。其诞妄之罪,尚何所辞?即庆溥、熙昌等果有嘱托情弊,鲍桂星亦应将所托何人何事原交名条据实奏参,乃因口舌争竞,牵连率指,一经研究,全无证据。岂能以此坐周兆基等之罪? 鲍桂星任性乖张,妄言乱政,着交部严加议处。”寻议革职,得旨:“鲍桂星指评庆溥、熙昌等嘱托公事,一无证据,其咎犹小;至其所述朕轻满洲重汉人之语,此则妄言乱政之大者!朕统御寰区,满洲、汉人,一视同仁,从无偏爱偏憎于其间。国家设官定制,如东三省及新疆各城,并各省驻防文武大员,皆专用满洲,此因地制宜之道,有汉人所必不能胜任者。若直省督抚,满、汉间用,因才器使,惟视其人之贤否,何尝有畸轻畸重之见乎? 鲍桂星以私意揣度,为此无稽之言,谬妄已极! 着即照部议革职,不准回籍,令其在京闭门思过。仍责成五城御史不时稽察,如私著诗文,有怨望诽谤之词,即行严参,从重治罪不贷。”〔一〕

　　二十四年九月,上六旬万寿,命军机大臣将获咎各员开单具奏,桂星特赏编修。道光二年七月,授侍讲。八月,署日讲起居注官。十二月,授侍讲学士。三年,补通政使司副使,兼稽察左翼宗学。四年二月,擢詹事府詹事。十二月,充<u>文渊阁直阁事</u>。
五年,因病乞假。寻卒。

【校勘记】

〔一〕从重治罪不贷　原脱"不贷"二字。<u>耆献类征</u>卷一一一叶三上
　　同。今据<u>睿录</u>卷三○○叶一五下补。

费锡章

<u>费锡章</u>,浙江归安人。<u>乾隆</u>四十九年,圣驾南巡,召试一等,
赐举人,授内阁中书。五十五年,充军机章京。五十七年,迁起
居注主事。六十年,调户部主事。<u>嘉庆</u>三年,升员外郎。六年七
月,授河南道监察御史,寻掌<u>四川</u>道御史。九月,以本年乡试改
期,天气骤凉,奏:"请照会试之例,每人散给棉布衿被一件,以示
体恤。"得旨允行。

七年四月,谕曰:"据<u>熊枚</u>面奏:'现在暂署<u>直隶</u>总督,一时
乏人襄理事务,请饬令御史<u>费锡章</u>前往,在署帮办'等语。着照
所请,<u>费锡章</u>准其暂行随往。该御史现充内场监试,兹闱务将
竣,着即日出闱,一同起程。俟<u>熊枚</u>交卸督篆,仍着回京供职。"
旋经御史<u>砥柱</u>参奏,谕曰:"据<u>砥柱</u>奏:'署<u>直隶</u>总督<u>熊枚</u>请将御
史<u>费锡章</u>随往,在署帮办事务,殊属冒昧。请嗣后严饬在<u>京</u>大臣
奉命署理督抚者,不得援以为例'等语。所奏甚是。御史系属言
官,本非大臣可以随带之员。前<u>熊枚</u>面奏恳将<u>费锡章</u>随往,朕即
觉其所奏未协,因伊系署任,暂时姑允所请。嗣<u>熊枚</u>到任后,旋
据奏称先令<u>费锡章</u>回京供职,业经批谕,该署督奏请带往,原属

冒昧,并着费锡章即行回京。今砥柱适有此奏,与朕批谕正相符合。国家设官,内外各有体制。督抚身任封疆,自司道以下,皆系帮同办事之人。至署中一切案牍,[一]自有幕友襄理。若由部院简放督抚者,皆得各带所属司员前往办事,恐司员等揣知该堂官堪膺外任,预为趋奉。一经简放督抚,即可带往办事,补用道府,易启属官营求之弊,不可不防其渐。嗣后在京部院大臣,除有兵差审案等事,仍准随带司员外,其简放督抚及署理督抚者,不但不准请带御史,即所属官员亦均不准奏请随带。[二]将此通谕知之。"

八年闰二月,奏言:"禁城内向来当差行走之人,并无查考,请添设腰牌,以严出入。"谕曰:"该御史所奏,系专指禁城而言。但朕临莅所在,皆属禁地。如驻跸圆明园,巡幸热河木兰等处各行在,即与宫廷无异,断无皆用腰牌之理。[三]况防盗弭奸之法,亦不在此,总应环卫森严,分明堂陛,其扈跸在途之侍卫官员,尤当近依乘辇。一切应如何酌定章程,及该御史所奏是否可行之处,着派御前大臣、军机大臣、领侍卫内大臣、前锋统领、护军统领、内务府大臣,会同悉心妥议具奏。"寻议行。

九年二月,协理京畿道。三月,御史郑敏行参奏:"此次京察都察院保送一等人员内,有御史费锡章于嘉庆七年春闱监试,适主考熊枚奉旨出闱署理直隶总督,该御史在至公堂向熊枚恳求随带出差。及带往直隶后,熊枚又因费锡章声名不好,欲将该御史撤回。费锡章尚在逗留,即经砥柱指名参奏。今都察院将该员首列一等,不特中外传为笑柄,亦无以清群吏而儆官邪。"谕曰:"科道职司纠劾,如各部院堂官果有不公不法、瞻徇情面之处,自当据实陈奏,况京察为激扬大典。傥各衙门所保人员实有奔竞营私情弊,科道等得有确据,尤应直言无隐。此次该御史参奏,若系六部及各衙门保送人员,或该御史亦在一等之列,则其言尚属因公。今郑敏行系参劾本衙门保送之员,而该御史又并未得列一等,是其居心即已涉私。但既有此奏,岂可不加详察?据称费锡章在至公堂众人属目之地,向熊枚恳求。该御史自系在闱目睹,何以不即时弹劾,直至今日保列一等始行举发?究竟费锡章如何向熊枚恳求,其时至公堂众人属目,又系何人在旁一同闻见?其带往直隶后,如何声名不好,亦必实有劣迹可指。如该科道果系卑鄙,则岂特不可滥厕一等,直不应玷居官职,何况台谏清要之秩耶?〔四〕着郑敏行将此指出情节,一一据实回奏,毋得一字稍属含混。至京察保送人员,三载考绩,自应就数年中奉职无过之员,遴选荐举。费锡章才具声名究竟如何,何以列入荐牍,并着都察院堂官据实覆奏。至熊枚在至公堂时,费锡章曾否向伊恳求;其在直隶时,声名如何不好,熊枚是否因此令其回京。〔五〕亦着熊枚据实具奏,勿稍徇隐。”旋各遵旨据实覆奏,谕曰:“都察院堂官称:‘费锡章声名并无不好,实未闻费锡章在至公堂有恳求熊枚带往直隶之事。因其在本衙门办事勤慎,是以列入一等’等语。该堂官保奏费锡章系因其办公勤慎,并未闻声名不好之处,该堂官均无不合。在熊枚称前年奏旨出闱署理直隶总督,因素知费锡章谙习奏折,于开启龙门时,面与商酌,欲其前往帮办。费锡章因向无此例,力辞不允,有知贡举瑚素通阿等在闱目击可证。及奏明带往后,〔六〕费锡章到彼,从不预闻地方事件,亦未与官员接见,何从得有不好声名等语。费锡章不但无恳求熊枚带往直隶之事，而当熊枚欲伊随往时，方且力辞不允，即有营私钻竞情事，必有昏夜乞怜之状，岂肯于众耳众目之地，率意径行，毫无避忌？郑敏行所云费锡章在至公堂向熊枚恳托之言，本非情理，且当熊枚带同费锡章前往时，本曾奏明该员不愿随往。[七]今郑敏行覆奏折内尚称：'砥柱系当时同在闱监试之人，伊出闱后，即指名参奏。是费锡章向熊枚恳求出差，凭证确凿'等语。伊与熊枚所奏，各执一词，情节迥异，若不确切查明，设费锡章事有左证，岂可任其滥膺上考？倘郑敏行所言无据，是饬躬自爱者，无端蒙奔竞之名；而居心妒忌者，转得肆污蔑之计。不独有关人品心术，而于政体所系亦复不小。既据熊枚、郑敏行奏称所言皆有证据，即传令熊枚、瑚素通阿、砥柱、费锡章、郑敏行五人，于本月十六日同至圆明园，交军机大臣详悉询问，[八]并令当面质证明确，据实具奏，再降谕旨。"嗣经军机大臣讯明郑敏行所指并无确据，召见熊枚、瑚素通阿，谕曰："朕面询熊枚，称前年在闱时，得闻署理直隶总督之信，欲将费锡章带往。费锡章以御史衙门向无随带之例，力辞不允。伊曾经面奏恩准，带往任所，仅止五日。细思未便久留，仍令其回京供职。费锡章实无声名不好之处。询之瑚素通阿，据称伊知贡举时，在至公堂亲见熊枚向费锡章口称欲带伊同赴直隶，费锡章当以体制不符，再三致辞。迨奉旨准令随往，费锡章未敢故违，不得已而随往。并据砥柱称，在闱监试，实未见费锡章向熊枚面求带往，即郑敏行亦已自认冒昧陈奏，无可置辩，并请治罪等语。可见费锡章实无营私钻竞情事，现有熊枚、瑚素通阿等确证可凭，即从前砥柱参奏，亦以熊枚违例奏带御史，并未劾及费锡章声名。是郑敏行特因伊未列一等,妒忌同僚,至加以卑鄙不堪之语,实属挟私怀诈。本应革职治罪,但念其究属言官,若将郑敏行斥革,恐科道等官因此又相率缄口。郑敏行以同预京察之人不得一等,即饰词渎奏,有心淆乱是非,其居心嫉妒,岂可复膺台谏之任?着改为员外郎补用。御史费锡章既查询明确,毫无不合,着准其列入一等,以示朕持平核实至意。"十月,转吏科给事中。十一月,掌工科给事中。

十三年,诏偕编修齐鲲册封琉球中山王尚灏。十四年三月,回任。五月,擢鸿胪寺少卿。十六年,转光禄寺少卿。十七年,迁通政司参议。十八年二月,升太常寺少卿。四月,擢光禄寺卿。八月,调补顺天府府尹。九月,因逆匪林清等潜入禁城滋事,下部议处。寻议革职,上以其到任未久,改为降四级留任。二十年三月,上耕耤田,顺天府所备耕牛不驯习,上以费锡章系专辖之员,下部严议,部议降三级调用。上念其年馀以来,督缉尚属奋勉,改为革职留任。二十一年三月,谕曰:"朕上年躬耕耤田,顺天府所备牛只,教演不能驯习,降旨将该府尹等分别降革留任。本年躬耕耤田,该府尹等所供牛只,服习驯扰,礼仪告备。着将费锡章革职留任之处改为降二级留任。"二十二年三月,卒。谕曰:"费锡章自简任顺天府府尹,办事奋勉。且获逆犯多名,甚属认真。骤闻溘逝,殊为可惜!着加恩赏加兵部侍郎衔,即照侍郎例给予恤典,该部察例具奏。"寻赐祭葬。

【校勘记】

〔一〕至署中一切案牍　原脱"至署中"三字。着献类征卷一〇五叶三五下同。今据睿录卷九七叶二六上补。按国传卷七八叶二下不脱。

〔二〕即所属官员亦均不准奏请随带　原脱"即"与"随带"三字。耆献类征卷一〇五叶三六上及国传卷七八叶三上均同。今据睿录卷九七叶二六下补。

〔三〕断无皆用腰牌之理　"理"原误作"例"。耆献类征卷一〇五叶三六上同。今据睿录卷一〇九叶一六上改。按国传卷七八叶三上不误。

〔四〕直不应玷居官职何况台谏清要之秩耶　"直"原误作"且"，又"耶"误作"即"。耆献类征卷一〇五叶三七上同。今据睿录卷一二七叶四下改。按国传卷七八叶三下不误。

〔五〕熊枚是否因此令其回京　原脱"此"字。耆献类征卷一〇五叶三七下同。今据睿录卷一二七叶五上改。按国传卷七八叶四上不脱。

〔六〕及奏明带往后　"及"原误作"又"。耆献类征卷一〇五叶三七下同。今据睿录卷一二七叶一二上改。按国传卷七八叶四上不误。

〔七〕本曾奏明该员不愿随往　"本"原误作"未"。耆献类征卷一〇五叶三八上同。今据睿录卷一二七叶一二下改。按国传卷七八叶四上不误。

〔八〕交军机大臣详悉询问　"询"原误作"讯"。耆献类征卷一〇五叶三八下同。今据睿录卷一二七叶一三上改。按国传卷七八叶四下不误。下同。

清史列传卷三十三

大臣传次编八

那彦成

那彦成,章佳氏,满洲正白旗人。曾祖阿克敦,协办大学士;祖阿桂,武英殿大学士、一等诚谋英勇公:俱有传。那彦成由乾隆五十四年进士,改翰林院庶吉士。五十五年,散馆授编修。五十六年,升侍讲。五十七年闰四月,转侍读。十月,入直南书房,迁国子监祭酒,兼公中佐领。五十九年四月,擢詹事府詹事,充日讲起居注官。十二月,迁内阁学士,兼礼部侍郎衔。

嘉庆二年,充崇文门副监督。三年二月,兼正黄旗蒙古副都统,命在军机大臣上行走。五月,迁工部右侍郎。八月,以教匪王三槐就获,下部优叙。四年正月,调户部右侍郎,兼镶白旗满洲副都统,授翰林院掌院学士,管理武英殿御书处事务。寻转右侍郎,擢工部尚书,兼崇文门正监督。二月,充实录馆总裁,兼镶白旗汉军都统,充经筵讲官,国史馆副总裁,赏戴花翎。三月,赐紫禁城骑马。五月,总理工程处事务,兼管咸安宫教习,充教习庶吉士。上以那彦成三岁而孤,其母那拉氏,抚孤守志三十馀载,表其门,赐御书"励节教忠"以荣之。七月,管户部三库,授总管内务府大臣。

先是,湖北白莲教匪樊学明等叛于襄阳,其党张汉潮寇秦中,诏参赞大臣明亮讨之;而成都将军庆成、陕西巡抚永保与明亮有隙,师行不相顾。八月,命那彦成为钦差大臣,督明亮军,褫庆成、永保职,畀那彦成按治。九月,奏:"途次询访军营,将惰兵疲,自四月至七月,总未与贼接仗。臣到后,当力加振作,若再有失误军机者,将弁以下,军法从事。"谕曰:"军营疲玩,自当整顿,将弁置重典,当慎重办理。本朝经略大臣,亦从无先斩后奏之事,况钦差乎?那彦成实心任事,谅不致任性苛求,然人命至重,万一稍错,所关匪细,此正朕爱惜那彦成处,那彦成当倍加详慎。"十月,劾明亮奏报诬罔事,乃逮治明亮,命那彦成领其军。明亮寻破贼,诛张汉潮。谕曰:"明亮因朕特派那彦成督办,不敢再似从前玩寇;且闻那彦成已由西安入山,是以上紧截剿,获此凶渠。是那彦成虽未经临行阵,而先声夺人,故能得此捷音也。"那彦成旋奏:"张汉潮谋主冉学胜馀党在陕,宜亟除。"上是之。

十一月,败贼于五郎。疏言:"军饷前费八千馀万两,有司图军需肥己,将弁亦希分润,致事阅四年,贼未殄灭。臣欲清弊薮,刊刻粮单,按程期赴粮台核给,以杜冒销。"又言:"秦中前将帅各为一路,致贼乘间遁逸。今臣等相机分合,声息相通,使贼所至必有官兵追剿。"谕曰:"所论切中从前积弊,今所办甚是。"寻疏请五郎设重镇。子午谷、黑水峪、斜峪诸隘口，分置小营控制，增总兵一员；编乡勇于新营，更置县丞、巡检、分防。从之。嗣以陈奏不及攻战，只铺叙终南山水，且以精兵分布势单饬之。时贼窜秦岭老林，官兵由渔硐子踏冰入，贼三路迎敌，我兵分道进攻，自山梁下破之。谕曰："所办甚好，山险冰滑，舍骑步行，可谓辛苦备经。"那彦成旋奏："贼倚老林为巢窟，丛刺阻隘，枪箭难施。臣五中焦灼，愤不欲生，必须臣亲身入林督剿，方不互相观望；即粮运不继，臣等可寻觅包谷接济。"疏入，奉朱批："不忍注目！"又谕："愤不欲生之语，实为过当。不独那彦成不应冒险深入，即领兵大员亦不应令轻涉险地。当万分斟酌，不可过于愤激。"

　　十二月，奏贼匿高关峪、夹岭，我军潜师夜击，贼奔凤凰山中。乃使将士夜缒下，歼六百馀贼，毙伪元帅黄尔雄等，馀匪走平利，檄总兵庆溥等亟截之。得旨："所办甚是。"旋以张贼馀党未殄，致劲旅渐疲，降旨切责。寻破贼于秦岭。嗣以贼匪逼出老林，复逸入楚、豫，有旨严饬。五年正月，贼匪二万，窜陕西略阳。上以那彦成狃于老林，致贼乘间阑入，复切责之。是月，破老林逸贼，获襄阳起事贼三十有奇，歼逸贼百馀，擒贼首高遇春等，进兵至汉中。因川匪鸱张，入栈追剿。上以其不拘畛域，嘉奖之。

　　二月，川匪至陇州，乃出栈，亟剿贼，屯陇山镇。三战大破之，分道亟追，斩俘三千馀。歼伪元帅魏学林，伪先锋严士沛、阎性，擒伪副帅余礼等。上嘉之，授参赞大臣。赐玉鞢、金合、佩囊，下部议叙。那彦成以经略额勒登保在陇应受其节制，缴钦差大臣关防，得旨俞允。是月，贼避官兵南走，追及于秀金山，败之；又败于严家坝。谕曰："所办甚好。"那彦成陇州歼贼后，兵威已震,士气奋扬,是以连次克捷。会额勒登保疾作,谕那彦成兼领各路兵。贼陷文县,据卡狼寨,我兵乘月夜渡河,破其阵,歼贼子狗儿暨贼匪李大旺等,并杀贼千三百人。馀匪南窜者近千。上责其剿贼未净,致奔逸蔓延,而保护卡狼寨,功过相抵,免吏议。寻败贼于龙泉沟,又败诸林江浦,俘斩千馀,追至毛峪山,贼弃辎重遁。奏入,得旨褒嘉。时方令西安将军恒瑞,回陕西协剿,屡获胜仗。上以其遥合庙算,内外一心,赉予奖励。未几,贼首高二、马五纠六千馀人趋松潘,官兵御之,奔岷州。额勒登保病已,帅师夜攻,贼奔踞山。那彦成率众先登,歼三百六十馀贼,追越四山,杀百馀。迟明,贼列阵何家衢,设伏以待。那彦成帅精兵奋击,贼败退。伏贼左右起,追数十里,斩首千馀级,执贼匪詹世贵等。奏入,得旨嘉许,颁赐珍物。四月,败贼于分水岭。寻以陕匪东趋近豫,严饬之,革花翎。已而官兵严守御,贼不敢东,乃复之川。

　　闰四月,上以那彦成久不藏功,召还京,将面询陕中贼情;寻以贼入川,势渐张,乃那彦成玩纵所致,又不剿贼于川,转随额勒登保入陕,致总兵施缙战殁,斥出军机处、南书房,及紫禁城骑马,并罢所领馆、阁、府、库诸职。五月,抵京陛见,谕曰:"那彦成赴陕,漫无布置,致贼窜逸裹胁。朕令回京细询,语添兵,则以无用之兵,添调何益? 语添饷,则以虚糜不值;语防堵,又以为兵疲无益。昨复称'事关劫数,劫数未完,即健将精兵亦不能得力'此何语耶? 朕论及额勒登保,[一]连次得胜,那彦成复以所奏如不虚,再得一二仗,即可将陕贼办竣。心怀妒忌,欲朕猜疑。且询以川、楚军务,据云:'恐亦不免虚诳。'那彦成游词荧听,其心实不可问，着将此旨宣示，令其明白登答。"又谕曰："那彦成外似有才，中无把握；不听人言，自以为是；虽有微劳，不能掩咎。着革去尚书、都统、讲官、花翎，用为翰林院侍讲，在实录馆效力。"寻袭骑都尉世职。

六年二月，擢少詹事。四月，充日讲起居注官。九月，充顺天乡试副考官，升詹事。七年二月，迁内阁学士，兼礼部侍郎衔。五月，充教习庶吉士。六月，兼正蓝旗汉军副都统。八月，扈跸木兰，射鹿获之，赏戴花翎。寻调正红旗满洲副都统。是冬，命往江西鞫巡抚张诚基被揭事。未定谳，会广东永安客籍游民，结添弟会，与土民构斗，博罗诸邑匪徒响应，总督吉庆讨平之。寻悔释囚留孽，且疑巡抚瑚图礼密劾，遂自戕。上命那彦成往鞫之，得其实。时永安黄亚程等，遁入铁笼嶂，复啸聚为盗。八年二月，那彦成率提督孙全谋等进攻，即日克之，诛亚程及其党数百人。事平，条上善后九事，上嘉其办理妥速，调度得宜，署吏部侍郎，仍下部议叙。寻赴直隶浙江谳狱。

七月，擢礼部尚书，兼户部三库事，总理太常寺、鸿胪寺、乐部。十一月，鞫黑龙江将军那奇泰私易奏折事。那奇泰等黜贬有差。九年六月，授军机大臣，兼镶黄旗汉军都统。鞫河南嵩县民王雷传习邪教事。未竣，以秦陇搜捕馀匪，命摄陕甘总督，办理善后事。七月，朱谕那彦成曰："汝诚国家柱石之臣，有为有守。惟有稍恃己之聪明，不求人之谋议。夫一己才力有限，仕途丘壑难穷。务资兼听并观之益，莫存五日京兆之见。"八月，奏南郑县乡勇郑忠祥等举发赵恒裕、张希贤潜结谋逆，立擒之，与其党皆伏诛。又奏筹遣南山游民，均得旨嘉奖。

　　十一月,调补两广总督。十年十一月,劾前巡抚百龄苛虐营私诸事。鞫实,免百龄官。十二月,鄂罗斯国船求通市,监督延丰率允入奏,那彦成以越界贸易,恐商夷因缘为奸,亟请止之。谕曰:"此事与朕意相符,所见甚是。"先是,粤东土匪洋盗勾结日炽,盗首李崇玉、黄正嵩依朱濆,横行海澨。那彦成初至,缉获甚众。嗣以官兵不得力,遂行间谍招抚,降正嵩,计擒崇玉,槛送京师。先后招降五千馀人,悉赏银币。率先降者,予千总外委衔。巡抚孙玉庭以滥赏劾之,降蓝翎侍卫,充伊犁领队大臣。始,崇玉、正嵩归命,那彦成诱以四品服及守备札。事觉,谪戍伊犁。十二年正月,授三等侍卫,为伊犁领队大臣。三月,授喀喇沙尔办事大臣。五月,调西宁办事大臣。时野番侵掠内地,戕害兵丁,故有是命。八月,偕将军兴奎。总督长龄,攻克沙卜浪,番境悉平。十月,条上善后五事,允行其四。

　　十三年三月,擢江南副河道总督。是秋,河水溢。九月,砖工合龙,下部议叙。十二月,以荷花塘复蛰,降二等侍卫。复为喀喇沙尔办事大臣。十四年二月,调叶尔羌办事大臣,授头等侍卫为喀什噶尔参赞大臣。十二月,以二品顶带,兼兵部侍郎,补授陕甘总督。十五年六月,疏言:"前奏准六月陛见,今甘肃被旱,抚绥事重,不敢拘泥,遽行交代。"又请缓征,拨帑赈贫。并疏陈施赈积弊。朱批:"汝实不愧广庭相国之孙。"又谕:"那彦成计及查勘抚绥事要,不拘泥前准陛见谕旨,能知事体轻重。其称向来办赈积弊,所言俱切中窾要。"是月,广东洋盗肃清,上念其任两广总督时,巨盗李崇玉究由伊缉获,赏头品顶带。八月,奏吉兰泰盐筴,请许新商得兼坐、运两商,有所陈奏,悉由山西盐政以闻。又议西安标绿营弁兵,改隶抚、提两标,别设总兵专司训练,兼辖附近营汛,裁兵四十名。十六年五月,请禁交代仓粮折色之弊,以重积储。均如所请行。七月,入觐,赏戴花翎。十七年正月,请改西安道仍为满、汉兼用缺。十二月,请定护送喇嘛,改由外省逐程接护,免派京员,以节糜费,皆得旨允行。

　　十八年九月,河南天理会教匪李文成等谋逆,陷滑县,犯直隶、山东边境,命那彦成为钦差大臣,加都统衔,帅师讨之。贼屯滑城及桃源集、道口。十月,那彦成由卫辉进军,分击新镇、丁栾集,连破之。道口贼出,掠中市所,那彦成断其归路,檄提督杨遇春等迎击,大破之。贼造桥将渡河而西,官军截杀千馀,桥毁不得遁。贼蜂屯拒敌,我军痛剿,飞越沟濠,破道口,歼贼万,焚其巢,出难民八九千。上深嘉之,颁赐珍物奖励,下部议叙。寻破桃源贼,追道口馀贼抵滑城。城中贼出应,败回城,围之。桃源贼来援,尽歼之,堵滑城门。十一月,留固集、八里营等屯贼纷至。遣将弁分御,绝其外援。时李文成潜遁辉县屯司寨。那彦成遣副都统德英阿、总兵杨芳率劲旅攻克之。文成自焚死,贼党歼戮无遗。上嘉之,优赉有差。滑贼出斫营,击却之,擒贼首黄兴罕。寻于南门掘地道、密置地雷,那彦成亲督兵勇进攻,地雷发,城裂,拔之,歼贼一万七千馀,焚死七千馀,擒二千馀,出难民二万馀。捷奏入,谕曰:"此次扫除恶逆,迅奏成功,朕与天下臣民,同深庆幸。那彦成统领师干,不辞劳瘁,允宜沛恩懋奖。着加太子少保衔,赏三等子爵,换戴双眼花翎,紫禁城骑马,并赏御用荷包一个,升伊子容照为乾清门二等侍卫。又赏黄面黑狐皮马褂、四喜玉扳指、吉祥白玉牌、镶宝石带扣、黄辫大小荷包。翼日,以渠魁牛亮臣、徐安国、王道隆槛送入京;复搜逸贼,悉诛之,释胁从愚民。筹议善后。请将滑县知县改繁缺,道口镇增置县丞、把总各一员。大名镇添设官兵。地遭蹂躏者,复其赋恤。赏死事官兵,旌表义烈。禁铺户私造刀枪,清查叛产,散乡勇,收器械,官兵分别凯旋、留驻,悉从之。

是冬,授直隶总督。十九年正月,巡历开州,条陈善后五事。是月,抵京复命。谕曰:"那彦成克副委任,深堪嘉奖,着在阿桂墓,赐祭一坛,用示朕眷旧酬庸至意。"二月,以保贪劣知县孟屺瞻补滑县,革职留任。五月,请拨宣化、天津等镇兵一千,移置大名,增置千把总外委。九月,请许因荒贱售地,以原直赎。十二月,请移束鹿县县丞,分防小章庄;大名县卫河县丞,移驻龙王庙;元城县主簿,移驻小滩镇;长垣县管河县丞,移驻大黄集。并从之。二十年二月,以缉逆犯祝见等久不获,革花翎,镌三级。七月,驾幸木兰秋狝,以跸路桥梁大雨冲塌后,缮完甚速,复花翎。十月,以废员王奎聚等,混请捐复,先令缴库,迹近专擅,镌四级。十二月,以滦州石佛口王姓,世习白莲教,惑众谋逆,那彦成全获诛之。上以其办理认真,宥积次吏议,赐御书"福"字,暨上方珍馔,畀那彦成母子度岁。

二十一年正月,捐谷三千石,倡劝兴复义仓,储谷十万六千石有奇。二月,以缉获逆犯刘玉隆,免镌级三次。时以新建运粮剥船二千五百,筹议章程十条,下户、工两部仓场侍郎,议行其九。闰六月,以前在陕、甘与藩司陈祈商挪赈银、津贴脚价等费,并诬奏捐廉事,褫职下狱论死。寻以缴完赔银,改戍伊犁,留家终养。九月,丁母忧。上念其滑县剿贼功,免发遣,令闭门思过。

二十三年二月，授翰林院侍讲。四月，转侍读。二十四年正月，擢侍讲学士，充日讲起居注官。二月，升詹事府詹事，充会试副考官。五月，迁仓场侍郎。二十五年七月，以漕政著效，赏戴单眼花翎。九月，擢理藩院尚书。十月，调吏部尚书、兼镶黄旗蒙古都统。十二月，赐紫禁城骑马。

道光元年三月，兼理乐部。五月，兼翰林院掌院学士。七月，调刑部尚书，管宗人府银库，兼阅兵大臣，调正蓝旗满洲都统。九月，充顺天乡试副考官。十一月，劾司员舒通阿等㹃法营私，不稍徇隐，下部议叙。二年正月，请定窃贼情急图脱，误伤事主者，量减为极边烟瘴充军。二月，请定殴死期功尊长夹签声明与否，总以有心无心为断。皆如其请，著为令。四月，授内大臣。五月，议陵寝风水重地，青桩外盗斫官树罪名，请以官山界址为限，明定科条。六月，议西山煤窑锅火章程四事。皆得旨允行。是月，以陕西渭南县民柳金璧犯死赂免，命那彦成摄巡抚鞫得之，诛贬有差。

十月，复任陕甘总督，时青海河北番贼，犯窝卜图卡，击走之。因请移兵驻守，议防卡条款。清厘河南番族，立什总、百总、百户、千户领其众。初，察汉诺们罕一旗，移居河北，煽野番，勾汉奸作贼，那彦成绝其粮，穷蹙投诚。谕曰："该督不劳兵力，不延岁月，办理认真，可嘉之至！"十一月，那彦成六十生辰，御书"亮勋集祜"匾额，"福""寿"字各一赐之。赐如意、朝珠、蟒袍、文绮、陈设。是月，请改西宁丹噶尔主簿为繁缺，皋兰河桥主簿为简缺，下部议行。十二月，奏汉奸盘踞，务尽根株。并筹巡防会哨、山内保甲诸事，上是其议。旋请改定沿边营制，增省将弁兵丁。又言番族万八千，尽回巢，请酌移河南四旗蒙古，皆允之。三年三月，以青海蒙古皆已复业，下部议叙。寻请定商民与蒙古市易章程，并封闭边外金厂。四月，请于循化厅增置主簿一员；贵德厅增置照磨一员；裁按察司照磨、河桥主簿各一员；改平罗县石嘴主簿为简缺。十月，请增置青海正副盟长等官，设巡防蒙古官兵。皆得旨允行。四年，劾兵部题补武职违例舞弊，命大学士托津等按之。寻以兵部疏漏，那彦成指参亦有误，各下部议处。五年正月，京察，谕曰："陕甘总督那彦成办理西宁番案甚属得宜，着交部议叙。"六月，请于边要地拨添弁兵，增设塘汛，九月，奏设甘肃各属义仓，皆如其请。

　十月，复调直隶总督。是年，江南运河阻滞，南粮改行海运。十一月，疏陈海运漕粮剥运事宜，下部议行。六年二月，请裁天津水军，以其兵移置大名镇。又奏清查旗地全竣，酌议善后十二事。五月，以直隶窃匪日多，请严窃盗治罪之例。皆如所请行。八月，以海运速蒇，措理妥善，下部议叙。会逆回张格尔入卡，犯喀什噶尔诸城，檄东三省官兵剿之。那彦成以过境兵丁，口粮按例日给银五分，不足饮食，请加五分；又药铅火绳，由京运解，供应既难，且恐雨湿，请以甘肃筹备者充用。并筹议兵行支应。又以新疆遣犯积久人多，夷民杂处，易生事端，请量地改遣。十月，奏各属征收租银，劝惩勤怠，并议追亏五条。又请驻防满洲，挑补绿营兵丁，允之。七年二月，请顺天府四路厅裁减捕盗弁兵，添设捕役，以收实效。四月，请减豁内务府月档租银。六月，酌拟贼匪拒伤未持官票之捕役，及捕役擅伤罪人，加减治罪专条，悉从之。七月，以直隶挂名吏役过多，包差滋扰，苦累闾阎，裁汰二万三千馀人，酌应留名数，册报严明。奏入，得旨："所办认真，甚属可嘉！着通谕直省，照那彦成所奏章程办理。"

十一月，回疆四城克复，命以钦差大臣，驰往筹办善后事宜。未几，张格尔就擒，仍命往治其事。十二月，疏陈回疆积弊，略言："回人素恭顺，此次张逆煽惑，各城响应，半由平日抚驭失宜。参赞大臣等三年换班，其才具有为者，三年中办理未必遽善；次者，只存五日京兆之见，不肯认真；下此，竟视为利薮，搜括甚工。且各长其疆，无维制考核之分，不相顾忌。应请分隶考核，俾有所纠察。至各官原设养廉，不敷办公，恳稍议增，并准各大臣一律携眷，俾得久于其事，专心办公。"上是其言，如所请行。八年正月，京察，谕曰："直隶总督那彦成，尽心职守，操兵缉盗等事，不遗馀力，着交部议叙。"回疆之初平也，扬威将军长龄议暂添防兵八千；那彦成至议减一千五百，并议三年后酌减二千，五年后再减二千，以节糜费。请移甘肃凉州镇总兵、凉州中营游击，移驻庄浪。三月，请分叶尔羌，添兵一千，移置乌什。四月，请以柯尔坪，添兵五百，及拜城一营，归并阿克苏。又奏："普尔钱以一当五，今阿克苏铜未丰旺，请改铸当十钱，相间通行。"皆从之。

先是，长龄等奏请断绝各外人贸易，并请禁大黄、茶叶出卡，命那彦成实力稽查。那彦成疏言："严禁于卡伦，不过绝其流；查察于各城，方能清其源。请于阿克苏专员查核。"至是又言："安集延进贩内地大黄、茶叶、硝磺，接济外人，私于卡内置产安家，竟敢相率助逆。今查十年以内寄居与现贩违禁物者，逐出，其馀暂准居住。"得旨允行。又奏："各城相沿陋规，贪黩求取，苦累回民，今悉行裁革，勒石永禁。"谕曰："所奏甚是。"又朱谕："行

同饔飧,殊出情理之外,非公忠体国之大臣,孰肯和盘托出? 可
嘉之至!"五月,请移建叶尔羌于罕那里克。六月,请于喀什噶尔
增置游击一员、都司三员、守备六员、千总十一员、外委二十六
员。英吉沙尔、叶尔羌、和阗、阿克苏、乌什亦各改置、增省有差。
又请于喀喇喇哈依外之七里河筑堡,设兵六百防守,并另建英吉
沙尔城。又疏言:"曩者伯克缺,每以贿得补,而大小伯克遂诛求
小回子以取偿。嗣后请由本城大臣,先尽有功及家口被害之人,
次死事人子孙,次出力世家,视其人才,保送参赞大臣验看奏补。
又酌定回人难荫章程。皆如所请行。

　　张格尔既诛,其妻孥潜匿浩罕,长龄传檄索之,浩罕使人诈
投贺书伺隙,那彦成陈兵,卫其出入,不使与卡内安集延交接,亦
不犒赉。使谕以"逆属在外,无足重轻,破其居奇之计,并绝其贸
易,使不能借天朝耸动外人"。谕曰:"所办甚得大体,与朕意相
同,可喜之至!"赐御笔画扇一柄,扇套、香囊各一。七月,请于新
建各城颁赐嘉名,允之。八月,请将伊犁通乌什之径,酌议封禁。
又稽察私垦地亩,征粮以供换防官兵禄糈。请于明约洛建贸易
亭,以便布噶尔、巴达克山等通市。皆从之。是月,绘像紫光阁,
御制赞曰:"剿办滑城,曾著勋绩,功成定后,用长是择。嘉汝忠
直,殚心筹画,剿之抚之,同一扬历。"九月,请酌撤换防满洲兵归
伍,筹议操兵章程。又请回疆遣囚,改役章京,署驻防官,尽许携
眷。十月,奏酌议茶课章程,请设喀什噶尔等三城银库。又请移
改军台道路,增给换防满洲兵马饷刍,添设绿营差马。从之。谕
曰:"那彦成办理善后事宜,筹画妥洽,劳绩卓著,着赏加太子太
保衔,赏双眼花翎、紫缰、玄狐马褂、鼻烟壶、荷包。十二月,奏招

致附浩罕之额提格讷布鲁特部落,安置特依劣克达坂地。上嘉之。

九年正月,以那彦成使人出卡搜求逆属,有意召还京。二月,以妄给收抚之布鲁特翎顶、岁俸,严饬之。六月,入觐,回直隶总督任。十年五月,省南地震,分别恤赏,请复磁州诸邑赋,从之。是冬,西陲复不靖。十一年二月,钦差大臣长龄奏:"衅由驱安集延、籍其家、禁茶叶所致。"命褫那彦成职。八月,授盛京礼部侍郎。会长龄等复奏,浩罕申诉,以前此籍没安集延、禁绝市易为言。谕曰:"前因那彦成办理善后不能妥善,未及二年,又有逆回滋扰事,将那彦成革职。昨因那彦成于嘉庆年间,曾在军营出力;道光年间,两任总督,办公无误;且念伊祖阿桂功,仍授盛京侍郎。本日据长龄等奏,浩罕申诉,五年以来断绝贸易之苦累,总以抄没驱逐为词。是逆回滋扰,实由那彦成禁贸易、逐安集延所致。那彦成误国肇衅,着即革职。"

十三年,卒。谕曰:"那彦成服官中外,宣力有年,剿办滑县教匪,尤为出力。直隶总督任内,亦属认真。前因回疆办理失宜,将伊革职,兹闻溘逝,不忍忘其劳绩,着赏尚书衔,照尚书例赐恤。"寻赐祭葬,予谥文毅。

子容安,原任正蓝旗满洲副都统,伊犁参赞大臣,自有传;容照,马兰镇总兵官,缘事革职,恩赏头等侍卫;容恩,兵部员外郎,缘事革职。孙鄂素,〔二〕袭三等子爵。

【校勘记】

〔一〕朕论及额勒登保　"论"原误作"询"。耆献类征卷一〇七叶一〇下同。今据睿录卷六八叶一六下改。

〔二〕孙鄂素　“孙”上原衍一“曾”字。耆献类征卷一〇七叶二〇下
　　　同。今据清史稿(一九七七年中华书局点校本)册三八页一一四
　　　六二删。

温承惠

温承惠,山西太谷人。乾隆四十二年拔贡,朝考一等,以六
部七品小京官用,签分吏部。拔贡用京官自是始。四十五年,以
失察书吏舞弊,部议降调,捐复留部。五十二年正月,补主事。
九月,迁员外郎。五十四年四月,迁郎中。十一月,授陕西督粮
道。五十五年,丁母忧,五十八年,服阕,补陕西延榆绥道。嘉庆
二年二月,川、陕、楚三省军兴,巡抚秦承恩奏派承惠于兴汉一
路,团练防堵。三月,丁父忧,奏留军营。九月,加按察使衔,赏
戴花翎。十月,仍摄延榆绥道事。会川、楚窜匪犯平利、安康,承
惠多方遏截,屡有斩获。得旨嘉奖,下部优叙。方贼之扰平利城
东也,承惠恐其北窜,驰往布置。适山水暴涨,承惠坠水,遇救得
免,仍驰赴险隘扼之,贼不能北,遂获捷。奏入,上特廑念,降旨
垂询焉。四年,服阕。谕曰:“温承惠堵御奋勉可嘉,着以按察使
衔补授延榆绥道。”

　五年正月,擢按察使。承惠奏言:“贼扰陕境,已历数年。各
路军营兵数,核之原额,不及十分之五。贼东西奔窜,牵缀官兵,
官运粮饷,往往不及。领兵大员不得不驻兵待饷,贼得乘间远
逸。请益兵以资剿捕。至川、楚、陕三省边境绵长,派兵分守各
卡,断无如许兵力。莫如聚归一处,扼适中之地,探贼所至,即取

道邀击。如此以逸待劳，声势连络，贼既不能深入，自可痛加剿除。其领兵大臣，请饬各分省带兵，以专责成。至<u>索伦</u>、<u>吉林</u>兵最为得力，数年来进山马力多疲，请饬邻省协拨健马，豫备更替乘骑。"疏入，命经略大臣<u>额勒登保</u>等筹酌具奏。二月，有<u>川</u>匪窜入<u>安康</u>，<u>承惠</u>驰往迎击，擒贼数百，歼贼首<u>王金柱</u>。巡抚<u>台布</u>上其功，上深嘉之。贼逼<u>洵阳</u>，<u>承惠</u>由<u>汉江</u>东下，闻<u>安康</u>亦有贼扰，即驰往南北岸，分布迎截；复击其半渡，贼奔溃，乃夜赴<u>洵阳</u>。先后歼擒数百，救出难民，拨仓粮散给，民心大定。得旨褒奖，下部优叙。四月，<u>楚</u>匪窜近<u>平利</u>，<u>承惠</u>于<u>黄花河</u>等处击毙数百人，生擒数十人。六月，升布政使。

时<u>川</u>匪屡入<u>陕</u>窥<u>楚</u>，<u>承惠</u>御止，数有斩获。六年六月，叙修筑堡寨暨捐购兵勇衣履功，<u>承惠</u>与焉。十一月，谕<u>额勒登保</u>曰："贼匪思趋<u>楚</u>境，看来<u>温承惠</u>在<u>陕</u>只能防堵，究不能跟踪追击。"又谕总督<u>长麟</u>曰："<u>温承惠</u>虽在<u>平利</u>、<u>安康</u>驻扎，贼至则带兵堵御，贼去则安坐，且文员亦未必能临阵杀贼。着酌量是否必须伊驻守，若无须该员，即令其回省办事。"七年正月，<u>长麟</u>覆奏："<u>承惠</u>在<u>安康</u>、<u>平利</u>一带，防堵为时最久，颇为熟悉，请仍留协剿。"二月，偕总兵<u>喜明</u>败贼于<u>平利</u>。八月，随巡抚<u>陆有仁</u>筹运粮饷，捐廉置官兵衣履，上嘉之。十二月，大功底定，下部优叙。八年，调<u>河南</u>布政使。九年，<u>衡</u>工大坝合龙，下部议叙。十年，擢<u>江西</u>巡抚。以先年倡修<u>伊</u>、<u>洛</u>旧渠，广溉田亩，并捐买渠田，下部议叙。

十一年二月，调<u>福建</u>巡抚。会<u>台湾</u>军兴，三月，<u>承惠</u>抵<u>五虎门</u>，<u>台湾</u>贼已退。先是，<u>承惠</u>奏请拨<u>江西</u>米石以备军糈，至是遂请停拨。四月，抵<u>厦门</u>，将前所檄调军装、粮饷悉行文停止，上甚之。五月，兼署闽浙总督。请添设大同安梭船六十只，以资缉捕，奉旨俞允。时各海口水米禁严，贼复窜入鹿耳门。承惠飞移提督李长庚会剿，调各将弁分带兵船，檄总兵许松年统率，至海坛、竿塘一带扼要截剿，具疏以闻。谕曰："与朕旨若合符节，所见可嘉！"六月，奏言："滨海奸民通盗，接济于泉州、兴化、漳州、福州、福宁各属口岸，分派员弁巡查。三沙为盗首蔡牵生长之区，旧派兵三百名防守，尚形单弱，另委大员添兵驻扎防范，以专责成。"上深然之。

十一月，命以兵部侍郎衔调署直隶总督。十二年五月，以陵寝禁地红桩界内，盗砍树株，承惠未请处分，命传旨申饬，下部议处。寻议降调，上改为降二级留任。福建巡抚张师诚奏前任未结词讼，有二千九百七十馀案，上命将承惠等在任年月、未结案若干起，分晰开单具奏。谕曰："温承惠到直隶省后，查明积案甚多，将藩臬两司奏参；而其前在福建即多未结之案，所谓责人则严，自待则宽，将来亦应惩处。"七月，请浚丰润、玉田二县黑龙河，从之。是月，因密云县亏短驻防兵米，请通融支放，上以承惠不早奏明，届支放之期，始行筹及，办理草率，下部议处。九月，以古北口应放兵米逾限缺欠，承惠不先时运筹，饬之。上阅古北口官兵行阵整齐，技艺娴熟，以承惠训练有方，实授直隶总督，加兵部尚书衔。承惠旋请开温榆河上游，浚运河故道，以复漕船抵坝旧规，从之。十一月，奏永定河扫数增加，料物不敷，购办请酌添银两，上以寻常工段，动议加增，易滋冒滥之弊，饬之。十二月，以前任河南藩司时，于例应回避之员，未经声明，部议降调，上加恩改为降二级留任。

十三年三月,上幸天津阅视河堤,以承惠经理妥协,赏穿黄马褂,开复降留处分。阅天津官兵行阵整齐,赏赉有差。时滏阳河运盐道淤塞,承惠请浚耿家庄等处,从之。四月,千里长堤各工竣,命户部尚书德瑛、兵部尚书刘权之勘验如式,上甚嘉之。七月,上巡幸木兰,跸路先为雨所坏,承惠亟修治整齐,下部议叙。顺天府尹邹炳泰劾承惠于会商试署知县彭元英实授,不俟咨覆,遽行具题。上以其专擅,下部严议,降三级调用,上改为降四级留任。上以永定河发源于晋省浑源州,遇汛期加长,应速行知下游,豫为防范。是否可仿用皮混沌由水程驰报,抑由驿驰报,命与山西巡抚成龄会商覆奏。寻奏:"永定河上游,晋省以大同为总汇之区,直省以怀来为会归之所。晋省河道宽窄浅深不一,且多沙滩乱石,不能循轨顺溜。迫入直境,更有崇崖峭壁,一线中流,山径漾洄,时伏时见。如仿用皮混沌环山触石,势有难行,仍以由驿驰报为便。拟于大同设立志桩,一遇水长,即由驿飞报,直隶足敷递送文报。"九月,御史孔昭虔劾承惠于捐复候选知府张五纬违例奏请拣发,谕曰:"直隶差事殷繁,温承惠前曾奏恳,尚为因公起见,张五纬未便即令补缺,着于二三年后,如果始终奋勉,再行奏补,以杜奔竞。"

十四年二月,上谒裕陵,承惠迎扈,派藩司方受畴随营。上以保定无大员驻扎,承惠又未豫行奏明,下部察议。五月,肥乡县知县万永福呈递封章,言上年巡幸天津,沿途设戏台点缀,肥乡一县派费三千两,命拔去花翎,褫黄马褂。六月,以密云县支放四月兵米,六月中旬尚未放竣,仓中并无存米,命传旨申饬。七月,以失察宝抵知县单福昌、东路同知归恩、署定兴知县顾淮侵赈,下部严议,革职,加恩降为二品顶戴。十月,恭遇上五旬万寿庆典,开复降二级,赏头品顶带。十五年三月,奏明年巡幸五台,跸路向无行宫之处,请添盖板房。上命军机大臣传旨询问,承惠自认愚昧,并请遵旨将向来一切点缀概行停撤,得旨:"朕何难据奏将温承惠议处,沽美名而邀众誉,朕不肯为。此后再如此尝试,亦只得议处矣。"

寻以固安民妇李张氏谋毒亲姑,承惠因公出,率交清河道覆讯,下部察议。五月,吴桥县民苏立全狱上,谕曰:"苏立全只系怀疑误控,而黄锡武之死,[一]实因辗转诬扳。乃温承惠于此案并未讯出别情,辄照部驳两次改拟。核其前后所叙案情,并无殊致,而于罪名生死出入,忽轻忽重,岂慎重刑名,虚衷核拟之道?着交部议处。"部议革职,特旨予革留。七月,以永定河漫溢四处,下部议处。知州麟昌推升泰陵礼部员外郎,承惠奏该员熟悉口外情形,请留原任,遇地方同知、直隶州知州缺出,奏补。谕曰:"不过以麟昌现补陵缺,托词规避,殊属有意取巧![二]下部议处。"九月,永定河漫口合龙,仍赏戴花翎。十一月,古北口支放兵米迟误,谕曰:"温承惠于现需兵米,未能上紧筹办,岂竟令官兵枵腹从事乎?着传旨申饬。"

是月,又谕曰:"向来遣阿哥恭祭陵寝,从未有遮道乞赈之事。昨二阿哥、三阿哥恭祭西陵回京,据奏经房山县境,有民妇数百遮道乞赈,随至宫门同声呼吁。该县于上月初九日已领赈银半月有馀,尚未给发,玩视民瘼,实出情理之外!该督接据禀报,仅以派员核查有无遗漏,具奏塞责。竟将该县疏玩,视为无关紧要,又并未自请议处。着传旨严行申饬,若钦差到时,有逃逸迟延情事，定将该督一并治罪不贷。"寻降二品顶带，拔去花翎，革职留任。八年无过，方准开复。"十二月，奏查明初二两次清查积欠，上以其督催不力，又不自请处分，饬之。又谕曰："本年封印在迩，温承惠自必前来叩贺元旦。伊近日办事多不认真，于地方未能整饬，何颜对朕？着不准来京，仍不准妄行渎请。"

十六年正月，奏筹每岁阿哥恭代祭陵，并举行秋狝前赴热河，沿途照料章程，其东北路暨西路系马兰、泰宁二镇专管。请令二镇总兵接奉行知，即迎赴前途总查经理。谕曰："阿哥出京，既有道将等随赴沿途照料，[三]若必二镇亲来，则遇銮辂经临，又何以加乎？所议太过，不知大体，传旨申饬。"二月，奏永定河南北两岸，自上年异涨，急需疏培，另请于岁修项下添银八千两，购料存工修防，将来不得援以为例，从之。闰三月，上西巡五台，赏还花翎、黄马褂。上驻跸正定，以沿途民妇欢迎，淳穆可嘉，承惠抚绥有素，约束得宜，赏还头品顶带。从前"八年方准开复"之处，改为"四年无过，照例开复"。六月，以漕运官拨船有名无实，请添造一千只，严立章程，以专责守。户部议驳停止，承惠复请，得旨允行。寻以动拨款项声叙含混饬之。

会杭、严、湖北等军船，于静海遭风磕损，承惠檄藩司方受畴督令修理，请将升任道员沈长春暂留帮办。谕曰："沈长春业经擢授湖南臬司，即非温承惠属，岂可任意派委差使？直隶官员何至少沈长春一人？传旨申饬！"七月，奏玉田双城河淤塞，请借帑兴修，从之。寻请诣中关接驾，上不许，谕承惠以劳心为本，劳力为末。八月，奏留丁忧知县王德棻在工效力，上以其违例，下部议处。十七年正月，上以岁除得雪，普锡春祺，加太子少保衔。

寻奏永定河下口近多险工,请加培堤岸,挑浚引河,及接筑草土坝等工,从之。

先是,巨鹿县民孙维俭以倡立大乘教伏诛。是年五月,复获散会首刘国名等。谕曰:"上年温承惠将为首之孙维俭问拟绞决,从犯发遣九十馀名。其馀散会首一千六百馀名,存记姓名免究,本属宽纵。所谓水懦民玩,转令易于犯法。现在刘国名等仍图兴教,描摹御宝,私雕木戳,必须严加惩创。若再从轻,该督不能当此重咎。"会滦州民董怀信等传习金丹八卦教事觉,获入教名册,乾隆年间有二千二百馀人,嘉庆年间有二千九百馀人。承惠言人数众多,拟将董怀信及分管卦宫各要犯按名拿办,其仅止入教之犯,请免查拿。谕曰:"自乾隆三十八年至今始破案,四十年来,一味因循姑息,实堪痛恨! 今董怀信等首犯俱经拿获,务须从严惩办,其分管卦宫紧要之人,俱当按名查获重惩,不可又存姑息。既登仕版,当以国事为重,岂可存妇寺之见?"吏部议上总督失察处分,上以承惠在任已阅数年,惟此案经伊查办始行破案,改降一级留任。

六月,刑部审讯孙维俭案内有被诬之王肇兴控直隶承审官刑逼教供分别定拟,上以承惠办理此案,本失之柔懦,复被属员朦蔽,致案情屈抑,命革太子少保衔,拔去花翎,褫黄马褂。部议革职,特予革留,八年无过,方准开复。时建昌营添设新营,募兵二百名,领饷后散去者八十名。以承惠办理未协,虚糜粮饷,下部议处。七月,请将巨鹿、永清二县繁简互易,上不许,并以未候邹炳泰等会衔,下部议处。八月,以涿州历任亏空,久未结案,下部议处。九月,奏筹议建昌新营召募之兵,由乡地保举,令地方官查核,择其居住年久及其眷属诚实可靠者,方准加结移营,从之。十一月,保定县贩羊回民因践食麦苗,起衅争斗,拒捕殴官。谕曰:"密迩京畿,竟有此等骇人观听之大案![四]朕实抱愧。自督抚至州县,尚有何面目?恬不知耻!不思速办,不自请罪,必待降旨革职拿问耶?"寻以不能督率属员稽查弹压,下部议处。

十八年六月,奏拨天津镇左营外委一员,暨大沽营裁守备原管兵八十名、葛沽营马兵三名,归新设大沽营管辖;砖河营外委一员,暨海口营裁改把总原管兵八十名,葛沽营马兵二名,祁口汛马兵三名,归新设海口营守备管辖,建衙署,给关防,从之。八月,因失察大名、武清巨盗伙劫,下部议处。

九月,河南滑县天理会教匪滋事,直隶长垣县境毗连蠢动,上命承惠为钦差大臣,赏还花翎,偕古北口提督马瑜往剿。时东明县城亦被围,命飞饬护军统领富兰带兵赶赴堵剿,承惠因陈直隶各县守御暨檄各路防堵诸策,奏入,报闻。又奏筹备兵糈,恳借通仓小米五万石,从之。寻疏言:"兵力单薄,不敷进剿,请少宽时日,俾得厚集兵力,一举扫除。"谕调吉林、黑龙江兵各一千,赴军营协剿。十月,师次滑县留固村,歼擒二百二十馀名,西至梁庄、恶虎寨、新寨三处,与马瑜、富兰分剿,斩级百馀。贼聚南湖、北湖,复与马瑜等合兵并进,歼五百馀名,馀匪南窜。时贼屯滑县城内,及桃源集、道口三处,道口为河南粮运大道,其西有运河,贼设伏河西各村。会杨遇春至,与承惠合兵击之,贼败溺死者无算,歼贼六七百名,生擒七十馀名。进至道口,贼来拒,复败之。贼还走,坚守不出。上命陕甘总督那彦成为钦差大臣,总统军务,以承惠为参赞。寻以林清传教已阅八年之久,承惠既未能先事访拿，复不自请处分，只论门禁不严，官兵皆应治罪；及带兵赴剿，沿途逗遛，至十月始抵滑县，接仗二次，未获大胜。贼匪仍四出滋扰，而屡次奏报，尚以兵力未厚，不便进兵为辞。命褫职，拔去花翎，赏五品职衔，责令办理那彦成一路军营粮饷。

十九年正月，命以六部员外郎用。七月，河南睢工堵筑大坝，命随刑部侍郎那彦宝赴工效力。十一月，补刑部员外郎。二十年二月，大工合龙，奏请议叙，谕以郎中用。三月，补郎中。七月，永定河下口移归南岸故道，命随礼部尚书戴均元往勘，留工次襄理。二十一年，充户部宝泉局监督。二十三年二月，授山东按察使。十二月，巡抚和舜武奏承惠到任后，审结积案五千四百馀起。谕曰："该省前此盗风甚炽，现在匪徒敛戢，行旅安然。温承惠办事认真，着有成效。着加恩交部议叙。"二十四年八月，巡抚程国仁劾承惠自以曾任督抚大员，日益横恣，事多窒碍，委令查办堤工，负气推诿，命革职回籍。九月，山东臬司童槐劾承惠在任冗积案牍，滥禁无辜，复令罪人充捕役扰民，谪戍伊犁。会河溢武陟，罚措银数万助工需。二十五年，授湖北布政使。道光元年二月，谕曰："温承惠年力就衰，着以六部郎中用。"九月，补户部郎中。因疾乞假回籍。十二年，卒。

子启鹏，内阁侍读学士；启封，刑部郎中。孙中彦，内阁中书。

【校勘记】

〔一〕而黄锡武之死　"武"原误作"五"。今据睿录卷二三〇叶八下改。

〔二〕殊属有意取巧　原脱"有意"二字。今据睿录卷二三一叶二一
　　上补。

〔三〕既有道将等随赴沿途照料　原脱"等"字。今据睿录卷二三八叶
　　五下补。

〔四〕竟有此等骇人观听之大案　原脱"此等"二字。今据睿录卷二六
　　三叶一三上补。

高杞

高杞,高佳氏,满洲镶黄旗人。祖高斌,官大学士,自有传。
高杞,由监生考取内阁中书。乾隆三十七年,充军机章京。四十
一年,改捐通判,分发山西。五十年,以从堂兄伊桑阿巡抚山西,
回避调赴陕西。五十二年,谕曰:"原任大学士高斌宣力年久,伊
之子孙皆经获罪,现在并无服官者。着将伊孙候补通判高杞调
取来京,以内务府郎中补用,以示朕眷注旧臣之意。"寻补都虞司
郎中,调户部银库郎中。五十四年,授山西道监察御史。五十六
年,命巡视北城。五十七年正月,京察一等。闰四月,转兵科给
事中。七月,命巡视西城。八月,授湖北襄阳府知府。五十九
年,调武昌府。六十年二月,湖南苗匪石三保滋事,随总督毕沅
赴常德等处办理粮饷军火。闰二月,升荆宜施道。"

嘉庆元年正月,湖北教匪聂杰人等滋事,随毕沅驰至枝江等
处剿之。二月,教匪杨起元等陷当阳县,高杞偕原任副将黄瑞带
兵先进,与豫省官兵合剿。三月,隳其东门,匪众由城缺冲出,逆
僧心愿率贼二百馀扑营,高杞督兵以大炮毙之,馀匪燔焉,赏戴
花翎。七月,擢按察使,寻以克复当阳,赏玛尚阿巴图鲁名号,并

赐玉韘、大小荷包。二年,升福建布政使,命俟军务完竣,再赴新任。三年四月,白号张汉潮股匪二万馀窜至襄阳一带,官兵仅二千,高杞与总督景安先据白云山山梁,于左右山沟设伏,贼至败之;其别股由山沟抄至,复与景安分路迎截,转战二日,杀贼二千馀名。上以高杞与景安设法布置,能以少击众,歼贼多名,赏给金盒、玉韘、大小荷包,以示嘉奖。

寻擢湖北巡抚。白云山剿败贼匪由武堰镇东北逃逸,高杞复偕景安连败之于九宫山、乌蛇岭、石门、老虎沟等处。五月,贼窜至宜城,围攻县治,高杞等带兵猝至,击毙多名。贼复由新店、丽阳一路往攻荆门州,高杞遣将倍道赴援,解其围。贼匪窜踞当阳之积山寺,将奔荆郡,图掠沙市。适副都统衔额勒登保、荆州将军兴肇带兵驰至,夹击,大败之;又于南漳县及穀城之章村棚叠次毙贼五千馀,生擒九百馀名。襄阳下游一带俱就廓清,高杞即驻扎襄阳。谕曰:“襄阳地方从前招抚投诚之人甚多,高杞到襄后,自应留心防范,毋致复有勾结,以期贼党闻风解散,方为妥善。”六月,奏称:“荆州距城十五里之沙市镇,为川、楚水陆通衢,贼屡窥伺,当饬道府激劝商民,于南面水次排列挡木,东西北三面筑立土堡,堡外浚濠,足资捍卫。此外紧要市镇,亦饬仿照办理。”报闻。八月,蒲圻县洋泉团教匪王天万等滋事,高杞驰往剿之,立夺其卡。谕曰:“外省习气,遇有地方抢劫小事,往往张大其辞,以为邀功地步。及至激成事端,则又心存畏葸,束手无策。高杞新任巡抚,尤当引以为戒。”寻奏报擒斩贼首王天万,馀匪搜捕净尽,上嘉赉之,下部优叙。

是月,川省通江窜匪扰陕省,将由石泉江岸东奔楚境,高杞驰防巴东边界。十月，张汉潮股匪经副都统衔明亮、兴肇等剿败，由川窜至巴东；明亮等从开县抄道追蹑，高杞与总兵王凯领兵合剿，贼大败，仍窜回川境。谕以仍当督率镇将实力防范，探踪截剿。四年七月，荆门、潜江等处被水。谕曰："川匪距楚尚远，现在荆门等处被有水灾，是巡抚应办之事，高杞着即驰往抚恤。办竣后即回武昌，不必又至巴东军营也。"九月，以前调盛京官兵将次入境，赴襄阳办理军需。嗣与河南巡抚吴熊光会商楚省现无窜匪，新调官兵应由南阳改道入陕，高杞将豫备军需各项，改交南阳就近支放，所调马匹亦统行解豫。谕曰："吴熊光、高杞能以国事为重，无分畛域，不稍拘泥，均为实心任事，可嘉！"

五年正月，奏："贼匪经大兵痛剿，到处狂奔，复被阑入楚境。并据道员伊精阿禀报，德楞泰统领大兵已至陕西镇坪地方，自即来楚会剿。军需甚关紧要，藩库无项可支，请敕部拨银八十万两以济急需。"谕曰："德楞泰经额勒登保奏称，业于正月二十日行抵褒城，会剿甘省大股贼匪；而高杞于二十一日折内犹率据道员禀报，遽尔入奏，不知楚省督抚所谓确探信息者何事。可见伊等全在梦中，尚望其能认真办贼匪耶？着即传旨申饬。至奏请酌拨饷银一节，该督抚等当贼匪未经阑入境内之时，于防堵漫不经心，及一闻贼匪窜入边界之信，并不思如何剿办，辄以拨发饷银奏请，岂饷银一拨，贼匪即可办毕耶？但伊等既称存项无多，朕若不酌加拨给，伊等转以军需不能充裕，借口难办。着即于部库内拨银四十万两，解往楚省备用。"又奏称本省交办控案，现在赶紧催提审办。得旨："闻汝颇有纨袴习气，若果如此，是孤负国恩，朕不能容汝败坏封疆，应深自刻责，效法书麟之行为，时时加勉,从俭去奢为要。"

二月,授刑部右侍郎。五月,兼镶红旗汉军副都统。八月,调户部左侍郎。十一月,调镶白旗满洲副都统。六年三月,充会试知贡举。六月,永定河水漫溢,命督办卢沟桥西岸决口工程,并偕兵部右侍郎那彦宝等经理赈济。七月,召回京,偕工部右侍郎莫瞻菉查勘护城河及旱河等处工程。奏请于户、工二局豫领制钱二万串,赶紧挑浚。谕曰:"局钱经费有常,一切工程需用岂能概行取给?[一]莫瞻菉系工部右侍郎,钱局是其专管。高杞虽未管钱局,但现任户部左侍郎,于本部局钱多寡,亦应知悉,乃率为此请,殊属不晓事体。"命于内务府广储司拨银一万两,交高杞等赶紧兴工。嗣因户部奏称七月兵饷搭放钱文六成,现在局中存钱较少,请于八月搭放三成;九月以后搭放一成。上以高杞亦复列衔具奏,命军机大臣询问:"既知局钱不敷,何以前奏请发钱文至二万串之多?"高杞寻偕莫瞻菉自请交部严议。谕曰:"伊二人于本管部务,漫不经心,其所请多发钱文,不过自图省便之计。若人人自图省便,则那彦宝现办河工请银一百万两,亦当奏请俱发钱文,有是理耶?似此再添数百卯,仍属不敷支给;而添卯一事,询之户部堂官,佥以为难行。昨大学士等议覆御史汪镛条奏,请添卯铸钱一节,亦均议驳。[二]高杞、莫瞻菉均系与议之人,是竟如御史游光绎所奏,不过挨次画题,又安用此堂官为乎?户、工二部职任较繁,高杞、莫瞻菉愦愦乃尔,岂能胜任?高杞着调兵部左侍郎,莫瞻菉调补礼部左侍郎。所请严议之处,着加恩改为交部议处。"寻议罚俸一年。九月,署工部左侍郎。十一月,命偕莫瞻菉疏浚通惠河下游,及大通桥至通州一带运道。

七年，授湖南巡抚。八年四月，偕总督吴熊光会题，请以临湘县知县周凝远调补湘潭县知县，经部以历俸未满驳之，高杞与熊光均议罚俸。八月，高杞奏："前请将临湘县知县周凝远调补湘潭，现经部驳，议以罚俸。此案吴熊光并未画稿，不敢不据实陈明。"上责其专擅错误，宽熊光处分。十月，复请以周凝远调补湘潭县知县。十一月，以耒阳县知县熊维培验讯命案不实，奏请革职。谕曰："昨已据吴熊光奏到，高杞此奏迟矣。高杞于此案本无欲行参办之意，及闻知吴熊光已另案将该员奏参，始将此案参出，因而不与会衔，亦未可知。看来，该督抚于办理地方公事，竟未免心存蒂芥。"十二月，吴熊光参奏："高杞于湖南州县纷纷调署，即如湘潭一缺，岂通省无一合例之员？乃以不合例之周凝远调补，并不商酌，即列衔具题。迨吏部议驳，又压至十月，俟周凝远俸满，仍请将该员调补，保无有任用私人，借为择缺情弊。又采买仓谷，既经署藩司韩崶禀称绥靖营兵米，〔三〕早经各州县批解，而该镇魁保于八月下旬尚称五月以来颗粒未曾解到。现今该省控告短价浮买之案既多，而兵米仍复欠缺，亦恐有挪移亏空、借采买以为弥补之弊。至已革耒阳令熊维培于滥禁监生胡世凝一案，高杞既已明知不加参究，转将调繁，而于该革令承审徐显森命案，任意出入。如果五月禀请覆审，何以迟至十一月始行详参？显系为之开脱。"上命高杞来京候旨，适钦差刑部侍郎赓音、光禄寺卿邵自昌至湖南鞫案，命将各情节详悉确查，秉公覆奏。九年正月，赓音等奏详查三事均无舞弊营私之处，止于办理迟延，请将高杞等交部察议。谕曰："各省督抚、两司于地方事件，〔四〕自应和衷妥办，上紧清厘。似此因循废弛，吏治何由整饬？赓音等仅请将高杞等交部察议，未免过轻，着交部议处。"寻议高杞降一级调用，上加恩赏给副都统衔为喀什噶尔帮办大臣。二月，调乌鲁木齐领队大臣。

五月，湖南巡抚阿林保奏称："湖南清查案内，应追亏缺变赔仓谷五十万九千六十馀石，已买补谷三万一千九百七十馀石，未买谷四十七万七千馀石，经督臣吴熊光奏明，各按时价追银，自行买补。嗣经前抚臣高杞以时价长落靡常，照六钱五分例价追银，仍于有谷之家按粮均买。查州县私亏仓谷，非因公动用可比，自应按照市价着追，令该州县自行买补。若只照例价追交，复照例价派买在民间，约计赔银不下二十万两，民力实有不支。应请照督臣原奏办理，并酌定价每石追银一两，交现任官买补还仓，毋许派累百姓。"上命军机大臣会同祖之望议奏，如所请行。谕曰："此项亏缺变赔仓谷，前经吴熊光具奏时，特降谕旨准行，不许颗粒派及百姓。乃高杞辄议更张，既以例价追银，仍于有谷之家按粮均买，按市价核计，民间应赔银二十万两。是以官之亏缺，令百姓代为赔补，而原亏各员转得以半价完款。朘削民膏，莫此为甚！高杞办理，实属错谬，交部严加议处。即着回京听候部议。"寻议革职。

先是，户部右侍郎初彭龄奏参吴熊光得受沔阳州知州秦泰银一万两，及每年收受匦费银六万两，又将货物密送回家，交伊亲家李世望营运三款，高杞有应行质审之处，命陕甘、陕西、山西各督抚查明高杞不拘行至何处，即派委道府大员，解交军机大臣会同刑部审讯。七月，由陕西递至京师。先是，高杞由湖南巡抚来京，上询以吴熊光操守何如，高杞奏称熊光实属廉洁，愿以身家相保。旋经初彭龄奏参，上究问彭龄此语得之何人，以高杞对。复召见高杞诘询，奏称收受秦泰银两，系湖北通判魏耀所言，命湖北巡抚全保查奏。寻以吴熊光实无贪鄙情事，而魏耀向高杞所言，亦坚不承认，其匣费一项，久经裁革，吴熊光概无劣迹覆奏；并将魏耀解京，与高杞对质。耀以秦泰馈送一节，系高杞先问，随口迎合，实无影响。所有匣费及李世望营运二款，讯未得实。高杞旋供称彭龄将密奏事及面奉谕旨向其一一传述，上褫彭龄顶带，与高杞下军机大臣、满汉尚书定拟。寻拟高杞发往新疆效力赎罪。初彭龄请旨定夺，谕曰：“初彭龄本应革职发往新疆，姑念其现有老亲，着革职，加恩令其在家养亲，闭门思过。高杞以二品大员，本有言事之责，经朕再三询问吴熊光操守，既力保其廉洁，于魏耀传说馈送之语，当时不行陈奏，转向初彭龄传述，实属巧诈，着照议发遣伊犁，交与将军松筠派委苦差，效力赎罪。”

十二年，赏三等侍卫，为叶尔羌办事大臣。十四年，因病解任。十五年三月，病痊，命以员外郎用。七月，补景陵礼部员外郎。十一月，授热河道。十六年，擢浙江巡抚。十七年，给事中陆言疏称浙江温、台、处三府麦豆收成无望，粮价日增，民食拮据。上命高杞迅速查办，适高杞奏报全省二麦渐次结实，杂蔬茂盛，民情欢悦，粮价尚非昂贵。谕曰：“该抚于奏报粮价情形，将温、台、处荒歉地方，与各府一律笼统入奏。词意掩饰，岂非有心讳匿？若竟不知，无能已极！着传旨严行申饬，即遵照前旨严饬温、台、处地方官将荒歉情形，迅速查明，实力筹办。如仍前玩泄，必从重治罪不贷。”

　　十八年三月,授刑部左侍郎。六月,兼总管内务府大臣。七月,命署河南巡抚。八月,授热河都统。九月,河南滑县教匪滋事,城陷,直隶长垣、山东曹县均有教匪窜扰。高杞行抵直隶临洺关,闻信,即驰赴大名一带,札调正定弁兵督率搜捕,上是之;并谕已派温承惠同提督马瑜前往长垣一带堵剿,直隶地方无须高杞在彼督办,速行赴豫,仍接署河南巡抚印务。所有豫省查拿防堵,俱责成高杞悉心经理。寻奏贼匪攻围濬县,前经官兵歼毙数千名,馀皆窜向李家庄、〔五〕道口、滑县等处,连日仍来窥伺。督同总兵色克通阿等歼毙三百馀名,生擒著名贼目蔡成功、徐梦林及馀匪五十馀名,夺获骡马、器械甚夥,并搜出册档四本,得旨嘉奖,下部议叙。又奏贼匪约二万馀人,附近村庄尚多潜匿,豫省兵力单弱,不敷剿办,上命陕甘总督那彦成为钦差大臣,率西安官兵赴滑、濬一带相机进剿。十月,高杞奏言贼匪既退之后,复聚集八千馀人,潜分三股,蜂拥扑营,督同参将张拱辰首先迎敌,毙贼六七百人,其攻劫粮台之贼,亦经粮员带领兵役奋勇击退,上嘉之。十一月,大兵攻克李家庄、道口贼巢,上以高杞等督率调度俱属奋勉,先行下部议叙,赐高杞四喜扳指、鼻烟壶、大小荷包。十二月,克复滑城,事平,赏头等轻车都尉世职、紫禁城骑马,并赏给乌云豹马褂、玉鞚、镶宝石带扣、大小荷包。

　　先是,关中歉收,南山木厢匪徒滋事,谕令高杞一俟滑城攻克,即带领西安满兵,并酌带陕、甘兵一二千名,迅速前往,交与长龄剿办。是月,高杞驰抵陕省,奏恳留陕帮同长龄剿办。谕曰:"陕西带兵大员,现有长龄、杨遇春、朱勋足资经理。高杞此时毋庸前往,惟甘肃地方紧要,省城不可无大员弹压,着即驰赴兰州,署陕甘总督印务,办理地方事宜。十九年正月,调乌鲁木齐都统,仍署陕甘总督。十月,奏称甘省嘉庆二十年应支兵米,估拨不敷,请拨银五十五万七千馀两,照数采买,下部核议,经户部查明甘省仓贮数目足敷支放,得旨:"舍现存之粮不用,转请动项采买,竟似从前按例冒赈,甚属可恶!"下部议罚俸一年。十一月,赴都统任。二十年,奏称废员奇玖管理铁厂出力,请援例酌减三年,上以"高杞折内未将废员在戍若干年方准奏请之例,先行叙明,朦混具奏,殊属取巧邀誉。"下部议降二级调用,上加恩改为降三级留任。

二十二年三月,因甘肃已革知州沈仁澍盗卖仓谷,侵蚀运脚,经钦差工部尚书英和、刑部侍郎帅承瀛查讯,系高杞任内批准之事。谕曰:"高杞为人声名平常,再逐细查访,如有贪婪确据,即据实奏参。"四月,英和等覆奏:"高杞无贪婪实迹,惟于沈仁澍领运仓粮,率行批准,且以运脚银数万两,由藩司先行私发。该督并未查究,又于不应承运仓粮之知府黄方准令挽运,以致该革员等私侵盗卖,仓库两亏,亦有应得之咎,请交部议处。"寻议革职,从之。二十四年,恭值六旬万寿,加恩以六部员外郎用。二十五年二月,补兵部员外郎。十一月,以前署工部侍郎派员承修奉先殿供奉孝淑睿皇后神龛,甫届二十年,即有斁朽之处,下部议处。寻议降三级调用,上加恩改为降五级留任。道光二年,以年老休致。六年,卒。

【校勘记】

〔一〕一切工程需用岂能概行取给　原脱"需用"二字。今据睿录卷八五叶二五下补。

〔二〕请添卯铸钱一节亦均议驳　"节"原误作"折"。耆献类征卷三一
　　　三叶二八下同。今据睿录卷八五叶二六下改。

〔三〕既经署藩司韩尉禀称绥靖营兵米　原脱"营"字。耆献类征卷三
　　　一三叶二九下同。今据睿录卷一二五叶六下补。

〔四〕各省督抚两司于地方事件　原脱"两司"二字。耆献类征卷三一
　　　三叶三〇上同。今据睿录卷一二五叶七下补。

〔五〕馀皆窜向李家庄　原脱"庄"字。耆献类征卷三一三叶三三上
　　　同。今据睿录卷二七七叶七上补。下同。

刘清

刘清，贵州广顺人。由拔贡生充四库馆誊录。乾隆四十九
年，议叙县丞，分发四川。五十四年，补冕宁县县丞。五十七年，
升南充县知县。

嘉庆元年九月，达州教匪徐天德等不靖，清率乡勇随署总督
英善赴剿。十月，攻克麻柳场贼寨，馀匪窜袁家石坝，寻来扑东
山庙营卡，游击尚维岳战殁。清急驰往援，贼溃。事闻，命以应
升之缺升用。官兵旋克袁家石坝，又败贼于柏杨场，贼欲由大东
林水口偷渡清隔河，拒之，毙贼匪多名。贼折窜茅坪、张家观等
处。十二月，徐逆与东乡教匪王三槐、冷天禄等股合陷东乡，分
屯曾家山、张家观及金峨寺、清溪场等处。二年二月，官兵攻克
张家观、曾家山，复东乡，总督宜绵委清署县事。三月，官兵分五
路攻金峨寺、清溪场，清偕副将玉柱抵杨柳坪，冷天禄纠党来犯
大营，清等击却之。

　　四月,攻克清溪场,擒伪军师王学礼,讯之,王三槐、徐天德等均有投顺意。清亲至贼营,贼跪谒,清知贼踪诡秘,谕以大义,阳为招抚,令于十八日纳降,而仍设备以待。届期,王三槐于双庙地方诡称投降,果有伏匪,沿途接应,将为掩袭计。我兵识其计,大败贼众。八月,贼分青、蓝、黄、白等号,罗其清称巴州白号,冉文俦称通江蓝号,并聚方山坪,而以盖顶山、多福山、毡帽山为障蔽。我兵三路进攻,清偕总兵百祥夺多福山贼卡,复会各路兵勇,同克方山坪。贼窜通江、巴州一带,与达州青号徐天德、东乡白号王三槐等股合。十月,罗、冉二逆由南背山折窜江口,清与参将皂常保分路截剿,歼毙多名,即留驻江口,以截贼众窜回达州之路。十一月,罗、冉股匪屯聚永兴场,经官兵败之,折窜铁钉垭、张家场,会清率乡勇驰至,出其不意,痛加剿洗。贼退遁三溪口、谭家岭等处,清复率乡勇分路进攻,贼遁入巴州之碾盘坝、灵刚寺,侦踪追击,歼擒千馀。贼穷蹙,追击营山之来定寺,又败之。

　　三年三月,总统勒保以广元县为北栈门户,委清署县事。四月,谕曰:"朕闻川省剿办贼匪,州县中有刘清平日官声甚好,每率众御敌,贼以伊廉吏,往往退避引去。刘清如果始终奋勇,民情爱戴,着勒保据实保奏。"五月,勒保奏称:"南充县知县刘清平日居官办事,深得民心。自教匪滋事以来,节次带勇杀贼,甚为奋勉。贼匪亦称为清官,众口如一。"得旨,以同知直隶州用,赏戴花翎。九月,襄阳白号高均德股匪由陕境窜广元之旺苍坝,副都统额勒登保由宁光一路迎剿,清团集乡勇,于隘堵御,获贼党刘正名等三十五名。四年正月,上以勒保为经略大臣。谕曰:

"同知刘清闻其平日官声尚好，^{〔一〕}着勒保奏明量予升擢，以从民望。"寻奏请擢清忠州直隶州知州，并恳赏加知府衔，允之。

五月，白号股匪张子聪、蓝号股匪冉天元在竹峪关为参赞额勒登保剿散，饬清于通江、巴州一带设法招抚。先是，三年剿办王三槐时，勒保议招抚之，令清迭次赴三槐营宣谕，三槐乃诣军门，勒保擒获，奏捷。至是，清招徕贼累至贼营，惩三槐事不肯出，以清廉吏亦不忍加害。八月，署总督魁伦据实奏闻，赏加道衔。时左副都御史广兴赴川留办达州军饷，谕刘清随同帮办，遇有道员缺出，着魁伦奏请升补。九月，额勒登保剿办青、白各号股匪，将连次擒获被胁之人，及自行投首者，均饬清妥为安抚，上嘉其所委得人。魁伦又以抚恤难民，请交清核实经理，从之。十月，补建昌道。

五年正月，冉天元、张子聪合黄号徐万富、青号汪瀛、绿号陈得俸各股匪共五万人，抢渡嘉陵江，魁伦退守盐亭之凤凰山，以潼河上下三百馀里、浅滩八十馀处，令清于居民中团集乡勇，设卡防守，旋将前派防河之官兵陆续撤回。三月，贼为参赞德楞泰剿败，由太和镇上游之王家嘴涉浅偷渡。事闻，魁伦褫职逮治，并夺刘清职，命署总督勒保查明贼匪偷渡之处，如系刘清专辖，亦应拿问。闰四月，勒保覆奏："魁伦因贼匪窜至盐亭，令百祥、薛大烈将沿河兵勇一并带回，又将参将张绩所带兵勇撤回大营。王家嘴地方只有团勇百馀人防守，亦未有责成专管之员。刘清奉檄在潼、绵一带，统率巡防，王家嘴非其专管。曾因太和镇以上浅滩要隘，乡勇实难专恃，禀请魁伦添兵，未经批准。刘清系总巡之员，业经遵旨革职，留于军营。刘清去年在通江、巴州一带招抚被胁难民，夏秋间从贼内投出者，实有二万数千人。因此党与解散，贼势大衰。兹查各股窜匪大半在通、巴境内，正当乘此被剿情急之时，招归安业。臣现派刘清带同候补通判刘星渠仍照上年所定章程认真招抚。"谕曰："此事即责成刘清经手专办，如果认真奋勉，即加恩将伊原官开复，亦无不可。"十一月，白号贼匪杨开第由陕境窜入通江之芝坪，清饬县丞衔刘炳、从九品徐若瀛带同前在鲜大川股内投首之王忠等，假冒贼党，乘夜深入贼营，猝焚，贼惊遁，追奔二十馀里，斩伪先锋杜星贵，歼毙三百馀人，投出者一百馀人。

六年二月，黄、蓝、白各号股匪由新镇坝、碑湾寺败走巴州，清率乡勇进至恩阳河，夜袭贼营，歼贼百馀，投出者五十四名。德楞泰、勒保先后奏入。谕曰："前曾降旨，将刘清加恩以知县补用，并准留营效力，以观后效。今刘清办理保宁一带坚壁清野，及招抚团练等事，俱能认真出力；节次带领乡勇打仗，亦属奋勉。刘清着赏还道衔，在川候补，不必赏戴花翎，仍带革职留任。俟四年无过，再行开复。"五月，白号馀匪高见奇等被陕省官兵逼入通江之西有溪，清率乡勇剿毙百馀名，招出难民一百五十六名。六月，高逆又合陕省窜匪扰至南江之斜岩、高庙子，清率乡勇追剿二十馀里，毙贼二百馀名。九月，蓝号贼匪李彬合王、冉馀孽，由巴州折窜通江，清迎剿于谢家山。寻李彬股内李元受带贼目雷仕荣等十九名投首，清令寄信贼营，陆续招出男妇一百八十七名。十一月，额勒登保奏称："刘清带领壮勇数百人，于通江、巴州一带剿抚兼施，节次斩获多人，招抚亦复不少，百姓既听其指使，贼队亦靡不信从。连日随臣在营，臣察其办理各事，实心实力,不辞劳瘁,洵属川北地方官中最为出力之员。仍恳量加鼓励,俾各员观感奋兴。"得旨,赏还花翎。十二月,复授建昌道。

七年二月,谍报李彬率众窜至南江之铁厂坪,清豫派典史犹启祥带领寨勇遏贼西窜,及入老林之路,度贼败后必走五方坪,乃设伏以待。清率乡勇杨家坝策应,别遣军功李仕玉等从白岩山直趋铁厂坪,贼猝不及防,果走五方坪,[二]伏勇齐出,犹启祥亦驰至,遂擒贼首李彬及辛聪之弟辛文,伪先锋曹世连、刘玉藩、唐仕武等,馀匪斩获甚众。捷入,赏加按察使衔,并玉鞢、荷囊。谕曰:"前曾降旨,令各督抚责成地方文武员弁,遇贼匪在境内,随时认真搜缉,分别劝惩。今四川道员刘清所带只系乡勇,并无官兵,能将首逆李彬及辛文擒获,得邀奖赏,地方官皆当以刘清为法。"三月,白号张、魏馀匪,经官兵追剿,窜南江之刘家坪,清迎截于青赶渡,歼毙多名。四月,又与游击马绩等击贼于通江之猫儿坝,贼窜入陕境,寻折回广元;又偕总兵丰伸败之于麻柳坝。六月,追剿蓝号杨布青馀匪于通江之七星包,毙贼三十馀人,俘获四名,投出者三十六名。上嘉其奋勉。八月,授按察使。十二月,败蓝号齐国典馀匪于两河口,清饬军功臧青云等抄赴南江之东渠迎击,贼窜黄草坪,又奔沙溪场。臧青云乘夜追及,擒伪元帅葛成胜,会达斯呼尔岱、达勒精阿所带官兵亦至,前后夹击,歼毙无算,得旨嘉奖。是月,大功告成,下部议叙。

八年闰二月,陕西蓝、黄、白各号匪徒从南山窜出栈道,清驰赴广元堵剿。三月,贼众经参将罗思举剿败,遣僧人通天至广元报信投首,清遣军功李植德偕通天前往招抚,旋被戕害。谕曰:"刘清本当治罪,姑念其平日官声清洁,暂从宽免。并着勒保严饬刘清认真搜捕,倘再轻信贼匪之言,仍事招抚,致该匪得以延喘奔逃,辗转滋事,必将刘清治罪不贷。"清寻遣臧青云率乡勇探踪追剿,蓝、黄、白各号投出首伙共九十三名。七月,在南江之钻天坡,获白号伪元帅邱高科。十一月,命勒保将粮饷搜捕各事交刘清、罗声皋遵办。九年正月,清分派员弁兵勇搜捕零匪,叠有斩获。九月,陕省裁撤乡勇,过绥定者,均经逐一清查,或充当兵役,或回籍安业,以次散归。十月,续撤乡勇,偕提督马瑜一律妥为安置。十年,入觐,赐诗曰:"循吏清名遐迩传,蜀民何幸见青天!诚心到处能和众,本性生来不爱钱。有守有为绩昭著,无偏无欲志贞坚。空群羡尔超流俗,明慎咸中治理宣。"

十一年,丁继母忧。十三年,服阕,授山西按察使。十四年七月,升布政使。十月,署巡抚初彭龄审办临晋县假装银鞘案,清请将钱文石块情节删去,经初彭龄参奏,上以其袒护属员,计图消弭,下部严议。寻议降四级调用,得旨,以从四品京堂补用。先是,清自陈才力不胜藩司之任,恳请开缺。至是奏入,上斥其冒昧陈奏,以员外郎降补。十五年五月,补刑部员外郎。十月,充热河都统衙门办事司员。十七年,授山东盐运使。十八年九月,河南教匪李文成滋事,煽及山东,贼党朱成良纠众蚁聚,陷定陶、曹县。清力请从戎,巡抚同兴派令偕参将马建纪带兵进剿,抵定陶之髣山,搜剿匪匪,歼擒千馀名。贼匪复出抗拒,又败之,旋攻克韩家庙贼巢,生擒贼首赵文禄,斩获无算。馀匪窜曹县扈家集。上嘉其勇敢,下部议叙。

十月,官兵分三路进攻扈家集,清偕协领哈哈岱、马建纪先由定陶攻其东面。初,贼以扈家集为巢穴,筑墙树栅,外植荆棘,周围约四五里,守护颇密,猝不易攻。清乃策励官兵,奋勇扑入,贼退避屋内,我兵乘风抛掷火弹,逼贼出,贼大溃,馀匪奔窜。适南北两路官兵至,合击之,歼二千馀人,毙贼首朱成良,擒伪副元帅王奇山。谕曰:“刘清前在川省军营,著有劳绩,朕所深知。今年逾六旬,且系文职,能身率士卒,直取贼巢,歼贼多名,实属勇敢可嘉!着赏加布政使衔,即换顶带,并赏给四喜扳指一个、并大荷包一对、小荷包二个。”是月,有贼匪数百由河南滑县潜奔定陶之郝家集,清偕哈哈岱、马建纪分兵截剿,执贼目曹光辉,歼伪元帅袁兴邦、伪将军周姓,斩贼匪四百馀人。十一月,贼平,曹县、定陶、金乡及附近各县难民,渐次复业。清偕兖沂曹济道熊方受督率州县编排保甲,并办理抚恤事宜。

十九年五月,授云南布政使。七月,谕曰:“刘清在山东带兵剿贼,民情甚为爱戴。云南布政使一缺,与伊不甚相宜,着以二品顶带仍留山东盐运使之任。”二十一年四月,因病奏请开缺,谕曰:“刘清前在川省军营,著有劳绩。十八年,剿办山东教匪,尤为出力。此次因病开缺,伊籍隶贵州,若回原籍调理,病痊再行来京候补,道路遥远,往返不易。着于解任交代后,就近来京医治,安心调理。一经病痊,即具折请安,候朕赏给差使。”八月,病痊,特授山东登州镇总兵。二十五年,军曹州镇总兵。道光二年,以年老休致,命在籍支食全俸。

七年,卒。谕曰:“原任曹州镇总兵刘清,于嘉庆年间,由知县荐升藩司。获咎后,蒙皇考仁宗睿皇帝弃瑕录用,改任总兵。曾在四川、山东军营出力,服官三十馀年,清勤素著。道光二年,因年老休致回籍,经朕赏给全俸,以养馀年。兹闻溘逝,殊堪悯惜！伊孙兵部候补主事<u>刘炽昌</u>,着加恩遇缺即补;文生<u>刘莹</u>赏给举人,准其一体会试。所有任内一切处分,悉予开复。其应得恤典,该衙门察例具奏。"寻赐祭葬。<u>道光</u>十二年,奉旨入祀<u>贵州</u>乡贤祠、<u>山东</u>名宦祠。

子<u>廷榛</u>,军功六品顶带,前候选知县。孙<u>炽昌</u>,二品荫生,前官<u>江西九江府</u>知府,缘事革职;<u>莹</u>,钦赐举人。

【校勘记】

〔一〕同知刘清闻其平日官声尚好　"知"下原衍一"用"字,又脱"闻其"二字。<u>耆献类征</u>卷三一四叶一七下同。今据<u>睿录</u>卷三八叶一五上删补。

〔二〕果走五方坪　原脱"五"字。<u>耆献类征</u>卷三一四叶二〇上同。今据上文"必走五方坪"补。

方维甸

<u>方维甸</u>,<u>安徽桐城</u>人。父<u>观承</u>,官至<u>直隶</u>总督,自有传。<u>乾隆</u>四十一年二月,上巡幸<u>山东</u>,维甸以贡生在<u>良乡</u>接驾。谕曰:"原任<u>直隶</u>总督<u>方观承</u>宣力畿辅二十馀载,懋著勤劳。其身后每深轸念。伊惟<u>方维甸</u>一子,彼时尚在幼稚。今年已及岁,着加恩照裴曰修子行简之例,授为内阁中书,并准其一体会试。"六月,补内阁中书,充军机章京。四十六年,成进士,授吏部主事。

四十九年五月,随参赞大臣<u>福康安</u>赴<u>石峰堡</u>军营。十一月,升员外郎。五十年,授坐粮厅。五十二年,推升郎中,随将军<u>福康安</u>赴<u>台湾</u>军营。十二月,赏戴花翎。寻迁<u>福建道</u>御史。五十

四年,充广西乡试正考官,寻擢礼科给事中。五十五年,授光禄寺少卿。五十六年,随将军福康安征廓尔喀。五十七年四月,转太常寺少卿。九月,经福康安保奏,谕曰:"方维甸随营办理,毫无舛误。且自进兵以来,冲风冒雨,步行涉险,实属奋勉,着赏三品卿衔。"十一月,迁通政司副使。五十八年十一月,授光禄寺卿。五十九年正月,命偕刑部尚书苏凌阿驰往山东,审讯齐河县民任祖三等控吏役挟嫌首告任祖虞等敛钱聚众致伤官役案,讯明,定拟如律。三月,派稽察左翼觉罗学。四月,转太常寺卿。八月,充顺天乡试副考官。六十年三月,充会试知贡举。四月,授长芦盐政。

嘉庆元年三月,上恭谒西陵,维甸随营当差,恩予议叙。九月,奏请长芦盐课缓至明岁奏销后,分三年带征,经部议驳,上加恩缓至明年奏销后,分二年带征。是月,长芦商范光正赴部,以商总杨秉钺欺隐窝价,呈控钦派刑部左侍郎张若淳、工部左侍郎成德前往提审。寻以杨秉钺起意谋产,估价多寡悬殊,运司阿林保率据估值详报,维甸即据详具奏,奉旨革职,交张若淳、成德秉公严审,定拟具奏。寻拟维甸发往军台,上以所办殊属含混,着令来京,一并交军机大臣会同该部另行审拟。十月,谕曰:"此案方维甸如有听受贿嘱情事,不特发往军台,尚当重治其罪。乃张若淳、成德并未审明案情,率将方维甸问拟军台,不足以成信谳。是以令将全案人证送京,经军机大臣查对案卷,并讯之各商,该盐政实无徇私祖庇等情。咎止失察,办理不善。所有原议发往军台效力之处,着宽免。方维甸系方观承之子,曾在军机章京上当差有年,着加恩赏给员外郎,仍在军机章京上行走。"十二月,补刑部员外郎。

四年三月，充会试同考官。六月，升郎中。八月，授内阁侍读学士，随工部尚书那彦成赴陕西督办军务。五年闰四月，授山东按察使。六年二月，山东巡抚惠龄咨称杨震德因疯砍死杨五案，情迹不实，定拟错误，经部题驳。上以谳案系维甸专责，殊属疏忽，严饬之，仍交部议处。寻议以降一级调用，奉旨销去加一级，免其降调。十月，擢河南布政使。时楚省邪匪未净，恐其窜越江北，维甸督率豫省兵勇六千馀名，驻扎江岸，分段设卡防守，上嘉之。七年九月，奏大功告藏，裁撤乡勇，最为要务，须在裁撤官兵之前。若陕省南山馀匪殄尽，豫省西路防兵可以酌移，则以兵易勇，江岸乡勇口粮亦可节省，上是之。

八年五月，调陕西布政使。八月，擢陕西巡抚。南山零匪窜景峪，维甸奏："南山地方辽阔，林深箐密，最易藏奸。不特窜散零匪急须搜捕，即从前随营长夫、落后乡勇流落南山内，匪徒勾结，乘机抢掠，尤须弭患未萌。"上谕维甸督率各员搜缉。十月，以分派各员鼓励寨勇，逐路严搜，并以臬司朱勋时往稽查董率具奏，上嘉之。寻将各路军营粮饷，及删减塘站，裁撤乡勇，有业无业，派充壮丁杂役各事宜，先后奏闻。九年九月，谕曰："德楞泰奏报剿捕川、陕边界零匪，全数肃清。方维甸自擢任巡抚以来，于搜捕零匪，办理粮饷，及筹撤乡勇各事宜，均能认真经理，悉臻妥协。着加恩仍赏戴花翎。"十二月，奏酌筹摊捐各款，请司库内赏借银四万两，作为另款支用，即于司库养廉内每年捐银一万两归款。十年正月，奏请将定远厅所属简池坝巡检移驻黎坝城内，姚家坝巡检移驻渔渡坝城内。皆得旨允行。

四月，因审办富平县民魏跟随儿殴官案，拟魏跟随儿斩决，经军机大臣会同刑部改拟绞监候。维甸偕按察使朱勋自请议处，奉旨，朱勋交部察议，方维甸宽免。五月，奏请陕西汉中府改为要缺，甘肃平凉府改为中缺，下部议行。寻因拿获悄悄会匪首犯石慈应寸磔，拟斩决；李世运等四犯应立决，[一]拟监候，交部议处。谕曰："该抚定拟此案时，自以上年审办富平县殴官一案，曾被参处，因而有意从宽，此则不可。嗣后惟当遇事讲求，参酌得中，不得因此次被议，又复心存瞻顾，动辄从严办理也。"部议降一级调用，罚俸二年，上改为降二级留任，仍罚俸二年。十一年三月，失察延安惑众匪徒高种秋，交部议处，部议降一级调用，奉旨加恩留任；又因赏给拿获王廷登弁兵银两，办理迟延，上严饬之，仍交部议处；部议降三级调用，奉旨从宽留任。

六月，奏："川、陕边界，前令提、镇带兵会哨，原因山内馀孽或有未净，须示军威。现在地方宁谧，所有提、镇会哨，应请停止，仍令固原提督于每年十月到陕巡查山内边界，并阅营伍一次。陕安镇总兵每年二月巡查边界营汛一次。"从之。七月，呈本内将塔尔巴哈台参赞大臣误写"大人"，甘肃藩司书作"兰藩"。谕曰："方维甸近来办理地方事务，每多迟缓，叠经降旨训饬。今又舛错，有关体制。除交部议处，仍传旨申饬。"寻议罚俸半年。

时宁陕镇新募兵丁，因停止米折，借词滋事，维甸接据禀报，即与将军札勒杭阿密派满营兵一千、军标兵一千、抚标兵五百，预备调遣，并咨会各营分投堵拿；又令总兵杨芳带兵回陕。奏入，上是之，命偕固原提督杨遇春进山督率办理。寻偕杨遇春奏："贼兵三四百人由孙家梁窜向甘家砭西南，即四亩地、华阳、西江口各营汛，及宁陕镇属内均有新兵，若窜往勾结，复裹客民，贼数恐致增多。臣等一面带兵进剿，即顺道弹压新兵，安抚客民，惟思现调之兵，抚标兵现仗甚少，且乏带兵得力大员。已飞咨总兵杨芳，除昨调固原兵二百名外，再挑一千三百名，[二]并飞咨河州镇总兵游栋云带兵一千五百名来陕。又延绥镇总兵张凤打仗奋勇，亦拟咨调前来。"得旨："所办俱是。"又谕曰："该抚等飞咨檄调，适与朕旨相合。但恐贼数增多，不可无大员督办。现已降旨，令德楞泰同札克塔尔带领侍卫章京数员，驰往督办。"

寻奏西江口新兵亦在江口营起事滋扰，与贼匪响应，已有数十人，扰至八里关大道；又贼匪潜分一股，窜至洋县东北，攻扰其西城外，复来有数十人，放箭爬城而上。又称汉中新兵已经调出，现在城守空虚，当即飞饬游击马得等带领军标兵一千名，驰赴汉中，以防该匪窜出。又称杨芳途中闻该匪窜扰，各营轻骑先由斜峪关入山，一路安抚新兵前进。谕曰："所奏殊不明晰。江口营新兵另起滋事，诸营兵丁共有若干名，滋事者是否只此数十人，未据叙明；洋县爬城之数十人，又系何处贼匪，是否即系江口营之数十人，并未详细声叙。且前据德楞泰在山西途次，奏称闻此次贼匪系苟文明为首。[三]今方维甸业已驰赴剿击，距贼甚近，自应确探首恶何人，蹑踪围捕。乃折内未曾提及一字，亦未查明贼踪现在窜往何处，实不可解。汉中系属郡城，前据探知贼匪向彼奔窜，自应将该营兵丁酌留守城，何以全行调出，以致城守空虚？此时转须另拨兵丁前往防御。方维甸等或因汉中营系属新兵，虑有勾结，是以全数调出；但既经调用，又不令向前剿贼，该兵丁等以奉调前来,未邀差遣,不免心生疑贰,妄萌他念,是则殊有关系。又杨芳系总兵大员,既经带兵剿贼,何以又忽轻骑入山?是否因所带之兵落后,未能赶上,未免过形草率。看来,方维甸办理竟无把握,朕心深为廑念。着德楞泰加紧趱行,赴彼督办。"八月,贼匪窜向两河等处,有趋石泉县之势,维甸令总兵王兆梦由汉江顺流而下,抄赴贼前,击退之。

先是,维甸于叛匪滋事时,〔四〕饬地方官劝谕寨民人等将寨赶紧修理,以卫身家。九月,逆匪攻扑焦家堡、永固等寨,寨民均能自为守御,且击毙贼匪多名。奏入,上以维甸所办甚是,此次即其明效。寻命维甸回省办理粮饷、军火及弹压地方事宜,维甸奏筹办粮运情形,并请本省所调官兵,照防剿兵旧例,一体支给盐菜口粮,上如所请行。

十月,钦差大臣德楞泰率官兵剿击贼匪,贼首蒲大芳、王文龙等缚献宁陕营起事首逆陈达顺、陈先伦,江口营首逆向贵,乞降。奏入,谕曰:"方维甸前因剿贼之时,无须伊在彼同办,谕令回省。现在善后事宜,关系地方者甚多,着即带同臬司素讷,并酌带妥干道府大员,驰往德楞泰军营会办,悉心商酌务期妥善。"〔五〕维甸奏:"贼匪乞降后,设令仍归原伍,聚处南山,复留后患。请于大兵未撤之时,明白晓谕,全收器械,资遣回籍,交本处地方官管束。"上以无此办法饬之。寻谕曰:"方维甸此奏,必系闻军营有此谬论,不以为然,恐其计出于此,是以预为密奏。传旨申饬者,非申饬该抚所奏之不当,实欲使德楞泰于奉谕之后,自知惭沮也。"德楞泰请将投出民人三千八百馀人,给资回籍,并拟将随同滋事各营兵蒲大芳等二百二十四名,遴选将弁,分投管带,暂归原营,约束操防。上以所办错谬,命会同方维甸将叛贼严讯,定拟具奏。十一月,偕德楞泰奏:"降贼业已归伍,若按名拘唤,又致惊恐,或生反侧。请缓以时日,相机办理。"上以"德楞泰畏难因循,既已错误于前,又思迁就于后,实出情理之外,命将叛匪传集,宣谕恩施,贷其一死,仍律以发遣之罪。"寻偕总督全保奏:"请将降贼二百二十馀名,与各处未动新兵三百馀名,以新疆换防为词,分起调出。到戍后,新兵照例屯防,其馀降贼分给各回城回子为奴。"〔六〕谕曰:"国家明罚敕法,措正施行,不值于此等顽愚驭之以术,莫若径行加恩,即令分赴新疆各回城充当戍兵,不准换回,以示屏诸远方之意。"

十二月,疏言:"善后事宜:一、山内匪徒赌博,应密派兵役严拿惩治;一、南山、汉南一带游匪,派员清查,仿照保甲之法,分别土著、客民,将姓名、田产、男女,雇工询明造册,填给门牌,责令乡约、牌头稽查;一宁陕厅城右系高山,难于守御,应择地方另建,留坝厅城垣土性夹沙,秋雨淋塌,地势逼窄,请另择形势改建砖城,洋县旧筑土城,土性不坚,请改用灰土包筑;一、抚恤难民,请将军务馀粮拨归常平仓存贮,就近查被贼地方有地之户,借给一月籽粮;无地极贫之户,赏给一月口粮;一、宁陕、孝义、留坝、定远四厅,镇安、凤县二县,各该处山境瘠薄,民俗刁悍,均须明干之员方能胜任,请改照边俸之例,以示劝惩;一、陕安兵备道请照例节制营员,以符体制。"奏入,下部议行。

时因河东盐务复归商运,阿拉善、吉兰泰盐池亦归公招商承办,上命侍郎英和、内阁学士初彭龄偕维甸、陕甘总督倭什布、山西巡抚同兴会议。寻经英和、初彭龄、同兴议以陕西之府谷、神木、葭州、绥德、吴堡、清涧、延川、宜川等八州县,俱改食吉兰泰池盐。十二年二月,维甸奏称府谷、神木、葭州三处向食鄂尔多斯盐,若改食吉兰泰池盐,禁止鄂尔多斯蒙古盐,办理多有窒碍,请免其改食吉兰泰池盐。又疏陈:"盐务事宜:一、陕省盐道自改课归丁后,移驻凤翔。今盐课复归商办,请仍驻省城,以便经理,印信改铸'管理陕西盐法分巡凤、邠兼管水利道'字样;一、陕省汉中、延安、鄜州等属地方及清涧一县所领盐引,请由山西巡抚照各该处应领额数,于领引之便,一并咨部领回,移交陕西巡抚衙门,转发盐法道封发各州县,及土商领引行运,所有额销盐引,仍旧以二年一次,俱由盐大使截角,统归盐法道委员解交山西巡抚呈缴,至额解西安藩司盐课,统由地方官征收,解交藩库,汇请奏销,榆林、绥德、吴堡、米脂等县向食土盐,由州县发给小票,请将小票裁撤,一并由山西巡抚咨部领引,移交陕西巡抚转发,以归画一而除积弊;一、西乡分出之定远厅,居民向食西乡之盐,应令各该商分设子店售卖;一、酌拨兴安引张以济民食,请将邠州、淳化、三水三处每年行销河东引领额内,准照凤课例改食花马小池盐,仍认销河东引一千道,拨入兴安各府属,照例均匀代销,仍照河东规例办课;一、南山内山径丛杂,小民背负销售,行走道路应听民便,嗣后以官店发票为凭,但有发票,即准销售,则南山肩负贫民,藉资生计,不致去而为匪,而小民亦无食淡之虞。"皆下部议行。

八月,奏:"绥德、吴堡二州县,向食三眼泉土盐;清涧、延川、宜川三县,向食定边花马大池盐。民情相安已久,请无庸改食吉兰泰池盐。"下部议行。十二月,奏宝陕局铸钱低铜不敷,请照嘉庆七年奏明之例,高铜与铅各半配铸,从之。十三年二月,偕山西巡抚成宁奏:"酌改陕境盐务事宜,随时察看情形,尚有应酌筹之处。查凤翔府属一州七县,向食灵州花马小池盐,行销河东引张,各按丁粮摊纳课银,名曰凤课。迨河东课归地丁后,多有民贩潞盐,运至彼处行销。嘉庆十一年复商案内将该府各州县改销潞盐招商办运,奏准遵办在案。今商民交称不便,实有难于经久之势。请将凤翔八州县仍食灵州花马小池盐,引领销河东之引,摊纳课银,无庸设商经理。汉中、延安、鄜州各属并清涧县应领引张,原不在河东额引数内,应仍归陕省请领内,惟土商领引之处,远涉未免苦累,请俱由汉中府延榆绥道领缴,其兴安府属引盐,虽有不敷,但山路险远,试行之始,商力亦须体恤。前所议于邠州各处原领河东额引拨出一千道归入兴安行销者,请暂缓改拨榆林、绥德、吴堡、米脂等处土盐小票改领引张,一并令延榆绥道请领,散给榆林、永乐盐锅,冲刷短缺课银,向令转卖鄂尔多斯盐斤,〔七〕请将铺户姓名及所发司帖,随时报部。又邠州及淳化、三水二县,自改食灵盐后,民情称便。惟该处地瘠民贫,无人认充土商,应照长武之例,民运民销,按烟户纳课,无庸设立土商。"下部议行。

寻偕西安将军德楞泰等奏:"请将宁陕总兵移驻汉中,裁汰汉中协副将一缺,华阳营参将一缺,宁陕营城守营都司一缺,东江口、华阳守备二缺,把总七缺,经制外委三缺,各营千总四缺,额外外委三缺,命军机大臣会同兵部议行。九月,偕陕甘总督长麟奏请移驻山内杂职,宁陕同知前经奏准移驻宁陕新城,仍设巡检留驻旧治。惟宁陕厅本有监狱,向系巡检兼管司狱,今留驻旧治,作为宁陕旧城巡检。应将四亩地巡检移驻宁陕新城,改为宁陕厅巡检,兼管司狱,仍为要缺,在外拣调。又留坝厅为栈道扼要之地,北至凤县一百九十里,山路崎岖,相距太远。运饷解犯,照料难周。厅属之南星地方,在凤县、留坝之间,地处适中,请将青羊驿丞兼管巡检,移驻南星,改为南星巡检,仍归部选。”下部议行。十二月,奏:“酌筹汉中盐务事宜,查南郑等九州县额引二万五千道,每年交课三千七百五十两,设有土商抽盐办课,而各州县内洋县、西乡盐法于康熙年间议定,由各里摊捐课银,并不抽盐。此汉中向来办理章程也。嗣复设立土商,抽盐办课,汉中本无殷实大商,并不持引运盐,皆系小贩到境抽钱抽盐,谓之抽盐办课。俟课项交足,[八]即将官引截角缴毁,谓之定截引角。揩勒多收之弊,在所不免。且小贩皆系无业贫民,赀本甚微,获利有限,土商坐分其利,人情甚不帖服。汉中一府,请照洋县、西乡章程,一律摊纳,并请照凤县之例,裁去土商,永杜揩勒之弊。”下部议行。

　　十四年正月,奏前年宁陕新兵滋事,洋县被扰尤重。恳将缓征钱粮加恩蠲免;二月,奏山内乏食贫民,恳赏给一月口粮:均从之。七月,授闽浙总督。八月,因母老未能迎养赴闽,奏恳于一半年后简人更代。谕曰:“方维甸之母年逾八十,平素母子相依,朕所素悉。惟因闽、浙地方紧要,现有剿办洋匪等事,简用乏人,不得已简伊前往。今伊母不能迎养赴任,伊虑及日久远离,私心负疚,自属人子至情。伊母已送回原籍居住,方维甸应即迅速驰赴新任,一意办公,无庸分心内顾。[九]俟明春二三月间,着来京陛见。彼时准其顺道先往江宁省视伊母。[一〇]到京后,将伊母身体情形据实奏闻,候朕降旨。"

九月,遵旨驰赴厦门,查办台湾械斗案件。十一月,奏洋盗朱渍经官兵炮毙,伊弟朱渥悔罪投首,船只炮械全数呈缴,其伙众三千馀人,请查照旧例,分别遣散,回籍安插,其情愿随同缉捕者,挑出精壮者百五十馀人,分派兵船,随同出洋缉捕,得旨允行。时台湾嘉义、彰化二县械斗已息复炽,上命维甸渡台督率办理。十五年正月,拿获械斗首犯林聪等并从犯一百馀名,分别定议具奏。四月,奏:"台湾屯务废弛,请通行查勘,体恤番丁,以资调遣。现在经过各社,体访番情,甚属艰苦。其原设屯丁四千名,亦不足数,皆由各屯未垦之地,每被奸民社丁人等串通欺诈,诱令典卖,越界霸占。应征屯租,原系州县收发。前署台湾府杨绍裘等议令屯弁自行征收,散给各丁,不复官为经理,以致刁民抗欠甚多,而屯弁又从而侵蚀屯丁,苦累益甚。现派员查勘分别清厘,请照旧定章程办理。"谕曰:"该处营汛兵丁应如何妥议之处,着查明具奏,于一切办理后,应即起程内渡。前经有旨,准其来京陛见。该督抵省后,即可奏报起程,顺赴江宁省视伊母,即行来京瞻觐可也。"

寻偕福建提督许文谟奏:"请申明班兵旧例,筹议章程:一、台湾、澎湖等处戍兵,稽查换班限期,以免旷误;一、班兵应核实点验,按期派渡;一、台湾班满兵丁,应分由鹿耳门、鹿仔港两口内渡,毋许逗留;一、换班来往兵丁,供支口粮,酌定限制,如班兵登舟后,实因风汛不顺,又候半月者,准借一次,或班期已满,新兵未到,又候一月者,仍准借支,其馀概不准借;一、遵例操演,具册呈报,以资考核;一、各营房现饬勘估,兴修竣后,兵丁照例归住营房,以便约束;一、禁止坐扣班兵粮饷,以杜影射;一、兵丁旷缺日期,核实查报,除渡洋漂失,不知存亡者,仍暂留钱粮养赡眷族,俟查无下落,始行开除,其馀遇有事故及脱逃革伍等,即日具报停支,以杜侵蚀;一、调派兵丁缉捕弹压,请酌给口粮,于台湾生息银两内支给,其抬运军装夫价,应由镇、道、府、厅、县捐给;一、营员到台应行试看,以定去留。"疏入,上命军机大臣会同该部议奏。寻议调兵派丁抬运军装夫价,一体由官支给,在生息项下动用,馀皆如所请行。

五月,偕许文谟奏:"台湾各营汛地,酌议归并,以便操防。查台湾南北各陆路,额设戍兵一万二千三百八十九名,除存营存城外,各营分派汛兵四千三百五十八名,为数原已不少。特因地方辽阔,负山临海,从前分派太多,每处不过数名,而紧要地方转形单弱。且分汛兵丁,零星安设,散处各方,难以调集操演。兹据总兵武隆阿酌量情形,妥议裁并。臣等查近山险要及数县交界之处,路径丛杂,奸宄易于潜藏;近海支港可通小船之处,多有奸民私渡,贩运禁物。其习俗犷悍,烟户繁盛村庄,民情尤多浮竞。此等紧要地方,或本未设汛,或原设塘汛,兵数太少,不足以资防御。应请于偏僻零星各汛内裁撤弁兵,增添移并,将通德蛤仔兰要路及查缉私矿要口,裁拨增设,其昔僻今冲、安塘不均之处,亦应酌改。又如凤山县既于嘉庆十二年自埤头移回旧治,仍应将旧城分汛移回埤头。共计城守营左军移驻外委二员,裁移十汛兵丁,并入三汛,移改一汛,右军移驻外委二员,〔一〕裁移十一汛兵丁,并入五汛,南路营移驻千总一员,裁移三汛兵丁,添入三汛,移改一汛,下淡水营移驻外委一员,裁撤三汛兵丁,并入一汛,北路协中营共该把总一员、〔一二〕外委二员,裁撤九汛兵丁,归入四汛,添设二汛、二塘,左营移驻把总一员、外委三员,裁撤十八汛兵丁,并入六汛,右营撤额外外委一员,移驻把总一员、外委一员,裁撤三汛,并减二汛兵丁并入三汛,〔一三〕改移二汛,艋舺营酌拨外委二员,裁移二汛,并拨本营兵丁并入一汛,添设二汛,沪尾水师营酌拨把总一员,〔一四〕并本营兵丁添防移改一汛。现在各汛兵房多坍塌,裁移者可无庸修盖,其馀建兵房,归案办理。"疏入,谕曰:"台湾负山临海,道里袤延,向曾额设戍兵一万二千馀名,用备巡防,而地方今昔异宜,自应随时酌定。兹据该督等查明该处紧要地方,请于偏僻零星各汛裁减弁兵,增设移并各情形,自系为因地制宜起见,着照所请行。

又疏陈:"约束械斗章程,台湾民俗大抵好争,不但漳、泉、粤三处互相仇怨,即同籍之人,亦以各县自相仇怨,习染锢弊,猝难化导。惟有酌定章程,申明约束,遇事严惩于初起,平时防患于未萌。法在必行,或可渐移恶习。臣查台湾匪徒最多,如赌匪、会匪等,素以抢窃为事,间有械斗,不遵约束。自来到处攻庄肆掠,斗案之所以蔓延者,皆由于此。即林爽文、陈周全、蔡牵等滋事,亦皆勾结此等匪徒为羽翼。欲求地方宁谧,必先严缉匪徒。请责成台湾文武官员,随地随时严缉查拿,解送镇、道讯办,即应问流遣之犯,亦由该镇、道定拟汇案具奏。庶办理迅速,人知警畏。惟是镇市村庄,各有总董、义首,〔一五〕各有本保隶役,嘉义一县隶役又全系漳人,缉捕人犯多由伊等故纵,互相党护,应饬行各厅、县隶役听官佥差,不许擅自分保,不许同籍盘踞,总董等无论职员生监,悉听厅、县调遣。倘有怠玩,禀请革究,如敢包庇抗违，即照故纵罪人之例，一体治罪，并令每庄各金约长，大姓并设族长，官给戳记，管束本庄本族。如有私弊，照总董例一体惩治。各庄之事，仍不许尽由总董指使，以杜把持。至各籍民人，同庄杂处，每多猜忌，同籍各庄之中，偶间一异籍村庄，众寡不敌，易致欺凌。应令地方官查明此等村庄，责成总董、约长、族长等约束庄民，毋许滋事，并出保护甘结，一有衅端，将总董一并惩治。遇有争论难平之事，禀知地方官，秉公伸理曲直，以平其心。倘敢借端纠斗，即使纠聚人少，旋即解散，尚未杀伤，亦将为首之人，立拿究办。如此豫立禁约，偶犯必惩，自可咸知忌惮。设或凶狡之徒，悍不畏法，仍敢恃众械斗，臣请于初起之时，速令该镇整兵前往，不听晓谕，即系乱民，竟当相机剿捕，大加惩创。一处震惧，他处皆可息争。较之弹压往来，旋止旋斗，似易于慑服。再查地方官失察会匪，例应降调；失察械斗，若非全获，亦应降调。失察例参疏防。但台湾恶习已经数十载，会名约有四五种，抢夺匪伙，不下数十名，械斗党与，更不可以数计，实非他省可比。现在府县更易，新任莅事未久，势不能骤挽刁风，立时全获。若据实报出，尽力查拿，尚不免于吏议。似不足杜因循之弊，适以启讳饰之端。请嗣后如能查出禀报，严缉查拿，即案犯未能全获，免其失察处分。倘不禀不办，即照讳盗例革职。庶使地方官咸知欺饰罪重，失察过轻，竭力认真，无所瞻顾。"谕曰："方维甸奏请严禁总董及本保隶役，党护把持，立法究治，并金设约长、族长，责令管束本庄、本族等事，均照所议行。至所请酌减官兵处分一节，该地方官果能随时访查，据实禀报，俾奸宄得以破露，虽不能全宽处分，该督等具奏到时，朕尚可酌量，加恩免其实降实革。"

又疏称："商船贸易口岸牌照不符，官谷难运，酌议三口通行章程。台湾商船向来<u>鹿耳门</u>港口对渡<u>厦门</u>，<u>鹿仔港</u>口对渡<u>泉州</u><u>蚶江</u>，<u>八里岔</u>港口对渡<u>福州</u><u>五虎门</u>，各有指定口岸。然风汛靡常，商民并不遵例对渡，往往因牌照不符，勾串丁役，捏报遭风，既可私贩货物，又可免配官谷。<u>八里岔</u>一口又向无应运兵谷，规避船只尤多，以致<u>台湾</u>现在未运官谷，积压至十五万馀石之多，皆由商船规避所致。应请三口通行，据实填写船照，务令相符。<u>八里岔</u>商船亦令配运官谷，则船户无所规避，一切捏报遭风，兵役需索弊端，可以不禁自绝。"谕曰："商船往来贩易，驶赴海口，自应听其乘风汛之便，径往收泊。若必指定口岸，令其对渡，不但守风折戗，来往稽迟，且弊窦丛生，转难究诘。嗣后<u>厦门</u>、<u>蚶</u><u>江</u>、<u>五虎门</u>船只通行三口，将官谷按船配运，并层层稽查、互相考核之处，均着照该督所请行。"又奏请将<u>罗汉门</u>巡检移驻<u>蕃署寮</u>地方，从之。

又奏："台湾<u>噶玛兰</u>地方田土膏腴，米价较贱，民番流寓日多。现查户口，漳人四万二千五百馀丁，泉人二百五十馀丁，粤人一百四十馀丁，又有生熟各番杂处其中，以强凌弱，势所不免。必须官为经理，方可相安无事。[一六]其未垦荒坡，尤须查明地界，划分公平，以杜争端。"谕曰："台湾弯处海外，诸务废弛。今<u>方</u><u>维甸</u>到彼，于地方营伍，力加整顿，酌改章程。若地方官谨守奉行，自可渐有起色。第恐日久懈生，且该处俱系漳、泉、粤民人杂处，素性强悍，总须时有大员前往巡阅，使知儆畏。嗣后<u>福建</u>总督、将军每隔二年，着赴<u>台湾</u>巡查一次，用资弹压。"

六月,奏请陛见,谕曰:"本年木兰秋狝,九月初四日出哨,初七日回至热河。方维甸计算程期,于彼时前来热河请安,即随驾回京,途次亦可频频召对也。至七月十七日为伊母生辰,方维甸先赴江宁多驻旬日,不特遂其省亲私情,亦可为伊母称觞祝寿。并着赏方维甸之母玉三镶如意一柄、玉镶双螭杯一个、玉瑞兽一件、瓷盘一件、瓷瓶一件、八丝缎二匹、五丝缎二匹,用示恩赉。"

七月,奏:"洋匪小仁帮相率乞投,各将船只、炮械全行交出,计首伙一千三百名,大小炮一百六十馀门,鸟枪器械等七百馀件。请将蔡牵义子陈小仁牢监禁锢,俟成丁时,发往伊犁、乌鲁木齐等处安插,文福酌给满洲、蒙古、汉军大臣为奴;吴三地一犯曾与贼众攻扑嘉义,未便以自首稍为轻减,请仍照大逆谋反律凌迟处死;翁昤一犯发黑龙江给披甲人为奴,其馀分别安插。又以朱渥随同舟师缉捕奋勉,奏请酌量施恩。"上以"维甸折内分别定拟,固属按律办理,但所拟未免过重,小仁、文福二人虽系蔡牵义子,但小仁亲生父母,均被蔡牵杀害,其时小仁甫九岁,不知原委,直至蔡牵死后,始悉前情,日夜啼哭;又文福本系蔡牵船上舵工之子,伊亲父故时,[一七]尚在襁褓之中,现在年只七岁。此二人本非逆犯之子,不必缘坐,且髫龄被劫,久陷贼中,情殊可悯。今皆自行投出,自当免罪释放,妥为安插。吴三地、翁昤皆可末减,吴三地着发往黑龙江,翁昤着发往伊犁,其馀着照所请。朱渥着加恩赏拔把总,以示鼓励。"

又奏酌议台湾换防班兵支给饷银,及北路协左营水师兵与海坛烽火营水师兵对调各款,谕曰:"台湾换防班兵应支粮饷,向例按四月十月画一起止,该兵丁等于班满日,即行停饷。今议令班满兵丁候代,仍支饷银一半,其内地新派换防兵丁,亦先予半饷。俟新班到台湾后,再将旧班兵饷停止。从此旧新更代之兵,口食皆各有资,于差操更为得力。着即照依办理。至换防额兵停派漳泉府籍之人一事,方维甸等核计闽省别府各营不敷派拨,请仍循旧制。复议请将北路协左营泉州水师二百五十名,派往台湾协,以台湾协之闽安、海坛烽火营水师兵二百五十调往北路左营,虽为调济起见,但所虑尚未周密。漳、泉二籍之人,各分气类,互相仇斗,地方官原应设法化导,俾之积渐相安。今因北路之水师二百五十系泉州人,驻扎之地系漳庄,恐其不能安处,即议全行更调,是明示以漳、泉二籍兵民不可并域而居,划分畛域,日久必致该二籍之人愈启参商。莫若将此二百五十名兵额内酌换一半,使其数少,而彼此杂居,仍不敢显然树敌。再责成该管员弁随时约束,默化潜移,自可冀斗争渐息,积习渐除也。”

九月,至热河陛见,以母老情形陈奏,谕曰:“据方维甸奏称,伊母上年自陕南旋,缓程数月,途中劳顿,心神日形恍惚。今年又两次患病,恋子情殷,〔一八〕势难刻离等语。闽、浙地方紧要,方维甸在彼办理妥协,设此时海洋尚有紧要事务,伊身膺重寄,亦难遽行更换。今该处洋面肃清,巨盗均已扫除,地方宁谧,而方维甸母老多病,两地心悬,其情甚为可悯。若将伊调任他省,伊母仍不能就养。两江又系伊本籍,与例不符。朕以孝治天下,不忍拂人子至情。方维甸着加恩准其开缺,回籍省亲,以示体恤。”时浙江巡抚蒋攸铦奏有呈递匿名揭帖,讦告盐政奇玖家人刘泰与商人俞广借银弊混等款,请将奇玖革职严讯。上命维甸偕新任盐政苏楞额赴浙审办。十一月,讯明,按律定拟惩治。十六年正月,偕苏楞额奏额引壅滞,请于己巳、庚午纲引目内,各划出三十五万道作一纲统销,所有应完正杂钱粮,分作十年带纳,并请免交增价馀息;又奏请公捐河工饷银,分作三年带完。上允所请。

四月,谕曰:"方维甸回籍以后,承欢侍奉,伊母自已日就安健。现在大学士戴衢亨母因在台怀偶患时症,[一九]不意为医药所误,遽于昨日溘逝,朕心悼惜! 此时军机汉大臣人少,[二〇]枢务至重。朕于中外诸大臣遍加遴选,惟方维甸性情公直,在军机章京上年久,熟谙事务,人地相宜。今特简用为军机大臣。将来即补尚书,用资倚畀。伊母从前本在京邸久住,于北方风土素能习惯,即此时在江宁居住,亦未必如京邸之服习。伊若奉母来京,于散直之馀,朝夕侍奉,岂不公私两遂? 即遇巡幸,亦不令伊随往。朕于方维甸母子之间,所以优加体念者,实为无所不至。方维甸亦当仰体朕用人不得已之苦衷,勉思报效。伊将此旨告知伊母,谅伊母亦必感激乐从,但不知伊母现在身体情形究竟若何。若果目下精神委顿,实难远行,方维甸自应据实陈奏。"寻维甸将其母情形沥情覆奏,谕曰:"据奏,伊母近日心神恍惚,难以力疾远行。情词恳切,朕阅之甚为怜悯! 现在天气渐热,方维甸母子不能暂离,若令其长途跋涉,朕心殊为不忍。方维甸着不必来京,仍在籍安心养亲,时届端节,并加恩赏给方维甸之母香珠一匣、香袋一匣、香牌一匣、折扇一匣,方维甸即告知伊母,俾其欢欣颐养。"

十八年七月,丁母忧,两江总督百龄奏闻。谕曰:"方维甸历任封疆,均能勤慎尽职,因母老在籍侍养。兹伊母吴氏病逝,着

加恩赐祭一坛,派江宁将军兴肇前往奠醊,并着兴肇传旨慰谕方
维甸,令其节哀守礼,再图为国宣劳。”十月,奉旨:“方维甸现在
终养事毕,在籍守制。本应俟其终制后再行简用,但近因直、豫、
东三省交界之处,匪徒聚众,滋事谋逆,调兵剿捕,正当军需吃紧
之时。且此时首逆林清,辄敢豫蓄逆谋,突入禁城,尤为从来未
有之事。刻下首逆虽已伏诛,逆党尚多,而近畿一带,习教与谋
之伙匪潜伏,未剿者不少。直隶地方紧要,总督一缺,简用甚难
其人。朕再四思维,方维甸堪以胜任该督。此时虽未服阕,第现
有军旅之事,[二一]古人墨绖从戎,义有权宜。方维甸受朕厚恩,
值国家多事之秋,若在家伏处,于心谅亦不安。所有直隶总督,
着方维甸署理,在任守制。该督接奉此旨,即驰赴保定接印任
事。抵任后,将应办各事宜经理数月,诸务妥协,再行来京陛见。
其所穿服色蟒袍补褂,无庸服用,并无庸穿天青常服。即来京召
见,无论何日,俱准其穿玄青长褂,俾得兼尽孝思。想伊母九泉
之下,知其子移孝作忠,亦所深愿。此朕用人不得已之苦衷,非
寻常夺情可比。方维甸当勉体朕心,仰副委任。将此由五百里
谕令知之。”

　　维甸接奉谕旨,遵即起程,奏请驰赴军营,随同剿贼。十一
月,谕曰:“方维甸接奉前旨,能仰体朕衷,力图报称。据称将伊
母葬事赶办完竣,定于初七日起程,可悯可嘉之至! 前次恐军务
一时不能告竣,那彦成在彼督兵不能赴任,是以降旨。今据那彦
成奏报连获胜仗,已将道口、桃源集二处屯聚之贼,[二二]歼戮净
尽。现已围攻滑城,指日即可收复。那彦成功成来京复命,即可
就近赴直隶总督之任。现有章煦在彼署理,方维甸即赶紧前来

接署,为期甚暂,徒令多一番交代。昨简署方维甸时,除面谕军机大臣密发廷寄外,并未明降谕旨,事可中止,何必使方维甸又抱夺情之戚耶？至伊折内请驰赴军营,随同剿贼,更可不必。前旨内'墨绖从戎'一语,不过借以为喻,令其师古达权,原因直隶地方紧要,欲责令认真整顿,若军营带兵,殊不乏人,况军务已可计日告蒇乎？方维甸途间接奉此旨,着即转程回籍守制,伊感激朕恩,欲具折陈诉,伊现在制中,难具衔名呈递,着自具奏折,在江南境内交百龄代为呈递;行至山东境,交同兴代为转递。切不可亲自来京,俟伊终制之后,再行简用可也。"维甸于途次接奉谕旨,恳请来京谢恩,由两江总督百龄代奏,得旨:"方维甸仍遵前旨,即行回籍守制。"

　　二十年六月,卒。谕曰:"前任闽浙总督方维甸由乾隆年间进士,仰蒙高宗纯皇帝鉴其器能,叠加简用,历任试差、盐政,[二三]在军机章京上行走多年,随福康安前赴台湾、廓尔喀军营,着有劳绩。朕亲政后,优加拔擢,由臬司用至总督。所至之处,俱能忠勤尽职,清慎著名。嗣因伊母年老多病,恳请解职养亲,朕念其独子,破格施恩,俯允所请。伊今岁冬间服阕,计其到京后,内而尚书,外而总督,均堪倚畀。乃伊母故后,寝苦庐次,渐染沉疴。骤闻溘逝,深为悼惜！着加恩晋赠太子少保,照总督例赐恤。任内一切处分,悉予开复。应赔银两,均着豁免。伊子举人、候补内阁中书方传穆,着赏给进士,准其一体殿试;并着江宁将军穆克登布即日前往奠酹,以示朕轸恤劳臣至意。"赐祭葬,谥勤襄。

　　子传穆,现官翰林院庶吉士。

【校勘记】

〔一〕李世运等四犯应立决　"运等四犯"原误作"应肆应等"。耆献类征卷一七五叶三二下及国传卷七五叶六下均同。今据睿录卷一四四叶一七下改。

〔二〕再挑一千三百名　"一"原误作"二"。耆献类征卷一七五叶三三下及国传卷七五叶七上均同。今据睿录卷一六四叶二八下改。

〔三〕奏称闻此次贼匪系苟文明为首　"明"原误作"进"。耆献类征卷一七五叶三四上同。今据国传卷七五叶七下改。

〔四〕维甸于叛匪滋事时　"时"原误作"明"。耆献类征卷一七五叶三五上同。今据国传卷七五叶八上改。

〔五〕悉心商酌务期妥善　原脱"务期妥善"四字。耆献类征卷一七五叶三五上及国传卷七五叶八上均同。今据睿录卷一六八叶七下补。

〔六〕其馀降贼分给各回城回子为奴　原脱"回子"二字。耆献类征卷一七五叶三六上及国传卷七五叶九上均同。今据睿录卷一七一叶一六上补。

〔七〕向令转卖鄂尔多斯盐斤　原脱"斤"字。耆献类征卷一七五叶三六下同。今据国传卷七五叶一〇下补。

〔八〕俟课项交足　"课"原误作"库"。耆献类征卷一七五叶三九下同。今据国传卷七五叶一一上改。

〔九〕无庸分心内顾　原脱"分心"二字。耆献类征卷一七五叶四〇上同。今据睿录卷二一七叶一三下补。按国传卷七五叶一一下作"心存",异。

〔一〇〕彼时准其顺道先往江宁省视伊母　原脱"伊母"二字。耆献类征卷一七五叶四〇上及国传卷七五叶一一下均同。今据睿录卷二一七叶一三下补。

〔一一〕移改一汛右军移驻外委二员　"军"原误作"营"。耆献类征卷一七五叶四二上及国传卷七五叶一三下均同。今据睿录卷二二九叶一九下改。

〔一二〕北路协中营共该把总一员　"协"原误作"营"，又"中"下衍一"军"字。耆献类征卷一七五叶四二下同。今据睿录卷二二九叶一九下改删。按国传卷七五叶一三下不误。

〔一三〕并减二汛兵丁并入三汛　"减"原误作"城"。耆献类征卷一七五叶四二下及国传卷七五叶一三上均同。今据睿录卷二二九叶二〇上改。

〔一四〕沪尾水师营酌拨把总一员　"水"原误作"各"。耆献类征卷一七五叶四二下及国传卷七五叶一三下均同。今据睿录卷二二九叶二〇下改。

〔一五〕各有总董义首　原脱此六字。耆献类征卷一七五叶四三下同。今据国传卷七五叶一四上补。

〔一六〕方可相安无事　"相"原误作"粗"。耆献类征卷一七五叶四五下同。今据国传卷七五叶一五上改。

〔一七〕伊亲父故时　原脱"父"字。耆献类征卷一七五叶四六下同。今据国传卷七五叶一六上补。

〔一八〕恋子情殷　"恋子"原误作"依恋"。耆献类征卷一七五叶四七下同。今据睿录卷二三四叶一〇上改。按国传卷七五叶一七上无此句。

〔一九〕现在大学士戴衢亨母因在台怀偶患时症　"因在"原误作"由"，又"怀"误作"湾"，"症"误作"病"。耆献类征卷一七五叶四八上同。今据睿录卷二四二叶四上改。按国传卷七五叶一七上不误。

〔二〇〕此时军机汉大臣人少　原脱"汉"字。耆献类征卷一七五叶四
　　　　八下及国传卷七五叶一七下均同。今据睿录卷二四二叶四
　　　　上补。

〔二一〕第现有军旅之事　"现"原误作"观"。耆献类征卷一七五叶四
　　　　九下同。今据国传卷七五叶一八上改。

〔二二〕桃源集二处屯聚之贼　原脱"集"字。耆献类征卷一七五叶
　　　　五〇上及国传卷七五叶一八下均同。今据本卷温承惠传补。

〔二三〕历任试差盐政　原脱"历任"二字。耆献类征卷一七五叶五一
　　　　上同。今据国传卷七五叶一九上补。

方受畴

方受畴,安徽桐城人。乾隆四十年,由监生捐盐大使,分发
两淮,补伍佑场盐大使。寻捐升运判,改发浙江。四十二年,补
嘉松分司运判。四十四年,丁母忧,留办海塘工程。四十六年,
服阕,借补萧山县知县。四十九年,以捕获邻境盗犯,迁嘉兴府
海防同知。五十三年,迁直隶大名府知府,五十四年,调保定府。
寻迁清河道。五十九年,上幸天津,差次,赏戴花翎。

嘉庆二年,定州知州刘兆清因调署简缺,控受畴收受节规,
并私借银两等款,命解京交军机大臣严讯,惟借款鞫实,褫职,发
军台效力。三年,赎回,捐复原官。四年,命以道衔赴伊犁听候
差委。九年,授直隶通永道。十年,迁河南按察使。十二年三
月,调直隶按察使。九月,迁布政使。十三年,上幸天津,以所办
堤工稳固,赏还花翎。十四年五月,以上年承办天津差务,苛派

州县银款,褫花翎。七月,因失察宝坻县知县单福昌侵蚀赈银,部议革职,奉旨,改为留任,仍降三品顶带。十月,上五旬万寿,复赏二品顶带。十六年三月,上幸五台,以办理差务妥协,赏还花翎。闰三月,上回銮驻跸保定,赐受畴诗,泐石莲池书院,诗曰:"南邦昭世德,首善作旬宣。旧政勉能绍,新猷务普延。用人先有守,图治最无偏。徙倚甘棠荫,临风忆昔贤。"受畴为前直隶总督方观承侄,故御制及之。

十八年二月,擢浙江巡抚。时观承妻吴氏卒于家,赏受畴假一月,往治丧。九月,山东邪匪作乱,陷定陶、曹县。受畴假满入都,在途闻警,以曹州界连河南,驰往归德堵御。河南教匪李文成旋陷滑县,上命署巡抚高杞与钦差大臣温承惠等会剿,命受畴驻河南省城,镇抚地方,督运粮饷。十二月,贼平,疏陈:"善后事宜:一、滑县自收复后,抚绥化导,非初任人员所能胜任,应请改为繁缺,在外题补一、所募乡勇,应令原保之人保回安业,并收缴器械;一、禁铁匠私造军器;一、滑县被贼村庄,请将历年积欠及本年钱粮俱豁免;一、查办逆产,勿任隐匿牵连;一、道口镇应设立县丞、把总各一员;一、被戕文武员弁及阵亡兵丁,请分别恤赏,士民妇女守节捐躯者,查明咨部旌表。"得旨允行。

先是,睢州二堡河溢,以军兴停工。十九年二月,命受畴会同河东河道总督吴璥堵筑。闰二月,以赈务办理未协,饥民失所,严饬之,并下部议处。寻议革职,奉旨改为留任。三月,请于滑县增设都司一员,并拨弁兵驻守,从之。十月,以滑县知县孟屺瞻贪纵不法,受畴误行保荐,下部严议。寻议革职,奉旨,改为留任,八年无过,方准开复。二十年二月,睢工合龙,下部议叙。

五月，请改荆子关协副将归南阳镇总兵辖，归德营参将为抚标，裁光州汛千总，设光州营都司一员，移邓新营把总一员随营协防，拨荆子关协、邓新营马守兵一百二十名，并旧兵二百八十名，分防州城及商城、息县等汛，允之。先是，汝宁、光州一带旧有匪徒啸聚，名红胡子。其地界连安徽、湖北，审徙靡常。受畴严饬地方官设法掩捕，并移文两省巡抚协缉，先后获犯数百名，匪徒敛迹。二十一年正月，京察，以综核钱粮，并缉获红胡匪犯多名，下部议叙。二月，奏：“河工岁设抢险银三十万两，近年险工叠出，每不敷用。如俟奏明添拨，缓不济急。请嗣后正项将次用完，即察看情形，应添拨若干，一面具奏，一面行司提取。霜降后，如有馀存，奏明归款。”从之。

六月，迁直隶总督。八月，上秋狝木兰，受畴以本年遇闰，天气早寒，请与藩司姚祖同公捐绵衣二千件，分赏兵丁。上以其市惠邀名，有乖政体，严饬之。二十二年，以天津添建水师营，受畴督造炮台、营汛等工迟缓，部议降调，奉旨改为留任。二十三年二月，奏习教改悔民人，请免治罪，上允之。三月，以延请现任通判陈建帮办幕务，部议降调，谕曰：“直省督抚大吏，不准以属员帮办幕务，屡经降旨饬禁。方受畴身任总督，养廉优厚，非不能延请幕友者。乃令现任通判陈建入幕办事，既旷职守，又招物议，实属违制。本应照部议降调，姑念一时简用乏人，着改为降四级留任。”七月，上诣盛京恭谒祖陵，以桥梁冲毁，受畴克期督造稳固，赏穿黄马褂，并赏其子浙江嵊县知县方秉知州衔。二十四年，以协济河南马营坝料物，得旨嘉奖。二十五年三月，以延请已革知府沈华旭课士莲池书院，并与商榷公事，又失察家人需索属员规费，部议革职，奉旨改为留任。八月，上自热河恭奉仁宗睿皇帝梓宫回京，以受畴督办桥梁道路，一律妥善，赏加太子少保衔。

道光元年，请改大名协副将为开州协副将，增设大名镇总兵，辖大名、广平、顺德等营，河间协副将令其常驻郡城，增设郑家口游击专司催漕，裁天津水师营总兵，移大沽营参将驻新城，统辖水师，从之。二年正月，因病乞假，命侍卫容照带领御医驰往诊视。寻以病剧，请开缺回籍，允之。六月，卒于道。谕曰："方受畴前在总督任内，仰蒙皇考仁宗睿皇帝优加恩眷。嗣于嘉庆二十五年经朕赏加宫衔，本年春间在任患病，赐医诊视。后因病久未痊，陈请开缺，特降旨准其回籍调理。兹闻途次溘逝，殊堪轸惜！所有任内一切处分，悉予开复。应得恤典，该衙门察例具奏。"

赵慎畛

赵慎畛，湖南武陵人。嘉庆元年进士，改庶吉士。四年，散馆，授编修。五年，充顺天乡试同考官。六年，复充顺天乡试同考官。七年，改山东道监察御史。十年三月，充会试同考官。七月，转掌京畿道。八月，奏："上年因灾蠲缓过多，各省买米筹补，以致粮价增昂。计现运抵通者已百馀万石，较蠲缓原数有盈无绌。闻湖南尚议采买为数有限，无裨仓储，徒增市价。"谕曰："前据阿林保奏，请于湖南秋成后采买米五万石，拨交粮船搭运，业经交部核议，尚未覆奏。[一]今该御史称采买之数，核计俸甲米档，仅足敷五六日支放之用，[二]而旗丁搭运，转未能携带货物，借沾馀润。且年岁丰歉不齐，粮价贵贱无定，若不通盘核计，恐致有妨民食。着交户部妥议。看来，阿林保奏采买之处，格碍难行，即行议驳可也。"寻命巡视通州漕务。十一年六月，劾杨村通判廖雯菁昏愦不职，纵令胥役家人勒索粮船起剥规费，鞫实褫职。十月，迁刑科给事中。十二年六月，充江南乡试副考官。八月，丁母忧。十四年，服阕。十五年，补礼科给事中。十六年，参奏湖南学政徐松乘轿入棂星门，每试各属，发交诗文，苛派重价，需索红案陋规，纵容家丁凌辱士子，所出题目割裂圣经各款。上命工部左侍郎初彭龄会同巡抚广厚讯明，褫松职，遣戍乌鲁木齐。十七年三月，两广总督蒋攸铦奏慎畛品识兼优，才可大用，请特发粤省。八月，授广东惠潮嘉道。十九年，迁广西按察使。二十年，迁广东布政使。

二十三年，擢广西巡抚。二十四年，劾桂林府大墟同知赵椿刑讯妇女致伤自缢，论如律。先是，两广总督蒋攸铦、广西巡抚庆复以贺县界连粤东、湖南，水陆交错，盗贼出没，于二十年奏准暂添兵弁分驻各卡，五年后察看情形酌撤。二十五年九月，慎畛奏盗匪根株未净，弁兵不宜遽撤，仍请留缉，以靖地方。十月，已革隆林营千总全玉挟该管官游击曾胜揭革之嫌，谋杀其父曾谦，审明，请即行正法，均从之。代理土田州州同郁献琛将行窃未成，贼犯滥刑致毙，奏请革职严审。上命查此外有无任性苛酷之处，因讯出代理迁江县时刑责妇人，以致羞忿自尽，郁献琛遣戍新疆。

道光元年四月，奏获宜山县聚众结会匪犯廖五桂、蓝耀青等宜山有新旧二墟，蓝耀青居新墟，结添弟会，惑众敛财，屡扰旧墟。廖五桂规夺其利,创龙虎会,设"平治大元帅通议司"名目,私雕假印,编造逆示,令富户借给银米,与新墟角。慎畛亲往督办,悉伏诛。时粤西各州县匪徒,结添弟会者甚夥。慎畛饬属严捕,先后获赵兴奇、蒋五益、唐之莪、姚广、王亚喜、邓望受、赵宗义、刘玉陇等,置之法。上以直省摊捐,易滋流弊,命各督抚清查革除。五月,奏言:"粤西地瘠民贫,州县办公经费不敷,不能不酌议帮贴。至穷员苦差,共相伙助,亦所不免。均视缺分之大小,廉俸之多寡,分别定数,尚无亏挪情弊。但各官养廉无多,摊捐不宜常有。减官吏一分之浮费,即留百姓一分之实惠。"报闻。粤西营汛墩房,每届修理,向于各州县养廉内摊扣。积款既多,不免各图省费,迁延不报。慎畛奏查各营房共一千二百四十二所,坍塌者七百有四,酌中估修,需价三万七千馀两。请动支库存文职空缺归公养廉一项,停止摊捐,下部议行。六月,劾代理全州州同王任远滥刑毙命,论如律。

　　二年,擢闽浙总督。三年二月,兼署福建巡抚。延平、建宁、邵武、汀州四府山深地僻,路径纷歧。漳、泉、江、广人租山盖厂,不下十馀万,奸民溷迹其中,勾党结会。又有担匪、丐匪各种,或受雇挑货,中道窃逃;或假名求乞,旷野肆抢;甚至纠集众多,掳人勒赎,商民咸受其害。先经总督庆保奏准于海洋缉匪经费内拨银六千两,为陆路捕盗之用,而州县虑报销驳减,动致赔累,均观望不敢请领,捕务日形废弛。四月,慎畛奏缉拿匪犯,按名悬赏购线,以及兵役饭食、委员薪水,需用浩繁,所拨银数本属不敷,请仍归海洋原款,别于洒羡馀息内,每年一万两由督抚核给,并免报部核销,得旨允行。由是陆续奏获首匪阙春乔、大饭甑等,分别正法。寻劾浙江提督沈天华纵逸乖张,难胜总统之任,命浙江巡抚帅承瀛鞫实,褫其职。九月,奏浙江雨水过多,粮价增长,闽省早收丰稔,台湾馀米可以出粜,请暂停海禁,兼免征税,从之。旋以朝鲜国遭风,难夷赴京,未经派员护送,下部议处。

四年正月,以噶玛兰处台湾极北,负山临海,地势险要,奏改艋舺营游击为水师参将,兼辖噶玛兰,添设都司、千总各一员,外委二员,拨台湾城守嘉义艋舺三营兵三百驻防。七月,以闽安县之琅琦岛为福州门户,岛长三十馀里,居民二千馀家。奸徒私设牙行,招引商船,接赃济匪。奏移闽安协都司、千总各一员,兵二百巡察;十月,奏台湾水陆官兵,令台湾道会同总兵管辖:均如所请。十一月,奏闽省承造金州战船、天津剥船,例价不敷,每岁各道、府、州、县摊垫银五千馀两,请于洒帑内拨六万两生息,以资津贴,免其派捐,允之。十二月,奏:“彰化县所辖水里、埔里两社,系在生番界内,地土膏腴,生番不谙耕作,又无农具,招熟番往垦,因而民人共生觊觎。查生番地界,向以堆筑土牛为限,民人樵采,例禁侵越,虽熟番气类相同,而近来汉民与熟番交契,结姻者颇多,恐借此展转勾引,溷杂难稽;或因生番懦弱,逞强欺占,固非体恤番黎之道。且生番野性难驯,动辄争斗,或致酿成巨案,尤不可不防其渐。现令各社屯弁,将熟番概行召回,请于集铺内木栅二处,设专汛巡防,毋许番民擅自出入。”从之。五年正月,奏明臣黄道周应从祀圣庙两庑,下部议行。

九月,调云贵总督。六年五月,奏贵州古州镇总兵冯联科轻率任意降补都司;贵州郎岱同知司为善侵用官帑,偿铺户积欠,旋因亏空被参,以债主逼挪,禀请追办,经<u>贵阳府</u>知府<u>色卜星额</u>照例追项入官,巡抚<u>苏明阿</u>劾以徇庇妄为,褫职。上命<u>慎畛</u>覆鞫<u>色卜星额</u>,并无惊扰市肆,滋累无辜情事,复其官。是月,卒。谕曰:"云贵总督<u>赵慎畛</u>持躬清介,办事勤慎。由翰林科道出任监司,前在<u>嘉庆</u>年间,蒙皇考<u>仁宗睿皇帝</u>擢授巡抚。朕御极后,简用总督。旋由<u>闽浙</u>调任<u>云贵</u>,方以边陲剧要,特资倚畀。遽闻溘逝,殊深轸惜!<u>赵慎畛</u>着加赠太子少保衔,照例赐恤。任内一切处分,悉予开复。应得恤典,该部察例具奏。伊子户部候补主事<u>赵敦诗</u>,着加恩于服阕后仍以户部主事遇缺即补。"寻赐祭葬,予谥<u>文恪</u>,入祀名宦、乡贤祠。

　　子<u>敦诗</u>,二品荫生,官<u>陕西</u>道监察御史,降七品京官;<u>敦训</u>,<u>山西</u><u>黎城县</u>知县;<u>敦诒</u>,<u>鄌县</u>教谕。

【校勘记】

〔一〕业经交部核议尚未覆奏　"核"原误作"覆",又脱"尚未覆奏"四字。<u>耆献类征</u>卷一九七叶一下同。今据<u>睿录</u>卷一四八叶一〇上改补。

〔二〕仅足敷五六日支放之用　原脱"支放"二字。<u>耆献类征</u>卷一九七叶一下同。今据<u>睿录</u>卷一四八叶一〇下补。

　　胡克家

　　<u>胡克家</u>,<u>江西鄱阳</u>人。<u>乾隆</u>四十五年进士,以主事用,签分刑部。五十年,补主事。五十六年,迁员外郎。五十八年,升郎中。五十九年,充<u>广东</u>乡试正考官。六十年二月,京察一等。三

月,充会试同考官。五月,迁广东惠潮嘉道。嘉庆七年,博罗县有重犯越狱,知县刘嘉桢匿报,克家未行揭参,部议革职。上以克家罪止失察,从宽改为留任。八年,调河南开归陈许道。九年三月,衡工合龙,赏加按察使衔,迁湖北按察使。十一年,迁江苏布政使。十四年二月,兼署江苏按察使。三月,擢刑部右侍郎。六月,授漕运总督。七月,因江苏候补知县李毓昌秉公查赈,被山阳县知县王伸汉毒毙,以自缢捏报。事闻,上以克家时署臬司,此等重案未经指驳,敕部严议。寻照部议革职,留河工效力。十二月,授江苏淮安府知府。十六年正月,迁淮扬道。五月,全漕渡黄,克家随同催攒迅速,赏加一级。九月,擢江宁布政使。十二月,挑筑南河李家楼各工,总督百龄请留克家在工督率,上允之。

十七年,擢安徽巡抚。十八年,因豫省逆匪滋事,安徽颍、亳一带毗连豫省,调兵防守,奏请捐廉协济军饷,得旨俞允,赏加一级。二十年八月,因湖北访获麻城县教匪孙家旺,供出教头李珠、朱元等俱住安徽阜阳地方,克家拿获李珠,究出匪党王三保、徐良璧、张烈文等,分别惩治。奏入,上嘉之。九月,教匪金悰有之徒方荣升等,编造逆帖,遣人散播,经百龄于安徽地方访获。克家以旧曾办金悰有传教之案,至是将馀犯缉获,解交百龄办理,复以失察奏请议处。谕曰:"此案编造逆词首从各犯,皆在该抚所属之和州、巢县一带,该抚未能早行访出查拿,该省从前曾经办理金悰有传习邪教一案,此次散播逆词之人,即其馀党,该抚亦未能先就旧案查核,跟踪躧缉。逮经百龄委员访明,已将首从各犯拿获,该抚始检查金悰有原案内将原拟杖责之朱上忠等二十四犯,悉数缉拿。殊不知金悰有传教之案前已办结,此次方荣升倡造逆谋,其勾结党与甚多,不必尽皆前案拟罪之人。如散帖之严士陇等,皆不在此二十四犯之内。其与知逆谋者,虽前案无名,必应严拿重办;其不知逆谋者,岂能于前案枷杖之上又复加罪?胡克家事前既不能尽心查办,事后徒涉张皇,何不晓事至此?即交部议,亦属虚文,再不激发天良,定治重罪,慎之!现在此案有百龄亲自督审,自能详细穷究,胡克家不必交部议处,着在该省督率各委员,一有百龄审出案内要犯,即迅速捕获,解交百龄归案审办,毋稍疏懈。总之,方荣升谋逆散帖,情罪最为重大,其金悰有旧案并非此案要紧关键。该抚毋庸牵引枝节,以自掩其咎也。”

二十一年四月,调江苏巡抚。九月,以钱粮征解延玩,经户部参劾,谕曰:“江苏各属节年亏空银两,上年甫经厘定章程,未能立限弥补。今本年应征上年新赋,江宁、苏州两藩司所属,又共未完银四十五万馀两,该省上年收成丰稔,断无如许民欠,显系各该州县掩饰挪移,以完作欠。该抚并不据实严参,扶同徇隐。胡克家着交部议处。”旋议降一级调用,上从宽改为留任。二十二年五月,署丹徒县知县杨超铎因京口驻防闲散邬勒兴阿之妾自缢身死一案,超铎串通丁役得赃,致邬勒兴阿亦情急自尽。旋经被控,奉旨将超铎革职严讯,克家复偕两江总督孙玉庭奏请将该革员拿问。谕曰:“此案前已降旨,将杨超铎革职,交松筠、胡克家会同严讯确情,定拟具奏。嗣因松筠回京,该省督抚接办所有案内行贿免验各情形,已据众供确凿,杨超铎恃无质证,狡供不认,该员业经革职,尽可严行刑讯。乃复专折赍奏,请将杨超铎拿问,岂非故延时日,任伊弥缝?实属因循疲玩,可恶已极!此折系胡克家主稿,孙玉庭会衔,胡克家着交部议处。"旋议降二级调用,上从宽改为留任。九月,卒。谕曰:"胡克家供职多年,曾经获咎,经朕弃瑕录用,复擢至江苏巡抚。兹在任病故,无庸给予恤典。念伊母年已八十有七,家无馀赀,着加恩将胡克家摊赔王营减坝未完银二万六千四百两零,悉予宽免,即令其子奉伊祖母回籍侍养,以示矜恤。"

朱勋

朱勋,江苏靖江人。由监生捐纳按察使经历,分发陕西。乾隆五十三年,借补咸阳县县丞。五十五年,升咸宁县知县。五十九年,迁乾州直隶州知州。六十年,擢同州府知府。嘉庆元年,剿灭将军山贼匪,勋在事有功,赏戴花翎。五年二月,升延榆绥道。闰四月,调陕安道。七月,大兵歼净苟文明股匪,勋办理军务出力,赏加按察使衔。八年,授按察使。十年,以秋审罪名失入,部议降调,上加恩改为降五级留任。寻迁布政使。十一年三月,以失察匪徒高种秋等惑众滋事,下部议处。寻议降调,命改为留任。十一月,丁母忧。十四年,服阕,复授陕西布政使。

十八年九月,护理巡抚。疏请建陕西宁陕厅文庙、学署,从之。十月,实授巡抚。十二月,奏言:"岐山县三才峡有匪徒持械掠食,旋窜至盩厔县浊谷河一带,裹胁至八九百人。小王涧亦有贼众三百馀人滋扰。"上命陕甘总督长龄带兵剿办,谕曰:"该匪等借荒歉为词,辄敢纠集多人,肆行抢掠。但一经该抚出示晓谕,该匪等即行具呈申诉,似尚有悔罪之心。朱勋自当再行晓谕安抚,俾匪伙立时解散,不致大烦兵力。"勋寻奏南山匪徒裹胁至三千馀人,各路分窜,势渐鸱张。上命固原提督杨遇春前往,与长龄协剿。长龄未到以前,与勋会商剿办。

十九年正月,上以勋等意存招抚,未能及早扑灭。谕曰:"朱勋久任陕西藩司,擢任巡抚。南山距省甚近,饥民乏食滋事,该抚不能先事豫防。迨焚掠肆扰,又未能立时剿办,意存招抚。其所派招贼之人,旋经被贼戕害。办理种种不妥,亦与温承惠、长龄无异。姑令戴罪自赎,如果粮饷无误,防堵严密,俾大兵得以迅速竣事,尚可贳其前罪;若怠玩贻误,不得宽贷矣。"二月,剿除贼匪净尽,各路荡平。勋偕长龄、杨遇春奏入,谕曰:"朱勋在陕年久,失察匪徒滋事,咎有应得。但念此次贼匪,因陕省兵将远出,始生心滋事。该抚办理军火粮饷,毫无贻误,并在峪口督率防堵。朱勋除将功抵过外,仍着加恩交部议叙。"寻疏陈办理抚恤情形,得旨:"此次南山匪徒滋事,皆由年岁荒歉,饥民无所糊口,因而聚集滋扰。两月以来,就戮累累,虽死者皆系乱民,情形实亦可惨!该抚不可不仰体朕意,妥协经理。"二十年正月,查拿孝义厅滋事匪徒,并究出传教首犯,均即拿获,上嘉之。九月,以捕获传教匪犯师未明,下部议叙。十二月,年班回子伯克沿途行走迟缓,查询经过陕西等处并无护送大员,上以勋因循疲玩,怠忽迟延,下部议处,寻议降二级留任。

道光元年九月,护理陕甘总督。十一月,以华阴县民严文潮故杀一家二命一案,勋拟以斩决枭示,经部依律改拟斩监候,自请交部议处,部议降二级调用,上从宽改为留任。二年五月,以属员承审渭南县民柳全璧殴毙人命重案,乖谬得赃,漫无觉察,经钦差工部尚书文孚、内阁学士辛从益奏劾,谕曰:"朱勋历任有年,于地方人命重案,任听属员颠倒是非,舞弊枉法,负恩溺职,莫此为甚! 必应先行严议。"部议革职,命来京,以四五品京堂候补。十月,赏三品顶带,休致。九年,卒。

子景,刑部员外郎。

曾燠

曾燠,江西南城人。乾隆四十六年进士,改庶吉士。四十九年,散馆,改户部主事。五十一年,丁父忧。五十三年,服阕补官,充军机章京。五十五年,迁员外郎。五十七年,京察一等,授两淮盐运使。嘉庆十年,以失察楚省汉口岸抬价病民,部议降三级留任。上以汉口距淮稍远,咎有可原,准其抵销。十二年,升湖南按察使。十四年正月,调湖北按察使。十二月,迁广东布政使。十五年,洋盗乌石太等被擒,馀党悉降。燠在事有功,交部议叙。

二十年,擢贵州巡抚。奏言:"黔俗苗僰杂处,不知礼义。谨于圣谕广训各条后附以解说,刊发城乡民户,广为化导。"又奏:"屯军自乾隆二年按户授田,护卫苗疆,最为良法。日久旷废,军田有与苗田界址不明者,悉行划拨。拟定章程:一、稽察仓贮,以免续亏;一、移居屯堡,随时编入册籍;一、卫弁应酌定考察举劾之法,以示劝惩;一、各卫小旗散军出缺,归厅员验放,以昭核实;一、屯军原授田亩,应换给新照,以杜隐混;一、各军新垦畸零地土,请免升科,以示体恤。"又奏:"近黔之湖南芷江县六里地方民人,请改归黔省管辖,以免遗误。"均奉旨准行。二十一年,以母老乞养归。寻因广东藩司任内失察所属交代逾限,部议降三级调用,上加恩改为补官日降三级留任。二十四年,丁母忧。

道光二年,服阕。闰三月,授两淮盐政,仍准用二品顶带。五月,奏:"请两淮运库臣前任运司时,于嘉庆十一年清查一次。维时库贮无亏,輖輵之款亦少。迄今已阅十六年,且节年滞销,商本竭蹷,辗转拨垫,纷如乱丝。请以臣到任之日扣起,溯查至前次清查册止,核明悬欠各款若干,未运积引若干,造具清册,依原定年限,按纲分别带征,严催各商请运,庶残积渐清,库款得归实贮。"上是之。八月,奏:"淮北行盐章程,向系三引并为一包。嘉庆二十五年改作两引并包,商力益疲,请仍复旧章。"又请将新盐两引洒带残盐一引合为一包,督各商搭运,以广行销。上俱允行。三年,奏清查各款完竣,并立定章程,下户部议奏。谕曰:"自甲申纲奏销为始,将该年正杂帑利等银,专疏具题,至分带积年银款,亦一律题报。此后必须年清年款,如再新旧牵混积压,惟该盐政是问。"五年,奏汇核淮南北纲食各岸销盐总数,谕曰:"两淮盐务积疲已久,近年以来,曾经严立章程,缉拿枭贩,官引自应畅销。乃此次各岸缺销额盐,尚有二十馀万引之多,岂得以比较道光三年分较数,稍有加增,便可塞责?该盐政务当认真课运,实力督销,以裕国课。"六年三月,以引盐加斤,奏请展限。先是,淮盐每引例重三百六十四斤,因商力拮据,奏准每引加盐十斤,以三年为限,至辛巳纲止。燠以灶产未丰,再请展至丁亥纲为止,从之。

四月,召回京,谕曰:"朕以曾燠前在两淮盐运十馀年,又历任巡抚、藩司,特命以二品顶带补授盐政,期资整顿。朕御极之初,已将每年玉贡折价银两,免其交纳,并免节年玉贡馀银一百六十馀万两。迨曾燠抵任后,又奏请将商捐未解银五百十四万两全行豁免,其馀随时奏请调剂,无不加恩俞允。原冀从此认真清厘,庶盐务日有起色,且令久于其任,俾得从容办理。乃曾燠在任四年有馀,并未能设法整饬,一味因循了事,若稍有天良之人,断不致此!着以五品京堂候补,以示薄征。"七年,引病乞归,奉旨不准给假。十一年,卒。

子协均,内阁中书。

康绍镛

康绍镛,山西兴县人。嘉庆四年进士,分发兵部候补主事。十年,充军机章京。十五年,补主事。十六年,升员外郎。上巡幸五台,绍镛进诗册,赏文绮。十八年五月,升郎中。十二月,擢鸿胪寺少卿。会教匪林清等煽乱,直隶奸民响应,大名民司敬武、马永福等避赴锦州,过山海关,官兵执之,指为逆党,欲借以邀功,刑逼诬服。副都统额勒金布轻听入奏,上命绍镛偕内阁学士文孚往鞫之,得其状,乃劾额勒金布等,并论弁兵如律。十九年二月,迁通政司参议。闰二月,命偕通政司副使琦善诣江苏鞫睢宁监生王玺京控命案,将殴杀王垫之史嘉言依律处罪。七月,迁大理寺少卿,寻外迁安徽布政使。疏言:"皖省各属仓谷亏短,逐款查核,酌议章程,谕确实查明,分别追补。"

二十一年四月,擢安徽巡抚。十一月,以安庆等六府水灾请赈恤,并缓其赋,允之。二十二年四月,请以全椒县知县杨国荣调宣城县,上以国荣曾屡罣吏议,申饬之。九月,以臬司狱囚逸,下部议处。十二月,请鼓励清查仓库局员时,亏帑尚未补完,传旨申饬。二十三年,以太湖等县被水,请缓征,从之。二十四年二月,以宿松县民王金秀被盗劫案悬三载,下部议处。四月,调广东巡抚。十一月,奏归善等县水灾,请赈恤缓征,允之。道光元年六月,召还京。八月,署礼部左侍郎,命偕吏部尚书松筠往浙江谳狱。旋丁母忧,四年,服阕,二月,署礼部左侍郎。三月,授广西巡抚。九月,因审那马司土民黄天保等京控案,请禁革土司科派扰累,并惩土民、土目之逞刁捏控者。寻有匪徒许光勋等聚众拜会,诛之。又奏粤西盗风未息,皆由旧案逸匪潜匿勾结所致。随派文武员弁严缉,获逸犯二百馀名,请鼓励承缉之州县佐杂,上俱从之。

五年,调湖南巡抚。先是,御史贺熙龄奏洞庭湖面请复旧规,委员巡缉,敕督抚查奏。绍镛偕总督嵩孚查勘湖面辽阔,委员实难周遍,且恐地方官恃有委员稽查,转致观望懈弛。请按照界址,责成滨湖州县营汛,各于所辖段内督率兵役,遇有贼匪互相堵拿,并随时遴员往察勤惰。责成既专,巡防日密。可期匪徒尽除,湖面肃清。于六年十月奏入,上从其议。十一月,奏醴陵等县被水,冲坍衙署仓库,筹款修建,应赔仓谷银两,酌议分限赔补,允之。十二月,以起病知县奏请调署苗疆要缺,于例不符,饬之。七年,奏辰沅永靖道辖苗疆距省较远,请将寻常遣犯交巡道勘明转详。上以辰州府距省尚近,命照旧办理,馀许由道审转。八年十月,以醴陵等县被水,请缓征;又屯田被旱,请缓征,并借支储谷济困:皆得旨允行。十二月,奏:"桂阳州属石家岩、长富坪二处铅厂,嘉庆年间定解铅二十五万斤。近来产砂短少,只可采办五万三千斤。请减额办解。"得旨："姑允所请,嗣后仍照部议定额不得短绌。"十年正月,奏屯田被水,丁力不继,请将应运粮船暂停造运,从之。六月,召来京。九月,授光禄寺卿。十一年,京察,谕曰："康绍镛前在湖南巡抚任内,诸事废弛,不能整顿,着降四品顶带休致。"十四年,卒。

子兆奎,正二品荫生、刑部郎中。

陈凤翔

陈凤翔,江西崇仁人。由监生充国史馆誊录,议叙县丞。乾隆五十年,拣发直隶河工差委。五十二年,补直隶新城县县丞。五十四年,升玉田县知县。六月,丁母忧。五十六年,以前在玉田县任失察流犯田自桐逃逸,镌职。五十八年,总督梁肯堂奏令自备资斧,赴丰润营田效力。五十九年,永定河漫口,奏委挑挖引河,工竣,送部引见,奉旨着发往直隶以永定河沿河知县用。嘉庆元年四月,奏补宝坻县知县。十二月,调天津县知县。五年,捐升知府。闰四月,经总督胡季堂奏留本省差委,上允之。六年二月,补永平府知府。六月,擢永定河道。时大雨连朝,卢沟桥一带决口四处,谕令凤翔即赴工次,随同侍郎那彦宝办理堵筑事宜。九月,二十三号坝工合龙,赏戴花翎。十月,北上头工合龙,全河复归故道,交部议叙。九月,请假省亲,上允之。八年三月,回任供职。十月,丁父忧。谕曰："陈凤翔每于差次召对,奏及伊父年老多病,实因身受重恩,现司河防之责,不敢遽请终养。察其情词,甚属真切。兹陈凤翔已闻讣丁忧,殊为可悯! 着于直隶藩库内赏给银二百两,即令回籍,作为料理丧事之费。"

十一年六月,两江总督铁保等奏请发往江南河工委用,得旨允行。七月,因永定河堤工需员经理,上以凤翔办理永定河漫工,本系熟手,仍授永定河道。十月,直隶总督裘行简卒后,署总督秦承恩未经接篆,凤翔奏永定河北岸五工漫口工程已经合龙,并以前任道员朱应荣等在工出力,奏请照例开复,其馀出力各员,奏恳恩施。上以凤翔越分奏请,停其议叙。十三年三月,督办康家沟沙河堵筑合龙,〔一〕上以办理妥速,恩加一级。七月,永定河秋汛安澜,上以凤翔防守得宜,赏加按察使衔。十四年七月,擢河东河道总督。九月,奏:"黄河南北两岸险工林立,前任河臣吴璥奏请于岁料外酌办备防秸麻,以资抢险。臣查水势迁变靡常,工段亦平险时异。与其普添十二厅备防之料以待险工之来,莫若暂储十二厅办料之需以济险工之用;且防料之设原以济岁料之不敷,岂有十二厅均为不足而均险工之理?即有险工尽可先用岁料,俟用剩无多,再为采买;虽价值稍昂,较之各工分贮不急之需,究属稍省。臣察看情形,只须于豫省藩库拨银八万两,以五万两贮开归库,俟桃汛后,计用过岁料若干,酌量添备,或无需丝毫,不准动用。"奏入,命如所请行。

十月,奏:"微山湖水势短缺,来岁重运经行,不敷接济。请导引江境苏家山闸黄水以济运行。"谕曰:"所议启放苏家山闸仍系以黄济运,究非善策。万一湖底渐有淤垫,是目前之获益无多,而将来之流弊滋甚,自宜加倍详慎。着吴璥、徐端会同陈凤翔前往履勘。"寻偕江南河道总督吴璥、副总河徐端奏如前议。谕曰:"此事前经陈凤翔具奏,朕即虑河身淤塞,未可轻议举行,特交吴璥等会议。伊等亦知引黄济运,易滋流弊,仅为一时权宜之计,殊非长策。据云苏家山闸黄水由毛村河纡折归湖,浮沙逐渐澄清,不过湖边受淤。试思湖边既有淤垫,自必逐渐淤及湖身,将来夏令雨水较多,盛涨之际,又焉能保其不挟沙而下？日久湖身淤垫,难以容蓄,必致不能济运,关系匪轻。着吴璥、徐端会同陈凤翔再行悉心详议,或他处另为疏浚,以益湖潴,于来年重运无误,又不致淤垫微湖,方为妥善。"十一月,奏会勘苏家山闸引黄入湖济运情形,并撙节减估挑渠筑坝银两,妥速兴办。谕曰:"既据该河督等会同驰往该处细查情形,悉心筹议,尚不致有流弊,着照所奏妥速办理。于开放苏家山闸后,务使沙泥停于引渠,清流达于湖内,得收澄清去秽之用,以济来年重运。一俟湖水收足,即应将蔺家山坝、苏家山闸迅速妥闭为要。至应需工费,准其于山东藩库拨银八万两,解工备用。"

十二月,因河标游击李永清请补河标参将,经兵部以该员原籍在五百里以内议驳凤翔,仍行奏请补用,上责其非是,申饬之。十五年五月,奏汶河水势微弱,请酌放蜀山湖闸以济漕运。谕曰:"蜀山湖潴水向来俟江、广帮船到境,始行开放。今已先期启闸,将来江、广船来,又何所恃以资接济？因思南河及天津运河现用疏淤器具爬沙,颇有成效。今发去图式,东河亦可仿照行之,未始非疏浚之一助。至利运之道,总以潴蓄水源为主。该督等务当豫筹全局,多潴河湖诸水,庶不致重运过境,动形棘手。"六月,以上河运通判冯召棠启闭失宜,致镇江前后两帮粮船行走迟延参奏。谕曰:"陈凤翔参奏该员启闭失宜,其咎实有应得。殊不知该河督办理蜀山湖济运一事,启放亦属失宜。蜀山湖水本应潴蓄充盈,以备江、广重船到时,用资浮送。今先行启放,将来江、广重船经临,又将如何接济?该河督仍当悉心讲求,多方筹画,俾粮船随到随行,不可坐失机宜,以致延误干咎。"

十二月,调江南河道总督,谕曰:"南河敝坏已久,河湖受病日深,而究其受病之源,皆由底高淤垫所致。盖黄水挟沙而行,非清水不能刷涤;而欲多蓄清水,非堰工坚固不能保无漫溢之虞。此时全河大局,全在蓄清敌黄,去其淤垫,使清水无旁泄之途,黄河绝倒灌之路,方能日有起色。至蓄清要法,则先须修复高堰堤工。所有风掣石工四千馀丈,亟须大汛前一律修整完固,然后有恃无恐。陈凤翔到彼,即速购料兴工,将盱堰工程克期办竣,庶将来清水力旺,不致旁泄,以之刷黄利运,可收专注之功。再此时御黄坝既议堵筑,必当使黄水涓滴不能入运,〔二〕方克有济。夫漕河本属相需,今因利漕先以病河,权其轻重,宁使暂时剥运渡黄,必不可复用借黄济运之计,以致倒灌增病。陈凤翔惟当力持定见,通盘筹画,勿稍游移。仍将河口积淤设法消除,俾河身日低,清水日高,全力下注,因势利导,实为寻源探本之法。"

十六年正月,奏查明河湖水势高低尺寸,并攒办挑运各情形。谕曰:"陈凤翔由知县经朕施恩拔擢,不数年间用至河道总督。伊素能实心任事,朕亦深信不疑。现在简调南河,任大责重。伊到任后,亦自必竭诚经理,图报朕恩。总之,此时扼要机宜,全在'蓄水敌黄'四字。湖水得蓄高之效,始能全力敌黄,黄水无旁泄之时,自必迅流达海。如此,不但以清刷黄,并可以黄刷黄,将来湖水汇黄东注奔流湍急,河槽愈刷愈深,〔三〕则黄水永无壅溃之虞,湖水永无泛滥之虑。即运河之淤垫更当不挖自除,而其办法全在堤堰坚固,多蓄清水,实为紧要关键。所有现在将宝应运河以下四十里挑挖淤沙,及补砌高堰石工,以及酌启御黄坝并豫筹堵备各事宜,均着照所请办理。"

又奏:"自河口至宝应一带应办工程,分别缓急攒办情形:一、添御黄坝外钳口坝一,挑御黄坝内及运口以下河身停淤;一、修运口头、二、三草坝坝门;一、挑宝应至界首河身淤垫;一、加帮运河两岸埽段;一、加培宝应城外及淮关土堤;一、补砌临湖砖石各工;一、挑邳、宿运河;一、堵闭竹络坝,挑坝头下引河,仍盘裹里坝头以备启放减泄。以上皆刻不可缓之工,现已派员分投办理。至里河厅之泾河闸、[四]扬河厅之黄浦闸两厅境内涵洞,高堰大堤后之二堤,皆应次第兴办。"奏入,谕曰:"陈凤翔所奏急办各条,均着照所请行。至其馀所奏次第应办之工内加培高堰二堤一事,前经吴璥条奏,发交廷臣集议,未经准行。高堰保障淮、扬,自须加意筹办。从前碎石坦坡一事,屡经议办,并曾试作有效。只缘临湖取石甚难,钱粮不无多费,是以有分年办理之说。今欲改筑二堤,该堤形制本属卑狭,近数年来残缺过多,恐一时取土更难,尤非可迅速集事。着陈凤翔再悉心体访是否应仍办碎石坦坡,抑二堤筹办土方,尚可不致棘手,通盘筹画,奏闻定议。"二月,覆奏:"体访培筑高堰二堤情形,碎石坦坡之制,工费过繁,旷日持久,且上年试作坦坡处所,大堤仍不免塌卸。至加培二堤,工简效速。今拟于一律加培之外,再接作千有馀丈。"得旨,着即照所奏办理。三月,奏:"海口一带,自大淤尖起三十馀里内,深仅三四尺至六七八尺不等,形势纡回。该处系在拦潮坝以外,上年未能挑挖。此时水浅,溜水太小,不无窒碍。现拟将铁箄、铁扫帚、混江龙疏淤各器具,雇船前往疏浚。"奏入,得旨:"是亦办理之一法,但是否即能疏浚深通、畅达无阻之处,亦着据实奏闻。"闰三月,因粮艘连日行走顺利,上嘉其办理妥速,赏四喜玉扳指、大小荷包。

寻奏催修洪湖石工,并补砌腰洞海漫及补筑掣刷土堤事宜,谕曰:"本年粮船行走尚为顺利,但借黄水浮送,究非正办,总须将湖水潴蓄充盈,能得畅出清口,刷黄济运,方为妥协;而蓄清机宜,全在高堰。现在陈凤翔查催上年坍塌石工,俱次第补修外,复据查有土堤掣刷之处,请一并派员赶办。欲使石工后有倚靠,自应照所请办理。但金汤之固,全在大堤。该总督随时查勘石工,如有须补筑之处,宜加修砌,勿稍怠缓,庶保障更为得力,可以多蓄清水,不虞旁泄。"五月,重运粮船全数渡黄,上以凤翔专司河务,浚导有方,恩加二级。旋偕两江总督勒保奏御黄、钳口两坝已经堵合情形,折尾称海口北岸并无人烟之地,现在堤里外面面皆水,低洼之处水高于堤。所有该处工程,应俟秋间黄水消落时,相机办理。谕曰:"黄水并力东注,方能刷沙,海口始不致壅滞,岂可任其漫溢旁趋? 上年堵筑马港工程,南北两岸新堤系一律培筑,况北岸地势本高,何以转有漫溢之水? 明系北岸堤工疏于防范,又有缺口。该督等前此讳匿不奏,此时始渐于折内透露,殊属粉饰。黄河形势全在海口深通,方无他病。今该处散漫若此,海口正河必致日形淤阻。去年挑挖工程,岂不全归虚掷乎? 究竟该处过堤之水,系由何处漫越,现由何处经行,是否别有归海之路,抑仍绕归正河入海,其经由所在,虽称并无人烟,亦当有确实地方,着该督等即据实奏闻。现在黄河入海之路,舍正河别无他途,应如何赶紧堵筑,将水势挽归正河,使不致海口受淤之处，着即妥筹速办，勿再观望迁延，致滋他患。"六月，奏海口涨水不消，王营减坝土堤因大雨如注，河水增长，陡然坐垫，口门塌开八十馀丈。谕曰："王营减坝于嘉庆十一年冲决后，堵闭口门，接筑越堤，以为保障，即与大堤无异。此次蛰至八十馀丈之多，陈凤翔不能督率厅汛员弁先事防护，其咎甚重。乃本日折内竟视为寻常事件，仅以一奏塞责，并不自议处分，又不将厅汛员弁严行参办，实属负恩溺职。本应革职治罪，姑念陈凤翔到任未久，着先革去翎顶，〔五〕交部严加议处。"部议革职，上加恩改为革职留任。

　　寻偕勒保覆奏王营减坝旁注，实由海口逼紧，〔六〕水无他路可行，致有漫溢之患。将来秋深水落，只须修筑王营减坝。其海口之新堤，请但保护南岸，以为民居田庐之卫；其北岸毋庸修筑，以免逼水之虞。折内援引"乾隆四十五年高宗纯皇帝谕旨"云梯关外不必与水争地"等语。谕曰："从前云梯关外尽系濒海沙滩，无居民村落。此时马港口外现有大广庄、小尖集、响水口、曹家圩、张家庄等各村落，已非从前尽为沙滩可比。若如所奏，将马港口北岸无庸修筑，任其废弃，是使上年挑浚工程尽归虚掷，北岸居民尽付波流。且北岸既废，水势旁泄，设南岸又不能保护，岂复任其废弃，置民田庐舍于不问耶？设水势散漫，不惟海口更淤，即全河亦必势缓沙停，为恶更大，其弊有不可胜言者！即如束水攻沙，亦前人疏浚之一法，又岂可以尽废？且云梯关外正海口及灌河海口情形，前于嘉庆十三年十二月内曾派吴璥、托津等前往查勘，绘图贴说呈览，朕复加阅看马港口以外村落了如指掌。及本日该督所绘之图，只有竹屋数椽，又无村落地名，马港口至小黄河形势,旧图甚为湾曲,此则故为取直,显系意存朦混,希图掩饰不能先事豫防之咎。看来,陈凤翔竟有恃才妄作,轻视要务光景,如果云梯关外无须挑河筑堤,陈凤翔何以前此不行具奏? 并称溜势畅达,上年未经估挑处所刷至十馀里,可见海口并非高仰。陈凤翔并未身历其境,实因北岸业经漫溢,致令海口淤垫,现在束手无策,反以从前挑河筑堤,皆属非计之言,相为抵塞此事。着交百龄会同陈凤翔亲赴海口及北岸湖河处所详细履勘明确,〔七〕应如何办理之处,另行绘图贴说,据实奏闻。"

七月,两江总督百龄奏:"王营减坝现在漫口水势情形,查河臣陈凤翔谓上溃由于下壅,海口不能通畅,系据淮海道黎世序所言;而询之黎世序禀述情形,又似下壅处在倪家滩新堤上下,并非海口高仰之故。"谕曰:"据陈凤翔称海口不能通畅,百龄询之黎世序,则称河身中段积淤三千馀丈,〔八〕其自东洼至海口二十馀里,现尚深通,水深一丈有馀。是陈凤翔、黎世序二人之言已不相同,该处情形非亲身目睹,难以悬断。百龄现已起程前赴海口,亲历履勘,自能得其实据。统俟查明,熟筹妥计,详细具奏。"寻以徐属邳萧厅境绵拐山、李家楼两处,因大风异涨,河水漫堤塌垫,请将专管各员交部议处,并自请严加议处。百龄奏:"查勘海口上年未经挑挖处所,尚俱深通,惟中间复挑之处,转已涸成平陆。询之河兵、土人等,佥称去岁挑河所挑之土,即在河滩堆积;今春黄水漫滩冲刷,土山坍卸,仍淤河内。又挑工尽处之拦潮坝一道,放水时坝根起除未净,以致阻梗水中,黄水泥沙俱为填塞拦阻,停淤特甚。本年凌汛后,淮海道黎世序即屡次禀明,陈凤翔批令俟秋后再行筹办。"谕曰:"陈凤翔身任河臣,本年三月、四月倪家滩一带，既有漫溢之处，即应亲往相度，及早筹办。及该管道员屡经禀请，伊转视为缓图，以致河流不畅，上游漫口，实系该河督因循贻误。且现据奏报绵拐山、李家楼复有两处漫口。陈凤翔着交部严加议处。"寻经部议革任，上加恩改为革职留任。

八月，奏绵拐山漫口堵筑合龙，现在驰赴萧南查勘情形，谕曰："此时李家楼缺口已塌，宽至五十馀丈，水势甚盛，急切亦难以收功。陈凤翔到彼勘明情形，即回至清江浦，协同百龄先将挑浚王营减坝以下河道，并堵筑减坝口各事宜，妥速筹办。"寻因前在东河时，将宛平县县丞加捐布政使，理问张士鉴于未经服满时，调赴河工，奏留东河，以沿河州同补用。部议违例奏留，奉旨，陈凤翔着交部议处，部议罚俸九个月。时因李家楼漫口，河南永城、夏邑、虞城三县被水，江南砀山、安徽宿州以下被灾更重。九月，谕曰："百龄甫任两江，此次河工贻误，于该督无涉。皆由陈凤翔玩视河防，及各工员平日办工草率，以致漫口叠开。本应将伊等斥革，从重治罪，但伊等转得脱身事外，置要工于不问。所有王营减坝以下挑工堵筑事宜，及李家楼以下挑工，着陈凤翔、徐端二人分任其事。陈凤翔等自思此数十万生灵横被淹浸，皆由伊等贻误所致，此时朕不即治其罪，而伊等造此重孽，天地鬼神亦岂能宽恕？朕可欺天不可欺！河员已造重罪，尚不亟思自救耶？此时惟有倍加奋勉，早拯民困，于国法则可稍赎罪愆，于天理亦可稍宽孽报。祸福惟视伊等自择。"

寻偕百龄奏减坝以下至海口淤垫河身，现在兴工挑挖，并筹议分消清水刷河，上命将王营减坝以下与李家楼以下挑工同时并举,并发给长芦备办直隶水利银五十万两、粤东关拨银五十万两,解工备用。寻偕百龄奏请拨银一百五十万两,如所请行。十二月,偕百龄奏长河放水畅行,减坝合龙稳固,下游诸工一律完竣。谕曰:"陈凤翔身任河督,疏于防范。当工程报险之时,经道厅等禀请施工,该河督一味节省银两,坐失机宜,以致漫溢频仍,灾及数省。惜小费而贻巨患,厥咎甚重! 前革去翎顶,姑予留任,已属格外施恩;兹虽著有微劳,尚不足以赎前过。姑念河督职分较大,伊现无顶带,无以资统辖而肃观瞻,着加恩赏给四品顶,带以观后效。"百龄奏查明玩误河防文武员弁,请分别惩办,上以陈凤翔前赴工次未能访悉前情具奏,着交部议处。部议革任,奉旨改为革职留任。

十七年三月,偕百龄奏李家楼大工合龙,长河放水畅行。谕曰:"陈凤翔身任河臣,屡经获咎。此次与百龄同在工次,奋勉出力,着加恩赏给三品顶带,仍交部议叙。"部议加一级,上加恩改为加一级、纪录二次。五月,南粮全数渡黄,上以陈凤翔办理筑坝、济运等事,先期无误,着交部议叙。八月,百龄参奏:"凤翔自李家楼回浦后,安坐衙斋数月,于礼坝要工自四月开放后,并未亲往查勘。迨至六月,水已冲动坝下土石桩木,道、厅节次禀报,始经察看。行至高堰,仍不亲身筹办,仅委游击陈岱堵筑。凤翔复借查陈家浦埽工,远赴海口,至八月初二日始行赴坝。并查河库所发礼坝工银至二十七万七千馀两之多,仍未竣工,清水大泄,下河州县被水成灾。"谕曰:"陈凤翔在河督任内,上年王营减坝及李家楼各工漫口,皆其贻误所致。乃于礼坝紧要工程,不及早亲往筹办,因循贻误,糜帑殃民,此而不加惩创,尚复何所儆惧？陈凤翔着革职，留于河工，交百龄等差委，令当劳苦差使。其礼坝工程所用二十七万馀两，着罚赔十万两，其馀交该督等照数核办。"

时淮安、扬州、海州等属田地受淹，邵伯一带各村庄被水尤重。谕曰："此皆由陈凤翔办理不善，以致湖水旁泄过多，下游民田庐舍均被淹浸。陈凤翔现在河工效力。伊于河工事措置乖方，从前曾任府县，岂地方事务亦不能办理耶？着即令其前赴淮、扬办理灾务。"百龄奏礼坝急难堵合，清水宣泄过多，现办减黄助清，并奏凤翔急于开坝，迟于堵筑，以致办理棘手，请旨严加议处，并自请处分。谕曰："本年李家楼坝工合龙之后，河流畅顺，海口深通，黄河两岸大堤又俱保护平稳，[九]溜势直走中泓。再能清水畅出刷沙，则全河积病渐除，实为南河极好机会。乃陈凤翔不知守蓄清定见，怠玩乖舛，贻误全河大局，殊堪痛恨！着百龄将陈凤翔在礼坝工次，枷号两个月示众。如礼坝刻期堵合，再移往他工。限满疏枷，发往乌鲁木齐效力赎罪。"

十月，凤翔遣家人赴都察院呈诉被参缘由，上命协办大学士、吏部尚书松筠，户部侍郎初彭龄驰往江南查办。十一月，松筠、初彭龄奏查讯情形，前升任淮扬道黎世序禀开智、礼两坝，凤翔与百龄俱经批准，又钳口坝不应早开，凤翔曾经批驳有据。又凤翔查出苇荡营柴束斤重短少之弊，系百龄委用江宁盐巡道朱尔赓额捏称节省朦混，并恐有冒销工本等弊，请将朱尔赓额革职拿问严讯。谕曰："前百龄奏称所采荡柴，俱系坚粗适用。今查明霉湿，且夹带杂草充数，而斤重又大悬绝。是前奏所称节省银四十馀万两，俱系捏词谎报。朱尔赓额以少报多，妄冀邀功，显有弊窦。着革职拿问，交松筠等严鞫。至启放智、礼两坝缘由，黎世序禀请开坝，百龄既有批示，着黎世序呈出百龄所批是何词语，着松筠等查明秉公核办。本年智、礼两坝彼时是否应开，开放后陈凤翔堵闭迟缓，又于获罪辨诉，其咎固属难逭。若百龄前曾批准，迨参奏时，并不声叙，全行委过于人，含混入奏，亦着据实奏参。"

寻松筠、初彭龄奏："审明黎世序请开智、礼两坝，百龄所批有'预筹减泄，甚合机宜'之语。百龄于初参折内，漏未声叙。所参陈凤翔自李家楼回浦后，安坐衙斋数月一款，现经传讯各河员，金称凤翔自三月回浦，往来三闸三坝并御黄坝等处，督催粮船渡黄，又亲赴中河抢险，并到颜家河、汰黄堆等处督工日期，与陈凤翔所供无异。其朱尔赓额因运柴与盐，请放钳口坝原禀，陈凤翔当经批驳。嗣因淮徐道王逢源又禀请开放，百龄始行批准，朱尔赓额办理荡柴，捏词邀功朦禀，百龄毫无觉察，且于原参陈凤翔折内，未将曾据淮扬道禀请开放智、礼两坝批示情节声叙，均有未合。应请将百龄交部严加议处，朱尔赓额发往伊犁效力赎罪。"谕曰："此案陈凤翔所呈荡柴弊混一款，现经松筠等查明，朱尔赓额经百龄委办荡务，捏词邀功，百龄被其欺朦，率以节省帑银数十万，轻改章程，冒昧入奏，已有应得之咎。至启放智、礼两坝，百龄于黎世序禀请开放时，批词有'豫筹减泄甚合机宜'之语，即与陈凤翔批准启放无异。迨后见湖水宣泄过多，欲全委过于人。具奏时并不与陈凤翔合词请罪，辄将陈凤翔严参，仅自请议处；而于曾经批准情节又匿不声叙。且所奏陈凤翔自李家楼工竣后，安坐衙斋数月不赴工次一节，亦查讯在工各员，事属虚诬,百龄陈奏不实,着革去太子太保衔,拔去双眼花翎,准戴单眼花翎,降为二品顶带。陈凤翔于获罪后,遣人赴诉,若所控虚诬,自当加重治罪。今荡柴弊混情形,伊本工竣参奏,因革职呈控全实,馀亦询非虚捏,陈凤翔着即日疏枷,仍发乌鲁木齐效力赎罪。朱尔赓额着在苇荡营枷号三个月,满日发往伊犁。”

十二月,凤翔在清河县地方病故,经初彭龄奏闻,并称伊有上年罚赔山盱坝工及从前摊赔天津海税剥船各款银两,未经措完,请将缴出田房契纸先行估变备抵,馀饬家属陆续设法措缴。十八年二月,谕曰:“陈凤翔罚赔山盱坝工银十万两,除已缴五千两外,尚有未完银九万五千两。现在伊已身故,念其家贫子幼,除将缴出田房契纸,饬交原籍地方官估变抵交外,其不敷之数,着百龄、黎世序查明同案获咎各员摊赔归款;其应赔天津海税并剥船等项银四万四千馀两,本系分内扣抵廉俸,现在亦未扣完,并着温承惠查明照例摊赔完缴。”

【校勘记】

〔一〕督办康家沟沙河堵筑合龙　“沙”原误作“抄”。耆献类征卷一九三叶一八上同。今据国传卷七八叶七下改。

〔二〕必当使黄水涓滴不能入运　“使”原误作“时”。耆献类征卷一九三叶二〇下同。今据国传卷七八叶九下改。

〔三〕并可以黄刷黄将来湖水汇黄东注奔流湍急河槽愈刷愈深　原脱“刷黄”以下至“愈刷”十七字。耆献类征卷一九三叶二一上同。今据国传卷七八叶一〇上补。

〔四〕至里河厅之泾河闸　“泾”原误作“径”。耆献类征卷一九三叶二一下同。今据国传卷七八叶一〇上改。

〔五〕着先革去翎顶　原脱"着先"二字。耆献类征卷一九三叶二三下
　　同。合据国传卷七八叶一二上补。

〔六〕实由海口逼紧　原脱"海口"二字。耆献类征卷一九三叶二三下
　　同。今据国传卷七八叶一二上补。

〔七〕亲赴海口及北岸湖河处所详细履勘明确　原脱"岸"字。耆献类
　　征卷一九三叶二五上同。今据国传卷七八叶一二下补。

〔八〕则称河身中段积淤三千馀丈　"千"原误作"十"。耆献类征卷一
　　九三叶二五上同。今据国传卷七八叶一三上改。

〔九〕黄河两岸大堤又俱保护平稳　原脱"岸"字。耆献类征卷一九三
　　叶二八下同。今据国传卷七八叶一五上补。

清史列传卷三十四

大臣传次编九

伯麟

伯麟，瑚锡哈哩氏，满洲正黄旗人。乾隆三十三年，由翻译生员考取笔帖式。三十六年，中式举人，补兵部笔帖式。四十三年，擢右春坊右赞善，四十五年，转左赞善。四十八年二月，迁右中允，五月，转左中允。五十年，升翰林院侍讲。五十三年，转侍读，充日讲起居注官、咸安宫总裁。五十四年五月，迁詹事府少詹事，七月，升詹事。五十五年，充教习庶吉士。五十六年四月，兼公中佐领。十月，擢内阁学士，兼礼部侍郎衔。五十七年正月，兼镶白旗蒙古副都统。八月，迁盛京兵部侍郎。十二月，调盛京户部侍郎。五十九年，兼管奉天府府尹事务。六十年，缘协领永书擅责巡检管景穆，均请解任质审，上以伯麟袒护旗员，下部严议。寻议降调，上加恩改为降二级留任。

　　嘉庆三年正月，调兵部右侍郎。二月，授镶蓝旗汉军副都统。四月，授**山西**巡抚。四年，以**山西**巡抚例兼提督衔，赏戴花翎。五年，请定口盐、池盐运行界限，不使混入淮、芦引地，下部议行。时方剿办**陕西**邪匪，命调**大同**兵二千赴营协剿。嗣以兵力疲软，且多逃逸，褫花翎。九年二月，京察，以久任封圻，循声素著，下部议叙。五月，上以**晋**省盐务自改归地丁后，盐禁废弛，致蒙古盐乘间侵越，谕**伯麟**筹办。寻奏改归商运，盐价必增，更恐贩运贫民失业，未便议复，至蒙古盐入口，应于**碛石**上下派员严查，从之。

　　七月，擢云贵总督。十年，因前在**山西**巡抚任内失察**大同**镇总兵**恩承阿**侵扣马干银，部议降四级调用，上改为降五级留任。时**缅甸**与**暹罗**属夷**戛于腊**构衅，求助于**顺宁**府属**孟连**土司，土司**刀派功**私率土练往援，遇害，失其印。**伯麟**以**刀派功**祸由自取，勿用兴师问罪，惟印信系天朝所颁，檄令查缴，旋经**暹罗**缴回。先后奏闻，上俱韪之。十一年，**缅甸**遣土目**孟斡**呈请预期进贡，**伯麟**知其为求助地，以非朝廷柔远至意却之。后**缅甸**为**戛于腊**所败，果来乞援，**伯麟**拒弗应。**戛于腊**旋亦败走，**缅甸**兵次**车里**土司界。**伯麟**令守土者戒严，并移文**缅甸**训戒之，缅夷遂退。十三年，**缅甸**四大万头目禀请**九龙江**、**十三板纳**地，**伯麟**以外藩头目不得径禀督抚，饬属驳回，并示以**十三板纳**俱属内地，毋生觊觎，上嘉其得体。十四年，入觐，赏还花翎。十七年五月，**腾越**边外野寨头目**拉斡**纠众焚劫，伤毙兵弁，**伯麟**派员率兵练进剿，野夷将**拉斡**缚献，事平。七月，奏言："边外野夷倮匪乘间抢掠，从前设土练防范，嗣经裁撤。请于**缅宁**、**腾越**等处要隘，照额复设一千六百名,拨给旷土耕种。"如所议行。

先是,僧人铜金从猓犯李文明滋事,后经悔罪投诚,更姓名曰张辅国,充南兴土目。至是,暗招汉奸,勾结猓众,肆行侵扰,伯麟檄调不至,驰赴缅宁督各土司会剿。十八年正月,进逼南兴,破其巢,辅国就戮,边境肃清,得旨嘉奖。二十年,请增设腾越镇马鹿塘、大坝二汛,从之。二十二年,临安边外夷人高罗衣谋逆,胁众至万馀人,在澧社江外肆劫,复率众偷渡,窥伺内地,伯麟驰往,剿平之。谕曰:"高罗衣系临安江外夷民,胆敢纠合夷匪、汉奸,封官僭号,罪大恶极!伯麟未及三月,扫除净尽,调度有方,着加恩赏加太子少保衔,交部从优议叙。"六月,授协办大学士,仍留总督任。二十三年,高罗衣堂侄高老五逃赴藤条江外,纠众抢掠,复渡江窥临安,伯麟驰往剿捕,生擒首逆,歼除馀党。事闻,交部议叙。二十四年三月,京察届期,谕曰:"协办大学士、云贵总督伯麟两次办理军务,均能迅速蒇事,着加恩交部议叙。"二十五年五月,召来京,授兵部尚书,兼正红旗汉军都统。九月,赐紫禁城骑马,充实录馆总裁。疏陈滇、黔边务六事,下云、贵两省督抚议行。十二月,充经筵讲官。

道光元年,授体仁阁大学士,管理兵部。二年正月,调镶蓝旗满洲都统。闰三月,充殿试读卷官。六月,谕曰:"伯麟年逾七旬,素患腿疾。前在云贵总督任内,以协办大学士来京供职。朕御极以来,特加简任,仍令管理部旗事务。因其步履艰难,格外体恤,一切引见差使,有时免其带领。此朕恩礼耆臣之心。伯麟身为宰辅,自当循分尽职。本日召见,议及勾到事宜,据奏将来勾到,尚可调养半月,勉为趋事,至明日御门典礼,即不能进跪御前,因免冠叩首。据称'若放外任差使,不过坐办尚能报效'等语,冒昧已极！伯麟如果自揣精力就衰,即当引疾求退,乃既不辞免,转生出位之思。试思以大学士出就外任,非畀以封圻不可。伊只知督抚之养尊处优,而不知任大责重,以伊衰暮之年,即使加以简任,尚安望其称职无忝乎？人臣进礼退义,原不应窃禄希荣。伯麟竟欲以要君之举,〔一〕坚其恋栈之心,胆大荒谬,莫此为甚！若再事姑容,何以饬朝纲而儆寮寀？着以原品休致。念其清文谙熟,〔二〕仍着充实录馆总裁,并赏给半俸,俾得敬专其事,以示格外施恩。"

三年八月,万寿圣节,驾幸万寿山玉澜堂,赐十五老臣宴,绘图纪事,伯麟与焉。御制诗有"山右、滇南昔受命,今者悬车优礼彰"之句。四年四月,仁宗睿皇帝实录成,赏食全俸,赐银币。八月,卒。谕曰："休致大学士伯麟,自乾隆年间,历任卿贰;嘉庆年间,由巡抚擢授云贵总督,加太子少保衔,协办大学士。朕御极后,授为体仁阁大学士,扬历中外,宣力有年。嗣因年老予休,赏食半俸,仍留实录馆总裁之任。本年全书告成,复给予全俸。兹闻溘逝,殊堪轸惜！着加恩晋赠太子太保,赏银五百两治丧。派大阿哥带领散秩大臣一员、侍卫十员,前往奠醊,并照大学士例赐恤。所有任内处分,悉予开复。应得恤典,该部察例具奏。"寻赐祭葬,予谥文慎。

子穆克德起,山西沁州直隶州知州。

【校勘记】

〔一〕伯麟竟欲以要君之举　"竟"原误作"意"。耆献类征卷三四叶二八上同。今据成录卷三七叶一八下及伯麟传稿(之二五)改。

〔二〕念其清文谙熟　原脱"念"字。耆献类征卷三四叶二八上同。今据成录卷三七叶一八下及伯麟传稿(之二五)补。

富俊

富俊,卓特氏,蒙古正黄旗人。由翻译进士授礼部主事。乾隆四十四年,承袭骑都尉。五十七年,升员外郎。五十八年三月,迁郎中。十月,迁内阁蒙古侍读学士。六十年,迁内阁学士,兼礼部侍郎衔。寻授镶蓝旗蒙古副都统。嘉庆元年九月,调镶白旗满洲副都统。十二月,升兵部右侍郎。寻命为科布多参赞大臣。二年,授兵部左侍郎。四年,授乌鲁木齐都统,赏戴花翎。寻调喀什噶尔参赞大臣。六年,奏喀什噶尔库贮普尔钱九千串,请酌留五千串在库,其馀四千串随市易银,以备内地经费,兼平市价,从之。七年九月,调叶尔羌办事大臣。十一月,调乌里雅苏台参赞大臣。寻奉旨回京。

八年四月,署镶红旗汉军都统。五月,署兵部右侍郎。寻迁吉林将军。八月,调盛京将军。十二月,奏称盛京户部等四部库使,请照京城库使考取之例,由该处两翼应考之官学生内,每翼考取十馀名,咨行吏部注册,遇有缺出,按翼挨名补用,从之。先是,盛京清查民典旗地,勒限一年,准其首报。其旗人首报者免罪,免追典价,民人照例治罪,并追历年租息入官;民人首报者免罪,免追租息,其出典之旗人照例治罪,并追典价入官。如旗民公首者,均免治罪,免追典价租银,仍令民人佃种,三年后将地入官,交原业旗人承种输租。十年,富俊疏称:"自上年九月至今,〔一〕业据旗民呈首者一千六百馀案,应追典价租息不下万人。事阅多年,辗转接典,头绪繁多。该旗民均系穷苦之人,既各将地亩呈首,其应追典价租息,俱不免追呼之扰,且尚有应得之罪,情殊可悯! 请将应追典价租息,并应得罪名,加恩宽免。”得旨允行。十二年,军政届期,谕曰:“盛京将军富俊自简任以来,洁己奉公,办理地方诸务,俱能认真,于所属营伍,亦能勤加训练。前年朕恭诣盛京,祇谒祖陵,又阅二载,该地方情形甚为安贴,自由该将军经理得宜所致。着加恩交部议叙。”

十五年,盛京采参刨夫搀杂秧参,事发,上命富俊查办。富俊取具局员供结,以委无情弊覆奏。寻协领札布札那讦告侍郎贵庆有需索等情,上命户部侍郎英和、候补四品京堂初彭龄往讯,贵庆并无需索情事,札布札那于参务案内,有向该处商人派捐银两等事,一经查拿,畏罪自尽,并查出私种秧参,及局员知情得贿各弊。谕曰:“富俊在任多年,漫无觉察,前于降旨饬查时,仍以委无情弊,冒昧覆奏。该局员等恃有将军为之抵辩,益复匿不吐实。经英和等提证严讯,始将种种情弊全行究出。此案局员札布札那实为罪魁。当英和等查有端倪,奏请将该员等解任时,富俊自应立将札布札那传提送案,讯明得赃舞弊各情,按律定拟,明正刑章,以惩贪黩;乃不即时饬解,致该犯乘间自缢,幸免刑诛。富俊疏纵之咎,尤无可辞! 前部议降三级调用,伊任内无级可降,应行革任。富俊于此案始终回护,获咎多端,着即革职,发往吉林效力赎罪。”

十六年六月,御史韩鼎晋奏关东三省赌风甚炽,上召见内阁学士荣麟,奏称富俊前在将军任内,查拿认真,稍觉敛迹。谕曰:

"富俊前在盛京将军任内,办理参务,因受局员朦蔽,致官参有搀杂等弊。其馀办理地方事件,尚属妥协,严禁赌博,尤属认真。着加恩赏给盛京骁骑校,遇缺即补。"十二月,擢盛京工部侍郎,兼管奉天府府尹事。寻命管理六边边门事务。十八年三月,疏称:"奉天锦州属广宁县向为冲繁疲难要缺,近年生齿日繁,市廛稠密,命盗词讼日多,地广政繁,求治非易。请于新民屯地方添设抚民同知一员,以资治理。"从之。

四月,墨尔根城遣犯韩自有纠众谋劫,黑龙江将军斌静奏劾副都统明德办理张皇,上命富俊往讯,韩自有谋劫属实,明德一闻首告,全行拿获,惟未能审讯明晰,全委之协领巴达尔呼等,严刑拷问,致将案犯拖毙,请交部议处。斌静前至墨尔根城并不会同明德审办,率行指参,亦属不合。上褫斌静职,命富俊为黑龙江将军。十二月,请定内外臣工三年更调,并禁止奢靡,讲求武备,列款以闻。谕曰:"国家简用臣僚,量能器使,其职事修废,必须随时甄核。若概以三年为期,其称职之员方资整顿,何必亟于更调;其不胜任者,又安能曲为姑容待其限满乎? 所奏殊于吏治无裨。至士民婚丧宴劳,自应称家有无,随宜成礼,无如人情竞尚浮华。现侈靡者群相歆羡,转以质俭者为非,遂至贫富相耀,取非其有,靡所不为。敝习相沿,伊于胡底? 着八旗及直省大员,善为化导,使人人知礼让为先,廉耻为重。一切鲜衣美食,缛节繁文,俱无足贵。庶几崇实黜华,风俗人心,可冀日臻淳朴。其兵丁操演弓刀,当以挽强为尚,纵不能悉挽八力以上,若六力则颁诸令甲。着八旗护军、前锋、健锐等营,嗣后挑缺拣选,务以六力弓为合格;其不入格者,毋许滥充。至东三省官兵技艺优娴,实堪嘉予! 俟凯撤回京之日,着御前大臣等会同挑留二三百员名,〔二〕分派京城各处当差,以收相观而善之益。并着每届五年奏请挑送一次,即以此次为始,著为令。"

十九年,调吉林将军。奏称拉林西北双城子一带,地土沃衍,应行开垦,移驻京旗,上命议具试垦章程以进。寻奏先于吉林等处闲散旗人内拣选屯丁一千名,每丁给银二十两、秄种谷二石,于拉林东南夹信沟地方设立三屯,每名拨给荒地三十晌,垦种二十晌,留荒十晌。试种三年后,自第四年起,交粮贮仓;十年后移驻京旗苏拉时,将熟地分给京旗人十五晌、荒五晌,所馀熟地五晌、荒五晌,即给原种屯丁,免其交粮,作为恒产。一切农具、耕牛,分别采买齐备,明春一律开垦。上以所议章程尚属周妥,命如所奏办理。

二十二年,复调盛京将军。先是,盛京每岁秋间奏派侍郎一员,带领官役巡查海口,缉拿私参。至是,富俊以事成具文,奏请停止,上从之。二十三年正月,奏大凌河牧场馀地试垦期竣,勘丈于原垦、续垦十一万馀亩外,尚浮多地五千八百馀亩,均地近海滨,其中硗薄沙碱者多,不能按原议照直隶旗租之例升科,请照养息牧试垦地亩之例,〔三〕每亩征租银四分,作为定额。现存已征谷一千七百八十馀石,准其减价十分之三出粜,价银解交盛京户部,存库备用。"允之。八月,奏议双城堡开垦屯田,并伯都讷围场现有堪种荒田,请饬查明备垦,上命吉林将军松筠妥议具奏。九月,上以盛京将军事务较繁,富俊年老,精力恐不能周,复调吉林将军。十二月,奏吉林站丁典卖与民地一万三千五百六十三晌,请赏给额设站丁八百五十名每名十五晌九亩零,作为随缺工食养赡津贴,上命如所请行。

二十五年五月,奏:"双城堡左右二屯屯丁到齐,比屋环居,安土乐业;又筹议中、左、右三屯应增条款:一、每屯应添井一眼,以裕食用;一、三屯屯丁户婚钱债及争斗讼事,[四]由各佐领呈报协领讯办,人命盗案,报解阿勒楚喀副都统验讯,转咨将军核办;一、双城堡协领处添设无品级笔帖式二员、委官二员,三屯佐领每处添设无品级笔帖式一员、委官一员,以资差委稽查;一、总屯达二十四人,约束屯丁,请给金顶,并月给工食银一两;一、领催兵丁应得赏银,向由将军衙门给发,未免稽迟,请准由管理三屯协领处支存,就近给领。"得旨允准,并谕曰:"富俊于吉林开垦屯田一事,锐意办理。今双城堡所垦地亩已有成效,旗丁视为乐土,纷纷呈请,愿往耕种。其续行筹议各款,亦俱周妥,洵属实心任事,着交部议叙。"寻议纪录二次,上改为加一级。道光元年正月,赐紫禁城骑马。复疏陈吉林屯田移驻京旗闲散章程,谕曰:"八旗生齿日繁,甲饷设有定额,屡经筹议加增,未能大有裨益。惟因地利以裕民食,乃万年之长策。富俊筹办开垦阿勒楚喀、双城堡三屯地亩九万数千晌,现已渐有成效。兹据奏其地可移驻京旗人三千户,[五]酌议自道光四年为始,每年移驻二百户,分为四起送屯。该处豫于道光二年伐木筑室,按户给与房间、地亩、牛具、盘费等项,计画至为周备。均着照所请办理。"二月,请于吉林之荒山子、三道沟等处开采煤窑,从之。二年六月,疏称吉林白山书院教读乏人,请将发遣黑龙江废员马瑞辰改发吉林专司教读,上以所奏谬妄,严饬之。七月,授理藩院尚书。三年八月,万寿圣节,上幸万寿山玉澜堂,赐十五老臣宴,[六]富俊与焉。

绘图纪事,御制诗有"勤劳三省心益壮,不凋松柏岁方长"之句。
十月,复赏戴花翎。

四年二月,复授吉林将军。六月,奏请每旗屯适中之地,建
设义学,并严禁该屯丁冬令过江樵采,得旨允行。又奏:"议双城
堡移驻京旗章程四条:一、京旗闲散有愿赴双城堡者,着各旗于
十月报齐户部具奏,十一月初即知照顺天府尹、直隶总督、盛京
吉林将军,正月初十以前定期启行,地方官计程筹备;一、移驻京
旗,大都无力觅工,请将户部应发银两,俟抵吉林后,由将军衙门
备用银两项下发给,作为雇工之用,俾得全获地利,其荒地五晌,
亦可随时开种;一、弹压大臣改派年班,仍令地方官随同护送,给
与车辆,分段递送;一、每年应修住房百所,于本年冬间备料,以
省运费。"上嘉纳之。十一月,疏称:"吉林伯都讷开垦屯田,曾
经奉旨俟双城堡获有成效,再行议垦。兹双城堡三屯办理完竣,
移驻京旗,视为乐土。伯都讷围场计二十馀万晌,荒芜既久,地
甚肥饶,且可敏于成功,俭于经费,较之双城堡事半功倍,自应及
时筹备。"上命如所议办理。

五年二月,奏:"吉林为我朝发祥之地,俗厚风醇,八旗臣仆
皆当以国语骑射为重。骑射而外,当教以清、汉文艺,使知义方。
请赏发书籍、清文条例,以扩见闻。"从之。先是,部议双城堡移
驻京旗闲散,只身不准算户,将房间、牛种、器具给予半分。上命
富俊体察情形,据实具奏。寻奏:"只身闲散到屯种地,无人炊
爨,照看门户,并恐举目无亲,随意游荡。且每户应得房间等物,
分作半分,不能适用。应将只身闲散不必拘有妻室,只有父母子
女或伯叔兄弟等,情愿同来者,二三口均准算户,照奏定章程给

予全分。"上命如所议行。六年正月，谕曰："吉林将军富俊筹办双城堡移驻屯田事宜，妥协周详。现在移驻各户，安居乐业，京旗人等闻信愿往者益多。该将军经理其事，不避嫌怨，尽心宣力，着有成效，深堪嘉尚！着加恩赏给太子太保衔，以示优奖荩臣之至意。"三月，奏称拉林向未设有防御及笔帖式办公之员，请于宁古塔防御十二员内移拨拉林四员，其关防办事无品级笔帖式二员，即于拉林领催甲兵内拣选添设，从之。五月，奏请双城堡移驻京旗，每一旗五屯，再添总副屯达各六名，以资稽查，从之。又奏："吉林副都统年班进京，例应每年二员，如遇将军年班，副都统亦来一员，长途往返，耽延时日。署缺之员未免意存推诿，殊于公事无裨。请自本年为始，如值将军年班，副都统即无庸进京；如值副都统年班，亦只须轮替一员来京，以重职守。"上是之，如所请行。

七年七月，授协办大学士，命来京供职。寻兼理藩院尚书、镶黄旗汉军都统，充经筵讲官、阅兵大臣。十一月，署刑部尚书，西陵读祝官达桑阿等控告主事喀勒冲阿冒领钱粮，私自侵用，上命富俊偕侍郎英瑞前往易州查办，鞫讯得实，拟结如律。八年正月，京察届期，谕曰："富俊年已八旬，精神强健，办事照常。前在吉林将军任内，宣力有年，公慎勤勉，克称厥职，着交部议叙。"是月，奏称："近日京师外省风气，竞尚浮奢，官员兵丁人等，一切冠履服饰，以及冠婚丧祭等事，载在会典，具有品级等差。因卷帙浩繁，民间不能家有其书，遂至任意逾制，互相夸耀，于风俗人心大有关系。"谕曰："厚生之道，首在崇俭，惟承平日久，生物滋丰，以致踵事增华，风俗日形奢靡。朕御极之初，曾经降旨，谆谆垂诚,期于返朴还淳。乃奉行不力,日久仍成具文。如富俊所奏,[七]近日京师外省风气,竞尚浮夸,较前更甚。所谓奢不见诘,转相高尚,无有穷极,诚不可不防其渐。着内外各衙门将民间应用服色,及冠婚、丧祭仪制,悉照会典所载,刊刻简明规条,遍行晓谕。"二月,署户部三库事务。八月,署工部尚书。上谒陵,命留京办事。九月,调镶红旗满洲都统,兼署镶蓝旗汉军都统。

九年二月,奏请旗营设立官弓,拣选时统较弓力,核实挑取。先经值年旗议驳,上命另行妥议,并将管理值年旗王大臣等严加申饬,寻复议准。七月,奉旨:"富俊年逾八旬,着于理藩院及该管旗分加班奏事引见之日,不必来园,即在本衙门办事,以示优眷耆年至意。"是月,盛京锦县武童姜殿魁以该县知县傅钟璆借差苛派,赴京呈控,上命富俊偕侍郎裕恩往谳之。寻奏讯明锦县差务,[八]向于铺户借用银钱垫办,傅钟璆按照旧章,尚无勒派侵渔情事,惟于县署设席邀请铺户,实属办理不善,请旨交部议处。十月,奉旨:"协办大学士、理藩院尚书富俊年逾八旬,着于该管旗分衙门应行带领引见之日,俱免其带领,以示体恤。"

十年二月,上以盛京将军奕颢有演戏宴会之事,命富俊偕侍郎保昌前往详查,得实,将奕颢严加议处,命富俊暂署将军任。五月,奏拟移驻盛京宗室眷属回京章程,上是之。八月,署都察院左都御史,充崇文门正监督。十一年二月,上谒陵,命留京办事。七月,命偕内阁侍读学士赛尚阿往查吉林将军福克精阿被控各款,讯实,褫福克精阿职。八月,调工部尚书。十二月,授东阁大学士,管理理藩院事务。命嗣后御门办事,富俊免其入班。

十二年二月,上谒陵,命留京办事。四月,充殿试读卷官。五月,请将严禁僭用服色条款,出示晓谕,并请饬步军统领、顺天府、五城严拿僭用服色之人,按律治罪,将服物入官,奖赏捕役。又请一二品文武大员赏给家人虚金顶,或一或二。谕曰:"国家尚俭去奢,原所以挽浇风而臻上理。然亦须化之以渐,若一味束缚驰骤,尚复成何政体?富俊前请申明旧例,严禁僭用服色,业经降旨准行。此次复请将条款出示晓谕,朕详加披阅,亦属会典所有。至请饬严拿违禁服用,〔九〕用者治罪,并请剥拔入官,以备变价奖赏捕人,〔一〇〕则是开棍徒讦告之风,而启吏胥扰累之弊。所请一品文武大臣赏给家人虚金顶二个、二品文武大臣赏给家人虚金顶一个,尤属非是。惟名与器,不可假人。此辈地处寒微,不过给使令之役,即大为防闲,犹恐其倚势作威,若准其戴用金顶,何所顾忌,必至恃符滋事而后已。其所称窒碍观瞻之处,实属自相矛盾。所奏断不可行。"

六月,奏称年力就衰,并因天时亢旱,奉职无状,恳请休致。谕曰:"秦汉以来,往往有因灾异策免三公之事。诗、书不载,唐、虞、三代固未之闻。我朝设立大学士,即古之三公,居是职者,亦未尝因水旱愆告,陈情乞罢。大学士赞治纶扉,当此恒旸不雨,宵旰焦忧,尤当实心为国,佐朕勤求治理,以冀默感天和,何事遽求引退,自即便逸为耶?至奏称年已八旬有四,精力衰迈,试思满、汉诸臣擢用为大学士者,虽不尽论年资,亦必扬历既久,宣力有年,年齿虽高,朕方倚畀,而臣下转藉词乞身,亦非以诚事君之道。此端断不可开!富俊自请休致之处,着不准行。"十月,盛京商人有买卖空粮一案,经署将军奕颢讯明奏结,寻兼管奉天府府尹裕泰等参奏奕颢审奏与案情不符,上命富俊偕内阁学士赛尚阿前往讯办,得实,拟结如律。十一月,授内大臣。

十三年三月,奏请各部院衙门条例,定拟画一,俾知遵守,上命如所请行。七月,奏请严禁陋习以端仕进,谕曰:"国家乡会两试,原系求贤大典,其主考、同考各官,特经简派,于文艺之优劣,即可知其品学之高下,使得士皆砥行立名,方合以人事君之道。在获中者,感主司知遇,拜认师生,原属例所不禁。衡文者总当以品学相规,不得徒以恩情相接,若如该大学士所奏,科甲所认师生,凡遇一切事件,无不暗为关照,及门生外升道、府、州、县,于师生同年处所,必须留赠银两,名曰别敬。以致不计利息重轻,甘受奸商盘剥。是服官之始已负重累,尚安望其能清白自守,克为廉吏耶?至在京部院司员,经堂官保荐京察,简放外任,及外任各员,经督抚保举,皆当秉公遴选,务在得人。其拜认师生,久经严禁,倘以保举为市恩酬报地步,是受爵公朝,拜恩私室,此风断不可长!嗣后内外臣工于考试所取之士,及保举所属人员,务当破除情面,力挽颓风。如有仍前馈送别敬者,一经发觉,定予严惩,决不宽贷。"

十月,上以富俊年逾八旬,命无庸进内大臣班,秋审勾到日期,亦免其入班。十四年正月,上以富俊年逾八旬,前在将军任内宣力有年,简畀大学士,耿介公勤,克称厥职。赐紫禁城内乘坐车轿。时届京察,谕曰:"大学士富俊宣力有年,公勤清慎。年已八十有六,精神颇健,洵为盛朝人瑞!着加恩交部议叙。"二月,卒。谕曰:"大学士富俊性情爽直,不尚繁华。前在将军任内,宣力有年,迨入赞纶扉,清慎公勤,克称厥职。朕因其心地朴诚,精神矍铄,叠沛恩施,深资倚任。昨因病请假,旋请开缺,当经赏假一月,俾得安心调理。特派员前往看视,方冀速就痊愈,获享期颐。遽闻溘逝,深为悼惜！着赏给陀罗经被,派成郡王载锐带同侍卫十员前往奠醊。朕回銮后,于三月十七日亲临赐奠,并加恩晋赠太子太傅,入祀贤良祠。赏给广储司库银二千五百两,经理丧事。所有任内处分,悉予开复。应得恤典,着该衙门察例具奏。"寻赐祭葬,予谥文诚。三月,奉旨:"富俊之子一品荫生恩成,着俟服阕后,加恩以六部员外郎即补。"

【校勘记】

〔一〕自上年九月至今　"今"下原衍一"年"字。耆献类征卷三九叶八下同。今据富俊传稿(之二八)删。

〔二〕着御前大臣等会同挑留二三百员名　原脱"员"字。耆献类征卷三九叶一一上同。今据睿录卷二八〇叶一四下补。

〔三〕请照养息牧试垦地亩之例　"牧"下原衍一"放"字。耆献类征卷三九叶一二上同。今据睿录卷三三八叶三上及富俊传稿(之二八)删。

〔四〕一三屯屯丁户婚钱债及争斗讼事　原脱"一"及"讼"二字。耆献类征卷三九叶一二下同。今据睿录卷三七一叶二下及富俊传稿(之二八)补。

〔五〕兹据奏其地可移驻京旗人三千户　"其"原误作"旗"。耆献类征卷三九叶一三上同。今据成录卷一二叶八上改。

〔六〕上幸万寿山玉澜堂赐十五老臣宴　"上幸万寿山"原误置于"宴"字之下。耆献类征卷三九叶一三上同。今据富俊传稿(之二八)改正。

〔七〕如富俊所奏　原脱"如"字。耆献类征卷三九叶一五下同。今据成录卷一三二叶三一上补。

〔八〕寻奏讯明锦县差务　原脱"奏"字。耆献类征卷三九叶一六上同。今据富俊传稿(之二八)补。

〔九〕至请饬严拿违禁服用　"用"原误作"色"。耆献类征卷三九叶一七上同。今据成录卷二一一叶一五下改。

〔一○〕以备变价奖赏捕人　"价"原误作"卖"。耆献类征卷三九叶一七上同。今据成录卷二一一叶一五下及富俊传稿(之二八)改。

孙玉庭

孙玉庭,山东济宁州人。乾隆四十年进士,改翰林院庶吉士。四十二年,散馆,授检讨。四十五年,丁母忧,四十七年,服阕。四十八年,充广西乡试副考官。五十年,大考二等。五十一年,京察一等,授山西河东道。旋丁父忧,五十五年,服阕,选广西盐法道。

嘉庆元年,升按察使。二年,黔省仲苗不靖,地接粤之西隆州。玉庭随疆臣赴剿,兼治兵饷。事平,叙功,赏戴花翎。四年三月,迁湖南布政使,寻调安徽布政使。五月,调湖北布政使。命密察安襄郧荆道胡齐仑克扣军需,前藩司祖之望扶同徇隐。玉庭以实入告,得旨嘉奖。六年,以军犯书德发遣广西,求书嘱安置善地。案觉,事涉玉庭,部议夺职,上念其平日官声尚好,改革职留任。寻以楚省撤兵善后事宜办理妥协,加恩赏四品顶戴。时湖北常平、社、义诸仓节年碾支八十馀万石,远赴邻省籴补。玉庭以经费既难议加,缓急尤恐失恃,请循旧章于本地富户,分年采买,从之。

七年,擢广西巡抚,复二品顶戴。会安南阮光缵为农耐、阮福映所逼,叩关求内避,命玉庭驰赴广西会议。比抵桂林,福映已灭光缵,遣使纳款,玉庭以夷情恭顺,代为奏请,得旨允准。八年正月,福映以其祖居越裳地,本号南越,请即以名国,上不许。三月,福映复请,玉庭奏言:"福映先有越裳古地,继有安南,若号以越南,则百越之外皆夷地,既与两广地名有别,而于肇锡嘉名之中,仍存其旧;既于国家体制得宜,而又不致稍开边衅。"允之。八月,谕直省仓库各陈短绌实数,玉庭覆言粤西库帑无亏,仓谷已补完实贮,有旨嘉奖。

十月,调广东巡抚。粤中海盗、土匪,积年为商民害。玉庭抵任后,获巨匪杨亚盐、郑亚订等九十馀人,会匪关念宗等八十人,置之法。先是,雷州盗首郑一、乌石二等劫掠洋面,戕害弁兵,命与总督倭什布筹议堵剿。九年八月,奏言:"洋匪来往无常,兵船分则势单,合则顾此失彼,且外洋捕盗,全凭风信,非如陆路用兵,步伐止齐,可以决胜。故从古治海疆者,有海防而无海战,应以添驻兵丁、严守口岸为第一要务。"谕曰:"注意防守为保护之计,不为无见。但所谓海防者,非竟置舟师于不用,仍应责成营员于海面梭织缉捕,与防兵互相接应。"

十一月,仍调广西巡抚。时广东潮阳郑、马二族,争地仇杀,玉庭督获凶徒四百八十馀人,问拟如律;又故金乡令孙映辉、生员林哲庇族械斗,奏请褫职,科罪有差。十年四月,以巨盗李崇玉逸,自请严议,上以迟疑逗遛,咎在镇臣,特旨宽之。

六月,复调广东巡抚。以失察南海、番禺令逮系无辜,镌三级。时总督那彦成招抚洋盗,给投首之袁阿明、林亚发等顶带、银两。玉庭疏言:"海盗投首,多系购线招致,并非真心悔罪。今置盗罪不问,而加以顶带重赏。兵丁备尝辛苦,欲拔一外委未可得,盗则骤得千把总、顶带候补,恐失兵民之心。"命解那彦成职,按治之;复以那彦成演剧宴饮,玉庭与同城,未劾,镌三级留任。十一年正月,以咭臣洋船来粤求通市,玉庭未察情伪,率令回国;又奸民林五通盗济匪,未与督臣会鞫,辄先决囚:均下部议,镌级。二月,奏潮、高、雷、廉四郡秋审,请由巡道勘转,允之。十一月,上以吴川、遂溪为洋盗泊舟之所,东海土饶地僻,尤易藏奸,命疆吏筹法肃清。十二年二月,玉庭奏吴川、遂溪入港处,有狮子球、激沙二门应堵塞,再建炮台防守,得旨勖勉。十月,御史郑士越以粤东吏治废弛,列款条奏,上命严核惩治,并以玉庭不加整顿,传旨申饬之。

　　十三年九月,英吉利兵船驶入澳门,玉庭与总督吴熊光商令英船退出,乃许贸易。上以边疆重地,洋人辄敢心存觊觎,不此之虑,而惟鳃鳃于数十万税银往复筹计,懦弱不知大体,严饬之。十月,调贵州巡抚。十一月,以英吉利兵船前入澳门时,吴熊光不亲往驱逐,玉庭未经劾奏,镌四级。十四年四月,请裁贵州普安县土把总,安顺府属土千总、把总、外委等六员,五月,请裁贵州兴义县千总,均从之。寻以两广总督百龄劾吴熊光于英吉利入澳门事,逾月始奏,诸形畏葸,玉庭不以实入告,罢归。九月,上五旬万寿,玉庭来京祝嘏。谕曰:"孙玉庭前办英吉利一事,近询之韩崶,据称玉庭曾力劝吴熊光迅速入奏,熊光不听其言,伊不行参劾,失之软弱,尚非重咎。着赏给编修,在文颖馆行走。"

十五年，赏三品顶带，授云南巡抚。十一月，偕云贵总督伯麟、云南学政汪润之奏请于昭通府学加额取进文生二名、武生二名，增设廪、增各四名，蒙自县学加额取进文生三名、武生一名，白盐井学添设廪、增各四名，下部议行。十六年三月，奏改云南大理府同知为东川府巧家同知，宾川州赤石崖巡检为普洱府他郎厅知事。四月，以玉庭视事一年，小心无过，命复二品顶带。旋以前在湖北布政使任内，失察书吏陈文俊等夥用假印给照，部议降二级调用，上加恩改为革职留任。十八年，兼署云贵总督。二十年，调浙江巡抚。

二十一年五月，升湖广总督。十一月，调两江总督。二十二年五月，给事中陆泌奏江苏运漕旗丁于兑费外，复有借索，上命玉庭酌定章程。九月，奏言："江南漕粮大要在恤丁除弊，欲禁州县之浮收，先杜旗丁之苛索；欲减帮船之浮费，先恤丁力之积疲。应恤丁者，一在无屯田之赔垫，一在无漕委之滋累；而弁丁刁难州县者，一在无故停兑开行，一在勒措通关米结。请筹款生息，津贴无屯之丁，减省漕委，以杜扰累，并令州县于兑竣时，以兑单先呈粮道，饬令即出米结，不得过五日限。"命如所议行。十一月，劾历任江都令亏帑，上嘉其破除情面，实力整顿。二十三年四月，山东巡抚陈预以修造战船，木料产自江、浙，请由南省成造，运送来东。玉庭奏言："江苏战船木料，远赴闽、浙采购，厂员赔累已巨。若将山东营船改归江苏分造，无论各员赔累难支，且物料并非产在江南，工匠于山东海船亦非所谙。请令东省照例自造，以专责成。"上是之。

六月，奏准南河稭料江柴湖芦涧溪石价，俱酌减一成；又奏定江西缉私章程,赣县磨角驻缉之通判移驻攸镇,安仁县蓝桥原派武员改驻长塘蓝桥一卡,改委安仁县县丞驻巡,新城之杉关金溪之许湾等处委员,向止驻扎一处,私枭得乘间抵隙,令轮流带兵四处游巡,南康府属之青山为淮盐入江门户,由省按季派委丞倅,督率该处巡检稽验,并防粮船夹带私盐,于湖口县之梅家洲、北姑塘,分别设卡,派委员弁查放。九月,奏湖北宜昌府盐捕通判分销淮盐,向止有缺销罚扣薪水章程,请定惰销处分,俾有专责,并令宜昌镇派弁督兵会同缉私;又奏江苏东台漕粮米少船多,请改归兴化、通州、盐城三所分装,以节糜费:并从之。二十四年正月,奏编查保甲章程,谕曰:"言易行难,言果符合,何患丛脞? 勉之!"

　　闰四月,以沿途驿站劳费,请将岁解棕毛,改由水路运京。十一月,请拨太湖营千总一员移驻徐州丰汛,增置丰汛额外外委一员。丰汛原设经制外委移驻赵庄集,原设把总移驻蟠龙集,夏镇外委移驻双沟集,增马良集经制外委一员,杨家集经制外委一员,裁提标五营暨太湖、福山等六营兵七十名,添赵庄集兵三十九名,蟠龙集、双沟集、马良集、杨家集各三十名,均如所请行。二十五年六月,以违例将在籍守制道员严烺奏补徐州道,革职留任。八月,命加太子少保衔。九月,请增培黄河堤岸,以工代赈。十月,奏:"狼山统辖外洋内河,为东南重镇,出巡弁兵资粮,营中无闲款津贴。查通州之小西洲新涨沙地四千三百亩有奇,恳拨归镇营,俾资垦牧。"皆允之。又奏缉获海州匪徒胡大成等首伙多名,得旨褒嘉。

　　时奉谕清查各省陋规,并谕令督抚等明定章程,立以限制,以期久远可行。玉庭奏言："自古有治人无治法,如果一省之中,督、抚两司官得其人,则大法小廉,断无虞所属苛取病民;倘不得其人,则习为逢迎朘削,虽立限制,仍同虚设,弊且滋甚。各省陋规,本干例禁。语云:'作法于凉,其弊犹贪。'禁人之取,犹不能不取;若准人以取,则益无顾忌,势必竭民脂膏而后已。迨发觉治罪,而民已大受其累。府、厅、州、县禄入无多,自昔以来,即不能不借陋规以充办公之需,然未闻准其加取于民,垂为令甲者。诚以自古无此制禄之经,且不可于常禄外别开取利之门。是清查徒滋纷扰,尤失政体。乞停止查办,则天下臣民幸甚!"疏入,奉谕:"查阅所言剀切详明,此事不但无益于民生,抑且有伤于国体。着即明白宣示各督抚,停止查办。惟在各大吏正己率属,奖廉斥贪,如有苛取病民之事,立加参革厘正,则吏治澄清,民生日臻饶裕矣。"先是,泾县民徐飞陇被创,死于他人门口,有司以假伤图诈成谳。尸属徐玉麟诣京讼冤,自戕刑部门外,特命玉庭亲鞫之。玉庭廉得正凶,审拟如律。上嘉其不辞劳瘁,不避嫌怨,使数年不白之冤一旦昭雪,卒成信谳,交部优叙。

道光元年二月,请停淮南北口岸盐斤加价,略言:"盐务疲敝之端有四:一、积引过多,一、库储过绌,一、成本过重,一、商力过乏。其故总由私盐充斥,惟减价乃可敌私,销引方能裕课。"章入,上命通盘筹议,复言:"正本清源,必自轻减成本始。前因南河工费加价三厘,今工竣已久,应将三厘减除。"从之。寻授协办大学士,留两江总督任。三月,入觐,上语及淮盐引壅课绌,命筹议疏销。玉庭请变通楚岸轮转之法,略言:"楚省汉口为淮南售盐总岸,向来盐船到岸,听商店行贩随时交易,是以年年畅销。

自乾隆年间盐道保定立封轮之法，凡盐船运到，即由盐道加封，按到岸先后挨次轮售，商情不便，私盐得乘间侵越。因胪陈六害，请改复旧章。"得旨："委曲详尽，深合机宜。"六月，奏准淮安、徐州二府改题缺。玉庭之议漕务也，以帮费不能尽裁，陋规不能尽革，浮收不能尽去，奏请酌定限制，八折收漕。寻御史王家相奏言事类加赋，上命玉庭悉心体察，不可回护前议。会户部侍郎姚文田、汤金钊皆陈其弊，得旨，着有漕各督抚通饬所属杜绝浮收，以清其源，裁革陋规以遏其流，务须官民旗丁均免扰累，以肃漕政。十月，奏准江西南赣各属秋审及军流人犯，归巡道核转。寻兼署江南河道总督。十二月，玉庭七十生辰，御书"平格延釐"额、"抚循南国宣猷远，协赞黄扉受福多"联句，并服物赐之。以擒私枭李克标首伙，并仗头严兴鲁等数十人，获兵器私盐无算，得旨嘉勉。

二年正月，京察，上以玉庭整理地方，察吏安民，克副封疆重任，下部优叙。二月，奏民间私造鸟枪，立限收缴，申明例禁，酌免处分。又奏泰兴营汛官少兵单，请循旧章置把总二员，增置外委一员、兵丁四十五名，以资巡防。三月，请疏浚铜山境内荆山桥河道。四月，奏三省交界营汛酌定会哨章程。六月，奏淮北收买馀盐改运章程。均如所请行。又奏酌立减黄河埝修守章程，得旨，准于峰山河埝紧要处所，添设千总一员、协防二员、效用二员、河兵一百名，其天然闸河埝着设把总一员、协防二员、效用二员、河兵一百名，并筹备岁修经费银四千两，存储府库，酌发千把总承领，责令随时督率协防兵夫周历防护。七月，河南新蔡教匪朱凤阁与安徽阜阳教匪邢名章，自新蔡起事，突入安徽颍州境。

玉庭饬属剿捕，不及旬日藏事，上深嘉之。九月，以秋汛安澜，下部议叙。十月，酌议变通堵缉邻私章程：一、原设巡卡，请分别裁并增设；一、文武员弁，请核实考定功过；一、员弁巡费，请按获私多寡，分别扣发；一、严禁私枭，请先指拿窝囤；一、兵役缉拿大夥私枭，请准酌带鸟枪：下部议行。又奏山阳、盐城等县应疏河道，恳借款挑修，允之。十一月，奏获洋面逸盗张扣二，并贩私各犯八十馀人，暨船只、兵器，得旨嘉奖。十二月，奏江都县瓜洲河道淤塞，请拨款疏浚。谕曰："果于水利民生有益，何吝多金？总在认真经理也，勉之！"

　　三年正月，以衰老辞职，上鉴其公诚，慰留之。三月，请筑宿北厅夏家马路，并筑土坝拦截，相机启放；又奏徐州属减黄河堰，请分别让地挑筑；又请修培砀山护城堤工：均如所请。寻以巨枭穆凤林、刘忠信、杨三冈、宋五、张建礼等先后擒治，上并嘉之。是月，又奏狼山镇属掘港营所辖林家墩滨海要隘，距营百数十里，仅设防兵三十名，不足弹压，请增置千总一员、外委二员、战兵五十名，下部议行。五月，请将江南苇荡右营草地仍改归旗丁垦种；又奏淮、徐、海三府州属秋审及军流徒犯，请归巡道勘转；又奏骆马湖官民滩地，分别蓄草收租章程。六月，奏颍州府属阜阳、亳州，凤阳府属宿州与河南接壤，时有红胡等匪窜入，请将凤颍捕盗同知移驻阜阳之艾亭集，作为抚民总捕同知，宿州时村集增置巡检一员，并于艾亭集、方家集暨亳州之减种店、张村铺，宿州之时村集、夹沟驿，各增置外委一员；并请添颍州营存城兵五十名，艾亭集四十名，鲖阳城、方家集各二十五名，减种店、张村铺各十名，夹沟驿十名，以重巡防。

七月,奏云骑尉、恩骑尉世职,三年甄别,距总督驻扎处远者,请由本省巡抚或提督就近考验,其附近总督镇协各营有隶提标者,径送总督考验,以省劳费,得旨允行。八月,万寿圣节,幸万寿山玉澜堂,赐十五老臣宴,玉庭与焉。绘图纪事,御制诗有"封疆重寄廉兼干,平成奏绩庆河黄"之句。九月,奏获邻省逃匪端金陇,审拟如律。十月,奏获海州盐枭张从云等三十馀人,又获玉富林等四船私盐万馀斤。谕曰:"卿督率认真,尽心公务,文武员弁,莫不用命,可嘉之至!"又奏河道今昔不同,请将原设仪征拦潮闸税口移驻新城镇,得旨允行。寻报秋汛安澜,上以伏秋雨水过多,叠见盛涨,玉庭督率员弁抢护,不遗馀力嘉之,并下部议叙。十一月,奏清河县水陆冲途,请裁淮安府检校,另于清河涧桥置巡检一员,就近稽察。十二月,奏:"龙江淮关章程六条:一、商贩到关,验放宜速;一、扦量货物宜平;一、保家钱户宜革;一、绕越偷放宜惩;一、胥吏捎单,查察宜肃;一、看关家丁,选派宜慎。"均如所请行。

四年正月,复署江南河道总督。二月,奏河势渐弯,请挑直引,从之。三月,给事中朱为弼奏海口下流壅塞,上命玉庭往勘,择要疏浚。五月,上言:"古之称三江者,曰东江,曰吴淞江,曰娄江。迨后东江失其故道,遂以江震下流淀泖一带,归于黄浦之水当之。此东南入海之路也。吴淞江西承江震运道,东合黄浦尾间。此居中入海之路也。娄江即今之刘河,在太仓州境。此东北入海之路也。娄江之北又有白茆河,在常熟、昭文县境,分承苏属之长洲、元和、吴县,常属之江阴、无锡诸水,下注扬子江尾入海。此三江之外别为一大支也。以上皆太湖归海之要道,未可偏废，惟一时工巨费繁，请就太湖下注黄浦一路先行疏浚，馀俟次第兴修。"上可其奏。是月，奏："皖省凤、颍、泗三府州属秋审及寻常流徒，请归巡道勘转。"六月，奏："吴淞营滨临大海，为顶冲扼要之区，请于坐落之宝山县增置把总一员，所属罗店镇增外委一员，加派兵十名，南翔汛所管黄渡镇增外委一员，加派兵五名，封家滨加派兵五名，以资巡缉。"皆从之。

闰七月，授体仁阁大学士，仍督两江。八月，议上江西盐务缉私章程，如所请行。十一月，以漕船回空迟延，下部察议。寻以河督张文浩治河乖谬，玉庭不早参劾，镌三级留任。会高堰十三堡及息浪庵两处遇风决口，石工掣塌一万一千馀丈，上命尚书文孚、汪廷珍往勘，解玉庭职。十二月，文孚等以堰、盱溃决情形入奏，文浩遣戍伊犁，玉庭有心回护，下部严议，部臣议罢斥。谕曰："孙玉庭自嘉庆年间总督两江，公事妥协。朕亲政以来，授为大学士，仍管总督事务。数年来整顿地方，不遗馀力，即如查拿盐枭匪犯，[一]节次缉获数百名，商民均资利益。且其操守素好，正己饬属，不愧封疆之寄。本年因张文浩将御黄坝堵迟，至有高堰漫口之事。孙玉庭不早参奏，贻误要工，咎无可辞。本应革职，姑念总督事繁，河工究系兼辖，着改为革职留任，并革去太子少保衔。"

五年正月，命偕漕督颜检会办重运。五月，玉庭奏里河淤塞，酌议盘坝接运，需银一百二十万两，请就近拨发，上从所请。寻又奏在后帮船因河道浅滞，不能挽抵原议之高坂头等处，就近盘坝。谕曰："上年高堰漫口，清水泄枯，以致本年重运未能畅行，是以勉从所请，为借黄济运之举，[二]屡饬详慎妥办。乃经历三月之久,仅过船二千八百十八只,此外未渡黄者,尚有四十帮,转以盘坝剥运请帑至一百二十万两之多。本日复据奏,在后各帮不能挽抵原议之处,是孙玉庭等全无把握。所入奏者无非塞责空谈,尚得谓之实心实力,为国宣劳之大臣乎? 孙玉庭既不熟筹于前,又复迟误于后,束手无策,糜帑病民,着交部严议。”寻议褫职,上以玉庭宣力有年,赏编修休致。

六月,玉庭等奏察看帮船盘运情形,恐致迟误,请援照成案截留存贮,得旨:“以前后议办情形层层贻误,坐失机宜,实属溺职。孙玉庭着即革职,以示惩做。”方漕船未渡黄时,廷臣有海运之请,下各督抚会议,以窒碍议格。户部劾玉庭等不行海运,并请帑不已,借黄而黄转病,济运而运更阻,请将滞漕剥价,责令玉庭赔缴七成。嗣新任督臣琦善奏帮船淤浅状,得旨:“孙玉庭身受三朝厚恩,办事至于如此! 自问当得何罪? 着不准回籍,交琦善督令将运河淤垫处挑挖深通,所需挑费,与魏元煜、颜检分赔。”九月,琦善奏运河请停挑办,谕曰:“孙玉庭既免此项挑工赔款,其前此淮城以上挑河切滩银四万三千馀两,着与魏元煜、颜检分赔完缴。”十月,以赔缴一万两,运河亦刷涤深通,谕令回籍。

十四年九月,玉庭以乾隆甲午举人,至是乡榜重逢,疆臣以闻,谕曰:“前任大学士孙玉庭因公镌职在籍,年逾八旬,再遇乡科,洵属艺林盛事! 着赏四品顶戴,准重赴鹿鸣筵宴,用示朕嘉惠耆儒至意。”十月,卒。

子善宝,江苏巡抚;瑞珍,户部尚书。孙毓溎,浙江按察使。

【校勘记】

〔一〕即如查拿盐枭匪犯 "盐"原误作"盗"。耆献类征卷三六叶一一
　　上同。今据成录卷七七叶二六下改。

〔二〕为借黄济运之举 "举"原误作"策"。耆献类征卷三六叶一一下
　　同。今据成录卷八二叶二八上改。

蒋攸铦

蒋攸铦,汉军镶蓝旗人。先世由浙江迁辽东,国初入关,居
宝坻。乾隆四十九年进士,改翰林院庶吉士。五十二年,散馆授
编修。五十三年,充福建乡试副考官。五十四年,丁父忧,五十
六年,服阕,补原官。五十七年,充贵州乡试正考官。五十九年,
充陕西乡试正考官。六十年,充河南乡试正考官,提督广西学
政,嘉庆三年改江南道御史。五年,授江西吉南赣宁道。六年八
月,上密谕巡抚张诚基曰:"察吏所以安民,蒋攸铦江右之良才
也!汝其任用。"九月,署按察使。八年,广昌县斋匪廖幹周等作
乱,〔一〕众五六千人,攸铦奉檄督兵剿贼于宁都、石城,大败之。
贼平,巡抚秦承恩上其功,时攸铦已丁母忧,谕服阕后施恩。十
年三月,特旨起复,发往广东差委,六月,署惠潮嘉道。十一年三
月,迁江西按察使。十一月,升云南布政使。滇省铜厂钱局亏欠
久,历任巡抚、两司咨追无获,攸铦奏请摊赔;又于路南州开新
厂,得铜五百馀万斤,以裕京运。

十四年三月,调江苏布政使,旋擢巡抚。八月,调浙江巡抚。
海洋自蔡牵乱后,馀匪尚多。攸铦檄定海、黄岩二镇率舟师捕
之,匪船远窜,洋面肃清。十五年,授江南河道总督,以不谙河务

辞。谕曰:"朕以蒋攸铦办事认真,河务虽未谙习,必能尽心讲求,力图成效。所奏不准。"既之任,复奏现虽接印,恐贸然从事,贻误国计民生。谕曰:"学而后入政,非可以政学也。蒋攸铦竟不必强之任事。伊在巡抚任内整理地方,官声本好,着仍回浙江原任。"

十六年三月,命与两江总督勒保筹海运,攸铦以为:"必不可行者十二事:一、海运自元至元十九年讫明永乐十三年,当时仍有河运。今河运亦不能废,则御黄坝仍不能闭,运弁仍不能减,徒增海运之费;一、江南至天津海道,如吴淞口之阴沙、黄河口之大沙、五条沙,山东之猫儿岛、沙门岛,皆沙礁丛杂,天庾正供,非可尝试于不测之地;一、前代欲避外洋之险,议由胶西开陆地,〔二〕径通直沽海口,劳费不赀,雍正初,朱轼亦奏开胶莱运道,卒以工力难施而止;一、旗丁不习海洋,必责成船户,又非如旗丁有册可稽,且不能设官出洋巡视,必至偷卖缺额,捏报沉失,甚或有通盗济匪诸弊;一、海行风信靡常,迟速平险,皆非人力可施;一、海运须筹经费,至元间每石给中统钞八两五钱,迨至大、延祐间,相距才数十年,已加至十三两,以古准今,其费更大;一、海船载二三千石,计造一船工价不下万两,全漕需船一千七八百号,即需银一千七八百万两;一、造船既不能行,必雇商船,照民价给之,则费不赀,若只给官价,则在官支发之数已多,而船户犹以赔累为辞,必多规避,况吴淞头号沙船,始谙海道,数亦不敷,粤省相距更远,其船向不能北行,浙省相距近,无船可雇;一、元、明海运,米多漂失,到仓欠交者,每石自数合至一斗数升不等,今生齿日繁,人之所食浮于地之所产,岂堪再有漂失?一、海运须设水师,若令现有水师分段护送,则兵船少而漕船多,必至有名无实,若每船配兵一二十名,即须增兵三四万名,[三]粮饷又复不赀;一、京师百货之集,悉来自粮艘,若由海运,断不能多携货物,将来京地物价骤腾,亦碍生计;一、运丁所用兵工短纤等项,总计八九万人,穷民资以为生,若由海运,则须另募熟悉海道者,而此常年运漕之众,一旦失业,难保不流而为匪。"奏入,事遂寝。

是月,署浙江盐政。海宁之南沙与绍兴之山阴、会稽、萧山等县,向为斥卤之区,无业贫民往往刮淋私煎,嗣设官厂收盐,招商配运,因该处烧盐用柔草,卤耗重,商人亏本者多。攸铦以发帑收买,不令商自办,官为督率,且民人与灶户杂居,村落散漫,因令各灶户聚处成团,每户一锅一盘,合灶煎盐,可以按团稽核,并酌裁私设渡船,绝其贩私之路。命如所请行。

九月,擢两广总督。十一月,入觐,赏戴花翎。十七年二月,奏言:"粤东劫案多,与其惩于事发之后,不若防于未发之先;又必得其地以截伏窜之途,得其人以收督捕之效。臣查广、肇、韶、连各府州,内河则汊港多歧,陆路则冈岭环互,水严即由陆窜,陆严即由水逃。如顺德、花县、从化、增城、三水、清远、英德、高要、鹤山等县,大者八九百里,小者六七百里,其中何处险要,何处通达,为县令者苟非熟于地径,则不能胜缉捕之任。夫匪徒聚散无常,必有窝藏之地,当于适中要隘,选派勤干文武大员,给以随员,居中调度,益以兵役,四路侦探。一有贼踪,即分投围截,而又以时饬州县官亲历民间,与绅衿耆老讲明劝导,使境内不得藏奸。如此,则刑教兼施,文武用命,拔本塞源,莫急于此。"因劾三水知县章家麟、海阳知县姜树、鹤山知县冯克巩、灵山知县彭应徵、乐昌知县励世馨等不职,举三江协都司张仁、南韶连镇总兵何君佐可用。谕曰:"能如此察吏,方不愧督抚之职。"时三合会匪严贵丘等已获,被胁者多自首,攸铦请予以自新之路,严立再犯之条,奏定惩创章程,下部议行。十八年三月,谕曰:"粤东自洋面肃清以后,惟内河及陆路土匪未靖,经蒋攸铦督饬文武员弁缉捕,叠获七百馀名。戢暴安良,著有成效,着交部议叙。"

九月,豫东教匪俶扰,并有贼潜入紫禁城,持械逞凶。攸铦疏言:"我朝圣圣相承,田赋不加户丁,兵役不用民力,诚史册所未有。皇上临御以来,戡定四省教匪,登斯民于衽席,不意光天化日之下,竟有此昏不知恩、憨不畏死之乱民。以臣思之,亦非尽地方官仓卒激变所致,诚如圣谕'变起一时,祸积有日'。始而萌蘖方滋,漫无觉察;继而燎原将炽,尚冀消弥。苟且目前,规避处分,以致水懦民玩,酿成乱逆。此因循怠玩之弊,咎在州县,而表率无方,劝惩不力,则督、抚、藩、臬、道、府之责尤重,咎尤深。欲防乱于未然,首在甄别道、府、州、县。近日州县贪酷者尚少,而委靡者甚多。该管道府耳目切近,[四]非不知某员阘冗,某员勤干;每以阘冗者为安详,勤干者为多事,黑白莫分,是非倒置。督、抚、藩、臬稍不加意,即受其欺蒙。夫阘冗之酿患,与贪酷等。臣窃以为目前急务,莫先于察吏,而欲振相沿之聋瞆,当用破格之劝惩。凡贪酷者固应严参,平庸者亦随时勒休改用,不必俟计典之年始行核办;其有守有为,勤能爱民者,即密奏请旨,优奖以为之劝。道府得人,则州县治;州县得人,则间阎安。将祸乱之萌自消,太平之福可致矣。"疏入,谕曰:"此系非常大变,总由因循而成。朕力除此弊,必期振作。知人安民,洵至言也。"

十九年闰二月,疏言:"天下道、府由牧令起家者十之二三,由部院外擢者十之七八。诚以司员持进退准驳之衡,俾之练习日深,通今不至于泥古,然后敷施有本,坐言即可以起行。闻近来司员少卓然众著者,非今之人必不昔若也,一由满洲之荫生太易,一由汉员之捐班太多。请饬部臣随时考核,于部务不甚相宜者,奏明以同知、通判分发各省,使之勉于猷为,以供器使,而部曹亦渐疏通。数月以来,迭奉谕旨谆谆,严甄别以汰衰庸,减处分以全干吏。但恐汰之而复来者,犹是等伦;全之而进用者,不无冒滥,究无以仰副勤求治理之盛心。今之才守克兼,沉于下位者众矣!请饬公正大臣荐达皇上,择其名实相副者,擢而用之,使之连茹汇征,相观而善。抑臣更有陈者,任事之与专擅,有义利之分,若一人任事,即以专擅陷之,则众口可以铄金,官常乐推诿以苟全矣。协恭之与党援,有公私之别,若两人协恭,即以党援目之,则立异可以远嫌,书吏得乘机而舞弊矣。此近今之积习,为大臣者当力除之。至于翰林固属词臣,然务在崇正学,抑浮华,养成明体达用之才,似不必专以文章课殿最。科道为朝廷耳目之官,如果真知灼见,则地方大吏之优劣,得自舆论者为最详也。然同一敷陈,能否得体,均之纠劾,是否为公,询事考言,难逃洞鉴。其有识见卓越,才品清正者,似当由京堂而擢卿贰,与翰詹衙门参用。总之有治人无治法,而用人之道,因才因地因时,臣下无可市之恩,君上有特操之鉴。人无求备,惩贪者不宥其瑕;政在集思,职要者弗挠于众。"疏入,谕曰:"慎简乃僚,勤修厥职,俾贤杰奋兴,庶明励翼,朕实有厚望焉。"

粤东濒海,例准洋船贸易。时英吉利国护货兵船不遵定制,停泊外洋,竟抵虎门。攸铦示以兵威,复召大班益花臣诘责之,英人屈服,遂扬帆去。因请严禁民人私为洋人服役,及洋行不得建洋式房屋,铺户不得用洋字店号,清查商欠,不准身家浅薄之人滥充洋商,并不准内地民人私往洋馆,均如所议行。二十年四月,南澳镇总兵罗凤山巡洋疏失,攸铦奏请革职,上以事系革兵林勇、郑高挟恨抢船,若罪凤山,则二人转得快其私忿,命传旨申饬。七月,暹罗国王吁请中华商民代驾贡船,攸铦不许。先是,商民陈金负该国王货本银三千馀两,攸铦于司库闲款内垫给。至是贡使来粤缴还垫项,攸铦以既经奉旨颁给,即系天朝恩赉,若又准缴还,转非俯恤外人之道,应却之,上嘉其得体。二十一年,英吉利国遣使入贡,由海道赴天津。攸铦请敕谕该国王,嗣后入贡,当照琉球等国定例,就近由广东北上,不可冒风涛之险,远赴他处收口。若不恪守章程,船到天津,不许登岸,并不接收贡物。此次贡使似当由陆路派员伴送来粤,其馀仍由海道原船回国,均不许逗留。谕曰:“蒋攸铦于数千里外,所论事理,与朕前后饬办情形,无一不相吻合,实能深知朕心,遇事能见其大,可嘉之至!”

二十二年正月,署粤海关监督。闽、皖茶商,向由江西内河入粤。时洋面肃清,诸商利于海运。攸铦恐其与外人通,且私带违禁货物,奏请禁之。粤东屯田自改设卫所,招民佃种,可以照额征输者,不过十之五六;其冲陷应豁除者,以新垦沙滩抵补,土瘠不能足额,丁多逃亡。攸铦奏请核实,沃壤照上则征收,新滩则减之。九月,调四川总督。谕曰:“西南保障,疆宇寥廓,五方杂处,讼狱滋繁,以清慎居心,勤明任事。察吏宜严,治民以正,切忌疲玩因循，常思威克厥爱。"二十三年三月，奏："省标为各营表率，臣与将军、提督随时操演，复每日抽阅二三十名，其战守粮缺，向由本营验充者，臣亦亲阅，期一兵有一兵之用。"上嘉之。川民带刀防身，动酿命案，攸铦饬各州县查明境内铁匠若干家，镇市以十家为一牌，乡场以五家为一牌，如保甲法，取具连环结。〔五〕一家有犯，一牌连坐。若孤村腰店，有设炉者，必造刀窝匪之人，即逐之。民以违禁物呈官者，免罪。川北嚣俗尤甚，请于广元、巴州各添游击营，绵州添都司营，设弁驻兵，即于营制中抽移抵补，以节经费，从之。

十一月，署成都将军。时御史程伯銮奏四川州县有弸杆、钓杆、跐笼等刑，谕攸铦查禁。因奏："川省前办咽匪，及教匪初平、馀氛未靖之时，不得不齐以严刑。今承平日久，听断自有常刑，臣已严饬各属销毁非刑器具。惟匪徒仍须按法惩治，不得博宽厚之名，留闾阎之害。盖匪徒之敛肆，视州县之宽严，稍存姑息，则水懦之患甚于火烈。"上深然之。灌县都江堰为秦李冰所筑，析江流为三，分溉成都十四州县民田，惟岁修经费不足。攸铦以官捐则恐藉口累民，民捐又恐派收滋弊，请动拨义仓租息，帮贴堰工，以民间自出之财，为民间至要之用。上以事属两益，如所请行。二十四年，谕曰："川省地广民稠，从前教匪滋事，闾阎被其蹂躏。军兴之际，小民不无劳费。自荡平之后，十馀年来，休养涵濡，元气已复。本年朕六旬庆辰，普免天下积欠。蒋攸铦奏该省钱粮年清年款，并无积欠可免，蜀民踊跃奉公，输将恐后，亦由该地方官抚绥化导，督率有方，甚属可嘉！本年京察，蒋攸铦着赏加一级。"

二十五年七月,仁宗睿皇帝龙驭上宾,上命攸铦来京叩谒梓宫,特加太子少保衔。谕曰:"汝为守兼优,自兹以往,当加倍黾勉,永矢公忠为国之心,上酬皇考倚畀深恩,以副朕得贤之望。"道光元年二月,云南永北厅有夯岁夷人仇杀汉民,所至焚抢。地与四川之会理、盐源接壤,攸铦选练材武,治战守具,撤金沙江打冲河渡船,谕沿边民夷筑寨御之,抚难民一万三千九百馀人。事闻,上嘉之,曰:"实力急公,不存彼疆此界之念,所谓大臣者,不应若是耶?"十二月,赐御书"福"字,攸铦具折谢。谕曰:"我君臣当交儆图治,事务从实,心毋纵逸,以期永荷天禧,茂膺繁祉也。"二年二月,京察,上以攸铦整饬地方,克副封疆重任,下部议叙。先是,[六]松潘厅黄胜关外有果洛克野番素剽悍,因抢劫玉树番族骡马,及西藏巴雅尔堪布贡物,频年用兵。是年八月,提督桂涵深入夷巢,擒郎结等四十六人,悉诛之;并破其唐凹、唐玉、达凹三寨,番众股栗,誓受约束。上以攸铦调度得宜,下部议叙。九月,召为刑部尚书。十月,管理户部三库事务。十二月,赐紫禁城骑马。

三年四月,授直隶总督。谕曰:"蒋攸铦受两朝知遇,惟当力图报效,国尔忘家,不准以身系旗人,世居宝坻为辞。况伊历任督抚,皆能公干廉明,政声彰著。设令再四恳求,亦不能俯从所请也。为国宣力,其遵谕行。"时直隶久旱,攸铦既抵任,奏官民雕敝,整饬与调剂两难。谕曰:"我君臣惟有以诚吁天,以勤理政,庶可迓祥和而安吾赤子也。至于任内诸事,面谕已详,卿之材力,朕所深信。凡察吏安民,修武备,平狱讼诸大端,当注意焉。"六月,以直隶频年灾赈,现值久旱继潦,田禾受伤,恐粮价日昂,农民艰于口食,请截南漕四十万石存天津北仓,以备缓急,从之。时永定河因大雨连绵,水势异涨,北三工、南二工及北中汛先后出槽漫滩,所在危险,攸铦赴工督办。谕曰:"卿此行正当溽暑炎蒸,办公固不可稍懈,身体亦当自重。"寻奏:"臣奉职无能,致屡经漫口,请交部议处。"

时方兴畿辅水利,以服阕江南河道总督、署工部侍郎张文浩董其事,攸铦固请饬文浩赴工查勘,以免贻误。奉谕:"所奏不为无见,但永定情形与南河异,卿仍应留心,不可以张文浩熟悉河务,遂全然诿卸也。"又奏北运河亦有漫口,请照历办成案,由各厅汛赔修。寻各险工平稳,谕攸铦查办灾务,既而通州等百馀州县先后报灾,[七]攸铦请饬部速拨赈饷银一百二十万两,经费银六十万两,谕曰:"朕不德,不能上感天和,致我无辜赤子,荐受灾荒。惟有返身修己,尽力拯济,庶救颠沛之危。但国家经费有常,虽重帑用之于百姓,原不稍惜,若令奸胥猾吏,趁机吞取,则大不可。卿受国家任用厚恩,且才能素著,任事实心,俾灾黎均沾实惠,奸猾不得侵渔,斯乃不负委任。"

八月,奏省城兵房坍塌,请于现拨经费项下,借银修葺,分年扣还。谕曰:"现拨银一百八十万两之多,自以工赈为要。若另案先拨,必形支绌。且此次修理兵房仅银九千九百馀两,何至无款可支? 可见直隶藩库空虚,似乘此办理工赈之时,多请帑项,豫为弥补亏缺地步。则今岁请工请赈,恐有不实也。以蒋攸铦之居心任事,不应若是!"攸铦奏:"臣前请拨经费银六十万两,于借修兵房之数,即在其中,并非另案工程。现又详查库款,并无亏缺,分别划除,提解筹补追赔,以归核实。"得旨:"所定章程

尚属明晰,务要奉行无懈,不可日久又有所牵混也。"十一月,奏:
"永定河自康熙三十七年始建堤工,嗣因下游受淤,至乾隆三十
七年,河已六徙。此后沙积淤停,去路不通,屡有旁溢之患。近
见河流北趋,方冬水涸,尚不免溃堤蛰埽,若不筹备,来年汛涨可
忧。因勘估减水闸坝、越堤等工,请于浙江、江西、湖南、江苏、广
东封存款内,提银五十万两,解交藩库,以备支发。"下部议行。
十二月,奏:"灾歉州县,来春青黄不接之时,须商贩流通,以资接
济。请将奉天米船暂免纳税,至灾重之区,春耕未齐,必须展赈
者三十八州县,不可使灾黎失所,又不可多糜帑项。臣极意撙
节,尚须拨银二十万两。"俱从之。

　　四年二月,请修永定河闸坝,以工代赈。时流民出关,扶携
塞路,上切责攸铦,令饬所在有司毋玩视民瘼。攸铦奏:"近海东
南一带积水之区,至今未涸,灾民得赈后,仍赴奉天等处营生,禁
之适以扰民。"得旨:"己饥己溺之怀,不可忽诸!"时张文浩补江
南河道总督,上以工部左侍郎程含章代之。攸铦与含章奏言:
"治水之大纲有九:一东淀,一西淀,一大清河,一永定河,一子牙
河,一南运河,一北运河,一天津海口,一千里长堤。此九者均不
可缓之要工,请饬部先拨银一百二十万两。"从之。闰七月,命协
办大学士,仍留直隶总督之任。五年正月,谕曰:"协办大学士蒋
攸铦自调任直隶以来,通省军务,日见起色,着交部议叙。"三月,
攸铦六十生辰,赐御书"宣勤笃祜"匾额及"福""寿"字,并寿佛、
如意各物。

　　五月,议上长堤善后事宜六条:一、千里长堤应责成各汛官
率汉夫,于支渠汊港,疏其淤浅;一、堤工应归民修,每年大汛,近

堤村庄民户出夫巡防；一、潴大川之水，以淀为蓄，淀中苇已滋蔓，渔户签桩下簖，更壅泥沙，今令挑淤拔簖，嗣后严禁侵占，违者治罪；一、东西两淀，旧有汉夫垡船，裁于乾隆二十九年，今应复设垡船百只，汉夫三百名；一、天津知县旧管长堤三十五里，事繁恐难兼顾，应拨外委一员、兵八名，别为一汛，专管堤工，移长垣县丞驻任丘，移唐县主簿驻文安、大城之间，各添水手四名；一、堤工大半濒河，汛期风浪撞击，更恐上游盗决，兵夫昼夜巡防，无所栖止，应于任丘、文安境内各建堡房十座、大城四座，天津、静海各五座，雄县、保定各五座，其新工最险之地，如任丘、鄚州四铺以下，迤北临大港淀，又天津杜家道口以下石家房，各添防风埽，以资保卫。奏入，谕速行。

六月，授体仁阁大学士。是年，御黄坝以南运道淤甚，江、广各帮粮船，留滞者一百九十馀万石，既盘运北来，而天津北河至通州又多古浅新淤。上以为迟至冬令，水落难行，若北风骤起，必连樯冻阻，迭饬攸铦为计。十月，奏接运滞漕已全数入直隶境，上嘉之。十一月，召回京，命在军机大臣上行走，管理刑部事务。六年三月，充会试正考官。十二月，充经筵讲官。七年三月，上以河湖交敝，运道不通，命攸铦往勘。寻奏清水不能敌黄，督臣琦善因开王营减坝，挑浚正河，而下游关孟两滩俱胶淤，该督泥于逢湾取直成法，并力主睢南同知唐文睿"两滩并挑"之说，致黄水倒漾，糜帑殃民。五月，罢琦善两江总督，命攸铦以大学士代之，攸铦具疏辞谢。谕曰："卿精力未衰，才能夙著，毋庸过逊。"遂奏言："督臣兼河务，自高晋、萨载始，以其由总河调任，谙练有素也。嘉庆十五年松筠任江督时，奏准修工拨饷，专责河臣,督臣不与职衔,乃可稽查核办,请如松筠例。至常驻清江,则始于铁保,徒掣河臣之肘,而于地方公事转多旷误。"谕曰:"两江总督兼辖河务,寻常兴工及一切堤防蓄泄,自系河督专责。该督不过综其大纲,至办理要工,鸠夫购料,筹款拨项,以及甄核河员,稽察弊窦,该督必应会商,毋得诿卸。惟该督统辖三省,若常驻清江,转于地方应办事件,不无积压。着蒋攸铦酌量情形,如无须驻工,即回署清厘庶务。"

是年,试行海运有效,因请来年仍用其法,并请将本年江南首进、二进回空运船截留河北,接运浙江、安徽、江西、湖北、湖南盘坝之米,惟盘坝需费多,如来春竟能开坝通漕,则河北空船可以备而不用。七月,以西陲用兵,四城克复,加恩军机大臣,攸铦晋太子太保。八月,奏:"现距霜降甚近,而黄水未降,湖水虽有一丈五尺馀寸,仍恐不能敌黄。与其临时束手,莫若思患豫防,请拨江苏藩关各库银六十万两,为盘坝经费。"谕曰:"新漕抵坝,正可乘黄水未涨之前,照常北渡,倘江、广重船到时,汛水已发,亦可仍用倒塘灌运之法,省无数周折。若沾沾目前,不为国是经久计,则两江重任,尽人皆可为之,何必特加简畀耶? 所请不准行。"又谕曰:"海运原非良策,该督以河漕不能兼办,腾出河身,疏淤导滞,复以清刷黄之旧,清水既能刷黄,焉有不能济运之理? 盖意在一行海运,清水即毋庸多蓄,高堰可保无虞。明春清不敌黄,又恃截留运船为盘坝之用,为国乎,为身乎?"攸铦奏:"臣时以未能报国为惧,何敢自为身图? 惟限于才识,睹此不可测度之势,更不敢存侥幸万一之想。即如本年黄水骤高,御黄坝遂不能启而清水尚足倒塘灌运,其在后军船渐有黄淤,已属勉强而行。至来春则黄水本高于清，汛期必又加涨，湖水本不敌黄，经冬况又消减，若强行灌运，势必高流倒漾，淤垫运河，同一倒塘之法，难易迥殊。故今日鳃鳃过虑，万不得已而请盘坝，若空船悉数南回，倘重运经临，倒塘竟不能行，又无船接运。臣一身不足惜，奈国事何！至海运之议，询之船户，皆称一次可以运竣，较上届费省而速。"谕曰："海运姑从所请，盘坝毋庸再渎。"未几，海运亦罢。

八年正月，西师报捷，生擒逆裔张格尔，谕曰："军兴时，蒋攸铦尚在军机大臣上行走，赞襄军务，颇著勤劳，着晋太子太傅衔。"五月，以全漕渡黄，下部议叙。十月，河督张井等奏中河厅补南岸纤道，山盱厅添滚水坝，扬粮厅移建昭关坝，高堰山盱两厅帮宽大堤，共需银一百二十九万馀两。谕曰："此项工程巨万，若办理稍不如式，仍于河务无裨。蒋攸铦当严饬工员妥办，有偷减草率等弊，即应据实严参；如不行纠参，将来别经查察，惟该督是问。"寻奏："臣服官中外，有公是非而无私好恶。在己从不回护，于人何肯瞻徇？"谕曰："卿之公正，朕所素知。不然，亦不畀兹重任矣。"九年四月，署漕运总督。十二月，署河道总督。

十年二月，御史王赠芳奏陈课归场灶之法，事下攸铦等会议。攸铦言："臣与两淮盐政福森再四筹之，有不可行者六：两淮灶埠客地，多极贫之户，而嗜利之心，十倍于畏法。若买盐之银先入其手，非以多报少，即有售无征，及欠课不完，虽日日追比，百不偿一，其不可行者一；淮盐引地最大，如河南之光州、汝宁，湖北之襄阳、宜昌、荆门、安陆，湖南之衡州、永州、宝庆，江西之赣州、吉安、建昌，道远则运艰，商人必裹足不前，邻私益售，官引益滞,灶盐积而不销,焉能使穷灶照额纳课,其不可行者二;场灶透漏私盐久矣,今若不凭引目,听其转贩,则透漏更多,而贩私无课,人皆私而趋之,场员官卑役少,防范难周,不但不能化私为官,转恐驱官为私,而匪徒垄断马头,益无所忌,其不可行者三;向来盐课归商,灶丁只纳折色,蠲缓之年,在折色而不在盐课,若课归灶户,则一遇偏灾,刁顽即有所借口,额课几归无着,其不可行者四;盐场数十,皆濒海斥卤之区,居民寥落,场官既难于征,更难于守,若筑城建库,不特无此经费,亦且无此政体,若随征随解,则日日金差,程程护课,烦扰甚矣,其不可行者五;淮商之有根窝者,每次给单十纲,以单质银,得千数百万,为办运资本,若根窝废则质单即成废纸,恒业顿失,生计立穷,其世业盐务之捆工、箕秤、钩杠、枕帚等,又不下数十万人,遽令星散,必至流离,亦非仰体圣主子惠元元之至意,其不可行者六。"奏入,报闻。

闰四月,谕曰:"有人密陈'两淮巨枭黄玉林,以仪征老虎颈水次为匪聚筹运之所,以湖北之阳逻、江西之蓝泾为屯私发卖之处。大者沙船由海入江,小者猫船由场河入瓜口,器械林立,辘轳转运,长江千里,呼吸相通;其则劫掠官盐,每次以数百引计,资本既多,党羽益众,立约束以要结人心,且于大小衙门俱有耳目,上官为属员朦蔽,下僚以畏葸偷安,所获者不过肩挑负贩,零伙小枭,张大其词,借此为官弁升迁之地'等语。巨枭肆行,地方官岂竟毫无闻见?若恐查拿激变,相率容隐,是不但为害盐务,必致酿成他变。蒋攸铦接奉此旨,务当不动声色,先将黄玉林一犯拿获,严究党羽,尽绝根株。既不可轻率偾事,亦不可任令潜逃。"寻奏:"臣前以仪征县有枭贩潜踪,请将沭阳知县王用宾调署,以其缉捕勤能也。顷闻黄玉林声势已重,非一县令所能制,而老虎颈滨临大江,若用兵力必走漏风声,非畏罪远逃,即聚众拒捕。因密委常州营游击金万全潜往诱擒。"谕曰:"该督恐走漏风声,然亦须酌量情形,是否应派兵堵截,蒋攸铦自能随宜调度,朕亦不为遥制。"五月,奏:"黄玉林率夥犯八名、船十二只、私盐三万七千斤,赴官自首,愿立功赎罪。两淮私贩甚多,正须以次翦除。若令黄玉林作线侦捕,未始非靖私疏引之机。扬州总散各商,俱愿联名结保,恳恩宽其既往,予以自新。如该犯不能立功,仍重治其罪。"奉谕:"此系权宜办理,朕因缉私紧要,姑允所请。该督当筹计万全,不得迁就一时,转滋流弊。"六月,因病乞假两月,许之。八月,假满视事,召来京供职。

时黄玉林复图贩私,潜与其党伍步云书,为江宁协副将惠普恩所获,攸铦与新任总督陶澍联衔,奏请将黄玉林改发新疆,复恐其到配潜回,致贻后患,遂单衔密奏,请即行处绞。谕曰:"黄玉林反覆无常,自外生成,着即行正法。蒋攸铦办理此案,事前既无主张,事后又复苟且,以大学士膺封疆重寄者,固应如是耶?下部严加议处。"部议革职,上加恩以侍郎降补。九月,补兵部左侍郎。十月,卒。谕曰:"原任兵部左侍郎蒋攸铦前以大学士简任两江总督,数载以来,尚无贻误。本年因黄玉林一案办理错谬,降补兵部左侍郎,来京供职。兹行抵山东平原县途次,遽尔溘逝,殊堪轸惜!念其历任封疆,宣力有年,平日办事,尚属认真。着加恩照尚书例赐恤,所有任内一切处分,悉予开复。应得恤典,该衙门察例具奏。"寻赐祭葬。

子霖远,户部员外郎;霨远,贵州巡抚。

【校勘记】

〔一〕广昌县斋匪廖干周等作乱　"周"原误作"用"。耆献类征卷三八叶一〇上同。今据蒋攸铦传稿(之二六)改。

〔二〕议由胶西开陆地　"陆"原误作"隆"。耆献类征卷三八叶一一上同。今据睿录卷二四〇叶一三上及蒋攸铦传稿(之二六)改。

〔三〕若每船配兵一二十名即须增兵三四万名　"十"原误作"千",又脱末"名"字。耆献类征卷三八叶一二上同。今据睿录卷二四〇叶一五上及蒋攸铦传稿(之二六)改补。

〔四〕该管道府耳目切近　原脱"管"字。耆献类征卷三八叶一三下同。今据蒋攸铦传稿(之二六)补。

〔五〕取具连环结　"具"原误作"其"。耆献类征卷三八叶一六下同。今据蒋攸铦传稿(之二六)改。

〔六〕先是　原脱此二字。耆献类征卷三八叶一八上同。今据蒋攸铦传稿(之二六)补。

〔七〕既而通州等百馀州县先后报灾　"通州等"原误作"通省"。耆献类征卷三八叶一九上同。今据蒋攸铦传稿(之二六)改。

汪廷珍

汪廷珍,江苏山阳人。乾隆五十四年一甲二名进士,授翰林院编修。五十六年二月,大考二等,升侍读。五月,擢国子监祭酒。六十年,上以祭酒有表率士子办事之责,廷珍人甚粗率,不能胜任,降补翰林院侍讲。嘉庆元年,入直上书房。三年三月,大考二等,擢侍讲学士。七月,丁母忧,五年,服阕,六年七月,补原官。十月,充日讲起居注官。七年,提督安徽学政。九月,任满回京。十年,转侍读学士。十一年十月,提督江西学政。十二月,迁太仆寺卿,仍留学政任。

十二年,按试袁州府。时万载县土、棚两籍童生,尚未赴县投考,巡抚金光悌以闻。上命会同学政筹议考试章程。十三年二月,廷珍偕光悌奏称:"雍正九年旧例棚籍童生五十名,取进一名,最多以四名为止,不致侵占土籍。迨乾隆二十八年,学政周煌以各县棚民应考无多,奏请并入土籍考试。惟万载县棚童本多,以各县棚额既裁,未便独留,亦遂同裁,自此讦讼不休。万载土籍童生一千数百,学额止十二名,加以裁去棚额,棚民应试者日众,每次取进五六名,复占土额。土额愈觉减少,虽经嘉庆八年加额四名,而合额如故,土民不能实受其益。欲杜讼端,须仍复分额旧例,棚童二百七十馀名照例应取进四名。请即以加额四名,作为棚童额缺,与土额各分,则争端自息。"部议如所请。四月,升内阁学士,兼礼部侍郎衔,仍留学政任。

十五年,任满回京。十六年四月,充殿试读卷官。五月,充教习庶吉士。十一月,擢礼部右侍郎。十七年五月,命充武英殿总裁官。十一月,复入直上书房,侍宣宗成皇帝学。十八年正月,充经筵讲官。六月,充浙江乡试正考官。八月,旋授浙江学政。九月,转左侍郎。二十一年,任满回京,复入直上书房。二十二年三月,署翰林院掌院学士,旋擢都察院左都御史。四月,充上书房总师傅。寻充玉牒馆副总裁官、殿试读卷官。八月,以奸商运米出城,经留京王大臣等讯明,巡城御史伊绵奏萧镇贪婪得赃,问拟如律。廷珍未经严参,下部议处,寻议降三级调用,上加恩改为留任。

二十三年三月,升礼部尚书。七月,署吏部尚书。八月,充顺天乡试正考官。十一月，廷珍以原任内阁学士兼礼部侍郎衔钱樾应否入祀乡贤祠请旨，上饬其不核定准驳，取巧推诿，下部议处，寻议降二级留任。二十四年四月，充殿试读卷官。八月，署吏部尚书。先是，十四年十月上五旬万寿，九月二十七日孝慈高皇后忌辰，常服不挂珠。是年上六旬万寿，九月二十七日廷珍未援十四年故事声请，上责其粗率怠玩，降补礼部左侍郎。二十五年三月，复授都察院左都御史。四月，充殿试读卷官。九月，充实录馆总裁官。寻命廷珍专司勘办实录底本，复授礼部尚书。十二月，以奏请停止清查各省陋规，下部议叙，寻赐紫禁城骑马。

道光元年九月，奏翰林院侍读学士秦承业在上书房言语不谨，上诘问廷珍，不肯指实，以陈言含糊，罚俸半年。十二月，复署吏部尚书。二年正月，京察届期，廷珍以品学兼优，承办实录底本，勤慎通达，尽心纂辑，下部议叙。三月，充会试正考官。四月，充教习庶吉士。十月，上谒陵，命留京办事，署户部尚书，兼署翰林院掌院学士。十二月，命兼管国子监事务，署都察院左都御史。三年二月，上释奠文庙，礼成，临幸辟雍。谕曰："礼部尚书汪廷珍于嘉庆十七年，蒙皇考简用上书房师傅，与朕朝夕讲论，非法不道，学问渊博。迨至二十三年，授任总师傅以来，倍加勤慎，考古证今，谈皆中道，使朕通经义，辨邪正，受益良多。又自朕亲政后，畀以左都御史、尚书之任，办理均能妥协。是汪廷珍于师道、臣道之义，可谓兼备矣！本日临雍讲学，因思曩者讨论之功，眷怀旧况，[一]用沛恩施。汪廷珍着加太子太保衔，伊子汪报原现回籍守制，服阕来京时，该衙门遇有员外郎缺出，即行奏补，用示朕崇儒重道之意。着将此旨钞录一道，交上书房存贮。"三月，充会试正考官。

四年二月，廷珍疏言："在京各衙门郎中、员外、主事，皆有题缺。旧例由堂官拣选题补，所以鼓励人材。今郎中、员外之题缺，仍旧拣选，而主事之题缺，挨次补授，办理参差。应请饬下该部妥议章程，以昭画一。"疏入，下军机大臣会同吏部核议，寻经覆奏："以主事候补人多，越次拣选，恐开奔竞之门，仍循旧章，尚无流弊。该尚书所奏，应无庸议。"四月，仁宗睿皇帝实录、圣训告成，上加恩在馆臣工，赏廷珍子报闰主事，孙承佑举人，复命将监修总裁、正副总裁交部议叙，廷珍吁请停免，许之。六月，命偕大学士托津等会同军机大臣审讯侯际清捏报母老赎罪，贿嘱刑部官吏舞弊一案，鞫实，问拟如律。

十一月，南河堰盱要工溃决，褫河督张文浩职，解大学士两江总督孙玉庭任，命偕吏部尚书文孚驰往查办。十二月，奏称逐加履勘，详讯工员，佥称张文浩一味固执，于御黄坝应闭不闭，五坝应开不开，措置乖方，以致失事；孙玉庭兼辖河务，于张文浩办理不善之处，不能先事防救，事后又不据实参奏，有心徇隐回护。请将文浩发往伊犁效力赎罪，玉庭下部严议，上嘉其察奏甚属明晰。会侍郎朱士彦条陈南河事宜，上命文孚、廷珍详细议奏。寻奏言："就原奏各条，分析妥议：一、现在修补石工，请于石堤外用碎石抛成坦坡，借资保护，则堰、盱石堤永无塌卸之虞；一、高堰之内向有二堤，较大堤矮至二丈，必须增培与大堤平，始足以资保障，计需费二百数十万，而大堤岁修仍不能免，若但酌量培补，仍属无益，此次工程应请缓办；一、江南黄河两岸俱有宣泄之地，南岸所泄之水，远近不一，皆汇入洪湖，北岸惟王营减坝距清、黄交汇处不足二十里，减涨较为得力，请将坝以内盐河堤埽勘估加筑，以备大汛启放，俾不致偏注南岸；一、山盱五坝原以备减泄湖水，现在仁、义、礼三坝自嘉庆年间移建于蒋家坝以南，地势高亢，引河浅窄，智、信二坝又经抬高坝底，以致泄水不能畅速，请于仁、义、礼旧坝地方审择形势，添建石滚坝一座，以防异涨；一、海口并无疏浚之法，惟有束水攻沙，使之全力归海，查嘉庆十五年所筑新堤，下游无堤之处接生新滩，河流至此收束不住，趋海势难迅速，应于新堤之尾相机接筑，俟来年重运渡黄后，由河臣勘明奏办。"均如所议行。

五年正月，京察届期，廷珍以人品端方，部务熟悉，下部议叙。二月，上谒陵，命留京办事，署翰林院掌院学士。六月，命协办大学士，充玉牒馆副总裁。十二月，以浙江监生徐晋钞录旧文中式，后自行检举，巡抚程含章奏请注销举人，仍留监生，下礼部议，议如所请。上以徐晋应斥革，该抚并应附参，汪廷珍等有意轻纵，严饬之。廷珍下部察议，寻议罚俸一年，上加恩改为罚俸六个月。六年二月，上谒陵，复命留京办事。寻充教习庶吉士。十一月，廷珍七十生辰，御书"耆宿承恩"匾额，"福""寿"字，及寿佛、如意诸珍物赐之。

七年闰五月，因病乞假，命医官诊视，并赏赐人参。七月，卒。谕曰："协办大学士、礼部尚书汪廷珍人品端正，学问渊博。嘉庆十七年，皇考仁宗睿皇帝简用上书房师傅，与朕朝夕讲论，非法不道。迨二十三年，授任总师傅，倍加勤谨，考古证今，深资启沃。朕亲政后，畀以左都御史、礼部尚书，擢襄纶阁，晋锡宫衔。凡所陈奏，均得大体。本年闰五月间遘疾，迭经赏假调理，遣医诊视,并赏给人参,派员署理部务,犹冀克期就痊,倚任方长。遽闻溘逝,实深悼惜!着加恩晋赠太子太师,入祀贤良祠,赏给陀罗经被,派奉宸苑卿奕纪即日赍往,并派大阿哥于初十日带领侍卫十员,前往赐奠。由广储司赏给银一千两,经理丧事。其任内一切处分,悉予开复。所有应得恤典,该部察例具奏。伊次子候选主事汪报闺俟服阕后,遇缺即补,以示朕笃念耆臣至意。"寻赐祭葬,予谥文端。九年,江苏巡抚陶澍请以廷珍入祀乡贤祠,谕曰:"汪廷珍学问淹通,持躬端谨,居官勤慎,朕所素知。前已加恩入祀贤良祠,兹据陶澍具题,请将汪廷珍崇祀乡贤。汪廷珍着准其入祀乡贤祠,毋庸再交部议。"

子报原,一品荫生,刑部员外郎;报闺,江西南安府知府。

【校勘记】

〔一〕眷怀旧况　"况"原误作"学"。耆献类征卷三八叶二九下同。今据成录卷四九叶一七上改。

初彭龄

初彭龄,山东莱阳人。乾隆三十六年,巡幸山东,召试,钦赐举人。四十五年,成进士,改翰林院庶吉士。四十六年,散馆授编修。五十年,大考二等。五十四年,授江南道监察御史。五十六年四月,劾协办大学士、吏部尚书彭元瑞于胞侄良彝为子顶买吏员,知情徇隐,又总理国子监事徇私,将其婿监生饶文震咨送武英殿校录,鞫实,降元瑞侍郎。五月,迁兵科给事中。五十七年,充广东乡试正考官。五十八年三月,转吏科掌印给事中。四月,迁光禄寺少卿。五月,提督湖北学政。六十年,差满回京。

　　嘉庆元年四月,转通政司参议。十一月,奏参江西巡抚陈淮贪黩狥法,命户部右侍郎台布会同两江总督苏凌阿按讯,得实,褫淮职,戍新疆。二年二月,迁太仆寺少卿。九月,转通政司副使。十月,迁光禄寺卿。十二月,迁通政使司通政使。三年,提督福建学政。四年,擢兵部右侍郎,仍留学政任。三月,转左侍郎,召回京。夏,授云南巡抚。十月,上以前任总督富纲请罢官盐,改归民运民销,命彭龄筹议以闻。十一月,奏:"滇省盐务,官为办运,日久弊生,应如富纲议。但原奏尚有未尽妥协之处,宜酌加变通:一、原议奏销时,如有未完,将井员参处,此因各井定有岁额而言,今拟不分井口,听民贩运,须俟试行二三年后,再行咨部定额,缺额者开参,溢额者议叙;一、原议设立引纸以防偷漏,查引纸例由部颁,滇省距京万里,往返需时,请由盐道刊发;一、原议行销地面,各就近井配发,但各井衰旺不同,各属行销多寡亦难悬拟,应令商贩于领照后,远近听其所之,不至抬价居奇;一、原议酌借灶户薪本,今改令灶户自煎自卖,卖盐之价即可为煎盐之资,应毋庸接济。"下部议行。

　　十二月,以兵部侍郎江兰前任云南巡抚时,于抱母、恩耕二盐井被水成灾,匿不陈奏,致井口淤塞,盐课堕销,劾罢之。六年三月,以亲老乞改京职,上允其请,调贵州巡抚伊桑阿代之。七月,途次劾伊桑阿在贵州巡抚任内骄奢乖戾,苛派属员,又剿办石岘苗匪,饰词冒功,褫伊桑阿职,命云贵总督琅玕、新授云南巡抚孙曰秉勘问,得实,置诸法。八月,回京,署吏部右侍郎,旋署兵部右侍郎。九月,充顺天乡试副考官,补刑部右侍郎。七年四月，充殿试读卷官。六月，命偕副都统富尼善驰赴贵州查办道员孙文焕滥用军需，究出巡抚常明拖欠铅厂银，并私卖用剩铅丸，及任听幕友抽匿报销案卷，依律问拟有差。七月，转左侍郎。九月，署贵州巡抚，旋调署云南巡抚。十二月，劾布政使陈孝升、迤西道萨荣安办理维西军务，冒销帑银，命兵部侍郎那彦宝、大理寺少卿章煦往谳，得实，治罪如律。八年正月，回京。五月，命偕户部右侍郎额勒布清查陕西军需，查出浮支滥应各款，自巡抚秦承恩以下罚赔、降调有差。六月，回京，调工部右侍郎。十二月，调户部右侍郎，署吏部右侍郎。

九年，以误听前任湖北巡抚高杞言，诬劾湖广总督吴熊光受贿营私，又将召对时面奉谕旨向高杞传述，廷臣请照漏泄机密重事律拟斩。谕曰："大学士、满汉尚书及原审大臣会议初彭龄罪名，据称初彭龄冒昧参劾，已属陈奏失实，此语非是，朕从不因言事罪人。至面陈密谕事件，私向高杞传述，即照漏泄常事律加等，罪亦不过褫职远戍，何至引近侍官员漏泄机密重事律，拟以大辟？况臣工遇事敢言，方可祛除壅蔽，凡关系弊端，及臣僚不公不法等事，既有所闻，本应即行陈奏，候朕密为查察。若概诿诸尚无确据，势必事已破露，始行入告，何如早行发觉，转不致酿成巨案乎？初彭龄风闻不实，原无可罪，至于泄漏一节，亦当按事之大小，以定罪名轻重。初彭龄所泄漏者尚非重大情事，若遽照前律拟斩，设遇有漏泄军国重务者，其罪何以加乎？且现在与议诸大臣中，皆常经召对之人，试各扪心自问，岂尽守口如瓶，毫无漏泄？设有一二传播之言，被人指摘，若俱照此例办理，既于政体有乖，亦甚非诸臣之福也。初彭龄本应革职，发往新疆，姑念其现有老亲,着革职加恩,令其在家养亲,闭门思过。"十年十一月,谕曰:"初彭龄前任御史时,遇事直言,不甘缄默。迨擢任巡抚,办理地方事务,亦尚认真。上年参劾吴熊光操守平常,系因高杞腾播浮言,遂据以入告,未免为高杞所愚。然其获罪,实不在此。惟将朕召对时面谕之旨,向高杞传述,漏泄之罪,实无可辞。今事已阅年馀,念其平日官声尚好,本日所出右庶子一缺,着加恩以初彭龄补授。"十二月,迁光禄寺卿,充实录馆总校官。

十一年二月,擢内阁学士,兼礼部侍郎衔。时甘肃已革正宁县知县徐振鹏受贿,故出人罪,陕甘总督倭什布拟以遣戍,振鹏遣弟振鹤来京翻控,命彭龄同工部侍郎英和往谳,坐振鹏诬,枷示。先是,倭什布以山西大同等府向食蒙古盐,嗣因商人马君选获罪,经理乏人,移咨阿拉善王玛哈巴拉速行遴派。疏闻,谕曰:"向来晋省池盐由商行运蒙古盐斤入口,本有例禁。嗣经奏明,分定地界行销。迨将东河盐课改归地丁,听民间自行贩运,遂无一定口岸,蒙古盐斤因此侵越内地。此时蒙古盐斤,内地存积不多,又因查拿马君选之后,并未捞盐发运,正是极好机会,与其令阿拉善侵占,何如令淮北越境畅销,必当趁此时熟筹妥办。从前晋省盐斤所以改由民运者,皆由地方官于佥商一事办理不公,商民畏累,以致盐课支绌,是以定议课归地丁,听民贩运,本非经久无弊之法。现派英和、初彭龄赴甘省查办事件,路经晋省,令与同兴会商妥议,奏明候旨施行。"

五月,彭龄等议奏:"河东盐务仍请招商领运,又蒙古吉兰泰盐池产盐丰旺,蒙古人等性拙耽逸,不能挖运。自马君选获罪,严禁内地民人出口,盐池渐成废弃。请一并招商运办。"上可其奏,命偕倭什布及山西巡抚同兴、陕西巡抚方维甸筹议章程以闻。旋奏玛哈巴拉请献吉兰泰盐池归公,上允之。七月,奏言:"河东盐务,前以贱价定为常额,故商人易致赔累。嗣后请照每年收盐丰歉,成本重轻,随时定价,不立限制,并准旧商再保新商口岸畅滞不一者,均匀分配。至吉兰泰捞盐坐商,必须熟习地利,应在甘肃就近募充,其运商则于山西殷实之户募充。三省所属各州县或食口盐,或食潞盐,划清地界。河东盐政,仍令山西巡抚兼管,添设磴口运判一,吉兰泰及磴口盐大使各一,河口镇批验大使一。"下大学士、九卿议行。

九月,回京,授安徽巡抚。十二年二月,覆讯两江总督铁保审定寿州民张伦等猝中烘板蛇毒身死一案,实系武举张大有与胞弟大勋妻胡氏通奸,因妒奸毒毙族侄伦及雇工李赓堂父子,置于法,并究出苏州府知府周锷等受贿捏饰,降革、治罪有差。谕曰:"初彭龄于此案悉心推鞫,秉公查办,俾冤狱平反,得成信谳,实属可嘉,不负委任。着加恩交部议叙。"五月,丁父忧。十四年五月,授贵州巡抚,以父丧未除,且母老,疏辞,上允之。八月,服阕,命署山西巡抚,旋授刑部右侍郎。九月,劾前任巡抚成龄因阅边需索属员供应,平鲁县知县王敏树、左云县知县孙耀借口办差,挪用公项,及各属仓库钱粮,均有亏空,褫成龄职,敏树、耀治罪如律。各属亏项仍命详查。十月,临晋县知县程安失察粮书舞弊,将钱文砖块假装银鞘解省,署藩司刘清恐兴大狱,请删减情节入奏,彭龄疏劾之,清降四品京堂,安戍新疆。十一月,实授山西巡抚。寻奏参署臬司张曾献承审要案,任意延宕;汾州府知府王彝象、孝义县知县葛拱宸抽换卷宗,徇情枉断;文水县知县捐升知府陈廷圭失察捕役,诈赃毙命,复行贿和;汾阳县知县李景阳延案不结,致酿人命;绛州知州杨映权、阳曲县知县吴安祖官声平常,并查明各属亏空,请勒限弥补,免其参办。谕曰:"州县仓库既有亏短,本应究办,但山西向系完善之区,弥补较易。现在亏短者既不止一处,人数较多,若将伊等参革治罪,公帑转归无着。此时姑免参办,务即严饬勒限,上紧弥补,毋任延玩。"

十二月,调陕西巡抚。十五年二月,山西河东道刘大观以彭龄在巡抚任内,任性乖张,列款揭参,命户部尚书托津、刑部左侍郎穆克登额往按之,饬彭龄回晋听勘。寻讯明彭龄审办临晋县假鞘案,因前任巡抚金应琦查看号簿,怒斥其非,试用知县陶荣淦以受赇事觉,畏罪自尽,彭龄并未奏明,又于署知府朱锡庚办事乖谬,知情徇隐,均属不合,馀坐诬。谕曰:"上年金应琦患病请假,派令初彭龄前往署理山西巡抚。伊陛辞时,朕并未降旨,令其密查金应琦任内有何款迹。乃伊到晋之后,遇事搜求,动形白简,计前后数月,所参司道府县等官,为数实属不少。其中固有实在应参者,而其偏执己见,任性憎恶,率行纠参者,亦正不免。今阅托津等查奏各款,其最甚者,如金应琦查看号簿,即行瞋斥一款,试思金应琦不过暂时患病之员,并非解任去官,不应妄行干预者可比。伊查看号簿,正系留心公事,初彭龄自应将应办之事,与之商榷,方为和衷集益,何至遽加憎恶? 甚至向司道前指斥其非,其居心实属褊浅! 至于陶荣淦之死,固缘赃私败露,畏罪轻生,而该员身系职官,何得隐而不奏? 此一节亦属疏漏,且既知朱锡庚办事不妥,已向司道告知,并不即时参办,亦不免瞻徇。初彭龄着交部严加议处。"寻议革职,命以四品京堂降补。

六月,以盛京、吉林、宁古塔所进参枝,违禁搀杂秧参,命偕户部左侍郎英和赴盛京查办。寻讯明局员协领扎布扎那等得赃弊混,及纵容奸商私种秧参,依律问拟。九月,回京。十月,补鸿胪寺卿。十一月,迁顺天府府尹。会南河高堰、山盱两厅堤坝溃决,上以近年来巨工林立,费用浩繁,一遇大汛,即有蛰塌淤垫之事,恐承办工员偷减浮冒,命偕户部尚书托津驰赴工次,彻底清查。十六年二月,奏:"查明银米出入尚无虚捏,惟支领后不能如式办理,致旧工未竣,新工复生。历任河督亦未能经理得宜,均难辞咎。请将办理草率之厅营各官四十八员,悉予褫职,仍留工效力。其历任河督,分别交部察议、议处。"从之。五月,命偕刑部尚书崇禄赴福建鞫在籍知府张祥云被控案,寻讯明祥云图占民人李维祺垦熟沙洲,主使族人保来用铁器伤毙维祺佃户李辉,贿买顶凶,依律论绞。七月,迁工部右侍郎。

九月,署浙江巡抚。十一月,湖广总督马慧裕奏参湖北臬司周季堂心术不醇,妄作威福,命彭龄往偕慧裕按之;复经给事中乔远瑛劾季堂袒庇属员等款,褫季堂职,并交彭龄严讯。寻鞫无贪污劣迹,惟袒庇属员,及失察代书私收呈费,并因田土细故,滥票差提,业经革职,法无可加,其馀案犯,依律问拟有差。是月,转左侍郎。十二月,给事中赵慎畛奏参湖南学政徐松需索陋规,及出题割裂圣经等款,命彭龄赴湖南会同巡抚广厚查办,鞫实,褫松职,戍乌鲁木齐。十七年二月,差旋,行抵直隶。会山东单县民人朱飏焯来京控胞伯赓渭毒毙其父赓泗,命彭龄驰往研鞫,坐诬,治罪如律。四月,回京。五月,调户部左侍郎。

十月,命偕协办大学士、吏部尚书松筠赴南河审已革河道总督陈凤翔控案。先是,凤翔据前任淮扬道黎世序禀,误启礼、智二坝,减泄湖水,致清水力弱,不能敌黄,且下游州县均被淹浸。经两江总督百龄奏参,褫职枷示。凤翔遣人来京呈控,以世序具禀时,百龄亦曾画诺,今只卸责一人,又百龄委用江宁盐巡道朱尔赓额督率苇荡营柴束短绌,转以节省工银,将朱尔赓额保奏。彭龄等查讯得实,褫百龄太子少保衔,并双眼花翎,降二品顶带。寻命查勘山盱堤埝情形,奏言:洪泽湖全局,能令畅出敌黄,则为刷沙之利泽,启坝旁泄,则为泛滥之狂澜。应责成督臣、河臣于冬春之际,竭力疏通清口,蓄清敌黄,俾无倒灌。"上是其议。十二月,署江南河道总督。十八年正月,奏:"高邮、宝应等处地势洼下,为上游水潦奔汇之区。从前河道屡经疏浚,今岁久淤塞。请分别官办、民办、商办,筹款兴修。"允之。三月,回京。九月,调仓场侍郎。

十九年三月,两广总督蒋攸铦奏参广西巡抚成林公务废弛,婪索属员供应,挟嫌弹劾,褫成林职,命彭龄往鞫,得实,并究出成林恣意声色,用度侈靡,籍其家,拟以遣戍。六月,擢兵部尚书,命署江苏巡抚,查办亏空。八月,疏陈清查密奏之弊,略言:"各省亏空,原应随时惩办,乃各督抚因积弊已深,往往密折陈奏,仅使分限完缴。始则属官蔑法,任意侵欺,继则上司市恩,设法掩盖。是以清查为续亏出路,以密奏为缓办良图,应行饬禁。"上是之。九月,疏劾江宁藩司陈桂生、江苏藩司常格催征新赋不力,俱褫职。旋以江苏巡抚张师诚回任,命彭龄以钦差会同查办。十月，彭龄及百龄、张师诚先后各拟章程入奏，谕曰："初彭龄、百龄、张师诚三人平日办事，俱尚公明，是以此次江省亏空，令伊三人会同查办。初彭龄等自应彼此和衷，公同商酌，即稍有意见不同之处，不妨据理折衷，期于同归一是。乃初彭龄不待商定，先于本月二十日自将章程入奏，百龄、张师诚亦即于次日另将章程具奏。彼此龃龉，大乖公忠体国之义。俱着传旨申饬。"

十一月，奏参百龄兼署巡抚时，管关道员钟琦帮贴折差盘费银一千二百两，又收受永丰坝、泰坝委员馈送银二万馀两，师诚告假在籍，差弁奏事，及到任后，遣人回家盘费，俱滥支关税，又收受管关道员刘澐馈送银二千两，命大学士托津、户部尚书景安往按之。十二月，复劾奏陈桂生册报溧水县亏缺银数，先后多寡不符，有心弊混，逮系之，并交托津等严鞫。寻讯明所参百龄、师诚各款，均属虚诬，桂生先后禀报亦无含混隐匿情弊，请将彭龄交部议处。寻议革职，上谕曰："初彭龄秉性褊急，素以纠弹为能。经朕屡加训诫，以嫉恶过严，本属为公，然轻于举发，不察虚实，久之为人窥测，即有造为萋斐之辞，赚令排击者。在己方以为持正，而不知适为人所用，藉以快其私忿。此次所参百龄、张师诚各款，如果属实，试思伊等当得何罪？乃率以无据浮词，飞章入奏，殊属轻躁。部议降二级调用。因伊任内有革职留任之案，议以革任。初彭龄尚不至废弃，着加恩照所降之级，以内阁学士来京候补。"

先是，彭龄赴广西，随带司员茅豫，及署江苏巡抚仍请带往佐理，上以向无此例，授豫知府，在江苏候补。至是，奏豫两耳重听，代为乞假，上以豫系江省候补人员，因病乞假，应由督抚题奏。彭龄侵占事权,殊属专擅,交部严加议处。部臣如前议,命以翰林院侍读、侍讲降补。二十年三月,百龄奏参彭龄在江苏巡抚任内,沉湎于酒,稿案率委茅豫画诺,并文致陈桂生罪名,又将百龄前奏查办亏空章程批回原折,私行拆阅,见有"不敢昧良辜恩"之语,谓百龄等有心将伊参斥,[一] 遂胪款将百龄等纠参,至茅豫并未耳聋,徇私捏报。谕曰:"初彭龄两经部议革职,初次朕念其平日尚称敢言,且历官资格较深,加恩降为内阁学士;嗣又从宽宥过,降为侍读、侍讲。兹复查出种种谬妄,本应革职发往伊犁,以示惩创。姑念伊母年已九旬,朕所稔知,原欲于今岁伊母生辰加以恩赉,今初彭龄自罹愆咎,不能仰承恩眷,实为不孝。若其母因子远戍,晨夕思念,或有意外之虞,朕心殊为不忍。初彭龄着革职,令在家闭门思过。"

二十一年六月,起为工部主事,充宝源局监督。十一月,丁母忧,二十三年,呈请入籍顺天。二十四年二月,服阕。十月,上六旬万寿,加恩以六部员外郎用。二十五年,选刑部员外郎。道光元年正月,赏礼部侍郎衔,旋署左侍郎。七月,补右侍郎。八月,擢兵部尚书。十二月,调工部尚书。二年,充殿试读卷官,赐紫禁城骑马。三年八月,万寿圣节,赐十五老臣宴,绘图于万寿山玉澜堂,彭龄与焉。御制诗有"宣猷昔日知耿介,善善恶恶刻无遑"之句,并赏御书"寿"字,及蟒袍、如意诸珍物。四年,以年老休致,赏食半俸。五年,卒。谕曰:"原任工部尚书初彭龄,由翰林荐升卿贰。嘉庆年间,仰蒙皇考仁宗睿皇帝恩眷,外历封圻,内司部务。旋因获咎降调。迨朕御极后,复擢至尚书。上年因其年老就衰,降旨以原品休致,并赏给半俸,以养馀年。兹闻溘逝,殊堪轸惜！着加恩照尚书例赐恤。所有原任内一切处分,悉予开复。应得恤典,该衙门察例具奏。”寻赐祭葬。

子铭峻,候选盐大使。

【校勘记】

〔一〕谓百龄等有心将伊参斥　原脱“有心”二字,又“伊”作“其”。耆献类征卷一〇三叶四一下同。今据睿录卷三〇四叶八下补改。

姚文田

姚文田,浙江归安人。乾隆五十九年,上幸淀津,文田由举人召试一等一名,授内阁中书。寻充军机章京。嘉庆四年一甲一名进士,授修撰。五年,充广东乡试正考官。六年六月,充福建乡试正考官。八月,命提督广东学政。九年,任满回京。十一年,充日讲起居注官。十二年七月,充山东乡试正考官。十月,丁父忧,十五年正月,服阕,五月,迁右春坊右中允,复充日讲起居注官。八月,命提督河南学政。十六年五月,迁侍讲,九月,转侍读。十二月,以豫省生员有诡充领催、甲长者,藉以交通官吏,欺压闾里,奏请敕下抚臣通饬所属严行禁止,上如所请行。十七年,擢右庶子。十八年二月,迁国子监祭酒,召回京。十月,入直南书房。

十一月,疏言:“臣窃惟尧、舜、三代之所以为治本,非有他道也,无过教、养二端而已。盖为斯民广衣食之源,则各保其身家,而自不致有为恶之意;为斯民正趋向之路,则各知有长上,而自不敢干左道之诛。臣窃见近日州县,苟有案牍不废,催科数多者,即大吏皆称其贤;又其次者,惟取应对便捷,行走轻利。至于教养一事,则上下官吏从未闻有措意者也。南方之民,患在赋重,北方之民,患在徭多。一遇差徭至前,即里正胥徒,金派四出。假如官需车马过十辆,即使备有损换,亦不过再加数辆。然胥吏藉此浮拿,得钱买放,常不至数十辆不止。及其既派之后,当官非不例给口粮,然皆百十年来旧定章程,食物价值,今昔悬殊。本已不给于用,又经家人胥吏层层克扣,则其入手更少,不得不自备刍粮,逐日祇候,或遇乘用之人,不加矜恤,且并其车辆马骡而困敝之。夫此马骡车辆,皆小民所恃以为养生之具也,一困敝则其具坐失矣。故官吏之敛怨于民,未有如差徭之甚者也。然在州县亦有不得不然者,何也?督抚遇应办事件,不过下行两司,两司又转行府州,府州又各行其所属之州县而已。至于州县,无可更诿,事事必须措办。其自一递送、一履勘,下至薪刍油烛之细,无一不需钱应用。所入廉俸,即尽支领,亦不敷延请幕友,况又多方减扣,则每日经费,更何所出?故钱粮不能不额外加增,差徭不能不民间摊派,如遇歉收之岁,该员循例报荒,则征收必须停止,日费无出,而公事亦皆束手。故非至民力殚竭,无可再征之时,必不肯轻言岁歉。彼非皆残忍性成,实势有所不得已也。然小民偶有偏灾,即加抚恤,则根本未伤而元气易复。乃至十室九空之日,始为议及灾荒,虽复蠲赈叠施,其何及乎?此又因官贫以致民困之大概情形也。臣尝再四熟思,求一善术而不可得,得其策之下者,则惟有省事一法。即如各省大吏,无非皇上历试信任之人,其平日之才具优绌,与素行贤否,无不久在圣明洞鉴之中,既已畀以一省事权,苟非举措有乖,似可无轻言更调。臣窃见嘉庆四年以后，皇上澄叙官方，劝惩并至。近日督、抚、藩、臬，实无不人知自爱，然于迎新送旧之时，如衙署之整理，馆舍之储偫，无论其本管上司，即例以宾主情谊，亦必不能尽废。及其既履任后，通省官员纷纷晋谒，事又必不可已。在该大吏一无诛求，自以为秋毫不扰，而不知其耗费固已多矣。且此于吏治固亦无裨也。盖大吏当抵任之初，诸务尚未周悉，所听者属吏之禀白，书役之指撝而已。迨其莅事稍久，然后人才之贤否以明，风俗之浇淳以辨，方将稍有设施，而瓜代者已至，则一无展布而去耳。亦有更事未深之人，才一莅事，动议更张，以此博振作之名。不知地方情形多未谙悉，现为极利而他弊已随其后，后虽自知，悔亦无及。故不如久于其任，次第图之之为得计也。其他苟无害于变通者，随事详思，可省则省，务俾官有馀力，然后可责以养民之政。至所谓养民者，不外<u>孟子</u>省刑薄敛、深耕易耨数语，于其田畴之当辟者辟之，陂堰之当复者复之，使灾祲不至屡告，即闾阎渐有盖藏。由是廉耻可兴，而教化可行矣。抑臣更有念者，自古图治之要，惟以任人为本。故有官阶屡迁，而不改其职任者。近日科条颇似过于繁密，假如某县得一循吏，民情爱戴方殷，忽有四参被议之案，不能不立时罢斥，其接替者或又不得人，则善政旋废矣。又如地称难理，非得其人不能胜任，然其才之优者或皆各有处分，所合例者人仅中下，亦不能不俾之受事。是为例议所格，而吏治皆不得人，似亦宜稍为变计也。"奏入，报闻。寻迁詹事，充<u>文渊阁</u>直阁事。

十九年正月，疏言："臣窃见皇上自御极以来，躬理万几，旰宵靡间，凡庶政庶狱，无一不审慎周详，务求至当。惟恐一夫不得其所,孜孜求治之心,虽尧舜复生,必无以加于此! 然自嘉庆四年以至去冬,十馀年中,无岁不有灾祲之书,无岁不下蠲赈之诏。去岁畿南、秦、豫数省荐饥,致有奸民乘机俶扰,皇上引咎责躬,叠颁谕旨,爱民之诚,流于肺腑,实为天下臣民所共顶戴者。乃愆阳犹积,雪泽未沾,东南河流,迄今为患。以勤恤民隐如皇上,而人事尚如此者,何也? 盖天以德为生,以刑为杀,其在周易坎为水为律,岁之不入,水之告灾,以类言之,皆刑狱太繁之象。兹届皇上恩祺普锡,民物更新,正宜式遄休和,以光盛治。臣伏思承平既久,户口日滋,天地所生,不足以赡其用,于是不肖之心生而奸诈之事起。将欲禁其奸诈,而徒恃刑法以齐之,其源不清,其流必不能制也。书言‘德惟善政,政在养民’。唐虞之世,未尝废刑。然又曰:‘与其杀不辜,宁失不经。’何以听其轻纵如是? 大抵上之于下,[一]不患其不畏,而患其不爱。任刑之世,无过使民畏而已。老子有言:‘民不畏死,奈何以死惧之?’夫民至于不畏死,则又何法以理之乎? 汉文帝时,网漏吞舟之鱼,而吏治蒸蒸,不至于奸者,民爱故也。秦人专尚法律,其勤至于衡石程书,而一夫夜呼,乱者四起,由于但使民畏故也。奸邪之人,诈伪无所不至,彼见狱词可以耸听,则多牵引其所不快者以陷害之;胥吏惟利是图,明知所牵引之人未必皆有连也,而藉势婪索,可以肥其奸橐,则又多方株连以困厄之。假如衣食粗足之家,一经官讼连染,虽立见昭雪,而资产已荡然矣。国家设官,大小相维,各有专司。亲民之职,在于州县,大吏惟听其成而已。自数年来,开上控之端,于是刁民得逞其奸,督抚两司又畏其有内控之举,不得不遇案亲提。彼所讦控不过一人,而牵涉者常至十数。农氓废耕,商贾废业,中道奔波,受吏胥之折辱,甚至瘐死而道毙者,殆不可一言罄也。彼虽处原告之人以极刑,于被诬者抑又何补? 推国家慎刑之意,亦曰恐有冤抑耳。然一案未结,而事外之被累者相继。如从前马谭氏一案,至今正凶未定指名,而无辜致毙者已数十人矣。是一冤未雪,而含冤者且数十人也。周礼有宥过之条,王制有疑狱之议。今一案至而立求定谳,则其承问之官必刑挞横加,以期得实,愚民不胜其苦,且诬服以缓须臾之死,其中冤抑正复多人。如此而欲其感召天和,岂可得乎? 顷者林清构逆,渠魁悉擒,然搜捕四出,至今未已,小人或意图见长,或因以为利,必不能无殃及无辜之事。昨奉明旨严禁妄拿,仰见皇上如天之仁,无不覆被。臣愚以为事案愈多,则纷扰愈众,莠民易逞其机谋,而良善惟增其苦累。应令各省大小官吏,凡遇案牍可以早结者,酌其便宜,即时速结,无多株引,以扰闾阎。庶官民上下相爱,暴乱不作而休和可致矣。所谓养民之政,不能有外于农桑本务。臣请以大江以南言之,田亩丈尺之窄隘,既不如中原之广,岁输赋税之繁重,又不如北地之轻。然每岁漕储正供,以东南一方之民力,而京畿亿万生灵皆于是仰给者,无他,人尽力也。兖州以北,古称沃衍之地,河南一省,皆昔殷周畿内,燕赵之间,亦夙称富国。今则小民自翻犁播种之后,一无设施,惟束手以待雨泽之至,水至则田亩皆淹,水去又干涸立见,地成旷土,人尽惰民,安得不穷困而为盗贼哉? 不知久长之计者,辄目此事为迂阔。不思岁一歉收,则必先以缓征,稍甚则加以蠲贷,又其甚者,不得不截漕发粟以赈恤之。诚令合数十年而总计其所以耗国家之帑藏者,何可算也? 且比年运河屡淤,东南之漕,实亦未可深恃。若非早为之图,脱有意外之虞,又将何以处此?臣见历来州县之保荐,必首列劝课农桑,其实尽属虚谈,从无过问。又大吏奏报粮价,有市价每石昂至四五千,而仅报二两内外者,其于收成,则又虚加分数,相习成风,常不以实。似宜饬令痛蠲积习,亟图裕民,但使董劝有方,行之一方而收利独饶,则不俟号令,自然争起而相效。数年之后,田野皆辟,水旱有资,岂必尽资官帑,然后善政为可行哉? 总之,民之犯刑,由于不知率教;其不率教,则又由于衣食缺乏,而廉耻不兴。其次第实如此,故养民为首务也。"

奏入,谕曰:"姚文田奏请急农桑,缓刑狱一折。[二]国家政在养民,农桑者天下之大本。朕亲耕,后亲蚕,躬行为天下先。诚以民生所亟,一日不再食则饥,终岁不制衣则寒。布帛菽粟,其事至恒,而所关至巨。定例考核吏治,首列劝课农桑,所以责望牧令者,莫要于此。古者物土之宜,耕九馀三,岁有丰歉,民无冻馁。近者膏腴之产,多以莳烟,仓廪所储,兼以酿酒,地利未尽,禁令复弛。地方偶值偏灾,虽蠲赈频施,民犹不免饥寒,本务不修,无怪乎闾阎之贫且病也。着通谕直省督抚各饬所属府、州、县官,务知朝廷重农贵粟之意,以劝课农桑为亟。境内沃壤,悉令树植嘉谷,有勤于南亩者,劳之相之,其糜谷病农者,抑之惩之。地产日丰,盖藏饶裕,衣食足而廉耻兴,富教之政,其庶几乎! 至除莠可以安良,刑者不得已而用之,若讼狱繁兴,株累者众,其妨于农事者甚大。着问刑官吏,遇有应讯案牍,务速为剖判曲直,严惩诬枉,勿得拖累无辜,以恤民生,以厚民俗。其各实力奉行勿怠!"

闰二月,迁内阁学士,兼礼部侍郎衔。五月,教习庶吉士。二十年,擢兵部右侍郎。二十一年四月,调礼部右侍郎。六月,调户部右侍郎。二十二年三月,充会试副考官。寻转左侍郎,兼管钱法堂事务。七月,以违例保送不胜外任之郎中钱学彬,下部议处,议降二级留任。二十三年三月,偕定亲王绵恩等恭送玉牒尊藏盛京,礼成,下部议叙。九月,以前在礼部侍郎任内,颁发科场条例,恭载高宗纯皇帝庙号,刊刻有误,下部议处,部议降四级调用。上以文田在内廷行走勤慎,且不能常川到署,加恩改为留任。二十四年四月,充殿试读卷官。九月,命提督江苏学政。

道光元年,大臣有陈漕务欲禁浮收,不如明予八折于民便者,文田疏言:"窃惟东南之大务有二:曰河,曰漕。比年海口深通,南河目前光景甚安稳。惟漕务法久弊生,虽经督抚大臣数年以来悉心调剂,总未臻实效。小民仰沐我圣祖神宗生成豢养,届今百八十年,愚贱具有天良,岂有不乐输将之理?诚以东南之财赋,甲于天下,而赋额如江苏之苏州、松江,浙江之嘉兴、湖州,其粮重尤甲于天下。竟有一县额征多于他处一省者,乾隆三十年以前,并无所谓浮收之事。是时无物不贱,官民皆裕。其后生齿愈繁,而用度日绌,于是诸弊渐生,然犹不过就斛面浮取而已。未几有折扣之举,始于每石不过折耗数升,继乃至五折、六折不等。小民终岁勤动,自纳赋外,竟至不敷养赡,势不能不与官吏相抗。官吏所以制民之术其道有三:一曰抗粮,一曰包完,一曰挏交丑米。赋额既极繁重,民间拖欠亦势所必有。大约只系零星小户及贫苦之家,其坟墓住居,皆须照例输纳。又有因灾缓征,新旧并积,因而拖欠者,是诚有之。至如其家或有数十百亩之产，既自食其田之所入，而竟置官赋于不问，实为事之所绝无。今之所谓抗粮者，如业户应完百石，彼既如数运仓，并外多赍一二十石不等，以备折收。书吏等先以淋尖、踢脚、洒散，多方糜耗，是其数已不敷；再以折扣计算，如准作七折，便须再加三四十石。业户心既不甘，必至争执不肯再交，亦有因书吏刁赖，仍将原米运回者。州县即以前二项指为抗欠，此其由也。包完之名，谓寡弱之户，其力不能与官抗，则转交强有力者代为输纳，可以不至吃亏。然官吏果甚公平，此等业户又何庸托人代纳？可不烦言而自破者。民间终岁作苦，皆以完粮为一年要事。如运米石进仓，其一家男妇老幼，无不进城守待，一遇阴雨湿露，犹将百计保护，恐致米色受伤。如官吏刻期斛收，即归家酬神祭先，以为今岁可以安乐过去。故谓其特以丑米掗交，殆非人情。惟年岁有不齐，则米色不能画一，亦间有之耳。然官吏非执此三者，则不能制人。故生监则详请暂革，齐民则辄先拘禁，待有补交，然后以悔悟请释，已竟成一定不移之办法。臣自去岁至苏，所闻金坛、吴江等县，则已酿成事端，其他将就了结者，殆尚不乏。不知踊跃输将者，实皆良民而非莠民。此小民不能上达之实情也。然在州县亦有不能不如此者，近年诸物昂贵，所得廉俸公项，即能支领，亦不敷用。州县自开仓至兑运日止，其修整仓廒，芦席、竹木、板片、绳索、油烛百需，及幕友、家人、书役、出纳巡防，一应修饭工食，费已不赀，加以运丁需索津贴，日甚一日，至其署中公用，自延请幕友而外，无论大小公事，一到即须出钱料理。又如办一徒罪之犯，自初详至结案，约须费至百数十金。案愈大则费愈多，复有递解人犯，运送饷鞘，事事皆须费用。若将借用民力概行禁止,谨厚者奉身而退,其贪恋者非向词讼事案生发不可,而吏治更不可问矣。伊等熟思,他弊一破,势必获咎愈重,不如浮收尚为上下皆知,故甘受民怨而不惜。虽地方有瘠沃,才具有能否,其借此以肥身家者,亦不能谓其必无,要之不得已而为此,盖亦不少。臣见近日言事者,动称不肖州县。窃思州县亦人耳,何至一行作吏,便至行同苟贱!此又州县不能上达之实情也。州县受掊克之名,而运丁阴受其益。故每言及运丁,无不切齿,然其中亦有不能不然者。运船终岁行走,日用必较家居倍增。从前运道深通,督漕诸臣只求重运,如期到通,一切并不苛察。各丁于开运时,多带南物,至通售卖;复易北货,沿途销售,即水手人等携带梨枣蔬菜之类,亦为归帮时糊口之需。乾隆五十年后,黄河屡经倒灌,未免运道受害。于是漕臣等虑其船重难行,不能不严禁多带货物。又如从前商力充裕,运船于回空过淮时,往往私带盐斤,众意以每年只不过一次,不甚穷搜。近因商力亦绌,未免算及琐屑,而各丁之出息尽矣。丁力既已日困,加以运道之浅,反增添夫拨浅各费,且所过紧要闸坝,牵挽动需数百人,使用小有节省,帮船即虑受伤,道路既长,期限复迫,此项巨费,非出之州县,更无所出。此又运丁不能上达之实情也。数年前,因津贴日增,于是定例每船只准给银三百两,然运丁实不济用,则重船断不能开。重船迟久不开,则州县必获重戾,故仍不免私自增给。是所谓三百两者,乃虚名耳。顷又以浮收过甚,严禁收漕不得过八折,然州县入不敷出,则强者不敢与较,弱者仍肆朘削。是所谓八折者,亦虚名耳。然民间执词抗官,官必设法钳制,而事端因以滋生,皆出于民心之所不服。若将此不靖之民尽法惩处,则既困浮收,复陷法网,人心恐愈不平。若一味姑容隐忍,则小民开犯上之风,将致不必收漕,而亦目无官长。其于纪纲法度,所关实为匪细。"

奏入,上命军机大臣会同户部议奏,议上,谕曰:"前据姚文田奏:'漕务法久弊生,小民苦州县之浮收,州县患旗丁之勒索,而旗丁又因沿途需费浩繁,势必多索津贴,恐前所定津贴,旗丁每船银三百两,及现在严禁州县收漕不得过八折之法,亦属虚名,请筹议兼全善术'等语。当降旨命军机大臣会同户部议奏。今据奏运丁之疲乏,屡经筹议津贴,毋庸再议。惟州县浮收,积习难返,致累闾阎,必任法而兼任人,方能遵行无弊。着各该督抚及漕运总督、仓场侍郎通饬所属,杜绝浮收勒折以清其源,裁革陋规以遏其流。倘有不肖州县阳奉阴违,立即参办,或运丁勒索州县,沿途衙门勒索旗丁,一并从严究治。务使官民旗丁均免扰累,以肃漕政。"

二年,任满回京。上以户部堂官在内廷行走者较多,命文田回署办事,不必在南书房行走。三年,充经筵讲官。四年七月,擢左都御史。十二月,赐紫禁城骑马。五年,充顺天乡试副考官。六年,署工部尚书。七年七月,擢礼部尚书。十一月,卒。谕曰:"姚文田于嘉庆年间,由修撰荐陟卿班,入直南书房,晋阶卿贰。朕御极后,擢任左都御史。本年复授礼部尚书。久直内廷,历司部务,清勤敬慎,克尽职守。方期益资委任,乃遘疾数日,即尔奄逝,闻之殊堪轸惜! 着照尚书例赐恤。任内所有处分,悉予开复。应得恤典,该部察例具奏。"寻赐祭葬,予谥文僖。

子晏,二品荫生,现任刑部主事。

【校勘记】

〔一〕大抵上之于下　"上""下"原误作"下""上"。耆献类征卷一
　　一〇叶二六下同。今据清史稿册三八页一一五四七姚文田传改。

〔二〕缓刑狱一折　原脱"一折"二字。耆献类征卷一一〇叶三〇下
　　同。今据睿录卷二八三叶一二上补。

王引之

王引之，江苏高邮州人。祖安国，官吏部尚书，自有传。引
之，嘉庆四年一甲进士，授翰林院编修。六年，充贵州乡试正考
官。八年，大考一等，擢侍讲。九年二月，驾幸翰林院，与诸臣效
柏梁体联句，引之与焉。又以张说"东壁图书府"五律分字赋
之，引之分得"竭"字。礼成，赐味馀书室全集暨茶绮、笺砚等
物。寻充皇朝词林典故纂修官。三月，京察一等，六月，升右春
坊右庶子，充湖北乡试正考官。九月，丁母忧。十一年，服阕，会
皇朝词林典故成，下部议叙。十二年五月，补原官。八月，提督
河南学政。十三年五月，转左庶子。十二月，升翰林院侍讲学
士，十四年，转侍读学士。十五年，回京。十六年，充日讲起居注
官。十七年五月，迁通政使司副使。十二月，稽察右翼宗学。十
八年八月，升太仆寺卿。十月，升大理寺卿。

十九年，提督山东学政，奏申严五童互结法，令先期识认，点
名时挨次细认，顶冒之刘云汉等因是败露，治如律。朱批："以实
心整饬士习，勖励之！"先是，河南滑县教匪煽乱，山左多从逆者。
上命学臣撰论说以化之，引之著阐训化愚论、见利思害说进御，
奉命刊布。二十一年十月，还京。十二月，擢都察院左副都御

史。二十二年二月,充会试知贡举。

三月,擢礼部左侍郎。会福建龙溪县知县朱履中改教后,因欠盐课银二千馀两,请以吏欠追抵,不允;遂讦藩司李赓芸任道府时,有受陋规事,总督汪志伊等劾赓芸,解其职,会鞫之。知府涂以辀迎合志伊意,逼令诬承,赓芸故廉洁,不能堪,遂自缢。事闻,上命引之偕吏部侍郎熙昌往按,白其诬,乃褫志伊等职,以辀、履中遣戍新疆。引之等复言:"闽省士民数百请为赓芸建遗爱祠。"上以斯民直道之公,听其捐建。八月,还京。奏江苏高邮等州县低地,因洪泽湖水涨淹浸,命疆吏履勘抚恤。

二十三年六月,充浙江乡试正考官。十一月,以礼部核议原任侍郎钱樾入祀乡贤祠,不置可否,率请钦定,下部议处,引之降二级留任。二十四年三月,充会试副考官。闰四月,署兵部左侍郎。九月,教习庶吉士。寻以万寿节前遇忌辰,不于先期奏请,辄照常素服,降正三品京堂;又以罪应戍边废员朱锡爵呈进万寿颂册,礼部一律接收,下部议处。十一月,补通政使司通政使。十二月,授吏部右侍郎。二十五年七月,进爵秩全览,缮写讹误,下部议处。九月,充实录馆副总裁。十月,充武会试知武举。

道光元年六月,畿辅及山左旱蝗,谕疆吏饬属亲勘搜除,引之疏言:"捕蝗一事,惟在办理得法。若专任胥役,则蝗蝻未除,而农民反受骚扰之害。盖胥役一经奉票捕蝗,则计亩派夫,藉端取费;及率人扑捕,则又故践禾苗,逼令出钱。无蝗地亩,亦复肆行蹂躏。是为民除害之事,转为贻害于民之事。恭读钦定康济录捕蝗必览所载捕蝗十宜,以设厂收买为最要之策,其法或钱或米,捕蝗一斗给以若干,捕蝻一斗给以若干,使百姓捕蝗而得赏,则趋之如鹜。不假胥吏之催促，非惟受效甚速，且免作践骚扰之患。请将捕蝗必览颁示<u>直隶</u>、<u>山东</u>地方大员，令其相度机宜，速行筹办。"上如所请行。

六月，充<u>浙江</u>乡试正考官。八月，充国史馆副总裁。十二月，充经筵讲官。二年三月，转左侍郎。闰三月，充殿试读卷官。八月，署刑部左侍郎。三年三月，充会试副考官。四月，<u>仁宗睿皇帝实录汉</u>本告竣，上嘉其恪恭将事，办理妥速，赐纱一端。旋充教习庶吉士。九月，充武会试正考官。时圣驾恭谒<u>西陵</u>，回銮抵<u>黄新庄</u>，<u>引之</u>等乘轿近豹尾枪后，轿夫喧哗，降三级留任。四年二月，礼部尚书<u>汪廷珍</u>奏题缺主事新例名实不符，请确查更正，下大学士、军机大臣、吏部会议，<u>引之</u>疏言："题缺所以励人才，选缺所以叙资格。<u>乾隆</u>九年定各部郎中、员外、主事题缺，拣选保题，行之四十年，毫无流弊。乃于四十七年，御史<u>李翩</u>创有'请定额外人员叙补之奏，其意专为捐纳人员叙补，易于得缺地步。彼时吏部遵行议准，折内因有按其应得题选各缺，一体统较先后，挨次题补之'语。先后挨次，应专指选缺而言。题缺本无挨次之例，不得含混牵入也。迨四十八年，吏部清书则例告成，忽于除授门内，增纂题补主事统较先后行走一条，因讹成误，与拣选门内题缺本例相矛盾。其实<u>乾隆</u>九年所定，乃斟酌尽善之旧章；四十八年所增，乃沿袭讹误之文也。请如该尚书所奏。"会大学士、军机大臣以行之既久，一旦更改，事涉纷更，议乃寝。

四月，<u>圣训</u>、<u>实录</u>告成，上嘉其尽心编辑，在馆四年，始终经理其事，予其子候补主事<u>寿昌</u>遇缺即补。先是，吏部奏请官员遇生祖母之丧，父故在先，本员为庶长孙者，令承重离任丁忧三年。

是年五月,引之更定前议,云:"孙之于祖服止齐衰一年,嫡长孙父故在先,遇祖父母之丧,则持服三年。盖以承父之重,与祖为体,宗祧大法于是乎在。其于祖母从同者,一本相承,敌体之义也。至庶祖母非祖敌体,固不得以承重言矣。即如次子、三子,其受父母之恩与长子同,若其身先死,而父母后殁,为其子者不能代服三年之丧。且为人后者为本生父母,止服降服一年,庶长孙之分原止侪于孙,生祖母之恩不能加于父母。盖缘情则罔极之恩,即终身不足以言报。制礼则承重之义,断不能加于支庶。嗣后官员遇生祖母之丧,其父先故,别无与父同母之伯叔本员于庶祖母为长孙者,无论嫡祖母是否现在,概令治丧一年,许其离任。"从之。十一月,署户部左侍郎。五年八月,署户部右侍郎。十月,充武乡试正考官。六年,充殿试读卷官。

七年五月,擢工部尚书。七月,充武英殿总裁。十一月,赐紫禁城骑马。八年七月,承修文庙碑亭,引之等勘估草率,下部议处。是月,上面谕:"康熙字典间有讹字,今重加刊刻,自应详考更正。"引之校正二千五百八十八条,另辑考证十二册,进呈钦定。八月,署户部尚书。九年,署吏部尚书。十年,调礼部尚书。十一年七月,署工部尚书。十月,充武乡试正考官。十二年,丁父忧,十四年,服阕,补工部尚书。寻卒。谕曰:"工部尚书王引之品行端谨,学问素优。由翰林荐跻卿贰,擢任尚书,方资倚畀。兹闻溘逝,殊深轸惜!着加恩照尚书例赐恤。处分悉予开复。应得恤典,察例具奏。"寻赐祭葬,予谥文简。

子寿昌,河南按察使;彦和,安徽宁池太广道;寿同,湖北汉黄德道。

陈用光

陈用光，江西新城人。嘉庆六年进士，改翰林院庶吉士，七年，散馆授编修。十三年，充河南乡试正考官。

十八年，升江南道监察御史。时逆贼林清伏诛后，诏求直言。用光奏言："臣深思致患之原，窃以为大端有二：一则大兴、宛平之选吏，未得慎简之方；一则山东、河南之察吏，未得举措之道。大兴、宛平属于顺天府，而选大兴、宛平者，第由直隶总督之题升，府尹虽会衔而不能专主。闻升此二县，大抵以资格深而阘冗无才者授之，积习相沿，数十年于兹。彼既无才，安能责以发伏摘奸之治？臣度向来题升者之意，必以京师之地，百司具焉，纲维所布，固已条教详明，为大兴、宛平者，但能不失期会簿书之责，即为称职，非若畿辅他县差务殷繁，必须才吏，始能无误。然则虽升其官而不求其才，寖失乎郑重牧民之意。臣愚以为应请旨饬下直隶总督，嗣后题升大兴、宛平不得徒循资格，必择其治行尤异者，方与题升，而顺天府尹亦使之得兼保举参劾之权，则良吏必出矣。山东、河南之察吏未得其道者，逆党之谋，匪伊朝夕，其踪迹如此之广，往来数年之间，两省守土之吏，岂其绝无闻见？先事之疏，固不得辞其责。近来州县之保举，只叙虚词，鲜胪实事。臣愚以为苟有其私，虽循例之保举，未尝不可以市恩；苟其无私，虽破格之超擢，不必复疑其逾格。方今山东已大就安谧，河南军务亦将次奏凯。闻河以南饥民颇众，可否特诏两省大吏于所属州县中，能抚恤饥民，兼有解散盗贼之方者，自州县丞倅以及将弁，准其保奏，予以超擢，则不独激劝有方，而亦可消患于无形矣。"奏入,谕曰:"嗣后各直省首县要缺,该督抚遴选贤能之员,专折保奏,除该员现有私罪处分,吏部仍奏明饬驳外,其任内一切因公处分,均可无庸核计。着吏部详定章程,奏明颁发遵行,以收推贤举能实效。其大兴、宛平二县应如何责成顺天府尹遴选贤否、考课最善之处,着详议具奏。"寻议奏:"嗣后大兴、宛平二县缺出,请归府尹于所属之员详加遴选,出具考语,奏请升调。其外二十二州县拣选题调,均令府尹主稿、总督会衔。如顺天府属无可保题,再咨行总督,于通省拣选,令总督主稿、府尹会衔。顺天府属佐杂各缺,亦归府尹专主办理。"从之。

十九年闰二月,命巡视西城。三月,充会试同考官。八月,转掌广东道监察御史。十月,奏正指挥署内黑夜有贼持刀之案,上以用光未查明原委,率据禀报之词张皇入奏,交部议处,寻降编修。二十三年,充明鉴总纂官。二十四年三月,充会试同考官。八月,充顺天乡试同考官。道光二年,升国子监司业。三年四月,迁右春坊右中允。十一月,升翰林院侍讲。四年四月,迁右春坊右庶子。六月,升翰林院侍讲学士,寻充日讲起居注官。十二月,充咸安宫总裁。五年,充江南乡试副考官。七年十月,授詹事府詹事。十二月,充文渊阁直阁事。八年二月,擢内阁学士,兼礼部侍郎衔。八月,提督福建学政。十一年,升礼部右侍郎。十二年六月,署户部右侍郎,兼管钱法堂事务。九月,充武会试正考官。

十三年正月,提督浙江学政。七月,转礼部左侍郎,仍留学政任。十四年,奏言:"直省建立先贤专祠,许其裔孙承袭奉祀,所以发潜德之幽光,示人伦之模范,自非德行纯粹,忠节昭彰,不得滥膺斯选。宋臣孙觌，其人本非端人。查宋史所载，孙觌受张邦昌伪命；又查四库全书总目内载孙觌劾李纲，附和议，以赃罪斥提举鸿庆宫。是孙觌品行有亏，从前设立奉祀，似属过滥。应请将伊奉祀生即行裁汰，以肃祀典。"下部议行。十五年回京。七月，因病请假。八月，卒。

子兰滋，原任广西上思州知州；兰第，山西泽州府知府；兰豫，甘肃高台县县丞。

玉麟

玉麟，哈达纳喇氏，满洲正黄旗人。乾隆六十年进士，改翰林院庶吉士。嘉庆元年，散馆授编修。二年四月，充玉牒馆纂修官。五月，充日讲起居注官。三年，升侍讲。四年四月，充实录馆纂修官。七月，升右春坊右庶子。十二月，升国子监祭酒，仍兼实录馆行走。五年正月，钦差祭告中岳、南岳。八月，擢詹事府詹事。六年正月，充文渊阁直阁事。二月，授内阁学士，兼礼部侍郎衔。谕曰："玉麟前派充实录馆纂修，均属妥协。今升内阁学士，官职较大，未便令其仍充纂修官，着授为总纂官。遇有陈奏事件，并着列名在副总裁之后。"四月，授正黄旗蒙古副都统。八月，命在上书房行走。[一]七年三月，充会试副考官。四月，管理圆明园八旗、包衣三旗官兵事务。八月，上幸木兰，玉麟随扈行围，赏戴花翎。十月，调正白旗汉军副都统。八年七月，升礼部右侍郎，充经筵讲官。九月，充实录馆副总裁。十二月，调正白旗满洲副都统。九年六月，充教习庶吉士，转左侍郎。八月，充顺天乡试副考官。十年五月，复充教习庶吉士。闰六月，调吏部右侍郎,充武英殿总裁。十一月,转左侍郎,管理国子监事务。十一年三月,派阅实录正本。四月,署户部左侍郎。六月,兼署镶白旗满洲副都统。八月,充左翼监督。十一月,兼署正蓝旗满洲副都统,稽察会同四译馆。

十二年三月,安徽寿州民张大有因奸谋毒雇工李小八孜致毙三命,谳成,经苏州府知府周锷、长洲县知县赵堂、元和县知县万承纪覆审,翻供改拟,上命玉麟会同安徽巡抚初彭龄严审,究出谋毒属实,按律治罪。府县徇情教供,遣戍伊犁,夺按察使遇昌职,两江总督铁保下部严议。又湖北省城官银匠陈信义及其子士芳侵亏武昌、通城、枣阳、穀城、光化、大冶等县解省钱粮二万四千五百馀两,陈信义以误大冶、枣阳两县兑期,自尽。事遂觉,总督汪志伊、巡抚章煦拟陈士芳斩候。上以其轻纵,五月,命玉麟偕刑部左侍郎韩封往鞫,将陈士芳即行正法,库大使石万泰议褫职,总督以下各官,分别议处有差。八月,充顺天乡试监临官,劾顺天府咨送试卷迟误,兼管府尹邹炳泰、府尹宋镕、府丞熊枚、治中戴修龄等均下部分别议处。又奏:"士子坐号不敷,新盖棚号只属权宜之计,不蔽风雨,且稽查难周。相度隙地,可添号舍八百有奇。"奉旨,着工部详细履勘,议增七百二十九间,从之。旋命提督安徽学政。十四年,调江苏学政。

十五年,署户部左侍郎。十六年四月,上命玉麟偕刑部右侍郎朱理谳狱河南,东河总督李亨特奏参开归道林树芳加扣银两,借贷钱文,赴工多带委员,骚扰河厅,发卖酒物,河南巡抚恩长奏参中牟县上汛管河县丞冒冠惠禀讦贿银,指缺求升各案,讯实,林树芳、冒冠惠均遣戍伊犁,郾城县民常三多控父常廷鳌被人殴

伤,非自缢,内黄县民安清聘控差役诬良诈赃,讯虚,均如所拟
罪。六月,授右翼总兵,管理右翼宗学、西洋堂事务,署仓场侍
郎。七月,以步军统领衙门缉拿赌犯,限满未获,交部察议,命拔
去花翎。九月,以吏部选补错误,革去吏部左侍郎及兼管国子监
事务,教习庶吉士。十一月,补内阁学士,兼礼部侍郎衔。十二
月,万安仓花户张贵恒等舞弊在逃,限内全数缉获,赏还花翎。
十七年二月,授镶红旗护军统领。五月,调左翼总兵。七月,充
崇文门副监督。十二月,授户部左侍郎,充经筵讲官。

十八年九月十五日,恭迎圣驾,自丫髻山至白涧,先驰还京。
闻东华门贼匪滋扰,经所属兵拿获五人,时已交未,即督率八旗
步营由中正殿夹道迎击而南,毙贼数名,生擒天理教匪宋尚忠、
李二格二名,由八百里驰奏。寻谕以步军统领门禁懈弛,褫职。
十九年,赏给三等侍卫,驰驿前往叶尔羌办理事件。二十二年,
赏副都统衔,充驻藏大臣。二十四年,补镶白旗汉军副都统。二
十五年十月,命来京。

道光元年八月,授左翼总兵,寻调镶白旗满洲副都统。十一
月,命偕户部左侍郎王鼎赴湖南讯宝庆府已革通判至善控揭衡
州府通判孙龄亏空仓库一案,坐诬,至善遣戍伊犁。又命查河南
仪工,时河南阌乡民人栗自修京控知县朱重伦滥派累民,得旨,
解交审办,讯实,按律定拟;又已革守备希朗阿禀揭大名镇总兵
德克金布克扣兵饷,讯诬,坐如律。十二月,授兵部左侍郎。二
年正月,仍偕王鼎驰赴江西审结已革守备徐富国控星子县盐商
送钱帖,移县未覆,上司律以求索得财失实,惟捏控规费清单,交
自该县,照旧革职,承审各员下部议处。二月,调礼部左侍郎。

四月,复至河南,讯陈留县知县赵锦堂办赈不实,褫职戍边。

五月,调刑部左侍郎。六月,讯直隶高邑知县范澍诬控本州挟嫌注考,按律遣戍。是月,授都察院左都御史。十一月,署礼部尚书,兼管太常寺、鸿胪寺事务。寻授礼部尚书。三年二月,署吏部尚书。四月,调兵部尚书。八月,署步军统领。四年闰七月,充崇文门监督,盘查户部三库。十一月,赏紫禁城骑马。旋命在军机大臣上行走。十二月,管理户部三库事务,署正黄旗领侍卫内大臣,充武英殿总裁、经筵讲官。五年二月,上谒东陵,命随扈。七月,调正蓝旗满洲都统。八月,充顺天乡试正考官。十一月,以玉麟年届六旬,赐寿额。六年二月,命管理圆明园八旗、内务府包衣三旗事务。五月,充教习庶吉士。七月,副都统长清甫至阿克苏办事大臣任,即能抚众剿贼,上以玉麟保荐得人,复赏戴花翎。[二]七年七月,充上书房总师傅,授翰林院掌院学士,加太子少保衔。八年正月,重定回疆,晋加太子太保衔,绘像紫光阁,御制赞曰:"回疆梗概,知之颇悉。满洲文臣,特参宥密。授以夏官,申以纪律。不炫才能,同资匡弼。"

九年三月,充会试副考官。六月,授伊犁将军。十年正月,以各夷纳马,多残废口老,请嗣后另厂牧放,续有倒毙,每年每百匹报销三分,自道光九年始。命如所请行。五月,奏:"霍罕将作不靖,请暂缓南路换防兵,大要有三:一、阿坦台、汰劣克屡请投顺,包藏祸心,巡边添兵以备御;一、伊萨克忠勇能事,心思极巧,能察该夷踪迹,责令乘机就获;一、欲弥外患,宜抚近夷,布呼等爱曼恭顺,以重赏固其心,则卡外动静皆悉。"有旨:"所议三条均属可采。"七月,奏请筹补回疆动用仓存馀粮,得旨:"前次回疆军需,由伊犁拨运小麦四万九千石零、粟米一万石零,系积年存馀备贮之项,既经动用,自应随时筹补。着照所请,自本年为始,察看每年秋收后情形,统限三年,陆续买补。俟补足六万石之数,再行专折奏报。"时严禁茶叶出卡,又奏哈萨克王江霍卓素称恭顺,恳将封存买茶赏还,允之。

八月,安集延挟抄逐之嫌,勾结霍罕进犯卡伦,帮办大臣塔斯哈遇伏陷没,玉麟驰奏:"前以回情反覆无常,飞咨喀什噶尔参赞大臣札隆阿访查,原期有备无患,乃汰劣克等诡为恭顺,札隆阿深信不疑,今变生仓猝,闻欲弃喀什噶尔,合兵退守阿克苏,请令长清、成格筹粮储,哈丰阿带兵进攻,一面调伊犁兵勇四千五百名赴南路协剿。"上韪其言,命大学士、扬威将军长龄督师往剿。

十月,伊犁参赞大臣容安、阿克苏办事大臣长清等以叶尔羌附近各庄,有朵兰回子出没,奏令哈丰阿、孝顺岱带兵由和阗草地进援。玉麟奏:"喀什噶尔、英吉沙尔被围已及两月,回众犹盼大兵往救。可见贼势尚单,易于援剿。今宜迅由大路直赴叶尔羌,则二城之围自解;若迂道和阗,计到叶尔羌,须一月以后。设或西二城日久不支,贼众蚁聚东驱,恐哈丰阿等一军未必得力,且阿克苏现集之兵不下万人,该大臣仅派三千馀人绕路进发,转留多兵,坐糜粮饷,实属非计。哈丰阿等如已起程,即另派官兵直抵叶尔羌。朵兰回子不过七八百人,两路官兵齐进,不难立就扫除。自九月以来,札催十数次,乃该大臣等始则以筹备粮运迁延多日,后又称土尔扈特及民遭皆不足恃。查阿克苏至叶尔羌裹粮二十日已足用,今乌鲁木齐转运之粮已源源而来,前此克复四城,民遣甚为得力,而浑巴什河之捷,土尔扈特兵力较多,况近日壁昌等破贼数千,[三]尚能以少胜众,岂沿台零匪转不能就地歼除?请旨将长清等严行申饬。"如所请行,谕曰:"前此朕将玉麟简放伊犁将军,因其在军机大臣行走有年,且谙悉回疆情形,是以畀此重任。兹览所奏,深惬朕怀。着发去人参四两,俾资调摄。该将军当加意保养,长为国家宣力,渥受朕恩,以副厚望。"寻奏:"贼势初起,势甚猖獗。节经探访,渐形涣散。现调官兵不止四万,计每月需粮一万五千馀石,运费需银十万馀两。请将续调四川、陕甘兵数酌量停止,并敕下回疆各城大臣采买粮饷,较之戈壁转输,节省不止倍蓰。"上嘉纳之。

初,逆夷张格尔之就擒也,郡王衔伊萨克诱致之,既膺爵赏,为诸夷所怨。九年冬,兵民谋劫掠伊萨克,事泄,喀什噶尔参赞大臣札隆阿奏明诛为首六人,遂下令驱遂流民,众以为伊萨克之意,积忿愈深。围城中有自贼营逃回者,述贼言伊萨克为内应,兵民咸谓非杀伊萨克,城无以守。会回众避乱奔入新城,兵民杀之,札隆阿不能制,遂将伊萨克看守,以勾结谋逆列款入奏。玉麟奏:"伊萨克身膺王爵,富贵已极。若甘为夷驱使,岂非得不偿失?况其子孙在阿克苏,其家业在库车,岂无顾虑而蓄异谋?今喀什噶尔甫解围,意外又生枝节,若不确查,致大失回众心。是外寇未除,而内患复起也。"上交玉麟会同长龄审讯。寻审明札隆阿以约束不严,惧罪及,冀杀伊萨克掩其迹,并究出委员周彭龄商同捏奏,章京金奇贤遂合承审通事阿布都吉里教供诬证各情,按律分坐。谕曰:"若非卿二人公忠体国,何能平反此案,使内外夷回慑服?可嘉之至!"

　　十一年二月，奏言："阅固原提督杨芳添兵招佃奏槁，称四川总督鄂山有请将西四城改照土司之议。伏思回疆自入版图，设官驻兵，不惟西四城为东道藩篱，南八城为西陲保障，即前后藏及西北沿边一带蒙古、番子各部落，皆赖以巩固。若西四城不设官兵，仅令回人守土，诚恐回性无恒，又最畏布鲁特强横，转瞬即为外夷所有，则阿克苏又将为极边矣。其迤东下库车、喀喇沙尔、土鲁番、哈密等城，必至渐不安堵。以形势而论，唇亡则齿寒；以地利而论，喀什噶尔、叶尔羌、和阗三处为回疆殷实之区。舍沃壤而守瘠土，是借寇兵而赍盗粮也。杨芳所谓'守善于弃'，实不易之论。至请将喀什噶尔参赞移驻阿克苏，[四]殊非善计。该处幅员狭隘，不足为重镇，且距喀城二千里，有鞭长不及之患。其所陈招佃通商各条，则为治边良法，请用之。"上命偕长龄妥议具奏。又将长龄密陈节略十条及内外诸臣奏议，敕交玉麟悉心筹画。寻偕长龄奏："霍罕、安集延本乌合之众，不必深入穷追。我兵有备，待其至而痛剿之，可寒夷胆、诸臣所谓添兵招佃，似属可行。但未亲历其境，使兵势联络如一，亦有不能径行之处。喀城地处极边，外夷由卡至城仅百馀里，后路距阿克苏二千馀里。昔张格尔围喀城，援兵不至，四城先后失守，可为炯鉴。今议善后，岂可复蹈前辙，致令参赞大员坐困重围，不能制人而为人制？西四城现有满、汉防兵六千馀名，即使酌增，贼匪仓卒入卡，由各城纷纷征调，孤军远涉，不能迅至。设贼匪抄截其后，其患岂可胜言？长龄前议撤兵退守喀喇沙尔，查该城在八城之极东，喀什噶尔在极西，相距四千馀里，彼此不能相顾。若以西七城专付阿奇木管理，设回众力难御贼，势必转为贼有。以七十年已隶之版图,一旦弃之,有伤国体。为今之计,惟有量移统镇,以资控驭,酌添兵力,以壮声威。参赞总理八城,叶尔羌为扼要适中之地,应请移驻于此。该处地广户繁,可以多驻官兵,距喀什噶尔六站,外夷进卡接见,在不远不近之间,足资控制。其帮办大臣,仍照例专管本城事务,更移驻和阗领队大臣一员,听参赞调遣。喀什噶尔留换防总兵一员在彼,统兵驻守,英吉沙尔仍驻领队大臣一员。再请于叶尔羌、阿克苏适中之巴尔楚克一带,添驻总兵一员,以为树窝子咽喉锁钥。则六城相距均不过数百里,声势易于联络。和阗僻在一隅,只留领队一员,足资办理。其满、汉防兵额数,西四城现有六千余名,再酌留伊犁、乌鲁木齐马队二千名,陕甘绿营兵四千名,共计旧额新增一万二千名,喀什噶尔拟驻绿营兵三千,统以总兵,作为前敌,贼少不难击退,贼多则禀参赞援剿。英吉沙尔拟驻伊犁马队五百、绿营兵一千,为前后二城中权接应。巴尔楚克驻绿营三千,和阗止防兵二百余,今拟倍之。此外满兵二千、汉兵四千余名,全驻叶尔羌,征调可期得力。设有贼匪入卡,喀什噶尔、英吉沙尔两城既有马队四千余名,足以抵御,更由叶尔羌拨兵接应,又有巴尔楚克镇兵续援,树窝子复有兵守,贼不能抄袭后路,东四城均可无虞。参赞居中制外,调度裕如。嗣后边防安静,新增兵额不妨随时抽撤。此时增兵需饷,请于各省绿营兵额暂裁百分之二,节省银两,足备添兵之费。俟屯田著有成效,足支兵食,补还暂裁之数,以回疆物产,供回疆兵糈,经费既节,疆圉可固。再请大黄、茶叶等物,仍准外夷通商交易,以示羁縻。庶霍罕、安集延等怀德畏威,不敢复犯边境。"又奏:"参赞大臣既移驻叶尔羌,其印房等处各官应与喀城现设之章京、笔帖式互相移易,并请于叶尔羌添设经牧章京一员,专司牧事,喀什噶尔、叶尔羌裁粮饷章京二缺,各改设粮饷同知一员,添设巴尔楚克粮饷同知一员,又于叶尔羌、喀什噶尔、英吉沙尔、巴尔楚克等处各设巡检一员,同知管商民、回子词讼、户籍、屯田,巡检管缉捕、监狱、税课,均作为边远差缺,由陕、甘两省派往。拜城距阿克苏较远,请添设分防巡检一员,管理拜城、赛里木二处商民、回子词讼,亦由陕、甘派往,作为差缺。”均从之。

旋奉上谕:“派兵过多,增设职官,俨于回疆添一省会,失居重驭轻之道。”命玉麟等悉心酌减。寻议减巴尔楚克防兵五百名,叶尔羌满洲兵五百名、绿营兵一千五百名,同知三员、巡检五员,统计旧额新增各大臣、官员、兵丁、书识岁需粮料,合并西四城额征折色粮石,通融拨用,已足供支,毋庸津贴采买。又据和阗阿奇木伊斯玛依尔等呈请,岁捐粮一千二百石,供添兵口食;乌什阿奇木木萨等呈请在宝兴屯工地内捐筑回城,令屯兵归城操演,每岁额交粮石,即由回户照数交纳;又西四城岁征赋钱六千七百馀串,除搭放外,每年存剩普尔钱五千馀串,现在减定,暂添防兵五千馀名,需饷不过十万两。若将存剩赋钱以二百二十文易银一两,可充经费银二万三千馀两。此项存剩赋钱,向系各城储备充公,按年报销,用款不一,不皆散在兵众。若将五千馀串全放兵饷,则散有常期,城市钱源,益加充裕,不致钱贵银贱。至安炉鼓铸,只阿克苏一城,普尔钱文,行用止在回疆,非内地可比。额铸之钱与岁俱增,辗转流通,总不出八城地面,断无短绌之虞。从之。又奏:“开垦屯田,现据喀什噶尔大营驻扎处所,名喀拉赫依,延袤二百馀顷,已招五百馀人认种。将来逃散回户归来,即以现存叛产,照数拨给。嗣后续有承种民人,于大河拐附近荒地,酌量分拨。叶尔羌境内毛拉巴什、赛克三一带荒地,俟巴尔楚克接连树窝子等处筑堡设汛后,广为招种,其修渠引水,牛具籽种,按则征收各事宜,须试种一年,再由参赞大臣壁昌详议章程具奏。"得旨,着照所奏办理。

八月,皇上五旬万寿,推恩近臣,玉麟子恒昌,二品荫生,命俟及岁时,以员外郎即用。十二年,善后事竣,上命长龄来京,玉麟回伊犁将军本任。谕曰:"该将军有统辖之责,回疆一切事宜,倘有贻误,惟玉麟与壁昌是问。"三月,因硕德佐领凌善等私借官民仓谷,事觉,部议照滥保例降二级调用,上加恩改为降四级留任。玉麟奏:"伊犁、乌鲁木齐均有驻防官兵,伊犁根本要地,三面临边,例派换防官兵不下二千名,存营兵力,每形单少。乌鲁木齐换防满兵,道光八年停止,劳逸不均。请将伊犁惠远城、巴彦岱、锡伯、索伦四营例派塔尔巴喀台换防官二十七员、兵九百七十九名原额酌减,改由乌鲁木齐协派官十员、兵四百名,以均成役。伊犁所属察哈尔、额鲁特二营例派塔尔巴哈台换防官四员、兵三百十九名,该蒙古生计本不充裕,出差过多,有妨官牧。查塔尔巴哈台所属之巴尔鲁克,游牧之察哈尔、额鲁特、哈萨克滋生蕃衍,其闲散壮丁,请令就近当差,抵充伊犁派往之蒙古官兵差使,节省此项换防盐粮,酌添巴尔鲁克官七员、兵六百馀名外,尚岁有馀剩之数。经费既省,操防亦较得力。"诏如所请。七月,奏陈伊犁出征官兵,经由冰岭崎岖,亏短马匹,垦恩体恤。谕曰:"伊犁满、汉兵丁应赔骑马五分,着照八年成案,与驼马一律准销八分,赔二分,其民遣壮勇,原领马匹均已倒毙,应行着赔之处,亦着照上届成案,全行豁免。"

九月,命来京。十月,疏陈:"伊犁惠远城南滨大河,土性疏松,易致塌卸。现在大溜北趋,将近城垣。请复岁修,以资保障。"得旨允行。又疏请原任伊犁将军明亮、晋昌、英德阿照例入祠,奉谕俱着加恩,准其一体入祠。十一月,疏陈:"伊犁土宇宽广,惠远城可种之田,[五]约计六万馀亩。巴彦岱可种之田,约计一万三千馀亩。请将惠远城分析地亩,租给回民耕种,岁收地租,抵充兵丁口食。节省银两,添补孤寡养赡壮丁差操之用。巴彦岱地亩,得水较难,须开渠灌溉,俟招佃得租,亦照惠远城成案办理。"命如所请行。是月,文庙告成,疏请颁发匾额。谕曰:"伊犁自入版图,文庙尚未经建立。近年旗民习戎之外,兼知读书。旧设敬业学舍,栋宇倾欹。据玉麟等鸠工修建,殿庑门柱,规模备具,足供祀事,并于两旁增建学舍,仍为敬业乐群训课之所,俾远近旗民敬教劝学。[六]着照所请,颁给'圣协时中'匾额,交玉麟等敬谨恭悬,用昭寰宇同文之治。"十二月,疏言:"伊犁派赴喀什噶尔应援官兵,前于道光十年八月拣留防所,扣至十三年春二年有半,[七]较之换防班次转多半年。请及时更换,以符旧制。"从之。

十三年三月,回京,行至陕西长安县,病卒。巡抚史谱奏入,谕曰:"前任伊犁将军玉麟以翰林通籍,历事三朝,宣力中外。朕御极后,由驻藏大臣召令来京,荐擢正卿,入直枢务。前因重定回疆,懋著赞襄,晋锡宫衔,绘像紫光阁,用酬勋绩。嗣以谙悉回疆情形,简畀伊犁重任,筹办善后事宜,万里同心,措施悉当。现在边陲安谧,特命回京,方资倚任。本日据史谱由驿驰奏、中途偶因感冒,遽尔溘逝。披览遗章,中心震悼! 断不想未能晤面,竟成长

往。挥泪叹息之馀,只有渥沛恩施,饰终优赉,以示褒荣。玉麟着
加恩晋赠太保,照尚书例赐恤,入祀贤良祠。伊子候补员外郎恒
昌,俟服阕后,遇有六部员外郎缺出,即行补用。归榇将次到京,
朕再派员迎护。到京之日,准其入城治丧。朕至期亲临赐奠。所
有应得恤典,着该衙门察例具奏。"圣驾亲临赐奠。五月,予谥文
恭。十月,伊犁将军特依顺保奏请入祠,奉旨允行。

　　子恒昌,现官户部员外郎。

【校勘记】

〔一〕命在上书房行走　"在"原误作"往"。耆献类征卷三一九叶一七
　　　上同。今据睿录卷七九叶一五下及玉麟传稿(之二八)改。

〔二〕复赏戴花翎　"戴"原误作"还"。耆献类征卷三一九叶二〇下
　　　同。今据玉麟传稿(之二八)改。

〔三〕况近日壁昌等破贼数千　"壁"原误作"璧"。耆献类征卷三一九
　　　叶二二上同。今据玉麟传稿(之二八)改。下同。

〔四〕至请将喀什噶尔参赞移驻阿克苏　"请"上原衍一"论"字。耆献
　　　类征卷三一九叶二三下同。今据玉麟传稿(之二八)删。

〔五〕惠远城可种之田　原脱"城"字。耆献类征卷三一九叶二八上
　　　同。今据成录卷二二五叶一二下及玉麟传稿(之二八)补。
　　　下同。

〔六〕仍为敬业乐群训课之所俾远近旗民敬教劝学　"乐群"原误作
　　　"学",又"近"误作"徽"。耆献类征卷三一九叶二八下同。今据
　　　玉麟传稿(之二八)改。

〔七〕扣至十三年春二年有半　"二年"原误作"二月"。耆献类征卷三
　　　一九叶二八下同。今据玉麟传稿(之二八)改。